ASIA EDITION 제13판

살바토레의 국제무역론

DOMINICK SALVATORE

ASIA EDITION 제13판

살바토레의 국제무역론

도미니크 살바토레 지음 | 최낙일 옮김

WILEY Σ시그마프레스

살바토레의 **국제무역론** 제13판(Abridged Version)

발행일 | 2021년 3월 25일 1쇄 발행

지은이 | Dominick Salvatore
옮긴이 | 최낙일
발행인 | 강학경
발행처 | ㈜시그마프레스
디자인 | 김은경
편 집 | 류미숙

등록번호 | 제10-2642호
주소 | 서울특별시 영등포구 양평로 22길 21 선유도코오롱디지털타워 A401~402호
전자우편 | sigma@spress.co.kr
홈페이지 | http://www.sigmapress.co.kr
전화 | (02)323-4845, (02)2062-5184~8
팩스 | (02)323-4197

ISBN | 979-11-6226-330-3

International Economics, 13th edition (ASIA EDITION)

역자 서문

오늘날 국제경제는 갈수록 중요성이 더해 가고 있다. 최근 들어 세계화의 가속화, 세계경제의 블록화, EU 및 유로의 탄생 및 이후의 브렉시트, 중국의 WTO 가입에 따른 중국경제의 급부상, EU-미국, 미국-일본, 미국-중국 간의 통상마찰, 서브프라임 사태로 인한 미국발 금융위기의 국제적 전파 등 굵직한 사건들이 발생하였을 뿐 아니라 그 외에 이루 헤아릴 수 없는 수많은 국제경제 현상 및 사건들이 발생하여 우리의 삶에 직·간접적으로 큰 영향을 주고 있다.

이러한 국제경제 사건들에 관심을 가지면서 이러한 사건들이 국내경제와 우리의 삶에 어떤 영향을 주는지를 파악하고 급격한 국제환경의 변화에서 어떻게 대처해야 하는가를 모색하는 일은 매우 중요한 일이지만 결코 쉬운 일은 아니다. 따라서 국제경제 현상을 보다 명료하게 이해하기 위해서는 복잡다단한 국제무역 현상을 단순화시켜 해석하고 설명하는 이론적 도구가 필요하며, 이것이 국제무역론을 공부하는 이유가 된다.

이러한 필요에 입각하여 국제무역 문제의 설명과 이해에 큰 도움이 될 수 있는 알기 쉬운 접근 방법을 사용한 미국 포드햄대학교의 도미니크 살바토레의 *International Economics*의 제13판을 번역하여 출판하게 된 것을 기쁘게 생각한다. 이 책은 1판부터 3판까지 번역되었고, 그 후 8판 및 12판이 번역된 바 있지만, 그동안 국제무역의 새로운 전개 과정에 발맞추어 많은 부분이 수정, 보완, 추가되었다. 또한 이전 번역본의 번역상 오류도 대폭 수정하였다.

이 책이 기존의 다른 책과 구별되는 장점은 다음과 같다.

첫째, 저자도 밝히고 있는 바와 같이 복잡한 국제무역 이론을 먼저 직관적으로 설명하고 차후에 수식이나 도표를 이용하여 보다 논리적으로 설명하는 방식을 취함으로써 국제무역론에 대한 깊은 이해가 없는 독자들도 국제무역 문제를 직관적으로 이해할 수 있도록 하였다. 둘째, 국제무역론에 관련된 거의 모든 내용을 빠짐없이 수록했으며, 보다 높은 고급 분석은 부록에서 설명하였다. 셋째, 설명 방식이 매우 세밀하고 자세할 뿐 아니라 비약 없이 전개되므로 주의 깊게 책을 읽을 경우 어려운 개념도 비교적 쉽게 이해할 수 있다. 마지막으로 무엇보다도 매력적이었던 것은 풍부한 사례연구 및 국제무역 자료들을 제공함으로써 자칫 현실감을 느끼기 어려운 국제무역이론에 생동감을 불어넣었다는 점이다.

번역을 하는 과정에서 원저의 내용을 충실하게 전달할 수 있도록 최선을 다했다고 생각되나 본의 아닌 오역도 있을 것이다. 이 점에 대해서는 독자들의 따가운 질책을 기대한다.

끝으로 살바토레 교수의 국제무역론의 한국어판을 계속 출간해 주시는 (주)시그마프레스의 강학경 사장님, 문정현 부장, 그리고 멋진 책으로 탄생시켜 준 편집부 여러분께 감사를 표한다.

저자 서문

이 책은 대단한 호평을 받은 것으로 자부하는 국제무역론 교과서의 제13판으로 미국, 캐나다 및 기타 영어를 사용하는 국가의 700개 이상의 대학에서 교재로 사용되고 있다. 또한 중국어, 프랑스어, 그리스어, 인도네시아어, 이탈리아어, 한국어, 폴란드어, 포르투갈어, 세르비아어, 스페인어, 러시아어 및 기타 언어로 번역되었다. 이 책이 미국 및 범세계적으로 국제무역론의 주요 교과서로 자리매김할 수 있도록 했던 특징들은 제13판에서도 그대로 유지되었으나, 새로운 중요한 토픽과 중요한 최근의 진전상황을 포괄할 수 있도록 내용을 완전히 새롭게 바꾸고 확대하였다.

국제무역의 중요한 진전상황

제13판의 중요한 목적은 오늘날 세계경제가 직면하고 있거나 장차 직면하게 될 중요한 국제무역 문제들을 이해하고, 평가하며 해결책을 제시하는 데 필수적인 국제무역론의 이론과 원리를 포괄적으로 명쾌하게 설명하는 것이다. 이러한 문제로는 다음과 같은 사항들이 있다.

1. 1929년 대공황 이래 최악의 경제 및 금융위기인 '대침체기' 후에 나타난 선진국 경제의 저성장과 고실업이다.
2. 미국과 기타 선진국에서의 보호주의가 강화됨에 따라 특화와 무역 수준은 감소하고 모든 국가의 후생을 저해할 수 있는 무역전쟁의 망령이 야기되고 있다.
3. 미국에서의 심각한 구조적 불균형, 유럽 및 일본의 저성장, 중부 및 동부 유럽에서의 미흡한 구조조정으로 인해 국제무역량이 감소할 수 있고, 달러가 붕괴될 수 있다.
4. 많은 개발도상국에서의 극심한 빈곤과 불평등의 확대는 미국과 다른 선진국에게 도덕적, 정치적, 개발상의 문제를 제기하고 있다.
5. 자원고갈, 환경 악화, 기후변화는 미국과 기타 선진국의 지속적 성장과 신흥시장에서의 지속가능한 발전을 저해하고 있다.

이러한 사건들은 미국과 기타 세계의 후생에 중요한 영향을 미치지만 대체로 미국과 개별 국가의 통제 밖에 있다.

제13판의 새로운 내용

제1장은 이 책의 제12판이 출간된 이후 세계경제에서 발생한 극적인 경제 변화를 반영할 수 있도록 대폭 개정되고 보완되었다. 1.6절은 완전히 개정하여 오늘날 미국과 세계가 직면하는 주요 국제무역 문제를 식별할 수 있도록 하였다.

세계경제의 급격한 세계화는 대부분의 국가에 이익을 가져다주지만, 중국과 같은 신흥시장으로부터의 경쟁이 치열해지는 미국이나 기타 선진국뿐만 아니라 세계화를 활용할 수 없는 빈곤국에게는 도전이 되기도 한다. 이러한 토픽들은 추가된 새로운 절과 사례연구에서 다룬다.

달러-유로 및 달러-인민폐 환율은 오늘날 미국의 막대하고도 감당하기 어려운 무역수지 적자만큼이나 뉴스에 자주 등장하고 있다. 미국의 무역수지 적자, 보호무역주의, 환율 불균형 사이의 관계는 이론적으로 그리고 실증적으로 모든 경우에서 다룬다.

세계경제의 세계화와 국제 자본시장의 자유화는 국제무역과 국제 경쟁력에 영향을 미치기도 하지만 정부의 국내정책에 대한 통제권을 잠식하기도 한다. 환율은 급변성과 큰 폭의 불균형을 보이는데, 이는 국제무역과 투자의 흐름과 각 국가의 비교우위를 저해한다.

이 책에서는 세계경제의 위험한 구조적 불균형을 심도 있게 분석하고, 이를 해결할 수 있는 정책대안들을 살펴본다. 오늘날 세계경제의 구조적 불균형으로는 미국의 무역수지 및 재정 적자, 유럽의 저성장과 높은 실업률, 10년에 걸친 일본의 정체, 중국으로부터의 경쟁으로 인한 선진국과 개발도상국에 대한 경쟁적 도전 등을 들 수 있다. 이들 토픽이 이 책에서 심도 있게 다루어진다.

이 책에서는 상당히 많은 사례연구가 포함되어 있는데, 많은 사례가 새롭게 추가된 것이며 나머지는 전면적으로 개정되었다.

이 책에서 새롭게 확대되고 개정된 내용은 다음과 같다. 최근 글로벌 금융위기 이전과 이후의 세계화의 이익과 도전, 그래비티 모형, 비교우위의 변화 패턴, 국제무역으로 인한 다양성의 이익, 유럽연합-미국 간 무역분쟁과 보호무역주의 및 현재(2019) 중국과의 무역전쟁, 비관세장벽의 만연, 전략적 무역과 산업정책, 신흥경제대국의 등장, 수입비중이 높은 미국의 수입경쟁산업에서의 일자리 상실, 국제무역과 미국 및 기타 선진국의 탈공업화, 국제무역과 미국의 임금 불평등, NAFTA로 인한 이익과 비용, 국제무역과 환경의 지속가능성, 세계화와 세계의 빈곤, 개발도상국에서의 무역과 성장, 도하 라운드의 붕괴, 미국의 이민정책에 대한 논쟁.

대부분의 무역 데이터 역시 이 책에 포함되어 있다.

독자 및 수준

이 책은 국제무역을 완벽하게 이해하는 데 필수적인 모든 원리와 이론을 소개한다. 교과서 자체에는 이를 직관적인 수준에서 소개하고 장의 맨 뒤에 있는 부록에서는 좀 더 엄밀하게 소개한다. 또한 부분균형을 먼저 다루고, 더 어려운 (선택적인) 일반균형분석을 후에 다룬다. 따라서 이 책은 신축성을 가질 수 있도록 구성되었으며 분석 수준이 지나치게 복잡하거나 단순한 다른 국제무역론 교과서의 단점을 극복할 수 있다.

책의 구성

이 책은 2부로 구성되어 있다. 제1부(제2∼7장)는 무역이론(즉, 무역의 원인과 무역으로부터의 이익)을 다루고, 제2부(제8∼12장)는 무역정책(즉, 무역의 흐름에 대한 장해)을 다룬다.

　이 책에서 제시된 많은 예와 현실세계에서의 사례연구들은 경영대학원의 국제무역론 강좌에서 사용해도 적합하다.

학생들에게

- 동일한 기초개념을 다루는 장에서는 동일한 예를 사용한다. 이러한 특징은 이 책에 고유한 것이다. 예를 들면 (무역이론과 무역정책을 다루는) 제2장부터 제11장에 이르기까지 동일한 도표와 숫자가 각 장에서 사용된다. 이렇게 함으로써 학생들은 매번 새로운 예를 가지고 다시 시작할 필요가 없으므로 학생들의 부담은 크게 경감된다.
- 예에서는 실제의 숫자가 이용되고 도표는 일정한 척도로 그려져 있다. 이렇게 함으로써 소개되는 다양한 개념과 이론들을 학생들에게 보다 구체적이고 접근 가능하며 관련성 있게 하여 그래프를 읽기 쉽고 이해하기 쉽게 하였다.
- 장마다 4개에서 9개까지의 사례연구가 소개되고 있다. 이러한 현실세계에서의 사례연구는 일반적으로 짧은 분량이지만 적절한 내용이어서 학생들의 이해를 공고히 하고 각 장에서 소개된 가장 중요한 토픽에 대해 흥미를 더해 준다.
- 각 장의 절은 참조를 용이하도록 하기 위해 번호를 매겼다. 다소 긴 절은 2개 또는 그 이상의 번호를 매긴 하위 절로 나누었다. 모든 그래프와 도표는 본문에서 자세하게 설명하였으며 또한 캡션에서도 간략하게 요약하였다.
- 본문을 읽기 편하게 색상과 음영을 적절히 이용하여 학생들의 이해를 돕도록 하였다.
- 각 장은 다음과 같은 학습 보조 도구로 끝을 맺는다.
- **요약** ─ 한 문단으로 본문의 각 절을 복습한다.
- **주요용어** ─ 각 장에서 색깔로 처리된 용어를 목록화하여 한눈에 볼 수 있게 하였다.
- **복습문제** ─ (각 절에 대하여 2개 또는 1개 이상의 문제에 해당하는) 12개에서 14개의 복습문제를 장마다 수록하였다.
- **연습문제** ─ 장마다 12개에서 15개의 연습문제를 수록하였다. 이 문제들은 학생들에게 특정한 척도를 계산하거나 사건을 설명하도록 한다.
- **부록** ─ 부록은 각 장에서 직관적으로 설명된 자료를 엄밀하게 그러나 자세하고 명백하게 설명한다.

포드햄대학교 경제학과 교수

도미니크 살바토레

요약차례

차례

제1부 국제무역이론

제2장 비교우위의 법칙

제3장 국제무역의 표준이론

제4장 수요와 공급, 오퍼곡선과 교역조건

제5장　요소부존과 헥셔-오린 이론

제6장　규모의 경제, 불완전경쟁 및 국제무역

제7장 경제성장과 국제무역

제2부 국제무역정책

제8장 무역제한조치 : 관세

제12장 국제자원이동과 다국적기업

사례연구

서론

- 세계화의 의미와 중요성을 이해한다.
- 국제무역과 한 국가의 생활수준의 관계를 설명한다.
- 국제무역론의 주제를 살펴본다.
- 오늘날 미국과 세계경제가 직면하고 있는 주요 국제무역 문제점과 도전을 식별한다.

1.1 세계경제의 세계화

세상은 급속도로 세계화되고 있으며 그 결과 세계의 국가나 국민들에게 많은 기회도 제공하지만 중요한 도전도 되고 있다. 오늘날 세계에서 발생하고 있는 세계화 혁명을 간략하게 살펴봄으로써 국제무역을 공부하기로 하자.

1.1A 우리는 글로벌 경제에서 살고 있다

우리는 세계화된 세상에서 살고 있다. 우리는 휴대전화, 아이패드, 이메일, 메신저(즉석교신), 화상회의 등을 통해 세계의 어느 지역과 즉시 연결할 수 있고 믿을 수 없이 빠른 속도로 어느 지역이든 여행할 수 있다. 기호는 수렴하고 있으며(즉, 범세계적으로 보다 많은 사람들이 동일한 것을 원하고 있다.) 우리가 소비하는 많은 재화는 외국에서 생산되었거나 부품을 수입하고 있다. 예를 들면 뉴욕 병원에서 찍은 방사선 사진이 벵갈루루(인도)에서 판독되거나 H&R Block이 세금환급을 처리하기 위해 해외로 자료를 보내는 경우처럼, 우리가 사용하는 많은 서비스 중 외국인들이 제공하는 서비스는 점차로 증가하고 있다.

재화와 서비스의 국제무역만큼 자유롭지는 않지만, 다양한 기술을 가진 수백만의 노동자들이 범세계적으로 이주해 왔고 또한 이주할 수 있으며, 수천 개의 일자리가 선진국으로부터 인도와 중국 같은 신흥시장으로 이동했다.

금융 역시 세계화되었다. 우리는 세계의 어느 곳에 있는 회사이든 투자할 수 있고 세계의 거의 모든 지역에 있는 회사로부터 금융상품(주식과 채권)을 매입할 수도 있다. 다수의 펜션 펀드는 사실상 해외에 투자하고 있으며, 한 금융센터에서의 금융위기는 마우스를 한 번 클릭하는 것만으로도 범세계적으로 전파된다. 우리는 달러를 유로나 기타 통화로 쉽고 신속하게 환전할 수 있으며 통화가 교환되는 비율은 빈번하고도 급격하게 움직인다. 요약하면 기호, 생산, 경쟁, 노동시장 및 금융시장은 급속도로 세계화되고 있으며 소비자, 노동자, 투자자 그리고 유권자로서의 우리에게 큰 영향을 미친다. 정말이지 우리는 글로벌 경제에 살고 있다(사례연구 1-1 및 1-2 참조).

사례연구 1-1   미국에서 판매되는 델 PC, 아이폰 및 아이패드는 전혀 미국산이 아니다!

텍사스의 라운드 록에 본사를 두고 있는 델은 미국, 유럽 및 아시아 지역의 34개 국가에 세계적인 생산 네트워크를 통합관리하고 있다. 미국에서 판매되고 있는 대부분의 PC에 대해 델은 최종 조립만 미국에서 하고, 컴포넌트, 주변기기, 프린트 회로기판(PCB) 조립 및 (부품조립 등의) 하위 부품의 조립에 대해서는 외부의 공급업자와 계약 제조업자에 의존하고 있다. 그 이유는 대부분의 부품이나 컴포넌트는 세계의 다른 지역에서 생산하는 것이 저렴하며 또 그렇기 때문에 수입하는 것이다(표 1-1 참조). 고부가가치 상품이든(전력공급 장치나 키보드와 같은) 저부가가치 상품이든 델의 조립공장 근처에서 만들 필요는 없다. 수요의 급변성에 대처하기 위해 항공으로 수송하기에는 비용이 많이 들고 재고로 보유하기에는 위험이 따르는 (머더보드와 기타 PCB 조립품과 같은) 몇몇 중간 수준의 부품만이 국지적으로 생산될 뿐이며, 그나마도 항상 그런 것은 아니다.

HP의 PC에 이용되는 부품과 컴포넌트의 90% 이상이 미국 이외의 지역에서 생산되고 있다. 애플 아이폰의 부품은 거의 모두 아시아산이다. 즉, 일본산 스크린과 대한민국산 플래시 메모리를 이용하여 중국에서 조립된다! 애플은 디자인과 소프트웨어를 담당하고 다른 부품의 혁신들을 총괄한다. 애플이 도입한 아이패드는 삼성과 LG 디스플레이(대한민국), 도시바(일본), 브로드컴(미국), 캐쳐 테크놀로지, 윈텍, 심플로 테크놀로지(타이완), ST마이크로일렉트로닉스(이탈리아, 프랑스)의 부품과 컴포넌트를 사용하여 중국에서 조립된다. 2011년에 이용할 수 있게 된 새로운 보잉 787 드림라이너 제트기의 부품과 컴포넌트 중 미국에서 생산되는 비중은 30%가 되지 않는다. 현대 생산의 공급사슬에서 다양한 부품과 컴포넌트를 아웃소싱하는 것을 분절화 또는 프래그멘테이션(fragmentation)이라 한다.

표 1-1   특정 부품과 컴포넌트를 델 PC에 공급하는 회사와 지역

부품/컴포넌트	지역	회사
모니터	유럽 및 아시아	필립스, 노키아, 삼성, 소니, 에이서
PCB	아시아, 스코틀랜드, 동부유럽	SCI, 셀레스티카
드라이브	아시아, 주로 싱가포르	시게이트, 맥스터, 웨스턴 디지털
프린터	유럽(바르셀로나)	에이서
부품조립	아시아와 동부유럽	혼하이/폭스텍
섀시	아시아와 아일랜드	혼하이/폭스텍

출처 : J. Dedrick and K. L. Kramer(2002): "Dell Computer: Organization of a Global Production Network" and "Globalization of the Personal Computer Industry: Trends and Implications" *Working Paper*, Irvine, CA: Center for Research on Information Technology and Organization(CRITO), University of California, Irvine, 2002; "The Laptop Trail," *The Wall Street Jouranl*, June 9, 2005, p31; "Rising in the East," *The Economist*, January 3, 2009,p47 ; "Dreamliner Production Gets Closer Monitoring. "*The Wall Street Journal*, October 7, 2009, p.B1; M. P. Timmer et al., "Fragmentation, Incomes and Jobs: An Analysis of European Competitiveness," *Economic Policy*, October 2013, pp. 613-661; "Not Really Made in China," *The Wall Street Journal*, December 16, 2016, p. B1; and "Globally Sourced," *The Wall Street Journal*, February 2017, p. A1.

사례연구 1-2   미국산 자동차란 무엇인가?

이상하게 들릴지 모르겠지만 무엇이 미국산 자동차인가라는 질문은 대답하기 어렵다. 오하이오에서 생산되는 혼다 어코드를 미국산으로 간주해야 할까?(피아트가 크라이슬러를 소유한다는 점을 감안하여) 캐나다에서 생산되는 크라이슬러 미니밴은 미국산인가? 수입된 일본산 부품을 40% 가까이 사용하는 켄터키에서 생산된 토요타와 마쯔다는 미국산 자동차인가? 무엇이 미국산 자동차인가를 결정하는 일은 갈수록 어려워지고 있으며 견해의 차이도 크다.

어떤 사람들은 북아메리카(미국, 캐나다, 멕시코)에서 조립된 자동차가 미국산 부품을 사용한다는 이유로 이를 미국산으로 간주해야 한다고 생각한다. 그러나 미국 자동차 노조는 캐나다와 멕시코에서 만들어진 자동차가 그들의 일자리를 빼앗아 간다고 생각한다. 또 다른 어떤 사람들은 미국 내 일본인 소유의 공장에서 생산된 자동차가 미국인들에게 일자리를 제공하기 때문에 이를 미국산으로 간주한다. 다른 사람들은 일본의 이러한 이전기업(transplants)에 의한 생산물을 외국산으로 간주하는 데 그 이유는 (1) 이들 공장이 창출하는 일자리는 미국 자동차업체로부터 유래한 것이며 (2) 이들 기업이 일본에서 수입한 자동차 부품을 40% 가까이 사용하고 있고 (3) 이들 기업이 이윤을 일본으로 송금하기 때문이다. 그러나 이들 이전기업이 미국산 부품을 75%나 90% 사용한다면 어떻게 될까? 마쯔다의 미시간 공장에서 생산된 포드의 프로브는 미국산일까?

미국 내에서 판매되는 자동차의 부품 중 몇 퍼센트가 국산이고 외제인지를 명기하도록 한 1992년의 미국 자동차 라벨링법이 발효된 후에도 미국산 자동차가 무엇인지를 결정하는 것은 어려운 일이다. 상호 의존관계와 세계화가 갈수록 심화되는 세상에서 이러한 질문이 타당한지도 의심스러운 일이다. 경쟁력을 확보하기 위해서는 자동차업체들이 양질의 부품과 컴포넌트를 값이 싼 곳에서 구매한 후 대량생산의 이점을 달성할 수 있도록 범세계적으로 판매해야만 한다. 포드사는 6개 국가(미국, 영국, 독일, 이탈리아, 일본, 호주)에서 자동차를 디자인하고 30개 지역(북아메리카에 3개, 남아메리카에 3개, 아시아에 7개, 유럽에 17개)에 생산설비를 갖추고 있으며 미국에서보다 미국 이외의 지역에서 더 많은 노동자를 고용하고 있다. 사실상 자동차 및 기타 산업들은 일부 소수의 범세계적인 독립기업으로 급격히 재편되고 있다.

출처 : "Honda's Nationality Proves Trboublesome for Free Trade Pact," *The New York Times*, October 9, 1992, p.1; "What is a U.S. Car? Read the Label," *The New York Times*, September 18,1994, Section 3, p.6; "Made in America? Not Exactly: Transplants Use Japanese Car Parts," *The Wall Street Journal*, September 1, 1995,p. A3B; "What is an American Car?" *The Wall Street Journal*, January 26, 2009, p.A5; and "One Ford for the Whole World," *Business Week*, May 15, 2009, pp.58-59. and "Global Car Industry Runs on NAFTA," *The Wall Street Journal*, November 11, 2016, p. A1.

1.1B 세계화의 도전

세계화(globalization)는 그 범위와 중요성에 있어서 산업혁명에 비견되는 혁명이다. 그러나 산업혁명은 한 세기에 걸쳐 진행된 반면 오늘날의 세계화는 10년 또는 20년에 걸쳐 우리의 눈앞에서 진행되고 있다. 물론 세계화가 새로운 현상은 아니다. 로마의 주화는 2000년 전 로마제국에 걸쳐 유통되었고 중국에서 중국 통화는 그보다 이전에 유통되었다. 보다 최근에 세계는 1870~1914년, 1945~1980년 그리고 1980년 이후 지금까지 3단계의 세계화를 경험한 바 있다.

1870~1914년의 세계화는 유럽에서의 산업혁명과 자원이 풍부하고 인구가 희박한 북아메리카(미국, 캐나다), 남아메리카(아르헨티나, 칠레, 우루과이), 오스트레일리아 및 뉴질랜드 그리고 남아프리카 지역의 개방에 기인한 것이다. 이들 지역은 수백만 명의 이주자들과, 특히 영국으로부터의 방대한 해외투자를 받아들여 식량 및 원자재 생산을 위한 새로운 토지를 개척하였다. 이른바 이들 '신정착지역'은 유럽에 식량과 원자재를 수출하는 대신 제조업품을 수입함으로써 급속히 발전하였다. 이 기간

의 현대적 세계화는 1914년 제1차 세계대전의 발발과 더불어 막을 내렸다.

급속한 세계화의 두 번째 기간은 1945년 제2차 세계대전의 종결과 더불어 시작되었다. 이 시기의 특징은 1929년 미국에서 시작된 대공황과 제2차 세계대전 동안 부과된 심각한 무역 보호를 해체한 결과 국제무역이 급속도로 증가한 점이었다. (1980년 이후) 현재의 세계화 혁명은 원거리통신과 수송수단의 엄청난 발전으로 인한 속도와 깊이 및 긴박함, 국가 간 자본이동에 대한 대부분의 규제를 철폐함에 따른 대규모 국제 자본이동 그리고 세계 대부분의 국가들이 참여한다는 점에서 차이가 있다. 그 결과 오늘날의 세계화는 이전의 세계화에 비해 훨씬 더 광범위하고 극적이다. 최근 2008~2009년의 심각한 범세계적 금융 및 외환위기는 세계화의 행렬을 일시적으로 감속시켰을 뿐이다.

그러나 혁명으로서 오늘날의 세계화는 많은 이점과 혜택을 가져다주기도 하지만 몇 가지 불리한 점과 해로운 부작용도 있다. 사실상 이점과 불리한 점의 정도와 형태에 대해서는 다양한 견해 차이가 있다. 저렴하고, 품질 좋은 제품이나 서비스를 해외로부터 얻을 수 있다는 점만으로 국내 일자리를 희생해야 하는 것을 정당화할 수 있는가? 몇몇 국가의 일부 사람들은 대단히 부유하고 풍족한 반면 다른 사람들은 절망적으로 가난하여 기아로 죽어 가는 이유는 무엇인가?

노동자의 이주로 인해 노동은 보다 효율적으로 이용되지만 선진국에서는 일자리를 상실하게 되고 미숙련노동에 대한 임금은 하락하며, 이민국(emigrating country)에 손실을 입히기도 한다(즉, 두뇌유출). 마찬가지로 금융의 국제화와 규제받지 않는 자본이동의 결과 범세계적으로 자본이 보다 효율적으로 이용되며 개인과 기업에게 보다 높은 수익과 위험의 분산기회를 제공한다. 그러나 이로 인해 1997년 아시아에서 시작하여 대부분의 개발도상국에 영향을 미친 국제금융위기나 2007년 미국에서 발생하여 2008년과 2009년 세계 전체에 영향을 미친 서브프라임 모기지 위기와 같은 국제금융위기가 주기적으로 발생하기도 한다. 마지막으로 원유나 기타 광물자원 및 물과 같은 자원을 고갈시키고 있지는 않은가? 세계는 기후변화로 인한 재앙으로 치닫고 있지는 않은가?

세계화의 이러한 불리한 점과 부정적인 측면 때문에 사람들은 최선의 정책으로서의 자유무역에 대한 오래된 믿음을 다시 생각하게 되었고 강력한 반세계화 운동이 촉발되었다. 반세계화 운동(antiglobalization movement)은 범세계적인 여러 가지 인간문제와 환경문제가 세계화 때문이며, 다국적기업의 이윤을 위해 인간 복지 및 환경 복지를 희생한다고 세계화를 비난한다. 또한 세계화는 가난한 국가에서의 미성년자 노동과 부유한 국가에서의 일자리 상실과 임금의 하락뿐 아니라 범세계적인 환경오염과 기후변화의 주범으로 비난받고 있다. 이러한 비난에도 어느 정도 일리가 있기는 하지만 깊이 있게 경제를 분석해 보면, 이러한 심각한 세계적 문제의 1차적 원인은 다른 곳에 있다는 것을 알게 될 것이다(사례연구 1-3 참조).

세계화는 여러 가지의 사회적, 정치적, 법적 및 윤리적 측면을 가지고 있기 때문에 경제학자들은 시민사회 전체뿐만 아니라 다른 사회과학자와 자연과학자들과 협조하여 세계화가 보다 인간적인 면모를 갖도록 노력해야 한다(즉, 모든 국가와 사람들이 세계화로 인한 이익을 공유하도록 해야 한다). 세계화는 물질적인 것을 생산할 때 효율성을 증대시키기 때문에 중요하며 또한 우리가 이런 사실로부터 숨거나 도피할 수 없기 때문에 세계화가 불가피하기도 하다. 그러나 우리는 세계화가 지속 가능하고 인간적인 면모를 갖추어 궁극적으로는 '공정'해지기를 원한다. 이렇게 되기 위해서는 세계의 지배구조가 깊이 변화해야 하며, 이러한 점이 오늘날 그리고 다음 10년 동안 인류가 직면하고 있는 도전이다.

사례연구 1-3　인도의 세계화는 미국에 해로운가?

선진국으로부터 인도와 같은 저임금국가로 (소비자의 질의에 응답하는 등의) 저기술 서비스 산업을 아웃소싱하는 것은 선진국에서의 비용과 가격을 절감시키며 큰 우려를 불러일으키지 않는다. 그러나 최근 들어 계산 및 항공 공학, 투자은행 및 의약 연구 등과 같은 많은 고기술 및 고임금 일자리가 인도 및 기타 신흥시장으로 이전되어, 특히 미국과 같은 선진국에서는 큰 우려가 제기되고 있다. 표 1-2는 2008년 미국의 다국적기업들이 첨단기술 서비스와 일자리를 인도로 아웃소싱한 것을 보여 주고 있다.

IBM, 씨티그룹, 모건 스탠리 같은 기업들은 고기술, 고임금 일자리를 인도와 (특히 중국과 같은 신흥시장과 같이) 보다 저렴하게 수행할 수 있는 곳으로 아웃소싱함으로써 국제 경쟁력을 유지할 수 있고, 미국 소비자에 대한 제품 및 서비스 가격을 낮출 수 있기 때문에 급성장하는 신흥시장을 활용하는 것이 필요하다고 지적한다. 그러나 고기술, 고임금 일자리와 이를 바탕으로 하는 핵심 기술을 해외로 이전하는 것은 미국 내에서 고급 일자리를 상실할 뿐만 아니라 미국이 계속해서 세계의 기술 선도자로 남을 수 있을 것인가에 대한 우려를 불러일으키고 있다.

다양한 분야에서 노동량을 절감시키는 기술진보와 아울러 특히 중국과 같은 일부 신흥시장에 노동비용과 기타 비용이 상승하기 때문에 일부 제조업은 미국과 기타 선진국으로 되돌아가고 있다(이러한 과정을 **인소싱** 또는 **리쇼어링**이라고 한다).

표 1-2　인도의 세계화

미국기업	세계의 노동력	인도의 노동력	인도의 비율	아웃소싱된 서비스
엑센추어	146,000	27,000	18.5	2008년 말까지 이 기업은 미국보다는 인도에서의 일자리가 더 많을 것으로 기대
IBM	356,000	52,000	14.6	인도 및 세계의 고객을 위한 소프트웨어 솔루션을 독자적으로 개발
씨티그룹	327,000	22,000	6.7	미국 주식 분석 및 미국기업에 대한 신용평가

출처 : "India's Edge Goes Beyond Outsourcing," The New York Times, Apirl 4, 2008, p. C1 and "IBM to Cut U.S. Jobs, Expand in Inida," The Wall Street Journal, March 26, 2009, p. B1; "Outsourced Forever," Forbes, September 26, 2011, pp. 38 – 39; "Benefits of Outsourcing Comes under Scrutiny," The Financial Times, October 16, 2013, p. 1; and "Manufacturers Capitalize on Goods Made in the U.S." The Financial Times, October 16, 2013, p. 1; "Why They're Wrong," The Economist, October 1, 2016, p. 11; "The Jobs Sent to India May Now Go to Indiana," The Wall Street Journal, July 31, 2017, p. A1; and "IBM Makes a Big Bet on India," The New York Times, October 1, 2017, Business, p. 1.

이러한 모든 토픽과 다른 많은 토픽이 이 책에서 다루고 있는 국제무역론의 직접적·간접적 주제이다.

1.2 국제무역과 한 국가의 생활수준

미국은 한 대륙에 걸쳐 있고, 다양한 인적 자원과 천연자원이 풍부하기 때문에 미국이 필요로 하는 대부분의 상품들을 비교적 효율적으로 생산할 수 있다. 이러한 점을 스위스나 오스트리아와 같이 소수의 특화된 자원만을 가지고 있고 훨씬 적은 범위의 상품을 생산하고 수출하여 기타 대부분의 상품을 수입하는 소규모 산업국가의 상황과 비교해 보자. 일본, 독일, 프랑스, 이탈리아, 영국, 캐나다와 같은 대규모 산업국가조차도 국제무역에 결정적으로 의존하고 있다. 개발도상국의 경우에는 수출이 고용기회를 제공하고, 국내에서 생산할 수 없는 상품이나, 필요한 첨단기술을 구매할 수 있는 소득을 제공한다.

국가 간 경제적 관계 또는 국가 간 상호의존성(interdependence)에 대한 개략적인 척도는 국내총생산(GDP)에서 차지하는 상품과 서비스의 수출과 수입의 비율로 측정한다. GDP란 한 국가에서 생산된 상품과 서비스의 총가치를 뜻한다. 그림 1-1은 GDP에 대한 수출과 수입의 비율이 미국보다는 소규모 산업국가와 개발도상국의 경우에 훨씬 더 높다는 점을 보여 주고 있다. 따라서 국제무역은 미국보다는 대부분 기타 국가의 경우에 훨씬 더 중요하다.

미국의 무역의존 비중이 상대적으로 낮다고 하더라도 미국의 높은 생활수준은 국제무역에 상당히 많이 의존하고 있으며, 무엇보다도 커피, 바나나, 코코아, 차, 스카치, 꼬냑과 같이 미국이 전혀 생산하지 않는 상품들이 있다. 게다가 미국은 주석, 텅스텐, 크롬과 같이 어떤 산업 활동에 중요한 광물자원의 매장량이 전혀 없으며 원유, 구리 및 기타 많은 광물자원의 매장량이 감소하고 있는 실정이다. 한 국가의 생활수준에 양적으로 더욱 중요한 것은 국내에서 생산될 수는 있지만 외국보다 더 높은 비용으로 생산되는 상품들이다. 우리는 차후에 이러한 점들이 무역으로부터의 이익이나 이득을 설명할 수 있다는 것을 살펴볼 것이다. 1950년부터 2016년까지 국제무역의 증가로 인하여 미국의 1인당 국민소득은 2016년 달러로 $7,000 이상 증가한 것으로 추정된다(Hufbauer and Lu, 2017).

그럼에도 불구하고 미국은 아마도 국제무역을 포기하고도 생활수준의 급격한 감소 없이 생존할 수

그림 1-1   2017년도 각국의 GDP에 대한 수출과 수입의 비율

국제무역(수출과 수입)은 미국보다는 대부분의 기타 소규모 산업국가와 개발도상국에 더욱더 중요하다.

출처 : International Monetary Fund, *International Financial Statistics*(Washington, D.C. : IMF, 2018).

있을 것이다. 2018년 연구에 따르면 미국의 무역을 통한 이익은 GDP의 2~8%이다. 그러나 스위스나 오스트리아는 말할 것도 없고 일본, 독일, 영국, 이탈리아의 경우에는 동일한 상황이 적용되지 않는다. 과거에 군사적, 정치적 이유로 자급자족을 높게 평가해 온 러시아나 중국도 최근에는 첨단과학제품, 외국자본, 곡물, 콩 및 기타 농산품까지도 수입하는 동시에 그들이 필요로 하는 수입품을 지불할 수 있도록 그들의 상품과 서비스를 수출할 필요를 인정하고 있다.

　일반적으로 세계 전체의 무역이 세계 전체의 생산보다 빠른 속도로 증가해 온 것으로 알 수 있듯이 (그림 1-2 참조), 국가 간 상호의존 관계는 지난 수년간 심화되어 왔다. 지난 50년간 미국의 경우에는 확실히 그러하다(사례연구 1-4 참조). 세계무역이 세계 전체의 생산보다 빠른 속도로 증가한 데 대한 예외는 세계경제의 경기침체로 인한 1981~1982년, 2001년, 2009년 그리고 2012~2016년이다. 최근 세계무역이 느리게 증가한 이유는(그림 1-2 참조) 세계 생산의 프래그멘테이션(fragmentation)이 역전되었기 때문이다. 예를 들면 상품 수출에서 중국의 부품과 컴포넌트가 차지하는 비율은 1990년대 중반의 최고 60%에서 2010년 초 이래로 약 30%로 감소했다.

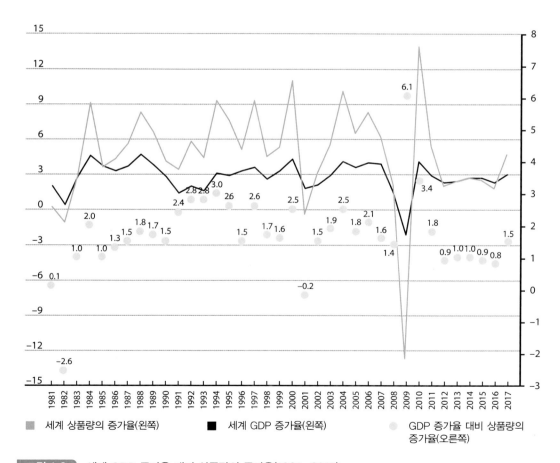

■ 세계 상품량의 증가율(왼쪽)　　　■ 세계 GDP 증가율(왼쪽)　　　○ GDP 증가율 대비 상품량의 증가율(오른쪽)

그림 1-2　세계 GDP 증가율 대비 상품량의 증가율(1981~2017)

출처 : WTO, *World Trade Statistical Review* (Geneva: WTO, 2018), p. 31. See also C. Constantiescu, A. Mattoo, and M. Ruta, "The Global Trade Slowdown: Cyclical or Structural?" *IMF Working Paper WP/15/6*, January 2015.

사례연구 1-4 국제무역의 중요성이 커지고 있는 미국

미국에서 수입과 수출이 GDP에서 차지하는 비율은 1960년대 대부분 4~5% 사이에 머물렀지만, 1970년대에 급격히 증가하였다. 그림 1-3은 수입이 미국 GDP에서 차지하는 비율이 1960년대 후반 5%에서 1980년에는 10% 이상으로 증가하였다가 2008년에는 역대 최고로 18%로 증가한 후 미국의 경기침체로 인해 2009년에는 14% 이하로 하락했다. 수출은 1960년대 후반 GDP의 5%에서 1980년에는 약 10%로 증가했으며, 2008년에는 최고 약 13%에 달하였으나 2009년에는 미국의 경기침체와 해외의 낮은 성장률 때문에 11%로 하락했다. 그 후 GDP 대비 미국의 수출과 수입은 증가하기도 하고 감소하기도 하였으며 2017년에는 각각 15%, 12%였다. 그림 1-3은 지난 50년간 미국의 경우 국제무역이 갈수록 중요해졌음을 보여 준다. (즉, 미국과 세계경제의 상호의존성이 더 커졌다.) 또한 이 그림은 1976년 이래로 GDP에서 차지하는 수입의 비중이 수출의 비중보다 더 컸으며, 이러한 격차는 1980년대 초와 1996년부터 2006년까지 급격히 확대되었음을 보여 준다. 그 결과 미국의 무역수지 적자가 확대되었고 미국의 산업계와 노동계는 외국으로부터의 경쟁에 대하여 미국 국내시장과 일자리를 보호해야 한다고 주장하게 되었다.

그림 1-3 미국 GDP에 대한 수출과 수입의 비율(1965~2017)

미국에서 GDP에 대한 수출과 수입의 비율은 1970년대 초반 이래 급격히 상승하였다. 따라서 국제무역은 미국의 경우 더 중요해졌다고 할 수 있다. 1980년대 전반기와 다시 1996년부터 2006년 기간에 미국의 수입은 수출을 크게 초과하였는데, 그 결과 미국의 무역수지 적자폭이 크게 확대되었다.

출처 : International Monetary Fund, *International Finacial Statistics Yearbook*(Washington, D.C: IMF, Various Issues).

그러나 국가들은 여러 가지 다른 방법에 의해서도 상호의존적일 수 있는데, 그 결과 한 국가에서의 경제적 사건이나 정책은 다른 국가에 (그리고 반대로도) 중요한 영향을 미친다. 예를 들어 미국이 자국 경제를 부양하면 미국 국민에 의한 상품과 서비스에 대한 수요 증가의 일부는 수입으로 누출되며, 이러한 상품을 수출하는 다른 국가의 경기가 촉진된다. 반대로 미국에서의 이자율 상승은 해외자금(자본)을 유인하여 달러의 가치가 상승한다. 미국으로의 자금유입은 그 자체로 달러의 국제적 가치를 상승시키는데, 이는 미국의 수입을 촉진하고 수출을 억제한다. 그 결과 미국의 수입은 촉진되고 수출은 위축되어 미국 내 경제활동은 둔화하고 해외의 경제활동이 활성화된다.

마지막으로 국가 사이의 무역장벽을 낮추고자 하는 무역협상의 결과 (컴퓨터와 같은) 첨단기술 상품의 수출이 증가하여 미국 내의 첨단기술 산업의 고용 및 임금은 상승할 수 있지만, 신발과 섬유의 수입이 증가하여 그 분야에서의 고용 및 임금은 감소할 수도 있다. 따라서 오늘날의 세계에서 국가들이 얼마나 밀접하게 연결되어 있고 또 상호의존 관계에 있는지를 알 수 있으며, 순전히 국내 문제를 해결하기 위한 정부의 정책이 얼마나 중요한 국제적 반향을 일으키는지를 알 수도 있다.

1.3 노동과 자본의 국제적 이동

세계경제의 상호의존성은 재화, 서비스, 노동과 자본의 국경을 넘어선 이동으로 반영된다.

1.3A 재화와 서비스의 국제적 이동 : 그래비티 모형

국제무역이 한 국가의 생활수준에 갈수록 중요해진다는 점은 이미 살펴보았다. 그러나 미국의 주요 교역대상국은 어느 나라이고 그 이유는 무엇인가? 일반적으로 한 국가는 소국보다는 대국(GDP가 높은 국가)과, (수송비가 많이 드는) 지리적으로 먼 국가보다는 인접한 국가와, 덜 개방된 경제체제를 가진 국가보다는 개방된 경제체제를 가진 국가와, 언어와 문화적 토양이 상이한 국가보다는 유사한 국가와 더 많은 무역을 할 것이다.

가장 단순한 형태의 그래비티 모형(gravity model)에 의하면 (다른 조건이 일정할 때) 두 국가 간의 양자 간 무역은 두 국가의 GDP의 곱에 비례하거나 양의 관계에 있으며, (물리학에서 뉴턴의 중력법칙과 같이) 두 국가 간의 거리가 멀수록 감소한다. 즉, 두 국가의 경제 규모가 클수록(그리고 유사할수록), 지리적 거리가 가까울수록 두 국가 간의 무역은 클 것으로 예상된다.

그래비티 모형은 다음과 같은 식으로 표현된다.

$$T = C \cdot \frac{Y_1 \cdot Y_2}{D} \tag{1-1}$$

$T =$ 두 국가(1국과 2국) 사이의 무역액

$C =$ 상수

$Y =$ GDP

$D =$ 1국과 2국 사이의 거리

그래비티 방정식 (1-1)의 의미는 다음과 같다. (1국과 2국의 무역액인) T는 (상수) C에 (1국의 GDP인) Y_1과 (2국의 GDP인) Y_2를 곱하고 (1국과 2국 사이의 거리인) D를 나눈 것과 같다. 상수 C는 그래비티 항(즉, Y_1, Y_2 및 D) 사이의 관계의 크기를 보여 준다. 그러나 위의 식은 개략적으로만 성립할 것으로 생각되는데, 그 이유는 그래비티 모형이 명기하고 있지 않는 기타의 다른 요인에 의해서도 무역이 영향을 받기 때문이다.

[캐나다와 미국처럼 동일한 언어를 사용하고 문화적 환경이 유사하며, 제10장에서 논의되는 멕시

사례연구 1-5 그래비티 모형의 적용

그래비티 모형에 의하면 미국은 원거리의 유사한 국가보다 이웃 국가인 캐나다, 멕시코와 무역을 더 많이 하며, 소규모 국가보다는 경제대국인 중국, 일본, 독일 등과 더 많은 무역을 할 것으로 예상된다. 표 1-3은 바로 이 점을 보여준다. 즉, 미국의 가장 중요한 무역상대국은 경제 대국이며 근거리에 있다. (이 장 부록에서는 국제무역의 지역별, 상품별 집중에 대한 상세한 자료와 아울러 재화와 서비스의 주요 수출국과 수입국을 보여 준다. 사례연구 13-1은 2017년 미국의 주요 수출상품과 수입상품을 보여 준다.)

표 1-3	2017년도 미국의 주요 무역상대국(10억 달러)		
국가	수출(달러)	수입(달러)	수출+수입(달러)
캐나다	188.0	523.7	711.7
중국	341.3	338.5	679.8
멕시코	276.7	345.4	622.1
일본	114.7	171.3	286.0
독일	86.6	153.3	239.9
영국	126.2	110.6	236.8
대한민국	73.4	82.7	156.1
인도	49.5	76.8	126.3
프랑스	53.0	66.8	119.8
브라질	63.5	35.0	98.5

출처 : U.S.Department of Commerce, "U.S. International Trade by Selected Countries and Areas," December 2018.

코와 더불어 자유무역협정(NAFTA)을 체결한 경우와 같이] 두 국가가 동일한 언어를 사용하고 문화적 환경이 유사하며 그들 사이에 무역에 대한 규제가 없을 때 두 국가 사이의 무역은 그렇지 않은 경우보다 더 커질 것이다. 실제로 그래비티 모형이 예측한 무역량과 실제 무역량의 차이는 두 국가 사이의 실제 무역 환경과 가장 유리한 무역 환경의 정도를 반영하는 것으로 볼 수 있다.

동시에 그래비티 모형이 예측하는 미국과 캐나다 사이의 무역은 이 모형으로 예측할 수 있는 미국이나 캐나다의 인접 주 사이의 무역만큼 크지는 않다. 다른 요인들이 (즉, 문화의 차이와 국산품에 대한 선호와 같은) 존재하기 때문에 동일한 국가의 인접 주 사이의 무역이 아주 유사한 국가 사이의 무역보다 더 클 것이라는 점은 명확하다(사례연구 1-5 참조).

1.3B 노동과 자본의 국제적 이동

재화와 서비스의 무역 외에도 국경을 넘어선 자본과 사람의 이동(이주) 역시 세계경제에서 경제통합이나 세계화의 다른 척도가 된다.

오늘날 자기가 태어난 국가 외에서 살고 있는 사람들의 수는 약 1억 9천만 명인데, 이 중 약 60%는 부유한 국가에서 살고 있다(약 3,600만 명은 유럽, 3,800만 명은 미국 거주). 사람들은 주로 경제적 동기(즉, 생활수준을 향상시키거나 자녀들에게 보다 많은 기회를 제공하기 위해)에 의해 이주하지만 일부는 정치적·종교적 억압을 피하기 위해 이주한다. 미국에서 살고 있는 3,800만 명의 외국 태생의 이민자들은 미국 인구의 12.5%, 미국 노동력의 16.2%에 해당한다. 이 중에서 1,100만 명 이상 또는 거의 30%의 사람들이 미국에 불법으로 이주했다. 대부분의 국가는 미숙련노동의 유입을 억제하기 위하여 (종종 숙련노동이나 기술인력의 이민은 장려하지만) 이민에 대해 규제를 하고 있다. 이주는 재화나 서비스 및 자본의 국제적 이동에 비해 더 제한적이며 규제를 받는다(노동의 국제적 이주에 대해서는 12.6절에서 상세하게 논의한다).

일반적으로 자본은 노동보다 국경을 넘어서 더 자유롭게 이동할 수 있다. (은행여신이나 채권과 같은) 금융자본은 일반적으로 이자율이 높은 국가나 시장으로 이동하며, 플랜트나 기업에 대한 해외직접투자는 기대수익이 높은 곳으로 이동한다. 그 결과 자본은 보다 효율적으로 사용되며 일반적으로 대여자나 차입자 모두에게 이득이 된다. 1970년대에 중동 국가들은 원유 수출로 인한 막대한 수입을 뉴욕과 런던 소재 은행에 예치했는데, 이들 은행들은 이 자금을 라틴아메리카 및 아시아 국가와 기업에 대출하였다(환류하였다). 1980년대에 일본은 막대한 금액의 수출소득을 미국 내 금융자산과 실물자산에 투자하였고, 자회사를 설립하는 데 이용하였다.

1980년대 중반 이후 미국은 생산에 비해 과다한 지출을 충당함에 따라 대규모 차입국이 되었다(사례연구 1-6 참조). 세계적 은행들은 주요 국제금융센터(뉴욕, 런던, 프랑크푸르트, 도쿄, 상하이, 싱가포르)에 지점을 설립하였으며, 거의 5조 달러(미국 GDP 또는 미국 경제의 약 30%에 해당)의 외환이 매일 세계적 금융센터에서 24시간 거래되고 있고, (원유를 수출하는 중동 국가와 노르웨이, 싱가포르, 중국, 러시아, 브라질이 소유한 금융기관과 같은) 새로이 설립된 국부 펀드 등은 범세계적으로 다양한 투자를 하고 있다. 금융시장은 유례없이 세계화되고 있다. 이로 인한 문제점은 한 국가에서 금융위기가 발생하면 다른 국가로 신속하게 전파된다는 점이다(제12장에서는 국제자본이동을 상세하게 살펴본다).

1.3C 범세계적 금융위기 이전과 이후의 세계화

그림 1-4를 통하여 1980년대 초반 시작되었던 세계경제의 세계화 과정(무역, 서비스 및 자본의 국제적 이동)은 1990년대에 급속히 진전되어 2007년에 최고조에 달하였으나 2008~2009년의 범세계적 금융위기와 경기침체로 급격히 위축되었음을 알 수 있다. 세계화 과정은 2010년 세계경제의 회복과 더불어 향상되기는 했으나 2011년부터 2017년까지의 수준은 (절대규모와 세계 GDP에 대한 비중으로 보나) 2007년의 정점보다는 낮은 수준이다. 국경 간 이동 또는 세계화가 장차 급속한 성장세를 회복할지 아니면 2010~2017년 수준에서 머물러 있을지는 현재 의문점이다. 서비스가 세계 GDP의 약 2/3를 차지하고 있지만, 재화의 국제무역이 가장 중요한 무역의 구성 부분이라는 점에 주목하자(서비스 및 금융의 국제적 이동보다 약 3~4배 가까이 더 크다).

한편 (세계화 과정의 다른 구성 요소인) 모국 이외의 지역에서 살고 있는 사람들의 비중은 1980년대 이후 약 2.7%로 놀라울 정도로 안정적이었다. 그러나 단기 여행객과 외국 대학에 등록하는 학생들의 수는 급격하게 증가했다. 데이터와 통신의 국경 간 이동은 이보다 더 빨리 증가했다.

사례연구 1-6   자본의 주요 순수출국 및 순수입국

표 1-4는 2017년도 자본의 주요 순수출국 및 순수입국을 보여 주고 있다. 실제적으로 투자자들이 해외 대여와 투자기회를 활용하고 위험을 커버하며 포트폴리오를 분산시킴에 따라 모든 국가들은 자본을 수출하고 또한 수입하고 있다. 자본을 수입하는 것보다 더 많이 수출하는 국가는 자본의 순수출국이며, 자본을 수출하는 것보다 더 많이 수입하는 국가는 자본의 순수입국이다. 이 표로부터 독일, 중국과 일본은 자본의 순수출국임을 알 수 있다. 반대로 미국은 자본의 가장 큰 순수입국이다. 미국은 소득에 비해 지나치게 지출을 많이 하고 있는데, 이는 미국이 교정을 해야 하는 것이다.

표 1-4	2017년도 자본의 주요 순수출국 및 순수입국		
자본의 순수출국	세계자본 수출에 대한 비율(%)	자본의 순수입국	세계자본 수입에 대한 비율(%)
독일	21.2	미국	43.5
중국	14.1	영국	10.0
일본	14.0	인도	4.8
네덜란드	5.8	캐나다	4.6
타이완	5.7	터키	4.4
대한민국	5.6	프랑스	3.4
스위스	4.5	오스트레일리아	3.0
싱가포르	4.4	아르헨티나	2.9
기타	24.7	기타	23.4

출처 : IMF Data Bank, July 2018.

1.4 국제무역이론과 정책

이제 국제무역이론과 정책의 목적 및 주제를 살펴보기로 한다.

1.4A 국제무역이론과 정책의 목적

일반적인 경제이론의 목적은 예측하고 설명하는 것이다. 즉, 경제이론은 경제적 사건을 둘러싸고 있는 세부적인 사항들로부터 추상화하여 그 사건을 설명하고 예측하는 데 가장 중요한 것으로 생각되는 몇몇 변수화 관계를 추출하는 것이다. 이러한 맥락에서 무역론은 보통 2개의 국가, 2개의 상품, 2개의 생산요소가 존재하는 세계를 가정한다. 또한 무역규제가 없고, 생산요소가 국내에서는 완전히 이동 가능하지만 국제적으로는 이동 불가능하며, 상품 및 생산요소 시장은 완전경쟁상태에 있으며 수송비는 없다고 가정한다.

이러한 가정들은 지나치게 제한적으로 보일 수도 있다. 그러나 이러한 단순화하기 위한 가정으로부터 도출한 결론은 2개 이상의 국가, 2개 이상의 상품, 2개 이상의 생산요소가 존재하고 생산요소가

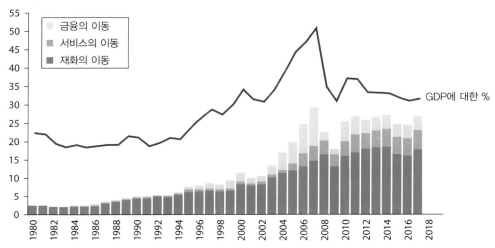

그림 1-4 **재화, 서비스 및 금융의 이동(1980~2017)**

세계화(재화, 서비스 및 금융의 국경 간 이동)는 1990년의 5조 달러(세계 GDP의 23%)에서 증가하여 2007년에는 29조 달러(세계 GDP의 52%)로 최고조에 달하였다. 그러나 2008~2009년의 범세계적 금융위기와 경기침체로 인하여 감소하였으며 2017년에는 27조 달러(세계 GDP의 33%)였다.

출처 : McKinsey, *Global Flows in a Digital Age*(New York, April 2014); "Globalization Is Changing, Not Going into Reverse," *The Financial Times*, April 15, 2016, p. 9; Hu and M. Spence, "Why Globalization Stalled," *Foreign Affairs*, July/August, 2017, pp. 54 – 63; WTO, *World Trade Statistical Review* (Geneva: WTO, 2018); and IMF, *International Financial Statistics Yearbook* (Washington, D.C.: IMF, 2018).

어느 정도 국제적으로 이동할 수 있으며, 불완전경쟁, 수송비 그리고 무역규제가 존재하는 세상을 다룰 수 있도록 가정을 완화하여도 성립한다.

국제무역론은 앞서 언급한 이러한 단순화하기 위한 가정으로부터 출발하여 무역의 원인, 무역으로부터의 이익, 무역규제의 원인과 효과를 살펴보며 각종 정책이 해당 국가와 다른 국가의 후생에 미치는 효과를 검토한다.

국제무역론의 대부분은 일반적인 미시경제학의 원리를 국제적 맥락에 적용한 것이기는 하지만, 국제무역론 분야 자체 내에서도 다양한 이론 발전이 이루어졌으며 후에 일반 경제이론의 주요 부분으로 자리 잡게 되었다. 한 가지 예가 (10.4A절에서 논의될) 차선의 이론이다. 생산이론, 일반균형이론, 성장이론 및 후생경제학은 다른 많은 경제이론과 함께 국제경제학 영역의 업적에서 큰 도움을 받았다. 이러한 공헌은 경제학의 특별한 영역으로서 국제무역론의 활력과 중요성을 입증하는 것이다.

1.4B 국제무역론의 주제

국제무역론은 국가 간 경제적 상호연관성을 다룬다. 또한 한 국가와 여타 국가 사이의 재화 및 서비스의 흐름과 이러한 흐름을 규제하기 위한 정책 그리고 이들 정책이 한 국가의 후생에 미치는 효과를 분석한다. 이러한 경제적 상호연관성은 국가 간 정치적, 사회적, 문화적, 군사적 관계에 의해 영향을 받고 또한 영향을 미치기도 한다.

구체적으로 국제무역론은 국제무역이론과 국제무역정책을 다룬다. 국제무역이론(international trade theory)은 무역으로부터의 이익과 무역의 발생원인을 분석하고, 국제무역정책(international trade policy)은 무역규제가 존재하는 이유와 그 효과를 살펴본다.

국제무역이론과 정책은 개별 국가를 한 단위로 분석하고 개별 상품의 (상대) 가격을 분석하기 때문에 국제경제학의 미시경제(microeconomics) 측면을 다룬다. 국제 간 경제관계는 지역 간 경제관계 (즉, 한 국가의 상이한 지역 사이의 경제적 관계)와 다르기 때문에 다소 상이한 분석방법이 필요하며, 이로 인해 국제무역론은 경제학의 독특한 분야로 인정된다. 즉, 국가는 재화, 서비스 및 생산요소의 국경을 넘어선 이동에는 보통 규제를 가하지만 내부적인 이동에는 규제를 가하지 않는다. 게다가 이들의 국제적 이동은 언어, 관습 및 법률의 차이로 인해 어느 정도 저해를 받는다.

국제무역론은 지난 200년간 애덤 스미스에서 데이비드 리카도, 존 스튜어트 밀, 알프레드 마셜, 존 메이너드 케인스와 폴 사무엘슨에 이르기까지 세계의 가장 저명한 경제학자들의 공헌에 의해 오랜 기간 지속적으로 발전해 왔다. 다음 장에서는 이들과 다른 경제학들이 이룩한 공헌에 대해 논의할 것이다. 경제학의 다른 분야들은 최근에 탄생했으며, 이처럼 탁월한 공헌자를 배출한 분야는 없다.

1.5 현재의 국제무역 문제점과 도전

이 절에서는 오늘날 세계가 직면하고 있는 가장 중요한 국제무역의 문제점과 도전을 간략하게 살펴본다. 이러한 것들은 국제무역이론과 정책을 공부함으로써 이해하고 해결방안을 평가할 수 있는 문제들이다. 오늘날 세계의 가장 중요한 경제적 도전은 대부분의 선진국이 직면하고 있는 저성장과 고실업이다. 무역 분야에서 가장 심각한 문제점은 세계화가 진행되고 있고 중국이 세계의 경제대국으로 부상하는 상황에서 발생하고 있는 선진국의 보호무역주의이다. 기타의 심각한 문제점으로는 많은 개발도상국에서의 심각한 빈곤, 자원의 부족, 환경의 악화, 기후변화 및 이로 인해 세계경제의 지속적 성장과 발전이 저해 받을 수 있는 위험성 등이다. 이들 문제와 도전을 간단히 살펴보면 다음과 같다.

1. '대침체기' 이후 선진국의 저성장과 고실업 문제 최근 10년 이래로 선진국들은 1929년 대공황 이래 가장 심각했던 경제적 금융위기(대침체라고 함)에서 탈출하면서 저성장과 고실업을 경험하고 있다. 2008~2009년 위기는 2007년 8월 미국의 (고위험인) 서브프라임 주택 모기지 시장에서 시작하여 2008년에는 미국 전체의 금융시장과 부동산시장 그리고 다른 국가로 확산되었다. 미국과 기타 선진국은 은행과 금융기관들을 파산으로부터 구제하기 위하여 이자율을 인하하며 막대한 규모의 경기부양책을 실시하였다. 그러나 이러한 노력은 경기후퇴가 더 이상 심각해지지 않도록 하는 데만 성공했을 뿐이다. 2010년에 경기후퇴가 공식적으로 종식되었지만 저성장과 고실업은 오늘날 선진국들이 직면하고 있는 가장 심각한 경제문제이다.

2. 세계의 경제대국으로 부상한 중국으로 인한 도전 중국이 세계의 정치 및 경제대국으로 부상했기 때문에 미국과 기타 국가들은 이에 응전해야 하는 부담을 갖게 된다. 현재 중국은 세계 최대의 무역국이지만 중국의 국가 자본주의 때문에 중국은 선진국들과 다른 신흥국들에 대해 불공정한 무역 및 경쟁

우위를 갖게 되었다는 주장이 제기되고 있다. 또한 중국은 미국 국채를 2조 달러 이상 보유하고 있으며 자국 통화(인민폐)를 달러와 경쟁 관계에 있는 국제통화로 만들려고 하고 있다. 동시에 지난 30년간 중국의 괄목할 만한 경제성장은 세계경제의 성장을 촉진하기도 하였다. 현재 미국과 세계가 직면하고 있는 도전은 세계경제에서 중국의 중요성을 모두에게 이익이 되는 방향으로 반영하는 문제이다.

3. 급격하게 세계화되는 상황에서 선진국의 보호무역 순수 국제무역이론을 공부하는 제1부(제2~7장)에서는 세계 전체의 관점에서 최상의 정책은 자유무역이라는 사실을 배우게 된다. 자유무역을 하면 각국은 가장 효율적으로 생산할 수 있는 상품의 생산에 특화하여 이 중 일부를 수출함으로써 국내에서 생산할 수 있는 것보다 더 많은 상품을 획득할 수 있게 된다. 그러나 현실세계에서 대부분의 국가는 자유무역에 대해 규제를 하고 있다. 무역규제는 항상 국가 후생의 관점에서 정당화되고 있기는 하지만, 보통은 침묵하는 다수의 사람들을 희생하여 이익을 얻는 소수의 생산자들이 주장하고 있다. 이러한 문제는 선진국들이, 특히 중국과 같은 주요 신흥시장으로부터 받고 있는 경쟁적 도전이 커짐에 따라 더욱 악화되고 있다. 일자리 상실에 대한 광범위한 불안으로 인해, 미국과 같은 선진국에서는 외국과의 경쟁으로부터 보호를 요구하고 있다. 선진국이 직면하는 도전은 경쟁력을 계속 유지하는 것이며, 일자리의 상실을 피하고 세계화의 이득을 공유하며 보호주의에 대한 요구를 피하는 것이다. 선진국들이 이러한 도전에 대응하는 방안에 관해서는 이 책의 제2부(제8~12장)에서 살펴본다.

4. 많은 개발도상국에서의 심각한 빈곤 중국과 인도 같은 많은 개발도상국들이 급속히 성장해 왔지만, 특히 사하라 이남 아프리카 국가와 같은 일부 최빈 개발도상국은 심각한 빈곤과 경제적 정체, 생활수준의 국제 간 불평등의 확대에 직면하고 있다. (세계 인구의 1/10에 상당하는) 7억 이상의 사람들은 하루에 2달러 이하로 생활하고 있다. 해마다 수백만 명의 사람들이 기아로 죽어 가는 세상은 윤리적인 관점에서 받아들일 수 없을 뿐 아니라 행복하거나 평온하다고 말할 수 없다. 제11장에서는 부유한 국가와 최빈 개발도상국 간의 생활수준의 격차가 이처럼 크게 확대되고 있는 이유와 또 최빈국에서의 성장을 촉진하기 위한 방안이 무엇인지를 살펴볼 것이다.

5. 자원 부족, 환경 악화, 기후변화와 지속 가능한 발전 부유한 국가의 성장과 빈곤한 국가의 발전은 현재 자원 부족, 환경 악화 및 기후변화에 의해 위협받고 있다. 특히 중국이나 인도에서의 수요급증과 생산국에서의 공급 경직성으로 인해 원유가격이나 기타 원자재 가격은 지난 수년간 급격히 상승하였고 식량 가격 역시 마찬가지이다. 최근의 범세계적 금융위기로 인한 경기침체 및 저성장으로 인하여 원자재 및 식품에 대한 수요와 가격은 완화되거나 하락했지만 자원 부족의 문제가 장차 다시 등장할 것이라는 점은 분명하다. 많은 주요 신흥경제에서 환경보호는 성장이라는 지상 명령 때문에 뒷전으로 밀려나 있다. 환경오염은 중국의 일부 지역에서 심각하게 진행되고 있으며 아마존 삼림은 급속도로 파괴되고 있다. 또한 우리는 지구상의 생명체에 더욱더 심각한 영향을 미치는 위험한 기후변화를 목격하고 있다. 이러한 문제점들은 모든 학문의 공동 노력과 범세계적인 협조 및 세계의 지배구조를 변화시킴으로써 적절하게 분석하고 해결할 수 있다.

1.6 이 책의 구성 및 방법론

이 절에서는 간략하게 이 책의 구성, 내용 및 방법론을 소개한다.

1.6A 이 책의 구성

이 책은 2부로 구성되어 있다. 제1부(제2~7장)에서는 국제무역이론을 다룬다. 제2장에서는 비교우위라는 중요한 이론에 대한 설명을 하고, 제3장에서는 국제무역의 원인과 무역으로부터의 이익을 살펴보며, 제4장에서는 국제적으로 교역되는 상품과 서비스의 균형상대가격이 어떻게 결정되는지를 설명한다. 제5장에서는 헥셔-오린 무역이론과 실증적 타당성을 살펴보고, 제6장에서는 규모의 경제와 불완전경쟁으로 인해 무역이 발생하게 되는 신무역이론을 살펴보며, 제7장에서는 성장과 무역을 살펴본다.

제2부(제8~12장)에서는 국제무역정책을 다룬다. 제8장에서는 무역규제의 가장 중요한 수단인 관세를 살펴보고, 제9장에서는 비관세장벽을 살펴보고 보호무역주의를 정당화하기 위해 통상 제기되는 논거들을 평가하며 보호무역주의의 역사를 요약한다. 제10장에서는 몇몇 국가 간의 경제통합을 살펴보고, 제11장에서는 국제무역이 경제발전에 미치는 효과를 살펴보며, 제12장에서는 자원의 국제적 이동과 다국적기업을 논의한다.

이 책은 추상적이고 이론적인 수준에서 시작하여 보다 응용된 정책 지향적인 방향으로 논의를 전개한다. 그 이유는 어떤 문제의 해결책을 위한 적절한 정책을 추구하기 이전에 그 문제의 성격부터 이해해야 하기 때문이다. 이 책의 각 부는 단순한 개념으로부터 출발하여 점진적으로 그리고 체계적으로 보다 복잡하고 어려운 문제로 나아간다.

1.6B 이 책의 방법론

이 책은 국제무역론을 완벽하게 이해하기 위해 필요한 모든 원리와 이론을 소개한다. 그러나 본문에서는 직관적인 수준에서 소개하며 중급 미시경제학을 필요로 하는 보다 엄밀한 증명은 각 장의 뒤에 있는 부록에서 소개한다. 따라서 이 책은 다양한 학문적 배경의 학생들에게 모두 유용하도록 구성되어 있으며, 국제무역론을 신축적으로 공부할 수 있도록 구성하였다. 소개되는 개념과 이론에 좀 더 쉽게 접근하고 구체화하기 위해 동일한 기초개념이나 이론을 다루는 장에서는 모두 동일한 예를 사용하며 모든 예에서는 실제의 숫자를 사용하였다.

어떤 이론이나 논점을 설명하기 위하여 이 책에서 이용된 수많은 예나 현재의 사건들 외에도 이 책의 각 장에는 4~10개 정도의 특정 사례연구가 포함되어 있다. 이러한 현실 세계에서의 간략한 사례연구는 논의에 적합하고, 각 장에서 소개된 가장 중요한 토픽에 대한 이해를 공고히 하며 흥미를 갖게 하기 위해서 삽입되었다.

각 장은 6~7개 정도의 절과 학습목표, 요약, 주요용어, 복습문제, 연습문제, 부록 등을 수록하고 있다. 각 장의 절은 (이 장에서와 같이) 참조하기 쉽도록 번호를 매겼다. 분량이 많은 절은 번호를 매겨 2개 이상의 하위 절로 나누었다.

요약 부분에서는 각 장의 절을 1개의 문단으로 요약하였고, 주요용어는 (이 장에서처럼) 처음 소개되고 설명될 때는 색깔 글씨체로 인쇄하였다. 이 용어들은 각 장의 맨 뒤에 주요용어란으로 목록화하였다.

각 장에는 12~14개의 복습문제 및 연습문제가 수록되었다. 복습문제는 각 장에서 다루어진 가장 중요한 개념을 살펴본다. 연습문제는 학생들로 하여금 실제 세계의 현행 국제경제문제를 분석하도록 하거나 또는 연필과 종이를 가지고 특정 이론을 설명하는 도표를 그리도록 하거나 특정한 척도를 실제로 계산하도록 한다. 도표와 계산은 다소 어렵기는 하지만 까다롭지도 않고 시간이 많이 걸리지도 않는다. 이러한 문제들은 각 장에서 다루어진 내용을 학생들이 정확하게 이해하여 유사한 문제를 분석할 수 있는지 알 수 있도록 수록되었다. 학생들이 능동적으로 참여할 때만 국제무역론이 생동감 있게 느껴지기 때문에 학생들은 이러한 연습문제를 모두 풀어 보기 바란다.

요약

1. 오늘날의 세계는 기호, 생산, 노동시장 및 금융시장의 세계화를 근간으로하는 혁명 중에 있다. 세계화는 효율성을 증대시키기 때문에 중요하며, 국제경쟁은 세계화를 필요로 하므로 세계화는 불가피하다. 세계화는 세계의 소득 불평등, 미성년자 노동, 환경오염 및 기타 문제 때문에 비난받고 있으며 이로 인해 반세계화 운동이 강력하게 전개되었다.

2. 미국은 미국이 생산하지 못하는 많은 상품들과 (매장량이 전혀 없거나 감소하고 있는) 일부 광물자원을 얻기 위하여 국제무역에 의존하고 있다. 한 국가의 생활수준에 **양적으로** 보다 중요한 것은 국내에서 생산할 수는 있지만 외국보다 더 비싸게 생산할 수밖에 없는 여러 가지의 상품이다. 다른 국가의 경우에는 그 국가의 후생에 국제무역이 보다 더 중요하다.

3. 세계경제의 상호의존성은 재화, 용역, 노동 및 자본의 국경을 넘어선 이동에 반영된다. 그래비티 모형에 의하면 (다른 조건이 일정할 때) 두 국가 간의 무역은 각국의 GDP의 곱에 비례하거나 양의 관계에 있으며, 두

국가 간 거리가 멀수록 작아진다. 오늘날 약 1억 9천만 명의 사람들이 자기가 태어난 곳 외에서 살고 있는데, 이 중 3,800만 명이 미국에 살고 있다.

4. 여러 가지의 단순화하기 위한 가정으로부터 출발하여 국제무역론은 무역의 발생 원인과 무역으로부터의 이익, 무역규제의 이유를 살펴본다. 따라서 국제무역론은 순수 국제무역이론과 국제무역정책을 다루는데, 이는 국제무역론의 미시적 측면이다.

5. 오늘날 세계가 직면하고 있는 주요 국제경제문제로는 (1) '대침체기' 이후 선진국이 직면하고 있는 저성장과 고실업, (2) 중국이 주요 경제적 · 정치적 강국으로 등장함에 따라 야기되는 도전, (3) 세계화된 세상에서 선진국에서 보호무역주의의 등장, (4) 많은 개발도상국에서의 심각한 빈곤, (5) 자원 부족과 환경 악화 및 기후변화이다.

6. 이 책은 2부로 구성되어 있다. 제1부(제2장~7장)에서는 국제무역이론을 다루고 제2부(제8장~12장)에서는 국제무역정책을 살펴본다.

주요용어

국제무역이론(international trade theory)

국제무역정책(international trade policy)

그래비티 모형(gravity model)

미시경제(microeconomics)

반세계화 운동(antiglobalization movement)

상호의존성(interdependence)

세계화(globalization)

프래그멘테이션(fragmentation)

복습문제

1. 세계화의 뜻은 무엇인가? 이로 인한 유리한 점과 불리한 점은? 반세계화 운동이 전개되는 이유는 무엇인가?

2. 국제무역론의 주제가 될 수 있는 현재의 중요한 사건은 무엇인가? 이것이 중요한 이유는? 이로 인해 미국과 유럽 사이의 경제적·정치적 관계는 어떤 영향을 받는가? 미국과 다른 나라는?

3. 국제무역이 미국의 생활수준과 관련 있는 이유는 무엇인가? 기타 선진국의 생활수준은? 소규모 산업국가의 생활수준은? 개발도상국의 생활수준은? 이들 국가 중에서 국제무역이 가장 중요한 국가군은?

4. 한 국가의 여타 국가에 대한 상호의존관계를 파악할 수 있는 개략적인 지표는 무엇인가? 그래비티 모형의 내용은 무엇인가?

5. 국제무역이론은 무엇을 연구하는가? 무역정책은? 이들 분야가 국제경제학의 미시경제학적 측면인 이유는 무엇인가?

6. 일반적인 경제이론의 목적은 무엇인가? 특히 국제무역이론과 국제무역정책의 목적은 무엇인가?

7. 국제무역론을 공부하기 위해 단순화하기 위한 가정에는 어떤 것이 있는가? 이들 가정을 정당화할 수 있는 이유는?

8. 국제무역론을 공부할 때 일반적으로 국제무역이론을 먼저 살펴보는 이유는 무엇인가? 무역정책을 학습하기 전에 무역이론을 공부하는 이유는? 이들 중 어느 분야가 더 추상적인가? 응용의 성격이 강한 분야는?

9. 오늘날 세계가 직면한 국제경제의 가장 중요한 문제는 무엇인가? 세계화의 이익과 이에 대한 비판에는 무엇이 있는가?

10. 과거 학습한 경제학에서 수요, 공급 및 균형의 개념은 무엇인가? 수요의 탄력성 의미를 기억하는가? 완전경쟁은? 요소시장은? 생산가능곡선은? 수확체감의 법칙은? 한계생산성 이론은? (만일 이들 개념을 기억하지 못한다면 경제학 원론 교재를 복습하라.)

연습문제

1. 일간신문을 보고 다음 사항을 살펴보라.
   (a) 국제무역의 성격을 띠고 있는 7~8개의 뉴스 항목
   (b) 이들 뉴스의 내용이 미국경제에 미치는 효과나 영향
   (c) 이들 뉴스의 여러분 개인에 대한 중요성

2. 이 문제는 몇몇 국가의 상호의존성을 측정하는 것과 관련되어 있다.

   (a) 그림 1-1에 나타나지 않은 **산업국가** 5개를 찾아보라.
   (b) 학교도서관에 가서 최근의 *International Financial Statistics*를 찾아보고 여러분이 선택한 국가의 경제적 상호의존 정도를 보여 주는 표를 작성하라. 소국의 경제적 상호의존성은 대국보다 큰가?

3. 그림 1-1에 나타나지 않은 **개발도상국** 5개를 찾아 연습문제 2번과 동일하게 풀어 보라.

4. 미국과 브라질 및 아르헨티나의 무역은 그래비티 모형의 예측대로 행해지는가?

5. 경제학 원론 교재를 찾아보고 차례로부터
   (a) 경제학 원론 교재의 미시경제학 부분에 소개된 토픽을 살펴보라.
   (b) 경제학 원론 교재의 미시경제학 차례와 이 책의 제1부 및 제2부를 비교하라.

6. (a) 소비자 이론에 의하면 다른 조건은 모두 일정할 때 가격이 상승하면(세금을 부과한 결과) 상품의 수요량은 어떻게 변화하는가?
   (b) (예컨대 세금을 부과한 결과) 국내소비자가 지불하는 수입품의 가격이 상승하면 수입량은 어떻게 변화하겠는가?

7. (a) 국제경제관계는 지역 간 경제관계와 어떤 차이가 있는가?
   (b) 어떤 점에서 유사한가?

8. 한 국가가 자발적으로 국제무역에 참가함으로써 이익을 얻는다는 사실을 어떻게 추론할 수 있는가?

9. 한 국가가 국제무역으로 이익을 얻음에도 불구하고 대부분의 국가들이 국제무역을 규제하는 이유는 무엇이라고 생각하는가?

10. 한 국가가 무역을 규제하여 다른 나라를 희생시킴으로써 이익을 얻을 수 있는 방법에는 무엇이 있는가?

부록

이 부록에서는 재화와 서비스의 주요 수출국 및 수입국과 아울러 국제무역의 상품별, 지역별 집중에 관한 기본적 데이터를 소개한다. 또한 현재의 사건들에 대한 추가적 국제 자료와 정보를 제공할 수 있는 출처를 소개한다.

A1.1 기본적 국제무역 데이터

표 1-5는 2017년 세계 상품무역의 상품별 구성을 보여 준다. 이 표에 의하면 세계 전체의 상품수출액은 17조 7,300억 달러였으며, 이 중 1조 7,320억 달러(9.8%)가 농업제품, 2조 6,290억 달러(14.8%)가 연료 및 광업제품, 12조 580억 달러(68%)가 제조업품[이 중 4,110억 달러(2.3%)가 철강, 1조 9,840억 달러(11.2%)가 화학품, 1조 8,410억 달러(10.4%)가 사무용 및 통신 장비, 1조 4,580억 달러(8.2%)가 자동차제품, 5조 6,200억 달러(31.7%)가 기타 제조업품]이었다. 따라서 세계 전체 수출의 68%가 제조업품, 14.8%는 연료 및 광업제품, 9.8%는 농업제품, 나머지 7.4%가 분류되지 않은 상품이다.

표 1-6은 2017년도 세계 상품무역의 지역별 구성을 보여 준다. 이 표에 의하면 세계 전체의 상품 수출 17조 7,300억 달러 중 2조 4,470억 달러(13.8%)가 북아메리카[이 중 1조 5,470억 달러(8.7%)는 미국, 4,210억 달러(2.4%)는 캐나다, 4,090억 달러(2.3%)는 멕시코]로부터, 6,030억 달러(3.4%)는 남아메리카와 중앙아메리카[이 중 2,180억 달러(1.2%)는 브라질]로부터, 6조 7,020억 달러(37.8%)는 유럽[이 중 1조 4,480억 달러(8.2%)는 독일]으로부터 5,320억 달러(3.0%)는 독립국가연합[이 중 3,530억 달러

표 1-5 2017년 세계 상품무역의 상품별 구성[10억 달러 및 세계 점유율(%)]

항목	수출액(10억 달러)	점유율(%)
농업제품	1,732	9.8
연료 및 광업제품	2,629	14.8
제조업품	12,058	68.0
철강	411	2.3
화학품	1,984	11.2
사무용 및 통신 장비	1,841	10.4
자동차제품	1,458	8.2
섬유 및 의류	750	4.2
기타 제조업품	5,620	31.7
미분류 상품	1,311	7.4
총계	17,730	100.0

출처 : WTO, *World Trade Statistical Review* (Geneva, 2018).

(2.0%)는 러시아연방]으로부터, 4,250억 달러(2.4%)는 아프리카[이 중 890억 달러(0.5%)는 남아프리카]로부터, (대부분이 원유인) 9,930억 달러(5.6%)는 중동[이 중 2,180억 달러(1.2%)는 사우디아라비아]으로부터, 6조 280억 달러(34%)는 아시아[이 중 2조 2,630억 달러(12.8%)는 중국]로부터 수출하였다. 따라서 유럽(유럽연합)과 아시아가 가장 중요한 수출지역이며 그다음이 북아메리카이다. 표 1-6의 마지막 두 열은 2017년 세계 상품 수입의 지역별 구성을 보여 준다.

표 1-7은 2017년 지역별 상품 수출의 최종 도착지를 보여 준다. 이 표의 첫째 열은 북아메리카 상품 수출의 38.1%가 북아메리카로(이는 미국의 캐나다와 멕시코에 대한 수출, 캐나다와 멕시코의 미국에 대한 수출 및 상호 간 수출임), 4.2%가 남아메리카 및 중앙아메리카로, 18%가 유럽으로, 0.7%가 독립국가연합(CIS)으로, 1.1%가 아프리카로, 2.1%가 중동으로, 35.7%가 아시아로 수출되었음을 보여 준다. 표 1-7의 두 번째 열은 남아메리카와 중앙아메리카의 수출 중 22.4%가 같은 지역의 다른 국가로 수출되었음을 보여 준다. 남아메리카와 중앙아메리카의 주요 교역 상대국은 북아메리카, 아시아, 유럽이다. 세 번째 열은 유럽 수출의 약 70%가 유럽 지역 내 무역임을 보여 준다. 예상한 바와 같이 유럽은 독립국가연합(CIS)과 아프리카의 가장 중요한 교역 상대국이며, 중동은 주로 아시아와 유럽으로 수출하고 있다(대부분 원유임). 아시아 지역의 수출 중 아시아 지역 내 무역은 59.9%를 차지하고 있으며 나머지는 주로 유럽, 북아메리카, 중동으로 수출된다.

표 1-8은 2017년 세계의 주요 수출국과 수입국을 보여 준다. 이 표를 통해 세계의 상위 수출국과 수입국은 경제대국인 산업국가와 중국이며, 중국은 1위 수출국이고 미국은 1위 수입국이다. 중국은 최근 들어 주요 수출국과 수입국에서 순위가 크게 올라 수출에서는 1위이고 수입에서는 미국의 뒤를 이어 2위를 차지하고 있다. 또한 표 1-8을 통해 주요 수출국은 또한 주요 수입국임을 알 수 있다.

표 1-6   2017년 세계 상품무역의 지역별 구성[10억 달러 및 점유율(%)]

지역 또는 국가	수출액(10억 달러)	점유율(%)	수입액(10억 달러)	점유율(%)
북아메리카	2,447	13.8	3,370	18.7
미국	1,547	8.7	2,410	13.4
캐나다	421	2.4	442	2.5
멕시코	409	2.3	432	2.4
남·중앙 아메리카 및 카리브해	603	3.4	595	3.3
브라질	218	1.2	157	0.9
칠레	68	0.4	65	0.4
아르헨티나	58	0.3	67	0.4
유럽	6,702	37.8	6,687	37.1
독일	1,448	8.2	1,167	6.5
네덜란드	652	3.7	574	3.2
프랑스	535	3.0	625	3.5
이탈리아	506	2.9	453	2.5
영국	445	2.5	644	3.6
스페인	321	1.8	351	1.9
독립국가연합(CIS)[a]	532	3.0	414	2.3
러시아연방	353	2.0	238	1.3
아프리카	425	2.4	541	3.0
남아프리카	89	0.5	101	0.6
중동	993	5.6	739	4.1
사우디아라비아	218	1.2	131	0.7
아시아	6,028	34.0	5,678	31.5
중국	2,263	12.8	1,842	10.2
일본	698	3.9	672	3.7
대한민국	574	3.2	478	2.7
인도	298	1.7	447	2.5
오스트레일리아	231	1.3	229	1.3
세계 전체	17,730	100.0	18,024	100.0

[a] 아르메니아, 아제르바이잔, 벨라루스, 그루지야, 카자흐스탄, 키르기즈공화국, 몰도바, 러시아연방, 타지키스탄, 투르크메니스탄, 우크라이나, 우즈베키스탄

출처 : WTO, *World Trade Statistical Review* (Geneva, 2018), Tables A4, A5, and A6.

표 1-7 2017년 상품 수출의 지역별 도착지(%)

	북아메리카	남·중앙 아메리카	유럽	독립국가연합 (CIS)[a]	아프리카	중동	아시아	세계 전체
북아메리카	38.1	29.8	6.0	3.1	5.0	9.9	10.1	13.8
남·중앙아메리카	4.2	22.4	1.5	1.8	3.0	2.5	3.5	3.4
유럽	18.0	17.1	70.0	41.7	35.2	30.0	14.1	37.8
독립국가연합[a]	0.7	1.4	3.7	24.4	3.8	2.2	2.1	3.0
아프리카	1.1	1.3	2.3	0.6	13.9	3.0	2.2	2.4
중동	2.1	1.0	2.0	1.7	6.8	18.4	8.1	5.4
아시아	35.7	27.0	14.5	26.8	32.3	34.0	59.9	34.0
세계 전체	100.0	100.0	100.0	100.0	100.0	100.0	100.0	100.0

[a] 아르메니아, 아제르바이잔, 벨라루스, 그루지야, 카자흐스탄, 키르기즈공화국, 몰도바, 러시아연방, 타지키스탄, 투르크메니스탄, 우크라이나, 우즈베키스탄
출처 : WTO, *World Trade Statistical Review* (Geneva, 2018).

표 1-8 2017년 상품의 주요 수출국과 수입국[10억 달러 및 점유율(%)]

		수출				수입		
순위	국가	액수(10억 달러)	점유율(%)	순위	국가	액수(10억 달러)	점유율(%)	
1	중국	2,263	12.8	1	미국	2,410	13.4	
2	미국	1,547	8.7	2	중국	1,842	10.2	
3	독일	1,448	8.2	3	독일	1,167	6.5	
4	일본	698	3.9	4	일본	672	3.7	
5	네덜란드	652	3.7	5	영국	644	3.6	
6	대한민국	583	3.2	6	프랑스	625	3.5	
7	프랑스	535	3.0	7	네덜란드	574	3.2	
8	이탈리아	506	2.9	8	대한민국	478	2.7	
9	영국	445	2.5	9	이탈리아	453	2.5	
10	벨기에	430	2.4	10	인도	447	2.5	
위의 총계		9,098	51.3	위의 총계		9,312	51.8	
세계 전체		17,730	100.0	세계 전체		18,024	100.0	

출처 : WTO, *World Trade Statistical Review* (Geneva, 2018), Tables A6.

| 표 1-9 | 2017년 상업 서비스의 주요 수출국과 수입국[10억 달러 및 점유율(%)] |

수출				수입			
순위	국가	액수(10억 달러)	점유율(%)	순위	국가	액수(10억 달러)	점유율(%)
1	미국	762	14.4	1	미국	516	10.2
2	영국	347	6.6	2	중국	464	9.1
3	독일	300	5.7	3	독일	322	6.3
4	프랑스	248	4.7	4	프랑스	240	4.7
5	중국	226	4.3	5	네덜란드	211	4.2
6	네덜란드	216	4.1	6	영국	210	4.1
7	아일랜드	186	3.5	7	아일랜드	199	3.9
8	인도	183	3.5	8	일본	189	3.7
9	일본	180	3.4	9	싱가포르	171	3.4
10	싱가포르	164	3.1	10	인도	153	3.0
위의 총계		2,812	53.3	위의 총계		2,675	52.6
세계 전체		5,279	100.0	세계 전체		5,074	100.0

출처 : WTO, *World Trade Statistical Review* (Geneva, 2018), Tables A8.

표 1-9는 2017년도 상업 서비스의 주요 수출국과 수입국을 보여 준다. 미국이 서비스 수출과 수입에서 모두 1위이며, 중국은 서비스 수출에서 5위이고 수입에서 2위인 점을 제외하면, 서비스 무역의 순위는 상품무역의 순위와 비슷하다. 상업 서비스 무역은 상품무역 규모의 약 30% 정도이며, 선진국과 신흥시장을 포함한 대부분의 국가가 서비스 경제로 이행되는 점을 반영하여 서비스 무역은 상품무역보다 훨씬 빠르게 증가해 왔다는 점을 주목하자.

A1.2 국제적 자료 및 정보의 다른 출처

최근의 경제동향과 무역 및 금융에 대한 국가별, 국제적 자료에 대한 가장 중요한 출처는 다음과 같다.

미국 정부가 출간한 출판물

Economic Report of the President(Washington D.C.: U.S. Government Printing Office, 연간)는 (국제무역 및 금융자료를 포함하여) 미국경제에 대한 시계열 자료와 함께 최근의 경제동향에 대한 장을 수록하고 있다.

Federal Reserve Bulletin(Washington D.C.: Board of Governors of the Federal Reserve System, 월간)은

미국과 기타 국가에 대한 막대한 양의 무역 및 금융정보와 자료를 수록하고 있다.

Statistical Abstract of the United States(Washington D.C.: U.S. Department of Commerce, 연간)는 통계의 국제 비교와 아울러 미국에 대한 많은 자료를 수록하고 있다.

International Trade by Selected Countries and Areas (U.S. Department of Commerce: www.bea.gov/international/index/htm) 상품군별, 지역별 국제무역에 대한 월별, 분기별, 연간 자료를 수록하고 기타 미국 국내 및 국제 자료를 수록

국제기구가 출간한 출판물

Balance of Payments Statistics Yearbook (Washington, D.C.: International Monetary Fund, annual) includes detailed balance of payments statistics on 165 countries.

Direction of Trade Statistics(Wasington D.C.: International Monetary Fund, 분기 및 연간)는 187개국의 세계 각국에 대한 수출과 수입에 대한 상세한 자료를 수록하고 있다.

International Financial Statistics(Washington D.C.: International Monetary Fund, 월간 및 연간)는 188개 국가에 대한 다양한 경제자료를 수록하고 있다.

International Trade Statistics(Geneva, World Trade Organization, 연간)는 160개 회원국 및 다양한 국가군에 대한 무역자료를 수록하고 있다.

Main Economic Indicators(Paris, Organization for Economic Cooperation and Development, 월간 및 연간)는 OECD 34개 회원국에 대한 다양한 경제자료를 수록하고 있다.

OECD Economic Outlook(Paris: Organization for Economic Cooperation and Development, 매년 6월 및 12월)은 34개 회원국 및 국가군별 요약 자료와 최근의 경제동향에 대한 분석 및 미래의 경제활동에 대한 OECD의 예측을 수록하고 있다.

World Economic Outlook(Washington D.C.: International Monetary Fund, 매년 4월 및 10월)은 주요 산업국가 및 국가군별 요약 자료와 최근의 경제동향에 대한 분석 및 미래의 경제활동에 대한 IMF의 예측을 수록하고 있다.

World Development Report(Oxford University Press, World Bank, 연간)는 개발도상국에 대한 경제, 사회적 자료와 최근의 경제동향 및 미래에 대한 예측을 수록하고 있다.

최근의 경제동향에 대한 출처

Chicago Tribune(일간)
Financial Times(일간)
Los Angeles Times(일간)
New York Times(일간)
Wall Street Journal(일간)
Washington Post(일간)
Business Week(주간)
The Economist(주간)

Forbes(격주간)

Fortune(격주간)

Federal Reserve Bulletin(월간)

IMF Survey Magazine(격주간)

Monthly Bulletin of Statistics(UN에서 출간함, 월간)

국제무역이론

제1부(제2~7장)는 국제무역이론을 다룬다. 제2장에서는 대단히 중요한 이론인 비교우위의 이론으로부터 설명을 시작하여, 제3장에서는 국제무역의 원인과 무역으로부터의 이익을 살펴보고, 제4장에서는 국제적으로 교역되는 상품과 서비스의 균형상대가격이 어떻게 결정되는지를 정식으로 논의한다. 국제무역에 대한 헥셔-오린 이론과 이 이론에 대한 실증적 연구결과는 제5장에서 소개한다. 제6장에서는 국제무역이론에서 중요한 새로운 무역이론을 살펴보는데, 이 이론들은 무역이 발생하는 원인을 규모의 경제와 불완전경쟁으로 설명한다. 제7장에서는 국제무역과 경제성장의 관계를 살펴본다.

비교우위의 법칙

- 비교우위의 법칙을 이해한다.
- 기회비용과 상품의 상대가격 사이의 관계를 이해한다.
- 무역의 발생원인과 생산비가 불변일 때 무역으로부터의 이익을 보여 준다.

2.1 서론

이 장에서는 17세기부터 20세기 초반에 이르기까지의 무역이론의 발달과정을 살펴본다. 이러한 역사적 접근방법이 유용한 이유는 우리가 경제사상사 그 자체에 관심이 있기 때문이 아니라 국제무역이론과 개념을 단순한 것으로부터 보다 복잡하고 현실적인 경우로 소개하는 데 편리하기 때문이다.

이 장에서 우리가 이해할 문제는 다음과 같다.

1. 국제무역의 원인(basis of trade)과 무역으로부터의 이익(gains from trade)은 무엇인가? 아마도 (개인의 경우와 마찬가지로) 한 국가는 무역으로부터 이익을 얻을 수 있을 때만 자발적으로 무역에 참가할 것이다. 그러나 무역으로부터의 이익은 어떻게 발생하는가? 이러한 이익은 얼마나 크며 또한 이러한 이익은 교역국 간에 어떻게 분배되는가?
2. 무역 패턴(pattern of trade)은 무엇인가? 즉, 어떤 상품들이 교역되며 각국은 어떤 상품을 수출하고 수입하는가?

17세기와 18세기에 유행했던 중상주의라는 경제적 학설에 관한 간단한 논의에서 시작하여, 애덤 스미스(Adam Smith)에 의해 전개된 절대우위론을 논의한다. 그러나 무역의 패턴과 무역으로부터의 이익을 비교우위의 법칙으로 제대로 설명한 사람은 애덤 스미스보다 대략 40년 후에 저술한 데이비드 리카도(David Ricardo)였다. 비교우위의 법칙은 경제학에서 가장 중요한 법칙 중의 하나로 개인뿐만 아니라 국가에도 적용할 수 있으며, 외견상으로는 논리적 사고인 것처럼 보이는 데서 나타날 수 있는 심각한 오류를 지적하는 데 있어서도 유용하다.

하지만 한 가지 난점은 남아 있는데, 리카도는 비교우위의 법칙을 노동가치설로 설명하였으나, 노동가치설은 그 후에 더 이상 받아들여지지 않고 있다. 그러나 20세기 초에 고트프리드 하벌러(Gottfried Haberler)는 비교우위의 법칙을 생산가능곡선이나 변환곡선에 반영되어 있는 기회비용이론으로 설명함으로써 리카도를 '구원'하게 되었다.

논의를 단순화하기 위해 2개의 국가와 2개의 상품만이 있는 경우로 논의를 한정하자. 이 장의 부록에서는 2개 이상의 상품과 2개 이상의 국가의 경우에 대해 결론을 일반화할 것이다. 또한 비교우위가 국제무역이론의 초석이기는 하지만, 무역은 대규모 생산으로 인한 규모의 경제와 같은 다른 이유에 의해서도 발생할 수 있다는 점을 주목해야 한다. 이러한 문제는 제6장에서 살펴볼 것이다. 그뿐만 아니라 제7장에서 살펴보는 바와 같이 한 국가의 비교우위는 특히 기술변화의 결과 시간이 지남에 따라 변화한다.

2.2 무역에 대한 중상주의자의 견해

체계화된 과학으로서의 경제학은 1776년 애덤 스미스의 **국부론**(*The Wealth of Nations*)의 출간과 함께 시작되었다고 할 수 있다. 그러나 1776년 이전에도 영국, 스페인, 프랑스, 포르투갈, 네덜란드와 같은 국가들이 현대의 국민국가로 발전하는 과정에서 국제무역에 대한 저술은 있었다. 특히 17세기와 18세기 여러 부류의 사람들(상인, 은행가, 정부관리 또는 철학자들까지도)은 팸플릿이나 수필을 저술하여 **중상주의**(mercantilism)라고 알려진 경제철학을 주창하였다. 간략하게 말하면 중상주의자들은 한 국가가 부강해지는 방법은 수입보다 수출을 더 많이 하는 것이라고 주장하였다. 그로 인한 수출잉여는 주로 금이나 은과 같은 귀금속의 유입에 의해 결제될 것이다. 한 국가가 금이나 은을 더 많이 갖게 될수록, 그 국가는 더욱더 부강해진다. 따라서 정부는 한 국가의 수출을 촉진하고 수입은(특히 사치소비재의 수입은) 억제할 수 있도록 할 수 있는 노력을 다 해야 한다. 그러나 모든 국가가 동시에 수출잉여를 가질 수는 없고, 일정한 시점에서 금과 은의 양은 고정되어 있기 때문에 한 국가는 다른 국가를 희생함으로써만 이득을 얻을 수 있다. 따라서 중상주의자들은 국가의 이익이란 기본적으로 갈등관계에 있다고 믿었으며(사례연구 2-1 참조), 경제적 국가주의를 역설하였다.

중상주의자들은 한 국가의 부를 그 국가가 보유하고 있는 귀금속의 양으로 측정하였다는 점에 주목하자. 이와는 대조적으로 오늘날에는 한 국가의 부를 재화와 서비스를 생산하는 데 사용할 수 있는 인적 자원, 사람에 의해 만들어진 자원 및 천연자원의 양으로 측정한다. 유용한 자원의 양이 많을수록, 인간의 욕구를 충족할 수 있는 재화와 서비스의 유량이 더 많아지며 따라서 한 국가의 생활수준이 더 높아지게 된다.

보다 깊이 있게 분석을 해 보면 중상주의자들이 귀금속을 축적하려고 했던 합리적인 이유가 있기는 하다. 이는 중상주의자들이 주로 지배자를 위해 그리고 국력을 증진시키기 위해 저술했다는 점을 생각하면 이해할 수도 있다. 금을 더 많이 갖게 되면 지배자들은 보다 큰 규모의 잘 훈련된 군대를 보유할 수 있고 국내에서의 권력을 공고히 할 수 있으며, 개선된 육군과 해군을 통해 보다 많은 식민지를 획득할 수도 있다. 게다가 금을 더 많이 갖고 있다는 것은 통화의 유통량이 많아지며(즉, 금화가 더 많아지며) 경제활동이 활성화된다는 것을 의미한다. 또한 정부는 수출을 장려하고 수입을 억제함으로써 국가의 생산량과 고용을 촉진할 수 있었을 것이다.

어쨌든 중상주의자들은 한 국가가 다른 국가들의 희생 위에서만 무역을 통해 이익을 얻을 수 있다고(즉, 무역은 제로섬 게임이었다고) 믿었기 때문에 모든 경제활동에 대한 국가의 엄격한 통제를 주

사례연구 2-1　무역에 대한 토마스 먼의 중상주의적 견해

토머스 먼(1571~1641)은 아마도 가장 영향력 있는 중상주의 저술가일 것이다. 또한 그가 저술한 해외무역에 의한 **영국의 부**(*England's Treasure by Foreign Trade*)는 무역에 대한 중상주의의 견해를 탁월하게 설명하였다. 실제로 애덤 스미스가 무역에 대한 중상주의 견해를 공박하였을 때에도 (다음 절 참조) 그 주요 공격 대상은 토마스 먼의 견해에 관한 것이었다. 다음은 먼의 저술에서 발췌한 것이다.

　비록 영국이 공물을 받거나 다른 국가로부터 획득한 물품에 의해 부유해질 수는 있지만, 이러한 방법에 의한 부의 획득은 불확실하고 그다지 중요하지 않은 것들이다. 따라서 우리나라의 부를 증대시키는 보통의 방법은 외국무역을 통해서인데, 이때는 다음과 같은 규칙을 준수해야 한다. 즉, 우리가 매년 타국 물품을 소비하는 가치보다 판매하는 것이 더 많아야 한다. 왜냐하면… 우리들에게 물품으로 다시 돌아오지[수입되지 않은] 않는 상품들[수출] 중 일부는 국내에 재산[금괴]으로 돌아올 수

밖에 없기 때문이다….

　우리들이 식품이나 의복[드레스]… 등 타국 상품의 과도한 소비를 냉정하게 자제할 수 있다면, 우리의 수입은 아마도… 감소할 것이다. 우리가 수출을 할 때는 어떤 물건이 과연 잉여상태에 있는가를 살펴보아야 할 뿐만 아니라 이웃 나라가 필요로 하는 물건이 무엇인지까지도 살펴봐야 할 것이다. 그럼으로써 … 우리는 … 제조업으로 많은 이익을 얻을 수도 있으며, 역시 그 가격은 우리의 [수출량]을 감소시키지 않을 정도의 고가로 판매하도록 노력해야 한다. 그러나 타국인이 소비하는 잉여상태의 우리 물건은, 동일한 물건이 다른 곳에서 생산되어 우리의 수출을 감소시킬 수도 있다. 따라서 이 경우에는 물건의 유통[판매]을 잃는 것보다는 차라리 가능한 한 낮은 가격으로 판매하는 것이 더 낫다.

출처 : Thomas Munn, *England's Treasure by Foreign Trade*(Reprinted, Oxford : Basil Blackwell, 1928). 대괄호 안의 단어는 의미를 명확하게 하기 위해 추가되었음.

장하였으며 경제적 국가주의를 설파하였다. 이러한 견해는 두 가지 점에서 중요하다. 첫째, 애덤 스미스, 데이비드 리카도 및 기타 고전파 경제학자들의 생각은 무역과 정부의 역할에 대한 중상주의자들의 견해에 대한 반작용이라는 점을 고려할 때 가장 잘 이해할 수 있다. 둘째, 오늘날에도 높은 실업률에 시달리는 국가들이 국내생산과 고용을 촉진하기 위해 수입을 규제하려고 함에 따라 신중상주의가 부활하는 경향이 있기 때문이다(이 점은 제9장에서 자세히 살펴볼 것이다). 사실상 1815~1914년 기간의 영국을 제외하고는 중상주의적 사고에서 완전히 자유로웠던 서유럽 국가는 없었다(사례연구 2-2 참조).

2.3 절대우위에 기인한 무역 : 애덤 스미스

애덤 스미스는 두 국가가 **자발적으로** 상호 무역을 하기 위해서는 두 국가가 모두 이익을 얻어야 한다는 단순한 사실에서 시작하였다. 만일 한 국가가 이득을 전혀 얻지 못하거나 손실을 본다면, 이 국가는 무역을 하지 않을 것이다. 그러면 이렇게 **상호이익**이 되는 무역은 어떻게 발생하며, 이러한 무역으로부터의 이익은 어디에서 나오는 것일까?

2.3A 절대우위

애덤 스미스에 의하면 두 국가 사이의 무역은 절대우위(absolute advantage) 때문에 발생한다. 한 국가가 다른 국가에 비해 한 상품의 생산에서는 효율적이지만(또는 절대우위를 가지고 있지만) 다른 상품의 생산에서는 비효율적이라면 (또는 절대열위를 가지고 있다면), 두 국가는 각각 절대우위에 있는

사례연구 2-2   중상주의는 21세기에도 멀쩡하게 살아 있다!

대부분의 국가들이 자유무역을 찬성한다고 주장하지만, 이들 중 대부분의 국가는 여전히 국제무역에 대해 많은 규제를 하고 있다. 대부분의 산업국가들은 국내에서의 고용을 보호하기 위해 농산품, 직물, 신발, 철강 및 기타 많은 상품의 수입을 규제하고 있다. 또한 이들 국가들은 자국의 국제 경쟁력과 미래의 성장에 필수적인 것으로 보이는 컴퓨터 및 통신과 같은 일부 첨단기술 산업에 대해 보조금을 지급하고 있으며, 개발도상국들은 국내 산업을 더욱 보호하고 있다. 다자간 협상을 통해 그동안 일부 상품에 대한(관세나 쿼터와 같은) 명시적인 보호행태가 감소하였거나 철폐되었지만, (세금 혜택이나 연구개발 보조금과 같은) 불투명한 보호행태는 증가하여 왔다. 그동안 발생했던 수많은 무역분쟁들이 그 증거이다.

지난 수년간 미국과 유럽연합(EU) 사이에는 호르몬으로 사육된 미국산 소고기에 대한 EU의 수출 금지, (미국기업이 소유하고 있는) 중앙아메리카 플랜테이션에서 재배된 바나나 대신 아프리카산 바나나에 대한 EU의 특혜, 보잉사의 787 드림라이너 판매를 잠식할 에어버스의 새로운 슈퍼점보제트기 개발에 대한 EU의 보조금, 미국 정부가 일부 수출업자에게 제공한 세금 환급, 미국이 수입철강에 대해 부과한 수입관세 때문에 분쟁이 있었다. 또한 미국, 일본 및 기타 선진국과 개발도상국 간에도 이와 유사한 기타 무역분쟁이 있었다. 실제로 보호되는 상품의 목록은 길고 종류 또한 다양하다. 무역규제는 국내에서의 일자리를 외국의 경쟁으로부터 보호하고 국내의 첨단기술 산업을 육성하기 위해 요구되고 있는데, 이러한 것들이 모두 고전적 중상주의의 주장이다. 중상주의는 비록 기세가 누그러지고 있기는 하지만 21세기에도 여전히 멀쩡하게 살아 있다.

출처 : D. Salvatore, ed., Protectionism and World Welfare (New York: Cambridge University Press, 1933); A. Krueger, "The Struggle to Convince the Free Trade Skeptics," *IMF Survey*, July 12, 2004, pp. 204–205; J. N. Bhagwati, *Free Trade Today* (Princeton, N.J.: Princeton University Press, 2002); D. A. Irwin, *Free Trade under Fire* (Princeton, N.J.: Princeton University Press, 2002); D. Salvatore, ed., *Protectionism and World Welfare* (New York: Cambridge University Press, 1993); and D. Salvatore, "The Challenges to the Liberal Trading System," *Journal of Policy Modeling*, July/August 2009, pp. 593–599.

상품의 생산에 특화하여 이들 중 일부를 절대열위에 있는 상품과 교환함으로써 두 국가 모두 이익을 얻을 수 있다. 이러한 과정에 의해 자원은 가장 효율적인 방법으로 활용되며, 두 가지 상품의 생산량은 모두 증가한다. 이렇듯 두 가지 상품의 생산이 모두 증가하는 것으로 생산에서의 특화를 통해 얻을 수 있는 이익을 측정할 수 있으며, 이러한 이익은 두 국가 간에 무역을 통해 분배된다.

예를 들면 기후 조건 때문에 캐나다는 밀을 생산하는 데는 효율적이지만 바나나를 생산하는 데는 (온실을 이용해야 하기 때문에) 비효율적이다. 반대로 니카라과는 바나나를 생산하는 데는 효율적이지만 밀을 생산하는 데는 비효율적이다. 따라서 캐나다는 니카라과에 대해 밀의 생산에는 절대우위를 가지고 있지만 바나나를 생산하는 데는 절대열위를 가지고 있다. 니카라과의 경우에는 이와는 반대가 된다.

이러한 상황에서 두 국가가 각각 절대우위에 있는 상품의 생산에 특화하여 다른 국가와 무역을 한다면 두 국가 모두 이익을 얻을 수 있다. 캐나다는 밀의 생산에 특화하고(즉, 국내에서 필요한 양 이상으로 생산하고), 이들 중 일부를 니카라과에서 생산된 (잉여) 바나나와 교환할 것이다. 결과적으로 보다 많은 양의 밀과 바나나가 생산되고 소비되며 캐나다와 니카라과는 모두 이익을 얻을 것이다.

이러한 점에서 국가의 행위는 자기가 필요로 하는 상품을 모두 생산하지 않는 개인과 다르지 않다. 개인은 자기가 필요로 하는 상품을 모두 생산하기보다는 자기가 가장 효율적으로 생산할 수 있는 상품만을 생산하여, 이 상품들 중 일부를 그가 필요로 하는 다른 상품들과 교환함으로써 개인들 모두의 총생산량과 후생이 극대화된다.

따라서 중상주의자들은 한 국가는 다른 국가를 희생함으로써만 무역을 통해 이익을 얻을 수 있다고 믿고, 모든 경제활동과 무역에 대해 국가의 엄격한 통제를 주장했던 반면에, 애덤 스미스(애덤 스미스를 따랐던 다른 기타 고전파 경제학자들)는 자유방임(laissez-faire)(즉, 경제에 대한 가급적 적은 정부의 간섭)을 주장했다. 자유무역은 세계의 자원을 가장 효율적으로 이용되게 할 것이며 세계 전체의 후생을 극대화시킬 것이다. 이러한 자유방임과 자유무역정책에 대해서는 단지 몇 가지의 예외가 있는데, 이 중 한 가지가 국가안보에 중요한 산업의 보호이다.

이러한 관점에 비추어 볼 때 오늘날 대부분의 국가들이 국제무역의 자유로운 흐름에 대해 많은 규제를 가하는 것은 역설적으로 보이는데, 무역규제는 항상 국가의 후생이라는 관점에서 합리화되고 있다. 사실상 무역규제는 수입에 의해 손해를 보는 몇몇 산업과 그 산업에 종사하는 노동자들에 의해 주장되고 있는데, 이렇게 볼 때 무역규제는 (국내 제품과 경쟁하는 수입품에 대해 높은 가격을 지불해야 하는) 다수의 사람들을 희생하여 소수의 몇 사람에게만 이득을 준다. 이 문제는 제2부에서 자세히 다룰 것이다.

또한 스미스의 이론은 영국에서 (저렴해진 식량수입으로 낮은 임금을 지불하게 되는) 공장 소유주의 이익을 대변하는 반면, (저렴해진 식량수입으로 인해 식량의 희소성이 감소했기 때문에) 지주들에게는 불리하게 작용했으며, 이러한 점은 사회적 압력과 이러한 압력을 지원하는 새로운 경제이론 사이의 관계를 보여 주고 있다.

2.3B 절대우위의 예시

이제 절대우위의 예를 **숫자**로 살펴보는데, 절대우위는 다음 절에서 소개될 비교우위라는 보다 매력적인 이론을 소개하는 데 출발점이 된다.

표 2-1은 한 시간의 노동으로 미국에서는 6부셸의 밀을 생산할 수 있는 반면, 영국에서는 1부셸의 밀을 생산할 수 있음을 보여 주고 있다. 반대로 한 시간의 노동으로 영국에서는 직물 5야드를 생산하는 반면 미국에서는 4야드만을 생산하고 있다. 따라서 미국은 밀의 생산에 있어서 영국보다 효율적이며 영국에 대해 절대우위를 가지고 있는 반면, 영국은 직물의 생산에 있어서 미국보다 효율적이며 미국에 대해 절대우위를 가지고 있다. 무역을 하게 되면, 미국은 밀의 생산에 특화하여 이 중 일부를 영국의 직물과 교환하며, 영국의 경우에는 이와 반대가 된다.

만일 미국이 밀 6부셸(6W)을 영국의 직물 6야드(6C)와 교환한다면 미국은 (미국 국내에서는 6W에 대하여 4C만을 얻을 수 있기 때문에) 2C의 이익을 얻게 되며, 노동력 30분을 절약할 수 있게 된다. 마

표 2-1   절대우위

	미국	영국
밀(부셸/시간당 노동)	6	1
직물(야드/시간당 노동)	4	5

찬가지로 영국이 미국으로부터 얻는 6W은 영국 국내에서 그만큼을 생산하기 위해서는 6시간의 노동력이 필요하므로 6시간의 노동력과 가치가 같다. 영국에서는 이 6시간의 노동력으로 (6시간에 시간당 5야드를 곱하면) 30C를 생산할 수 있다. (영국에서는 1시간이 조금 넘는 노동력으로 생산할 수 있는) 6C를 미국과 6W에 교환하게 됨으로써, 영국은 24C의 이득을 얻거나 거의 5시간의 노동력을 절약할 수 있게 된다.

현시점에서 영국이 미국보다 더 많은 이익을 얻는다는 점은 중요하지 않다. 중요한 점은 두 국가가 생산에서의 특화와 무역을 통해 상호 이익을 얻는다는 점이다.(2.6B절에서는 국가 간에 상품이 교환되는 비율이 어떻게 결정되는가를 살펴보고, 또한 이와 밀접한 관계가 있는 문제로 무역으로부터의 이익이 교역국 사이에 어떻게 분배되는지를 살펴볼 것이다.)

그러나 절대우위는 선진국과 개발도상국의 무역과 같은 오늘날 세계무역의 극히 일부분만을 설명할 수 있다. 세계무역의 대부분, 특히 선진국 사이의 무역은 절대우위로는 설명할 수 없다. 비교우위의 법칙으로 무역의 발생원인과 무역으로부터의 이익을 제대로 설명한 사람은 데이비드 리카도였다. 실제로 절대우위는 보다 일반적인 비교우위론의 특수한 경우에 불과하다.

2.4 비교우위에 근거한 무역 : 데이비드 리카도

1817년에 리카도는 정치경제와 과세의 원리에 대하여(*On the Principles of Political Economy and Taxation*)를 출판하였는데, 여기에서 그는 비교우위의 법칙을 설명하고 있다. 비교우위의 법칙은 경제학에서 가장 중요하고 도전받지 않는 법칙 중의 하나이며, 실제로 여러 가지로 응용될 수 있다. 이 절에서는 비교우위를 정의하고, 이를 간단한 숫자의 예를 들어 다시 설명한 후에 각국이 비교우위에 있는 상품의 생산에 특화하고 수출하기 때문에 두 국가 모두 이익을 얻을 수 있다는 점을 보여 줌으로써 비교우위의 법칙을 증명한다. 2.6A절에서는 비교우위의 법칙을 그래프를 이용하여 증명한다.

2.4A 비교우위의 법칙

비교우위의 법칙(law of comparative advantage)에 의하면 한 국가가 다른 국가에 대하여 두 가지 상품의 생산에 있어서 모두 비효율적이라고(절대열위에 있다고) 하더라도 상호이익이 되는 무역이 발생할 수 있다. 두 상품에서 모두 절대열위에 있는 국가는 절대열위가 보다 작은 상품(이 상품이 이 국가가 비교우위에 있는 상품이다.)의 생산에 특화하고 수출하며, 절대열위가 더 큰 상품(이 상품이 이 국가가 비교열위에 있는 상품이다.)을 수입하게 된다.

이 법칙의 내용은 표 2-2를 보면 보다 명확해진다. 표 2-2와 표 2-1의 유일한 차이점은 이제 영국은

표 2-2 비교우위	미국	영국
밀(부셸/시간당 노동)	6	1
직물(야드/시간당 노동)	4	2

한 시간의 노동력으로 직물 5야드 대신 2야드만을 생산한다는 점이다. 따라서 영국은 밀과 직물의 생산에 있어 모두 미국에 대해 절대열위에 있다.

그러나 영국의 노동은 미국과 비교하여 생산성이 직물의 생산에 있어서는 1/2이지만 밀의 생산에 있어서는 1/6이기 때문에 영국은 **직물**에 비교우위를 가지고 있다. 반대로 미국은 영국에 비해 밀과 직물의 생산에 있어 절대우위를 가지고 있지만, 밀 생산에서의 절대우위(6 : 1)가 직물 생산에서의 절대우위(4 : 2)보다 크기 때문에 미국은 밀에 비교우위를 가지고 있다. 요약하면 미국의 절대우위는 밀에서 더 크기 때문에 밀에 비교우위를 가지고 있고, 영국의 절대열위는 직물에서 더 작기 때문에 영국의 비교우위는 직물에 있다. 비교우위의 법칙에 의하면 미국이 밀의 생산에 특화하여 이 중 일부를 영국의 직물과 교환한다면 두 국가 모두 이익을 얻을 수 있다(동시에 영국은 직물의 생산에 특화하여 직물을 수출한다).

두 국가, 두 상품이 존재하는 세계에서 일단 어느 한 국가가 어느 한 상품에 비교우위를 가지고 있으면, 다른 국가는 반드시 다른 상품에 비교우위를 가지게 됨을 주목하자.

2.4B 무역으로부터의 이익

지금까지 비교우위의 법칙을 말로 설명하고 간단한 숫자를 들어 다시 설명하였다. 그러나 아직까지 비교우위의 법칙을 증명한 것은 아니다. 이를 증명하기 위해서는 미국과 영국이 각각 비교우위를 가지고 있는 상품의 생산에 특화하고, 이를 수출함으로써 두 국가 모두 이익을 얻을 수 있다는 점을 보여 주어야 한다.

우선 미국이 6W 대신에 영국으로부터 4C만을 얻을 수 있다면 미국은 무역에 대해 무차별할 것이다. 왜냐하면 미국은 6W의 생산을 포기함으로써 방출되는 자원으로 국내에서 정확하게 4C를 생산할 수 있기 때문이다(표 2-2 참조). 또한 미국은 6W 대신 4C보다 적게 얻는다면 무역을 하지 않을 것이다. 마찬가지로 영국은 미국으로부터 얻는 1W 대신에 2C를 포기해야 한다면 무역에 대해 무차별할 것이며, 1W 대신에 2C 이상을 포기해야 한다면 무역을 하지 않을 것임이 확실하다.

두 국가가 모두 이익을 얻을 수 있다는 점을 보여 주기 위해 미국이 영국과 6W을 6C와 교환할 수 있다고 가정하자. 미국은 국내에서 6W을 4C와 교환하므로 미국은 2C(또는 30분의 노동력)의 이익을 얻는다. 영국 역시 이익을 얻는다는 점을 보기 위해서 영국이 미국으로부터 얻는 6W을 영국 국내에서 생산하기 위해서는 6시간의 노동력이 필요하다는 점을 주목하자. 대신에 영국은 이 6시간의 노동력으로 12C를 생산할 수 있으며, 미국으로부터 얻은 6W에 대해 6C만 포기하면 된다. 따라서 영국은 6C의 이익을 얻거나 또는 3시간의 노동력을 절약할 수 있게 된다. 또다시 영국이 무역으로부터 미국보다 더 많은 이익을 얻는다는 점은 현재로서는 중요하지 않다. 중요한 점은 어느 한 국가(이 경우에는 영국)가 다른 국가보다 두 상품의 생산에 있어 비효율적이더라도 두 국가 모두 무역을 통해 이익을 얻을 수 있다는 점이다.

일상생활에서의 간단한 예를 생각하면 이러한 사실을 스스로 납득할 수 있을 것이다. 어떤 변호사가 그의 비서보다 두 배나 빨리 타이프를 칠 수 있다고 하자. 그러면 변호사는 자기 비서에 비해 법률업과 타이핑 모두에서 절대우위를 갖게 된다. 그러나 비서는 법률학위 없이 법률업을 할 수 없기 때문에, 변호사는 법률업에 더 큰 절대우위를 가지고 있으므로 비교우위를 갖게 되고, 비서는 타이핑에서 비교우위를 갖게 된다. 비교우위의 법칙에 따르면 변호사는 그의 모든 시간을 법률업을 하는 데 사용하고 비서로 하여금 타이핑을 하도록 해야 한다. 예를 들어 변호사는 법률업을 함으로써 시간당 100달러를 벌고 비서에게 타이핑을 시키는 대가로 10달러를 지불한다면, 변호사는 본인이 타이핑을 함으로써 실제로는 시간당 80달러의 손해를 보게 된다. 그 이유는 변호사가 직접 타이핑을 함으로써 시간당 20달러를 절약하지만(비서보다 2배 빨리 타이핑을 하므로), 법률업을 수행할 때의 100달러를 포기하게 되기 때문이다.

미국과 영국의 예로 돌아가서 6W과 6C를 교환함으로써 두 국가 모두 이익을 얻는다는 점을 알 수 있다. 그러나 이 비율은 상호이익이 되는 무역이 발생할 수 있는 유일한 교환비율은 아니다. 미국은 국내에서 6W와 4C를 교환할 수 있으므로(6W과 4C를 생산하는 데는 1시간의 노동력이 필요하다는 의미에서), 미국이 6W에 대하여 영국으로부터 4C 이상을 얻을 수 있으면 미국은 이익을 얻게 된다. 반대로 영국에서는(6W과 12C를 생산하는 데는 6시간의 노동력이 필요하다는 의미에서) 6W = 12C이다. 영국이 미국으로부터 6W을 얻기 위해 포기해야 하는 직물의 양이 12C 이하이면, 영국은 무역을 통해 이익을 얻을 수 있다. 요약하면 미국은 6W에 대하여 영국으로부터 4C 이상을 얻을 수 있는 한 이익을 얻게 되며, 영국은 미국으로부터 얻는 6W에 대하여 12C 이하를 포기하는 한 이익을 얻게 된다. 따라서 상호이익이 되는 무역이 발생할 수 있는 범위는 아래와 같다.

$$4C < 6W < 12C$$

12C와 4C의 차이(즉, 8C)는 두 국가가 6W을 무역함으로써 얻을 수 있는 무역으로부터의 총이익이다. 예를 들어, 6W과 6C가 교환된다면, 미국은 2C의 이익을 얻고 영국은 6C의 이익을 얻어 총무역으로부터의 이익이 8C가 된다는 점은 이미 살펴본 바 있다. 교환비율이 (미국에서의 **국내** 또는 **내부적** 교환비율인 표 2-2 참조) 4C = 6W에 근접할수록 미국으로 귀속되는 무역으로부터의 이익은 적어지고 영국으로 귀속되는 무역으로부터의 이익은 커진다. 반대로 교환비율이 (영국에서의 국내 또는 내부적 교환비율인) 6W = 12C에 근접할수록 무역을 통해 미국이 얻을 수 있는 이익은 영국의 이익에 비해 커진다.

예를 들어 미국이 영국과 6W을 8C와 교환한다면, 두 국가는 각각 4C의 이익을 얻어 총이익은 8C가 된다. 미국이 6W을 10C와 교환할 수 있다면, 미국은 6C의 이익을 얻고 영국은 2C의 이익밖에 얻지 못한다(물론 6W 이상이 교환되면 무역으로부터의 이익은 비례적으로 커질 것이다). 2.6B절에서는 수요 및 공급조건에 의해 이러한 교환비율이 실제 세계에서 어떻게 결정되는지를 살펴본다. 이러한 교환비율은 무역으로부터의 총이익이 교역 당사국 간에 어떻게 분배되는지를 결정한다. 지금까지 우리가 살펴보고자 했던 점은, 한 국가가 다른 국가에 비해 두 상품의 생산에서 모두 비효율적이라고 하더라도 상호이익이 되는 무역이 발생할 수 있다는 점을 증명하는 것이었다.

지금까지는 생산에서의 특화 및 무역으로부터의 이익을 직물의 양으로 측정하였다. 그러나 무역으로부터의 이익은 밀의 양으로 측정할 수도 있으며, 보다 현실적으로는 직물과 밀의 양으로 측정할 수도 있다. 이 점은 비교우위의 법칙을 도표를 이용하여 설명하는 2.6A절에서 살펴볼 것이다.

2.4C 비교우위가 없는 경우

(흔한 일은 아니지만) 비교우위가 없는 경우가 있다. 이는 한 국가가 다른 국가에 대해 가지고 있는 절대열위가 두 상품에서 같을 때 발생한다. 예를 들면 영국에서 한 시간의 노동력으로 1W 대신에 3W을 생산할 수 있다면(표 2-2 참조), 영국 노동의 생산성은 미국에 비하여 밀과 직물의 생산에서 절반이 된다. 이때는 영국(과 미국)은 직물이나 밀의 생산에 있어서 비교우위를 갖지 못하게 되며 상호이익이 되는 무역이 발생할 수 없다.

이렇게 되는 이유는 (앞에서와 마찬가지로) 미국은 6W에 대하여 4C 이상을 교환할 수 있는 경우에만 무역을 하기 때문이다. 그러나 현재의 경우에는 영국 국내에서 2시간의 노동력으로 6W이나 4C를 생산할 수 있기 때문에, 영국이 미국으로부터 6W을 얻는 데 대하여 4C 이상을 포기하지 않을 것이다. 이러한 상황에서는 상호이익이 되는 무역이 발생할 수 없다.

이런 경우에는 비교우위의 내용을 다소 수정하여 다음과 같이 정리할 수 있다. 한 국가가 다른 국가에 대하여 두 상품의 생산에서 모두 절대열위를 가지고 있다고 하더라도, (한 국가가 다른 국가에 대하여 가지고 있는 절대열위가) 두 상품에서 같은 비율이 아니라면 상호이익이 되는 무역이 발생할 수 있다. 이러한 예외적인 경우에 주의하는 것이 이론적으로는 중요한 일일지 몰라도, 이러한 일이 실제로 발생하는 것은 매우 드물고 우연의 일치이기 때문에 비교우위 법칙의 적용 가능성은 큰 영향을 받지 않는다. 그뿐만 아니라 수송비와 같은 자연적인 무역장벽 때문에 비교우위를 어느 정도 가지고 있다고 하더라도 무역이 발생하지 않을 수 있다. 그러나 현재의 시점에서는 이러한 자연적인 또는 (관세와 같은) 인위적인 장벽은 존재하지 않는다고 가정한다.

2.4D 화폐를 도입한 경우의 비교우위

(위에서 언급한 비교우위의 법칙에 대한 예외적인 경우를 무시할 때) 비교우위의 법칙에 의하면 한 국가(이 경우는 영국)가 다른 국가(미국)에 비해 두 가지 상품의 생산에서 모두 절대열위를 가지고 있다 하더라도 상호이익이 되는 무역이 발생할 수 있다. 그러나 여러분은 영국이 두 상품의 생산에 있어서 모두 비효율적인데도 불구하고 어떻게 미국으로 어떤 상품을 수출할 수 있을까 하고 의문을 품을 것이다. 이 문제에 대한 해답은 영국에서는 임금이 미국보다 훨씬 낮기 때문에 **두 상품의 가격을 어느 한 국가의 통화로 표시했을 때**, (영국이 비교우위를 가지고 있는 상품인) 직물의 가격이 영국에서 더 싸고 밀의 가격은 미국에서 더 싸기 때문에 가능해진다. 이렇게 되는 원리를 살펴보자.

미국에서의 임금은 시간당 6달러라고 가정하자. 미국에서는 한 시간의 노동으로 6W을 생산할 수 있으므로(표 2-2 참조), 밀 1부셸의 가격은 P_W=1달러가 된다. 반대로 한 시간의 노동으로 4C를 생산할 수 있으므로 (6/4C달러로부터) P_C=1.50달러가 된다. 또한 영국에서는 임금이 시간당 1파운드라고 하자['파운드(£)'는 영국의 통화를 의미]. 영국에서는 1시간의 노동으로 1W을 생산하므로(표 2-2 참조) 영국에서 P_W=1파운드가 된다. 마찬가지로 1시간의 노동은 2C를 생산하므로 P_C=0.5파운드가 된다. 파운드와 달러 사이의 환율이 1파운드=2달러라면, 영국에서 P_W=1파운드=2달러이고 P_C=0.5파운드=1달러가 된다. 표 2-3은 환율이 1파운드=2달러일 때, 미국과 영국에서 밀과 직물의 달러 표시 가격을 보여 주고 있다.

표 2-3으로부터 달러로 표시한 (미국이 비교우위를 가지고 있는 상품인) 밀의 가격은 영국보다 미국

표 2-3	미국과 영국에서 1파운드=2달러일 때 밀과 직물의 달러 표시 가격	
	미국	영국
밀 1부셸의 가격	1.00	2.00
직물 1야드의 가격	1.50	1.00

에서 더 싸다는 점을 알 수 있다. 반대로 (영국이 비교우위를 가지고 있는 상품인) 직물의 달러 표시 가격은 영국에서 더 싸다는 점을 알 수 있다(두 상품의 가격을 파운드화로 표시해도 결과는 마찬가지).

달러로 표시한 밀의 가격이 미국에서 더 싸기 때문에 상인들은 미국에서 밀을 사서 영국에 팔려고 할 것이며, 영국에서 직물을 사서 미국으로 판매하려고 할 것이다. 직물을 생산할 때 영국 노동의 생산성이 미국 노동의 생산성에 비해 1/2이지만, 영국의 노동자들은 미국 임금의 1/3(미국의 임금이 6달러인 데 반해, 영국의 임금은 1파운드=2달러)만을 받으므로 달러로 표시한 직물의 가격은 영국에서 더 싸다. 다른 말로 하면 영국의 노동이 미국의 노동에 비하여 비효율적인 것인 영국에서의 낮은 임금에 의해 상쇄되고도 남는다. 결과적으로 직물의 달러 표시 가격은 영국에서 더 싸기 때문에 영국은 미국으로 직물을 수출할 수 있게 된다. 영국의 임금이 미국의 임금에 비해 (밀과 직물의 생산에 있어서 미국과 영국 간에 생산성 격차와 동일한) 1/6에서 1/2의 수준인 한 이는 항상 그렇다.

만일 달러와 파운드 사이의 환율이 1파운드=1달러라면(따라서 영국의 임금은 미국 임금의 1/6이다), 영국에서 달러로 표시한 밀의 가격은 P_W=1파운드=1달러가 된다. 이 가격은 미국에서의 가격과 같으므로(표 2-3 참조), 이러한 환율에서는 미국이 영국으로 밀을 수출할 수 없게 된다. 동시에 영국에서는 P_C=0.5파운드=0.5달러이므로 영국은 미국으로 이전보다 더 많은 직물을 수출하게 될 것이다. 영국의 무역수지는 흑자가 되고 달러와 파운드 사이의 환율(즉, 파운드화의 달러 표시 가격)은 상승하게 된다.

반대로 만일 환율이 1파운드=3달러라면(따라서 영국의 임금은 미국 임금의 1/2이다), 영국에서 직물의 가격은 P_C=0.5파운드=1.5달러(미국에서의 가격과 같음, 표 2-3 참조)가 된다. 결과적으로 영국은 미국으로 직물을 수출할 수 없게 된다. 미국의 무역수지는 흑자가 되고 환율은 하락하게 된다. 달러와 파운드 사이의 교환비율은 궁극적으로는 (어떠한 개입이나 기타의 국제거래가 없다면) 무역수지가 균형을 이루는 상태에서 결정될 것이다. 이 장 부록에서 이 문제를 다시 검토한다.

따라서 미국에서는 영국의 저임금으로부터 미국 노동자들의 높은 임금과 높은 생활수준을 보호할 필요가 있다는 주장이 제기될 수도 있지만, 일반적으로 이러한 주장은 잘못된 것이다. 영국에서는 보다 효율적인 미국의 노동으로부터 영국의 노동을 보호해야 한다는 반대의 주장이 제기될 수도 있는데 이 역시 잘못된 것이다. 이러한 주장들은 확실히 일관성이 없으며, 근본적으로 잘못된 것이다(사례연구 2-3 참조).

2.5 비교우위와 기회비용

리카도는 몇 가지의 단순화하기 위한 가정을 전제로 비교우위의 법칙을 설명하였다. 즉, (1) 두 국가

사례연구 2-3 양초제조업자의 탄원서

때때로 이론이나 논리보다는 풍자와 조소가 더 효과적일 때가 있다. 예를 들어 중상주의 철학이 지배적이었던 시기에 보호무역주의의 만연으로 격앙된 프랑스의 경제학자 프레데리크 바스티아(Frederix Bastiat, 1801~1851)는 보호무역주의자들의 터무니없는 논리와 결론을 풍자적인 방법으로 꼬집어서 보호무역주의 주장자들을 압도하였다. 1845년 바스티아가 작성한 프랑스 양초제조업자의 가상적 탄원서가 가장 성공적으로 목적을 달성한 경우로 다음은 발췌한 내용이다.

우리는 양초 생산에 있어서 우리보다 월등한 조건에 있는 한 외국 경쟁업체와 치열한 경쟁상태에 처해 있는데, 그 회사는 어처구니없이 낮은 가격으로 국내시장을 점령하고 있습니다. 그 회사가 침투해 오는 순간 우리는 교역의 문을 닫아 버립니다. 즉, 우리의 모든 고객은 그 회사로 몰려들고 헤아릴 수 없이 많은 세분화된 관련 산업을 가지고 있는 우리의 토종산업은 갑자기 침체상태에 빠져듭니다. 이 경쟁회사는 … 다름 아닌 태양입니다.

우리가 바라건대 햇빛이 집안에 들어오는 데 이용되는 모든 창문, 천창, 지붕창, 커튼, 가리개, 채광창, 다시 말해 햇빛이 들어오는 모든 출구, 구멍, 틈새의 차단을 명령하는 하나의 법안을 통과시킴으로써 조국이 고맙게도 우리를 극히 불공평한 싸움으로 내몰고 있지 않다고 스스로 만족할 수 있도록 양초제조업자의 그 잘난 편견을 거들어 주는 것입니다.

여러분이 낮에는 가격이 0인 햇빛을 자유롭고 무한정하게 얻을 수 있다는 사실을 인정하면서, 단지 가격이 0에 가깝다고 해서 석탄, 철, 치즈 및 여러 외국제품의 수입을 저지하는 것은 대단한 모순이라고 생각하지 않습니까?

만일 여러분이 가능한 한 많이 자연 햇볕을 차단시키고 인공 햇볕의 수요를 창출한다면 우리 프랑스 제조업자들 중 그 누가 고무되지 않겠습니까? 수지양초의 소비가 많을수록 소와 양도 많이 있어야 할 것이며, 따라서 우리는 수없이 넓은 인공초원과 인조고기, 인조양모, 인조가죽 그리고 무엇보다도 농업발달의 기초가 되는 인조비료를 보유해야 되지 않겠습니까?

출처 : Frédéric Bastiat, *Economic Sophisms*(Edinburgh: Oliver and Boyd, 1873), pp. 49~53, abridged.

와 두 상품, (2) 자유무역, (3) 각 국가 내에서는 노동이 완전히 이동 가능하지만, 국가 간에는 노동의 이동 불가능함, (4) 일정한 생산비, (5) 수송비가 존재하지 않음, (6) 기술변화가 없음, (7) 노동가치설이다. (1)~(6)까지의 가정은 쉽게 완화할 수 있지만 (노동가치설이 성립한다는) 가정 (7)은 타당하지 않으며, 비교우위를 설명하는 데 이용되어서는 안 된다.

2.5A 비교우위와 노동가치설

노동가치설(labor theory of value)에 의하면 한 상품의 가격 또는 가치는 전적으로 이 상품의 생산에 투입되는 노동의 양에 의해 결정되며, 이것은 다음과 같은 사실을 의미한다. (1) 노동이 유일한 생산요소이거나 아니면 모든 상품을 생산할 때 노동이 고정된 비율로 이용되고, (2) 노동은 동질적(즉, 한 가지 형태의 노동만이 있음)이다. 이러한 가정은 모두 사실이 아니기 때문에 노동가치설에 입각해서 비교우위를 설명할 수는 없다.

특히 노동이 유일한 생산요소도 아니며 모든 상품을 생산할 때 노동이 고정된 비율로 사용되지도 않는다. 예를 들면 (철강과 같은) 상품을 생산할 때는 (직물과 같은) 상품을 생산할 때보다 노동자 1인당 훨씬 많은 자본장비가 필요하다. 또한 대부분의 상품을 생산할 때는 노동, 자본 및 기타 생산요소 사이에 어느 정도 대체 가능성이 있다. 그뿐만 아니라 노동이 동질적이 아니라는 점은 명확하며 훈련, 생산성 및 임금 등에서 큰 차이가 있다. 최소한 노동 생산성의 차이는 인정해야 할 것이다. 실제로 리카도의 비교우위론은 이러한 방법으로 검증되었다(2.7절 참조). 어쨌든 비교우위론은 노동가치설을 전제로 설명할 필요는 없으며, (우리가 수용할 수 있는) 기회비용 이론을 바탕으로 설명할 수 있다.

2.5B 기회비용 이론

1936년 하벌러는 비교우위 이론을 기회비용으로 설명하였다. 이러한 이유에서 비교우위의 법칙을 때때로 기회비용 이론(opportunity cost theory)이라고도 한다.

기회비용 이론에 의하면 한 상품의 비용은 그 상품을 한 단위 더 생산할 수 있도록 자원을 동원하기 위하여 포기되는 다른 상품의 양이다. 이때 노동이 유일한 생산요소라거나 노동이 동질적이라는 가정은 필요 없다. 또한 한 상품의 가격이나 비용이 노동의 양에 의해 결정된다거나 이를 통해 알 수 있다는 가정도 필요 없다. 결과적으로 어떤 상품의 생산에서 기회비용이 낮은 국가는 그 상품에 비교우위를 갖는다(그리고 다른 상품에 비교열위를 갖는다).

예를 들어 무역을 하지 않을 때, 미국이 국내에서 밀 1단위를 더 생산하기 위하여 자원을 동원하기 위해서는 직물 2/3단위를 포기해야 한다면, 밀의 기회비용은 직물 2/3단위(즉, 미국에서 1W = 2/3C)가 된다. 만일 영국에서 1W = 2C라면(포기해야 하는 직물의 양으로 표시한) 밀의 기회비용은 영국보다는 미국에서 더 낮으므로 미국은 영국에 대해 밀의 생산에 비교(생산비)우위를 갖게 된다. 이 경우 두 국가, 두 상품이 존재하는 세계에서는 영국이 직물에 비교우위를 갖는다.

비교우위의 법칙에 의하면 미국은 밀의 생산에 특화하고 이 중 일부를 영국의 직물과 교환해야 한다. 이것이 바로 앞에서 노동가치설에 입각해서 비교우위를 설명할 때 얻은 결론이지만 이제는 기회비용 이론으로 이를 설명할 수 있다.

2.5C 생산비가 일정할 때 생산가능곡선

기회비용은 생산가능곡선 또는 변환곡선을 이용하여 설명할 수 있다. 생산가능곡선(production possibility frontier)이란 한 국가가 이용 가능한 최선의 기술로 모든 생산자원을 완전히 활용할 때 생산할 수 있는 두 가지 상품의 여러 가지 조합이다.

표 2-4는 미국과 영국에서의 밀(백만 부셸/연간)과 직물(백만 야드/연간)의 (가상적인) 생산가능계

표 2-4 영국과 미국에서 밀과 직물의 생산가능계획

미국		영국	
밀(W)	직물(C)	밀(W)	직물(C)
180	0	60	0
150	20	50	20
120	40	40	40
90	60	30	60
60	80	20	80
30	100	10	100
0	120	0	120

획표이다. 여기에서 미국은 180W과 0C, 또는 150W과 20C, 또는 120W과 40C, 또는 그 아래의 0W 과 120C를 생산할 수 있음을 알 수 있다. 미국이 포기하는 각각의 30W에 대하여 20C를 생산할 수 있 도록 생산자원이 방출되고 있다. 다시 말하면 (다음의 두 가지는 동일한 양의 생산자원을 이용한다는 의미에서) 30W＝20C이다. 따라서 미국에서 밀 한 단위의 기회비용은 1W＝2/3C(표 2-2와 동일함)이 며 항상 일정하다. 반대로 영국은 60W과 0C, 또는 50W과 20C, 또는 40W과 40C 또는 그 아래의 0W 과 120C를 생산할 수 있다. 영국은 영국이 포기하는 각각의 10W에 대하여 20C를 더 생산할 수 있다. 따라서 영국에서 밀의 기회비용은 1W＝2C이며 항상 일정하다.

　표 2-4에 있는 영국과 미국의 생산가능계획은 그림 2-1에 생산가능곡선으로 그릴 수 있다. 경계선 상의 각 점은 이 국가가 생산할 수 있는 밀과 직물의 어느 한 조합을 표시한다. 예를 들면 미국은 점 A 에서 90W과 60C를 생산하고, 영국은 점 A'에서 40W과 40C를 생산한다.

　생산가능곡선의 내부 또는 아래에 있는 점들은 생산가능한 점들이기는 하지만 한 국가가 유휴자원 을 가지고 있거나 이용 가능한 최선의 기술을 사용하지 않는다는 점에서 비효율적인 점들이다. 반대 로 생산가능곡선보다 위에 있는 점들은 현재 이 국가가 이용 가능한 기술이나 생산자원으로는 생산 할 수 없는 점들이다.

　그림 2-1에서 생산가능곡선의 기울기가 우하향 또는 음의 기울기를 갖는다는 사실은 미국과 영국 이 밀을 더 생산하기 위해서는 직물 생산의 일부를 포기해야 한다는 점을 의미한다. 두 국가에서 생산 가능곡선이 직선이라는 사실은 각국에서 기회비용이 일정하다는 점을 의미한다. 즉, 1W을 추가적으 로 생산하기 위해서는, 생산가능곡선상의 어떤 점에서 시작을 하든, 미국은 2/3C를 영국은 2C를 포기해 야 한다는 점을 의미한다.

　일정한 기회비용(constant opportunity cost)인 경우는 (1) 두 가지 상품을 생산할 때 생산자원 또는 생산요소가 완전 대체적이거나 고정된 비율로 이용되며, (2) 동일한 생산요소는 완전히 동질적일 때,

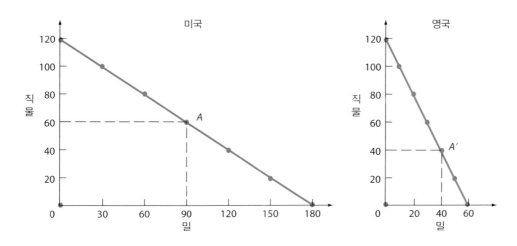

그림 2-1　**영국과 미국의 생산가능곡선**

미국과 영국의 생산가능곡선은 표 2-4의 값들을 그래프 위에 표시하여 그릴 수 있다. 생산가능곡선은 우하향하는데, 이는 각국이 밀을 더 생산 함에 따라 어느 정도의 직물을 포기해야 함을 의미한다. 생산가능곡선이 직선인 것은 기회비용이 일정하다는 점을 반영하고 있다.

즉 질이 완전히 같을 때 발생한다. 이때는 한 국가가 직물의 생산을 포기하고 밀을 더 생산하기 위해 생산자원을 동원하더라도, 현재 밀의 생산량과는 관계없이 밀의 생산에 부적합한 생산자원을 이용하지는 않을 것이다. 직물을 더 생산하는 경우에도 마찬가지이다. 따라서 어느 상품을 한 단위 추가적으로 생산하기 위하여 포기해야 하는 다른 상품의 양은 일정하다는 의미에서 생산비가 일정하다.

　각국에서 기회비용이 일정하기는 하지만 국가 간에 기회비용은 다를 수 있으며, 이로 인해 무역이 발생하게 된다. 그러나 생산비용이 일정하다는 점은 비현실적이다. 생산비용이 일정한 경우를 현재 논의하는 이유는 다음 장에서 다루게 될 보다 현실적 경우인 생산비용이 증가하는 경우를 소개하는 데 편리하기 때문이다.

2.5D　기회비용과 상품의 상대가격

밀의 기회비용은 한 단위의 밀을 추가적으로 생산하기 위하여 필요한 자원을 방출할 수 있도록 포기되어야 하는 직물의 양이라고 하는 점은 이미 살펴본 바 있다. 이것은 생산가능곡선 또는 변환곡선의 (절댓값으로서의) 기울기로 표현되는데, 이를 **한계변환율**이라고도 한다.

　그림 2-1에서 미국의 변환곡선의 (절댓값으로서의) 기울기는 120/180＝2/3＝미국에서 밀의 기회비용이며 항상 일정하다. 영국 변환곡선의 기울기는 120/60＝2＝영국에서 밀의 기회비용이며 항상 일정하다. 가격은 생산비와 같고, 밀과 직물을 모두 생산한다는 가정 아래 밀의 기회비용은 밀의 직물에 대한 상대가격(P_W/P_C)과 같다.

　따라서 미국에서는 P_W/P_C＝2/3이고 또는 역으로 P_C/P_W＝2/3＝1.5이다. 영국에서는 P_W/P_C＝2이고 P_C/P_W＝1/2이다. 미국에서 P_W/P_C가 더 낮다는(영국의 2에 대하여 미국의 2/3) 사실은 미국이 밀에 비교우위를 가지고 있다는 점을 반영한다. 마찬가지로 P_C/P_W가 영국에서 더 낮다는 사실은(미국의 3/2에 대하여 영국의 1/2) 영국이 직물에 비교우위를 가지고 있다는 점을 반영한다. 생산비가 일정한 경우에 P_W/P_C는 각국에서 생산 또는 공급조건에 의해 전적으로 결정된다는 점에 주목하자. 수요조건은 **상품의 상대가격**(relative commodity prices)을 결정하는 데 전혀 영향을 미치지 못한다.

　결론적으로 두 국가 사이의 (변환곡선의 기울기의 차이로 표현되는) 상품의 상대가격의 차이는 각국의 비교우위를 반영하는 것이며 상호이익이 되는 무역이 발생하는 원인이 된다.

2.6　생산비가 불변인 경우 무역의 원인과 무역으로부터의 이익

무역을 하지 않을 때 한 국가는 자국이 생산하는 상품만을 소비할 수 있다. 따라서 한 국가의 생산가능곡선은 소비가능곡선을 표현한다. 또한 이 국가가 실제로 어떤 상품의 조합을 생산하는가는 국민들의 기호 또는 수요조건에 의해 결정된다.

2.6A　무역으로부터의 이익에 대한 예시

무역을 하지 않을 때 미국은 생산가능곡선상의 점 A(90W과 60C)와 같은 조합을 생산하고 소비할 수 있으며(그림 2-2 참조), 영국은 점 A'(40W과 40C)을 선택할 수 있다.

　무역이 가능해지면 미국은 (비교우위를 가지고 있는 상품인) 밀의 생산에 특화하여 생산가능곡선

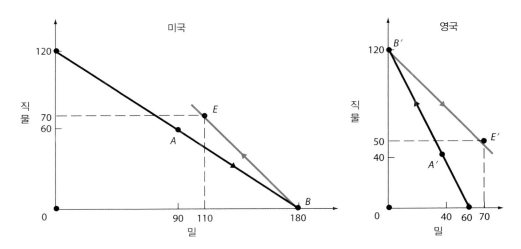

그림 2-2 무역으로부터의 이익

무역을 하지 않을 때 미국과 영국은 각각 점 *A*와 점 *A′*에서 생산하고 소비한다. 무역이 시작되면 미국은 점 *B*에서 밀의 생산에 특화하고, 영국은 점 *B′*에서 직물의 생산에 특화한다. 미국은 영국과 70W를 70C와 교환함으로써 점 *E*에서 소비할 수 있고(20W과 10C의 이익을 얻으며), 영국은 점 *E′*에서 소비하게 된다(30W과 10C의 이익을 얻는다).

상의 점 *B′*(180W과 0C)에서 생산할 것이며, 마찬가지로 영국은 직물의 생산에 특화하여 점 *B′*(0W과 120C)에서 생산할 것이다. 이때 만일 미국이 영국과 70W과 70C를 교환한다면, 미국은 점 *E*(110W과 70C)에서 소비하고 영국은 점 *E′*(70W과 50C)에서 소비할 수 있게 된다. 따라서 미국은 무역을 통하여 20W과 10C의 이익을 얻고(그림 2-2에서 점 *E*와 점 *A*를 비교), 영국은 30W과 10C(점 *A′*과 점 *E′*을 비교)의 이익을 얻는다.

두 나라에서 밀과 직물의 소비가 증가한 이유는 각국이 비교우위 상품의 생산에 특화하여 생산량이 증가했기 때문이다. 즉, 무역을 하지 않을 때 미국은 90W을 생산하고 영국은 40W을 생산하여 총생산량은 130W이었다. 생산에서의 특화와 무역으로 인하여 (미국에서) 180W이 생산되었다. 마찬가지로 무역을 하지 않을 때 미국은 60C를 영국은 40C를 생산하여 총생산량은 100C였다. 생산에서의 특화와 무역으로 인하여 (영국에서) 120C가 생산된다.

미국과 영국은 생산에서의 특화로 인하여 증가한 생산량 50W과 20C를 공유하게 되는데, 이것이 무역으로부터의 이익이다. 무역을 하지 않으면 미국은 밀의 생산에 특화할 수 없는데, 그 이유는 미국이 직물을 일부 소비하기 때문이다. 마찬가지로 영국도 밀을 일부 소비하기 때문에 무역을 하지 않는 경우에는 직물의 생산에 특화할 수 없다.

2.6B 무역을 할 때 상품의 상대가격

그림 2-3에 나타난 밀과 직물에 대한 수요 및 공급곡선을 이용하여 현재의 무역모형을 보다 깊이 이해할 수 있다. 또한 그림 2-3은 무역과 생산에서의 특화가 이루어질 때, 상품의 균형상대가격이 어떻게 결정되는지를 이해하는 데 도움을 준다.

그림 2-3의 왼쪽 도표에서 $S_{W(US+UK)}$는 미국과 영국이 모든 생산자원을 이용하여 밀만을 생산할 때, 미국과 영국의 밀공급을 합한 것이다. $0B=180W$의 길이는 밀의 기회비용이 $P_W/P_C=2/3$일 때 (그림

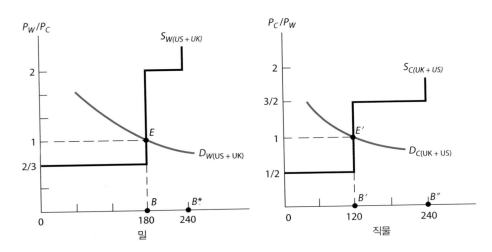

그림 2-3 수요와 공급으로 설명한 상품의 균형상대가격

왼쪽 도표에서 $S_{W(US+UK)}$는 미국과 영국이 모든 생산자원을 이용하여 밀만을 생산할 때 미국과 영국의 밀 공급을 합한 것이다. 이 곡선은 P_W/P_C =2/3일 때 미국이 생산할 수 있는 최대한 양의 밀은 180W=0B이고 P_W/P_C=2일 때 영국이 생산할 수 있는 최대한 양의 밀은 BB^*=60W임을 보여 준다. $D_{W(US+UK)}$는 무역을 할 때 미국과 영국의 밀에 대한 수요를 합한 곡선이다. $D_{W(US+UK)}$는 $S_{W(US+UK)}$와 점 E에서 교차하며, 무역을 할 때 (모두 미국에서만 생산되는)180W의 균형 거래량과 P_W/P_C=1의 균형상대가격이 결정된다. 오른쪽 도표는 $D_{C(UK+US)}$가 $S_{C(UK+US)}$와 교차하는 점 E'에서 (모두 영국에서만 생산되는) 직물의 균형 거래량 120C와 균형상대가격 P_C/P_W=1이 결정되는 것을 보여 준다.

2-2의 왼쪽 도표와 같이) 미국이 밀의 생산에 완전특화하여 최대한 생산할 수 있는 밀의 양이다. BB^* =60W의 길이는 (그림 2-2의 오른쪽 도표에서와 같이) 밀의 기회비용이 P_W/P_C=2일 때 영국이 밀의 생산에 특화하여 최대한 생산할 수 있는 밀의 양이다. 따라서 240W은 미국과 영국이 모두 가지고 있는 자원을 밀의 생산에만 사용할 때 생산할 수 있는 최대한 양의 밀을 합한 것이다. 결과적으로 $S_{W(US+UK)}$는 240W에서 수직선이 된다.

무역을 함에 따라 미국과 영국의 밀에 대한 총수요의 합이 그림 2-3의 $D_{W(US+UK)}$라고 하자. $D_{W(US+UK)}$는 $S_{W(US+UK)}$와 점 E에서 교차하며, 무역을 할 때 (그림 2-2의 왼쪽 도표에서와 같이) 180W의 균형 거래량과 P_W/P_C=1의 균형상대가격이 결정된다. 무역을 하게 되면 밀은 미국에서만 생산되고, 미국은 밀의 생산에 완전특화한다는 점에 주목하자.

직물에 대해서도 마찬가지 방법을 적용할 수 있다. 그림 2-3의 오른쪽 도표에서 $S_{C(UK+US)}$는 미국과 영국이 모든 생산자원을 이용하여 직물만을 생산할 때, 미국과 영국의 직물공급을 합한 것이다. (그림 2-2에서와 마찬가지로) 영국은 P_C/P_W=1/2일 때 최대한 120C=$0B'$을 생산할 수 있고, 미국은 P_C/P_W=3/2일 때 최대한 120C=$B'B''$을 생산할 수 있다.

무역을 함에 따라 영국과 미국에서의 밀에 대한 총수요가 그림 2-3의 오른쪽 도표에서와 같이 $D_{C(UK+US)}$라고 하자. $D_{C(UK+US)}$는 $S_{C(UK+US)}$와 점 E'에서 교차하며 균형 거래량은 120C가 되고 균형상대가격은 (그림 2-2의 오른쪽 도표에서와 같이) P_C/P_W=P_W/P_C=1이 된다. 무역을 하게 되면 직물은 영국에서만 생산되고, 영국은 직물의 생산에 완전특화한다는 점을 주목하자.

마지막으로 두 국가에서 완전특화(complete specialization)를 하는 경우에 각 상품의 균형상대가격 (그림 2-3 참조)은 무역 이전의 각국의 상대가격 사이에서 결정된다는 점을 주목하자. 그러나 그림

2-3의 왼쪽 도표에서 $D_{W(US+UK)}$가 더 낮은 위치에 있어 $S_{W(US+UK)}$의 수평한 부분인 0과 B 사이의 P_W/P_C =2/3에서 교차한다면, 미국에서 무역 이전의 밀의 상대가격인 P_W/P_C=2/3에서 무역이 발생하며, 무역으로부터의 이익은 모두 영국이 갖게 된다. 이러한 경우는 영국이 직물의 생산에만 완전특화하는 소국의 경우(small-country case)이며, 미국은 대국이어서 밀의 생산에 완전특화하지 않는 경우에 발생한다(연습문제 10 참조). 이것이 이른바 소국의 경우이다. 그러나 이러한 이익이 대가 없이 오는 것은 아닌데, 그 이유는 소국(여기서는 영국)은 장차 자국이 유일하게 수출하는 상품에 대한 수요가 감소할 수 있는 위험이 있기 때문이다.

2.7 리카도 모형에 대한 실증 분석

이제 리카도 무역모형에 대한 실증적 분석의 결과를 살펴보자. 서로 다른 국가 내의 여러 산업 사이에 노동생산성의 차이가 발생할 수 있는 가능성을 인정하면, 리카도의 무역모형은 무역의 패턴을 아주 잘 설명하고 있음을 알 수 있다.

맥두걸(MacDougall)은 1951년과 1952년에 이런 방법으로 리카도의 무역모형을 처음으로 검증하였는데, 그는 1937년도의 미국과 영국의 25개 산업에 대한 노동생산성 및 수출자료를 이용하였다.

미국에서의 임금은 영국보다 2배 높았기 때문에 맥두걸은 미국의 노동생산성이 영국의 노동생산성보다 2배 이상 높은 산업에서는 미국에서의 생산비가 영국보다 더 낮을 것이라고 주장하였다. 이러한 산업은 미국이 영국에 대해 비교우위를 가질 수 있는 산업이며, 제3시장(즉, 세계의 다른 지역)에서 영국보다 더 저렴하게 판매할 수 있는 산업일 것이다. 반대로 영국의 노동생산성이 미국의 노동생산성보다 1/2 이상인 산업에서는 영국이 비교우위를 가지며 미국보다 더 저렴하게 판매할 수 있을 것이다.

맥두걸은 그의 실증 분석에서 미국과 영국 사이의 무역은 제외하였는데, 그 이유는 산업별로 관세의 차이가 상당히 커서 두 국가 사이의 노동생산성의 차이를 상쇄하는 경향이 있기 때문이다. 동시에 두 국가는 제3시장에서는 일반적으로 동일한 관세에 직면하였다. 미국과 영국 사이의 무역을 제외한 것은 두 국가 간의 무역이 전체 무역의 5% 이하였기 때문에 분석 결과를 왜곡시키지 않았다.

그림 2-4는 맥두걸의 결과를 요약해서 보여 준다. 수직축은 미국의 노동자 1인당 생산량과 영국의 노동자 1인당 생산량의 비율을 표시한다. 이 비율이 높을수록 미국 노동자의 상대적 생산성은 더 크다. 수평축은 제3시장에 대한 미국의 수출과 영국의 수출비율을 표시한다. 이 비율이 높을수록 기타 다른 지역에서 미국의 수출은 영국보다 크다. 양축의 눈금은 (동일한 거리가 절대적 차이를 측정하는) 산술적으로 표시된 것이 아니라 로그함수로 표현하였기 때문(길이가 같으면 **변화율**이 같음을 의미한다)이라는 점을 주목하자.

그림 2-4에 있는 점들은 노동생산성과 수출 사이의 (색칠해진 선으로 표시된) 양의 상관관계를 보여 주고 있다. 즉, 미국에서의 노동생산성이 상대적으로 높은 산업은 미국의 영국에 대한 수출비율이 높은 산업이다. 이는 그림에서 표시된 (맥두걸이 연구한 총 25개 산업 중에서) 20개 산업의 경우에 적용된다. 미국과 영국에서 노동생산성과 수출 사이의 양의 상관관계는 그 후에 1950년 자료를 사용한 발라사(Balassa)와 1950년과 1959년 자료를 이용한 스턴(Stern)에 의해서도 확인되었다.

그림 2-4   미국과 영국의 상대적 노동의 생산성과 비교우위

이 그림은 미국와 영국의 20개 산업에서 상대적 노동생산성과 수출 점유율 사이에 양의 관계가 있음을 보여 주고 있으며 따라서 리카도의 무역 모형을 뒷받침한다고 볼 수 있다.

출처 : G.D.A.MacDougall, "British and American Exports: A Study Suggested by the Theory of Comparative Costs", *Economic Journal*, December 1951, p. 703.

그러나 한 가지 의문점은 남아 있다. 미국이 생산비의 우위를 가지고 있는 산업(즉, 미국 노동자의 생산성이 영국 노동자의 생산성보다 2배 이상 높은 산업)에서 미국이 영국으로부터 수출시장을 (단지 수출 점유율이 높아지는 데 그치지 않고) 모두 차지하지 못하는 이유는 무엇일까? 맥두걸은 그 이유를 제품차별화 때문이라고 설명하였다. 다시 말하면, 미국과 영국에서의 동일한 산업의 상품은 동질적이 아니라는 것이다. 미국의 자동차는 영국의 자동차와 동일하지 않다. 미국의 자동차가 더 싸다고 할지라도, 세계의 여타 지역에 있는 소비자들은 여전히 영국의 자동차를 더 선호할 수도 있다. 따라서 영국은 가격이 더 높다고 하더라도 여전히 자동차를 수출할 수 있다. 그러나 가격 차이가 더 커질수록 자동차 수출에서 영국의 점유율은 감소할 것이며, 대부분의 다른 상품의 경우에도 마찬가지이다. 마찬가지로 미국은 영국에 대해 생산비 열위에 있는 상품도 제3시장으로 수출할 수 있게 된다.

리카도 무역모형을 뒷받침하는 최근의 추가 증거는 사례연구 2-4에 제시된다. 이러한 모든 실증분석 결과들은 실제 무역 패턴이 국가 사이의 산업별 노동생산성 격차에 기인한 것이라는 점을 뒷받침하는 것으로 보인다. 노동비용 이외의 생산비용, 수요조건, 정치적 유대관계 및 자유로운 국제무역의 흐름을 저해하는 다양한 방해요인들은 노동생산성과 수출 비중 사이의 관계를 깨뜨리지 못했다.

단순한 리카도 무역모형이 상당 부분 실증적 연구에 의해 뒷받침된다고 하더라도 이 모형은 비교우위를 설명하기보다는 가정한다는 점에서 심각한 결함이 있다. 즉, 리카도와 고전파 경제학자들은 일반적으로 국가 간 노동생산성의 격차와 비교우위를 설명하지 못하고 있으며, 국제무역이 생산요소의 소득에 미치는 효과에 대해서도 별다른 설명을 하지 못하고 있다. (제5장에서 다루게 될) 헥셔-오린 모형과 (제6장에서 살펴볼) 규모의 경제와 제품 차별화로 인한 무역모형은 이러한 중요한 문제에 대해 설명한다는 점에서 리카도 모형보다 이론적으로 개선된 것이라고 볼 수 있다.

사례연구 2-4　리카도 모형에 대한 기타의 실증 분석

1995년에 행한 리카도 무역모형에 관한 연구에서 골럽(Golub)은 상대적 단위당 노동비용(노동생산성에 대한 노동 1단위당 임금)과 미국의 영국, 일본, 독일, 캐나다, 오스트레일리아에 대한 상대적 수출 점유율을 살펴본 결과 일반적으로 상대적 단위당 노동비용과 상대적 수출 점유율은 역의 관계에 있는 점을 발견하였다. 즉, 한 국가의 상대적 단위당 노동비용이 높을수록 그 국가의 수출 점유율은 낮고 그 역도 성립한다. 이러한 관계는 특히 미국-일본의 경우에 강하게 나타났다.

그림 2-5의 선은 1990년 미국과 일본 사이의 무역에 관해 골럽이 연구한 33개 산업의 상대적 단위당 노동비용과 상대적 수출 점유율 사이의 음의 상관관계를 보여 주며, 리카도의 무역모형을 재차 뒷받침하고 있다. 그림 2-4에서는 상대적 노동생산성과 수출 점유율 사이의 관계가 양으로 나타난 반면, 그림 2-5에서는 상대적 단위당 노동비용과 상대적 수출 점유율 사이의 관계가 음으로 나타났는데, 그 이유는 상대적 단위당 노동비용은 상대적 노동생산성의 역수이기 때문이다.

그림 2-5　미국과 일본의 상대적 수출 및 상대적 노동비용

이 그림은 미국과 일본의 33개 산업에 대한 상대적 수출 점유율과 상대적 단위당 노동비용 사이에는 명확한 음의 관계가 있음을 보여 준다. 이 그림은 미국의 단위당 노동비용이 높을수록 미국의 일본에 대한 상대적 수출이 낮음을 보여 주며 리카도 무역모형을 뒷받침해 준다.

출처 : S. S. Golub, *Comparative and Absolute Advantage in the Asia-Pacific Region*(San Francisco : Federal Reserve Bank of San Francisco, Center for Pacific Basin Monetary and Economic Studies 1995), p. 46; S.S.Golub and C.T.Hsieh, "The Classical Ricardian Theory of Comparative Advantage Revisited", *Review of International Economics*, May 2000, pp. 221~234; A. Costinot, D. Donaldson and I. Komunjer, "What Goods Do Countries Trade? A Quantitative Exploration of Ricardo's Ideas," *Review of Economic Studies*, April 2012, pp. 581-608; and William R. Kerr, "Heterogeneous Technology Diffusion and Ricardian Trade Patterns," *NBER Working Paper 19657*, November 2013, pp. 221-234; A. Costinot, D. Donaldson, and I. Komunjer, "What Goods Do Countries Trade? A Quantitative Exploration of Ricardo's Ideas," *Review of Economic Studies*, April 2012, pp. 581-608; and William R. Kerr, "Heterogeneous Technology Diffusion and Ricardian Trade Patterns," *NBER Working Paper 19657*, November 2013; and A. Costinot and D. Donaldson, "Idea, New Insights: The Ricardian Revival in International Trade," *NBER Reporter*, No. 3 2017, pp. 1-7.

(계속)

위의 결과는 1972년부터 1991년까지 미국과 기타 9개국 (일본, 독일, 영국, 프랑스, 이탈리아, 캐나다, 오스트레일리아, 멕시코, 대한민국)의 39개 부문의 무역을 대상으로 한 골럽과 셰이(Golub and Hsieh)의 2000년 연구에서도 재차 확인되었다.

좀 더 최근에는 코스티노(Costinot), 도널드슨(Donaldson), 코뮤너(Komunjer)(2012)는 리카도 이론에 관한 엄밀한 실증분석을 하였다. 이들은 1997년도의 13개 산업, 21개국(18개의 유럽국가 및 일본, 대한민국, 미국)에 대

한 횡단면 자료를 사용하였는데 제품 차별화도 고려하였다. 그들의 분석결과에 의하면 국가 간 및 산업 간 생산성 격차에 대한 수출의 탄력성은 평균 6.53으로 나타났는데, 이는 리카도 이론을 뒷받침하는 새로운 증거이다. 탄력성이 6.53이라는 것은 한 국가의 생산성이 1% 상승하면 수출이 6.53% 증가한다는 것을 의미한다. 비슷한 접근방법을 이용하여 커(Kerr, 2013)는 수출과 생산성 격차 간의 탄력성이 1.6과 2.4 사이에 있음을 발견한 바 있다.(이 값이 1보다 크면 리카도 이론을 뒷받침한다.)

요약

1. 이 장에서는 중상주의로부터 애덤 스미스, 리카도, 하벌러에 이르는 무역이론의 발달을 살펴보았으며 다음과 같은 두 가지 기본적 질문을 설명하고자 하였다. (a) 무역이 발생하는 이유는 무엇이며 무역으로부터의 이익은 무엇인가? 그리고 (b) 무역 패턴은 어떻게 결정되는가?

2. 중상주의자들은 한 국가가 다른 국가를 희생함으로써만 무역으로부터 이익을 얻을 수 있다고 믿었다. 결과적으로 중상주의자들은 수입 규제, 수출 유인책 및 모든 경제활동에 대한 정부의 규제를 역설하였다.

3. 애덤 스미스에 의하면 무역은 절대우위 때문에 발생하며 두 국가 모두에게 이익이 된다(이러한 논의는 두 국가, 두 상품이 존재하는 세계를 가정한다). 즉, 각국이 절대우위가 있는 상품의 생산에 특화하여 그 생산물 중 일부를 절대열위에 있는 상품과 교환하면, 두 국가 모두 두 상품을 더 소비할 수 있게 된다. 그러나 절대우위는 오늘날 세계무역의 일부분만을 설명하고 있다.

4. 데이비드 리카도는 비교우위의 법칙을 소개하였다. 비교우위의 법칙이란 한 국가가 다른 국가에 비하여 두 상품의 생산에서 모두 비효율적이라고 하더라도 (한 국가가 다른 국가에 대하여 가지고 있는 절대열위가 두 상품에서 같은 비율이 아니라면) 상호이익이 되는 무역이 여전히 발생한다는 것이다. 비효율적인 국가는

절대열위가 덜한 상품의 생산에 특화하여 그 상품을 수출해야 한다(이 상품이 이 국가가 비교우위를 가지고 있는 상품이다). 그러나 리카도는 비교우위를 노동가치설로 설명하였는데, 노동가치설은 받아들이기 어려운 이론이다.

5. 고트프리드 하벌러는 비교우위의 법칙을 기회비용으로 설명하여 위의 난점을 '구원'하였다. 기회비용 이론에 의하면 상품의 비용은 그 상품을 한 단위 더 생산할 수 있도록 생산자원을 동원하기 위하여 포기되어야 하는 다른 상품의 양이다. 한 상품의 기회비용은 그 상품의 상대가격과 같고 생산가능곡선의 (절댓값으로서의) 기울기로 측정된다. 직선인 생산가능곡선은 기회비용이 일정하다는 것을 반영한다.

6. 무역을 하지 않을 때 한 국가의 생산가능곡선은 그 국가의 소비가능 영역이다. 무역을 함에 따라 각국은 비교우위가 있는 상품의 생산에 특화하여 그중 일부를 비교열위를 가지고 있는 상품과 교환할 수 있다. 이렇게 함으로써 두 국가는 무역을 하지 않을 때와 비교하여 두 가지 상품 모두를 더 소비할 수 있게 된다. 완전 특화를 하는 경우에 상품의 균형상대가격은 두 국가에서 무역 이전의 상품의 상대가격 사이에서 결정될 것이다.

7. 1951년과 1952년에 맥두걸은 1937년 자료를 이용하여

리카도의 무역모형에 관한 실증분석을 처음으로 시도하였다. 맥두걸의 결과는 미국의 노동생산성이 영국보다 상대적으로 높은 산업은 제3시장에 대한 미국의 수출비중이 영국보다 높은 산업이었음을 보여 준다. 이러한 결과는 1950년 자료를 이용한 발라사와 1950년과 1959년 자료를 이용한 스턴 및 1990년 자료를 이용한 골럽의 연구, 그리고 1972~1991년 자료를 이용한 골럽과 셰이의 연구, 1997년 자료를 이용한 코스티노, 도

널드슨, 코뮤너의 연구와 시계열 자료를 이용한 커의 연구에서도 확인되었다. 따라서 비교우위는 리카도가 주장한 것처럼 노동생산성이나 생산비의 차이에 기인하는 것으로 보인다. 그러나 리카도의 모형은 국가 간 노동생산성 또는 생산비의 차이가 발생하는 원인을 설명하지 못하고 있으며, 국제무역이 생산요소의 소득에 미치는 효과도 설명하지 못하고 있다.

주요용어

국제무역의 원인(basis of trade)
노동가치설(labor theory of value)
무역으로부터의 이익(gains from trade)
무역 패턴(pattern of trade)
기회비용 이론(opportunity cost theory)
비교우위의 법칙(law of comparative advantage)
상품의 상대가격(relative commodity prices)

생산가능곡선(production possibility frontier)
소국의 경우(small-country case)
완전특화(complete specialization)
일정한 기회비용(constant opportunity cost)
자유방임(laissez-faire)
절대우위(absolute advantage)
중상주의(mercantilism)

복습문제

1. 이 장에서 우리가 대답하고자 하는 근본적인 질문은 무엇인가? 이 장에서 소개된 모형은 어떤 의미에서 현실세계를 추상화 또는 단순화한 것인가? 이 모형은 일반화될 수 있는가?

2. 무역에 대한 중상주의자들의 견해는 무엇인가? 국가의 부에 대한 중상주의자들의 개념은 오늘날과는 어떤 차이가 있는가?

3. 무역에 대한 중상주의자들의 견해를 공부하는 것이 중요한 이유는 무엇인가? 중상주의자들과 애덤 스미스의 견해의 차이점은 무엇인가? 오늘날 이러한 차이점은 어떤 연관성이 있는가?

4. 애덤 스미스에 의하면 무역이 발생하는 원인과 무역 패턴은 무엇인가? 무역으로부터의 이익은 어떻게 해서 발생하는가? 애덤 스미스는 국제무역에서 어떤 정

책을 주장했는가? 애덤 스미스는 한 국가의 경제생활에서 정부의 적절한 기능이 무엇이라고 생각했는가?

5. 어떤 점에서 리카도의 비교우위의 법칙이 애덤 스미스의 절대우위 이론보다 훌륭한가? 비교우위 이론에서 무역으로부터의 이익은 어떻게 발생하는가? 한 국가가 모든 상품의 생산에 있어 다른 국가보다도 비효율적임에도 불구하고 다른 국가로 무엇인가를 수출할 수 있는 이유는 무엇인가?

6. 비교우위의 법칙에 관한 예외는 무엇인가? 그것은 자주 발생하는가?

7. 비교우위의 법칙에 관한 리카도의 설명을 받아들일 수 없는 이유는 무엇인가? 어떤 이론을 이용하여 그 법칙을 설명할 수 있는가?

8. 기회비용과 한 국가의 생산가능곡선 사이의 관계는 무

엇인가? 기회비용이 일정한 경우 생산가능곡선의 모양은? 상품의 기회비용과 그 상품의 상대가격은 어떤 관계가 있는가? 이를 그래프로 보여 줄 수 있는가?

9. 무역을 하지 않을 때 한 국가의 생산가능곡선과 소비가능곡선이 같은 이유는? 무역을 하지 않을 때 한 국가 각각의 상품에 대한 소비를 어떻게 결정하는가?

10. 완전특화란 무엇인가? 불완전 특화란? 전자의 경우에

는 두 국가가 모두 무역을 통해 이익을 얻지만 후자의 경우에는 소규모 국가만 이익을 얻는 이유는 무엇인가?

11. 각각의 교역되는 상품에 대한 결합 공급곡선은 어떻게 결정되는가? 무역을 할 때 상품의 균형상대가격은 어떻게 결정되는가?

12. 리카도 모형에 관한 실증 분석 결과는 어떠한가?

연습문제

1. 표 2-5는 네 가지의 가상적 상황에서 미국과 영국이 한 시간의 노동으로 생산할 수 있는 밀과 직물의 양을 보여 주고 있다. 각각의 경우에 미국과 영국이 절대우위나 절대열위를 가지고 있는 상품은 무엇인가?

2. 표 2-5의 각각의 경우에 미국과 영국이 비교우위나 비교열위를 가지고 있는 상품은 무엇인가?

3. 표 2-5의 각각의 경우에 무역의 원인과 무역이 가능한지를 살펴라.

4. 표 2-5에서 사례 B의 경우에 미국이 영국과 4W을 4C와 교환한다고 하자.
   (a) 미국이 무역으로부터 얻는 이익은 얼마인가?
   (b) 영국이 무역으로부터 얻는 이익은 얼마인가?
   (c) 상호이익이 되는 무역이 발생하는 범위는?
   (d) 4W과 6C를 교환한다면 각국은 무역으로부터 얼마의 이익을 얻는가?

5. 노동이 유일한 생산요소이고 동질적(즉, 한 가지 종류)이라고 가정하고 표 2-5에서 사례 B에 해당하는 경우를 생각해 보자.

   (a) 미국과 영국에서 밀과 직물을 생산하는 데 노동의 양으로 표시한 가격은 얼마인가?
   (b) 임금이 6달러일 때 미국에서 밀과 직물을 생산하는 데 드는 달러 표시 가격은 얼마인가?
   (c) 임금이 1파운드일 때 영국에서 밀과 직물을 생산하는 데 드는 파운드 표시 가격은 얼마인가?

6. 연습문제 5번과 관련하여 다음 문제에 답하라.
   (a) 파운드와 달러 사이의 환율이 1파운드=2달러일 때, 영국에서 밀과 직물의 달러 표시 가격은 얼마인가? 이러한 환율에서 미국은 영국으로 밀을 수출할 수 있는가? 이러한 환율에서 영국은 미국으로 직물을 수출할 수 있는가?
   (b) 달러와 파운드 사이의 환율이 1파운드=4달러인 경우는 어떠한가?
   (c) 환율이 1파운드=1달러라면 어떻게 되는가?
   (d) 미국이 영국으로 밀을 수출하고 영국이 미국으로 직물을 수출하도록 되는 환율의 범위는?

7. 표 2-5에서 사례 B의 경우는 백만 부셸의 밀과 백만 야

표 2-5	미국과 영국에서의 생산가능곡선상의 점							
	사례 A		사례 B		사례 C		사례 D	
	미국	영국	미국	영국	미국	영국	미국	영국
밀(부셸/시간당 노동)	4	1	4	1	4	1	4	2
직물(야드/시간당 노동)	1	2	3	2	2	2	2	1

드의 직물을 나타낸다고 하자.

(a) 미국과 영국의 생산가능곡선을 그리라.

(b) 자급자족 상황일 때 미국과 영국에서 밀의 상대가격(P_W/P_C)은 얼마인가?

(c) 자급자족 상황일 때 미국과 영국에서 직물의 상대가격(P_C/P_W)은 얼마인가?

8. 연습문제 7번의 미국과 영국의 생산가능곡선에서 무역을 하지 않을 때 또는 자급자족인 경우의 생산점이 미국에서는 3W, 3/4C(백만 단위)이고 영국에서는 1/2W, 1C라고 가정하자. 또한 무역을 함에 따라 미국은 영국과 1W를 1C와 교환한다고 가정하자. 도표를 이용하여 미국과 영국에서 무역을 하지 않을 때(자급자족 상태)의 생산점 및 소비점, 무역을 할 때의 생산점 및 소비점 및 무역으로부터의 이익을 보이라.

9. (a) 그림 2-3의 왼쪽 도표에서 $D_{W(US+UK)}$가 1/3만큼 위로 이동하면 밀의 균형상대가격은 얼마가 될까? 이때 미국과 영국은 얼마만큼의 밀과 직물을 생산하는가?

(b) 위의 (a)에 대한 해답을 통해서 그림 2-3의 오른쪽 도표에서 $D_{C(UK+US)}$에 관해서 알 수 있는 사실은?

10. 그림 2-3의 왼쪽 도표에서 $D_{W(US+UK)}$가 $S_{W(US+UK)}$의 수평한 부분과 $P_W/P_C = 2/3$와 120W에서 교차한다면 어떻게 될까? 이 경우에 두 국가 간 특화의 패턴은 어떻게 되며 무역으로부터의 이익은 어떻게 분배되는가?

11. 이제 영국이 소국이고 그 규모는 그림 2-2의 오른쪽 도표에 나타난 규모의 1/2이며 $P_W/P_C = 2/3$에서 20C와 30W을 미국과 교환하는 경우를 보여 줄 수 있도록 그림 2-2와 유사한 그림을 그리라.

12. (a) 리카도의 무역모형은 어떻게 검증되었는가?

(b) 어떤 의미에서 실증분석 결과는 리카도의 모형을 뒷받침한다고 볼 수 있는가?

(c) 다른 무역모형이 필요한 이유는 무엇인가?

13. 미국은 미국의 일자리를 보호하기 위하여 직물수입을 규제해야 한다는 주장에 대해 어떤 반론을 제기할 수 있는가?

부록

이제 비교우위의 이론을 2개 이상의 상품과 2개 이상의 국가가 존재하는 경우로 확장한다. 각각의 경우에 비교우위의 이론은 쉽게 일반화됨을 알 수 있다.

A2.1 2개 이상의 상품이 존재하는 경우의 비교우위

표 2-6은 미국과 영국에서 5개 상품의 달러 표시 및 파운드 표시 비용 또는 가격을 보여 주고 있다(경제학에서 '비용'은 모든 '정상이윤'을 포함한 모든 생산요소에 대한 보수를 포함하므로 '비용'과 '가격'은 여기에서 동일한 의미로 사용된다).

미국과 영국이 어떤 상품을 수출하고 수입하는지를 결정하기 위해서는 먼저 모든 상품의 가격을 동일한 통화로 표시한 후 두 국가에서의 가격을 비교해야 한다. 예를 들면, 파운드와 달러 사이의 환율이 1파운드=2달러라면, 영국에서 달러로 표시한 상품의 가격은 다음과 같이 된다.

표 2-6	미국과 영국에서의 상품 가격

상품	미국에서의 가격(달러)	영국에서의 가격(파운드)
A	2	6
B	4	4
C	6	3
D	8	2
E	10	1

상품	A	B	C	D	E
영국에서의 달러 표시 가격	12	8	6	4	2

이러한 환율에서 상품 A와 B의 달러 표시 가격은 미국에서 더 낮으며, 상품 C의 가격은 양국에서 동일하고, 달러로 표시한 상품 D와 E의 가격은 영국에서 더 낮다. 결과적으로 미국은 상품 A와 B를 영국으로 수출하고 상품 C와 D를 영국으로부터 수입한다. 상품 C는 교역되지 않는다.

이제 달러와 파운드 사이의 환율이 1파운드=3달러라고 가정하자. 영국에서 달러로 표시한 상품의 가격은 다음과 같이 된다.

상품	A	B	C	D	E
영국에서의 달러 표시 가격	18	12	9	6	3

이처럼 환율이 높은 경우에는 상품 A, B, C의 달러 표시 가격은 미국에서 더 낮으며, 상품 D와 E의 달러 표시 가격은 영국에서 더 낮다. 따라서 미국은 영국으로 상품 A, B, C를 수출하고 영국으로부터 상품 D와 E를 수입한다. 환율이 1파운드=2달러였을 때 교역되지 않았던 상품 C가 환율이 1파운드=3달러인 경우에는 미국에 의해 수출된다는 점에 주목하자.

마지막으로 환율이 1파운드=1달러라면 영국에서 달러로 표시된 상품의 가격은 다음과 같이 된다.

상품	A	B	C	D	E
영국에서의 달러 표시 가격	6	4	3	2	1

이 경우에 미국은 상품 A만을 영국으로 수출하고 상품 B(이 상품은 양국에서 가격이 같기 때문에 교역되지 않는다)를 제외한 모든 상품을 수입한다.

달러와 파운드 사이의 실제환율은 (다른 국제 거래가 없다면) 미국의 영국에 대한 수출액이 미국의 영국으로부터의 수입액과 정확하게 같아지는 수준에서 결정될 것이다. 일단 이러한 균형 환율에 도달하게 되면 미국은 어떤 상품을 수출하고 영국은 어떤 상품을 수출하게 되는지를 정확하게 알 수 있다. 각국은 이렇게 결정된 특정한 균형환율에서 수출하는 상품에 비교우위를 가지고 있다(환율이 균형으로부터 장기간 이탈해 있는 상황은 고려하지 않기로 한다.)

표 2-6을 통해서 알 수 있는 것은 미국의 비교우위는 상품 A에서 가장 크고 따라서 미국은 적어도 상품 A만은 수출한다는 점이다. 이렇게 되기 위해서는 달러와 파운드 사이의 환율이 1파운드>0.33달러가 되어야만 한다. 영국의 비교우위는 상품 E에서 가장 크기 때문에, 영국은 적어도 상품 E를 수출할 것이다. 이렇게 되기 위해서는 달러와 파운드 사이의 환율은 1파운드<10달러가 되어야 한다. 이러한 논의는 상품의 수가 몇 개이든 일반화시킬 수 있다.

A2.2　2개 이상의 국가가 존재할 때의 비교우위

2개의 국가와 5개의 상품 대신에, 2개의 상품(밀과 직물)과 5개의 국가(A, B, C, D, E)가 있다고 하자. 표 2-7은 국내에서의 P_W/P_C가 낮은 순으로부터 높은 순으로 순서를 매긴 것이다. 무역을 하게 되면 균형 P_W/P_C는 1~5 사이에서 결정될 것이다. 즉, $1<P_W/P_C<5$가 된다.

만일 무역을 함에 따라 균형 $P_W/P_C=3$이 되면 A국과 B국은 D국과 E국에 밀을 수출하고 직물을 수입할 것이다. 이 경우에 C국은 무역을 하지 않는데, 그 이유는 무역 이전의 P_W/P_C가 균형 P_W/P_C와 같기 때문이다. 무역균형이 $P_W/P_C=4$인 경우에는 A국, B국, C국은 E국으로 밀을 수출하고 직물을 수입하며, D국은 무역을 하지 않는다. 무역을 함에 따라 균형 $P_W/P_C=2$가 된다면, A국은 밀을 B국을 제외한 모든 국가에 수출하고 직물을 수입할 것이다.

이러한 논의는 국가의 수가 몇 개이든 쉽게 일반화할 수 있다. 그러나 여러 개의 상품과 여러 개의 국가가 동시에 존재하는 경우로 이러한 분석을 확장하는 것은 성가신 일이며 동시에 불필요하다. 현 시점에서 중요한 점은 2개의 국가와 2개의 상품이 존재하는 단순한 모형으로부터 얻은 결론을 일반화시킬 수 있으며 여러 개의 국가와 상품이 존재하는 경우에 적용시킬 수 있다는 점이다.

표 2-7　국내에서의 P_W/P_C 순에 의한 국가별 순위

국가	A	B	C	D	E
P_W/P_C	1	2	3	4	5

연습문제　3개의 국가와 3개의 상품이 존재하는 경우에 각국은 다른 2개의 국가로부터 한 가지 상품을 수입하고 다른 2개의 국가에 1개의 상품을 수출하는 예를 만들어 보라.

국제무역의 표준이론

- 기회비용이 증가하는 경우 상품의 상대가격과 한 국가의 비교우위가 어떻게 결정되는지를 이해한다.
- 기회비용이 증가할 때 무역의 발생원인과 무역으로부터의 이익을 살펴본다.
- 미국과 기타 선진국에서 국제무역과 탈공업화의 관계를 알아본다.

3.1 서론

이 장에서는 단순 무역모형을 확장하여 기회비용이 증가하는 보다 현실적인 경우를 살펴보기로 한다. 기호 또는 선호는 사회무차별곡선으로 파악할 수 있다. 그 후 기회비용이 증가할 때 무역을 하지 않는 경우 수요와 공급의 힘에 의해 어떻게 각 국가에서 균형상대가격이 결정되는가를 살펴보며, 이를 통해 각 국가가 어느 상품에 비교우위가 있는지를 알 수 있다.

그 후 무역을 하는 경우 각 국가는 비교우위에 있는 상품의 생산에 특화하여, 그 상품의 일부를 수출하고, 비교열위에 있는 상품을 수입함으로써 각 국가가 어떻게 이익을 얻는가를 보여 준다. 이 장의 마지막 절에서는 기회비용이 증가할 때 두 국가가 기호 외에 모든 것이 동일한 경우에도 어떻게 상호이익이 되는 무역이 가능한가를 보여 준다.

이 장과 다음 장에서는 (영국과 미국이 아닌) 1국과 2국, (직물과 밀이 아닌) 상품 X와 상품 Y를 사용하여 설명을 일반화하는 것이 더 편리할 것이다.

이 장의 부록에서는 다음 장들의 부록에서 살펴볼 자료를 이해하는 데 필수적인 생산이론의 여러 측면들을 검토할 것이다. 이 장과 이후 장의 부록들을 생략해도 이 책을 이해하는 데는 큰 문제가 없다.

3.2 기회비용이 증가하는 경우의 생산가능곡선

기회비용이 일정한 경우보다는 기회비용이 증가하는 경우가 훨씬 현실적이다. 기회비용 증가(increasing opportunity cost)란 어떤 상품을 추가적으로 생산하기 위해 포기해야 하는 다른 상품의 양이 증가하는 것을 의미한다. 기회비용이 증가하는 경우 생산가능곡선은 (직선이 아니라) 원점에 대해 오목하게 된다.

3.2A 기회비용 증가의 예시

그림 3-1은 1국과 2국의 상품 X와 상품 Y에 대한 가상적인 생산가능곡선을 보여 준다. 두 생산가능곡선 모두 원점에 대해 오목한데, 이는 두 상품의 생산에 있어 기회비용이 증가한다는 사실을 반영하고 있다.

1국은 점 A부터 시작하여 상품 X의 생산을 점점 더 증가시킨다고 가정하자. 점 A에서 이용 가능한 최선의 기술로 모든 자원을 이미 사용하고 있기 때문에 그 국가는 상품 Y의 생산을 감소시켜야만 상품 X의 생산을 증가시킬 수 있다(제2장에서 이러한 이유로 생산가능곡선이 음의 기울기를 갖는다는 것을 살펴보았다).

그림 3-1은 1국이 20단위의 상품 X를 추가적으로 생산함에 따라 상품 Y를 점점 더 많이 포기해야 한다는 것을 보여 준다. 상품 Y 단위로 표시한 기회비용이 증가한다는 점은 그림에서 아래쪽으로 향하는 화살표가 점점 길어지는 것으로 반영된다. 이것은 원점에 대해서 오목한 생산가능곡선을 의미한다.

1국이 상품 Y를 추가적으로 생산하는 경우에도 기회비용이 증가한다. 이것은 1국이 생산하는 20Y의 추가적인 단위에 대해서 상품 X를 점점 더 많이 포기해야 한다는 것을 보여 줌으로써 증명할 수 있다. 그러나 그림 3-1의 1국의 경우에 이를 보여 주는 대신 2국의 생산가능곡선에 대해 상품 Y의 생산에서 기회비용 증가를 보여 준다.

2국의 생산가능곡선을 따라서 점 A′으로부터 위쪽으로 이동할 때 왼쪽으로 향하는 화살표가 점점 길어지는 것을 관찰하게 되는데, 이것은 2국이 상품 Y를 20단위씩 추가적으로 생산함에 따라 포기해

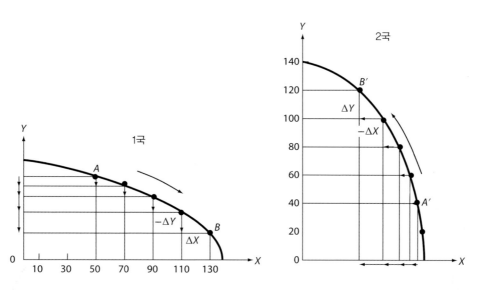

그림 3-1 기회비용이 증가하는 경우의 1국과 2국의 생산가능곡선

오목한 생산가능곡선은 각 국가가 두 상품의 생산에서 기회비용이 증가하는 것을 반영한다. 이와 같이 1국은 자국이 추가적으로 생산하는 각각의 20단위의 상품 X의 생산에 대해 상품 Y를 점점 더 많이 포기해야 한다. 이것은 길이가 점점 증가하는 하향의 화살표로 설명된다. 유사하게 2국은 자국이 생산하는 20단위의 추가적인 상품 Y 각각에 대해 포기되는 상품 X의 단위로 기회비용 증가를 야기한다(왼쪽 방향의 화살표의 길이가 증가하는 것으로 설명된다).

야 하는 상품 X의 양이 점점 커지는 것을 의미한다. 이와 같이 1국과 2국의 오목한 생산가능곡선은 각 국에서 각 상품을 생산하는 기회비용이 모두 증가하는 것을 반영한다.

3.2B 한계변환율

상품 Y 단위로 표시한 상품 X의 한계변환율(Marginal Rate of Transformation, MRT)은 한 국가가 상품 X 한 단위를 더 생산하기 위해 포기해야 하는 상품 Y의 양을 나타낸다. MRT는 상품 X(수평축을 따라 측정된 상품)의 기회비용과 같으며 생산점에서 생산가능곡선의(절대적) 기울기와 같다.

그림 3-1에서 1국의 생산가능곡선의 기울기(MRT)가 1/4이라는 것은 1국이 이 생산점에서 상품 X 한 단위를 더 생산하기 위해 필요한 만큼의 자원을 방출하기 위해서는 상품 Y 1/4 단위를 포기해야 한다는 것을 의미한다.

이와 같이 1국의 생산가능곡선상에서 점 *A*에서 점 *B*로 이동하는 것은 기울기가 1/4에서 1로 증가하는 것을 의미하며 상품 X를 더 생산함에 따라 기회비용이 증가하는 것을 의미한다. 이는 생산가능곡선이 직선인 경우와 대조를 이루는데, 이때 상품 X의 기회비용은 산출량 수준과 관계없이 일정하고, 생산가능곡선의 일정한 기울기 값으로 주어진다.

3.2C 기회비용 증가와 생산가능곡선이 상이한 이유

지금까지 오목한 생산가능곡선으로 반영된 기회비용 증가의 의미를 검토하였다. 그러나 기회비용은 왜 증가하는가? 기회비용 증가는 왜 기회비용이 일정한 경우보다 더 현실적인가?

기회비용은 (1) 생산요소 또는 자원이 동질적이지 않는 경우, (2) 모든 상품의 생산에서 생산요소가 같은 비율 또는 집약도로 사용되지 않는 경우에 증가한다. 이것은 한 상품의 생산을 증가시킴에 따라 점점 더 비효율적이거나 덜 적합한 생산방식이 사용된다는 것을 의미한다. 그 결과 첫 번째 상품을 한 단위씩 추가적으로 생산하는 데 필요한 자원을 방출하기 위해 포기해야 하는 두 번째 상품의 양이 점점 증가하는 것을 의미한다.

예를 들어 한 국가에서 어떤 토지는 편평하고 밀을 재배하는 데 적합하며, 다른 토지는 경사가 있어 목초 및 우유생산에 적합하다고 가정하자. 그 국가는 최초에는 밀 생산에 특화했지만 지금은 우유생산에 집중하기를 원한다고 가정하자. 경사진 지역을 밀재배로부터 목초생산으로 전환함으로써 그 국가는 밀을 적게 포기하고 우유를 많이 생산하게 된다. 이와 같이 최초에는 밀 단위로 표시한 우유의 기회비용이 작다. 그러나 이러한 전환과정이 계속됨에 따라 밀 생산에 적합한 편평한 땅은 궁극적으로 목초재배에 사용되어야 할 것이다. 그 결과 우유의 기회비용은 상승하고, 생산가능곡선은 원점에 대해 오목할 것이다.

그림 3-1에서 1국과 2국의 생산가능곡선의 차이는 두 국가의 생산요소의 부존량이 서로 다르거나 생산에서 사용하는 기술이 다르다는 데서 원인을 찾을 수 있다. 현실세계에서 서로 다른 국가의 생산가능곡선은 두 국가의 (동일한 생산기술을 갖고 있더라도) 요소부존량이 다르기 때문에 상이하다.

자원의 공급 또는 이용 가능성이나 기술이 변화함에 따라 생산가능곡선은 이동하며, 이러한 이동의 유형과 정도는 발생하는 변화의 유형과 정도에 의존한다. 이러한 변화는 경제성장과 그것이 국제무역에 미치는 효과를 다루는 제7장에서 자세히 다루기로 한다.

3.3 사회무차별곡선

지금까지는 생산가능곡선에 반영된 한 국가의 생산 또는 공급에 관련된 사항을 논의했다. 이번에는 한 국가의 기호 또는 선호를 도입하기로 한다. 이것은 사회무차별곡선으로 표현된다.

사회무차별곡선(community indifference curve)이란 한 국가나 사회에 동일한 만족을 제공하는 두 상품의 여러 가지 조합들을 보여 준다. 원점에서 먼 곡선일수록 높은 만족을, 가까운 곡선일수록 낮은 만족을 나타낸다. 사회무차별곡선은 음의 기울기를 가지며 원점에 대해 볼록하며, 유용성을 갖기 위해서는 서로 교차해서는 안 된다(개인의 무차별곡선에 친숙한 독자들은 사회무차별곡선이 그것과 거의 유사하다는 것을 알 것이다).

3.3A 사회무차별곡선의 설명

그림 3-2에서는 1국과 2국에 대해 세 가지 가상적인 무차별곡선을 보여 준다. 국가마다 기호나 선호가 상이하기 때문에 사회무차별곡선은 상이하다.

점 N과 점 A는 동일한 무차별곡선 I상에 있기 때문에 같은 만족을 준다. 점 T와 H는 더 높은 무차별곡선 II상에 있기 때문에 더 큰 만족을 준다. 점 T는 점 A에 비해 상품 Y는 더 많고 상품 X는 더 적더라도 무차별곡선 II상에 있기 때문에 더 큰 만족을 준다. 점 E는 무차별곡선 III상에 있기 때문에 한층 더 큰 만족을 얻게 한다. 2국에 대해서는 $A' = R' < H' < E'$이다.

그림 3-2에서 사회무차별곡선이 음의 기울기를 갖는다는 것을 주목하라. 이것은 한 국가가 상품 X를 더 많이 소비함에 따라 동일한 만족을 얻기 위해서는 상품 Y를 덜 소비해야 하기 때문이다. 이와 같이 1국이 무차별곡선 I상의 점 N에서 점 A로 이동함에 따라 상품 X를 더 소비하고 상품 Y를 덜 소비한다. 마찬가지로 2국이 무차별곡선 I'상에서 점 A'에서 점 R'으로 이동함에 따라 상품 X를 더 소

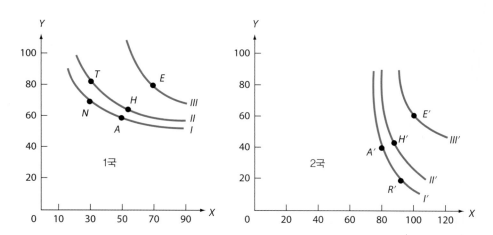

그림 3-2 1국과 2국의 사회무차별곡선

사회무차별곡선이란 한 사회나 국가에 동일한 만족을 제공하는 상품 X와 상품 Y의 여러 가지 조합을 보여 준다. 원점에서 멀수록 더 높은 만족의 수준을 나타낸다. 사회무차별곡선은 음의 기울기를 가지며 원점에 대해서 볼록하다. 그리고 유용성을 갖기 위해서는 교차해서는 안 된다. 곡선의 기울기가 감소하는 것은 소비에서 상품 Y 단위로 표시한 상품 X의 한계대체율(MRS)이 감소하는 것을 반영한다.

비하고 상품 Y를 덜 소비한다. 한 국가가 동일한 양의 상품 Y를 소비하면서 상품 X의 소비를 증가시키면 그 국가는 필연적으로 더 높은 무차별곡선으로 이동할 것이다.

3.3B 한계대체율

소비에서 상품 Y 단위로 표시한 상품 X의 한계대체율(Marginal Rate of Substitution, MRS)이란 한 국가가 상품 X 한 단위를 더 소비하고도 동일한 무차별곡선상에 있기 위해 포기해야 하는 상품 Y의 양을 의미한다. 이것은 소비점에서 사회무차별곡선의 기울기로 주어지며 그 국가가 곡선을 따라 아래쪽으로 이동함에 따라 감소한다. 예를 들어 점 N에서 무차별곡선 I의 기울기는 점 A에서 보다 더 크다(그림 3-2 참조). 마찬가지로 점 A'에서 무차별곡선 I'이 기울기는 점 R'에서보다 더 크다.

무차별곡선의 절대적 기울기 또는 한계대체율(MRS)의 하락은 한 국가가 상품 X를 더 많이 소비하고 상품 Y를 덜 소비함에 따라 상품 Y 한 단위가 상품 X에 비해 한계적으로 더 가치 있게 된다는 것을 의미한다. 그러므로 한 국가는 상품 X의 소비가 추가적으로 증가함에 따라 포기하려는 상품 Y의 양이 감소할 것이다.

한계대체율(MRS)의 하락은 사회무차별곡선이 원점에 대해 볼록하다는 것을 의미한다. 따라서 생산에서 기회비용의 증가가 오목한 생산가능곡선으로 반영되듯이, 소비에서 한계대체율의 체감은 사회무차별곡선이 볼록한 것으로 반영된다. 3.4절에서 무차별곡선의 이러한 볼록한 특성이 그 국가가 유일한 균형 소비점에 이르기 위해 필요하다는 것을 볼 것이다.

3.3C 사회무차별곡선에서의 몇 가지 난점

전에 언급했듯이 사회무차별곡선이 유용하기 위해서는 서로 교차해서는 안 된다. 교차점은 서로 다른 무차별곡선이 동일한 만족을 나타내는 것을 의미하며 이것은 정의와 모순된다. 이와 같이 그림 3-2에서 1국과 2국의 무차별곡선은 교차하지 않게 그린다.

그러나 사회무차별곡선의 특정한 집합 또는 사회무차별지도는 한 국가에서의 특정한 **소득분배**를 전제한다. 소득분배가 달라지는 경우 완전히 다른 무차별곡선의 집합이 나타나며 전의 무차별곡선과 교차할 수 있다.

이것은 한 국가가 무역개방을 하거나 무역수준을 확대할 때 발생한다. 수입품과 경쟁하는 국내생산자는 손해를 보고 수출업자는 이익을 볼 것이다. 개별 소비자도 소비의 패턴이 상품 X나 상품 Y로 편향되는지에 따라 다른 영향을 받을 것이다. 이와 같이 무역은 그 국가의 실질소득을 변화시키고, 무차별곡선이 교차되게 할 수 있다. 그러한 경우에는 무역의 개방이나 팽창이 그 국가의 후생을 증가시키는가를 결정하기 위해 사회무차별곡선을 사용할 수 없다.

이러한 난점을 해결하는 한 가지 방법은 소위 **보상원리**를 사용하는 것이다. 이 원리에 따르면 이익을 얻는 사람이 손실을 본 사람의 손실을 충분히 보상한 후에도 이익이 발생한다면 그 국가는 무역으로부터 이익을 얻는다는 것이다. 이것은 보상이 실제로 일어나는가에 관계없이 사실이다.(보상이 이루어지는 한 가지 방법은 정부가 이익을 보는 자에게 세금을 부과하고 손실을 보는 자에게 보조금이나 조세경감의 방법으로 보상하는 것이다.) 다른 방법은 사회무차별곡선이 교차하지 않도록 선호나 기호, 소득, 소비 패턴에 관해 제약적인 가정을 하는 것이다.

보상원리나 제약적인 가정들로 인해 사회무차별곡선에 내재된 개념적인 난점들이 모두 제거되지는 않지만 무차별곡선이 서로 교차하지 않도록 그릴 수 있다(사회무차별곡선을 계속 사용할 수 있다).

3.4 폐쇄경제하의 균형

3.2절에서는 한 나라의 생산 또는 공급조건을 반영하는 생산가능곡선을 살펴보았고, 3.3절에서는 한 나라의 기호나 선호를 반영하는 사회무차별곡선을 살펴보았다. 이제 (무역이 없는) 폐쇄경제하에서 이러한 수요와 공급의 힘이 어떻게 상호작용하여 한 나라에서의 균형점 또는 사회후생을 극대화하는 점을 결정하는가를 살펴보기로 한다.

무역을 하지 않을 때 주어진 생산가능곡선하에서 한 나라가 도달할 수 있는 가장 높은 무차별곡선에 도달하게 되면 균형이 성립한다. 이것은 이 나라의 사회무차별곡선이 생산가능곡선과 접하는 점에서 이루어진다. 두 곡선이 접하는 점에서의 공통된 기울기는 그 국가의 국내에서 상품의 균형상대가격을 뜻하며, 이 나라의 비교우위를 반영한다. 이것이 과연 무엇을 의미하는지 살펴보자.

3.4A 폐쇄경제하의 균형에 관한 예시

그림 3-3은 그림 3-1의 생산가능곡선과 그림 3-2의 사회무차별곡선을 결합한 것이다. 그림 3-3으로부터 무차별곡선 I는 1국이 자국의 생산가능곡선으로 도달할 수 있는 가장 상위의 무차별곡선임을 알 수 있다. 이와 같이 1국은 무역을 하지 않는 경우 또는 폐쇄경제(autarky)하에서 점 A에서 생산하고 소비할 때에 균형을 이루고 후생을 극대화하게 된다. 마찬가지로 2국은 점 A'에서 균형상태에 있게 되는데 점 A'에서 2국의 생산가능곡선은 무차별곡선 I'과 접하고 있다.

사회무차별곡선은 원점에 볼록하고 교차하지 않도록 그려졌기 때문에 이러한 접점이나 균형점은 유일하게 결정된다는 사실에 주목하자. 또한 수없이 많은 무차별곡선이 있기 때문에(즉, 무차별지도는 조밀하기 때문에) 이러한 균형점이 반드시 하나 존재한다는 것은 확실하다. 하위의 무차별곡선상에 있는 점들은 도달 가능하지만 이 나라의 후생을 극대화시켜 주는 점들은 아니다. 반대로 말하면 이 나라는 현재의 이용 가능한 자원과 기술로는 보다 상위의 무차별곡선에 도달할 수 없다.

3.4B 상품의 균형상대가격과 비교우위

폐쇄경제하의 상품의 균형상대가격(equilibrium-relative commodity price in isolation)은 자급자족하의 생산 및 소비점에서 생산가능곡선과 무차별곡선상의 공통접선의 기울기로 표시된다. 따라서 무역을 하지 않는 경우 1국에서 상품 X의 균형상대가격은 $P_A = P_X/P_Y = 1/4$이고 2국에서는 $P_{A'} = P_X/P_Y = 4$가 된다(그림 3-3 참조). 양국의 생산가능곡선의 모양과 위치가 서로 다르므로 양국의 상대가격은 상이하다.

폐쇄경제하에서 $P_A < P_{A'}$이므로 1국은 상품 X에 비교우위를 갖고, 2국은 상품 Y에 비교우위를 갖게 된다. 따라서 1국은 상품 X의 생산에 특화하여 수출하고 그 대가로 2국의 상품 Y를 수입하게 되면 양국은 이익을 얻을 수 있다. 다음 절에서는 어떻게 이익이 생기게 되는지를 살펴본다.

그림 3-3으로부터 (생산가능곡선으로 요약되는) 공급의 힘과 (무차별곡선으로 요약되는) 수요의 힘

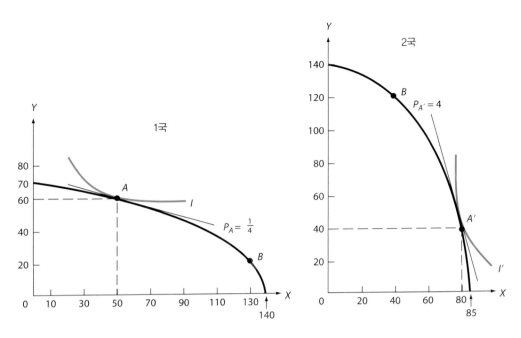

그림 3-3 폐쇄경제하에서의 균형

1국은 폐쇄경제하에서 생산가능곡선과 무차별곡선이 접하는 점 *A*에서 생산하고 소비함으로써 균형상태에 있거나 후생을 극대화한다. 유사하게 2국은 생산가능곡선과 무차별곡선이 접하는 점 *A'*에서 균형상태에 있다. 1국에서 상품 X의 균형상대가격은 생산가능곡선과 무차별곡선이 접하는 점에서 이루어진다. 1국의 상대가격 $P_A = 1/4$이고, 2국의 상대가격 $P_{A'} = 4$이다. 상품 X의 상대가격이 1국에서 2국보다 더 낮기 때문에 1국은 상품 X에 비교우위가 있고, 2국은 상품 Y에 비교우위가 있다.

이 함께 작용하여 폐쇄경제하의 각국의 균형상대가격이 어떻게 결정되는가를 알 수 있다. 예를 들어 무차별곡선 *I*가 다른 모양이었다면 이 무차별곡선은 생산가능곡선과 다른 점에서 접하게 될 것이고 1국에서 상품 X의 균형상대가격도 달리 결정되었을 것이다. 2국의 경우도 마찬가지다. 이 점은 불변비용의 경우와 대조가 되는데, 불변비용의 경우에 각국에서의 균형 P_X/P_Y는 산출수준이나 수요조건과는 관계없이 일정하며 한 나라의 생산가능곡선의 일정한 기울기로 나타낼 수 있다.

사례연구 3-1은 제조업품에서의 선진경제대국과 신흥경제국의 비교우위를 보여준다.

3.5 기회비용 증가의 경우 무역의 발생원인과 무역으로부터의 이익

양국에서 상품의 상대가격이 상이하다는 것은 바로 비교우위를 반영하는 것이며 이것이 상호이익이 되는 무역의 기초가 된다. 한 상품의 상대가격이 상대적으로 낮은 나라는 다른 나라에 비하여 이 상품에 비교우위를 가지고, 다른 상품에는 비교열위를 가지게 된다. 따라서 각국은 비교우위 상품의 생산에 특화하여(즉, 국내에서 소비하는 것 이상으로 생산하여) 이 중 일부를 다른 나라가 생산하는 비교열위 상품과 교환하게 된다.

그러나 각국이 비교우위 상품의 생산에 특화함에 따라 기회비용은 증가하게 되며, 결국 무역이 균

사례연구 3-1 선진경제대국과 신흥경제국의 비교우위

표 3-1은 2017년도 미국, 유럽연합, 일본, 대한민국, 중국, 인도, 러시아, 브라질, 멕시코가 비교우위를 가지고 있던 (즉, 무역수지 흑자를 기록했던) 일부 제조업품을 보여준다. 더 자세한 논의는 사례연구 5-4에서 볼 수 있다.

표 3-1 2017년도 미국, 유럽연합, 일본, 대한민국, 중국, 인도, 러시아, 브라질, 멕시코의 비교우위

미국 : 의약품 이외의 화학제품, 항공기, 과학기기 의료용 진단 기기

유럽연합 : 화학제품, 자동차제품, 항공기, 기계

일본 : 철강, 의약품을 제외한 화학제품, 자동차 부품, 기계

대한민국 : 철강, 의약품을 제외한 화학제품, 사무용 및 통신 장비, 자동차제품, 섬유

중국 : 사무용 및 통신 장비, 대부분의 기계와 자동차를 제외한 수송장비, 섬유 및 의류, 개인 및 가사 용품

인도 : 섬유 및 의류, 상업 서비스

러시아 : 제조업품은 없지만 연료 및 광산품

브라질 : 농산품, 자동차제품, 개인 및 가사 용품

멕시코 : 사무용 및 통신 장비, 자동차제품

출처 : WTO, *International Trade Statistics*(Genenva: WTO, 2018).

형되는 수준에서 양국 상품의 상대가격이 일치할 때까지 특화가 계속될 것이다. 이때 양국은 서로 무역을 하지 않는 경우보다 무역을 함으로써 두 가지 상품을 더 많이 소비할 수 있게 된다.

3.5A 비용증가의 경우 무역의 발생원인과 무역으로부터의 이익에 관한 예시

무역을 하지 않는 경우(그림 3-3 참조) 1국에서 상품 X의 상대가격은 $P_A = 1/4$이고, 2국에서는 $P_{A'} = 4$가 됨을 알았다. 따라서 1국은 상품 X에 비교우위를 가지고, 2국은 상품 Y에 비교우위를 갖는다.

양국 간에(정부의 무역에 관한 장벽의 제거든, 운송비의 급격한 감소를 통하여든) 무역이 가능하게 되었다고 가정하자. 1국은 상품 X의 생산에 특화하여 수출하고, 그 대가로 2국으로부터 상품 Y를 수입한다. 이것이 어떻게 발생하는가는 그림 3-4에서 설명된다.

점 A(폐쇄경제하의 균형점)에서 시작하여 1국이 상품 X의 생산에 특화하여, 생산가능곡선상에서 아래 방향으로 이동함에 따라 X생산의 기회비용은 증가하게 된다. 이것은 생산가능곡선의 기울기가 증가한다는 사실에 반영되어 있다. 2국은 상품 Y의 생산에 특화하여 점 A′으로부터 생산가능곡선의 위로 이동함에 따라 상품 Y 생산의 기회비용이 증가하게 된다. 이것은 **생산가능곡선의 기울기가 감소한다는** 사실에 반영되어 있다(즉, 상품 X의 기회비용은 감소되며 상품 Y의 기회비용이 증가함을 의미한다).

생산에서의 이러한 특화 과정은 양국에서 상품의 상대가격(생산가능곡선의 기울기)이 일치할 때까지 진행된다. 무역을 하는 경우의 공통적인 상대가격(기울기)은 무역을 하기 전의 상대가격인 1/4과 4 사이의

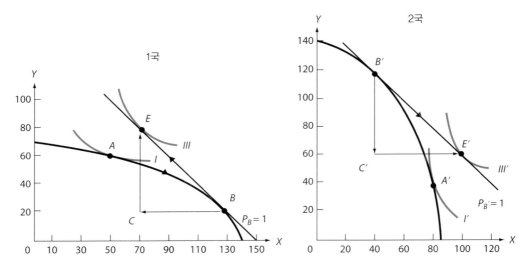

그림 3-4 기회비용이 증가하는 경우의 무역 이익

무역을 하는 경우 1국은 점 *A*에서 점 *B*로 생산이 이동한다. 그 경우 2국과 60X를 주고 60Y를 얻는 교환을 통해(삼각형 *BCE*) 1국은 점 *E*에서 소비하게 된다. 이와 같이 1국은 무역을 통해 20X와 20Y의 이익을 얻는다. 마찬가지로 2국은 생산이 점 *A'*에서 점 *B'*으로 이동할 경우 1국과 60Y를 주고 60X를 얻는 교환을 통해(삼각형 *B'C'E'*) 2국은 점 *E'*에서 소비하게 된다. 이와 같이 2국도 무역을 통해 20X와 20Y의 이익을 얻는다. 그러므로 $P_B = P_{B'} = 1$은 무역이 균형을 이루는 상대가격이다.

어떤 점에서 무역량이 균형되도록 결정될 것이다. 이것은 그림 3-4에서 $P_B = P_{B'} = 1$이다.

무역을 하는 경우 1국의 생산점은 점 *A*에서 점 *B*로 아래로 이동한다. 그 후 2국과 60X를 60Y와 교환하여(무역삼각형 *BCE* 참조), 1국은 무차별곡선 *III*상의 점 *E*(70X와 80Y)에서 소비할 수 있게 된다. 이것은 1국이 $P_X/P_Y = 1$에서 무역을 할 때 도달할 수 있는 최상의 만족수준이다. 따라서 1국은 무역을 하지 않을 때의 균형점과 비교하여 20X와 20Y의 이익을 얻는다(무차별곡선 *III*상의 점 *E*와 무차별곡선 *I*상의 점 *A*를 비교해 볼 것). 선 *BE*를 **무역가능선** 또는 간단히 **무역선**이라고 하는데, 그 이유는 이 선 위에서 무역이 발생하기 때문이다.

마찬가지로 2국의 생산점은 점 *A'*에서 점 *B'*으로 위로 이동하며, 2국은 1국과 60X와 60Y를 교환함으로써(무역삼각형 *B'C'E'* 참조) 무차별곡선 *III'*상의 점 *E'*(100X와 60Y)에서 소비하게 된다. 따라서 2국은 생산에서의 특화와 무역으로 인하여 20X와 20Y의 이익을 본다.

생산특화와 무역으로 인해 각국은 생산가능곡선(이는 무역을 하지 않을 때의 소비가능곡선이다)의 바깥부분에서 소비할 수 있음에 유념하자.

3.5B 무역을 하는 경우 상품의 균형상대가격

무역을 하는 경우 상품의 균형상대가격(equilibrium-relative commodity price with trade)이란 무역이 균형될 수 있도록 하는 양국의 공통된 상대가격을 말한다. 그림 3-4에서 이것은 $P_B = P_{B'} = 1$이다. 이 상대가격에서 1국이 수출하고자 하는 양(60X)은 2국이 수입하고자 하는 양(60X)과 일치한다. 마찬가지로 이 가격에서 2국이 수출하려고 하는 양(60Y)은 1국이 수입하고자 하는 양(60Y)과 정확히 일치한다.

그 외의 상대가격하에서는 무역이 균형되지 않으므로, 그러한 상대가격은 지속될 수 없다. 예를 들어 $P_X/P_Y=2$라면 이러한 높은 가격에서 1국은 상품 X를 2국이 수입하고자 하는 상품 X의 양보다 많이 수출하려고 할 것이다. 따라서 상품 X의 상대가격은 균형수준인 1로 하락한다. 마찬가지로 상품 X의 상대가격이 1보다 낮은 경우에는 2국이 수입하려고 하는 상품 X의 양이 1국이 수출하려고 하는 상품 X의 양보다 더 많게 된다. 따라서 상품 X의 상대가격은 1이라는 가격을 향하여 상승할 것이다(이를 상품 Y로 설명해도 결론은 위와 같다).

그림 3-4의 균형상대가격은 시행착오의 과정을 거쳐서 결정된다. 즉, 여러 가지의 상대가격을 시험적으로 거친 후 무역을 균형시킬 수 있는 단일의 상대가격이 결정되는 것이다. 무역을 할 때 균형상대가격을 결정할 수 있는 보다 정확한 이론적 방법이 있다. 이 방법은 소위 오퍼곡선을 이용하는 것으로 다음 장에서 설명하기로 한다.

이 시점에서 말할 수 있는 것은 상품 Y(2국의 수출품)에 대한 1국의 수요가 크고 상품 X(1국의 수출상품)에 대한 2국의 수요가 작을수록 무역을 할 때의 균형가격은 1/4(무역이 개시되기 전 1국에서의 상대가격) 근처에서 결정되고 1국이 차지하는 이익의 몫은 작아진다는 것이다. 무역을 할 때 일단 균형상대가격이 결정되면 무역으로부터의 이익이 양국에 어떻게 분배되는가를 정확하게 알 수 있고 위의 모형은 완결된다. 그림 3-4에서는 무역을 할 때 상품 X의 균형상대가격($P_B=P_{B'}=1$)에 따라 이익이 1국과 2국에 균등하게 분배(20X와 20Y)되는 것으로 되어 있지만 반드시 그런 것은 아니다.

물론 무역을 하기 전 양국에서의 상대가격이 동일하다면(이러한 현상은 거의 발생하지 않겠지만), 각국은 비교우위나 비교열위를 가지지 않게 되며, 생산에서의 특화나 상호이익이 되는 무역도 발생하지 않는다.

3.5C 불완전특화

기회비용이 불변인 경우와 증가하는 경우의 무역모형 간에는 한 가지 근본적인 차이가 있다. 불변비용하에서 양국은 각국의 비교우위 상품의 생산에 완전히 특화한다(즉, 한 상품만을 생산한다). 예를 들어 그림 2-2와 그림 2-3에서 미국은 밀의 생산에 완전특화하고 영국은 직물의 생산에 완전특화한다. 미국은 자국의 밀을 영국의 직물로 교환하는 것이 이익이 되므로 밀의 기회비용이 일정한 경우 미국은 자국이 필요로 하는 직물 전부를 자국의 밀과 교환으로 얻는 것이 이익이 된다. 직물생산에 있어서 영국의 경우도 마찬가지다.

위와는 대조적으로 기회비용이 증가할 때는 양국의 생산에서 불완전특화(incomplete specialization)가 일어난다. 예를 들어 무역을 할 때 1국이 상품 X(1국의 비교우위상품)의 생산량을 증가시키는 경우에도 얼마간의 상품 Y를 계속 생산한다(그림 3-4의 점 B 참조). 마찬가지로 2국도 상품 X를 계속 생산한다(그림 3-4의 점 B' 참조)

그 이유는 1국이 상품 X의 생산에 특화함에 따라 상품 X 생산에서의 기회비용이 증가하기 때문이며, 마찬가지로 2국도 상품 Y의 생산을 증가시킴에 따라 상품 Y의 기회비용이 증가하기 때문이다(이는 X의 기회비용이 하락하는 것을 의미한다). 따라서 각국이 자국의 비교우위 상품생산에 특화함에 따라 상품의 상대가격은 서로 균등해지는 방향으로 변화하게 되어(즉, 상대가격의 차가 감소함) 결국 양국에서 상품의 상대가격은 일치하게 된다.

양국에서 상품의 상대가격이 일치할 때는 각국의 비교우위상품의 생산을 증가시키는 것이 더 이상

사례연구 3-2   몇몇 국가의 특화 및 수출 집중

현실세계에서는 기회비용 증가로 인해 하나의 제품에 완전특화하는 국가는 없다. 생산과 무역에서 완전특화에 가장 가까운 예는 쿠웨이트로서 2017년에 석유수출이 총수출 가치의 89.8%를 차지했다. 아르헨티나는 천연자원에 대한 특화 비중이 높은 또 다른 개발도상국인데 식료품 수출이 총수출의 60.3%를 차지한다. 표 3-2는 미국, 유럽의 가장 큰 수출 품목(화학)도 총수출의 18% 이하임을 보여 준다. 일본(자동차제품)과 중국(사무용 및 통신 장비)의 경우는 22%에서 27% 사이이며, 브라질(식료품)의 경우 35.8%이다.

표 3-2 2017년 몇몇 국가의 총수출의 백분비로서의 선도적인 수출

미국	화학제품	13.3
유럽	화학제품	17.7
일본	자동차제품	21.5
대한민국	사무용 및 통신 장비	23.7
중국	사무용 및 통신 장비	26.2
브라질	식료품	35.8
아르헨티나	식료품	60.3
쿠웨이트	연료	89.8

출처 : WTO, *World Trade Statistical Review* (Geneva, 2018).

이익이 되지 않는다(사례연구 3-2 참조). 이러한 현상은 각국이 생산에 완전특화를 하기 이전에 발생한다. 그림 3-5에서도 1국과 2국이 생산에 완전특화를 하기 이전인 $P_B = P_{B'} = 1$에서 균형이 이루어지고 있다.

3.5D 비용이 증가할 때 소국의 경우

비용이 불변인 경우 생산에서의 완전특화의 유일한 예외는 소국의 경우에 발생했음을 상기하자. 이때는 소국만이 비교우위 상품의 생산에 완전특화하였다. 대국은 무역을 할 때에도 두 가지 상품을 계속 생산했는데(그림 2-3 참조) 이는 소국이 대국의 수입수요를 완전히 충족시킬 수 없기 때문이다. 그러나 비용이 증가하는 경우에는 소국에서도 불완전특화가 일어날 수 있다.

그림 3-4를 이용하여 비용이 증가할 때 소국의 경우를 설명할 수 있다. 이제 1국은 소국으로 무역이 개시되기 전 (전과 같이) 점 A에서 균형을 이루고 있고, 2국은 대국, 혹은 세계의 여타 국가이다(이 경우 그림 3-4에서 2국을 완전히 무시해야 함).

세계시장에서 상품 X의 균형상대가격을 1($P_W = 1$)이라 하고 이 가격은 소국인 1국과 무역을 하더라도 영향을 받지 않는다고 가정해 보자. 무역을 하지 않았을 때 1국에서 상품 X의 상대가격($P_A = 1/4$)은 세계시장가격보다 낮으므로 1국은 상품 X에 비교우위를 가지고 있다. 무역이 개시됨에 따라 1국은 상품 X의 생산에 특화하여 $P_B = 1 = P_W$인 생산가능곡선상의 점 B에 도달한다. 여기서 1국이 비록 소국이라 할지라도 1국은 상품 X의 생산에 완전특화하지 않는다(불변비용의 경우라면 상품 X의 생산에 완전

특화할 것이다).

1국은 60X를 60Y와 교환함으로써 무차별곡선 *III*상의 점 *E*에 도달하고 20X와 20Y의 이익(무차별곡선 *I*상의 자급자족의 점 *E*와 비교하여)을 얻는다. 1국이 소국이 아니더라도 이러한 결과가 된다는 점을 주목하자. 유일한 차이점은 이 경우에 1국은 2국(또는 여타의 세계국가)의 상대가격에 영향을 미치지 못하므로 (20X와 20Y에 해당하는) 무역으로부터의 이익이 모두 1국에 귀속된다는 점이다.

3.5E 교환 및 특화로부터의 이익

한 국가의 무역으로부터의 이익은 교환으로부터의 이익과 특화로부터의 이익 두 가지로 나누어 볼 수 있다. 그림 3-5는 소국인 1국에 대해서 무역으로 인한 이익을 분해하고 있다(단순화를 위해 자급자족 시의 가격선 $P_A = 1/4$과 무차별곡선은 생략하였음).

무역이 개시됨에 따라 1국은 상품 X의 생산에 어떤 이유로 특화할 수 없고 MRT=1/4인 점 *A*에서 계속 생산해야 한다고 가정하자. 점 *A*에서 1국은 세계시장에서의 상대가격인 $P_W = 1$로 20X와 20Y를 교환하여 무차별곡선 *II*상의 점 *T*에서 소비하게 될 것이다. 1국은 점 *A*와 비교할 때 점 *T*에서는 상품 X를 보다 적게 소비하고 상품 Y를 보다 많이 소비하지만 점 *T*는 보다 상위의 무차별곡선 *II*상에 있으므로 1국의 만족은 자급자족 시보다 증가한다. 소비점이 점 *A*에서 점 *T*로 이동하는 것은 교환으로부터의 이익(gains from exchange)을 나타낸다.

그 후 1국이 X의 생산에 특화하여 점 *B*에서 생산한다면 1국은 기타 국가와 60X를 60Y로 교환하여 무차별곡선 *III*상의 점 *E*에서 소비하게 된다. 소비점이 점 *T*에서 점 *E*로 이동하는 것은 생산에서의 특화로부터의 이익(gains from specialization)을 나타낸다.

요약하면 (무차별곡선 *I*상의) 점 *A*에서 (무차별곡선 *II*상의) 점 *T*로 이동하는 것은 교환만으로도 가

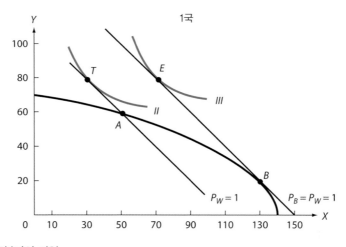

그림 3-5 교환 및 특화로부터의 이익

1국이 무역을 개시하더라도 상품 X의 생산에 특화하지 않고 점 *A*에서 생산하는 경우 1국은 세계 가격하(P_W=1)에서 20X를 수출하고 그 대가로 20Y를 얻게 된다. 그리고 무차별곡선 *II*상의 점 *T*에서 소비하게 된다. 점 *A*에서 점 *T*까지 소비의 증가는 교환으로부터의 이익만을 의미한다. 그러고 나서 1국이 상품 X의 생산에 특화하여 점 *B*에서 생산하게 되면, 무차별곡선 *III*상의 점 *E*에서 소비하게 된다. 점 *T*에서 점 *E*로의 소비의 증가는 생산에서 특화로부터의 이익을 의미한다.

능하다. 1국의 생산이 점 A(자급자족점)에 계속 머물더라도 점 A에서 점 T로 이동할 수 있다. 점 T에서 (무차별곡선 III상의) 점 E로 이동하는 것은 생산에서의 특화로부터의 이익을 나타낸다.

1국이 무역을 하는 경우 점 A에서는 MRT<P_W이므로 생산에서 균형상태에 있지 않다는 것을 주목할 필요가 있다. 생산에서 균형점이 되기 위해서는 상품 X의 생산이 증가하여 $P_B = P_W = 1$인 점 B에 도달해야 한다. 2국에서의 무역이익도 마찬가지로 교환으로부터의 이익과 특화로부터의 이익으로 분해될 수 있다.

사례연구 3-3은 현실세계에서 작동하는 비교우위의 예로서 미국 노동의 재배치를 살펴본다. 그리고 사례연구 3-4는 미국, 유럽연합, 일본과 같은 선진국들에서의 탈공업화(deindustrialization)가 외국무역보다는 노동생산성의 증가나 내부적인 요인들에 기인하고 있음을 보여 준다.

사례연구 3-3   수입비중이 높은 미국의 수입경쟁산업에서 일자리 상실

표 3-3은 1979~1999년까지 수입비중이 높은 다양한 미국의 수입경쟁산업에서 일자리를 상실한 노동자의 수를 보여 준다. 수입비중이 높은 수입경쟁산업은 수입비율이 25% 이상인 산업들로 정의된다. 이 표로부터 1979~1999년 기간 동안 이러한 산업에서 650만 명의 노동자들이 일자리를 상실했으며, 그중 전기기계 및 의류가 각각 1,181,000명과 1,136,000명으로 수위를 차지하고 있다. 보다 최근에 오서

와 핸슨(Author and Hanson)은 1991년부터 2011년 기간에 미국의 제조업에서 상실된 일자리 520만 개 중에서 60만 개에서 125만 개의 일자리 상실이 (특히 21세기 초 이후 중국으로부터의 수입 때문에) 수입 경쟁에 의한 것으로 추정하고 있다. 그러나 사례연구 3-4에서 살펴보는 바와 같이 미국 내 대부분의 일자리 상실은 수입 경쟁으로 인한 것이 아니라 생산성 증가와 같은 내적인 요인에 의한 것이다.

표 3-3 수입비중이 높은 미국의 수입경쟁산업에서의 일자리 상실

산업	상실된 일자리(천 명)	산업	상실된 일자리(천 명)
전기기계	1,181	직물	159
의류	1,136	장난감 및 스포츠제품	156
자동차	918	철강 외 1차 금속	133
전기컴퓨터장비	513	사진장비	68
라디오와 텔레비전	395	가죽제품	57
철강	361	사무 및 회계용 기계	41
건설기계	351	도자기 및 관련제품	24
타이어 및 다른 고무제품	193	시계	9
신발류	184	가죽완제품	5
과학장비	164	기타 산업	406
		총계	6,454

출처 : L.G. Kletzer, *Job Loss from Imports: Measuring the Costs*(Washington, D.C. : Institute for International Economics, 2001), pp. 18~19; "The Factory Floor Has a Ceiling on Job Creation," *The Wall Street Journal*, January 12, 2012, p A6; L.Edwards and R.Z.Lawrence, *Rising Tide in Emergin Economies Food for the United States?* (Washington D.C. : Peterson Institute for International Economics, 2013); and D. Author and G.Hanson, "Labor Market Adustment to International Trade," *NBER Reporter*, Number 2, 2014, pp11-14; "IBM Makes a Big Bet on India," *The New York Times* (Business), October 1, 2017, p. 1; and "Outsourcing Grabs More of Workforce," *The Wall Street Journal*, December 29, 2017, p. B3.

사례연구 3-4 미국, 유럽연합, 일본에서의 국제무역과 탈공업화

1970년 이후로 대부분 선진국은 제조업에서 고용비율의 하락으로 나타나는 탈공업화 문제에 관심을 기울였다. 그러나 이 현상은 모든 선진국에서 발생했으며 때때로 주장된 것처럼 외국무역이 주된 원인은 아니었다. 표 3-4에서는 1970년부터 1994년까지 산업국가 전체와 미국, 유럽연합, 일본에서 탈공업화를 설명하는 요인들 간의 상대적 중요성을 보여 준다.

표 3-4에 따르면 제조업 분야에서의 고용의 평균비중은 산업국가 전체와 미국, 유럽연합의 경우 대략 10% 정도 하락하였고, 일본의 경우에는 4% 정도 하락하였다. 그러나 이러한 하락의 대부분이 할 수 있는 노동생산성 증가에 기인하며 투자율의 감소나 기타 국내적 요인의 영향은 미미했음을 이 표는 보여 준다. 실제로 국제무역의 결과 (제조업 부문 고용이 9.6% 감소한) 미국을 제외하고는 산업 고용이 증가했다(음의 부호는 탈공업화의 반대를 의미한다).

표 3-5로부터 1991년부터 2010년까지, 특히 2000년부터 2010년 기간에 대부분 선진 국가들은 제조업 부문에서 일자리를 많이 잃어버렸음을 알 수 있다. 그러나 2010년 이후에 선진국 국가들 대부분에서의 일자리 상실은 (미국에서는 약간 증가했으며) 많이 줄어들었다. 그 이유는 (특히 중국과 같은) 역동적인 신흥공업국에서 임금이 상승했고, [3D 프린팅, 나노기술, 로봇, 인공지능(AI), 생의학과 같은] 기술진보로 인하여 (특히 미국과 같은) 선진국에서 제조업 일자리를 어느 정도 회복(인소싱 또는 리쇼어링)했기 때문이다.

2000년부터 2010년의 10년 동안 미국에서 막대한 양의 제조업 일자리가 사라진 이유로는 이 기간에 미국의 중국으로부터의 수입이 급증한 때문이라고 여겨져 비난받았지만, 2011년 이후에는 미국의 중국으로부터의 수입이 계속 증가했음에도 불구하고 일자리 상실은 더 이상 발생하지 않았다. 탈공업화 관련 내용은 제5장, 8장, 9장에서 더 논의된다.

표 3-4 탈공업화의 요인

	산업국가	미국	유럽연합	일본
제조업의 점유율				
고용(%)				
1970	27.6	26.4	30.4	27.0
1994	18.0	16.0	20.2	23.2
변화율	−9.6	−10.4	−10.2	−3.8
다음의 요인들로 인한 변화(%)				
생산성 증가	65.6	65.4	59.8	157.9
투자	18.8	3.8	20.6	71.1
무역	(−)2.1	9.6	(−)2.9	(−)30.0
기타	17.7	21.2	22.5	(−)51.7
총계	100.0	100.0	100.0	100.0

출처 : International Monetary Fund, *Staff Studies for the World Economic Outlook*, Washington, D.C.: IMF December 1997, p. 68.

표 3-5 선진국에서의 제조업 고용의 평균 변화율(1991~2016)			
국가	1991~2000	2001~2010	2011~2016
미국	2.1	−23.6	0.6
일본	−14.7	−18.2	−5.4
독일	−23.6	−10.2	−4.8
프랑스	−10.7	−20.9	−15.0
영국	−31.1	−27.5	−4.2
이탈리아	3.5	−12.4	−3.6
캐나다	18.6	−21.7	−15.0
네덜란드	−1.3	−23.9	−18.0

출처 : U.S.Bureau of Labor Statistics Databank, 1991-2018; "Pain from Free Trade Spurs Second Thoughts," *The Wall Street Journal*, March 28,2008, p.A1; "Is U.S. Manufacturing Falling off the Radar Screen," *The New York Times*, September 10, 2010,p.1; "Outsourcing and Offshoring," *The Economist, Special Report*, January 19, 2013, pp. 1-29; R.Z.Lawrence and L.Edwards,"U.S. Employment and Deindustrialization: Insights from History and International Experience," *Policy Brief No.* PB13-27 (Washington D.C.: IIIE, October 2013); D.Author and G.Hanson, op.cit.; McKinsey, *Automation, Jobs and the Future of Work*(New York, December 2014); and "Jobs and the Clever Robot," *The Wall Street Journal*, February 25, 2015, p.A1; "Is China Stealing U.S. Jobs?" Time, April 11, 2016, pp. 34-35; R. Z. Lawrence, "Recent Manufacturing Employment Growth," NBER Working Paper 24151, December 2017; D. Acemoglu and P. Restrepo, "Race between Man and Machine: Implications of Technology Growth, Factor Shares, and Employment," American Economic Review, June 2018, pp. 1488-1542; and D. Salvatore, ed., Special Issue of the Journal of Policy Modeling, Part A, "Technology, Productivity, Growth, and Jobs," May/June 2019 (with papers by Robert Gordon, Dale Jorgenson, and Robert Shiller).

3.6 기호의 차이로 인한 무역

그림 3-3과 그림 3-4에서 무역이 없는 경우 1국과 2국 간에 상대가격의 차이가 발생하는 이유는 양국에서 생산가능곡선과 무차별곡선이 상이하기 때문이었다. 이에 따라 양국의 비교우위가 결정되고, 생산에서의 특화와 상호이익이 되는 무역이 발생할 수 있었다.

비용이 증가하는 경우에는(이렇게 될 가능성은 거의 없지만) 양국의 생산가능곡선이 동일하다고 하더라도 양국에서의 기호나 선호가 상이하다면 상호이익이 되는 무역은 계속 발생할 수 있다. 무역을 하지 않을 때 한 상품에 대한 수요나 선호가 낮은 국가에서는 이 상품에 대한 상대가격이 낮을 것이므로 이 국가는 이 상품에 대해 비교우위를 갖게 되므로 앞에서 설명한 바와 같이 생산에서의 특화와 무역이 진행된다.

3.6A 기호의 차이로 인한 무역의 예시

그림 3-6은 전적으로 기호의 차이에 의한 무역을 보여 준다. 양국의 생산가능곡선은 동일한 것으로 가정하였으므로 하나의 곡선으로 표시하였다. 1국의 경우 무차별곡선 I이 점 A에서 생산가능곡선과 접하고 2국의 경우는 무차별곡선 I'이 점 A'에서 생산가능곡선과 접하고 있으므로 1국에서 무역을 하기 전의 상품 X의 상대가격은 더 낮다. 따라서 1국은 상품 X에 비교우위를, 2국은 상품 Y에 비교우위를 가지고 있다.

무역이 개시됨에 따라 2국은 상품 Y의 생산에 특화를 하는 반면(따라서 생산가능곡선을 따라 위로

기호의 차이로 인한 무역

1국과 2국은 동일한 생산가능곡선을 갖지만(하나의 곡선으로 표시됨) 기호가 다르다(다른 무차별곡선). 무역을 하지 않을 때 1국은 점 *A*에서 소비하며, 2국은 점 *A*'에서 생산하고 소비한다. $P_A < P_{A'}$이므로 1국은 상품 X에, 2국은 상품 Y에 비교우위를 갖는다. 무역을 하는 경우 1국은 상품 X의 생산에 특화하고 점 *B*에서 생산하며, 2국은 상품 Y의 생산에 특화하고 점 *B*'(점 *B*와 동일)에서 생산한다. 1국은 점 *E*에서 소비하고(20X와 20Y의 이익을 얻는다) 2국은 점 *E*'에서 소비한다(또한 20X와 20Y를 얻는다).

이동한다) 1국은 상품 X에 특화한다(따라서 생산가능곡선을 따라 아래로 이동한다). 이러한 특화는 양국에서 P_X/P_Y가 일치하여 무역이 균형될 때까지 계속된다. 이 점이 바로($P_B = P_{B'} = 1$)인 점 *B*(이 점은 점 *B*'과 일치한다)이다. 이때 1국은 60X를 2국의 60Y와 교환하여(무역삼각형 *BCE* 참조) 무차별곡선 *III*상의 점 *E*에서 소비하게 된다. 따라서 1국은 점 *A*와 비교하여 20X와 20Y의 이익을 얻는다. 마찬가지로 2국은 1국과 60X를 60Y와 교환하여 (무역 삼각형 *B'C'E'* 참조) 무차별 곡선 *III*' 위에 있는 점 *E*'에서 소비한다. (따라서 *A*'과 비교할 때 20X와 20Y의 이익을 얻는다.) 전적으로 기호의 차이에 의해 무역이 이루어질 때는 양국이 자급자족으로부터 멀어짐에 따라 생산형태는 더욱더 유사해진다는 점에 유의하자.

따라서 양국에서 기호만 상이한 경우에도 상호이익이 되는 무역이 발생할 수 있다. 제5장에서는 무역이 요소부존도와 생산가능곡선의 차이로 인해 발생하게 되는 정반대의 경우를 살펴본다(이를 헥셔-오린 모형이라고 한다). 양국에서 생산가능곡선과 무차별곡선이 동일한 경우에만(또는 생산가능곡선의 차이가 무차별곡선의 차이에 의해 상쇄되는 경우에만), 무역 이전의 상품의 상대가격은 양국에서 일치하게 되고, 상호이익이 되는 무역이 발생할 수 없다.

요약

1. 이 장에서는 단순모형을 기회비용이 증가하는 보다 현실적인 경우로 확장한다. 또한 수요와 관련이 있는 기호는 사회무차별곡선에 반영된다. 그리고 나서 이러한 수요와 공급의 힘이 상호작용하여 각 국가의 비교우위를 결정하고, 생산에서 특화 및 상호이익이 되는 무역이 발생하는지를 보여 준다.

2. 기회비용 증가란 한 국가가 어느 상품을 추가적으로 생산하기 위해 포기해야 하는 다른 상품의 양이 증가하는 것을 의미한다. 이것은 원점에 대해 오목한 생산가능곡선으로 반영되며, 생산가능곡선의 기울기는 한계변환율(MRT)을 보여 준다. 기회비용은 자원이 동질적이지 않고, 모든 상품의 생산에 자원이 같은 비율로 사용되지 않기 때문에 증가한다. 생산가능곡선은 각 국가의 요소부존과 기술조건이 다르기 때문에 다른 모양을 갖는다.

3. 사회무차별곡선이란 한 사회나 국가에 동일한 만족을 주는 두 상품의 여러 가지 조합을 보여 준다. 원점에서 멀수록 더 높은 만족수준을 나타낸다. 사회무차별곡선은 음의 기울기를 가지며 원점에 대해서 볼록하며, 교차하지 않아야 유용하게 사용할 수 있다. 무차별곡선의 기울기는 소비에서의 한계대체율(MRS) 또는 한 국가가 상품 X 한 단위를 추가적으로 소비할 때 동일한 만족수준에 있기 위해서 포기해야 하는 상품 Y의 양을 제공한다. 무역은 한 국가 내의 소득분배에 영향을 주므로 무차별곡선이 교차할 수 있다. 이러한 난점은 보상원리에 의해 극복될 수 있는데 보상원리란 한 국가가 무역을 통해 손해를 본 사람을 충분히 보상해 주고도 남는 이익이 있는 경우에 무역은 이익을 가져온다는 것이다. 또는 몇 가지 제약적인 가정들을 도입함으로써 이러한 난점을 피할 수 있다.

4. 무역을 하지 않을 때 한 국가는 생산가능곡선상에서 가능한 가장 높은 수준의 무차별곡선에 도달할 때 균형이 성립한다. 이것은 그 나라의 사회무차별곡선이 생산가능곡선과 접할 때에 발생하며, 이러한 접점에서 공통접선의 기울기는 대내적인 균형상대가격과 같으며 그 국가의 비교우위를 반영한다.

5. 무역을 하는 경우 각 국가는 자신이 비교우위를 갖는 상품의 생산에 특화하며 보통 기회비용은 증가한다. 생산에서의 특화는 두 국가의 상품의 상대가격이 무역이 균형되는 수준에서 동일하게 될 때까지 이루어진다. 그렇다면 무역을 함으로써 무역이 없는 경우에 비해 보다 높은 무차별곡선상에서 소비하게 된다. 기회비용이 증가하는 경우 소국의 경우에도 생산의 특화는 불완전하다. 무역으로부터의 이익은 교환으로부터의 이익과 생산특화로부터의 이익으로 구분할 수 있다.

6. 기회비용이 증가하는 경우 두 국가의 생산가능곡선이 동일하더라도 기호나 수요 또는 선호가 두 국가 간에 상이하면 상호이익이 되는 무역이 발생할 수 있다. 한 상품에 대해 상대적으로 작은 수요나 기호를 갖는 국가는 폐쇄경제하의 상대가격이 더 낮기 때문에 그 상품에 비교우위를 갖게 되며 이로 인해 생산에서의 특화와 상호이익이 되는 무역이 발생한다.

주요용어

규모에 대한 수익불변(constant returns to scale)

교환으로부터의 이익(gains from exchange)

균형(equilibrium)

기회비용 증가(increasing opportunity cost)

노동의 자본에 대한 기술적 한계대체율(marginal rate of technical substitution (MRTS) of labor for capital in production)

등량선(isoquant)

등비용선(isocost)

무역을 하는 경우 상품의 균형상대가격(equilibrium-rela-

tive commodity price with trade)
불완전특화(incomplete specialization)
사회무차별곡선(community indifference curve)
생산계약곡선(production contract curve)
생산자(producer)
생산함수(production function)
에지워스 상자도(edgeworth box diagram)
콥-더글러스 생산함수(Cobb-Douglas production function)

탈공업화(deindustrialization)
특화로부터의 이익(gains from specialization)
팽창경로(expansion path)
폐쇄경제(autarky, 자급자족)
폐쇄경제하의 상품의 균형상대가격(equilibrium-relative commodity price in isolation)
한계대체율(Marginal Rate of Substitution, MRS)
한계변환율(Margubak Rate of Transformation, MRT)
1차 동차(homogeneous of degree 1)

복습문제

1. 이 장의 내용은 제2장의 내용보다 어떤 점에서 보다 현실적인가?

2. 이 장에서는 한 국가의 기호 또는 선호를 어떻게 도입하였는가? 이들이 필요한 이유는 무엇인가?

3. 생산가능곡선이 원점에 대해 오목하면 두 가지 상품 모두 기회비용이 증가하는 이유는 무엇인가? 생산가능곡선의 기울기는 무엇을 측정하는가? 한 국가가 수평축에 표시된 상품을 더 생산하면 이 기울기는 어떻게 변화하는가?

4. 기회비용이 증가하는 이유는 무엇인가? 왜 국가의 생산가능곡선은 서로 다른가?

5. 사회무차별곡선은 무엇을 측정하는가? 그 특징은 무엇인가? 무차별곡선의 기울기는 무엇을 측정하는가? 한 국가가 수평축에 표시된 상품을 더 많이 소비할수록 무차별곡선의 기울기가 작아지는 이유는 무엇인가?

6. 무역이론에서 무차별곡선을 이용할 때의 문제점은 무엇인가? 이러한 문제점은 어떻게 극복할 수 있는가?

7. 폐쇄경제하의 상품의 균형상대가격이란 무엇인가? 각 국에서 이 가격은 어떻게 결정되는가? 이를 통해 한 국가의 비교우위를 어떻게 알 수 있는가?

8. 왜 무역을 할 때 상품의 상대가격이 두 국가에서 같아질 때까지만 각국의 특화가 진행되는가? 무역을 하게 되면 상품의 균형상대가격은 어떻게 결정되는가?

9. 왜 기회비용이 증가하면 (소규모 국가의 경우에도) 생산의 불완전특화가 발생하는가? 기회비용이 증가할 때의 결과와 기회비용이 일정할 때의 결과는 어떤 차이가 있는가?

10. 무역으로부터의 이익이란? 특화로부터의 이익이란?

11. 두 국가 간 기호의 차이만으로도 생산의 특화와 상호 이익이 되는 무역이 발생할 수 있는가? 보다 일반적인 경우와의 차이점은 무엇인가?

12. 두 국가 간 요소부존량의 차이나 기술의 차이만으로도 생산의 특화와 상호이익이 되는 무역이 발생할 수 있는가?

연습문제

1. X-Y축상의 원점에 대해 오목한 생산가능곡선을 매우 크게 그려라.

    (a) 생산가능곡선의 중점 근처에서 시작하여 화살표를 이용하여 다음 각 경우에 기회비용이 증가함을 보여라. 수평축으로 측정되는 상품인 X의 생산을 증가시키는 경우와 Y의 생산을 증가시키는 경우

(b) X의 생산을 증가시킬 때 생산가능곡선의 기울기는 어떻게 변화하는가? Y의 생산을 증가시킬 때는? 이러한 기울기의 변화가 반영해 주고 있는 사실은 무엇인가?

2. X-Y축상에 맨 위의 두 곡선이 서로 교차하도록 3개의 사회무차별곡선을 그리라.

   (a) 사회무차별곡선은 왜 우하향하는가(또는 음의 기울기를 갖는가)?

   (b) 무차별곡선의 기울기는 무엇을 측정하는가? 각각의 무차별곡선에서 아래로 이동함에 따라 기울기가 작아지는 이유는?

   (c) 교차하는 2개의 무차별곡선 중 교차점의 오른쪽에서는 어느 것이 더 큰 만족도를 나타내는가? 왼쪽에서는? 이것이 무차별곡선의 정의와 부합되지 않는 이유는? 이로부터 어떤 결론을 얻을 수 있는가?

3. X-Y축상에 오목한 생산가능곡선의 완만한 부분과 접하는 사회무차별곡선을 그리고, 오목한 생산가능곡선의 경사진 부분과 접하는 또 다른 사회무차별곡선을 그리라.

   (a) 각국에서 무역이 개시되기 전 상품의 균형상대가격을 나타내는 직선을 그리라.

   (b) 각국이 비교우위를 가지고 있는 상품은 무엇인가?

   (c) 어떠한 조건하에서(흔하지 않지만) 양국 사이의 비교우위나 비교열위가 존재하지 않는가?

4. 연습문제 3번의 도표 위에 각국이 무역을 개시할 때 다음에 답하라.

   (a) 생산에서의 특화의 방향(생산가능곡선상의 화살표로) 및 균형생산점, 균형소비점을 나타내라.

   (b) 폐쇄경제와 비교할 때 각국이 소비에서 얻는 이익의 크기는 어떻게 되나? 두 나라 중 이익을 더 많이 얻는 나라는? 또한 이유는?

5. X-Y축상에 P_X/P_Y가 1/4인 경우 상품 X의 공급량 QS_X =0, P_X/P_Y가 1/2인 경우 상품 X의 공급량 QS_X=40, P_X/P_Y가 1인 경우 상품 X의 공급량 QS_X=60, P_X/P_Y가 1.5인 경우 상품 X의 공급량 QS_X=70인 1국의 상품 X에 대한 수출공급곡선을 그리라. 같은 공간에 P_X/P_Y가

1.5인 경우 상품 X의 수요량 QD_X=40, P_X/P_Y가 1인 경우 상품 X의 수요량 QD_X=60, P_X/P_Y가 1/2인 경우 상품 X의 수요량 QD_X=120, 1국의 상품 X 수출에 대한 2국의 수요곡선을 그리라.

   (a) 무역을 하는 경우 상품 X의 수출에 대한 균형상대가격을 구하라.

   (b) P_X/P_Y가 1.5인 경우 무슨 일이 일어나는가?

   (c) P_X/P_Y가 1/2인 경우 무슨 일이 일어나는가?

6. 연습문제 5번의 그림과 얻은 결과는 본문의 그림 3-4와 어떤 관계가 있는가? 설명하라.

7. 오목한 생산가능곡선의 아주 완만한 부분과 접하는 사회무차별곡선을 그린 후 무역을 하지 않을 때 상품의 균형상대가격을 보이고, 그것을 P_A라고 하자. 이 나라는 P_W로 주어진 세계시장의 상대가격에 영향을 미칠 수 없는 소국에 해당한다고 하자. 생산에서 특화의 과정, 교역량 및 무역으로부터의 이익을 도표를 이용하여 나타내라.

8. (a) 연습문제 7번의 소국은 왜 비교우위상품의 생산에 완전특화할 수 없는가?

   (b) 이 경우 불변비용의 경우와 어떻게 다른가?

9. X-Y축상에 오목한 생산가능곡선을 동일하게 그린 후 이 곡선에 접하는 사회무차별곡선을 상이하게 그리라.

   (a) 자급자족 상황에서 각국에서의 상품의 균형상대가격을 표시하라.

   (b) 생산에서 특화의 과정과 상호이익이 되는 무역을 나타내라.

10. 연습문제 9번에서 두 무차별곡선이 동일하다면 결과는 어떻게 되겠는가? 이 상황을 도표로 그리라.

11. 생산가능곡선은 동일하고 무차별곡선은 상이하지만, 기회비용이 일정한 경우라면 결과는 어떻게 되겠는가? 이러한 상황을 도표로 그리라.

12. 2국이 소국인 경우 그림 3-4의 오른쪽 도표에 2국에서 교환으로부터의 이익을 특화로부터의 이익과 분리시켜 주는 그림을 그리라.

13. 1990년대 초반 NAFTA(미국, 멕시코, 캐나다 간의 자유무역협정) 협상 동안 반대자들은 멕시코의 임금이

매우 낮기 때문에 미국은 멕시코에 많은 일자리를 내   엇이 잘못되었는가?
줄 것이라고 주장했다. 이러한 주장의 논리 전개는 무

부록

이 부록에서는 이후에서 소개되는 내용들을 이해하는 데 필수불가결한 생산이론의 여러 면들을 검토
한다. 먼저 생산함수, 등량선, 등비용선과 균형을 복습한 후 2국, 2상품, 2요소에 대해서 이러한 개념
들을 적용한다. 그 후 에지워스 상자도를 유도하고, 각국의 생산가능곡선을 유도한다. 마지막으로 에
지워스 상자도를 사용하여 각 국가가 무역을 하는 경우 생산을 특화함에 따라 자원사용비율의 변화
를 보여 준다.

A3.1 생산함수, 등량선, 등비용선과 균형

생산함수(production function)란 한 기업이 다양한 양의 생산요소를 투입하여 생산할 수 있는 상품의
최대량을 나타낸다. 이 순수한 기술적인 관계는 엔지니어들에 의해 결정되며 등량선으로 표현된다.

  등량선(isoquant)이란 한 기업이 특정한 산출량 수준을 생산하기 위하여 사용할 수 있는 두 생산요
소, 예컨대 자본(K)과 노동(L)의 다양한 조합을 표시하고 있다. 원점에서 먼 등량선은 보다 많은 산출
량을 의미하며 원점에서 가까운 등량선은 보다 적은 산출량은 의미한다. 등량선은 무차별곡선과 동
일한 일반적인 특징을 갖는다. 등량선은 우하향하고, 원점에 대해 볼록하며, 서로 교차하지 않는다
(그러나 무차별곡선은 효용을 서수적으로만 측정하는 데 반해 등량선은 산출량의 기수적 척도를 제
공한다).

  한 기업이 K를 보다 적게 이용하고도 동일한 등량선상에 있기 위해서는 L을 더 이용하여야 하므로
등량선은 우하향한다. 등량선의 기울기(절대치)를 생산에 있어 노동의 자본에 대한 기술적 한계대체율
[marginal rate of technical substitution (MRTS) of labor for capital in production]이라고 하며, 이는 L
을 한 단위 더 사용하고도 동일한 등량선상에 있기 위하여 포기해야 하는 K의 양을 나타낸다. 한 기업
이 등량선상에서 아래로 움직이면서 L을 더 많이 이용하고 K를 더 적게 이용함에 따라 K를 L로 대체
하는 것이 점점 더 어려워진다. 즉, K에 대한 L의 기술적 한계대체율(또는 등량선의 기울기)이 체감한
다. 그러므로 등량선은 원점에 대해 볼록하게 된다. 마지막으로 2개의 등량선이 서로 교차한다는 것
은 두 등량선상에서 산출수준이 동일한 것을 의미하게 되므로 이는 등량선의 정의와 부합되지 않기
때문에 등량선은 서로 교차하지 않는다.

  그림 3-7에서 1X로 표시된 곡선은 임의로 정의한 상품 X 한 단위에 대한 등량선을 의미하며, 2X
곡선은 상품 X 두 단위에 대한 등량선을 뜻한다. 등량선은 우하향하며, 원점에 대해 볼록하고, 서로
교차하지 않는다는 점에 주의하자.

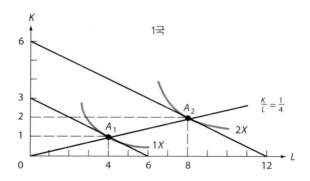

그림 3-7   등량선, 등비용선과 균형

등량선 1X와 2X는 기업이 상품 X 한 단위와 두 단위를 각각 생산할 수 있는 노동과 자본의 여러 가지 조합을 나타낸다. 등량선은 기울기가 음이며 볼록하고 서로 교차하지 않는다. 등비용선은 한 기업이 주어진 총지출(TO)로 살 수 있는 노동과 자본의 여러 가지 양을 나타낸다. 3K와 6L, 6K와 12L을 연결하는 선은 등비용선이다. 등비용선의 기울기는 노동의 상대가격 P_L/P_K을 측정한다. 균형점은 그 기업이 주어진 지출(TO)로 가능한 한 가장 높은 등량선에 도달하는 점인 A_1과 점 A_2이다. 점 A_2는 점 A_1에 비해 노동과 자본을 2배 투입하고 생산량도 2배이다. 점 A_1과 점 A_2를 연결하는 원점을 통과하는 직선은 팽창경로로서 일정한 자본-노동비율 K/L = 1/4을 이용하여 1X와 2X를 생산할 수 있음을 보여 준다.

등비용선(isocost)이란 생산요소의 가격이 주어져 있을 때 한 기업이 일정한 비용 혹은 총지출(TO)로서 구입할 수 있는 K와 L의 여러 가지 조합을 나타내 주는 선이다. 예를 들어 그림 3-7에서 한 기업의 총지출이 TO = 30달러이고, 자본 한 단위의 가격은 P_K = 10달러이며, 임금률은 P_L = 5달러라 하자. 이러한 조건에서 이 기업은 3K(수직 절편)나 6L(수평 절편) 또는 직선(등비용선)상에 나타난 K와 L의 어떤 조합이든지 고용할 수 있다. 등비용선의(절댓값으로서) 기울기 3/6 = 1/2은 L(수평축을 따라서 측정되는 요소)의 상대가격을 나타낸다. 즉 P_L/P_K = 5달러/10달러 = 1/2이다. 요소가격이 변화하지 않은 상태에서 총지출이 TO = 60달러로 증가하면 등비용선은 처음 등비용선과는 평행하지만 원점에서 2배 멀리 떨어진 곳에 위치한다(그림 3-7 참조).

생산자(producer)는 일정한 비용으로 산출량을 극대화할 때(즉, 주어진 등비용선에서 가능한 한 가장 높은 등량선에 도달할 때) 균형(equilibrium)을 이룬다. 이것은 등량선이 등비용선과 접할 때(즉, MRTS = P_L/P_K) 발생한다. 그림 3-7에서 등비용선이 낮은 경우 생산자는 점 A_1에서 균형을 이루어 1X를 생산하고, 등비용선이 높은 경우에는 점 A_2에서 균형을 이룬다. 등량선 2X는 등량선 1X보다 산출량은 2배이며, 원점에서 2배 멀리 떨어져 있고, 이를 생산하기 위한 지출 및 K와 L도 2배 필요하게 된다는 점을 주목하자. 원점에서부터 균형점 A_1과 A_2를 연결하는 직선을 팽창경로(expansion path)라 하는데, 1X를 생산할 때나 2X를 생산할 때 K/L = 1/4로서 일정하다.

팽창경로가 직선이고, 투입량이 일정비율로 증가하는 경우 산출량도 같은 비율로 증가하는 특징을 갖는 생산함수를 1차 동차(homogeneous of degree one) 또는 규모에 대한 수익불변(constant returns to scale)인 생산함수라 하고, 그 대표적인 예는 콥–더글러스 생산함수(Cobb-Douglas production function)이다. 이 생산함수는 유용한 특징을 가지고 있기 때문에 국제경제학에서는 이 생산함수를 많이 이용한다. 이 생산함수의 경우(요소가격이 변화하지 않는 한) K/L 비율은 일정하므로 산출량의 수준에 관계없이 K와 L의 생산성 역시 일정하게 된다. 게다가 이러한 유형의 생산함수의 경우 특정상품에 대한 여러 종류의 생산량을 표시하는 등량선의 모양이 정확하게 비슷하거나 동일하다(그림 3-7 참조). 그 결과 자본 단위로 표시한 노동의 대체탄력성(노동의 가격 또는 임금이 하락함에 따라 생산에서 노동이 자본 대신 사용되는 정도를 측정한다)이 1과 같다(부록 A5.6절에서 자세히 검토된다).

A3.2 2국-2상품-2생산요소가 존재할 때의 생산이론

그림 3-8은 2국-2상품-2생산요소를 다룰 수 있도록 그림 3-7을 확장한 것이다. 그림 3-8은 1국과 2국의 상품 X와 상품 Y의 등량선을 보여 준다. 양국 모두에서 상품 Y는 상품 X에 비해 더 높은 K/L의 비율로 생산되고 있음에 주목하자. 따라서 Y는 자본집약적인 상품이고, 상품 X는 노동집약적인 상품이라고 할 수 있다. 또한 상품 X와 상품 Y의 생산에 있어서 1국의 K/L 비율이 2국보다 낮다는 점에 주목하자. 그 이유는 1국에서 노동의 상대가격(즉, P_L/P_K 또는 등비용선의 기울기)이 2국보다 더 낮기 때문이다.

이유가 무엇이든 양국에서 노동의 상대가격(즉, P_L/P_K)이 상승한다면, 양국의 생산자들은 비용을 극소화하기 위하여 두 가지 상품의 생산에서 L을 K로 대체할 것이다. 따라서 양국에서 두 가지 상품의 생산에서 K/L 비율은 상승할 것이다.

상품 X와 상품 Y가 1국보다는 2국에서 더 자본집약적이라고 하더라도, 양국에서 상품 X는 항상 노동집약적인 상품이다. 상품 X와 상품 Y의 등량선이 단 한 번 교차(그림 3-8 참조)한다는 점에 이런 중요한 사실이 반영되어 있으며, 이 점은 요소집약도 역전을 다루는 제5장 부록에서 많이 이용될 것이다.

그림 3-8 2국-2상품-2생산요소가 존재할 때의 생산

상품 Y는 두 국가에서 자본집약적인 상품이다. 1국에서 노동의 상대가격이 2국보다 더 낮기 때문에 상품 X와 상품 Y를 생산할 때의 자본-노동비율(K/L)은 2국보다 1국에서 더 작다. 두 국가에서 상품 Y는 자본집약적인 상품이고, 상품 X는 노동집약적인 상품이기 때문에 상품 X와 상품 Y의 등량선은 각 국가에서 단 한 번 교차한다.

A3.3 에지워스 상자도와 생산가능곡선의 유도

이제 그림 3-8에서 살펴본 내용을 바탕으로 에지워스 상자도(Edgeworth box diagram)를 유도하고 그로부터 각국의 생산가능곡선을 도출하고자 한다. 1국의 경우에는 그림 3-9에서, 2국의 경우에는 그림 3-10에서 설명한다.

우선 그림 3-9의 상단 도표를 살펴보자. 상단 도표에서 상자의 모양은 주어진 시점에서 1국이 이용할 수 있는 노동(상자의 길이로 측정됨)과 자본(상자의 높이로 측정됨)의 양을 반영하고 있다.

상자의 왼쪽 하단에 위치한 원점(O_X)은 상품 X에 대한 생산량이 0인 원점을 나타내며, 상품 X 등량선이 O_X로부터 멀리 떨어져 있을수록 상품 X의 생산량이 더 커진다. 반면 오른쪽 상단에 위치한 원점

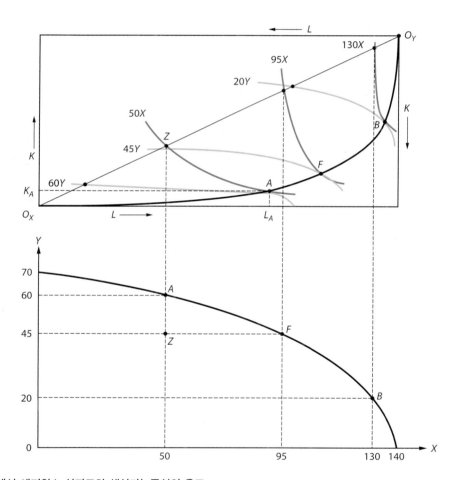

그림 3-9 1국에서 에지워스 상자도와 생산가능곡선의 유도

상단에서 상자의 크기는 1국에서 이용 가능한 노동과 자본의 총량을 나타낸다. 좌측 하단 코너는 상품 X에 대한 원점으로서 원점에서 멀리 있는 상품 Y의 등량선은 보다 많은 생산량을 의미한다. 오른쪽 윗부분 코너는 상품 Y에 대한 원점으로서 상품 Y의 산출량이 많을수록 원점에서 먼 상품 Y 등량선으로 주어진다. 상자 안의 임의의 점은 상품 X와 상품 Y를 각각 생산하는 데 얼마만큼의 노동과 자본이 사용되는가를 보여 준다. 상품 X와 상품 Y의 등량선들의 접점을 연결하는 곡선을 **계약곡선**이라 한다. 계약곡선상에 있지 않은 점은 다른 상품의 생산을 감소시키지 않고 한 상품의 생산을 증가시킬 수 있기 때문에 비효율적이다. 계약곡선은 자본과 노동이 완전고용되도록 요소가격이 변하기 때문에 직선이 아니다. 계약곡선을 투입물 공간에서 산출물 공간으로 대응시킴으로써 아랫부분에 있는 1국의 생산가능곡선을 유도할 수 있다.

(O_Y)은 상품 Y의 생산량이 0인 원점이며 상품 Y 등량선이 O_Y로부터 멀리 떨어져 있을수록 상품 Y의 생산량은 더 커진다.

상자 내의 임의의 점은 이용 가능한 총노동량($\overline{L}$)과 이용 가능한 총자본량($\overline{K}$)이 상품 X와 상품 Y의 생산에 얼마만큼 사용되는가를 보여 준다. 예를 들어 점 A에서는 L_A와 K_A가 50X를 생산하기 위하여 이용되고 있고 나머지 양, 즉 $\overline{L} - L_A$와 $\overline{K} - K_A$는 60Y를 생산하기 위하여 이용되고 있다(그림 3-9 참조).

상자 내에서 상품 X의 등량선이 상품 Y의 등량선과 접하는 점들을 연결하면 한 국가의 생산계약곡선(production contract curve)을 구할 수 있다. 따라서 제1국의 계약곡선은 O_X와 점 A, F, B 및 O_Y를 연결한 선으로 표시된다. 계약곡선상에 있지 않은 점에서는 생산이 비효율적이다. 그 이유는 그러한 점들에서는 한 나라가 한 가지 상품의 생산을 감소시키지 않고도 다른 상품의 생산을 증가시킬 수 있기 때문이다.

예를 들어 1국은 도표의 점 Z에서 점 F로 이동함으로써 상품 Y는 동일하게 생산하고 (점 Z와 점 F는 45Y의 등량선상에 있음) 상품 X를 더 많이 생산할 수 있다(즉, 50X 대신 95X를 생산함). 또는 제1국의 점 Z에서 점 A로 이동하여 상품 X는 동일하게 생산하고(점 Z와 점 A는 50X의 등량선상에 있음) 상품 Y를 더 많이(즉, 45Y 대신 60Y) 생산할 수 있다. 또는 1국은 상품 X와 상품 Y를 모두 더 많이 생산하는 계약곡선상의 점 A와 점 F 사이에서 생산(이 경우의 등량선은 그림에 표시되지 않았음)할 수 있다. 일단 계약곡선상에 있게 되면 1국은 한 가지 상품에 대한 생산을 감소시킴으로써만 다른 상품을 더 생산할 수 있다. 계약곡선이 오른쪽 아래로 기울어져 있다는 사실은 상품 X가 1국에서 노동집약적인 상품임을 의미한다.

계약곡선을 상단 도표에 있는 투입공간에서 하단 도표에 있는 산출공간으로 위치를 전환하면, 하단 도표에 있는 1국의 생산가능곡선을 도출할 수 있다. 예를 들어 상단 도표에서 50X에 대한 등량선이 직선의 대각선 $O_X O_Y$와 교차하는 점 Z로부터, 하단 도표의 점 A(즉, 50X)를 구할 수 있다. 하단 도표의 점 A는 상단 도표 점 A의 바로 아래에 있지 않고 점 Z 바로 아래에 있는데, 이는 K/L가 일정한 상태에서(즉, 직선의 대각선을 따라) 산출량이 측정되기 때문이다. 대각선을 따라 측정한다는 것은 투입량을 이용하여 산출량을 측정한다(규모에 대한 수익불변의 경우에)는 사실을 반영하고 있다.

산출량은 대각선을 따라 측정되지만 (앞에서 설명한) 효율성을 고려하면 1국은 50X에 대한 등량선과 60Y에 대한 등량선이 접하는 그림 위의 점 A에서 50X를 생산해야 한다. 이에 해당하는 것이 하단 도표의 점 A인데, 이는 50X와 60Y의 산출을 뜻한다. 그림 3-9 상단 도표에서 만일 1국이 점 A 대신 점 Z에서 생산한다면, 1국은 50X를 생산하지만 불과 45Y만 생산하게 되고, 이는 하단 도표의 생산가능곡선 내부에 있는 점 Z로 표시된다.

마찬가지로 상단 도표에서 95X를 나타내는 등량선 X와 대각선이 교차하는 점 바로 아래에서는 하단 도표의 생산가능곡선상에서 95X와 45Y를 나타내는 점 F를 구할 수 있다. 마지막으로 상단 도표에서 130X와 20Y를 나타내고 있는 등량선상의 점 B는 하단에 있는 생산가능곡선상의 130X와 20Y에 해당되는 점 B에 투영된다. 따라서 계약곡선과 생산가능곡선은 일대일로 대응되며, 계약곡선상의 각 점은 생산가능곡선상의 한 점으로 유일하게 결정된다.

규모에 대한 수익불변을 가정했기 때문에 상품 X의 산출량은 대각선상에서 원점 O_X로부터 대각선의 거리에 비례한다는 점에 주의하자. 마찬가지로 상품 Y의 산출량은 원점 O_Y로부터 대각선의 거리에 비례한다(이러한 이유로 대각선을 따라서 산출량을 측정한다). 또한 생산가능곡선상의 X절편과 Y

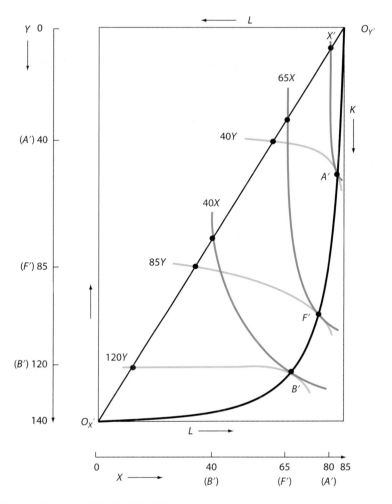

2국에서 에지워스 상자도와 생산가능곡선의 유도

에지워스 상자도의 형태는 2국이 1국에 비해 상대적으로 자본이 풍부하다는 것을 보여 준다. 효율성을 고려하는 경우 2국은 점 A', F', B'을 통과하고 원점 O_X과 O_Y을 연결하는 선인 계약곡선상에서 생산해야 한다. 점 A', F', B'에서 상품 X의 생산량은 각 점을 통과하는 등량선이 대각선과 교차하는 점에 의해 주어진다. 이러한 산출량은 그림의 밑에 있는 X축 아래로 투사된다. 유사한 방법으로 점 A', F', B'에서 상품 Y의 생산량은 각 점(상품 X의 등량선과 접하면서)을 통과하는 상품 Y의 등량선이 대각선과 교차하는 점으로 표현된다. 이러한 산출량은 그림의 왼쪽에 있는 Y축으로 투사된다.

절편은 에지워스 상자도의 길이와 높이에 대응한다는 점을 주목하자.

그림 3-10은 2국의 에지워스 상자도를 나타내고 있다. 이 상자의 모양은 1국에 비하여 2국의 K가 상대적으로 풍부하다는 점을 보여 준다. 1국의 경우와 마찬가지로, 점 A', F', B'에서의 생산량은 각 점을 지나는 X 등량선이 대각선과 교차하는 점으로 표시된다. 이러한 산출량은 아래 그림에서 X축으로 대응된다. 마찬가지로 점 A', F', B'에서 생산되는 상품 Y의 양은 각 점을 지나는 (또한 X 등량선과 접하는) Y 등량선이 대각선과 교차하는 점으로 표시된다. 이 산출량은 그림 왼쪽의 Y축으로 투영된다. 예를 들면 점 B'을 지나는 X 등량선은 40X의 산출에서 대각선과 교차한다(하단 그림의 X축 참조). 마찬가지로 점 B'을 지나는 Y 등량선은 120Y의 산출에서 대각선과 교차한다(그림 왼쪽의 Y축 참조). 이에 따라 제

2국의 생산가능곡선(여기에서는 그리지 않았음)상에서 점 B'에 대한 좌표가 40X와 120Y로 나타난다. 2국 생산가능곡선상의 다른 점도 이와 유사하게 도출된다. 지금 도출한 1국과 2국의 생산가능곡선은 이 장에서 이미 이용했던 것들이다. 그러나 지금과 그때의 다른 점은 이러한 생산가능곡선을 가정에 의존하는 대신 그것을 도출해 낸 것이라는 점이다.

> **연습문제** 그림 3-10으로부터 2국의 생산가능곡선을 도출하라. 2국에서는 어떤 상품이 노동집약적인가? 그 이유는?

A3.4 몇 가지 중요한 결론

1국의 **계약곡선**상에서 점 A로부터 점 B로 이동하는 것은(그림 3-9 참조) 상품 X(1국의 비교우위상품)의 생산이 증가하는 것을 의미하며 이에 따라 K/L 비율은 상승한다. K/L 비율의 이러한 상승은 원점 O_X로부터 점 B를 잇는 직선의 기울기가 원점 O_X로부터 점 A를 잇는 직선 (이러한 직선을 그리지는 않았음)의 기울기보다 크다는 사실로 알 수 있다. 점 A에서 점 B로 이동함에 따라 상품 Y의 생산에서 K/L 비율도 상승한다. 이는 원점 O_Y로부터 점 B를 잇는 직선의 기울기가 원점 O_X로부터 점 A를 연결하는 직선의 기울기보다 크다는 사실로 알 수 있다.

두 가지 상품의 생산에서 K/L의 비율이 1국에서 상승하는 이유는 다음과 같이 설명될 수 있다. 상품 Y는 자본집약적이므로 1국이 상품 Y의 생산을 감소시킴에 따라 상품 X의 생산을 확대시키는 데 이용되는 K/L의 비율보다 더 높은 비율로 자본과 노동이 방출된다. 따라서 이 국가의 자본 중 일부는 고용되지 않을 것이며 자본의 상대가격은 하락(즉, P_L/P_K은 상승)하게 될 것이다.

결과적으로 이용 가능한 자본이 완전히 이용될 때까지 1국은 두 상품의 생산에 있어서 노동 대신 자본으로 대체할 것이다. 따라서 1국에서 K/L 비율은 두 상품의 생산에서 상승할 것이다. 또한 이러한 이유로 생산계약곡선은 직선이 아니며 1국이 X의 생산을 증가시킴에 따라(즉, 원점 O_X로부터 더욱 멀어짐에 따라) 기울기는 더욱 커지게 된다. 생산요소의 상대가격이 변화하지 않을 때에만 계약곡선은 직선이 되는데, 여기에서는 요소가격이 변화하고 있다. 1국에서 P_L/P_K이 상승하는 것은 그림 3-9의 상단 도표에서 점 B에서의 공통접선의 기울기가 점 A와 비교하여 (그림을 간단히 하기 위하여 이러한 접선을 실제로 그리지 않았음) 커진다는 점에서 알 수 있다. 헥셔-오린 무역 모형의 요소가격 균등화 정리를 증명하는 제5장 부록에서는 이러한 결과를 복습하고 확장할 것이다.

> **연습문제** 2국이 계약곡선상의 점 A'에서 점 B'으로 이동함에 따라(즉, 비교우위상품인 상품 Y의 생산에 특화함에 따라) 왜 상품 X와 상품 Y의 생산에서 K/L 비율이 하락하는가를 설명하라.(이 문제를 풀 수 없으면 부록 A3.4절을 다시 읽어라.)

수요와 공급, 오퍼곡선과 교역조건

- 균형가격이 수요와 공급에 의해 어떻게 결정되는지를 보여 준다.
- 균형가격의 결정을 오퍼곡선으로 보여 준다.
- 교역조건의 의미와 미국과 기타 국가의 경우에 교역조건이 어떻게 변화해 왔는지 살펴본다.

4.1 서론

제3장에서는 두 국가 간 상품의 상대가격 차이가 각국의 비교우위를 반영하고, 상호이익이 되는 무역의 발생원인임을 살펴보았다. 무역이 이루어지는 상품의 균형상대가격은 시행착오를 통해 무역이 균형을 이루는 수준에서 결정된다. 이 장에서는 무역을 하는 경우 상품의 균형상대가격이 결정되는 보다 엄밀한 이론적 틀을 소개한다. 먼저 (수요, 공급곡선을 사용하는) 부분균형분석에서부터 시작하여 오퍼곡선을 사용하는 보다 복잡한 일반균형분석을 소개한다.

  4.2절에서는 무역을 하는 경우 상품의 균형상대가격이 어떻게 결정되는가를 수요곡선과 공급곡선을 사용하여 살펴본다(부분균형분석). 그리고 일반균형분석을 살펴보기 위해 4.3절에서 1국과 2국의 오퍼곡선을 유도한다. 4.4절에서 무역을 하는 경우 두 국가의 오퍼곡선의 상호작용에 의해 어떻게 상품의 균형상대가격이 결정되는가를 보여 주며, 4.5절에서는 일반균형분석과 부분균형분석의 관계를 검토한다. 마지막으로 4.6절에서는 교역조건의 의미, 척도, 중요성을 검토한다. 이 장의 부록에서는 정식으로 오퍼곡선을 유도하고 불안정적 복수균형을 검토한다.

4.2 무역을 하는 경우 상품의 균형상대가격 : 부분균형분석

그림 4-1은 무역을 하는 경우 상품의 균형상대가격이 어떻게 결정되는가를 부분균형분석을 통해 보여 준다. 그림 4-1에서 도표 A와 도표 C의 D_X와 S_X 곡선은 각각 1국과 2국에서 상품 X에 대한 수요곡선과 공급곡선을 나타낸다. 그림 4-1의 세 도표 모두에서 수직축은 상품 X의 상대가격을 나타내고 (P_X/P_Y 또는 상품 X 한 단위를 더 구입하기 위해 포기해야 하는 상품 Y의 양) 수평축은 상품 X의 양을 측정한다.

  그림 4-1의 도표 A에서는 무역을 하지 않는 경우 1국은 P_1의 상대가격에서 점 A에서 생산하고 소

비하며, 2국은 P_3 가격에서 점 A'에서 생산하고 소비한다. 무역을 하게 되면 두 국가가 모두 대국인 경우 상품 X의 상대가격은 P_1과 P_3 사이에서 결정될 것이다. 가격이 P_1보다 높은 경우 1국은 상품 X에 대한 수요보다 더 많이 공급할 것이고 그 차이 또는 초과공급을 수출할 것이다(도표 A). 한편 가격이 P_3보다 낮은 경우 2국은 상품 X에 대한 공급보다 더 많이 수요할 것이고 그 차이 또는 초과수요만큼 수입할 것이다(도표 C).

도표 A에서는 가격 P_1에서 1국에서 상품 X의 공급량은 상품 X의 수요량과 일치하고, 따라서 1국은 상품 X를 전혀 수출하지 않는다. 이것은 도표 B에서 곡선 S(1국의 수출공급곡선)상의 점 A^*로 표현된다. 또한 도표 A의 가격 P_2에서 BE만큼의 초과공급은 1국이 P_2에서 수출하는 상품 X의 수량을 나타낸다. 이것은 도표 B의 B^*E^*와 일치하며 1국의 상품 X에 대한 수출공급곡선 S상의 점 E^*로 표현된다.

한편 도표 C의 가격 P_3(점 A)에서 2국의 상품 X의 공급량은 상품 X의 수요량과 일치하므로 2국은 상품 X를 전혀 수입하지 않는다. 이것은 도표 B에서 곡선 D(2국의 수입수요곡선)상의 점 A''으로 표현된다. 또한 도표 C의 가격 P_2에서 $B'E'$만큼의 초과수요는 2국이 P_2에서 수입하는 상품 X의 수량을 나타낸다. 이것은 도표 B의 B^*E^*와 일치하며 2국의 상품 X에 대한 수입수요곡선상의 E^*로 표현된다.

가격 P_2에서 2국의 상품 X에 대한 수입수요량(도표 C에서 $B'E'$)은 1국이 공급하는 수출량(도표 A에서 BE)과 일치하는데, 이는 도표 B에서 상품 X에 대한 수요곡선 D와 공급곡선 S의 교점으로 표현된다. 따라서 P_2는 무역을 하는 경우 상품 X에 대한 균형상대가격이 된다. 도표 B에서 P_X/P_Y가 P_2보다 큰 경우 공급되는 상품 X의 수출량은 수요량을 초과하게 되고, 상품 X의 상대가격은 P_2로 하락하게 된다. 한편 P_X/P_Y가 P_2보다 작은 경우 상품 X의 수입수요는 수출공급량을 초과하여 P_X/P_Y는 P_2까지 상승한다.

그림 4-1 상품의 균형상대가격에 대한 부분균형분석

도표 A에서 상품 X의 상대가격 P_X/P_Y가 P_1보다 큰 경우, 1국의 상품 X에 대한 초과공급은 도표 B에서 1국의 상품 X에 대한 수출공급곡선(S)으로 표현된다. 한편 상품 X의 상대가격 P_X/P_Y가 P_3보다 작은 경우 도표 C에서 2국의 상품 X에 대한 초과수요는 도표 B에서 1국의 상품 X에 대한 수입수요곡선(D)으로 표현된다. 도표 B는 P_2에서만 2국의 상품 X에 대한 수입수요가 1국의 상품 X에 대한 수출공급과 일치한다는 것을 보여준다. 이와 같이 P_2는 무역을 할 때 상품 X의 균형상대가격이다. 상품 X의 상대가격 P_X/P_Y가 P_2보다 큰 경우 상품 X에 대한 수출초과공급이 있을 것이고, 상품 X의 상대가격 P_X/P_Y는 P_2까지 하락할 것이다. 상품 X의 상대가격 P_X/P_Y가 P_2보다 작은 경우 상품 X의 수입에 대한 초과수요가 있을 것이고, P_X/P_Y는 P_2까지 상승할 것이다.

같은 상황이 상품 Y의 경우에도 해당된다. 상품 Y는 2국에 의해 수출되고 1국에 의해 수입된다. 상품 Y의 상대가격이 균형수준보다 높은 경우 2국이 공급하는 상품 Y의 수출공급량은 1국이 수요하는 상품 Y의 수입수요를 초과하게 되고, 상품 Y의 상대가격은 균형수준으로 하락한다. 한편 상품 Y의 상대가격이 균형보다 낮은 경우 상품 Y의 수입수요량은 상품 Y의 수출공급을 초과하게 되고, 상품 Y의 상대가격은 균형수준으로 상승한다(이것은 연습문제 1번에 수록). 사례연구 4-1은 1970년부터 2017년까지 국제 석유가격을 명목값 및 실질값(인플레이션으로 조정)으로 보여 주고, 사례연구 4-2는 같은 기간에 미국의 수입에 대한 수출가격지수를 보여 준다.

4.3 오퍼곡선

이 절에서는 오퍼곡선을 정의하고 그 곡선의 기원을 살펴본다. 그러고 나서 두 국가의 오퍼곡선을 유도하고 곡선의 모양에 관해 설명한다.

사례연구 4-1　석유의 수요, 공급 및 국제가격

표 4-1은 1970년부터 2017년까지 석유가격이 큰 폭으로 변동한 것을 보여 준다. 1973년 가을 아랍과 이스라엘 간의 전쟁 및 1979년과 1980년의 이란혁명 기간에 공급충격의 결과로 OPEC(석유수출국기구)은 석유가격을 1970년 배럴당 평균 1.21달러 및 1972의 1.82달러에서 1974년에는 11.00달러로, 1980년에는 35.52달러로 인상하였다. 이로 인해 비산유국들의 에너지 보존이 촉진되고 탐사 및 석유생산이 확산되었다. 그러나 1980년대와 1990년대의 초과공급으로 인해 OPEC은 석유가격이 1986년에 13.53달러, 1998년에 12.28달러까지 하락하는 것을 막을 수 없었다. 그 이후 석유가격은 2000년에 27.60달러, 2008년에는 94.10달러로 상승하였고 2010년에는 77.38달러, 2012년에는 109.45달러로 상승했다. 그후 2016년에는 40.68달러 및 2017년에는 52.51달러로 하락했다.

그러나 표 4.1에서 알 수 있듯이 시간이 지남에 따라 모든 물가가 상승한다는 점을 감안했을 때, (인플레이션을 조정한) 원유의 실질가격은 1970년 배럴당 1.21달러 및 1972년에 1.69달러 및 1974년 8.66달러에서 1980년 16.73달러로 상승했다가 1986년 4.79달러 및 1998년 2.92달러로 하락했다. 그 후 2000년에 6.19달러 및 2008년에 16.96달러로 다시 상승하였다가 2012년에는 18.50달러, 2016년에는 6.58달러, 2017년에는 8.31달러였다. 따라서 2017년에 원유의 실질가격은 1970년보다 (8.31/1.21=) 6.7배 비싸진 반면, 명목가격은 같은 기간 43.4배 비싸졌다.

표 4-1　석유의 명목 및 실질가격(1970~2017)

연도	1970	1972	1974	1978	1979	1980	1985	1986	1990
석유가격(배럴당 달러)	1.21	1.82	11.00	12.79	29.19	35.52	27.01	13.53	22.26
실질석유가격(배럴당 달러)	1.21	1.69	8.66	7.61	15.60	16.73	9.71	4.79	6.61

연도	1998	2000	2005	2008	2010	2012	2014	2016	2017
석유가격(배럴당 달러)	12.28	27.60	50.59	94.10	77.38	109.45	96.29	40.68	52.51
실질석유가격(배럴당 달러)	2.92	6.19	10.05	16.96	13.76	18.50	15.78	6.58	8.31

출처 : IMF data, 2019.

사례연구 4-2   미국에서 수입품에 대한 수출품의 가격지수

그림 4-2는 1970년부터 2017년까지 미국의 수입상품에 대한 수출가격 지수 또는 교역조건을 보여 준다. 이 지수는 1970년부터 1980년까지 거의 계속적으로 하락하였고, 1980년부터 1986년까지는 상승하였으며, 96으로 하락한 2008년을 제외하고는 1986~2017년에는 100~108(2010=100) 사이에 있었다. 특히 석유 수입가격이 크게 상승한 1973~1974년과 1979~1980년 두 차례의 오일쇼크 기간과 원유 가격과 1차 상품수입 가격이 급등했던 2002년~2008년 기간에 이 지수의 하락폭이 특히 컸다. 그림으로부터 미국 수출의 평균상대가격은 1970년의 148에서 1980년에는 (2008년에도) 96으로 하락하였고, 2017년에는 108이었다. 이는 평균적으로 미국이 1970년의 수입량을 수입하기 위해서는 2008년 및 2017년의 수출량이 1970년에 비해 각각 42 퍼센트와 31 퍼센트 증가해야 함을 의미한다.

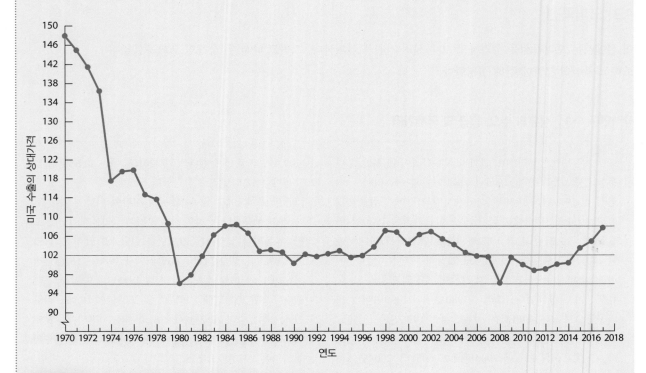

그림 4-2   미국의 수출상대가격 지수(1970~2017)(2010=100)

미국의 수입에 대한 수출가격지수는 1970년 148에서 1974년 118로(1973년과 1974년의 석유가격의 대폭적인 상승으로 인해), 그리고 제2차 오일쇼크로 인해 1980년에는 96으로 하락하였다. 그 이후 그 지수는 1985년에 107로 상승했지만, 원유가격 및 기타 1차 상품가격의 상승으로 인하여 2008년에 96으로 하락했다. 2017년에는 이 지수가 108이다.

출처 : Calculated from IMF data, 2018.

4.3A 오퍼곡선의 기원과 정의

오퍼곡선(offer curves)[때때로 상호수요곡선(reciprocal demand curves)으로도 부름]은 20세기 영국의 두 경제학자 알프레드 마셜과 이시드로 에지워스에 의해 고안되어 국제경제학에 도입되었다. 그 후로 오퍼곡선은 특별히 교육적인 목적으로 국제경제학에서 광범위하게 사용되었다.

　한 국가의 오퍼곡선은 다양한 수출상품의 양을 자발적으로 공급하기 위해 그 대가로 얼마만큼의 수입상품을 요구하는가를 보여 준다. 정의에 의해 알 수 있듯이 오퍼곡선은 수요와 공급의 요소를 모두 포함한다. 또는 한 국가의 오퍼곡선이란 여러 가지의 상대가격에서 그 국가가 얼마만큼 수출하고 수입할 것인가를 보여 준다고도 볼 수 있다.

　한 국가의 오퍼곡선은 그 국가의 생산가능곡선, 무차별지도, 무역이 발생할 수 있는 가상적인 여러 상대가격으로부터 비교적 쉽게 도출할 수 있다. 부록에서는 오퍼곡선을 엄밀하게 유도하는데, 이는 영국의 경제학자이자 노벨상 수상인인 제임스 미드의 업적이다.

4.3B 1국의 오퍼곡선의 유도와 형태

그림 4-3의 왼쪽 도표에서 1국은 그림 3-3에서와 같이 무역 이전(자급자족)에는 점 A에서 균형을 이루고 있었다. $P_B=P_X/P_Y=1$인 상태에서 무역이 발생하면 1국은 생산이 점 B로 이동하고, 2국에 60X를 수출하고 60Y를 수입하여 무차별곡선 III상의 점 E에 도달한다(지금까지는 그림 3-4의 왼쪽 도표와 정확히 일치한다). 이것은 그림 4-3의 오른쪽 도표의 점 E에 해당한다.

　그림 4-3 왼쪽 도표에서 $P_F=P_X/P_Y=1/2$인 경우 생산이 점 A에서 점 F로 이동하고, 2국에 40X를 수출하고, 20Y를 수입하여 무차별곡선 II상의 점 H에 도달한다. 이것은 그림 4-3 오른쪽 도표의 점 H에 해당한다. 오른쪽 도표에서 원점과 점 H, 점 E 및 같은 방법으로 구할 수 있는 다른 점들을 연결함으로써 오른쪽 도표상에 1국의 오퍼곡선을 유도할 수 있다. 이것은 1국이 자발적으로 상품 X의 여러 단위들을 수출하고자 할 때 얼마만큼의 상품 Y를 요구하는가를 보여 준다.

　단순화를 위해 왼쪽 도표에서 폐쇄경제에서의 가격선 $P_A=1/4$과 점 A에서 생산가능곡선과 가격선

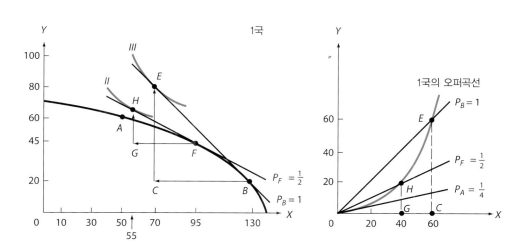

　1국의 오퍼곡선 유도

왼쪽 도표에서 1국은 무역 전 균형점 A에서 시작한다. $P_B=1$인 상태에서 무역이 발생하면 1국은 생산이 점 B로 이동하고 2국에 60X를 수출하고 60Y를 수입하여 점 E에 도달한다. 이것은 오른쪽 도표의 점 E에 해당한다. 왼쪽 도표에서 $P_F=1/2$인 경우 생산이 점 A에서 점 F로 이동하고, 2국에 40X를 수출하고, 20Y를 수입하여 점 H에 도달한다. 이것은 오른쪽 도표의 점 H에 해당한다. 오른쪽 도표에서 원점과 점 H 및 점 E를 연결하면 1국의 오퍼곡선이 유도된다. 이것은 1국이 자발적으로 상품 X의 여러 단위들을 수출하고자 할 때 얼마만큼의 상품 Y를 요구하는가를 보여 준다.

P_A에 접하는 무차별곡선 I을 생략하였다. 오른쪽 도표에 있는 가격 P_A, P_F와 P_B는 왼쪽 도표에 있는 P_A, P_F와 P_B와 기울기의 **절댓값**이 동일하므로 동일한 상품 X의 상대가격을 표시한다.

그림 4-3의 오른쪽 도표에 있는 1국의 오퍼곡선은 폐쇄경제에서의 가격선 P_A=1/4보다 위에 존재하고, 비교우위 상품의 수출을 측정하는 X축 쪽으로 볼록하게 굽은 형태를 갖는다. 1국이 더 많은 상품 X를 수출하기 위해서는 P_X/P_Y가 상승해야 한다. 이렇게 P_F=1/2인 경우에는 40X를 수출하고 P_B=1인 경우에는 60X를 수출하는데, 그 이유는 두 가지이다. (1) 1국은 수출을 위해 상품 X를 더 많이 생산할수록 기회비용이 증가한다. (2) 무역을 하는 경우 1국이 소비하는 상품 X의 수량은 적어지고, 상품 Y의 수량은 많아짐에 따라 상품 X 마지막 한 단위가 상품 Y 단위와 비교하여 더 가치 있게 평가된다는 것이다.

4.3C 2국의 오퍼곡선의 유도와 형태

그림 4-4의 왼쪽 도표에서 2국은 그림 4-3에서와 같이 무역 전 균형점 A'에서 시작한다. $P_{B'}$=P_X/P_Y=1인 상태에서 무역이 발생하면 2국은 생산이 점 B'으로 이동하고, 1국에 60Y를 수출하고 60X를 수입하여 무차별곡선 III'상의 점 E'에 도달한다(지금까지는 그림 3-4의 왼쪽 도표와 정확히 일치한다). 그림 4-4의 왼쪽 도표상의 무역삼각형 $B'C'E'$은 오른쪽 도표의 무역삼각형 $O'C'E'$에 상응하며 2국의 오퍼곡선상의 점 E'에 해당한다.

그림 4-4 왼쪽 도표에서 $P_{F'}$=P_X/P_Y=2인 경우 2국은 생산이 점 F'으로 이동하고, 40Y를 수출하고,

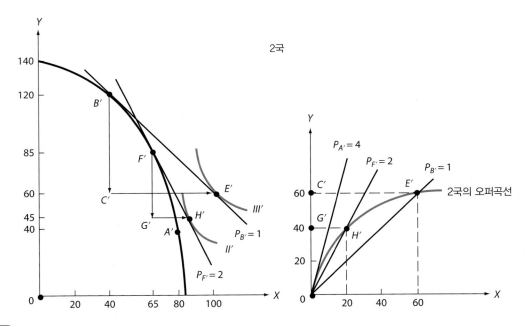

그림 4-4   2국의 오퍼곡선 유도

왼쪽 도표에서 2국은 무역 전 균형점 A'에서 시작한다. $P_{B'}$=1인 상태에서 무역이 발생하면 1국은 생산이 점 B'으로 이동하고, 1국에 60Y를 수출하고 60X를 수입하여 점 E'에 도달한다. 이것은 오른쪽 도표의 점 E'에 해당한다. 왼쪽 도표에서 $P_{F'}$=2인 경우 2국은 생산이 점 A'에서 점 F'으로 이동하고, 2국에 40Y를 수출하고, 20X를 수입하여 점 H'에 도달한다. 이것은 오른쪽 도표의 점 H'에 해당한다. 오른쪽 도표에서 원점을 점 H'과 점 E'에 연결시킴으로써 2국의 오퍼곡선을 유도할 수 있다. 이것은 2국이 자발적으로 상품 Y의 여러 단위들을 수출하고자 할 때 얼마만큼의 상품 X를 요구하는가를 보여 준다.

20X를 수입하여 무차별곡선 II상의 점 H'에 도달한다. 이것은 오른쪽 도표의 점 H'에 해당한다. 왼쪽 도표의 무역삼각형 $F'G'H'$은 오른쪽 도표의 무역삼각형 $O'G'H'$에 상응하며, 2국 오퍼곡선상의 점 H'을 구할 수 있다. 오른쪽 도표에서 원점과 점 H', 점 E' 및 같은 방법으로 구할 수 있는 다른 점들을 연결함으로써 오른쪽 도표상에 2국의 오퍼곡선을 유도할 수 있다. 이것은 2국이 자발적으로 상품 Y의 여러 단위들을 수출하고자 할 때 얼마만큼의 상품 X를 요구하는가를 보여 준다.

단순화를 위해 왼쪽 도표의 폐쇄경제에서의 가격선 $P_{A'}=4$와 점 A'에서 생산가능곡선과 가격선 $P_{A'}$에 접하는 무차별곡선 I을 생략하였다. 오른쪽 도표에 있는 가격 $P_{A'}$, $P_{F'}$, $P_{B'}$은 왼쪽 도표에 있는 $P_{A'}$, $P_{F'}$, $P_{B'}$과 기울기의 절댓값이 동일하므로 동일한 상품 X의 상대가격을 표시한다.

그림 4-4의 오른쪽 도표에 있는 2국의 오퍼곡선은 폐쇄경제하의 가격선 $P_{A'}=4$보다 아래에 존재하고, 비교우위의 상품을 수출하는 측정하는 Y축 쪽으로 볼록하게 굽은 형태를 갖는다. 2국에 더 많은 상품 Y를 수출하도록 하기 위해서는 P_Y/P_X가 상승해야 한다. 이렇게 $P_{F'}=2$인 경우에는 40Y를 수출하고 $P_{B'}=1$인 경우에는 60Y를 수출한다. 그 이유는 두 가지이다. (1) 2국은 수출을 위해 상품 Y를 더 많이 생산할수록 기회비용이 증가한다. (2) 무역을 하는 경우 2국이 소비하는 상품 X의 수량은 많아지고, 상품 Y의 수량은 적어짐에 따라 상품 Y 마지막 한 단위가 상품 X와 비교하여 더 가치 있게 평가된다는 것이다.

4.4 무역을 하는 경우 상품의 균형상대가격 : 일반균형분석

양국의 오퍼곡선의 교점은 양국 간에 무역이 이루어지는 균형상대가격을 나타낸다. 이 균형가격에서만 양국 간의 무역은 균형을 이루게 되며, 그 외의 상대가격하에서는 양국이 의도하는 수출량과 수입량이 일치하지 않게 된다. 이와 같은 불일치가 발생하면 상품의 상대가격은 균형수준을 향해 움직이게 된다. 이것은 그림 4-5를 통해 알 수 있다.

그림 4-5에 표시된 1국과 2국의 오퍼곡선은 각각 그림 4-3과 그림 4-4에서 유도된 것이다. 두 오퍼곡선은 점 E에서 교차하여 균형상대가격이 $P_X/P_Y=P_B=P_{B'}=1$임을 나타내고 있다. 가격선 P_B에서 1국은 자국 오퍼곡선상의 점 E가 표시하는 대로 60Y를 수입하고, 60X를 수출하게 된다. 또한 2국은 자국 오퍼곡선상의 점 E'이 표시하는 대로 60X를 수입하고 60Y를 수출함으로써 P_B에서 무역은 균형을 이루게 된다.

P_B를 제외한 다른 P_X/P_Y에서는 무역은 균형을 이루지 못한다. 예를 들어 $P_F=1/2$에서는 1국의 수출 40X(그림 4-5의 점 H 참조)는 2국의 상품 X 수입수요보다 적게 된다.(그림 4-5에는 나타나 있지 않지만 P_F와 2국의 오퍼곡선을 확대하면 이 두 선이 교차할 때 결정되는 상품 X의 수입수요량이 1국의 수출 40X를 초과함을 알 수 있다.)

이와 같이 $P_F=1/2$에서 2국의 상품 X에 대한 초과수입수요로 인해 P_X/P_Y는 상승하게 됨으로써 1국의 상품 X 수출공급은 증가하고(즉, 1국은 자국의 오퍼곡선을 따라 위로 이동함) 2국의 상품 X 수입수요는 감소한다(즉, 2국은 자국의 오퍼곡선을 따라 아래로 이동함). 이 결과 수요와 공급이 P_B에서 균형을 이루게 되며 상품 Y의 경우도 마찬가지로 $P_F \neq P_B$인 P_X/P_Y에서는 P_F가 P_B로 향하여 수렴하게 된다.

그림 4-5에서 양국 오퍼곡선의 교점이 의미하는 $P_B=1$이라는 무역 후 상품의 균형상대가격은 그림

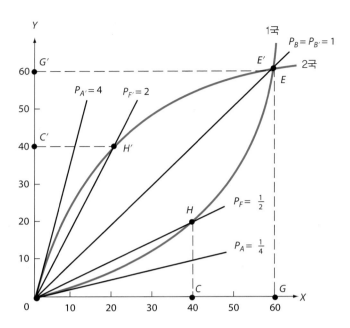

그림 4-5   무역을 하는 경우 상품의 균형상대가격

1국과 2국의 오퍼곡선은 그림 4-3과 그림 4-4에 해당한다. 두 오퍼곡선은 점 E에서 만나 P_B=1이라는 상품의 균형상대가격이 결정된다. 가격 P_B에서 1국은 60X를 수출하고 60Y를 수입하며, 2국은 정확히 60Y를 수출하고 60X를 수입하므로 균형을 이루게 된다. 상품 X의 상대가격 P_X/P_Y<1인 경우 1국이 수출하는 상품 X의 수출량이 2국이 수요하는 상품 X의 수입량에 미치지 못하게 된다. 이로 인해 상품 X의 상대가격은 균형수준으로 상승한다. P_X/P_Y>1인 경우 정반대의 결과가 나타난다.

3-4에서의 시행착오의 과정을 통해 도달한 것과 동일하다. P_B=1에서 우연하게도 양국이 얻게 되는 무역으로부터의 이익은 동일하다(그림 3-4 참조).

4.5 일반균형분석과 부분균형분석의 관계

또한 수요곡선과 공급곡선을 이용하여 양국의 균형을 보여 줄 수 있으며, 이를 통해 4.4절의 일반균형분석과 4.2절의 부분균형분석 간의 관계를 보여 줄 수 있다. 이것은 그림 4-6으로 알 수 있다.

그림 4-6에서 S는 1국에서 상품 X의 수출공급곡선을 나타내고, 이는 그림 4-3의 왼쪽 도표에 있는 1국의 생산가능곡선과 무차별지도로부터 유도된다(그림 4-3의 오른쪽 도표에 있는 1국의 오퍼곡선이 유도되는 것과 동일한 정보). 구체적으로 S는 P_X/P_Y=1/4에서 상품 X의 수출공급량이 0(점 A)이고, P_X/P_Y=1/2에서는 40(점 H), P_X/P_Y=1에서는 60(점 E)임을 보여 준다(그림 4-3의 **왼쪽 도표**와 그림 4-3의 오른쪽 도표상 1국의 오퍼곡선으로 알 수 있는 바와 같이). P_X/P_Y=1.5에서 1국이 70X를 수출한다는 것(그림 4-6의 S곡선의 점 R)은 유사한 방법으로 그림 4-3의 왼쪽 도표로부터 알 수 있으며 부록 A4.3절에 있는 그림 4-9의 1국의 오퍼곡선의 점 R로 표시된다.

한편 D는 1국의 수출상품인 상품 X에 대한 2국의 수요곡선이며 이는 그림 4-4의 왼쪽 도표에 있는 2국의 생산가능곡선과 무차별지도로부터 유도된다(그림 4-4의 오른쪽 도표에 있는 2국의 오퍼곡선이 유도되는 것과 동일한 정보). 구체적으로 그림 4-6의 D는 P_X/P_Y=1에서 2국의 상품 X 수출에 대한 1국

그림 4-6　상품의 균형상대가격 : 부분균형분석

S는 1국에서 상품 X의 수출공급곡선을 나타내고, D는 1국의 수출분석 상품 X에 대한 2국의 수요곡선은 나타낸다. S와 D는 그림 4-3과 4-4의 왼쪽 도표로부터 유도되며 그림 4-5와 동일한 기본정보를 제공한다. D와 S는 점 E에서 교차하고, 균형가격 P_X/P_Y=1과 균형수출량 60X가 결정된다. P_X/P_Y=1인 경우 $R'R$인 30X만큼의 수출초과공급이 있고, P_X/P_Y는 균형점인 P_X/P_Y=1까지 하락한다. P_X/P_Y=1/2인 경우 $H'H$인 80X만큼의 수출초과수요가 있고, P_X/P_Y는 P_X/P_Y=1까지 상승한다.

의 수입수요량이 60(점 E)이고(그림 4-6의 왼쪽 도표에서처럼), P_X/P_Y=1/2에서는 120(점 H'), P_X/P_Y =1.5에서는 40(점 R')임을 보여 준다.

　D와 S는 그림 4-6의 점 E에서 교차하고, 균형가격 P_X/P_Y=1과 균형수출량 60X가 결정된다(그림 4-5에서처럼). 그림 4-6에서는 P_X/P_Y=1.5인 경우 $R'R$인 30X만큼의 수출초과공급이 있고, P_X/P_Y는 균형점인 P_X/P_Y=1까지 하락한다. 한편 P_X/P_Y=1/2인 경우 HH'인 80X만큼의 수출초과수요가 있고, P_X/P_Y는 P_X/P_Y=1까지 상승한다. 이와 같이 X의 상대가격은 그림 4-6의 점 E로 표시된 (그림 4-5에서처럼) P_X/P_Y=1의 균형상대가격 수준으로 움직이게 되며, 상품 Y의 관점에서도 동일한 결과를 얻을 수 있다(연습문제 8번 참조).

　한편 2국이 소국인 경우 2국의 수입수요곡선이 1국의 상품 X의 수출공급곡선의 수평한 부분과 교차하게 된다(수평축 가까이서). 그 경우 2국은 1국에서의 무역이 전 가격인 P_X/P_Y=1/4에서 무역을 하게 되고, 2국은 무역으로부터의 이익 전부를 획득하게 된다(이 경우 역시 오퍼곡선을 통해 알 수 있다)(연습문제 10번 참조).

　그림 4-6은 그림 4-5와 동일한 기본정보를 보여 주며, 모두 다 생산가능곡선과 무차별지도로부터 유도된다. 그러나 두 그림 간에는 기본적인 차이가 있다. 그림 4-5는 일반균형분석을 하고 있으며, 상품 X 시장만이 아닌 모든 시장을 함께 고려하고 있다. 이것은 상품 X 시장의 변화가 다른 시장에 영향을 주며, 이것이 다시 상품 X 시장 자체에도 반향효과를 주기 때문에 중요하다. 한편 수요곡선과 공급곡선을 이용하는 그림 4-6의 부분균형분석은 상품 X 시장과 경제 내의 모든 다른 상품시장 간의 반향

및 연결관계를 고려하지 않는다. 부분균형분석은 1차적인 근삿값으로서는 유용하지만 완전하고 전반적인 분석을 위해서는 보다 어려운 일반균형분석이 요구된다.

4.6 교역조건

이 절에서는 각국의 교역조건을 정의하고, 그 측정문제를 살펴본다. 동시에 한 나라의 교역조건 변화가 과연 무엇을 의미하는가를 살펴보고, 지금까지 논의된 내용을 정리하며 무역모형의 유용성을 검토한다.

4.6A 교역조건의 정의와 측정

한 나라의 교역조건(terms of trade)은 그 나라 수입상품가격에 대한 수출상품가격의 비율로 정의된다. 2국 모형에서 어느 한 나라의 수출은 교역상대국의 수입이므로 교역상대국의 교역조건은 특정국 교역조건의 역수가 된다.

두 상품만이 아닌 다수의 교역상품 모형에서 어느 특정국의 교역조건은 수입가격지수에 대한 **수출가격지수**의 비율로 정의된다. 흔히 이 교역조건은 %로 표시하기 위하여 100을 곱해 사용하며, 이를 여타의 교역조건과 구별하여 상품 교역조건(commodity barter terms of trade) 혹은 순교역조건(net barter terms of trade)이라고 부른다.

시간이 경과함에 따라 수요와 공급조건이 변동하게 되면 오퍼곡선도 이동하게 되어 교역조건 및 교역량이 변동하게 된다. 이 문제는 국제무역의 성장과 변화에 대해 다룬 제7장에서 더 살펴볼 것이다. 특정국의 교역조건이 개선되는 경우 보통 수출가격이 수입가격에 비해 상승한다는 의미에서 그 나라에 유익하다.

4.6B 교역조건의 예시

1국이 상품 X를 수출하고 상품 Y를 수입하므로 1국의 교역조건은 P_X/P_Y가 되며 그림 4-5에서 이것은 $P_X/P_Y=P_B=1$ 혹은 100(%로 표시해서)이 된다. 1국이 다수의 상품을 수출하고 수입할 경우에는 P_X는 수출가격지수, P_Y는 수입가격지수가 된다.

2국은 상품 Y를 수출하고 상품 X를 수입하므로 2국의 교역조건은 P_Y/P_X가 되며, 이것은 1국의 교역조건의 역수이므로 1 또는 100(%로 표시해서)이 된다.

시간이 지남에 따라 1국의 교역조건이 100에서 120으로 상승한다는 것은 1국의 수출가격이 수입가격에 비해 20% 상승한다는 것을 의미함과 동시에, 2국의 교역조건이 100에서 (100/120)100=83으로 악화됨을 의미한다. 기준시점에서 1국의 교역조건을 100이라 하면 교역조건의 변동을 %로 측정할 수 있음에 유의하라.

1국의 교역조건이 개선된다는 것이 반드시 1국의 후생수준이 향상되는 것을 의미하지는 않으며, 동시에 2국의 교역조건이 악화되었다고 해서 2국의 후생수준이 더 낮아졌다는 것을 의미하는 것은 아니다. 교역조건의 변화는 국내외의 많은 요인들이 작용한 결과이기 때문이며, 단지 교역조건의 변화만을 관찰함으로써 그 나라의 후생의 순효과를 속단할 수는 없다. 이 문제에 답하기 위해서는 더 많은 정보와

사례연구 4-3   G7 국가의 교역조건

표 4-2는 1970년부터 2017년까지 몇 개 연도에 대해 대규모 산업국가인 G7 국가의 교역조건을 보여 준다. 교역조건은 수출단가지수를 수입단가지수로 나누어 측정한 것인데, 2010년에 100이었다. 표 4-2는 같은 기간에 G7 국가의 교역조건이 큰 변동을 한 것을 보여 준다. 1970년과 비교해 2017년의 교역조건이 미국, 특히 일본의 경우 매우 낮았으며, 프랑스 및 이탈리아의 경우 약간 낮았으며 캐나다, 독일, 영국의 경우에는 약간 높았다.

표 4-2 산업국가들의 교역조건(1972~2017)   (수출단가지수/수입단가지수 : 2010＝100)

	1970	1975	1980	1985	1990	1995	2000	2005	2010	2015	2017	변화율(%) 1972~2017
미국	148	120	96	108	100	102	104	103	100	104	108	−31
캐나다	83	92	91	86	88	85	87	96	100	94	96	12
일본	203	159	116	117	141	150	134	117	100	98	99	−69
독일	98	95	88	84	97	103	99	101	100	102	102	2
영국	96	83	93	94	96	94	98	102	100	104	104	8
프랑스	112	105	98	94	103	102	100	100	100	103	102	−9
이탈리아	118	95	89	92	109	103	102	102	100	102	103	−14

출처 : U.N. Statistical Office and IMF data, 2018.

분석이 필요하며 제11장에서 다루기로 한다. 사례연구 4-3은 G7 국가의 교역조건을 보여 주며, 사례연구 4-4는 1990~2017년 기간에 대해 선진국과 개발도상국들의 교역조건을 보여 준다.

4.6C 모형의 유용성

지금까지 설명해 온 무역모형은 아주 많은 유용한 정보와 분석을 단순 명료하게 요약한 것이다. 즉, 양국의 생산과 공급조건, 기호와 수요조건, 무역을 하지 않는 경우의 생산과 소비점, 그리고 각국의 비교우위(그림 3-3 참조)를 보여 준다. 또한 무역 후 생산의 특화 정도, 교역조건, 무역이익의 크기 및 각국에 귀속되는 무역이익의 정도 등을 보여 주었다(그림 3-5와 그림 4-5 참조).

이 장에서 살펴본 무역모형은 두 나라(1국과 2국), 두 상품(상품 X와 상품 Y) 그리고 두 생산요소(노동과 자본)만을 다룬 완전한 일반균형모형(general equilibrium model)이다. 이것은 한 국가의 수요, 공급조건의 변화가 교역조건, 교역량, 각 국가의 무역이익의 몫에 어떤 영향을 주는가를 검토하기 위해 사용될 수 있다.

그러나 (1) 비교우위의 발생원인을 파악하고, (2) 국제무역이 두 교역상대국의 생산요소의 보수에 미치는 효과를 이해할 수 있도록 현재의 무역모형을 확장할 필요가 있는데 이는 다음 장에서 다룬다.

사례연구 4-4 선진국과 개발도상국의 교역조건

표 4-3은 선진국 전체와 개발도상국 전체 및 아프리카, 아시아, 유럽, 중동 및 서반구 개발도상국의 교역조건을 1990년부터 2017년까지 몇 개 연도에 대해 보여 준다. 교역조건은 수출단가지수를 수입단가지수로 나누어 측정한 것으로 2010년에 100이다.

표 4.3은 1990년부터 2017년 기간에 선진국의 교역조건이 변하지 않아 안정적이었음을 보여 준다. 같은 기간에 개발도상국 전체의 교역조건은 1990년의 77에서 2017년의 95로 상승했다. (유럽의 개발도상국을 제외하면) 여러 하위집단 개발도상국의 경우에도 교역조건은 (크기는 다르지만) 개선되었다.

1990년부터 2017년까지 선진국과 개발도상국 (및 여러 하위집단 개발도상국의 경우에도) 교역조건의 절대적 변화가 작아서 상대적으로 안정적이었다는 점은 같은 기간 다양한 국가군 간 성장률의 큰 격차, 원유가격의 급변 및 2008~2009년의 세계적 금융위기를 고려하면 괄목할 만하다.

표 4-3 선진국과 개발도상국의 교역조건(1990~2017)

(수출단가지수/수입단가지수 : 2010=100)

	1990	1995	2000	2005	2010	2015	2017
선진국	**101**	**102**	**100**	**101**	**100**	**100**	**101**
유로지역	101	102	100	101	100	101	101
기타 선진국	101	102	100	101	100	99	102
개발도상국	**77**	**74**	**80**	**92**	**100**	**92**	**95**
아프리카	69	68	80	94	100	85	88
아시아	93	92	90	96	100	104	101
유럽	100	79	85	93	100	96	96
중동	58	52	64	93	100	74	72
서반구	67	70	76	83	100	73	93

출처 : U.N. Statistical Office and IMF data, 2018.

요약

1. 이 장에서는 수입수요곡선과 수출공급곡선 및 오퍼곡선을 유도하고 이를 이용하여 두 나라 간에 무역이 이루어지는 균형무역량과 균형상대가격을 결정하였다. 여기서 얻어진 결과는 시행착오의 과정을 거쳐 제3장에서 내린 결과들을 확인해 준다.

2. 폐쇄경제의 균형가격보다 가격이 높으면 상품의 초과공급이 발생하며, 이러한 상품의 초과공급은 그 국가의 수출공급이 된다. 반면에 폐쇄경제의 균형가격보다 가격이 낮으면 상품의 초과수요가 발생하며 이러한 초과수요는 그 국가의 수입수요가 된다. 상품의 수출공급곡선과 수입수요곡선이 교차하는 점에서 부분균형 상대가격과 수량이 결정된다.

3. 한 국가의 오퍼곡선은 다양한 양의 수출상품을 기꺼이 공급하기 위해 얼마만큼의 수입상품이 필요한 것인가를 보여 준다. 한 국가의 오퍼곡선은 생산가능곡선, 무차별곡선과 무역이 발생하는 여러 가지 상대가격들로부터 유도되며, 각 국가의 오퍼곡선은 비교우위를 갖는 상품을 측정하는 쪽으로 굴절한다. 양국의 오퍼곡선은 두 국가의 무역 전 또는 폐쇄경제하의 상대가격 사이에 위치하며, 한 국가가 수출을 더 많이 하도록 하

기 위해서는 그 상품의 상대가격이 상승해야 한다.

4. 두 국가의 오퍼곡선이 교차하는 점에서 두 나라 간의 무역이 발생하는 균형상대가격이 결정되며, 이 균형가격에서만 무역 균형이 이루어진다. 그 외의 다른 상대가격에서는 두 상품의 수출량과 수입량이 일치하지 않는다. 그 결과 상대가격은 균형가격의 방향으로 움직인다.

5. 또한 무역을 할 때 상품의 균형상대가격과 거래량을 부분균형방법으로 분석할 수 있다. 이 방법은 교역상품에 대한 수요곡선과 공급곡선을 이용한다. 상품에 대한 수요곡선과 공급곡선은 생산가능곡선과 무차별

곡선으로부터 유도되는데, 이들 곡선은(일반균형 분석방법에서 이용되는) 오퍼곡선을 유도할 때의 정보와 동일한 내용을 포함한다.

6. 한 국가의 교역조건은 그 국가의 수입상품의 가격에 대한 수출상품 가격의 비율로 정의된다. 무역상대국의 교역조건은 다른 국가의 교역조건의 역수가 된다. 두 상품 이상이 거래되는 경우 수입가격에 대한 수출가격의 지수를 사용하고, 백분율로 교역조건을 표시하기 위해 100을 곱한다. 현재의 무역모형은 2국-2상품-2요소만을 다룬다는 점을 제외하고는 일반균형모형이다.

주요용어

교역조건(terms of trade)
무역무차별곡선(trade indifference curve)
상품 교역조건(commodity barter terms of trade)
상호수요곡선(reciprocal demand curves)

상호수요의 법칙(law of reciprocal demand)
순교역조건(net barter terms of trade)
오퍼곡선(offer curves)
일반균형모형(general equilibrium model)

복습문제

1. 두 국가에서 어떤 상품에 대한 총수요곡선과 총공급곡선으로부터 이 상품의 수입수요곡선과 수출공급곡선을 어떻게 도출할 수 있는가?

2. 수요곡선과 공급곡선으로부터 무역을 할 때 상품의 균형상대가격을 결정하라.

3. 오퍼곡선이 유용한 이유는 무엇인가? 오퍼곡선은 그림 3.4의 무역모형과 어떤 관계가 있는가?

4. 오퍼곡선은 무엇을 보여 주는가? 이는 어떻게 유도되는가? 그 모양은 어떠한가? 무엇이 그 모양을 결정하는가?

5. 오퍼곡선을 이용하여 무역이 발생할 수 있는 상품의 균형상대가격을 결정하라.

6. 상품의 상대가격이 불균형일 때 어떤 힘에 의해 균형에 이르게 되는가?

7. 한 국가의 생산가능곡선과 무차별곡선으로부터 수출상품의 공급곡선과 수입상품의 수요곡선을 유도하라.

8. 교역재에 대한 수요곡선과 공급곡선을 이용하는 것이 부분균형분석인 이유는 무엇인가? 무역에 대한 부분균형분석과 일반균형분석은 어떤 관계가 있는가?

9. 어떤 국가의 무역을 하지 않을 때의 상품의 상대가격에서 무역이 발생할 수 있는 경우는 무엇인가?

10. 교역조건은 무엇을 측정하는가? 2개의 국가만이 무역을 할 때 교역조건 사이의 관계는? 교역되는 상품이 2개 이상일 때 교역조건은 어떻게 측정할 수 있는가?

11. 한 국가의 교역조건이 개선된다는 것은 무슨 의미인가? 교역조건은 한 국가의 후생에 어떤 영향을 미치는가?

12. 여기에서의 무역모형이 일반균형분석인 이유는? 현재의 무역모형을 어떻게 확장하여야 하는가?

연습문제

1. 무역을 하는 경우 상품 Y의 균형상대가격이 그림 4-1로부터 유도될 수 있음을 그래프로 보이라.

2. 교과서를 참조하지 말고 한 나라의 오퍼곡선을 그 나라의 생산가능곡선, 무차별곡선 그리고 교역이 가능한 두 상품의 상대가격을 이용하여 도출하라(그림 4-3과 유사하게 그릴 것).

3. 교역상대국의 오퍼곡선도 같은 방법으로 도출하라(그림 4-4와 유사하게 그릴 것).

4. 연습문제 2번과 3번으로부터 도출된 오퍼곡선을 다른 그래프에 함께 옮겨 교역이 성립되는 상품의 균형상대가격을 찾아라(그림 4-5와 유사하게 그릴 것).

5. 한 나라의 오퍼곡선은 어떠한 의미에서
   (a) 수요곡선과 유사한가?
   (b) 공급곡선과 유사한가?
   (c) 일반적인 수요 및 공급곡선과 다른가?

6. 그림 4-5를 참조하여 다음 물음에 답하라.
   (a) 1국의 가격선과 오퍼곡선이 서로 교차할 때까지 $P_{F'}$ 선을 연장하라(연장 부분에서의 오퍼곡선이 뒤로 굽어지도록 할 것).
   (b) (a)에서 그린 그림을 이용하여 $P_{F'}$이 상품 Y로 표시한 P_B로 이동되도록 해주는 힘이 무엇인가 설명하라.
   (c) 1국의 오퍼곡선에서 뒤로 굽어진 부분(음의 기울기 부분)이 의미하는 바는 무엇인가?

7. 무역이익이 국가 간에 서로 달리 분배될 수 있음을 설명하기 위해서
   (a) 교역상대국의 오퍼곡선보다 훨씬 더 큰 곡률을 갖는 한 나라의 오퍼곡선을 그리라.
   (b) 곡률이 작은 오퍼곡선을 갖는 국가와 곡률이 큰 오퍼곡선을 갖는 국가 중 어느 국가가 더 큰 무역이익을 얻는가?

   (c) 그 이유는 무엇인가?

8. 그림 4-4의 왼쪽 도표를 활용하여 상품 Y에 대한 2국의 수출공급곡선을 구하라. 그림 4-3의 왼쪽 도표를 활용하여 상품 Y에 대한 1국의 수입수요곡선을 구하라. 위에서 유도한 수요곡선과 공급곡선을 활용하여 무역을 하는 경우 상품 Y의 균형상대가격이 어떻게 결정되는가를 보이라.

9. (a) 연습문제 8번의 해답에서의 분석방법은 왜 부분균형인가?
   (b) 그림 4-5의 분석은 왜 일반균형분석인가?
   (c) 부분균형분석과 일반균형분석의 관계는 무엇인가?

10. 1국과 2국의 오퍼곡선을 그리되, 2국은 소국이어서 1국의 무역 이전 상대가격에서 무역을 하는 경우를 생각하자. 무역으로부터의 이익은 두 국가 간에 어떻게 분배되는가? 그 이유는?

11. 기회비용이 일정한 경우 두 국가가 무역을 할 때 균형을 그리라.

12. 일정 기간에 한 나라의 교역조건이 100에서 110으로 개선될 경우
    (a) 교역상대국의 교역조건은 어느 정도 악화되었는가?
    (b) 어떤 점에서 교역상대국이 불리해지는가? 교역조건의 악화는 이 교역상대국의 후생수준을 분명히 저하시킨다고 볼 수 있는가?

13. OPEC(석유수출국기구)은 카르텔로서 활동하고 있으며 공급을 제한함으로써 석유가격을 설정할 수 있다고 자주 언급되고 있다. 이것에 동의하는가? 그 이유를 설명하라.

부록

이 부록에서는 제임스 미드(James Meade)가 완성한 기법을 사용하여 정식으로 오퍼곡선을 유도하는 방법을 보여 준다. A4.1절에서는 1국의 무역무차별곡선을 유도하고 A4.2절에서는 무역무차별지도를 유도한다. A4.3절에서는 무역무차별지도와 무역이 발생할 수 있는 여러 가지 상대가격으로부터 1국의 오퍼곡선을 유도한다. A4.4절에서는 1국의 오퍼곡선과 관련하여 2국의 오퍼곡선을 살펴본다. A4.5절에서는 양국에서의 생산, 소비 및 무역을 동시에 보여 주는 완전한 일반균형모형을 제시한다. 마지막으로 A4.6절에서는 복수균형 및 불안정적 균형을 검토한다.

A4.1 1국의 무역무차별곡선의 유도

그림 4-7의 제2상한은 1국의 생산가능곡선과 사회무차별곡선 I을 보여 주고 있다. 이 그림과 그림 3-3과의 유일한 차이점은 생산가능곡선과 사회무차별곡선 I이 제1상한이 아닌 제2상한에 그려져 있다는 점과 수량의 크기를 왼편에서 오른편으로 하지 않고 오른편에서 왼편으로 측정한다는 점이다(이것은 곧 분명해진다). 그림 3-3에서와 같이 1국은 무역을 하기 전 50X와 60Y를 생산하고 소비함으로써 점 A에서 균형을 이루고 있다.

생산가능곡선과 무차별곡선 I이 접한 상태에서 상품축이 항상 평행을 이루도록 1국의 생산가능곡선을 무차별곡선 I을 따라 이동시키게 되면 생산가능곡선의 원점이 그림 4-7의 TI 궤적을 그리게 된다. 즉, 점 A^*는 점 A에서 유도되고, 점 B^*는 점 B에서, 점 W^*는 점 W에서 그리고 점 Z^*는 점 Z로부

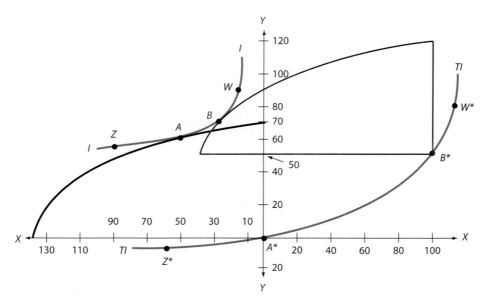

그림 4-7 1국에 대한 무역무차별곡선의 유도

무역무차별곡선 TI는 생산가능곡선이 무차별곡선과 접하고 상품축들이 항상 평행을 유지한 상태에서 1국의 생산가능곡선을 미끄러지게 함으로써 유도된다. 이렇게 하면 생산가능곡선의 **원점**은 무역무차별곡선 TI를 지나게 된다. 그 결과 1국의 후생수준이 (무차별곡선 I의 A와 같이) 처음에 무역을 하지 않을 때와 같아지는 여러 가지 **무역** 상황을 추적할 수 있다.

터 유도된다.

곡선 *TI*는 1국의 무차별곡선 *I*에 대응하는 무역무차별곡선이며, 1국이 무역 이전과 동일한 후생수준을 갖도록 해 주는 여러 가지 무역상황을 보여 주고 있다. 예를 들어, 점 *A*와 점 *B*는 동일한 무차별곡선 *I* 선상에 있기 때문에 점 *A*에서와 점 *B*에서의 1국의 후생수준은 동일하다. 그러나 1국은 점 *A*에서 무역 전 50X와 60Y를 생산하고 소비하나, 점 *B*에서는 130X와 20Y를 생산하고(이 경우 점 *B**가 원점이 됨) 30X와 70Y를 소비(이 경우 점 *A**가 원점이 됨)함으로써 100X를 수출하고, 50Y를 수입하게 된다.

따라서 무역무차별곡선(trade indifference curve)은 한 국가에 동일한 후생을 제공하는 여러 가지 무역상황을 나타낸다. 무역무차별곡선으로 표현되는 후생수준은 각 무역무차별곡선이 도출되는 각 사회무차별곡선의 후생수준이다. 또한 임의의 점에서 무역무차별곡선의 기울기는 그 무역무차별곡선이 유도되는 사회무차별곡선상의 그에 상응하는 점에서의 기울기와 동일하다.

A4.2 1국의 무역무차별지도의 유도

각각의 사회무차별곡선에 대응하는 무역무차별곡선은 하나 존재하며, 보다 높은 위치의 무역무차별곡선은 보다 높은 위치에 있는 사회무차별곡선(높은 후생수준을 반영하는)으로부터 유도된다. 따라서 한 나라의 무역무차별지도는 그 나라의 사회무차별곡선지도로부터 도출될 수 있다.

그림 4-8에서는 사회무차별곡선 *I*로부터(그림 4-7에서처럼) 무역무차별곡선 *TI*이, 사회무차별곡선 *III*로부터 무역무차별곡선 *TIII*가 도출되는 것을 보여 준다. 사회무차별곡선 *III*는 그림 그림 3-2에 표시

그림 4-8　1국의 무역무차별지도의 유도

무역무차별곡선 *TI*은 그림 4-7에서와 같이 1국의 무차별곡선 *I*으로부터 유도된다. 무역무차별곡선 *TIII*는 상품축들이 항상 평행을 유지한 상태에서 1국의 생산가능곡선을 무차별곡선 *III*를 따라 미끄러지게 함으로써 유도된다. 보다 높은 위치에 있는 사회무차별곡선 *III*으로부터 더 높은 수준의 무역무차별곡선 *TIII*가 유도된다. 각각의 무차별곡선에 대해 그에 상응하는 무역무차별곡선을 유도할 수 있으며 결국 1국의 전체 무차별지도를 형성하게 된다.

한 것과 같다. 그림 4-8에서 사회무차별곡선 *III*에 접하면서 생산가능곡선을 양축에 평행하도록 이동시키게 되면 접점 *J*는 *TIII*상의 *J**로 접점 *E*는 *E** 등으로 나타난다. 점 *E*는 *TIII*상의 점 *E**로 나타난다.

그림 4-8에서는 단지 *TI*과 *TIII*만을 유도하였다. 그러나 1국의 각각의 무차별곡선에는 그에 상응하는 무역무차별곡선이 존재하기 때문에 1국의 전체 무역무차별지도를 얻을 수 있다.

A4.3 1국의 오퍼곡선의 정형화된 도출

한 나라의 오퍼곡선은 그 나라 상품의 여러 가지 상대가격선들이 무역무차별곡선과 접합으로써 무역이 발생하는 접점의 궤적이다. 1국의 오퍼곡선은 그림 4-9에서 도출된다.

그림 4-9의 *TI*에서부터 *TII*까지는 그림 4-8과 마찬가지로 생산가능곡선과 사회무차별곡선으로부터 도출된 1국의 무역무차별곡선들이다. 그림 4-5에서와 같이 원점과 연결된 선 P_A, P_F, P_B, $P_{F'}$, $P_{A'}$은 무역이 이루어지는 상품 X의 상대가격선을 나타낸다.

접점 *H, E, R, S, T*를 원점과 연결하면 1국의 오퍼곡선이 유도되며, 이것은 그림 4-3에서보다 단순한 기법으로 유도했던 오퍼곡선과 동일하다. 유일한 차이는 1국 오퍼곡선의 상부에 위치한 후방굴절하는 부분까지도 유도했다는 점이다. 전에 정의한 것과 같이 1국의 오퍼곡선은 1국의 상품 X 수출공급량과 상품 Y 수입수요량의 여러 가지 조합을 나타낸다. 또한 1국의 교역조건이 개선될수록 무역무차별곡선의 위치는 더욱 높아지며, 그에 따라 1국의 후생수준도 더욱 커진다.

그림 4-9에서 교역조건이 $P_A = 1/4$에서 $P_M = 1.5$로 개선됨에 따라 1국은 상품 X의 수출공급을 점점더 늘리고 그 대가로 상품 Y 수입수요도 더 증가한다. 점 *R*에서 1국은 상품 X를 70X까지 수출하려고 한다. 점 *R*을 지나서는 1국은 상품 X는 적게 수출하는 반면, 상품 Y는 더 많이 수입하려고 한다. 점 *R*을 지나서 1국의 오퍼곡선이 후방굴절하는 이유는 (4.3B절에서 논의된 바와 같이) 일반적으로 굴절하기 전의 오퍼곡선의 모양과 굴곡이 결정된 이유와 동일하다. 즉, 점 R을 지나서는 상품 X의 기회비용이 크게 증가하게 되고 또한 상품 Y 단위로 표시한 상품 X의 한계대체율이 크게 증가함에 따라 상품 X는 점점 덜 수출하는 반면 상품 Y는 점점 더 많이 수입하고자 한다.

또한 1국의 오퍼곡선의 형태는 1국의 상품 X에 대한 **국내수요**의 대체효과 및 소득효과로 설명될 수 있다. 즉, P_X/P_Y가 상승하게 되면 1국의 상품 X 생산량은 증가하는 반면 상품 X의 수요는 감소한다. 그 결과 1국은 상품 X를 더 많이 수출할 수 있다. 한편 P_X/P_Y가 상승함에 따라 1국의 소득도 증가하게 되는데, 그 이유는 1국이 상품 X를 수출하기 때문이다. 소득의 증가로 인해 상품 X를 포함한 모든 정상재에 대한 수요가 증가한다. 그 결과 대체효과에 의해 1국의 상품 X 수출은 증가하는 반면 소득효과에 의해 상품 X의 수출은 감소하는 경향이 있으며, 이 두 가지 효과는 동시에 작용한다. 즉, P_X/P_Y =1.5까지(즉, 점 *R*까지)는 대체효과가 소득효과보다 크게 되어 1국의 상품 X 수출공급은 증가하나 $P_X/P_Y > 1.5$에서는 소득효과가 대체효과보다 커서 1국의 상품 X 수출공급이 감소하는 것이다(즉, 1국의 오퍼곡선은 후방굴절한다).

또한 1국의 오퍼곡선은 상품 Y에 대한 수입수요도 표현하는데, 그것은 (일반적인 수요곡선에서와 같이) 수입가격의 관점이 아니라 그 나라의 수출상품인 상품 X로 표시한 총지출의 관점에서 표현된다. 1국의 교역조건이 개선(즉, P_Y/P_X의 하락)됨에 따라 상품 X로 측정한 총지출은 점 *R*까지 상승하여, 점 *R*에서 극

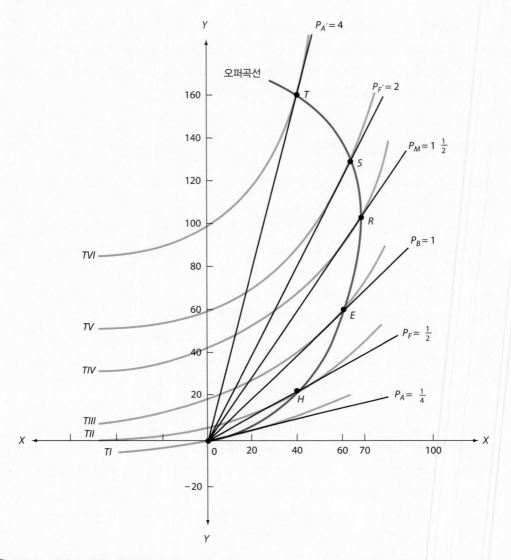

1국의 오퍼곡선에 대한 정형화된 도출

곡선 *TI*과 *TII*는 그림 4-8에서 예시된 바와 같이 생산가능곡선과 사회무차별곡선으로부터 유도된 1국의 무역무차별곡선이다. 직선 원점에서 뻗어 나온 P_A, P_F, P_B, P_M, $P_{F'}$, $P_{A'}$은 무역이 발생하는 상품 X의 상대가격을 나타낸다. 원점과 무역무차별곡선과 가격선의 접점들을 연결함으로써 1국의 오퍼곡선이 도출된다. 이것은 점 *R*까지 탄력적이며, 점 *R*에서는 단위탄력적이고, 후방굴절 부분에서는 비탄력적이다.

대가 되고, 점 *R*을 지나서는 감소한다. 따라서 1국의 오퍼곡선은 점 *R*까지는 탄력적이며, 점 *R*에서는 단위탄력적이고, 점 *R*을 지나서는 비탄력적이 된다.

이와 같은 논리로 인해서 타국의 수출상품에 대해 약한 수요를 가진 국가가 강한 수요를 가진 국가보다 더 큰 굴절(낮은 탄력성)을 갖게 되고 더 큰 무역이익을 얻게 된다는 것을 직관적으로 알 수 있다.

이것을 때때로 상호수요의 법칙(law of reciprocal demand)이라 하는데, 영국의 고전학파 경제학자인 존 스튜어트 밀(Jhon S. Mill)은 이를 숫자를 통해 설명하였고, 그 후 오퍼곡선 혹은 상호수요곡선으로 일반화되고 도식화되었다.

보다 상급수준의 학생들은 1국의 오퍼곡선으로부터 역으로 (a) 1국의 상품 Y에 대한 수입수요곡선과(P_Y/P_X를 수직축으로 한 상태에서), (b) 1국의 상품 X에 대한 수출공급곡선(P_X/P_Y를 수직축으로 한 상태에서)을 그릴 수 있어야 한다.

A4.4 2국의 오퍼곡선의 정형화된 도출

2국의 오퍼곡선은 앞에서와 마찬가지로 2국의 무역무차별지도와 무역이 성립될 수 있는 여러 가지 상품상대가격을 이용하여 도출된다. 그림 4-10에서는 전체적인 유도과정을 반복하지 않고 개괄적으

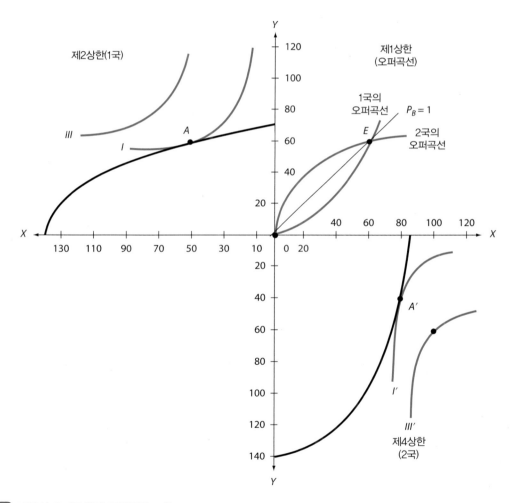

그림 4-10 2국의 오퍼곡선의 정형화된 도출

2국의 오퍼곡선은 1국의 경우와 마찬가지로 무역무차별곡선과 무역이 발생할 수 있는 여러 가지 상대가격으로부터 유도될 수 있다. 여기서는 전 과정을 반복하지 않고 단순히 개괄한다. 이와 같이 제1상한의 1국의 오퍼곡선은 제2상한의 생산가능곡선과 무차별곡선으로부터 유도되고 무차별곡선과 같은 방향으로 굴절한다. 마찬가지로 제1상한에서 2국의 오퍼곡선은 제4상한의 생산가능곡선과 무차별곡선으로부터 유도되고 무차별곡선과 같은 방향으로 굴절한다.

로 보여 주고 있다.

그림 4-10의 제2상한에는 1국의 생산가능곡선 및 무차별곡선 *I*과 *III*가, 제4상한에서는 2국의 생산 가능곡선 및 무차별곡선 *I'*과 *III'*이 그려져 있다. 2국의 생산가능곡선과 무차별곡선을 제4상한에 나 타냄으로써 제1상한에서 2국의 오퍼곡선을 1국의 오퍼곡선과 연관지어 유도할 수 있다.

그림 4-10의 제1상한에 있는 1국의 오퍼곡선은 그림 4-9에 있는 1국의 무역무차별지도로부터 도출 되었으며, 1국의 오퍼곡선과 사회무차별곡선은 동일한 방향으로 굽어진다. 그리고 동일한 방법으로 그림 4-10의 제1상한에 있는 2국의 오퍼곡선은 제4상한에 위치한 2국의 무역무차별지도로부터 도출 될 수 있으며, 2국의 사회무차별곡선과 동일방향으로 굽어진다.

그림 4-10의 제1상한에 위치한 1국과 2국의 오퍼곡선은 그림 4-5의 오퍼곡선과 동일하며, 교점에 서 $P_B = 1$이라는 상품의 균형상대가격이 결정된다. 다음 절에서 다시 소개하겠지만 이 점 *E*에서만 유 일하게 일반균형이 성립된다.

> **연습문제** 2국의 오퍼곡선을 유도할 수 있는 2국의 무역무차별곡선을 후방굴절 부분을 포 함하여 그리라.

A4.5 생산, 소비 및 무역의 일반균형

그림 4-11은 양국의 생산과 소비 및 무역이 모두 균형을 이루는 경우 이와 관련된 사항들을 하나의 도 표에 겹친 것이다. 양국의 오퍼곡선(그림 4-10의 점 *E*와 마찬가지로)이 교차하는 점 E^*에서 1국과 2 국의 생산가능곡선은 만나게 된다.

무역이 시작되면 1국(점 E^*를 기준점으로 했을 때 점 *E*가 표시하는 바와 같이)은 130X와 20Y를 생산하고(원점을 기준점으로 했을 때 점 *E*가 표시하는 바와 같이) 70X와 80Y를 소비함으로써 2국에 60X를 수출하고 60Y를 수입하게 된다. 한편 2국은 40X와 120Y(점 E^*를 기준점으로 했을 때 점 *E*가 표시하는 바와 같이)를 생산하고 100X와 60Y(원점을 기준점으로 했을 때 점 *E*가 표시하는 바와 같이) 를 소비함으로써 1국에 60Y를 수출하고 60X를 수입하게 된다.

국제무역은 양국의 오퍼곡선이 교차하는 점 E^*의 상대가격 $P_B = 1$에서 60X와 60Y가 교환됨으로써 균형을 이룬다. 또한 $P_B = 1$은 1국과 2국에서 상품 X의 국내상대가격이 된다(점 *E*와 점 *E'*에서 각국의 생산가능곡선과 접하는 상대가격선을 보면 알 수 있다). 따라서 양국에서의 생산자와 소비자 및 무역 업자는 동일한 균형상대가격에 직면하게 된다.

1국의 무차별곡선 *III*상의 점 *E*는 원점을 기준점으로 하여 소비를 측정하는 반면에, 1국의 생산가 능곡선상의 점 *E*는 점 E^*를 기준점으로 하여 생산을 측정한다. 1국의 무차별곡선 *III*가 점 *E*에서 생산 가능곡선과 접하는 것이 상이하게 보이는 듯하나 실제로는 그림 3-4에서 1국의 결과와 전적으로 일 치하며, 2국도 역시 마찬가지이다.

그림 4-11은 이미 앞서 전개하였던 무역모형의 결과 및 결론을 요약해 주고 있고, 내용상 아무런 모순이 없다(그림 3-4와 비교). 그림 4-11은 두 나라와 두 상품을 다루고 있다는 사실만을 제외하면

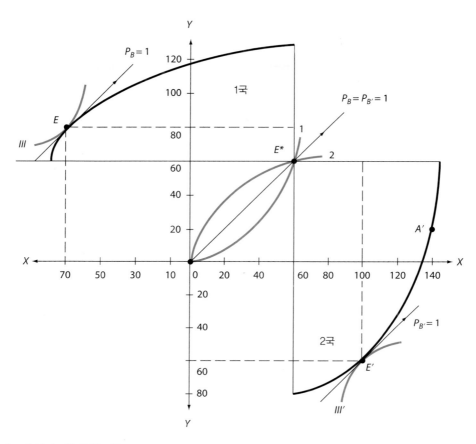

그림 4-11 **미드의 일반균형 무역모형**

그림 4-11 **미드의 일반균형 무역모형**

이 그림은 미국과 영국의 20개 산업에서 상대적 노동생산성과 수출 점유율 사이에 양의 관계가 있음을 보여 주고 있으며, 따라서 리카도의 무역
1국과 2국의 생산가능곡선은 점 E^*(그림 4-10에서 점 E와 동일한 점)에서 만나며 거기서 두 국가의 오퍼곡선이 교차한다. 무역을 하는 경우 1국
은 130X와 20Y(점 E^*에 상응하는 점 E)를 생산하고 70X와 80Y를 소비한다(동일한 점 E이지만 원점으로부터 계산함). 그래서 2국과 60X를 수
출하고 60Y를 수입한다. 한편 2국은 40X와 120Y(E^*에 상응하는 점 E)를 생산하고 100X와 60Y를 소비한다(동일한 점 E이지만 원점으로부터 계
산함). 그래서 1국과 60Y를 수출하고 60X를 수입한다. 국제무역은 점 E^*에서 균형을 이루고, 무역을 할 때 각국 국내에서 상품의 균형상대가격은
P_B = 1이다.

완전한 일반균형모형이다. 그림 4-11이 매우 복잡하긴 하나 엄청나게 많은 유용한 정보를 단 하나의
그래프에다 요약하고 있다. 그림 4-11은 신고전파 무역모형의 결정판으로, 이것을 완전히 이해하면
차후 보다 더 깊이 있는 연구와 분석을 하는 데 크게 도움이 될 것이다.

A4.6 복수균형 및 불안정적 균형

그림 4-12에서 1국의 오퍼곡선은 2국의 오퍼곡선과 A와 B 및 C 세 점에서 교차하며, 균형점 B와 점 C는
안정적 균형점이지만 점 A는 불안정적 균형이다. 그것은 점 A에서 약간의 괴리가 발생하면 경제적 힘의
작용에 의해 균형점인 점 A로부터 점 B나 점 C로 이동하기 때문이다.

   예를 들어 P_F에서는 2국의 상품 X에 대한 수입수요가 1국의 상품 X에 대한 수출공급보다 GH만큼

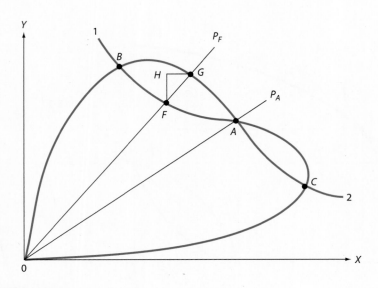

안정적 균형과 불안정적 균형

균형점 A는 그 균형점으로부터 이탈한 경우 경제적인 힘이 작용하여 자동적으로 그 점으로부터 멀어지기 때문에 불안정적이다. 예를 들어 P_F에서 2국은 1국이 수출하고자 하는 상품의 양보다 GH만큼 더 많이 수요한다. 동시에 P_F에서 1국은 2국이 수출하고자 하는 것보다 상품 Y를 FH만큼 적게 수요한다. 앞의 두 가지 이유로 점 B에 도달할 때까지 P_X/P_Y는 상승하며, 점 B에서 조금만 이탈하더라도 그 국가는 다시 점 B로 돌아오게 된다. 한편 P_X/P_Y가 P_A 밑으로 하락하더라도 그 국가는 안정적 균형점인 점 C로 이동할 것이다.

크다. 동시에 1국의 상품 Y에 대한 수입수요가 2국의 상품 Y에 대한 수출공급보다 FH만큼 적다. 이 두 가지 이유로 인해 점 B에 도달할 때까지 P_X/P_Y는 상승한다. 점 B를 지나서는 1국의 상품 Y에 대한 수입수요는 2국의 상품 Y에 대한 수출공급보다 크게 되고, 또한 2국의 상품 X 수입수요는 1국의 상품 X 수출공급보다 작게 됨으로써 양국이 점 B로 다시 돌아갈 때까지 P_X/P_Y는 하락한다. 따라서 점 B는 안정적 균형점이다

또한 어떠한 이유에서든지 만일 P_X/P_Y가 P_A 이하로 하락하면(그림 4-12) 경제적 힘의 작용에 의해 양국은 자동적으로 또 하나의 안정적 균형점인 C에 도달하게 된다.

> **연습문제** 그림 4-12에 2개의 상품의 상대가격을 하나는 점 A와 점 C 사이에, 다른 하나는 점 C의 오른쪽 부분에 양국의 오퍼곡선이 만나도록 그리라. 그린 2개의 상품의 상대가격선에서 출발하여 그 국가가 자동적으로 균형점 C에 도달하도록 하는 경제적 힘을 설명하라.

요소부존과 헥셔-오린 이론

- 비교우위가 국가 간 요소부존량 차이 때문에 발생하는 이유를 설명한다.
- 무역이 국가 간에 또한 국내에서 생산요소의 상대가격에 어떤 영향을 미치는지를 설명한다.
- 숙련노동과 미숙련노동 사이의 임금 격차에 무역이 큰 영향을 미치지 못하는 점을 설명한다.

5.1 서론

이 장에서는 두 가지 중요한 방향으로 무역모형을 확장한다. 첫째는 비교우위의 이유(즉, 무엇이 비교우위를 결정하는지)를 설명한다. 앞에서는 두 국가 간 상품의 상대가격의 차이가 비교우위의 증거이며 상호이익이 되는 무역의 발생 원인임을 살펴보았다. 이제 한 걸음 더 나아가 두 국가 간 비교우위와 상품의 상대가격의 차이가 발생하는 이유 또는 원인을 살펴본다. 둘째는 국제무역이 두 국가에서 생산요소의 소득에 미치는 효과를 분석하는 방향으로 무역모형을 확장하는 것이다. 즉, 무역이 노동소득뿐만 아니라 국가 간 소득격차에 미치는 효과를 설명하고자 한다.

애덤 스미스, 리카도, 밀은 대체로 이러한 두 가지 중요한 문제를 해결하지 못했다. 고전파 경제학자들에 따르면(노동을 유일한 생산요소로 고려하여) 비교우위는 국가 간 **노동생산성**의 차이에서 결정된다고 하였으나, 고전파 경제학자들은 이러한 생산성의 차이가 아마도 기후의 차이에서 발생했을 것이라고 생각했을 뿐 발생하는 이유를 설명하지 못했다. 헥셔-오린 이론은 비교우위의 이유를 설명하고 무역이 요소소득에 미치는 효과를 설명하기 위해 앞의 두 장에서 살펴본 무역모형을 확장하고 있다.

5.2절에서는 헥셔-오린 이론의 가정을 소개하고, 5.3절에서는 요소집약도와 요소부존도를 정의하며, 요소부존도가 요소가격 및 생산가능곡선 형태와 어떻게 관련되는지를 설명한다. 5.4절에서는 헥셔-오린 모형을 소개하고 이를 그림으로 설명한다. 5.5절에서는 국제무역이 각국의 요소소득과 소득분배에 미치는 효과를 설명한다. 마지막으로 5.6절은 헥셔-오린 무역모형에 관한 실증 분석들을 소개한다. 요소가격균등화 정리를 정식으로 도출하고 헥셔-오린 무역모형을 검증하기 위한 보다 정교한 도구들은 부록에서 소개한다.

5.2 헥셔-오린 모형의 가정

헥셔-오린 이론은 몇 가지 단순화하기 위한 가정들을 전제로 한다(이들 가운데 일부는 헥셔와 오린이 암묵적으로만 가정한 것도 있다). 분석을 하면서 필요할 때마다 이러한 가정들을 언급하기보다는 현시점에서 가정들을 모두 소개하고 각 가정의 의미를 설명하는 것이 논리적이며 편리하다. 이렇게 함으로써 소개되는 모형을 보다 잘 이해할 수 있고 설명을 보다 유연하고 직접적으로 할 수 있다. 다음 장에서는 이론을 보다 현실적으로 하기 위해 이러한 가정들을 완화하며, 이러한 가정의 완화가 이장의 결론에 어떤 영향을 미치는지를 살펴본다.

5.2A 가정

헥셔-오린 이론은 다음의 가정들에 기초한다.

1. 2개의 국가(1국, 2국), 2개의 상품(상품 X, 상품 Y), 2개의 생산요소(노동, 자본)가 존재한다.
2. 기술수준은 두 국가에서 동일하다.
3. 두 국가에서 상품 X는 노동집약적이고 상품 Y는 자본집약적이다.
4. 두 가지의 상품은 양국에서 규모에 대한 수익불변인 생산기술로 생산된다.
5. 두 국가에서 생산을 할 때 불완전특화가 발생한다.
6. 양국의 기호는 동일하다.
7. 두 국가에서 상품 및 생산요소시장은 완전경쟁시장이다.
8. 국내에서 생산요소는 완전히 이동 가능하지만 국가 간 생산요소의 이동은 불가능하다.
9. 수송비, 관세 등 기타 무역장벽이 존재하지 않는다.
10. 양국에서 모든 자원은 완전고용되고 있다.
11. 두 국가 간 무역수지는 균형상태에 있다.

5.2B 가정의 의미

가정 1(2개의 국가, 2개의 상품, 2개의 생산요소)의 의미는 명확하며 2차원 평면 그림으로 이론을 설명할 수 있도록 하기 위해 도입되었다. (다음 장에서 논의되는 바와 같이) 이 가정을 완화하여 (보다 현실적인 경우인 2개 이상의 국가, 2개 이상의 상품, 2개 이상의 생산요소가 존재하는 경우를 살펴보아도) 헥셔-오린 이론의 결론은 기본적으로 변하지 않는다는 점을 염두에 두고 단순화를 위해 이와 같이 가정한다.

가정 2(즉, 기술수준은 양국에서 동일하다는 가정)는 양국 모두 동일한 일반적 생산방법에 접근할 수 있으며 이용한다는 것을 의미한다. 따라서 양국에서 요소가격들이 같다면 양국의 생산자들은 각 상품을 생산할 때 노동과 자본을 각각 동일한 양만큼씩 사용한다. 일반적으로 요소가격이 상이하기 때문에 각국의 생산자들은 생산비용을 최소화하기 위해 상대적으로 저렴한 생산요소를 더 많이 사용한다.

가정 3[상품 X는 노동집약적(labor intensive)이고 상품 Y는 자본집약적(capital intensive)이라는 가정]은 양국에서 상품 X를 생산하기 위해서는 상품 Y에 비해 상대적으로 더 많은 노동을 필요로 한다는 것을 의미한다. 보다 정확하고 전문적인 용어를 사용하면, 이는 양국에서 생산요소의 상대가격이 동일하다면 상품 X를 생산할 때의 노동-자본 비율(labor-capital ratio, L/K)이 상품 Y를 생산할 때보다 높다는 것을 의미한다. 이는 상품 X를 생산할 때의 자본-노동 비율(capital-labor ratio, K/L)이 상품 Y를 생산할 때보다 낮다는 말과 같다. 그러나 이것은 1국과 2국에서 상품 X를 생산할 때의 K/L 비율이 같다는 것을 의미하는 것은 아니며, 단지 양국에서 상품 X를 생산할 때의 K/L가 Y를 생산할 때의 K/L 보다 낮다는 점만을 의미한다. 이 점은 매우 중요하기 때문에 5.3A절에서 다시 명확하게 다룰 것이다.

가정 4[양국에서 두 상품을 생산할 때 규모에 대한 수익불변(constant returns to scale)의 가정]는 어느 상품의 생산에 이용되는 노동과 자본의 양이 모두 증가하면 그 상품의 생산량도 동일한 비율로 증가한다는 것을 의미한다. 예를 들어 1국이 상품 X의 생산에 투입되는 노동과 자본의 양을 모두 10% 증가시키면 상품 X의 생산량도 10% 증가하며, 상품 X의 생산에 이용되는 노동과 자본의 투입량을 2배로 증가시키면 생산량도 2배로 증가한다. 이것은 상품 Y의 생산에 있어서도 적용되며 2국에서도 마찬가지다.

가정 5(양국에서 생산을 할 때 불완전특화가 이루어진다는 가정)는 자유무역을 하더라도 양국은 두 가지의 상품을 모두 생산한다는 것을 의미한다. 이것은 양국 가운데 어느 한 국가도 '매우 작은' 국가가 아니라는 것을 의미한다.

가정 6(양국의 기호가 동일하다는 가정)은 무차별곡선들의 형태와 위치에 반영되어 있는 수요가 양국에서 동일하다는 것을 의미한다. 따라서(예 : 자유무역을 하는 경우에서와 같이) 상품의 상대가격이 양국에서 동일하면 양국은 상품 X와 Y를 동일한 비율로 소비한다는 것을 의미한다. 이것은 5.4C절에서 설명된다.

가정 7[상품 및 생산요소 시장에서의 완전경쟁(perfect competition)]은 양국에서 상품 X와 Y의 생산자, 소비자 및 무역거래자들이 각각 규모가 너무 작아서 이들 상품의 가격에 영향을 미칠 수 없음을 의미한다. 노동과 자본의 수요자 및 공급자의 경우에도 마찬가지다. 또한 완전경쟁은 장기의 경우에 상품의 가격이 생산비용과 같고 따라서(암묵적 비용을 포함한) 모든 비용을 고려할 경우(경제적) 이윤이 0이 됨을 의미한다. 마지막으로 완전경쟁은 모든 생산자, 소비자 및 생산요소의 소유자들이 국내 모든 부문과 산업에서 상품가격과 요소가격에 관한 완전한 정보를 가지고 있다는 것을 의미한다.

가정 8[생산요소의 국내 이동가능성(internal factor mobility) 및 국제적 이동 불가능성]은 노동과 자본은 보수가 낮은 지역이나 산업에서 보수가 높은 지역이나 산업으로 자유롭게 이동할 수 있고 또 실제로 신속하게 이동하기 때문에 동일한 질의 노동과 자본에 대한 보수는 국내의 모든 지역이나 산업 그리고 어떠한 용도로 사용되든 같아야 한다는 점을 의미한다. 반면 국가 간 생산요소의 이동가능성 (international factor mobility)은 0(즉, 국가 간 생산요소의 이동이 불가능하다)이며, 이는 무역을 하지 않는 경우 요소소득의 국가 간 격차는 무한히 지속될 수 있음을 의미한다.

가정 9(수송비, 관세 및 무역장벽이 없다는 가정)는 무역을 하게 되면 양국에서 상품의 상대가격(및 절대가격)이 같아질 때까지 생산의 특화가 계속된다는 것을 의미한다. 수송비 또는 관세가 존재하는 경우에는 상품의 상대가격(및 절대가격)이 수송비나 관세만큼 차이가 날 때까지 생산의 특화가 진행될 것이다.

가정 10(양국에서 모든 자원이 완전고용된다는 가정)은 각 국가에서 활용되지 않는 생산요소나 자원이 없다는 것을 의미한다.

가정 11(국가 간 무역수지가 균형상태에 있다는 가정)은 각 국가의 총수출액과 총수입액이 같다는 것을 의미한다.

5.3 요소집약도, 요소의 풍부성 및 생산가능곡선

5.4절에서 소개될 헥셔-오린 이론은 요소집약도와 요소의 풍부성으로 표현되므로 이들 용어의 명확하고 정확한 의미를 이해하는 것은 매우 중요하다. 따라서 5.3A절에서는 요소집약도의 의미를 설명하고, 5.3B절에서는 요소풍부성의 의미 및 요소가격과의 관계를 설명한다. 마지막으로 5.3C절에서는 각 국가의 요소풍부성과 생산가능곡선 형태 사이의 관계를 설명한다.

5.3A 요소집약도

2개의 상품(X, Y)과 2개의 생산요소(노동, 자본)가 존재하는 경우에 상품 Y를 생산할 때의 자본-노동비율(K/L)이 상품 X를 생산할 때의 K/L보다 크면 상품 Y를 자본집약적이라고 한다.

예를 들어 상품 Y 1단위를 생산할 때 2단위의 자본과($2K$) 2단위의 노동($2L$)이 필요하다면 자본-노동 비율은 1이다. 즉, Y를 생산할 때의 $K/L = 2/2 = 1$이 된다. 만일 상품 X 1단위를 생산하기 위해 $1K$와 $4L$이 필요하다면, 상품 X를 생산할 때의 $K/L = 1/4$이 된다. 상품 Y를 생산할 때 $K/L = 1$이고 상품 Y를 생산할 때 $K/L = 1/4$이므로 상품 Y는 자본집약적이고 상품 X는 **노동집약적**이라고 한다.

두 상품의 자본집약도를 측정할 때 중요한 점은 두 상품의 생산에 사용되는 노동과 자본의 **절대량**이 아니라 **노동 한 단위당 자본량**(즉, K/L)이라는 점에 주의하자. 예를 들어 (앞의 예와 같이) 1Y를 생산하는 데는 $2K$와 $2L$이 필요한 반면, 1X를 생산하기 위해서는 ($1K$와 $4L$ 대신에) $3K$와 $12L$이 필요하다고 하자. 비록 1X 생산에는 $3K$가 필요하고, 1Y 생산에는 $2K$가 필요하지만 상품 Y는 자본집약적 상품인데, 그 이유는 상품 Y를 생산할 때의 K/L가 상품 X를 생산할 때의 K/L보다 크기 때문이다. 즉, 상품 Y를 생산할 때의 $K/L = 2/2 = 1$이지만, X를 생산할 때의 $K/L = 3/12 = 1/4$이기 때문이다.

수직축에는 자본(K)을 수평축에는 노동(L)을 측정하고, 원점을 지나는 직선 위에서 생산이 이루어진다면, 이 직선의 기울기가 상품을 생산할 때의 자본-노동 비율(K/L)이 된다. 그림 5-1은 이 점을 보여 주고 있다.

그림 5-1은 1국이 $2K$와 $2L$을 투입하여 1Y를 생산할 수 있음을 보여 주고 있다. 규모에 대한 수익이 불변이기 때문에(가정 4), 1국은 $4K$와 $4L$을 투입하여 2Y를 생산할 수도 있다. 따라서 상품 Y의 경우에 $K/L = 2/2 = 4/4 = 1$이 된다. 이것은 1국에서 상품 Y를 생산할 때의 원점을 지나가는 직선의 기울기가 1인 것으로 표현된다(그림 5-1 참조). 한편 1국에서 상품 X를 1단위 생산하기 위해서는 $1K$와 $4L$이 필요하고, 2X를 생산하기 위해서는 $2K$와 $8L$이 필요하다. 따라서 1국에서 X를 생산할 때의 $K/L = 1/4$이다. 이러한 사실은 1국에서 상품 X를 생산할 때의 직선의 기울기가 1/4인 것으로 표현된다. 상품 Y를 생산할 때의 K/L 또는 직선의 기울기가 상품 X를 생산할 때보다 크기 때문에 1국에서 상품 Y는 자본집약적이고 상품 X는 노동집약적이라고 한다.

2국의 경우에는 상품 Y를 생산할 때의 K/L(또는 직선의 기울기)가 4이고 상품 X를 생산할 때는 1이다

1국과 2국에서 상품 X와 Y를 생산할 때의 요소집약도

1국에서는 상품 Y를 생산할 때의 자본–노동 비율(K/L)이 1이고, 상품 X를 생산할 때의 $K/L = 1/4$이다. 이러한 사실은 1국에서 각 상품을 생산할 때의 직선의 기울기로 표현된다. 따라서 1국에서 상품 Y는 자본집약적이다. 2국에서는 상품 Y를 생산할 때의 $K/L = 4$이고 상품 X를 생산할 때의 $K/L = 1$이다. 2국은 두 상품을 생산할 때의 K/L가 1국보다 더 높은데, 그 이유는 2국에서 자본의 상대가격(r/w)이 더 낮기 때문이다. r/w이 하락한다면 생산자들은 생산비용을 극소화하기 위하여 노동을 자본으로 대체할 것이다. 그 결과 두 상품을 생산할 때의 K/L는 상승한다.

(그림 5-1 참조). 따라서 2국에서도 상품 Y는 자본집약적이고 상품 X는 노동집약적이다. 이러한 사실은 양국에서 상품 Y를 생산할 때 원점을 지나가는 직선의 기울기가 상품 X를 생산할 때보다 가파르다(즉, 기울기가 크다)는 사실로 알 수 있다.

양국에서 모두 상품 Y가 자본집약적이기는 하지만, 2국은 1국보다 더 높은 K/L를 이용하여 상품 X 와 Y를 생산한다. 상품 Y를 생산할 때 2국에서의 $K/L = 4$이지만 1국에서는 $K/L = 1$이다. 상품 X를 생 산할 때는 2국에서 $K/L = 1$이지만 1국에서 $K/L = 1/4$이다. 그러면 다음과 같은 의문이 생긴다. 두 가 지 상품을 생산할 때 왜 2국은 1국보다 자본집약적인 생산방법을 선택할까? 그 해답은 2국에서는 자 본이 1국보다 상대적으로 저렴하기 때문에 2국의 생산자들은 생산비용을 최소화하기 위하여 두 가지 상품을 생산할 때 상대적으로 더 많은 자본을 투입하는 것이다. 그렇다면 왜 2국에서 자본이 상대적 으로 저렴할까? 이 문제에 답하기 위해서는 요소의 풍부성을 정의하고 요소 풍부성과 요소가격의 관 계를 살펴보아야 한다.

그러나 이를 살펴보기 전에 이와 연관되어 있는 다음의 중요한 문제를 해결해 보자. 어떤 이유로든 만약 자본의 상대가격이 하락한다면 어떤 결과가 나타날까? 생산자들은 생산비용을 최소화하기 위해 두 상품을 생산할 때 노동을 자본으로 대체할 것이다. 그 결과 두 상품은 보다 자본집약적이 될 것이 다. 그러나 **생산요소의 상대가격이 어떻게 변화하더라도 상품 Y를 생산할 때의 K/L를 상품 X를 생산할 때의 K/L보다 클 때만 상품 Y는 명백하게 자본집약적 상품이라고 말할 수 있다.** 이것은 기본적으로 경 험적 문제이며 5.6절에서 검토될 것이다. 지금은 이것이 사실이라고 (즉, 생산요소의 상대가격이 어 떻게 변화한다고 하더라도 Y는 항상 자본집약적이라고) 가정하자.

요약하면 생산요소의 상대가격이 어떻게 변화하더라도 상품 Y를 생산할 때의 K/L가 상품 X를 생 산할 때보다 더 크면, 상품 Y는 항상 자본집약적이라고 말할 수 있다. 2국에서는 자본의 상대가격이

1국에서보다 낮으므로 2국에서는 두 상품을 생산하는 데 있어 K/L가 더 크다. 만약 자본의 상대가격이 하락한다면, 생산자들은 비용을 최소화하기 위해 각 상품을 생산할 때 노동을 자본으로 대체할 것이다. 따라서 두 상품을 생산할 때의 K/L는 더 커지기는 하지만 상품 Y는 자본집약적 상품이다.

5.3B 요소의 풍부성

요소의 풍부성(factor abundance)을 정의하는 데는 두 가지 방법이 있다. 한 가지 방법은 물량 단위로 (즉, 각국이 사용할 수 있는 자본과 노동의 총량으로) 정의하는 방법이다. 두 번째 방법은 생산요소의 상대가격(relative factor prices)으로 (즉, 각국에서 자본 임대료와 노동 가격으로) 정의하는 방법이다.

물량적 정의에 의하면 2국이 이용할 수 있는 총노동량에 대한 총자본량의 비율(TK/TL)이 1국보다 크면(즉, 2국의 TK/TL가 1국의 TK/TL보다 크면) 2국은 자본풍부국이다. 여기에서 중요한 것은 각국이 이용할 수 있는 자본과 노동의 절대량이 아니라 총노동량에 대한 총자본량의 비율이라는 점을 주목하자. 따라서 2국이 1국보다 자본을 더 적게 가지고 있어도 2국의 TK/TL가 1국보다 크면 2국은 자본풍부국이다.

생산요소의 가격에 의한 정의에 의하면 2국에서 노동의 가격에 대한 자본 임대료 비율(즉, 2국의 P_K/P_L)이 1국보다 낮으면(즉, 2국의 P_K/P_L가 1국의 P_K/P_L보다 작으면) 2국은 자본풍부국이다. 통상적으로 자본 임대료는 이자율(r)이고 노동의 시간당 가격은 임금(w)이므로 $P_K/P_L = r/w$이 된다. 이 경우에도 역시 한 국가가 자본풍부국인지 아닌지는 r의 절대적 수준이 아니라 r/w에 의해 결정된다. 예를 들어 2국의 r 이 1국보다 높다고 하더라도 r/w이 1국보다 낮으면 2국은 자본풍부국이다.

생산요소의 풍부성에 대한 두 가지 정의의 관계는 명백하다. 물량 단위로 정의한 생산요소의 풍부성에 대한 정의는 생산요소의 공급 측면만 고려한다. 요소가격에 의한 정의에서는(상품이나 생산요소의 가격은 완전경쟁시장에서는 수요와 공급에 의해 결정된다는 사실을 경제원론을 통해 이미 알고 있으므로) 수요 및 공급 측면을 모두 고려한다. 또한 경제원론으로부터 생산요소에 대한 수요는(상품을 생산하기 위해서는 생산요소가 필요하므로 최종 상품에 대한 수요에서 유발된) 유발수요(derived demand)임을 알고 있다.

양 국가에서 기호 또는 선호가 동일하다고 가정했으므로 요소의 풍부성에 대한 두 가지 정의의 결과는 같다. 즉, 수요조건(과 기술수준)이 동일할 때 2국의 TK/TL가 1국보다 크면 P_K/P_L는 1국에서 더 높게 된다. 따라서 2국은 어느 정의에 의하더라도 자본풍부국이 된다.

그러나 일반적으로는 항상 그러한 것은 아니다. 예를 들어 2국에서는 1국에서보다(자본집약적인 상품인) 상품 Y에 대한 수요가 크고 따라서 자본에 대한 수요가 매우 크기 때문에, (2국에서 자본의 공급량이 상대적으로 더 많다고 하더라도) 2국에서 자본의 상대가격이 1국에서보다 더 높은 경우도 생각해 볼 수 있다. 이 경우에 2국은 물량적 정의에 의하면 자본풍부국이지만 요소가격 정의에 의하면 노동풍부국이 된다.

이런 경우에는 요소가격에 의한 정의를 이용하여야 한다. 즉, 자본의 상대가격이 낮은 국가는 자본풍부국이다. 하지만 기호가 동일하다고 가정했기 때문에 현재의 경우에는 두 가지 정의 방법 사이에 모순은 없다. 왜냐하면 어떤 방법으로 정의하더라도 2국은 자본풍부국이며, 1국은 노동풍부국이기 때문이다. 이 장에서는 별도의 언급이 없는 한 이렇게 가정하기로 한다.

5.3C 요소의 풍부성과 생산가능곡선

2국은 자본풍부국이고 상품 Y는 자본집약적인 상품이기 때문에 2국은 1국보다 상대적으로 상품 Y를 더 많이 생산할 수 있다. 반면 1국은 노동풍부국이고 상품 X는 노동집약적 상품이므로 1국은 2국보다 상품 X를 상대적으로 더 많이 생산할 수 있다. 따라서(수평축에 상품 X를 측정하면) 1국의 생산가능곡선은 2국의 생산가능곡선에 비해 기울기가 완만하고 더 넓게 나타난다.

  1국과 2국의 생산가능곡선을 동일한 축에 그린 그림이 그림 5-2이다.(이것은 그림 3-1과 동일하며, 제3장과 제4장에서 사용된 그림이다.) 1국은 노동풍부국이고 상품 X는 노동집약적 상품이므로, 1국의 생산가능곡선은 상품 X를 측정하는 수평축 방향으로 치우치게 그려졌다. 반대로 2국은 자본풍부국이고 상품 Y는 자본집약적인 상품이므로, 2국의 생산가능곡선은 상품 Y를 측정하는 수직축 방향으로 치우쳐 있다. 두 국가의 생산가능곡선을 동일한 축에 그린 이유는, 이렇게 함으로써 생산가능곡선의 모양의 차이를 명확하게 알 수 있고, 또한 5.4C절에서 소개할 헥셔-오린 이론을 설명하는 데 도움이 되기 때문이다. 사례연구 5-1은 각국의 상대적 요소부존량을 보여 주며, 사례연구 5-2는 주요 선진국 및 개발도상국들의 노동자 1인당 자본을 보여 준다. 요소집약도와 요소 풍부성의 정의를 명확하게 설명했으므로 이제 헥셔-오린 이론을 살펴보기로 하자.

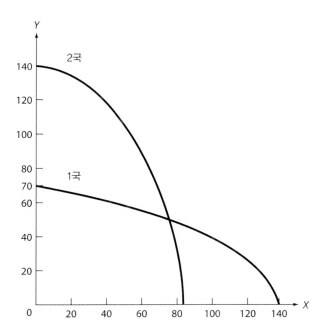

그림 5-2 1국과 2국의 생산가능곡선의 형태

1국의 생산가능곡선은 2국의 생산가능곡선에 비해 기울기가 완만하고 더 넓은 모양으로 나타나는데, 이것은 1국이 2국에 비해 상대적으로 상품 X를 더 많이 생산할 수 있다는 것을 의미한다. 그 이유는 1국이 노동풍부국이고 상품 X가 노동집약적이기 때문이다.

사례연구 5-1　각국의 상대적 요소부존량

표 5-1은 2015년도 주요 선진국과 개발도상국에 대한 세계 GDP에 대한 각국 GDP의 구성비와 아울러 (1) 토지, (2) 물적 자본, (3) R&D 과학자, (4) 숙련노동, (5) 반숙련노동, (6) 미숙련노동의 세계 전체에 대한 구성비를 보여 준다. 경작가능 토지는 농업제품을 생산하기 위한 일반적 자원이며, 물적 자본은 기계, 공장 및 기타 비인적 생산수단을 의미한다. R&D 과학자는 대학 이상의 교육을 받은 최고로 숙련된 노동으로 첨단기술 제품을 생산하는 데 이용되며, 숙련노동은 대학 교육을 받은 노동이고, 미숙련노동은 초등학교 이상의 교육을 받지 않은 노동이다. 이들 요소의 세계 전체 부존량 중에서 한 국가가 차지하는 구성비가 세계 GDP 대비 이들 국가의 GDP 구성비(2010년 국제 달러 가격으로 표시된 GDP)보다 높으면, 이 국가는 그 요소를 풍부하게 가지고 있다고 정의한다.

표 5-1에 의하면 미국의 경우 세계 전체에 대한 물적 자본의 구성비가 GDP 구성비보다 높고, 숙련노동, 반숙련노동, 미숙련노동은 GDP 구성비보다 낮다는 것을 알 수 있다. 따라서 미국은 자본집약적 상품과 R&D 과학자를 집약적으로 이용하는 상품에 비교우위 또는 수출잉여를 가지며, 숙련노동, 반숙련노동, 미숙련노동으로 생산되는 모든 상품뿐만 아니라 농업제품 및 기타 토지 및 천연자원 집약적인 상품에는 비교열위를 가질 것으로 예상된다.

일본, 독일, 영국, 프랑스는 자본집약적 상품과 R&D 과학자를 집약적으로 이용하는 상품을 상대적으로 풍부하게 가지고 있고(따라서 비교우위를 가진다), 또한 이탈리아는 물적 자본에, 캐나다는 경작가능 토지, 물적 자본, R&D 과학자에 비교우위를 갖는다.

대한민국은 물적 자본과 R&D 과학자를 상대적으로 풍

표 5-1　2015년도 세계 전체 대비 각국의 요소부존비율

국가	(1) 경작가능 토지(%)	(2) 물적 자본(%)	(3) R&D 과학자(%)	(4) 숙련노동 (%)	(5) 반숙련 노동(%)	(6) 미숙련 노동(%)	(7) GDP(%)
미국	10.6	19.5	16.7	10.3	8.5	0.0	15.8
일본	0.3	9.4	8.5	4.0	2.4	0.0	4.3
독일	0.8	4.5	4.6	2.7	2.2	1.4	3.4
영국	0.4	2.7	3.32.3	1.9	1.9	2.4	
프랑스	1.2	3.9	3.4	2.0	1.5	0.9	2.3
이탈리아	0.5	2.8	1.4	1.6	1.2	0.7	1.9
캐나다	3.1	2.4	2.1	1.2	0.9	0.7	1.4
대한민국[a]	0.1	2.1	4.1	1.5	1.3	1.1	1.7
중국	8.5	16.0	19.1	4.4	23.8	19.2	17.1
인도	10.9	3.4	2.7	6.7	7.7	18.4	7.0
러시아	8.6	2.3	5.7	4.4	4.5	2.0	3.3
브라질	5.6	2.7	2.0	1.7	1.5	1.5	2.8
멕시코	1.6	3.3	0.6	3.3	2.3	2.5	2.0
기타 국가	47.9	25.1	25.8	54.0	40.2	49.8	27.7
세계 전체	100.0	100.0	100.0	100.0	100.0	100.0	100.0

[a] IMF는 현재 대한민국을 선진국으로 분류함.

출처 : World Bank, *World Development Report*, 2018; *PENN World Table*, 2015 및 *OECD Economic Outlook*, 2018.

부하게 가지고 있고, 중국은 R&D 과학자와 반숙련 및 미숙련 노동을 상대적으로 풍부하게 가지고 있다. 인도는 경작가능 토지와 반숙련 및 미숙련 노동이 풍부하며, 러시아는 경작가능 토지와 R&D 과학자 그리고 숙련 및 반숙련 노동이 풍부하고, 브라질은 경작가능 토지가 풍부하고 물적 자본에 대해서는 중립적이다. 멕시코는 물적 자본, 숙련 노동, 반숙련 노동, 미숙련 노동이 풍부하다.

사례연구 5-2 각국의 자본 − 노동 비율

표 5-2는 2015년도 선진국 및 개발도상국의 노동자 1인당 자본의 양을 보여 준다. 자본저량은 각국에서 달러의 실질 구매력을 반영하기 위해 2010년 국제 달러 가격으로 측정하였으며 이에 따라 국제 비교를 의미 있게 할 수 있다. 이 표를 통해 미국의 1인당 자본의 양은 (표의 좌측에 있는) 기타 선진국보다 높고, 대한민국의 1인당 자본의 양은 (표의 우측에 있는) 기타 개발도상국보다 높다는 점을 알 수 있다. 따라서 이 표로부터 미국은 기타 선진국 및 개발도상국에 대하여 또한 대한민국은 기타 개발도상국에 대해 (또한 대한민국은 캐나다, 독일, 스페인 및 영국에 대해) 자본집약적 상품에 비교우위를 가지고 있음을 추론할 수 있다.

표 5-2 2015년도 각국의 노동자 1인당 자본의 양(2010년 국제 달러 가격)

선진국	노동자 1인당 자본의 양(달러)	개발도상국	노동자 1인당 자본의 양(달러)
미국	215,709	대한민국[a]	181,072
프랑스	199,337	터키	128,425
일본	194,164	러시아	93,695
이탈리아	182,978	중국	92,029
캐나다	176,042	멕시코	82,558
독일	174,304	타이	63,119
스페인	163,960	브라질	56,296
영국	131,494	인도	25,030

[a] IMF는 현재 대한민국을 선진국으로 분류함.
출처 : *PENN World Table*, 2015 and World Bank, *World Development Indicators*, 2018.

5.4 요소부존량과 헥셔−오린 이론

1919년 스웨덴 경제학자 엘리 헥셔(Eli Heckscher)는 '국제무역이 소득분배에 미치는 효과'라는 제목의 논문을 발표하여, 오늘날 '현대적 국제무역이론'의 초석이 되었다. 이 논문은 10년 이상 관심을 끌지 못하였으나 헥셔의 제자였던 스웨덴의 경제학자 베르틸 오린(Bertil Ohlin)이 이 논문을 발전시켜 1933년에 지역 간 국제무역이라는 저서를 발간하여 크게 주목을 받았다.

오린의 연구는 헥셔의 연구 내용과 더 나아가 그보다 더 많은 내용을 포함하고 있으므로 여기서는 오린의 연구만 소개하기로 한다. 그러나 모형의 핵심은 헥셔에 의해 처음으로 도입되었으므로 헥셔의 공헌을 인정하여 이 이론을 헥셔-오린 이론이라고 부른다. 오린은 국제무역에 관한 연구 업적을 인정받아 (제임스 미드와 함께) 1977년 노벨 경제학상을 공동 수상했다.

헥셔-오린 이론(H-O theory)은 (무역 패턴을 설명하고 예측하는) 헥셔-오린 정리(H-O theorem)와 (무역이 생산요소의 가격에 미치는 효과를 다루는) 요소가격 균등화 정리라는 두 가지 정리로 집약된다. 요소가격 균등화 정리는 5.5절에서 소개하기로 한다. 이 절에서는 H-O 정리를 소개한다. 우선 H-O 정리의 내용을 소개하고 그 의미를 간략하게 살펴본 뒤 H-O 이론이 갖는 일반균형 이론적 특성을 설명하고 그래프를 이용하여 설명하기로 한다.

5.4A 헥셔-오린 정리

5.2절의 가정에서 출발하여 헥셔-오린 정리(Heckscher-Ohlin theorem)의 내용을 설명하면 다음과 같다. 한 국가는 상대적으로 풍부하고 저렴한 생산요소를 집약적으로 사용하여 생산되는 상품을 수출하며, 상대적으로 희소하고 값비싼 생산요소를 집약적으로 사용하여 생산되는 상품을 수입한다. 요약하면 노동풍부국은 노동집약적 상품을 수출하고 자본집약적 상품을 수입한다.

앞의 예에 의하면 1국은 상품 X를 수출하는데, 그 이유는 상품 X가 노동집약적 상품이고 1국에서는 노동이 상대적으로 풍부하며 저렴한 생산요소이기 때문이다. 반대로 2국은 상품 Y를 수출하는데, 그 이유는 상품 Y가 자본집약적 상품이고 2국에서는 자본이 상대적으로 풍부하고 저렴한 생산요소이기 때문이다(즉, r/w이 1국보다는 2국에서 더 낮기 때문).

H-O 정리는 국가 간 상대가격의 차이와 비교우위를 결정하는 모든 원인 중에서 상대적 요소풍부성 또는 **요소부존도**의 국가 간 차이를 비교우위와 국제무역의 기본적인 원인 또는 결정요인으로 간주한다. 이러한 이유에서 H-O 모형을 **요소비율이론**(factor-proportions theory) 또는 **요소부존이론**(factor-endowment theory)이라고도 부른다. 즉, 각 국가는 상대적으로 풍부하고 저렴한 생산요소를 집약적으로 사용하는 상품을 특화하여 생산하고 수출하며 상대적으로 희소하고 값비싼 생산요소를 집약적으로 사용하는 상품을 수입한다.

따라서 H-O 정리는(고전파 경제학자들이 그랬던 것처럼) 비교우위를 가정하는 것이 아니라 이를 설명하고 있다. 즉, H-O 정리는 생산요소의 상대적 부존량 및 가격의 차이가 무역을 하지 않을 때의 국가 간 상품의 상대가격의 차이를 가져오는 원인이라고 설명한다. 이러한 상품 및 생산요소의 상대가격 차이로 인해(2.4D절에서 설명한 바와 같이) 결국 국가 간 생산요소 및 상품의 **절대가격**의 차이가 발생한다. 그러므로 무역의 직접적인 원인은 바로 이러한 국가 간 상품의 **절대가격** 차이이다.

5.4B 헥셔-오린 이론의 일반균형 체계

그림 5-3을 통해 H-O 이론의 일반균형적 특성을 일목요연하게 요약하여 살펴볼 수 있다. 그림의 오른쪽 하단에서부터 출발하면, 기호와 생산요소 소유권의 분배(즉, 소득분포)가 결합하여 상품의 수요를 결정한다는 점을 알 수 있다. 상품에 대한 수요는 이를 생산하기 위해 필요한 생산요소에 대한 유발수요를 결정한다. 완전경쟁상태에서 생산요소에 대한 수요는 생산요소의 공급과 함께 생산요소 가격을 결정하며, 생산요소의 가격은 기술수준과 함께 최종 상품의 가격을 결정한다. 상품의 국가 간 상대가격의 차이는 비교우위와 무역 패턴(즉, 어느 국가가 어느 상품을 수출하는가)을 결정한다.

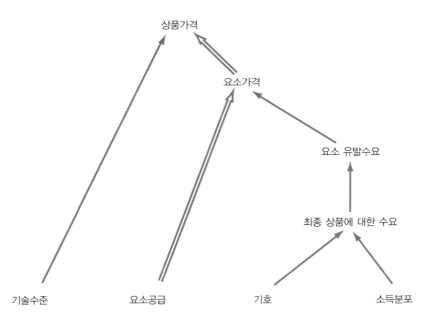

그림 5-3 헥셔-오린 이론의 일반균형 체계

그림의 오른쪽 하단에서 시작하면 생산요소의 소유권 분배, 즉 소득분포와 기호가 상품에 대한 수요를 결정하며, 최종 상품에 대한 수요로부터 생산요소에 대한 수요가 유발된다. 생산요소에 대한 수요와 공급은 생산요소의 가격을 결정하며, 생산요소의 가격과 기술수준이 상품의 가격을 결정한다. 국가 간 상품의 상대가격의 차이가 비교우위와 무역 패턴을 결정한다.

그림 5-3은 모든 경제적 요인들이 결합하여 최종 상품의 가격을 어떻게 결정하는지를 명확하게 보여 주고 있다. 이러한 이유에서 H-O 모형을 일반균형모형이라고 한다.

그러나 H-O 모형은 동시에 작용하고 있는 모든 경제적 요인 중에서 국가 간 생산요소의 **물량적 이용 가능성**이나 생산요소의 공급의 차이로 국가 간 상품의 상대가격의 차이와 무역을 설명하고 있다. 특히 오린은 국가 간 기호(및 소득분포)가 같다고 가정하였다. 그 결과 국가 간 상품 및 생산요소에 대한 수요가 유사하게 된다. 따라서 국가 간에 상품의 상대가격의 차이가 발생하는 원인은 국가 간 여러 가지 생산요소의 공급량이 차이가 있기 때문이다. 마지막으로 기술수준은 동일하지만 요소가격의 차이가 있기 때문에 국가 간 상품의 상대가격 차이와 무역이 발생한다. 즉, 그림 5-3의 복선으로 그려진 화살표는 생산요소의 상대적 공급 차이로 인해 생산요소 및 상품의 상대가격의 차이가 발생한다는 점을 보여 주고 있다.

여기서 주목할 것은 이러한 H-O 모형의 결과를 얻기 위해 두 국가에서 선호와 소득분배 그리고 기술수준이 동일할 필요는 없다는 점이다. 이들은 대체로 유사하기만 하면 된다. 기호, 소득분배 및 기술이 동일하다는 가정은 헥셔-오린 이론을 그림으로 간단히 설명하고 설명을 용이하게 하기 위한 것이다. 이러한 가정들은 6.2절에서 완화된다.

5.4C 헥셔-오린 이론의 설명

그림 5-4를 이용하여 H-O 이론을 설명해 보자. 왼쪽 도표는 그림 5-2에서처럼 1국과 2국의 생산가능곡선을 보여 준다. 5.3C절에서 설명한 바와 같이 1국의 생산가능곡선은 X축 쪽으로 치우쳐 있는데,

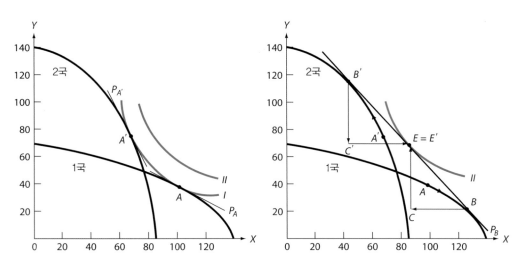

그림 5-4 헥셔-오린 모형

양국의 기호가 동일하다는 가정에 의해 무차별곡선 *I*은 양국에서 동일하다. 무차별곡선 *I*은 1국의 생산가능곡선과 점 *A*에서 접하며 2국의 생산가능곡선과는 점 *A′*에서 접한다. 이에 따라 무역 이전의 상품의 균형상대가격이 1국에서는 P_A, 2국에서는 $P_{A′}$으로 결정된다(왼쪽 도표 참조). P_A < $P_{A′}$이므로 1국은 상품 X에 비교우위를 가지며 2국은 상품 Y에 비교우위를 갖는다. 무역을 하게 되면(오른쪽 도표 참조) 1국은 점 *B*에서 생산하고 상품 X를 상품 Y와 교환하여 점 *E*에서 소비하며(무역삼각형 *BCE*). 2국은 점 *B′*에서 생산하고 상품 Y를 상품 X와 교환하여 점 *E′*에서 소비한다. 무역 이후 양국은 모두 상위의 무차별곡선 *II*에서 소비할 수 있으므로 무역으로부터 이익을 얻는다.

그 이유는 양국에서 기술수준이 동일하고 1국은 노동풍부국이며 상품 X는 노동집약적 상품이기 때문이다. 기호 역시 동일하다고 가정하였으므로 양국의 무차별곡선 역시 동일하다. (양국에서 동일한) 무차별곡선 *I*은 1국의 생산가능곡선과 점 *A*에서 접하고, 2국의 생산가능곡선과 점 *A′*에서 접하고 있다. 무차별곡선 *I*은 1국과 2국이 폐쇄경제에서 도달할 수 있는 최상위의 무차별곡선이며 점 *A*와 점 *A′*은 무역을 하지 않을 때의 균형 생산점 및 소비점이다. 비록 양국이 동일한 기호(무차별지도)를 가지고 있다고 가정하였지만, 무역 이전이나 이후에도 양국이 동일한 무차별곡선에 있을 이유는 없다는 점에 주목하자. 다만 그림을 단순화하기 위하여 양국이 동일한 무차별곡선에 있다고 그렸을 뿐이다.

무차별곡선 *I*이 점 *A*와 *A′*에서 접하고 있기 때문에 무역 이전 또는 폐쇄경제의 상품의 균형상대가격은 1국의 경우 P_A가 되고 2국의 경우에는 $P_{A′}$임을 알 수 있다. P_A < $P_{A′}$이므로 1국은 상품 X에 2국은 상품 Y에 비교우위를 갖는다.

오른쪽 도표는 무역을 하게 되면(양국의 생산가능곡선상의 화살표의 방향으로 알 수 있는 바와 같이) 1국은 상품 X의 생산에, 2국은 상품 Y의 생산에 특화하고 있음을 보여 준다. 이러한 생산에서의 특화는 1국이 점 *B*, 2국은 점 *B′*에 도달할 때까지 계속되며, 결국 양국의 생산가능곡선이 상품의 상대가격선인 P_B와 접하게 된다. 이때 1국은 상품 X를 수출하고 상품 Y를 수입하여 무차별곡선 *II* 위의 점 *E*에서 소비한다(무역삼각형 *BCE* 참조). 한편 2국은 상품 Y를 수출하고 상품 X를 수입하여 점 *E′*에서 소비한다(무역삼각형 *B′C′E′* 참조).

1국의 상품 X 수출과 2국의 상품 X의 수입은 같다(즉, *BC* = *C′E′*)는 점을 주목하자. 마찬가지로 2국의 상품 Y의 수출과 1국의 상품 Y의 수입은 같다(즉, *B′C′* = *CE*). P_X/P_Y > P_B이면, 1국은 이렇게 높은 상품 X의 상대가격에서 2국이 수입하려고 하는 상품 X의 양보다 더 많은 양을 수출하려고 하므로 P_X/P_Y는 P_B로 하락한다. 반대로 $P_X/P_Y < P_B$이면 1국은 이렇듯 낮은 상품 X의 상대가격에서 2국이 수입하려는 양보다 더 적은 양을 수출하려고 하므로 P_X/P_Y는 P_B로 상승한다. 이와 같은 P_X/P_Y의 변화는 상품 Y의 상대가격의 변화로도 설명될 수 있다.

또 한 가지 주목해야 할 것은 점 E에서는 점 A와 비교할 때 상품 Y는 더 많고 상품 X는 더 적다는 점이다. 그럼에도 불구하고 점 E가 보다 상위의 무차별곡선 II 위에 있으므로 1국은 무역으로부터 이익을 얻는다. 마찬가지로 점 E'에서는 점 A'과 비교할 때 상품 X는 많고 상품 Y는 더 적더라도 점 E'이 상위의 무차별곡선 II 위에 있으므로 2국 역시 이익을 얻는다. 어느 한 국가 또는 두 국가에서 상품 및 생산요소 시장의 수요조건이나 공급조건이 변화하지 않는 한 이러한 생산에서의 특화, 무역 및 소비 유형은 변하지 않는다.

이제 그림 3-4와 그림 5-4를 간단히 비교해 보는 것이 도움이 될 것이다. 그림 3-4에서는 양국의 생산가능곡선의 차이 외에도 기호의 차이가 있기 때문에 폐쇄경제에서 양국 상품의 상대가격의 차이는 그림 5-4에서보다 더 커진다. 반대로 양국 기호의 차이가 너무 커서 상호이익이 되는 무역이 발생하지 않을 수도 있다. 이러한 상황은 폐쇄경제에서 양국의 상이한 무차별곡선이 각국의 생산가능곡선과 접한 결과 양국에서 상품의 상대가격이 동일한 경우에 발생한다. 이 점은 이 장 끝의 연습문제 4번에서 다시 한 번 제시된다.

H-O 이론이 성립하기 위해서 양국의 기호가 동일(즉, 양국의 무차별곡선이 동일)하다는 가정이 반드시 필요한 것은 아니라는 점을 주목하자. 다만 기호의 차이가 존재하더라도, 이러한 기호의 차이가 너무 크지 않아서 국가 간 요소부존도와 생산가능곡선의 차이가 상품의 상대가격의 차이와 비교우위를 가져오는 경향을 상쇄하지만 않으면 된다. 따라서 어떤 의미에서는 그림 3-4가 그림 5-4보다 일반적인 H-O 모형을 설명한다고 할 수 있다. 사례연구 5-3은 각 산업을 요소집약도로 분류하며, 사례연구 5-4는 H-O 이론이 예측하는 바와 같이 주요 선진국 및 개발도상국의 무역 패턴이 요소부존량과 부합하는지를 살펴본다.

5.5 요소가격 균등화와 소득분배

이 절에서는 **요소가격 균등화** 정리를 설명하는데, 이 정리는 H-O 정리가 성립할 경우에만 성립하며 H-O 정리에서 직접적으로 유도된 필연적 결과이다. 이 정리를 엄밀하게 증명한 사람은 (1970년 노벨 경제학상을 수상한) 폴 사무엘슨(Paul Samuelson)이다. 그런 이유로 이 정리를 헥셔–오린–사무엘슨 정리 (간단히 H-O-S 정리)라고도 한다.

5.5A절에서는 요소가격 균등화 정리의 내용을 소개하고 그 의미를 설명하며, 5.5B절에서는 요소가격 균등화 정리를 직관적으로 증명한다. 5.5C절에서는 이 정리와 밀접한 관계가 있는 문제로 무역이 교역국 내의 소득분배에 미치는 효과를 설명한다. 5.5D는 한 가지 이상의 생산요소가 산업 간에 이동할 수 없는 특정요소의 경우로 분석을 확장한다. 5.5E절에서는 요소가격 균등화 정리의 현실적 타당성을 간략히 살펴본다. 요소가격 균등화 정리에 대한 엄밀한 증명은 이 장 부록에 수록하였다. 이 정리를 증명하기 위해서는 제3장 부록에 소개된 중급 미시경제학의 분석도구가 필요하다.

사례연구 5-3 요소집약도에 의한 주요 상품군의 분류

표 5-3은 국제무역이 이루어지고 있는 주요 상품군에 대한 개략적인 요소집약도를 보여 준다. 그러나 부품과 컴포넌트를 해외로부터 아웃소싱하는 세계화 시대에서 어떤 상품의 전반적인 평균적 요소집약도는 일부 부품과 컴포넌트의 요소집약도와 다를 수 있다는 점에 주의해야 할 것이다.

표 5-3   주요 상품군의 요소집약도

경작가능 토지 및 기타 천연자원 집약적 상품

농업제품(식료품, 원자재)
연료 및 광업제품(광석 및 기타 광물, 연료, 비철금속)

자본집약적 상품

철강
농업 화학제품
자동차제품(자동차, 부품, 엔진)

R&D 과학자 및 기타 숙련노동 집약적 상품

화학제품(의약품 및 농업 화학제품을 제외한 기타 화학제품)
사무용 및 통신 장비
민간 항공기, 엔진, 부품
기계(발전기, 전기 및 비전기 기계)
과학기기 및 제어기기

미숙련노동 집약적 상품

직물
의류 및 신발
개인 및 가사 용품

출처 : WTO, *International Trade Statistical Review*(Geneva: WTO, 2018); J. Romalis, "Factor Proportions and the Structure Commodity of Trade," *American Economic Review*, March 2004, pp. 67-97.

5.5A 요소가격 균등화 정리

5.2A절의 가정을 바탕으로 한 요소가격 균등화 정리(factor-price equalization H-O-S theorem)의 내용은 다음과 같다. 무역의 결과 국가 간 동질적 생산요소에 대한 상대적 보수 및 절대적 보수는 균등화된다. 이러한 의미에서 국제무역은 생산요소의 국제적 이동가능성을 대체한다.

이 정리는(5.2A절의 가정이 모두 성립할 때) 무역의 결과 동질적 노동(즉, 훈련, 숙련도 및 생산성이 동일한 노동)에 대한 임금이 모든 교역국에서 동일해진다는 것을 의미한다. 마찬가지로 무역의 결과 동질적 자본(즉, 생산성과 위험이 동일한 자본)에 대한 보수가 모든 교역국에서 동일해진다. 즉, 무역의 결과 1국과 2국에서 w와 r이 동일해진다. 생산요소의 절대가격 및 상대가격 모두 균등화된다.

사례연구 5-4 각국 무역의 요소집약도

이제 사례연구 5-1에서 살펴본 여러 국가의 순수출이 각국의 상대적 요소부존량과 부합하는지를 알아보기 위해 2017년도의 무역자료를 검토하기로 하자.

미국 : 2017년도에 미국은 (의약품을 제외한 화학제품과 같은) 자본집약적이고 R&D 집약적인 상품과 항공기 및 과학기기와 의료용 진단기기에서 순수출을 기록했고 (연료와 같은) 일부 천연자원과 (섬유, 직물, 개인 및 가사 용품과 같은) 미숙련노동집약적인 상품에서는 순수입을 기록했다. 이러한 사실은 미국의 상대적 요소부존량과 대체로 부합한다. 한편 미국은 기계, 의약품, 사무용 및 통신 장비와 같은 R&D 집약적인 상품에서는 무역수지가 적자를 기록한 반면, 무역수지 적자를 기록할 것이라고 예상했던 농산물에서는 무역수지가 흑자였다. 또한 미국은 무역수지 흑자를 보일 것으로 기대했던 (철강 및 자동차제품과 같은) 일부 자본집약적 상품에서는 무역수지가 적자인 반면, 숙련노동이 상대적으로 풍부하지 않음에도 불구하고 상업 서비스 무역에서는 큰 폭의 무역수지 흑자를 기록했다.

유럽연합 : 상대적 요소부존량으로 예측할 수 있는 바와 같이 유럽연합(EU-28)은 (자동차제품과 화학품과 같은) 자본집약적 상품과 R&D 집약적 상품에서는 무역수지 흑자를, 연료, 광업제품, 섬유 및 의류, 개인 및 가사 용품에서는 무역수지 적자를 기록했다. 그러나 EU는 사무용 및 통신 장비에서는 큰 폭의 무역수지 적자를, 농업 및 철강에서는 어느 정도 무역수지 균형을 달성한 반면, 상업 서비스에서는 큰 폭의 무역수지 흑자를 기록했는데, 이러한 사실은 EU의 상대적 요소부존량과는 부합하지 않는 점이다.

일본 : 2017년 일본의 무역수지는 상대적 요소부존량으로 예측할 수 있는 바와 같이 자본집약적 상품과 R&D 집약적 상품에서는 큰 폭의 흑자를, 천연자원 집약적 상품과 반숙련노동 및 미숙련노동 집약적 상품에서는 큰 폭의 적자를 보였다. 그러나 일본은 (R&D 집약적인) 사업용 항공기에서는 큰 폭의 적자를 보였으며 (숙련노동을 필요로 하는) 상업 서비스에서는 실질적으로 무역수지가 균형상태에 있었다.

캐나다 : 캐나다의 무역 특징은 상대적 요소부존량으로 예측할 수 있는 바와 같이 농업제품, 연료와 광업제품에서 순수출이 크게 나타났고, 상업 서비스와(직물과 같은) 미숙련노동 집약적 상품에서는 순수입이 크게 발생했다는 점이다. 그러나 상대적 요소부존량과는 반대로 캐나다는 철강, 화학 및 자동차에서는 적자를 기록했다.

중국 : 상대적 요소풍부성으로 예측할 수 있는 바와 같이 중국은 농업제품, 연료 및 광업제품 및 자동차제품에서 순수입을 기록한 반면, 사무용 및 통신 장비, 전기기기, 직물, 의류, 개인 및 가사 용품에서는 순수출을 기록했다. 그러나 상대적 요소부존량과는 반대로 중국은 (철강과 같은) 일부 자본집약적 상품과 (R&D 집약적인) 화학품에서는 무역수지 적자를 기록했다.

기타 국가 : 위에서 살펴본 국가 외에도 대한민국, 인도, 러시아, 브라질, 멕시코의 무역은 상당 부분 각국의 요소부존량을 반영하지만 몇 가지 예외는 있다.

요약하면 가장 큰 선진국이나 개발도상국 무역의 대부분은 요소부존량(H-O 이론)의 예측대로 발생했지만 몇 가지 예외는 있다고 말할 수 있다. H-O 이론을 보다 엄밀하게 검증한 결과는 5.6절에서 논의된다. 시간이 지남에 따라 비교우위가 변화하는 것은 제7장에서 살펴본다.

출처 : WTO, *International Trade Statistical Review*(Geneva: WTO, 2018)

1국에서는 노동의 가격, 즉 임금이 상대적으로 더 낮기 때문에 무역 이전의 상품 X의 상대가격은 1국에서 더 낮다는 점을 5.4절에서 살펴본 바 있다. 1국이 (노동집약적 상품인) 상품 X의 생산에 특화하고 (자본집약적 상품인) 상품 Y의 생산을 감소시킴에 따라 노동에 대한 수요가 상대적으로 증가하

여 임금(w)이 상승하는 반면 자본에 수요가 상대적으로 감소하여 이자율(r)이 하락한다. 2국에서는 정반대의 경우가 나타난다. 즉, 2국이 상품 Y의 생산에 특화하고 상품 X의 생산을 감소시킴에 따라 노동에 대한 수요는 상대적으로 감소하여 임금이 하락하는 반면 자본에 대한 수요는 상대적으로 증가하여 이자율이 상승한다.

요약하면 무역의 결과 w는 (저임금국가인) 1국에서는 상승하고 (고임금국가인) 2국에서는 하락한다. 즉, 무역은 무역을 하지 않을 때 존재했던 국가 간 임금 격차를 감소시킨다. 마찬가지로 무역으로 인해 (자본이 비싼) 1국의 r은 하락하고 (자본이 저렴한) 2국의 r은 상승하여 결국 폐쇄경제에서의 양국 간 r 격차는 감소한다. 이로써 무역이 무역 이전에 존재했던 국가 간 w와 r의 차이를 **감소시키는 경향**이 있다는 점을 증명한 셈이다.

한 걸음 더 나아가 모든 가정이 성립한다면 무역의 결과 동질적 생산요소에 대한 보수의 국가 간 격차가 감소할 뿐만 아니라 사실상 생산요소의 상대가격이 완전하게 균등화된다는 점도 보여 줄 수 있다. 그 이유는 생산요소의 상대가격이 상이한 이상, 상품의 상대가격 역시 상이하게 되어 무역이 계속 확대되기 때문이다. 그러나 무역이 확대되면 국가 간 요소가격의 격차는 감소하므로 상품의 상대가격이 완전히 일치할 때까지 무역은 확대될 것이며, 이는 생산요소의 상대가격이 국가 간에 동일해짐을 의미한다.

5.5B 상대적 요소가격 균등화와 절대적 요소가격 균등화

이제 무역의 결과 (5.2A절의 가정이 성립한다면) 생산요소의 상대가격이 국가 간 균등해진다는 점을 그림으로 살펴보자. 그림 5-5에서 노동의 상대가격(w/r)은 수평축으로 상품 X의 상대가격(P_X/P_Y)은 수직축으로 측정한다. 각국은 동일한 기술수준을 가지고 있으며 완전경쟁하에서 생산하고 있으므로 w/r와 P_X/P_Y는 일대일 대응 관계에 있다. 즉, 각각의 w/r는 특정한 P_X/P_Y와 연관되어 있다.

무역을 하기 이전에 1국은 점 A에서 $w/r=(w/r)_1$이고 $P_X/P_Y=P_A$이며, 2국은 점 A'에서 $w/r=(w/r)_2$이고 $P_X/P_Y=P_{A'}$이다. 무역 이전에 1국의 w/r는 2국보다 낮으므로, P_A는 $P_{A'}$보다 작고 따라서 1국은 상품 X에 비교우위를 갖는다.

(노동풍부국인) 1국이 (노동집약적 상품인) 상품 X의 생산에 특화하고 상품 Y의 생산이 감소함에 따라 1국에서는 노동에 대한 수요가 자본에 대한 수요에 비해 증가하므로 w/r는 상승하고, 그 결과 1국에서 P_X/P_Y가 상승한다. 반면 (자본풍부국인) 2국에서는 (자본집약적 상품인) 상품 Y의 생산에 특화함에 따라 자본에 대한 상대적 수요가 증가하고 r/w은 상승한다(즉, w/r는 하락한다). 그 결과 2국에서는 P_Y/P_X가 상승한다(즉, P_X/P_Y가 하락). 이 과정은 그림 5-5의 점 $B=B'$이 될 때까지 계속되는데, 이때 양국에서 $P_B=P_{B'}$이 되고 $w/r=(w/r)^*$가 된다. 양국에서 w/r가 동일해질 경우에만 $P_B=P_{B'}$이 된다는 점에 주목하자. 그 이유는 양국이 (가정에 의해) 동일한 기술수준과 완전경쟁하에서 생산하고 있기 때문이다. 또한 $P_B=P_{B'}$은 P_A와 $P_{A'}$ 사이에 위치하고 있고 $(w/r)^*$는 $(w/r)_1$과 $(w/r)_2$ 사이에 위치하고 있다는 점도 주목하자. 요약하면 무역의 결과 P_X/P_Y는 동일해지고 P_X/P_Y가 동일해지는 것은 (양국이 두 상품을 계속 생산하는 한) 양국에서 w/r가 완전하게 일치하는 경우에만 가능하다. 상대적 요소가격 균등화 정리를 보다 엄밀하게 증명하는 일은 다소 어려운데, 이는 이 장 부록을 참고하기 바란다.

위의 설명은 생산요소의 **절대가격**이 아닌 **상대가격**이 균등화되는 과정을 설명한 것이다. 생산요소

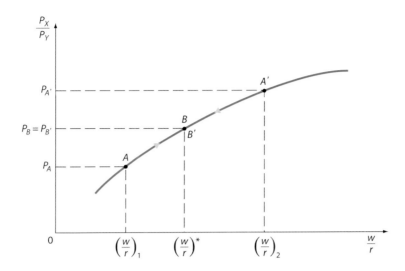

그림 5-5　상대적 요소가격 균등화

그림에서 수평축은 w/r를 수직축은 P_X/P_Y를 나타낸다. 무역 이전에 1국은 점 A에서 $w/r=(w/r)_1$이고 $P_X/P_Y=P_A$이며, 2국은 점 A'에서 $w/r=(w/r)_2$이고 $P_X/P_Y=P_{A'}$이다. 1국에서는 w/r가 2국보다 낮기 때문에 P_A는 $P_{A'}$보다 작고, 따라서 1국은 상품 X에 비교우위를 갖는다. 무역을 하면 1국은 상품 X의 생산에 특화하고 노동에 대한 수요가 상대적으로 증가하여 w/r는 상승한다. 2국이 상품 Y의 생산에 특화함에 따라 자본에 대한 수요가 상대적으로 증가하고 r/w은 상승한다(즉, w/r는 하락한다). 이러한 과정은 $B=B'$이 될 때까지 계속되어 결국 양국에서 $w/r=(w/r)^*$가 된다.

의 절대가격이 균등화된다는 것은 무역의 결과 양국에서 동질적 노동에 대한 실질임금과 동질적 자본에 대한 실질이자율이 각각 같아진다는 것을 의미한다. 그러나 상품 및 생산요소 시장이 완전경쟁 상태에 있으며, 기술수준은 양국에서 동일하고 두 상품이 규모에 대한 수익불변인 생산기술로 생산된다면, 무역의 결과 생산요소의 가격이 상대적으로 균등화될 때 생산요소에 대한 보수는 절대적으로도 균등화된다. 부록에서는 상대적 요소가격 균등화 정리를 증명한 후에 절대적 요소가격 균등화 정리에 대해 엄밀하게 증명한다.

　요소가격에 미치는 효과에서 무역은 생산요소의 국제적 이동가능성을 대체하고 있음을 주목하자. 이동가능성이 완전하다면(즉, 정보가 완전하고 어떤 법적 제한이나 이동 비용이 존재하지 않는다면) 노동은 저임금국가에서 고임금국가로 이동하여 양국의 임금은 같아질 것이다. 마찬가지로 자본도 이자율이 낮은 국가에서 이자율이 높은 국가로 이동하여 양국의 이자율은 같아질 것이다. 무역은 생산요소의 수요에 영향을 미치는 반면, 생산요소의 국제적 이동가능성은 생산요소의 공급에 영향을 미친다. 어떤 경우이든 결과적으로 동질적 생산요소에 대한 절대적 보수는 완전히 균등화된다. (비록 완전하지는 않더라도) 생산요소가 어느 정도 국제적으로 이동가능하다면, 무역을 적게 하더라도 국가 간 요소가격은 균등화된다.

5.5C　무역이 소득분배에 미치는 효과

앞에서는 무역이 국가 간 요소가격의 차이에 미치는 효과를 살펴보았지만, 이제는 무역이 한 국가 내의 생산요소의 상대가격과 소득에 미치는 효과를 살펴보기로 하자. 이 두 가지 문제는 분명 관련된 것이긴 하지만 동일한 문제는 아니다.

특히 5.5A절에서 무역의 결과 양국에서 w와 r이 각각 균등화되는 경향이 있다는 점을 살펴보았다. 이제 무역이 각국 내의 실질임금과 노동의 실질소득 그리고 실질이자율과 자본소유자의 실질소득에 어떤 영향을 미치는지를 살펴보기로 하자. 국제무역의 결과 한 국가 내에서 실질임금과 노동자의 실질소득은 실질이자율과 자본소유자의 실질소득과 비교하여 증가할까 아니면 감소할까?

5.5A절에서 무역의 결과 한 국가 내에서 풍부하고 저렴한 생산요소의 가격은 상승하는 반면 희소하고 값비싼 생산요소의 가격은 하락한다는 사실을 살펴본 바 있다. 우리가 든 예에서 1국의 w는 상승하고 r은 하락하는 반면 2국의 w는 하락하고 r은 상승하였다. 무역 이전이나 이후에도 노동과 자본은 완전고용 상태에 있음을 가정하였기 때문에 노동의 실질소득과 자본소유자의 실질소득은 요소가격의 변동과 같은 방향으로 변화한다. 따라서 무역의 결과 (노동이 저렴하고 자본의 가격이 비싼) 1국에서는 노동의 실질소득이 증가하고 자본소유자의 실질소득은 감소한다. 반대로 (노동이 비싸고 자본이 저렴한) 2국에서는 무역의 결과 노동의 실질소득은 감소하고 자본소유자의 실질소득은 증가한다. 이것이 8.4C절에서 상세하게 살펴볼 스톨퍼-사무엘슨 정리의 결론이다.

(미국, 독일, 일본, 프랑스, 영국, 이탈리아, 캐나다와 같은) 선진국에서는 (우리들의 예에서 2국처럼) 자본이 상대적으로 풍부하기 때문에 무역의 결과 노동의 실질소득은 감소하고 자본소유자의 실질소득은 증가하는 경향이 있다. 이러한 이유 때문에 선진국의 노동조합은 일반적으로 무역규제를 선호한다. 반면 (인도, 이집트, 대한민국, 멕시코와 같은) 개발도상국에서는 노동이 상대적으로 풍부한 요소이므로 무역의 결과 노동의 실질소득은 증가하고 자본소유자의 실질소득은 감소한다.

헥셔–오린 이론에 의하면 미국과 같이 자본이 풍부하고 노동이 희소한 국가에서는 무역의 결과 노동의 실질임금과 실질소득이 감소하기 때문에 미국 정부는 무역을 규제해야 하는 것이 아닐까? 그 답은 거의 언제나 '아니요'이다. 왜냐하면 무역의 결과 노동자들이 입는 손실(특히 미숙련노동)(사례연구 5-5 참조)은 자본소유자들이 얻는 이익보다 적기 때문이다. 자본소유자에 대한 과세와 노동자에 대한 보조금과 같은 재분배정책을 적절히 취한다면 양측 모두 무역으로부터 이익을 얻을 수 있다. 이러한 재분배정책은 수입품으로 인해 실직한 노동자를 재교육하고 노동자에 대한 세금감면과 일부 사회보장 혜택을 제공하는 형태를 취할 수 있다. 이러한 중요한 문제는 제8~9장의 무역규제에 관한 논의에서 살펴본다.

사례연구 5-5 무역 때문에 미국의 임금 불평등이 심화되었는가?

지난 20년간 무역으로 인해 미국 및 기타 산업국가에서 숙련노동과 미숙련노동 사이의 임금 불평등이 심화되었는가? 그 답은 '그렇다'이지만 무역이 중요한 원인은 아니다. 첫째, 몇 가지 사실들을 살펴보자. 1979년부터 1993년까지 미국의 고교 졸업생의 평균임금은 20% 이상 감소하였지만 대학교 졸업자의 평균임금은 11% 증가하여 숙련노동과 미숙련노동 사이에 임금 격차가 크게 확대되었다. 다른 연구에 의하면

1973년부터 1996년 기간에 미국에서 대학 졸업자와 고등학교 졸업자 사이의 실질임금 격차가 63% 확대되었다. 문제는 국제무역이 얼마나 임금 격차의 확대에 기여했는가라는 점이다.

이 문제에 대해서는 의견이 일치하지 않는다. 우드(Wood, 1994, 1995, 1998), 보르하스와 라미(Borjas and Ramey, 1994), 작스와 샤츠(Sachs and Shatz, 1994, 1996), 로드릭(Rodrik,

1997) 그리고 핀스트라와 핸슨(Feenstra and Hanson, 2009)은 신흥공업경제(NIEs)의 제조업 수출확대가 1980년부터 2000년 동안 미국의 임금 격차와 서부유럽의 실업에 대한 주요 원인이라고 주장한다.

그러나 크루그먼과 로렌스(Krugman and Lawrence, 1994), 바그와티와 코스터스(Bhagwati and Kosters, 1994), 크루그먼(Krugman, 1995, 2000), 슬로터와 와겔(Slaughter and Wagel, 1997), 클라인(Cline, 1997) 및 OECD(1998) 등의 학자는 산업국가의 저임금국가로부터 비원유(nonpetroleum) 수입이 GDP의 3% 정도에 불과하기 때문에 국제무역이 미국에서 미숙련노동자에 대한 실질임금 하락이나 (실질임금이 경직적인) 서부유럽에서의 실업에 대한 주요 원인이 될 수 없다고 주장한다. 그들 역시 국제무역이 산업국가에서 미숙련노동자의 문제를 야기했다는 점은 인정하지만, 미국에서 숙련노동과 미숙련노동의 임금 불평등의 확대에는 국제무역이 (10~15% 정도에 불과한) 미미한 역할을 했다는 것이다. 숙련노동과 미숙련노동 간 임금 불평등의 확대의 대부분은 아마도 자동화나 여러 업무의 컴퓨터 처리와 같은 기술진보 때문인데, 기술진보가 미국과 유럽에서 미숙련노동에 대한 수요를 급격히 감소시켰기 때문이다. 여러 증거들은 후자, 즉 1990년대 중반까지 무역은 산업국가의 미숙련노동에 대한 수요와 임금에 약간의 직접적 영향(약 10%)만을 미쳤다에 무게가 실리는 것으로 보인다. 임금 불평등의 확대는 대부분 다른 요인 때문이다(표 5-4 참조).

그러나 2005년 이후에 로렌스(Lawrence, 2008), 크루그먼(Krugman, 2008), 리폴트(Lippoldt, 2012), 하스켈 등(Haskel et al., 2012) 그리고 오서와 핸슨(Author and Hanson, 2014)은 1990년대 중반 이래 숙련노동-미숙련노동 임금 불평등의 원인으로서의 국제무역의 중요성은 커져 왔다고 믿는다. 에벤스타인 등(Ebenstein et al., 2009)은 미국에서 이러한 영향이 임금 불평등에 미치는 효과는 과거에 생각했던 것보다 커서 기술변화의 효과에 필적할 만하다는 점을 발견했다. 에드워즈와 로렌스(Edwards and Lawrence, 2013)는 국제무역으로 인해 선진국은 점차 숙련 집약적인 상품을 수출하고 저숙련 집약적 부품과 컴포넌트를 아웃소싱함에 따라 기술변화가 촉진되고, 이로 인해 미국과 기타 산업국가에서 숙련-미숙련 임금 불평등이 간접적으로 확대된다는 점을 지적한다.

골딘과 카츠(Goldin and Katz, 1999)와 반 리넨(Van Reenen, 2011)은 1990년대 이후에 발생한 기술진보의 유형은 (그 이전보다 훨씬 더) **숙련노동** 편향적 기술변화이기 때문에 자본은 숙련노동보다는 미숙련노동과 더 잘 대체되고, 따라서 **자본과 숙련노동의 보완성**이 더 커진다고 주장한다. 즉, 신기술과 기계를 이용하거나 작동하기 위해서는 숙련노동이 필요한 반면 미숙련노동은 대체된다. 그 결과 숙련노동에 대한 수요는 상대적으로 미숙련노동 수요보다 증가하여 숙련노동에 대한 임금 및 소득은 미숙련노동에 비해 상승한다. 사례연구 5-1에서 살펴본 바와 같이 선진국은 자본집약적, R&D 집약적, 숙련노동 집약적 상품에 비교우위를 갖고, 이들 상품에 비교우위를 갖기 때문에 국제무역의 결과 미국 및 기타 선진국에서 숙련노동과 미숙련노동의 임금 및 소득 격차는 확대되는 경향이 있다. 사례연구 1-3, 3-3, 3-4를 다시 참조하라.

표 5-4 미국에서 임금 불평등의 원인

임금 불평등의 원인	기여도(%)
기술변화	37.7
무역	10.1
최저임금의 정체	7.2
노동조합의 쇠퇴	4.4
이민	2.9
설명되지 않는 부분	37.7

출처 : "At the Heart of the Trade Debate: Inequity." *The Wall Street Journal*, October 31,1997, p.A2.

5.5D 특정요소 모형

앞에서 논의한 국제무역이 소득분배에 미치는 효과는 생산요소가 국내 산업 및 부문 간에 완전히 이동 가능하다는 가정을 전제로 한 것이다. 이러한 가정은 장기의 경우에는 타당할 것으로 생각되지만, 예컨대 자본과 같은 일부 생산요소가 특정한 용도로 사용될 수밖에 없기 때문에 산업 간 또는 부문 간에 이동할 수 없는 단기의 경우에는 타당하지 않을 수 있다. 이런 경우에는 무역의 소득분배효과에 대한 헥셔–오린 모형의 결론은 수정돼야 하는데, 이를 설명하는 것이 바로 **특정요소 모형**(specific-factors model)이다.

특정요소 모형을 설명하기 위해 상대적으로 노동이 풍부한 어떤 국가가 노동집약적 상품 X와 자본집약적 상품 Y를 생산하고 있다고 가정하자. 두 가지의 상품은 모두 노동과 자본을 이용하여 생산되는데, 노동은 산업 간 자유롭게 이동 가능하지만 자본은 각 산업에서 특정적인 용도로 사용되기 때문에 산업 간 이동이 불가능하다고 하자. 즉, 상품 X(식품)를 생산하는 데 이용되는 자본은 상품 Y(직물)를 생산하는 데 이용할 수 없으며, 반대로 상품 Y를 생산하는 데 이용되는 자본 역시 상품 X를 생산하는 데 이용할 수 없다. 이것은 마치 세 가지의 생산요소, 즉 (두 상품의 생산에 모두 이용되고 산업 간 이동이 자유로운) 노동, 상품 X의 생산에만 이용되는 천연자원(경작지), 그리고 상품 Y의 생산에만 이용되는 자본이 존재하는 경우와 같다.

무역을 하게 되면 이 국가는 (노동집약적 상품인) 상품 X의 생산에 특화하여 수출하고 (특정 자본을 집약적으로 사용하는) 상품 Y를 수입할 것이다. 그 결과 이 국가에서 상품 X의 상대가격(P_X/P_Y)은 상승하고 노동수요가 증가하여 명목임금이 상승하기 때문에 상품 Y의 생산에 고용되었던 노동 가운데 일부는 X산업으로 이동할 것이다. 노동은 산업 간 이동이 자유롭기 때문에 상품 Y의 상대가격이 하락하고 일부 노동이 X산업으로 이동함에도 불구하고 Y 산업에서는 이전보다 더 높은 명목임금을 지불해야 한다.

이러한 변화가 국가의 **실질임금**에 미치는 효과는 분명하지 않은데, 그 이유는 (노동의 공급곡선이 수직선이 아니기 때문에 이 점은 부록의 그림 5-9로 설명됨) 상품 X의 상대가격(P_X/P_Y)이 상승하는 정도가 명목임금이 상승하는 정도보다 더 크기 때문에 상품 X로 측정한 실질임금은 하락하기 때문이다. 반면 명목임금은 상승한 반면 (수입경쟁상품인) 상품 Y의 가격은 하락하기 때문에 상품 Y로 측정한 실질임금은 상승한다. 즉, 상품 X로 측정한 실질임금은 감소하지만 상품 Y로 측정한 실질임금은 상승한다. 따라서 실질임금에 미치는 효과는 분명하지 않다. 상품 X를 주로 소비하는 노동자의 경우 실질임금과 실질소득은 감소하고 상품 Y를 주로 소비하는 노동자의 경우 실질임금과 실질소득은 증가한다.

그러나 특정요소인 자본에 대해서는 결과를 명확하게 이야기할 수 있다. 자본은 각 산업에서 특정한 용도로만 사용되므로 무역을 하더라도 상품 Y를 생산하는 데 사용되던 자본이 상품 X를 생산하는 데 사용될 수 없다. (이 국가의 수출상품인) 상품 X를 생산하는 데는 고정된 양의 특정자본이 더 많은 양의 노동과 결합되므로 상품 X를 생산하는 데 사용되는 자본에 대한 실질보수는 증가한다. 반대로 (수입경쟁상품인) 상품 Y를 생산하는 데는 고정된 양의 특정자본이 더 적은 양의 노동과 결합되므로 상품 Y를 생산하는 데 사용되는 특정자본에 대한 실질보수는 감소한다.

특정요소 모형의 결론은 무역이 이동 가능한 생산요소에 대해서는 불분명한 영향을 미치지만, 수출상품을 생산하는 데 이용되는 이동 불가능한 특정요소의 소득분배에는 유리한 영향을 미치며 수입경쟁 상품의 생산에 이용되는 이동 불가능한 특정요소의 소득분배에는 불리한 영향을 미친다는 것이다. 앞의 예에서 무역의 결과 (이동 가능한 요소인) 노동의 실질임금 및 실질소득이 증가하거나 감소할지는 불분명하지만, (이 국가의 수출상품인) 상품 X의 생산에 이용되는 특정자본에 대한 실질보수는 증가하고 (수입경쟁상품인) 상품 Y의 생산에 이용되는 특정자본에 대한 실질보수는 감소한다. 만약 상품 X를 생산하는 데 이용되는 특정요소가 천연자원이라면 무역으로 인해 토지의 실질소득 또는 실질 임대료는 증가하고, 상품 Y를 생산하는 데 이용되는 자본에 대한 실질보수는 감소하며 노동자의 실질소득이 어떻게 변화할지는 불분명하다(특정요소 모형은 부록 A5.4에서 엄밀하게 증명된다).

5.5E 경험적 타당성

그렇다면 과연 현실에서도 무역의 결과 각 국가의 동질적 생산요소에 대한 보수는 균등화되었을까? 일반적인 관측은 그렇지 않음을 보여 준다. 즉, 미국이나 독일에서 의사, 기사, 기술자, 기능공, 비서, 노동자 등의 임금이 대한민국이나 멕시코에서보다 훨씬 높다.

그 이유는 H-O-S 이론에서 전제가 되는 여러 가지의 단순화하기 위한 가정들이 현실에서는 성립하지 않기 때문이다. 예를 들어, 각 국가는 동일한 기술수준을 갖고 있지 않으며, 수송비와 무역장벽이 존재하기 때문에 국가 간 상품의 상대가격이 균등화되지도 않는다. 게다가 불완전경쟁 상태에 있으며 규모에 대한 보수가 불변인 생산기술로 생산되지 않는 산업도 많이 있다. 따라서 무역의 결과 각국의 동질적 생산요소에 대한 임금과 이자율이 균등화되지 않는다고 하더라도 그리 놀랄 만한 일은 아니다.

이러한 상황에서는 무역의 결과 동질적 생산요소에 대한 보수의 국가 간 격차가 완벽하게 제거되기보다는 감소한다고 말하는 것이 훨씬 현실적일 것이다. 무역의 결과 주요 선진국들의 제조업 분야에서 실질임금 격차는 감소한 것처럼 보이지만(사례연구 5-6 참조), 이를 이론에 대한 '증명'이라고 생각하기는 어려우며, 기타 국가들과 기타 생산요소들의 경우에 명확한 해답을 제시하는 것은 더욱 어렵다.

그 이유는 비록 무역으로 인해 국가 간 생산요소 보수의 절대적 차이가 감소하기는 하지만, 여러 가지 요인이 동시에 작용하여 이러한 관계가 명확하게 드러나지 않기 때문이다. 예를 들어 무역으로 인해 미국과 이집트 간의 동질적 노동에 대한 실질임금과 소득 격차가 감소하는 경향이 있다고 하더라도, 미국에서는 이집트에서보다 훨씬 빠른 속도로 기술이 진보했기 때문에 사실상 두 국가 간 보수의 격차는 더 커졌다. 실제로 이러한 현상은 제2차 세계대전 이후의 선진국 그룹과 개발도상국 그룹 사이에도 발생했던 것으로 보인다.

그러나 이러한 사실을 요소가격 균등화 정리에 대한 반증이라고 볼 수는 없는데, 그 이유는 무역을 하지 않았더라면 국가 간의 이러한 격차는 오늘날 보다 훨씬 더 컸을 것이기 때문이다. 어쨌든 요소가격 균등화 정리를 통해 요소가격에 영향을 미치는 결정적인 요인들을 식별하고 경제학 및 무역모형의 일반균형적 특성에 대한 통찰력을 얻을 수 있기 때문에 요소가격 균등화 정리는 매우 유용하다.

그러나 요소가격 균등화 정리가 성립한다고 하더라도 무역의 결과 1인당 국민소득의 국제적 차이가

사례연구 5-6 산업국가 간 실질임금의 수렴

표 5-5는 선진 산업국가(G7)의 제조업 분야에서 시간당 실질임금(미국＝100)에서 1959년부터 2006까지는 미국의 실질임금으로 수렴했지만, 2008~2009의 심각한 금융위기 이후에는 그렇지 않다는 점을 보여 준다. 특히 해외에서의 실질임금은 1959년에는 미국의 27%에서 1983년에는 43%, 1997년 97%, 2006년에는 102%로 상승했지만 그후 2016년에는 (74%로 하락하여) 격차가 커졌는데, 그 이유는 아마도 금융위기 이후 세계무역의 성장세가 둔화되었고 미국

에서의 성장이 다른 G7 국가들보다 신속하고도 일찍 재개되었기 때문인 것 같다. 확실히 1959년부터 2006년까지 G7 국가들 사이에 실질임금이 수렴한 것은 (국제무역의 급속한 확대 외에도) 다른 요인들, 예컨대 미국과 기타 G7 국가들 사이의 기술격차의 감소, 기타 G7 국가들에서 노동력의 증가율이 미국보다 낮았던 점 및 국제적 노동 이동성의 증가 때문인 것으로 보인다.

표 5-5 주요 선진국의 제조업 시간당 실질임금(미국 임금에 대한 백분율)

국가	1959	1983	1997	2006	2016
일본	11	24	95	79	68
이탈리아	23	42	86	94	83
프랑스	27	41	108	111	93
영국	29	35	84	102	84
독일	29	56	127	129	111
캐나다	42	57	80	94	77
단순 평균	27	43	97	102	74
미국	100	100	100	100	100

출처 : Bureau of Labor Statistics, and Conference Board Data Bases, 2018.

제거되거나 감소한다고 말할 수는 없다. 요소가격 균등화 정리는 무역으로 인해 동질적 생산요소에 대한 보수의 국제적 차이가 제거되거나 감소할 것이라는 점을 예측할 뿐이다. 국가 간 실질임금이 동일해진다고 하더라도 1인당 국민소득은 큰 격차를 보일 수도 있다. 1인당 국민소득은 요소가격 균등화 정리와는 직접 관련이 없는 다른 요인들에 의해서도 결정된다. 이러한 다른 요인들로는 미숙련노동에 대한 숙련노동의 비율, 경제활동 참가율, 부양률, 노동자들의 근로유형 등을 들 수 있다. 예를 들어 일본은 인도에 비해 미숙련노동에 대한 숙련노동의 비율이 높고, 경제활동 참가율은 높지만 부양률은 낮다. 또한 일본 노동자들은 근로와 꼼꼼함에서 자긍심을 느끼는 것으로 보인다. 따라서 일본과 인도에서 동질적 노동에 대한 임금이 정확히 일치하더라도 일본의 1인당 국민소득은 인도보다 훨씬 높을 수 있다.

5.6 헥셔-오린 모형에 대한 검증

이 절에서는 헥셔-오린 모형에 대한 실증분석 결과들을 소개하고 평가한다. 실증분석에 의해 경험적

타당성이 충분히 검토된 뒤에야 비로소 모형은 하나의 이론으로 받아들여진다. 만약 어떤 모형이 경험적 증거들과 모순된다면 그 모형은 기각되며 대안의 모형이 모색된다.

5.6A절에서는 바실리 레온티에프(Wassily Leontief)가 처음으로 검증한 헥셔−오린 모형의 실증분석 결과를 소개한다. 이 결과는 헥셔−오린 모형과 모순되는 것처럼 보이므로, 이를 설명하기 위한 시도가 다양하게 이루어졌고, 그 과정에서 수많은 여타의 실증분석들이 행해졌다. 이 점은 5.6B절에서 소개한다. 5.6C절에서는 요소집약도의 역전이라 부르는 상황을 설명하는데, 요소집약도의 역전 현상이 빈번하게 나타난다면 H-O 모형은 기각된다. 그러나 실증분석 결과를 통해 요소집약도의 역전이 현실에서 그렇게 자주 나타나는 현상이 아니라는 사실을 알 수 있다.

5.6A 검증 결과 − 레온티에프 역설

레온티에프는 1947년도의 미국 자료를 이용하여 1951년에 처음으로 헥셔−오린 모형을 검증하였다. 미국은 세계에서 가장 자본이 풍부한 국가이므로 레온티에프는 미국이 자본집약적 상품을 수출하고 노동집약적 상품을 수입할 것으로 예상하였다.

이 연구에서 레온티에프는 1947년도 미국의 대표적 수출상품 및 수입대체상품 '상품 묶음' 백만 달러에 포함된 노동과 자본을 계산하기 위해 산업연관표(input-output table)를 이용하였다.(한 경제의 산업연관표는 각각의 생산물에 대한 출처와 목적지를 보여 주는 표이다. 레온티에프 자신은 이러한 새로운 분석기법의 발전에 크게 이바지했으며 그 공로를 인정받아 1973년 노벨상을 수상하였다.)

여기서 주목할 점은 레온티에프가 미국의 수입품이 아닌 수입대체상품에서의 자본−노동 비율을 추정했다는 사실이다. 수입대체상품(import substitutes)은 자동차와 같이 미국이 국내에서 생산하기도 하지만 (완전특화의 경우가 아니므로) 외국으로부터 수입하는 상품을 말한다. 레온티에프가 수입대체상품에 관한 미국 자료를 사용할 수밖에 없었던 이유는 미국의 실제 수입품에 대한 외국의 생산자료를 구할 수 없었기 때문이다. 그러나 레온티에프는 (미국에서는 외국에 비해 자본이 상대적으로 저렴하기 때문에) 미국의 수입대체상품이 미국의 실제 수입품보다 더 자본집약적이라고 하더라도, 헥셔−오린 정리가 사실이라면 미국의 수출상품은 수입대체상품보다 더 자본집약적이어야 할 것이라고 생각하였다. 물론 미국의 실제 수입품에 대한 외국의 생산자료를 사용하지 않고 미국의 수입대체상품에 대한 미국 자료를 이용하였기 때문에 미국에서 전혀 생산되지 않는 커피나 바나나와 같은 상품들은 계산에서 제외하였다.

레온티에프의 검증 결과는 아주 의외의 결과로 나타났다. 미국의 수입대체상품에서의 자본집약도가 수출상품에서의 자본집약도보다 약 30% 정도 더 높게 나타났다. 즉, 미국은 노동집약적 상품을 수출하고 자본집약적 상품을 수입하는 것으로 보였다. 이 결과는 H-O 모형의 예측과는 정반대였으며, 이를 레온티에프 역설(Leontief paradox)이라고 한다(사례연구 5-7 참조).

이 연구에서 레온티에프는 H-O 모형을 기각하는 대신 이 결과를 합리화하려고 했다. 그는 도출된 결과가 일종의 착시였다고 주장하였다. 1947년도 미국 노동은 외국 노동에 비하여 약 3배 생산적이었으므로 미국의 노동에 3을 곱하고 이 숫자를 자본의 이용 가능성과 비교하면 미국은 실제로는 노동풍부국이라는 것이었다. 그러므로 미국의 수출상품이 수입대체상품에 비해 노동집약적 상품이라는 것은 의외의 결과가 아니라 H-O 모형의 예측과 일치한다는 것이었다. 이러한 해명은 수용할 수 없는 것이었고, 그 후에 레온티에프 자신도 이러한 해명을 철회하였다. 그 이유는 미국의 노동이 (레온티에프가 생각한 바와 같이 3배는 아니더라도) 외국 노동에 비해 보다 생산적이었다는 점은 분명하기는 하지만, 미국의 자본 역시 외국 자본에 비해 더 생산적이었기 때문이다. 따라서 미국의 노동과 자본을 모두 거의 같은 수로 곱해야 하고, 이에 따라 미국이 자본풍부국이라는 점은 거의 영향을 받지 않는다.

한편 미국의 기호가 자본집약적 상품을 선호하는 방향으로 편향되어 있어서 미국에서 자본집약적 상품의 상대가격이 높다는 해명이 제기되기도 하였는데, 이러한 해명 역시 설득력이 없다. 이러한 해명을 수용할 수 없는 이유는 국가 간 기호의 차이가 크지 않다는 사실이 밝혀졌기 때문이다. 국가별 가계 소비 유형에 관한 하우태커(Houthakker)의 1957년 연구는 식품, 의류, 주택 및 기타 종류의 상품에 대한 수요의 소득탄력성이 국가 간에 놀랄 정도로 유사하다는 점을 발견하였다. 따라서 레온티에프의 역설을 국가 간 기호의 차이로 해명하는 것은 수용할 수 없다.

5.6B 레온티에프 역설의 해명과 헥셔-오린 모형에 관한 기타의 실증연구

레온티에프 역설을 해명하기 위한 한 가지 가능한 해명 방법은 레온티에프가 검증을 위해 이용했던 1947년도 자료는 제2차 세계대전의 영향을 받고 있었던 시기이므로 대표성이 없다는 것이다. 레온티에프는 이러한 비판에 대해 1956년에 1947년도 산업연관표와 1951년도 무역자료를 이용하여 다시 검증하였다(1951년도는 통상적으로 전후 복구가 완료된 시점으로 생각된다). 그 결과는 미국의 수출상품이 수입대체상품보다 약 6% 정도 더 노동집약적이었던 것으로 나타났다. 레온티에프는 역설을 완화할 수는 있었지만 제거할 수는 없었다(사례연구 5-7 참조).

편향된 결과가 나타난 이유를 좀 더 일반적인 데서 찾는다면 레온티에프가 2요소(노동, 자본) 모형을 이용하였기 때문에 (토지, 기후, 광물자원, 산림 등과 같은) 천연자원과 같은 기타의 생산요소들을 고려하지 않았다는 점을 들 수 있다. 그러나 어떤 상품은 천연자원 집약적 상품일 수 있기 때문에 이 상품을 (2요소 모형에서와 같이) 자본집약적 상품이나 노동집약적 상품으로 구분하는 것은 적절하지 않다. 게다가 채탄, 철강 생산, 농업 등과 같이 천연자원을 이용하는 생산과정은 보통 막대한 양의 물적 자본을 필요로 한다. 따라서 미국이 천연자원의 수입에 상당 부분 의존하고 있다면, 미국의 수입대체상품의 생산에서 자본집약도가 높게 나타나는 현상을 설명하는 데 도움이 될 수도 있다.

미국의 관세정책 역시 레온티에프의 연구가 편향되도록 한 원인이 될 수도 있다. 관세는 수입 상품에 대한 세금이다. 따라서 관세는 수입을 억제하고 수입대체상품의 국내생산을 촉진한다. 1956년의 연구에서 크라비스(Kravis)는 미국에서 가장 강력하게 보호받는 산업들이 노동집약적인 산업들이라는 점을 발견했다. 이것이 무역 패턴을 왜곡시키고 미국의 수입대체상품의 노동집약도를 감소시켜 레온티에프의 역설이 발생했을 수도 있다는 것이다.

아마도 역설의 원인 가운데 가장 중요한 점은 레온티에프가 자본을 측정할 때 (기계, 기타 설비, 건물 등과 같은) 물적 자본만을 고려하였을 뿐 인적 자본(human capital)을 전혀 고려하지 않았다는 사실이다. 인적 자본은 노동자에 체화되어 있는 교육, 직업훈련 및 보건 등을 일컫는데, 이러한 것들은 노동자의 생산성을 향상시킨다. 미국의 노동자에게는 외국의 노동자에 비해 더 많은 인적 자본이 체화되어 있으므로 인적 자본을 물적 자본에 합하면 미국 수출상품은 수입대체상품보다 더 자본집약적으로 나타날

사례연구 5-7 미국 무역의 자본 및 노동 투입량

표 5-6은 미국의 수출상품 및 수입대체상품 백만 달러당 자본 및 노동 투입량과 수입품의 수출품에 대한 자본/연간노동 비율을 보여 주고 있다. 예를 들면 레온티에프는 1947년도 자료에서 미국 수입대체품에서의 자본/연간노동 비율 18,180달러를 수출품에 대한 자본/연간노동 비율 14,010달러로 나누어 수입대체품의 수출품에 대한 자본/연간노동 비율 1.30을 구하였다. 미국은 자본풍부국이며 미국의 수입대체상품이 미국의 수출상품보다 더 자본집약적이므로 역설이 나타난

다. 1951년도 무역자료를 이용한 경우 수입대체품/수출품에 대한 K/L 비율은 1.06으로 하락했으며 천연자원 산업을 제외하면 그 비율은 0.88로 떨어졌다(즉, 역설이 사라졌다). 1958년도 요소 투입량과 1962년도 무역자료를 이용하여 볼드윈(Baldwin)은 수입대체품/수출에 대한 K/L 비율 1.27을 구하였다. 천연자원 산업을 제외하면 그 비율은 1.04로 떨어졌으며, 인적 자본을 포함시킨 경우에는 0.92로 하락했다(즉, 역설이 다시 사라졌다).

표 5-6 미국의 수출상품 및 수입대체상품 백만 달러당 자본 및 노동 투입량

	수출	수입대체	수입/수출
레온티에프(1947년도 투입 요구량, 1947년도 무역)			
자본	$2,550,780	$3,091,339	
노동(연간노동)	182	170	
자본/연간노동	$14,010	$18,180	1.30
레온티에프(1947년도 투입 요구량, 1951년도 무역)			
자본	$2,256,800	$2,303,400	
노동(연간노동)	174	168	
자본/연간노동	$12,977	$13,726	1.06
자본/연간노동(천연자원 부문 배제)			0.88
볼드윈(1958년도 투입 요구량, 1962년도 무역)			
자본	$1,876,000	$2,132,000	
노동(연간노동)	131	119	
자본/연간노동	$14,200	$18,000	1.27
자본/연간노동(천연자원 부문 배제)			1.04
자본/연간노동(천연자원 부문 배제, 인적 자본 포함)			0.92

출처 : Leontief(1951, 1956) and Baldwin(1971).

수 있다.[인적 자본에 대한 분석은 1961년 슐츠(Schultz)와 1964년 베커(Becker)의 연구를 필두로 개발되었으며 유행하기 시작하였다고 말하는 것이 레온티에프에게도 공정할 것이다.]

인적 자본과 관련이 있는 것으로 미국 수출품에 대한 연구개발(R&D) 활동의 영향도 들 수 있다. R&D 활동에서 비롯된 '지식' 자본으로 인하여 일정한 물적 및 인적 자원으로 생산할 수 있는 생산액이 증가한다. 얼핏 살펴보아도 대부분의 미국 수출품은 R&D 집약적이고 숙련노동 집약적이다. 따라서 인적 자본과 물적 자본은 미국의 무역 패턴을 설명하는 데 있어 중요한 고려사항들인데, 레온티에

프는 이러한 점들을 그의 연구에서 고려하지 않았다.

인적 자본 접근방법을 이용한 수많은 실증연구 중에서 가장 중요한 연구는 크라비스(Kravis), 키싱 (Keesing), 케넨(Kenen), 볼드윈(Baldwin)의 연구이다. 1956년에 발표된 2개의 연구에서 크라비스는 1947년도와 1951년도에 미국의 수출산업에서의 임금이 수입대체 산업에서의 임금보다 약 15% 정도 더 높았다는 점을 발견했다. 크라비스는 미국의 수출산업에서의 임금이 더 높은 것은 미국의 수출품 에 체화되어 있는 인적 자본 및 생산성이 수입대체 산업에서의 인적 자본 및 생산성보다 높은 것을 반 영하는 것이라고 주장했으며, 그의 주장은 옳았다.

1966년의 연구에서 키싱은 1957년도의 경우 미국의 수출품은 기타 9개 선진국의 수출품에 비해 훨 씬 숙련노동 집약적이었다는 점을 발견했다. 이것은 미국 노동이 다른 국가들에 비해 더 많은 인적 자 본을 체화하고 있으며 대부분 고도로 훈련되어 있었다는 사실을 반영한다.

수출품과 수입대체품에 체화된 인적 자본을 실제로 추정하고 이러한 추정치를 물적 자본과 합하여 미국의 수출품과 수입대체품에 대한 K/L를 다시 계산한 것은 1965년 케넨의 연구였다. 1947년도 자 료를 이용하고 (레온티에프의 처음 연구에서처럼) 천연자원과 관련된 부문을 제외하지 않고서도 케 넨은 레온티에프 역설을 제거하는 데 성공하였다.

1971년의 연구에서 볼드윈은 1958년도 미국의 산업연관표와 1962년도 무역자료를 이용하여 레온 티에프의 연구를 재현하였다. 볼드윈은 인적 자본을 포함하지 않는 경우에 천연자원을 제외하는 것 만으로는 역설을 해소할 수 없음을 발견하였다(사례연구 5-7 참조). 그러나 개발도상국의 경우와 캐 나다의 경우 역설은 계속 나타났으며, 또한 다른 국가들의 자료를 이용한 경우에도 유사한 역설적 결 과들이 나타났다. 1977년의 연구에서 브랜슨(Branson)과 모노야스(Monoyios)는 H-O 무역모형을 검 증하기 위해 인적 자본과 물적 자본을 결합하여 하나의 척도로 삼는 것이 적절한가에 대한 몇 가지 문 제점을 제기하였다.

1980년과 1984년의 연구에서 리머(Leamer)는 다요소의 경우에는 수출품과 수입품이 아닌 생산과 소비에 있어서의 요소집약도를 비교해야만 한다고 주장했다. 리머(1984)는 이러한 접근에 따라 레온 티에프의 1947년도 자료를 분석한 결과 미국의 생산에 체화되어 있는 K/L가 소비에 체화되어 있는 K/L보다 훨씬 더 컸으므로 역설이 해소됨을 발견하였다. 이와 같은 결과는 1972년도 자료를 사용한 스턴(Stern)과 마스커스(Maskus)의 1981년 연구와 1958년부터 1981년까지 매년 천연자원을 제외한 자 료를 이용한 살바토레(Salvatore)와 바라제시(Barazesh)의 1990년 연구에 의해서도 확인되었다.

그러나 1987년의 연구에서 보웬(Bowen), 리머(Leamer), 스바코스카(Sveikauskas)는 27개 국가, 12개 요 소, 여러 상품에 관한 무역, 요소 투입량, 요소부존에 관한 1967년도 횡단면 자료를 이용하여 분석한 결 과 H-O 모형이 61% 정도(동전을 무작위로 던지는 것과 별반 다르지 않는 정도)의 경우에서만 성립한 다는 것을 발견하였다. 이로 인해 헥셔-오린 모형의 타당성은 심각한 타격을 받는 것으로 보였다. 그러 나 그 후의 연구는 제한된 형태의 H-O 모형을 뒷받침하는 것으로 보인다. 1993년의 연구에서 브리처 (Brecher)와 초드리(Choudhri)는 미국-캐나다 무역에서 H-O 모형을 뒷받침하는 생산 근거를 발견하였 다. 1994년 우드(Wood)의 연구는 숙련노동과 토지의 상대적 이용가능성의 차이로 선진국과 개발도상국 간의 무역에 대한 H-O 모형을 뒷받침하는 결과를 제시하였으며, 세계은행의 1995년 연구결과도 마찬가 지이다(사례연구 5-8 참조). 선진국 간의 제조업 무역에 대한 H-O 모형을 뒷받침하는 추가적인 근거는

사례연구 5-8   숙련노동과 토지가 존재하는 경우의 H-O 모형

그림 5-6은 토지가 풍부하고 숙련노동이 희소한 아프리카 (1)는 1차 산품을 더 많이 수출하며, 숙련노동이 풍부한 산업국가(5)는 제조업품을 더 많이 수출하고 있음을 보여 준다. 라틴아메리카(2), 남아시아(3), 동아시아(4)는 아프리카와 산업국가 사이에 위치하고 있는데, 이들 국가들은 아프리카보다 상대적으로 토지가 희소하고 숙련노동이 풍부하여 아프리카보다는 제조업품을 더 많이 수출하지만 산업국가들보다는 적게 수출한다. 그림에서 직선은 상대적인 요소부존도와 수출품 유형 사이의 일반적인 관계를 나타내는 회귀선이다. 이 회귀선은 (그림에 표시되지 않았지만) 각각의 국가로 구성된 1985년도의 126개 표본자료를 이용하여 추정되었으며, 숙련노동의 이용가능성과 제조업품의 수출 사이에는 정의 상관관계가 명확하게 있음을 보여 준다. 그림에서 원으로 표시된 문자는 각 지역 평균을 나타낸다.

지역 구분

(1) 사하라 이남 아프리카
(2) 라틴아메리카 및 카리브해
(3) 남아시아
(4) 동아시아 및 태평양
(5) 선진국

그림 5-6   숙련노동과 토지가 존재하는 경우의 비교우위

회귀선은 상대적으로 토지가 풍부하고 숙련노동이 희소한 아프리카 국가들은 다른 지역에 비해 1차 산품을 많이 수출하고 제조업품을 적게 수출하고 있음을 보여 준다.

출처 : World Bank, World Development Report(Washington D.C. : World Bank, 1995), p. 59.

제임스(James)와 엠슬리(Elmslie)의 1996년 연구에 의해서 제시되었으며, 보다 광범위하기는 하지만 제한된 근거는 리머(1993, 1995), 우드(1997) 등의 연구에 의해 제시되기도 하였다.

그러나 H-O 이론의 타당성에 대한 가장 강력하고 신빙성 있는 근거는 최근의 연구에서 제시되었다. 1970년부터 1992년 기간에 선진국 및 개발도상국을 포함하는 대규모 표본을 이용하고 국가 간 기술수준의 차이를 고려하고 있는 해리건(Harrigan)과 자크라젝(Zakrajsek)의 2000년 연구는 요소부존도가 비교우위를 잘 설명하고 있음을 보여 준다. 쇼트(Schott)는 2001년의 연구에서 (예 : 손으로 조립된 휴대용 무전기도 전기기기에 포함되고 있기 때문에 과거의 선행연구와 같이 모든 전기기기를 첨단기술 부문으로 간주하는 것은 오류임을 지적하면서) 보다 세분화된 자료를 이용하여 분석한 결과 H-O 이론을 뒷받침할 수 있는 강력한 근거를 보여 주고 있다.

보다 신빙성 있고 결정적인 근거는 데이비스(Davis)와 와인스타인(Weinstein)의 연구(2001)에서 찾을 수 있다. 1970년부터 1995년까지의 기간에 대해 (미국, 일본, 독일, 프랑스, 영국, 이탈리아, 캐나다, 오스트레일리아, 덴마크, 네덜란드) 10개국과 기타 국가들 사이의 34개 부문의 무역에 관한 자료를 이용하고 국가 간 기술수준 및 요소가격의 차이, 비교역 상품 및 수송비의 존재를 고려하여, 데이비스와 와인스타인은 각 국가가 상대적으로 풍부하고 값싼 생산요소를 집약적으로 이용하여 생산하는 상품을 수출할 뿐만 아니라 그 규모 역시 예측한 대로 나타났다는 결과를 보여 주었다.

로말리스(Romalis, 2004)는 추가적인 증거를 제시하였다. 로말리스는 헥셔-오린 모형을 차별화된 상품, 수송비를 포함하는 여러 국가 간 모형으로 확장하고 양국 간 상세한 무역자료를 이용하여, "풍부한 생산요소를 집약적으로 이용하는 상품의 생산과 무역에서 각국의 점유율은 높고, 생산요소를 급속도로 축적하는 국가의 생산 및 수출구조는 그 요소를 집약적으로 사용하는 산업으로 변화한다."라고 결론지었다.

모로우(Morrow, 2010) 역시 1985~1995년 기간에 걸친 20개 선진국 및 개발도상국에 대한 패널 자료를 이용하고 (국가 간 요소부존량의 차이 외에도) 24개 제조업품에 대한 상대적 노동생산성 격차까지도 고려한 결과 헥셔-오린 모형을 확인하는 결과를 발표했다. 초르(Chor, 2010)는 각국의 상대적 제도적 차이까지 고려한 결과 헥셔-오린 모형을 확인하는 추가적인 증거를 제시했다. 트레플러와 주(Trefler and Zhu, 2010)는 1997년 '올바른' (보다 나은) 요소집약도의 정의와 1997년도 41개 선진국 및 개발도상국의 24개 산업에 대한 산업연관표를 이용해서 이에 헥셔-오린 모형을 지지하는 또 다른 증거를 제시했다. 보다 최근의 연구에서 자이먹(Zymek, 2015)은 "1980년 이후 세계무역 확대의 대부분은 남-북 무역, 즉 자본이 풍부한 선진국과 노동이 풍부한 개발도상국 간의 무역"이었음을 지적하였다. 그러고 나서 1980년부터 2008년까지 45개 국가의 자료를 이용하여 "미세 조정된 요소부존도에 의한 무역모형으로 관찰된 남-북 무역 증가의 90%를 설명할 수 있고, 중국의 개방만으로도 예측된 남-북 무역 증가의 3/4을 설명할 수 있음"을 발견하였다.

따라서 전통적인 헥셔-오린 모형을 이용하여 (종종 남북 무역이라고 불리는) 선진국과 개발도상국 간의 무역을 이해할 수 있고(Baldwin, 2008, pp.174~175 참조), 세계에서 더 큰 비중을 차지하는 (북북 무역) 선진국 간의 무역도 헥셔-오린 모형을 국가 간 상이한 기술, 요소가격, 비교역재의 존재, 규모의 경제, 제품차별화, 수송비를 고려할 수 있도록 확장함으로써 이해할 수 있다. 그러나 어떤 사람들은 원래의 H-O 모형은 크게 변화하지 않았고 따라서 그 결과는 일반적 요소부존량 무역모형이라고 주장할 수도 있다. 다음 장에서는 국제무역과 비교우위를 결정하는 보완적인 요인으로 규모의 경제, 제품차별화, 기술격차를 검토한다.

5.6C 요소집약도 역전

요소집약도 역전(factor-intensity reversal)은 어떤 상품이 노동풍부국에서는 노동집약적이고 자본풍부국에서는 자본집약적인 경우를 말한다. 예를 들어 상품 X가 (저임금국가인) 1국에서는 노동집약적이지만 (고임금국가인) 2국에서는 자본집약적이라면 요소집약도 역전이 존재하는 것이다.

언제 그리고 왜 요소집약도 역전이 발생하는지를 설명하기 위해 생산요소의 대체탄력성(elasticity of substitution)이라는 개념을 이용한다. 대체탄력성은 생산요소의 상대가격이 하락함에 따라 한 생산요소가 다른 생산요소로 대체될 수 있는 정도나 용이함을 측정하는 것이다. 예를 들어 상품 X를 생산할 때는 상품 Y를 생산하는 경우에 비하여 자본에 대한 노동의 대체탄력성이 더 크다고 하자. 이는 상품 X를 생산할 때 노동을 자본으로 (또는 반대로) 대체하는 것이 상품 Y를 생산할 때보다 훨씬 용이하다는 것을 의미한다.

두 상품을 생산할 때 대체탄력성의 **차이**가 클수록 요소집약도 역전이 나타날 가능성은 더 커진다. 상품 X를 생산할 때 대체탄력성이 크면 1국은 임금이 낮기 때문에 노동집약적인 생산방법으로 상품 X를 생산할 것이다. 반면 2국에서는 임금이 높기 때문에 자본집약적인 생산방법으로 상품 X를 생산할 것이다. 동시에 상품 Y를 생산할 때의 대체탄력성이 매우 낮다면, 양국은 생산요소의 상대가격이 큰 차이가 있음에도 불구하고 상품 Y를 생산할 때 비슷한 생산방법을 채택할 수밖에 없다. 따라서 상품 X는 1국에서 노동집약적인 반면 2국에서는 자본집약적이 되며, 이때 요소집약도의 역전이라는 현상이 발생한다.

요소집약도 역전이 존재하면 H-O 정리와 요소가격 균등화 정리는 모두 성립되지 않는다. 요소집약도 역전이 존재하면 (노동풍부국인) 1국은 (1국에서 노동집약적 상품인) X를 수출하고 (자본풍부국인) 2국은 (2국에서 자본집약적 상품인) 상품 X를 수출하기 때문에 헥셔-오린 모형은 성립하지 않는다. 양국이 동일하고도 **동질적인** 상품을 서로 수출할 수는 없기 때문에, H-O 모형으로는 무역 패턴을 예측할 수 없다.

요소집약도의 역전이 존재하면 요소가격 균등화 정리 역시 성립되지 않는데, 그 이유는 다음과 같다. 1국이 상품 X의 생산에 특화하고 더 많은 노동을 필요로 함에 따라 (저임금국가인) 1국에서 노동의 상대적 임금이나 절대적 임금은 상승하게 된다. 반대로 2국은 상품 X를 1국으로 수출할 수 없기 때문에 2국은 상품 Y의 생산에 특화하고 수출하여야 할 것이다. 그러나 2국에서 상품 Y는 노동집약적 상품이기 때문에 2국에서의 임금은 상승할 것이기 때문이다. 양국에서 상대적 임금과 절대적 임금 격차가 어떻게 될 것인가 하는 문제는 양국에서 임금이 상승하는 속도에 따라 달라진다. 양국의 상대적 · 절대적 임금 격차는 국제무역의 결과 감소할 수도 있고, 증가할 수도 있으며 변화하지 않을 수도 있어 요소가격 균등화 정리는 더 이상 성립되지 않는다.

요소집약도 역전이 실제로 나타난다는 것은 의심의 여지가 없다. 문제는 요소집약도의 발생 빈도이다. 만약 요소집약도 역전이 빈번하게 나타나는 현상이라면 전체 H-O 이론 전체는 기각되어야 한다. 그러나 요소집약도 역전이 매우 드물게 나타난다면 H-O 모형은 타당할 수 있으며 요소집약도 역전을 예외적인 경우로 취급할 수 있다. 현실세계에서 요소집약도 역전의 발생빈도에 관한 문제는 경험적 문제이다.

민하스(Minhas)는 1962년에 요소집약도 역전에 관한 실증분석을 처음으로 시도하였는데, 이 연구에서 그는 요소집약도의 역전이 분석사례 중 1/3 정도에서 발생하여 상당히 빈번하게 발생하고 있음을 발견하였다. 그러나 레온티에프는 1964년의 연구에서 민하스의 연구결과에 편의를 야기한 중요한 요인들을 제거하여 연구사례 중 8%의 경우에서만 요소집약도 역전이 발생하였으며, 천연자원의 사용량이 높은 2개의 산업을 제외하면 겨우 1% 정도에서만 이러한 현상이 발생하였음을 보여 주었다.

민하스의 연구를 다른 측면에서 검증한 1966년 볼(Ball)의 연구는 현실세계에서 요소집약도 역전의 발생가능성이 매우 낮다는 레온티에프의 결론을 확인하고 있다. 따라서 (5.2절의 가정 3인) 생산요소의 상대가격이 어떻게 변화한다고 하더라도 한 가지 상품은 노동집약적이고 다른 상품은 자본집약적이라는 가정은 일반적으로 성립하는 것으로 보이며, H-O 모형은 기각되지 않고 타당할 수 있다.

요약

1. 이 장에서 소개된 헥셔-오린 이론은 이전에 소개된 무역모형을 확장하여 비교우위의 발생원인(즉, 결정요인)과 무역이 생산요소의 소득에 미치는 효과를 설명하고 있다. 고전파 경제학자들은 이러한 두 가지 문제에 대해 설명하지 못하였다.

2. 헥셔-오린 이론은 다음과 같은 많은 단순화 가정에 기초하고 있다(이 중 일부는 헥셔와 오린이 단지 암묵적으로만 가정하였다). (1) 2개의 국가, 2개의 생산요소 및 2개의 상품, (2) 기술수준은 양국에서 동일하다. (3) 동일한 상품이 양국에서 노동집약적이다. (4) 규모에 대한 수익불변, (5) 생산에서의 불완전특화, (6) 양국에서의 동일한 기호, (7) 상품 및 생산요소 시장의 완전경쟁, (8) 국내에서 생산요소의 완전 이동성 및 생산요소의 국제적 이동불가능성, (9) 수송비, 관세 및 기타 무역장벽이 없다, (10) 완전고용, (11) 무역수지의 균형 등이고, 이러한 가정들은 제6장에서 완화된다.

3. 2개 국가(1국과 2국), 2개의 상품(X와 Y) 및 2개의 생산요소(노동과 자본)가 존재하는 세계에서, 상품 Y를 생산할 때의 자본집약도가 상품 X를 생산할 때의 자본집약도보다 양국에서 더 높으면 상품 Y를 자본집약적이라고 한다. 만약 2국에서 자본의 상대가격(r/w)이 1국에서보다 낮다면 2국을 자본풍부국이라고 한다. 따라서 2국의 생산가능곡선은 Y축의 방향으로 1국의 생산가능곡선은 X축의 방향으로 치우쳐 있다. 2국에서는 자본의 상대가격이 낮기 때문에 2국의 생산자들은 두 가지 상품을 생산할 때 1국의 생산자들보다 더 자본집약적인 생산방법을 채택한다. 또한 자본의 상대가격이 하락하면 두 상품의 생산에서 노동이 자본으로 대체되므로 자본집약도는 상승한다. 만약 생산요소의 상대가격이 어떻게 변하여도 양국에서 상품 X를 생산할 때보다 상품 Y를 생산할 때의 자본집약도가 더 높다면 상품 Y는 항상 자본집약적이다.

4. 헥셔-오린 이론 또는 요소부존이론은 2개의 정리로 집약된다. 헥셔-오린(H-O) 정리에 의하면 각국은 상대적으로 풍부하고 값싼 생산요소를 집약적으로 이용하여 생산하는 상품을 수출하고 상대적으로 희소하고 값비싼 생산요소를 집약적으로 이용하여 생산하는 상품을 수입한다. 요소가격 균등화 정리(H-O-S)에 의하면 무역의 결과 국가 간 동질적 요소에 대한 상대적 및 절대적 보수는 균등화된다. 만약 일부 생산요소가 특정적인 경우(즉, 일부 산업에서만 사용될 수 있다면), 특정요소 모형은 무역의 결과 국내에서 이동 가능한 생산요소는 이익을 얻는지 손해를 보는지 분명하지 않지만, 수출상품의 생산에 이용되는 특정요소는 이익을 얻고 수입경쟁 상품의 생산에 이용되는 특정요소는 손해를 본다는 점을 설명하고 있다.

5. 무역 이전 국가 간 상품의 상대가격의 차이를 유발하는 여러 가지 요인 중에서 헥셔와 오린은 (기술수준과 기호가 동일할 때) 요소부존량의 차이를 비교우위의 결정원인 또는 이유로 강조하였다. 무역의 결과 동질적 생산요소에 대한 상대적 · 절대적 보수가 국가 간에 균등화된다는 점에서 무역은 생산요소의 국제적 이동을 대체한다고 할 수 있다. 모든 상품 및 생산요소 시장은 전체적으로 통일된 체계의 구성 부분으로 어느 한 부분에서 변화가 발생하면 이는 다른 부분들에도 영향을 미친다는 점에서 헥셔−오린 이론의 일반균형 특징이 나타난다.

6. 헥셔−오린 모형에 대한 첫 검증은 1947년 미국 자료를 이용한 레온티에프에 의해 처음으로 이루어졌다. 레온티에프는 미국의 수입대체상품이 수출상품보다 약 30% 정도 더 자본집약적이었음을 발견했다. 미국은 가장 자본이 풍부한 국가이므로 이러한 결과는 H−O 모형의 예측과 정반대되는 것이며, 이를 레온티에프 역설이라고 한다. 경험적 연구 결과에 의하면 전통적 헥셔−오린 모형은 선진국과 개발도상국 사이의 무역(남−북 무역이라고도 함)을, 상당히 제약적이거나 단서가 많은 헥셔−오린 모형은 선진국 사이의 무역(북−북 무역)의 상당 부분을 설명할 수 있는 것으로 보인다.

7. 요소집약도 역전은 어떤 상품이 노동풍부국에서는 노동집약적이고 자본풍부국에서는 자본집약적인 경우를 말한다. 두 상품을 생산할 때 생산요소의 대체탄력성이 크게 차이가 날 경우 요소집약도의 역전이 발생할 수 있다. 요소집약도 역전이 발생하면 H−O 정리와 요소가격 균등화 정리는 모두 성립되지 않는다. 민하스는 1962년에 행한 실증분석에서 요소집약도 역전이 상당히 빈번하게 발생하였음을 보여 주었다. 그러나 레온티에프와 볼은 민하스의 결과는 편의(偏倚)된 것이며 요소집약도 역전이 희귀한 현상임을 보여 주었다.

주요용어

국가 간 생산요소의 이동가능성(international factor mobility)

국내 이동가능성(internal factor mobility)

규모에 대한 수익불변(constant returns to scale)

노동집약적(labor intensive)

노동−자본 비율(labor-capital ratio, L/K)

대체탄력성(elasticity of substitution)

대체탄력성 불변 생산함수[constant elasticity of substitution (CES) production function, CES 생산함수]

레온티에프의 역설(Leontief paradox)

산업연관표(input-output table)

생산요소의 상대가격(relative factor prices)

수입대체상품(Import substitutes)

오일러 정리(Euler's theorem)

완전경쟁(perfect competition)

요소가격 균등화 정리(factor-price equalization H-O-S theorem)

요소부존이론(factor-endowment theory)

요소비율이론(factor-proportions theory)

요소의 풍부성(factor abundance)

요소집약도 역전(factor-intensity reversal)

유발수요(derived demand)

인적 자본(human capital)

자본집약적(capital intensive)

자본−노동 비율(capital-labor ratio, K/L)

콥−더글러스 생산함수(Cobb-Douglas production function)

특정요소 모형(specific-factors model)

헥셔−오린 이론(Heckscher-Ohlin theory)

헥셔−오린 정리(Heckscher-Ohlin theorem)

복습문제

1. 어떤 의미에서 헥셔-오린 이론은 앞 장의 무역모형을 확장했다고 할 수 있는가? 고전파 경제학자들은 이 점에 대해 어떻게 생각했는가?

2. 헥셔-오린 이론의 가정을 서술하라. 각 가정의 의미와 중요성은 무엇인가?

3. 노동집약적 상품이란 무엇인가? 자본집약적 상품이란? 자본-노동 비율이란 무엇인가?

4. 자본풍부국은 무엇을 의미하는가? 각국에서 생산가능곡선의 모양을 결정하는 것은 무엇인가?

5. 두 국가에서 각국의 상품을 생산할 때 자본-노동 비율은 무엇에 의해 결정되는가? 두 가지 상품을 생산할 때 두 나라 중 어떤 나라의 자본-노동 비율이 높을 것으로 예상되는가? 그 이유는? 각국이 두 가지 상품을 생산할 때 두 나라에서 자본-노동 비율이 같아지는 경우는 언제인가?

6. 두 가지 상품을 생산할 때 노동과 자본이 대체될 수 있다면 어느 경우에 한 상품이 노동집약적이거나 자본집약적인가?

7. 헥셔-오린 이론의 내용은 무엇인가? 헥셔와 오린은 어떤 요인을 비교우위와 국제무역의 근본적 결정요인

이라고 생각하는가?

8. 요소가격 균등화 정리의 내용은 무엇인가? 요소가격 균등화 정리와 생산요소의 국제적 이동가능성의 관계는 무엇인가?

9. 헥셔-오린 이론이 일반균형 이론인 이유는 무엇인가?

10. 레온티에프 역설이란 무엇인가? 이 역설을 설명할 수 있는 몇 가지 방법을 서술하라. 인적 자본은 이 역설을 설명하는 데 어떤 공헌을 하는가?

11. 인적 자본과 국제무역의 관계에 관한 실증적 연구의 결과는? 천연자원과 국제무역의 관계에 관한 실증적 연구 결과는? 오늘날 헥셔-오린 이론의 위상은?

12. 요소집약도의 역전이란 무엇인가? 요소집약도의 역전과 생산에서의 대체탄력성의 관계는? 요소집약도의 역전이 자주 발생하는 일이라면 헥셔-오린 정리와 요소가격 균등화 정리가 성립하지 않는 이유는? 현실세계에서 요소집약도의 역전이 자주 발생하는가에 관한 실증 연구의 결과는?

13. 최근의 연구들은 헥셔-오린 이론을 기각하는가, 아니면 지지하는가?

연습문제

1. 1국과 2국에 대해 2개의 그래프를 그리고 수평축에는 노동을 수직축에는 자본을 표시하라.

   (a) 무역을 하지 않을 때 양국에서 상품 Y를 생산할 때의 K/L가 상품 X를 생산할 때보다 더 크고, 1국은 2국보다 두 상품을 생산할 때의 K/L가 더 큰 경우를 표현할 수 있도록 원점을 지나는 직선을 그려서 설명하라.

   (b) 무역의 결과 2국에서 r/w이 상승한다면 각 상품의 K/L를 측정하는 직선의 기울기는 어떻게 변하는가?

   (c) 무역의 결과 1국에서 r/w이 하락한다면 각 상품의 K/L를 측정하는 직선의 기울기는 어떻게 변하는가?

   (d) 위의 (b)와 (c)의 결과를 이용하여 무역을 하게 되면 무역을 하지 않는 경우와 비교하여 양국에서 각 상품을 생산할 때의 K/L의 차이가 더 커지는가 아니면 감소하는가?

2. 본문을 참고하지 말고

   (a) 각국에 대해 자급자족경제의 균형과 무역 이후의 생산점 및 소비점을 표현할 수 있도록 그림 5-4와 유사한 그림을 그리라.

   (b) (a)의 그림을 참고하여 각국의 비교우위를 결정하는 요인을 설명하라.

   (c) 무역 이전에는 각국의 상품 소비량이 다르지만 무역

을 할 경우 동일한 양을 소비하는 이유를 설명하라.

3. 그림 5-4에 표시된 1국과 2국의 생산가능곡선으로부터 시작하여 양국에서 기호의 차이가 약간 존재한다고 하더라도 1국은 여전히 상품 X에 비교우위를 가지고 있음을 그림으로 설명하라.

4. 그림 5-4에 표시된 1국과 2국의 생산가능곡선으로부터 시작하여 양국에서 기호의 차이가 충분히 존재하면 각국의 요소부존량의 차이가 상쇄되어 무역을 하지 않을 때의 1국과 2국의 상품의 상대가격이 같아질 수 있음을 보이라.

5. 그림 5-4에 표시된 1국과 2국의 생산가능곡선으로부터 시작하여 양국에서 기호의 차이가 대단히 크다면 1국은 자본집약적인 상품을 수출할 수도 있음을 보이라.

6. 요소부존의 차이로 인해 두 국가의 생산가능곡선은 다른 모양을 가지고 있다.

   (a) 이 외에 어떤 요인에 의해 생산가능곡선의 모양이 다르게 나타날 수 있는가?

   (b) 헥셔와 오린은 어떤 가정을 하여 이러한 경우를 배제시키고 있는가?

   (c) 무역을 하지 않을 때 양국에서 상품의 상대가격이 차이가 나도록 하는 다른 요인들로는 무엇이 있는가?

7. 1국과 2국 간에 기호의 차이가 약간 있다고 하더라도 헥셔-오린 모형이 성립하는 경우를 표현할 수 있도록 그림 5-4와 유사한 그림을 그리라.

8. 가난한 개발도상국을 여행하다 보면 그곳에서는 사람들이 미국의 소비자들과는 다른 상품 및 서비스를 소비하는 것을 발견할 수 있다. 이 사실은 개발도상국의 기호가 미국의 기호와 매우 다르다는 것을 의미하는가? 설명하라.

9. 그림 5-4의 무역 이전 균형점에서 시작하여 1국에서 비교열위 상품(즉, 상품 Y)을 더 선호하는 방향으로 기호가 변화했다고 가정하자.

   (a) 이러한 기호의 변화는 1국의 P_X/P_Y에 어떤 영향을 미치는가? 그런 결론을 내리게 된 이유는?

   (b) 이러한 기호의 변화가 1국의 r/w에 어떤 영향을 미치는가?

   (c) 이러한 기호의 변화는 무역량 및 무역 패턴에 어떤 영향을 미치는가?

10. 다음 인용문에 대해 논하라. "각국에서 동질적인 생산요소에 대한 보수가 완전히 균등화되기 위해 필요한 가정들은 지나치게 제한적이며 현실을 대표할 수 없기 때문에, 요소가격이론은 그 이론이 주장하는 것과는 정반대의 것, 즉 자유무역으로 요소가격이 같아질 가능성은 거의 없다는 것을 증명한다고 할 수 있다."

11. 무역으로 인해 지난 20년간 미국의 격차가 심화되었다고 하는데 그렇게 될 수 있는 이유를 설명하라.

12. (a) 레온티에프 역설의 의미와 중요성을 논하라.

    (b) 레온티에프 역설을 설명하는 데 있어 인적 자본의 중요성에 관한 크라비스, 키싱, 케넨, 볼드윈의 실증분석 결과를 요약하라.

    (c) 리머, 스턴, 마스커스, 살바토레, 바라제시는 이 역설을 어떻게 설명하였나?

    (d) 현재 이러한 논쟁은 어떤 상태인가?

13. 그림 5-1과 유사한 그림을 그려 요소집약도 역전을 설명하라.

    (a) 위의 그림을 참고하여 요소집약도 역전이 어떻게 나타나는지를 설명하라.

    (b) 현실세계에서 요소집약도 역전 발생가능성에 관한 민하스, 레온티에프, 볼의 연구결과를 요약하라.

14. 요소집약도 역전이 존재하는 경우 자본 가격의 국제적 격차가 무역으로 인해 감소할 수도, 증가할 수도 또는 변하지 않을 수도 있음을 설명하라.

15. 최근의 연구들은 H-O 모형을 어떻게 입증하려고 하는지를 설명하라.

    (a) 이와 같은 최근의 실증연구 결과들을 설명하라.

    (b) H-O 모형의 유용성과 이 이론의 수용 여부에 대해 일반적 결론을 내린다면 어떤 결론을 내릴 수 있을까?

부록

여기서는 요소가격 균등화 정리를 정식으로 증명하고 요소집약도 역전을 살펴보기로 한다. A5.1절에서는 그림 3-9와 3-10에 있는 1국과 2국의 에지워스 상자도를 (현재의 목적에 맞도록 조금 수정하여) 다시 살펴본다. A5.2절에서는 무역이 양국의 **상대적** 요소가격을 균등화시킨다는 것을 설명한다. A5.3절에서는 무역의 결과 **절대적** 요소가격 역시 균등화됨을 설명한다. A5.4절은 특정요소모형을 이용하여 무역의 단기 소득분배 효과를 설명한다.

A5.5절부터 A5.7절에서는 제3장의 부록에서 복습한 고급의 분석도구를 활용하여 요소집약도 역전을 살펴본다. A5.5절에서는 요소집약도 역전을 그림으로 설명하며, A5.6절은 노동과 자본의 대체탄력성을 측정하는 공식을 소개하고 대체탄력성과 요소집약도 역전과의 관계를 설명한다. A5.7에서는 현실세계에서 요소집약도 역전의 발생빈도를 실증적으로 검증할 수 있는 분석방법을 살펴본다.

A5.1 1국과 2국의 에지워스 상자도

그림 5-7은 1국과 2국의 에지워스 상자도를 상품 X에 대한 원점이 일치하도록 겹쳐 놓은 것이다. 1국은 노동풍부국이고 2국은 자본풍부국이므로 상품 Y에 대한 원점은 일치하지 않는다. 다음의 분석을 용이하게 하도록 2개의 상자를 겹쳐 놓았다.

양국에서 기술수준이 동일하므로 상품 X의 등량선들은 양국에서 동일하며 (공통의 원점 O_X로부터 측정된다), 마찬가지로 상품 Y의 등량선도 양국에서 동일하다(그러나 1국의 경우 원점은 O_Y이고 2국의 원점은 $O_{Y'}$이다). 상품 X의 등량선이 O_X로부터 멀어질수록 상품 X의 양은 더 많아지며, 상품 Y의 등량선이 각각 O_Y와 $O_{Y'}$으로부터 멀어질수록 생산량은 더 많아진다.

각 국가에서 상품 X의 등량선과 상품 Y의 등량선이 접하는 모든 점들을 연결하면 그 국가의 생산계약곡선을 도출할 수 있다. 그림 5-7에서 1국의 생산계약곡선 위의 점 A, F, B는 각각 (그림 3-9의) 1국의 생산가능곡선 위의 점들과 대응된다. 마찬가지로 2국의 생산계약곡선 위의 점 A', F', B' 역시 2국 생산가능곡선 위의 점들과 대응한다. 양국에서 상품 X가 노동집약적 상품이므로 양국의 생산계약곡선은 대각선 아래에 위치하고 있음을 주목하자.

A5.2 상대적 요소가격 균등화

그림 5-8은 그림 5-7을 다시 그린 것이지만 (그림을 간단하게 나타내기 위해) 모든 등량곡선과 (이후의 분석에서 필요 없는) 점 F와 F'을 생략하였다. 무역을 하지 않을 때의 균형점은 (그림 3-3과 3-4에서처럼) 1국에서는 A이고 2국에서는 A'이다. 1국에서 상품 X를 생산할 때의 K/L 비율은 2국에서보다 낮다. 이러한 사실은 (그림에는 표시되어 있지 않지만) O_X와 A를 연결하는 직선의 기울기가 O_X와 A'을 연결하는 직선의 기울기보다 작은 것으로부터 알 수 있다. 마찬가지로 1국에서 상품 Y를 생산할 때의 K/L 역시 2국에서보다 낮다. 이러한 사실은 (그림에는 표시되어 있지 않지만) O_Y와 A를 연결하는 직선의 기울기가 (역시 그림에는 표시되지 않았지만) $O_{Y'}$과 A'을 연결하는 직선의 기울기보다 작

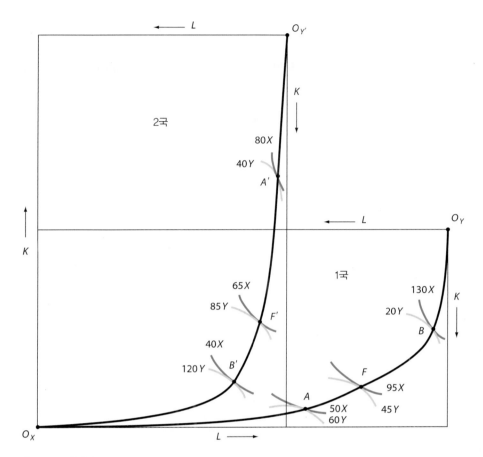

그림 5-7 1국과 2국의 에지워스 상자도

이 그림은 2국의 에지워스 상자도(그림 3-10)를 1국의 에지워스 상자도(그림 3-9)와 상품 X에 대한 원점이 일치하도록 겹쳐 놓은 것이다. 기술수준이 양국에서 동일하므로 상품 X에 대한 등량선은 양국에서 동일하며, 상품 Y에 대한 등량선도 마찬가지다. 각국의 생산계약곡선 위의 모든 점들은 그 국가의 생산가능곡선상의 점들과 대응관계에 있다. 양국에서 상품 X가 노동집약적이기 때문에 양국의 계약곡선은 대각선보다 아래에 위치한다.

은 것으로부터 알 수 있다.

　1국은 2국과 비교할 때 두 상품의 생산에 있어 노동 1단위당 자본의 비율이 낮기 때문에 1국은 2국보다 노동생산성 및 임금(w)이 더 낮고 자본생산성과 이자율(r)은 더 높다. 이것은 양국의 생산함수가 (계속 가정해 온 바와 같이) 규모에 대한 수익불변의 특징을 가지고 있는 일차동차인 경우에 항상 성립한다.

　1국은 2국에 비해 w는 낮고 r이 높으므로 1국의 w/r는 2국보다 낮다. 이 점은 1국이 노동풍부국이고 2국이 자본풍부국이라는 사실과도 일치하는 것이다. 폐쇄경제 균형점 A에서 1국의 w/r가 더 낮다는 사실은 점 A를 지나는 (짧은 실선의) 선분의 기울기(의 절댓값)가 점 A'을 지나는 (짧은 실선의) 선분의 기울기보다 더 작다는 사실에 반영되어 있다. (이 선분들은―그림 5-8에는 그리지 않았지만―점 A와 점 A'에서 상품 X 및 Y의 등량선의 공통접선이다.)

　요약하면 폐쇄경제 균형점 A에서 1국은 두 상품의 생산에 있어 2국보다 낮은 K/L를 사용한다. 그 결

그림 5-8 **요소가격 균등화 정리의 증명**

1국의 무역 이전 균형점 *A*와 2국의 무역 이전 균형점 *A*′에서, 두 상품을 생산할 때 1국에서의 *K/L*는 2국에서 보다 낮다. 이러한 사실은 (그림에서 보이지는 않지만) *O_X*에서 점 *A*를 연결하는 직선의 기울기가 *O_X*에서 점 *A*′을 연결하는 직선의 기울기보다 작고, *O_Y*에서 점 *A*를 연결하는 직선의 기울기가 *O_Y*에서 점 *A*′을 연결하는 직선의 기울기보다 작은 것으로 알 수 있다. 1국에서는 *w/r*(점 *A*를 지나는 실선으로 표시된 선분의 기울기)가 작고 상품 X는 노동집약적이므로 1국은 점 *B*에 도달할 때까지 상품 X의 생산에 특화하며, 2국은 점 *B*′에 도달할 때까지 상품 Y의 생산에 특화한다. 점 *B*와 점 *B*′에서 자본집약도와 임금의 상대가격(*w/r*)은 양국에서 같아진다.

과 1국에서는 2국에서보다 노동생산성은 낮고 자본생산성은 높다. 결과적으로 (노동풍부국인) 1국에서는 *w/r*가 2국보다 더 낮다.

1국은 노동풍부국이고 상품 X는 노동집약적이므로 무역을 하게 되면 1국은 상품 X의 생산에 특화한다(즉, 점 *A*에서 생산계약곡선을 따라 *O_Y* 방향으로 이동한다). 마찬가지로 2국은 상품 Y의 생산에 특화하며 점 *A*′으로부터 *O_X* 방향으로 이동한다. 생산에서의 특화는 1국이 점 *B*, 2국은 점 *B*′에 이를 때까지 계속되며, 이 점에서 양국에서 두 가지 상품을 생산할 때의 *K/L*는 같아진다. 각 상품을 생산할 때의 자본집약도는 1국과 2국의 경우에 각각 상품 X의 경우에는 *O_X*와 점 *B* 및 점 *B*′을 연결하는 점선의 기울기로, 상품 Y의 경우에는 *O_Y*와 *B*를 연결하는 점선 및 *O_Y*′과 *B*′을 연결하는 평행한 점선으로 표시된다.

1국에서 생산점이 점 *A*에서 점 *B*로 이동함에 따라 두 상품을 생산할 때의 *K/L*는 상승함에 주목하자. 이러한 사실은 O_X 및 O_Y와 점 *B*를 연결하는 점선의 기울기가 O_X 및 O_Y와 점 *A*를 연결하는 선분의 기울기보다 크다는 점에서 알 수 있다. 이와 같이 *K/L*가 증가한 결과 (저임금국가인) 1국의 노동생산성과 임금이 상승한다. 반면 2국의 생산이 점 *A′*에서 점 *B′*으로 이동함에 따라 두 상품을 생산할 때의 *K/L*가 감소한다는 사실에 주목하자. 이러한 사실은 O_X 및 $O_{Y'}$과 점 *B′*을 연결하는 점선의 기울기가 이 점들로부터 점 *A′*을 연결하는 선분의 기울기보다 작다는 점에서 알 수 있다. 이와 같이 *K/L*가 감소한 결과 (고임금국가인) 2국의 노동생산성과 임금이 하락한다. 자본의 경우에는 정반대가 된다.

무역을 하지 않을 때 1국에서의 *w/r*는 2국에서보다 낮았다(점 *A*와 점 *A′*을 지나는 짧은 실선의 기울기의 절댓값을 참고하기 바람). (저임금국가인) 1국이 상품 X의 생산에 특화함에 따라 1국에서는 두 상품을 생산할 때의 *K/L*와 *w/r*가 상승한다. (고임금국가인) 2국이 상품 Y의 생산에 특화함에 따라 2국에서는 두 상품을 생산할 때의 *K/L*와 *w/r*가 하락한다. 이러한 생산 특화는 양국에서 *K/L*와 *w/r*가 같아질 때까지 계속된다. 이는 무역을 하게 될 때 1국은 점 *B*에서 2국은 점 *B′*에서 생산할 때 발생한다. 이것으로 5.2A절의 가정들이 성립할 때 무역의 결과 생산요소의 상대가격은 양국에서 균등화된다는 점을 정식으로 증명하였다.

> **연습문제** 1국의 자본부존량이 매우 적다면 생산요소의 상대가격이 균등화되기 전에 1국은 상품 X의 생산에 완전특화할 수 있음을 그림으로 그려 보라.

A5.3 절대적 요소가격 균등화

절대적 요소가격 균등화를 증명하는 것은 상대적 요소가격 균등화를 증명하는 것보다 어렵고, 학생들이 중급 수준의 미시경제학 및 거시경제학을 수강했다고 하더라도 학부 수준에서는 잘 다루지 않는다. 여기서는 내용의 완결성을 기하고 수준 높은 학부생과 대학원 1년생에게 도움이 될 수 있도록 이 정리에 대한 증명을 소개한다.

절대적 요소가격 균등화 정리는 오일러 정리(Euler's theorem)를 이용하여 증명한다. 오일러 정리에 의하면 생산을 할 때 규모에 대한 수익이 불변이고 각각의 생산요소는 생산성만큼 보수를 받는다면 생산물은 각 생산요소에 대한 보수의 합과 정확하게 일치한다. 구체적으로 노동의 한계생산성(*MPL*)에 투입된 노동량(*L*)을 곱하고 이를 자본의 한계생산성(*MPK*)에 투입된 자본량(*K*)의 곱과 합한 값은 정확히 생산물과 같다. 상품 Y의 경우에도 마찬가지이다. 상품 X를 생산할 때의 오일러 정리를 식으로 표현하면 다음과 같다.

$$(MPL)(L) + (MPK)(K) = X \tag{5A-1}$$

양변을 *L*로 나누어 정리하면 다음과 같다.

$$X/L = MPL + (MPK)(K)/L \tag{5A-2}$$

*MPL*로 묶어 내면 다음과 같다.

$$X/L = MPL[(1 + K/L)(MPK/MPL)] \qquad (5A-3)$$

무역을 하게 되면 1국과 2국은 각각 그림 5-8의 점 *B*와 점 *B'*에서 생산하게 된다. 점 *B*와 점 *B'*에서는 양국에서 *w/r*가 같으므로 *MPK/MPL* 역시 같다. 또한 점 *B*와 점 *B'*에서는 양국에서 X를 생산할 때의 *K/L*도 같음을 이미 알고 있다. 마지막으로 *X/L*는 상품 X를 생산할 때 노동의 평균생산성이며, 규모에 대한 수익불변과 동일한 기술수준을 가정했기 때문에 이 역시 양국에서 같다. 결국 식 (5A-3)에서 노동의 평균생산성이 같아지려면 *MPL* 역시 양국에서 반드시 같아져야 한다.

실질임금은 *MPL*과 같으므로 양국에서 *MPL*이 같다는 것은 상품 X를 생산할 때 양국의 실질임금이 같다는 것을 의미한다. 완전경쟁과 국내에서는 생산요소가 완전하게 이동 가능하다고 가정하였기 때문에, 각국 내에서 상품 Y를 생산할 때의 실질임금 임금 역시 상품 X를 생산할 때의 실질임금과 같다. 마찬가지 방법으로 양국에서 두 상품을 생산할 때의 실질이자율 역시 같다는 점을 증명할 수 있다. 이로써 (대단히 제한된 가정 아래) 양국에서 두 상품을 생산할 때의 생산요소에 대한 보수가 절대적으로 균등화됨을 증명하였다. 즉, 양국에서 두 상품을 생산할 때의 실질임금이 같다는 것을 증명하였다. 마찬가지로 양국에서 두 상품을 생산할 때의 실질이자율 역시 같게 된다.

A5.4 무역의 단기 소득분배효과 : 특정요소 모형

(노동풍부국인) 1국에서 노동은 산업 간 이동이 자유롭지만 자본은 이동 불가능하다고 가정하자. 노동은 이동 가능하므로 1국에서 두 상품 X와 Y를 생산할 때의 임금은 같다. 1국에서 두 상품의 생산에 고용된 균형 고용량과 균형임금은 X와 Y를 생산할 때의 노동의 한계생산물 가치 곡선이 만나는 점에서 결정된다. 미시경제학으로부터 상품 X를 생산할 때의 노동의 한계생산물 가치는 상품 X의 가격과 노동의 한계생산성을 곱한 것과 같다는 사실을 알고 있을 것이다. 즉, $VMPL_X = P_X \cdot MPL_X$이다. 마찬가지로 상품 Y의 경우에도 $VMPL_Y = P_Y \cdot MPL_Y$이다. 또한 자본이 일정할 때 노동을 더 고용하면 수확체감의 법칙에 따라 *VMPL*이 감소한다는 사실을 알고 있다. 마지막으로 기업은 이윤을 극대화하기 위하여 임금이 노동의 한계생산물 가치와 같아질 때까지 노동을 고용할 것이다(즉, $w = VMPL$).

이제 그림 5-9를 이용하여 1국이 상품 X와 Y를 생산할 때 폐쇄경제에서의 균형임금과 고용량을 살펴볼 수 있다. 이 그림에서 수평축은 1국이 사용 가능한 총노동량을 표시하며 수직축은 임금을 나타낸다. 우선 $VMPL_X$(이 곡선은 보통의 경우처럼 왼쪽으로부터 오른쪽으로 측정한다.)와 $VMPL_Y$(이 곡선은 오른쪽으로부터 왼쪽으로 측정한다.)를 보자. 균형임금은 이 두 곡선이 교차하는 점에서 결정되며 *ED*이다. 노동이 산업 간에 완전하게 이동 가능하다고 가정하였으므로, 두 상품을 생산할 때의 임금은 같다. 상품 X의 생산에는 *OD*의 노동량이, 상품 Y의 생산에는 나머지 *DO'*의 노동량이 고용된다.

(노동풍부국인) 1국은 (노동집약적 상품인) 상품 X에 비교우위를 갖기 때문에 무역이 개시되면 상대가격 P_X/P_Y는 상승한다. $VMPL_X = P_X \cdot MPL_X$이므로 P_X가 상승하면 $VMPL_X$는 같은 비율로 *EF*만큼 위로 이동하여 $VMPL'_X$가 된다. 임금은 *ED*에서 *E'D'*으로 상승하지만 상품 X의 가격만큼 상승하지는 않고, 상품 Y의 생산에 고용되어 있던 *DD'*의 노동이 상품 X를 생산하는 데 이용된다. *w*는 P_X보다 적

그림 5-9　**특정요소 모형**

노동은 산업 간 이동 가능한 데 반해 자본은 이동할 수 없다. 수평축은 1국이 이용 가능한 총노동공급을 나타내며 수직축은 임금(w)을 나타낸다. 무역 이전에는 $VMPL_X$와 $VMPL_Y$가 만나는 점에서 임금 $w=ED$가 결정된다. OD의 노동이 상품 X의 생산에 투입되고 DO'의 노동은 상품 Y의 생산에 투입된다. 무역을 하게 되면 P_X/P_Y가 상승하여 $VMPL_X$는 $VMPL'_X$로 이동하고 임금은 ED에서 $E'D'$으로 상승하여 DD'의 노동이 상품 Y의 생산에서 상품 X의 생산으로 이동한다. (P_Y가 변하지 않았다고 가정할 때) 임금은 P_X보다 적게 상승하므로 상품 X로 측정한 임금은 하락하고 상품 Y로 측정한 임금은 상승한다. 상품 X의 생산에는 고정된 자본이 더 많은 노동과 결합되므로 $VMPK_X$는 상승하고 X와 Y로 측정한 r 역시 상승한다. 상품 Y를 생산할 때는 일정한 양의 자본과 더 적은 노동이 결합하므로 $VMPK_Y$는 하락하고 상품 X와 Y로 측정한 r은 하락한다.

게 상승하므로 상품 X로 측정한 실질임금은 하락하고 (P_Y는 변하지 않았으므로) 상품 Y로 측정한 실질임금은 상승한다. 즉, P_X의 상승이 노동의 실질소득에 미치는 효과는 분명치 않으며 지출 패턴에 따라 달라진다. 주로 상품 X를 소비하는 노동자의 생활수준은 악화되지만 주로 상품 Y를 소비하는 노동자의 생활수준은 향상될 것이다.

그러나 (특정요소인) 자본에 대한 보수(r)에 미치는 효과는 분명하다. 상품 X를 생산하는 데 이용되는 특정자본은 더 많은 노동과 결합되므로 $VMPK_X$는 상승하고 어느 상품으로 측정하든 r은 상승한다. 반면 상품 Y를 생산하는 데 고용된 자본은 결합되는 노동량의 감소로 인해 $VMPK_Y$는 감소하며, Y로 측정한 r도 감소하며 X로 측정한 r은 더욱더 감소한다.

따라서 무역이 개시됨에 따라 (이 국가에서 희소한 생산요소인) 이동 불가능한 자본에 대한 실질소득은 산업별로 상이하게 나타난다. 즉, 상품 X의 생산에 특정적으로 사용되는 자본의 실질소득은 증가하는 반면 상품 Y의 생산에 특정적으로 사용되는 자본의 경우는 실질소득이 감소한다. 반면에 (두 상품의 생산에서 동일한) 실질임금은 상품 X로 평가하면 감소하고 상품 Y로 평가하면 상승하는데, 이것은 자본이 산업별로 이동 불가능하거나 산업별로 특정적인 경우에 특정요소 모형으로 알 수 있는 무역의 단기적 소득분배효과이다.

특정요소 모형을 일반화시키면 무역은 이동 가능한 생산요소에 대해서는 불명확한 효과를 미치지만 수출부문에 특정적인 생산요소에 대해서는 유리한 효과를 미치고 수입경쟁부문에 특정적인 생산요소에 대해서는 불리한 효과를 미친다고 할 수 있다. 이것이 바로 일부 생산요소가 특정적이거나(즉, 일부 산업에만 사용될 수 있는) 이동 불가능한 단기에 예상할 수 있는 결과이다. 물론 장기에는 모든 생산요소들이 산업 간에 자유롭게 이동할 수 있으므로 헥셔–오린 모형에 의하여 한 국가의 수출부문에 집약적으로 이용되는 생산요소의 실질소득은 증가하는 반면, 수입경쟁부문에 집약적으로 사용되는 생산요소의 실질소득은 감소한다는 것을 알 수 있다.

> **연습문제** 만약 2국에서 노동은 산업 간에 자유롭게 이동할 수 있는 반면, 자본은 이동이 불가능하다면 무역을 할 때 (자본풍부국인) 2국의 노동과 자본의 실질소득은 어떻게 변화하는가?

A5.5 요소집약도 역전에 대한 예시

그림 5-10은 상품 X와 상품 Y에 대한 등량선을 각각 하나만 그린 것이다. (A3.1절로부터) 생산함수가 1차 동차일 때 등량선 하나를 가지고도 각 상품의 전체 생산함수를 표현할 수 있다는 점을 살펴본 바 있다. 그뿐만 아니라 기술수준이 양국에서 동일하다고 가정했으므로 하나의 등량선으로 양국의 등량선을 표현할 수 있다.

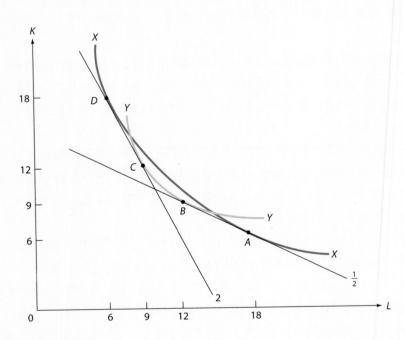

그림 5-10 요소집약도 역전

$w/r=1/2$에서 상품 X는 점 *A*에서 $K/L=6/18=1/3$로 생산되고 상품 Y는 점 *B*에서 $K/L=9/12=3/4$으로 생산된다. 따라서 상품 X는 노동집약적이다. 한편 $w/r=2$에서 상품 Y는 점 *C*에서 $K/L=12/9=4/3$로 생산되고 상품 X는 점 *D*에서 $K/L=18/6=3$으로 생산된다. 상품 X는 $w/r=1/2$일 때는 노동집약적이고 $w/r=2$이면 자본집약적이므로 요소집약도 역전이 존재한다.

그림 5-10에서 $w/r=1/2$일 때 상품 X는 점 A에서 생산되는데, 이때 X-등량선은 등비선의 기울기 (w/r)가 1/2인 점에서 접하고 있으며 $K/L=6/18=1/3$이다. 상품 Y는 점 B에서 생산되며, 이때 Y 등량선은 등비선의 기울기가 1/2인 점에서 접하고 $K/L=9/12=3/4$이 된다. 따라서 $w/r=1/2$일 때는 상품 Y를 생산할 때의 K/L가 상품 X를 생산할 때의 K/L보다 높으며 상품 X는 상대적으로 노동집약적인 상품이 된다.

반대로 $w/r=2$인 경우에 상품 Y는 점 C에서 생산되는데, 이때 Y 등량선은 등비선의 기울기 (w/r)가 2인 점에서 접하고 $K/L=12/9=4/3$이 된다. 상품 X는 점 D에서 생산되며 이때 X 등량선은 등비선의 기울기가 2인 점에서 접하고 $K/L=18/6=3$이 된다. 따라서 $w/r=2$일 때는 상품 X가 상대적으로 자본집약적인 상품이 된다.

결과적으로 상품 X는 $w/r=1/2$일 때는 노동집약적이 되고 $w/r=2$일 때는 자본집약적이 되어, 이때 요소집약도의 역전이 존재한다고 한다.

요소집약도 역전이 존재하면 H-O 정리와 요소가격 균등화 정리 모두 성립하지 않는다. 예를 들어 1국은 노동풍부국이고 $w/r=1/2$이고, 2국은 자본풍부국이며 $w/r=2$라고 가정하자. 1국에서 $w/r=1/2$일 때 1국은 노동풍부국이고 상품 X는 노동집약적 상품이므로 1국은 상품 X의 생산에 특화하여 이를 수출하게 된다. 2국에서 $w/r=2$이고 2국은 자본풍부국이며 상품 X는 자본집약적 상품이므로 2국은 상품 X의 생산에 특화하여 이를 수출해야 한다. 양국이 **동질적** 상품을(즉, 상품 X) 서로 수출할 수는 없으므로 H-O 정리는 더 이상 무역 패턴을 설명하지 못한다.

H-O 모형이 성립하지 않을 때 요소가격 균등화 정리 역시 성립하지 않는다. 이를 살펴보기 위해 (저임금국가인) 1국이 (노동집약적 상품인) 상품 X의 생산에 특화하면 노동의 수요는 증가하고 1국에서 w와 w/r는 상승한다. 1국이 상품 X에 특화하여 수출하고 있으므로 (두 국가가 동일한 상품을 서로 수출할 수는 없으므로) 2국은 상품 Y에 특화하고 수출해야 한다. 그러나 2국에서 상품 Y는 노동집약적이므로, 노동에 대한 수요가 증가하고 (고임금국가인) 2국에서도 역시 w와 w/r가 상승한다. 즉, (저임금국가인) 1국과 (고임금국가인) 2국에서 모두 임금이 상승한다.

만약 1국의 임금이 2국보다 빠른 속도로 상승하면 요소가격 균등화 정리가 예측하는 바와 같이 양국의 임금 격차가 감소하겠지만, 1국의 임금이 2국의 임금보다 느린 속도로 상승하면 임금 격차는 확대되며, 양국의 임금이 동일하게 상승한다면 임금 격차는 변하지 않는다. 각각의 경우에 무역이 요소가격의 격차에 미치는 효과를 사전적으로 알 수 없으므로 요소가격 균등화 정리는 기각된다.

그림 5-10에서 X-등량선의 곡률이 Y-등량선보다 훨씬 작고, 생산요소의 상대가격이 위치한 범위 내에서 2번 교차할 때 요소집약도 역전이 발생하고 있음을 볼 수 있다. 두 등량선의 곡률이 유사하면 이들은 오직 1번만 교차할 것이고 요소집약도 역전은 나타나지 않는다.

> **연습문제**　그림 5-10과 유사한 그림을 그리고 양국의 생산요소 상대가격 범위 내에서 상품 X 및 상품 Y 등량선이 1번 교차할 때 요소집약도 역전이 발생하지 않음을 보이라.

A5.6 요소의 대체탄력성과 요소집약도 역전

앞에서 요소집약도 역전이 발생하기 위해서는 상품 X와 상품 Y의 등량선의 곡률 차이가 충분히 커서 양국의 생산요소 상대가격 범위 내에서 이들 등량선이 2번 교차해야 한다는 것을 보았다. 등량선의 곡률은 노동의 상대가격(w/r)이 하락할 때 자본이 노동으로 대체될 수 있는 정도를 보여 준다. w/r가 하락하면 생산자들은 비용을 최소화하기 위해 두 상품을 생산할 때 자본을 노동으로 대체하려고 할 것이다.

등량선이 평평할수록(즉, 곡률이 작을수록) 자본을 노동으로 (또는 반대로) 대체하기가 용이하다. 등량선의 곡률과 어떤 생산요소가 다른 생산요소로 대체될 수 있는 정도는 대체탄력성으로 측정할 수 있다. 자본에 대한 노동의 대체탄력성(elasticity of substitution, e)은 다음의 식으로 정의된다.

$$e = \frac{\Delta(K/L)/(K/L)}{\Delta(기울기)/(기울기)}$$

예를 들어 상품 X를 생산할 때 점 D와 A 사이의 자본에 대한 노동의 대체탄력성은 다음과 같이 계산된다. 그림 5-10에서 점 D에서의 K/L=3이고 점 A에서의 K/L=1/3이다. 따라서 X 등량선을 따라 점 D에서 점 A로 이동할 때 K/L의 변화는 3−(1/3)=2(2/3)=8/3이다. 따라서 $\Delta(K/L)/(K/L)$=(8/3)/3=8/9이 된다. X 등량선 기울기의 절댓값은 점 D에서는 2이고 점 A에서는 1/2이다. 따라서 Δ기울기 2−(1/2)=1(1/2)=3/2이 된다. 따라서 Δ기울기/기울기=(3/2)/2=3/4이 된다. 이러한 수치를 위의 공식에 대입하면 아래와 같다.

$$e = \frac{\Delta(K/L)/(K/L)}{\Delta(기울기)/(기울기)} = \frac{8/9}{3/4} = 32/27 = 1.19$$

마찬가지로 Y 등량선 위의 두 점 C와 B 사이의 자본에 대한 노동의 대체탄력성은 아래와 같다.

$$e = \frac{\Delta(K/L)/(K/L)}{\Delta(기울기)/(기울기)} = \frac{[(4/3-3/4)]/(4/3)}{(2-1/2)/(2)} = \frac{(7/12-4/3)}{(11/2)/2} = \frac{21/48}{3/4} = 84/144 = 0.58$$

따라서 X 등량선이 Y 등량선보다 곡률은 작고 대체탄력성은 큰 값을 갖는다. X 등량선과 Y 등량선이 두 번 교차하는 이유는 각국의 생산요소의 상대가격선 내에서 이들 등량선의 곡률과 대체탄력성의 차이가 있기 때문이며 그 결과 요소집약도 역전이 발생한다. 등량선의 곡률과 대체탄력성의 차이는 요소집약도 역전이 발생하기 위한 필요조건이지 충분조건은 아님을 주의하자. 요소집약도 역전이 발생하기 위해서는 대체탄력성의 차이가 충분히 커서 두 상품의 등량선들이 각국의 생산요소 상대가격선 범위 내에서 2번 교차해야 한다.

연습문제 (요소집약도 역전이 발생하지 않았던) 앞의 문제에서 상품 X 및 Y에 대한 대체탄력성을 구하고 이들의 곡률이 비슷하기 때문에 대체탄력성이 큰 차이를 보이지 않음을 확인하라. 단, 각 점의 좌표는 A(4, 2), B(3, 3), C(3, 2.5), D(2, 4)이며 등량선의 기울기의 절댓값은 점 A, C에서 1, 점 B, D에서 2를 가정한다.

A5.7 요소집약도 역전의 검증

1961년까지 경제학자들은 주로 콥-더글러스 생산함수(Cobb-Douglas production function)를 이용하였다. 콥-더글러스 생산함수에서는 상품을 생산할 때의 대체탄력성이 1이 된다. 그 결과 이 생산함수는 현실세계에서 요소집약도 역전이 발생하는 빈도를 측정하는 데는 전혀 도움이 될 수 없었다.

부분적으로 국제무역에서 요소집약도 역전을 측정할 필요성 때문에 애로우(Arrow), 체너리(Chenery), 민하스(Minhas), 솔로(Solow)는 대체탄력성 불변 생산함수[constant elasticity of substitution (CES) production function, CES 생산함수]라는 생산함수를 1961년에 개발하였다. 이름이 의미하는 바와 같이 CES 생산함수의 경우에는 각 산업의 대체탄력성은 일정하지만 산업별로는 대체탄력성이 상이할 수 있다.

민하스는 바로 이 CES 생산함수를 이용하여 요소집약도의 역전을 측정하였다. 즉, 민하스는 그가 분석한 6개 산업에서 대체탄력성이 큰 차이를 보였으며, 그가 분석한 사례 중 1/3 정도의 경우에 요소집약도 역전이 발생하고 있음을 발견하였다. 요소집약도의 역전이 이러한 정도로 발생한다는 것은 요소집약도 역전을 예외적인 것이라고 취급하기에는 너무 빈번한 것이며, 이것이 만약 사실이라면 H-O 모형은 심각한 타격을 받게 될 것이다.

그러나 레온티에프는 CES 생산함수를 유도해 내기 위해 사용된 (민하스가 선택한 6개 산업 대신에) 전체 21개 산업에 대한 대체탄력성을 계산한 결과 요소집약도 역전이 분석사례 중 8% 정도만 발생하였음을 발견하였다. 더욱이 천연자원 집약적인 2개 산업을 제외했을 경우 요소집약도 역전은 1%만 발생하였다. 따라서 레온티에프는 요소집약도 역전은 매우 드문 경우이며, 이러한 예외적 현상을 감안하면 H-O 모형은 기각되어서는 안 된다는 결론을 내렸다.

민하스 역시 다른 방법으로 검증하였다. 그는 미국과 일본의 동일한 20개 산업에 대한 K/L를 계산하여, 각 국가에서 K/L 비율의 산업별 순위를 구하고, 두 국가에서 산업별 순위의 순위상관계수를 구하였다. 미국이 상대적으로 자본풍부국이었기 때문에 모든 산업에서 미국이 일본보다 자본집약적일 것으로 예상된다. 그러나 요소집약도 역전이 희귀한 현상이라면 자본집약도의 산업별 순위는 미국과 일본에서 매우 유사하게 나타나야 한다. 즉, 미국에서 자본집약도가 높은 산업들이 일본에서도 자본집약도가 높아야 한다. 민하스는 순위상관계수가 겨우 0.34라는 사실을 발견하였으며 요소집약도 역전이 흔히 있는 현상이라는 결론을 내렸다.

그러나 볼은 농업과 천연자원 집약적인 2개 산업을 제외하면 순위상관계수는 0.77로 커지며, 따라서 요소집약도 역전이 흔한 현상이 아니라는 결론에 도달했다.

규모의 경제, 불완전경쟁 및 국제무역

- 규모의 경제로 인해 어떻게 국제무역이 발생하는지 알아본다.
- 제품차별화로 인해 어떻게 산업내무역이 발생하는지를 설명한다.
- 무역에 관한 기술 갭 모형과 제품수명주기 모형을 이해한다.
- 수송비와 환경기준과 국제무역의 관계를 이해한다.

6.1 서론

제5장에서 헥셔-오린 이론은 국가 간 요소부존도의 차이로 비교우위를 설명한다는 점을 살펴보았다. 그러나 헥셔-오린 이론으로는 오늘날 무역의 상당 부분을 설명할 수 없다. 이 장에서는 몇 가지 새로운 보완적 무역이론을 통하여 이러한 결함을 보충하고자 하는데, 이들 이론은 국제무역의 상당 부분을 규모의 경제, 불완전경쟁 및 시간의 경과에 따른 국가 간 신기술의 개발 및 전파의 차이로 설명한다.

6.2절에서는 헥셔-오린 이론의 기초가 되는 각각의 가정들을 완화했을 때 어떤 결과가 나타나는지를 살펴보고, 6.3절에서는 규모의 경제에 기인한 국제무역을 살펴본다. 또한 6.4절에서는 오늘날 국제무역의 상당 부분을 설명하기 위해서는 불완전경쟁이 중요하다는 점을 살펴보고, 6.5절에서는 국가 간 기술의 동태적 변화로 국제무역을 설명하려는 모델을 살펴본다. 마지막으로 6.6절에서는 수송비와 환경기준이 산업의 입지 및 국제무역에 미치는 영향에 대해서 살펴본다. 이 장의 부록에서는 외부경제와 외부경제가 국제무역에 미치는 효과를 살펴본다.

6.2 헥셔-오린 모형과 신무역 이론

이 절에서는 5.2절에서 논의된 헥셔-오린 이론의 여러 가정들을 완화시켜 본다. 그 결과 여러 가지 가정들을 완화시킨다 하더라도 기본적 헥셔-오린 모형의 타당성은 변함이 없지만, 헥셔-오린 이론으로는 설명되지 않는 국제무역의 상당 부분을 설명하기 위해서는 새로운 보완적 이론이 필요하다는 것을 알게 될 것이다.

헥셔-오린 이론의 첫 번째 가정(2개의 국가, 2개의 상품, 2개의 생산요소)을 완화하여 2개 이상의 국가, 2개 이상의 상품, 2개 이상의 생산요소를 포괄하는 모형으로 확대하더라도, 분석이 복잡해지기는 하지만, 상품의 수가 생산요소의 수보다 같거나 많으면, 헥셔-오린 이론은 근본적으로 타당하다. 2개 이상의 생산요소를 다루는 경우에 발생하는 한 가지 난점은 상품을 단순히 노동집약적이거나 자본집약적으로 분류할 수 없으며 무역 패턴을 예측하기 위해서 요소집약도 **지수**를 작성해야 한다는 점이다. 이러한 작업은 복잡하기는 하지만 가능한 일이다.

헥셔-오린 이론의 두 번째 가정(즉, 생산을 할 때 양국은 동일한 기술을 사용한다는 가정)은 일반적으로 타당하지 않다. 즉, 현실세계에서 국가들은 상이한 기술을 이용하는 경우가 종종 있다. 그러나 기술은 생산요소로 간주될 수 있다는 점에서 국가 간의 기술 격차에 기인하는 무역은 헥셔-오린 이론의 영역에 포함된다고 볼 수 있다. 그러나 시간이 경과함에 따라 국가 간 기술의 **변화**에 기인하는 무역은 다른 문제로, 이러한 점은 기술 갭 모형이나 제품수명주기 모형으로 설명된다. 그러므로 이러한 모형들은 기본적 헥셔-오린 모형을 동태적으로 확장한 것으로 생각할 수 있기는 하지만 사실상 다른 모형이며 6.5절에서 논의된다.

세 번째의 가정, 즉 양국에서 상품 X는 노동집약적 상품이고 상품 Y는 자본집약적 상품이라는 가정은 요소집약도의 역전이 존재하지 않음을 의미한다. 5.6C절에서 논의된 바와 같이 요소집약도의 역전이 존재하면 헥셔-오린 이론은 더 이상 타당하지 않게 된다. 그러나 경험적 연구에 의하면 요소집약도의 역전은 현실세계에서 흔한 현상이 아니다. 레온티에프의 역설은 인적 자본을 포함하고 천연자원 집약적인 상품을 제외한 후에 수출품과 수입품에서의 K/L 비율을 비교하지 않고 생산과 소비에서의 K/L 비율을 비교함으로써 해결될 수 있을 것으로 보인다.

헥셔-오린 이론은 규모에 대한 수익불변(가정 4)을 가정하고 있지만, 규모에 대한 수익증가에 의해서도 국제무역이 발생할 수 있다. 규모에 대한 수익증가는 헥셔-오린 이론으로는 설명되지 않는 국제무역의 상당 부분을 설명하고자 한다는 점에서 헥셔-오린 이론과 **보완적** 관계에 있다고 볼 수 있다. 규모의 경제에 기인하는 무역은 6.3절에서 다루게 된다.

헥셔-오린 모형의 다섯 번째 가정은 양국에서 불완전특화를 한다는 것이었다. 무역에 의해 어느 한 국가에서 완전특화가 발생한다면 상품의 상대가격은 균등화되지만 생산요소의 가격은 균등화되지 않게 된다. 예를 들어 그림 5-8에서 1국이 이용할 수 있는 자본의 양이 매우 적어서(양국에서 요소가격이 균등화되는) 점 B가 1국의 에지워스 상자도 밖에 위치한다면(따라서 도달할 수 없다면), 양국에서 상품의 상대가격은 균등화된다고 하더라도 요소가격은 균등화되지 않을 것이다.

기호가 동일하다는 가정 6은 어느 정도 경험적으로 입증되었다. 국가 간 상품의 상대가격 차이와 무역을 설명하는 데 있어서, 국가 간 기호의 차이는 생산요소의 상대적 **물질적** 이용가능성의 차이를 상쇄할 만큼 충분히 크지는 않다.

생산물 시장과 생산요소 시장에서 완전경쟁이라는 가정 7을 완화하는 것은 보다 까다로운 일이다. 산업국가 간에 제조업 무역의 상당 부분은 제품차별화와 규모의 경제에 기인하는 것으로 보이는데, 이러한 점은 (적어도 처음에는) 헥셔-오린의 요소부존량 모형과는 쉽게 양립하기 어려울 것으로 보인다. 이러한 산업내무역(intra-industry trade)은 6.4절에서 다루기로 한다.

국가 간에 생산요소가 이동할 수 없다는 가정 8을 완화하면 헥셔-오린 모형이 수정되기는 하지만 그 타당성을 잃게 되는 것은 아니다. 5.5A절에서 지적한 바와 같이 생산요소의 국제적 이동가능성은 국가 간에 상품의 상대가격과 생산요소의 가격을 균등화시킨다는 점에서 국제무역을 대체하는 것이다. 국가 간 생산요소의 이동가능성이 완벽하지는 않지만 어느 정도 존재한다면 무역을 더 적게 하더라도 상품과 생산요소의 상대가격은 균등화될 수 있다. 이러한 점에서 기본적 헥셔-오린 모형은 수정되지만 그 타당성을 잃게 되지는 않는다.

마찬가지로 수송비와 기타 국제무역에 대한 비금지적 장애(nonprohibitive obstruction, 가정 9)는 무역으로부터의 이익과 무역 규모를 감소시키기는 하지만 이로 인해 단지 헥셔-오린 정리와 요소가격 균등화 정리의 내용이 수정될 뿐 그 타당성이 없어지는 것은 아니다. 수송비와 환경기준은 6.6절에서 논의된다.

자원이 완전고용되지 않는다면(가정 10을 완화하면) 활용되지 않거나 제대로 활용되지 않는 자원으로 인해 잠재적 비교우위가 나타나지 않을 수도 있다. 그 결과 헥셔-오린 이론은 무역 패턴을 잘못 예측할 수 있다. 그러나 일시적 경기 침체나 마찰적 실업(직업을 바꾸는 과정에서 발생하는 실업)의 경우를 제외하고는 완전고용의 가정은 충족되고 있으며 적어도 선진국에서는 특히 그러하다.

국가 간의 무역은 균형을 이룬다는 가정 11을 완화하면, 무역수지가 적자인 국가는 만일 무역수지가 균형을 이루었다면 비교우위 때문에 실제로 수출했을 수도 있던 상품들을 수입하는 경우도 발생할 수 있다. 그러나 대부분의 무역수지 불균형은 GNP에 비해 일반적으로 그다지 크지 않기 때문에, 헥셔-오린 모형이 무역 패턴을 올바르게 예측할 수 없을 것이라는 비판은 한 국가의 비교우위가 대단히 작은 상품들의 경우에만 타당하다.

결론적으로 헥셔-오린 이론의 가정을 대부분 완화하더라도 헥셔-오린 이론이 수정되기는 하지만 그 타당성을 잃게 되는 것은 아니다. 그러나 규모에 대한 수익불변과 완전경쟁의 가정을 완화하는 경우에는 헥셔-오린 이론으로는 설명되지 않는 무역의 상당 부분을 설명할 수 있도록 해 주는 새로운 보완적인 무역이론이 요구된다. 시간의 경과에 따른 국가 간 기술변화의 격차에 기인하는 국제무역은 새로운 무역이론을 필요로 한다. 이제 새로운 보완적인 무역이론을 살펴보기로 하자.

6.3 규모의 경제와 국제무역

헥셔-오린 모형의 가정 중의 하나는 양국에서 2개의 상품이 규모에 대한 수익불변인 생산기술로 생산된다는 것이었다(5.2절의 가정 4). 규모에 대한 수익이 증가하는 경우에는 두 국가가 모든 면에서 동일하다고 하더라도 상호이익이 되는 무역이 발생할 수 있다. 이 점이 바로 헥셔-오린 모형이 설명하지 못하는 무역의 유형이다.

규모에 대한 수익증가(increasing returns to scale)란 생산요소 또는 투입량이 증가하는 비율 이상으로 산출량이 증가하는 상황을 말한다. 즉, 모든 투입량이 2배 증가하면 산출량은 2배 이상 증가하고, 모든 투입량이 3배 증가하면 산출량은 3배 이상 증가한다. 따라서 규모에 대한 수익증가는 생산규모가 커짐에 따라 분업과 특화가 보다 더 잘 이루어질 수 있기 때문에 발생한다. 즉, 각각의 노동자는 단순 반복적 작업을 수행하는 일에 특화함으로써 그 결과 생산성이 증가할 수도 있다. 게다가 생산규모가 커지게 되면 생산규모가 작았을 때 가능했던 것보다 더욱 전문화되고 생산성 높은 기계를 도입하

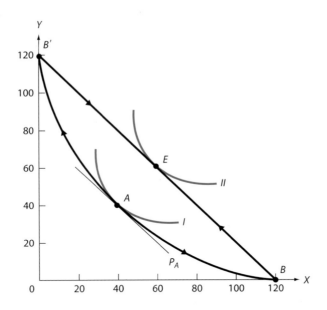

그림 6-1 규모의 경제로 인한 무역

무차별곡선과 생산가능곡선이 동일하고 생산가능곡선이(규모의 경제로 인하여) 원점에 대해 볼록하면 무역을 하지 않을 때 상품의 균형상대가격은 양국에서 P_A로 동일하게 표현된다. 무역을 하게 되면 1국은 상품 X의 생산에 완전특화하여 점 B에서 생산할 수 있다. 이때 2국은 상품 Y의 생산에 완전특화하여 점 B′에서 생산할 것이다. 그 후 60X와 60Y를 상호 교환하면 무차별곡선 II상의 점 E에서 소비하게 되어 20X와 20Y의 이익을 얻는다.

는 것이 용이해질 수도 있다. 앤트와일러와 트레플러(Antweiler and Trefler, 2002)는 상품을 생산하는 산업의 1/3이 규모에 대한 수익증가라는 생산기술의 특징을 가지고 있다는 점을 발견하였다.

그림 6-1은 상호이익이 되는 무역이 규모에 대한 수익증가에 의해 발생할 수 있다는 점을 보여 주고 있다. 만일 두 국가가 모든 면에서 동일하다고 가정한다면, 하나의 생산가능곡선과 하나의 무차별곡선을 이용하여 두 국가를 표현할 수 있다. 규모에 대한 수익증가로 인하여 생산가능곡선은 원점에 대해 **볼록한** 또는 안쪽으로 휘어진 모양을 갖게 된다. 생산가능곡선과 무차별곡선이 동일하기 때문에 무역을 시작하기 전의 상품의 상대가격 역시 양국에서 동일하다. 그림 6-1에서 이 경우의 상대가격은 양국에서 모두 $P_X/P_Y=P_A$이며, 생산가능곡선과 무차별곡선이 접하는 점 A에서의 기울기로 표현되고 있다.

무역을 하게 되면 1국은 상품 X의 생산에 완전특화하여 점 B에서 생산할 수 있다. 이때 2국은 상품 Y의 생산에 완전특화하여 점 B′에서 생산할 것이다. 60X와 60Y를 상호 교환함으로써 각국은 무차별곡선 II상의 점 E에서 소비할 수 있고, 따라서 20X와 20Y의 이익을 얻을 수 있다. 이러한 무역으로부터의 이익은 각국이 한 가지 상품을 생산할 때만 규모에 대한 수익이 증가하기 때문에 발생한다. 무역을 하지 않는다면 각국은 두 가지 상품 모두를 소비하고자 할 것이므로 한 가지 상품의 생산에만 특화할 수 없을 것이다.

무역을 하지 않을 때의 균형점 A는 다음과 같은 점에서 불안정적이라는 점에 주목하자. 즉, 어떤 이유로든 1국이 생산가능곡선을 따라 점 A의 오른쪽으로 이동하면, 상품 X의 상대가격(생산가능곡선의 기울기)은 결국 1국이 상품 X의 생산에 완전특화할 때까지 하락하게 된다. 마찬가지로 2국이 생산가능곡선을 따라 점 A의 왼쪽으로 이동하면, 2국이 상품 Y의 생산에 완전특화할 때까지 P_X/P_Y는 상승한다(따라서 그 역인 P_X/P_Y는 하락한다).

위의 설명과 그림 6-1에 관하여 몇 가지 점을 명확히 할 필요가 있다. 첫째, 두 국가 중 어느 국가가 상품 X나 Y의 생산에 특화할 것인가 하는 문제는 전혀 관계가 없다는 점이다. 현실세계에서 이러한 점은 역사적 우연에 의해 발생할 수 있다. 둘째, 두 국가에게 상호이익이 되는 무역이 규모에 대한 수익증가로 인해 발생하기 위해서는 두 국가가 모든 점에서 동일할 필요가 없다는 점은 최소한 직관적으로는 명백하다. 셋째, 규모의 경제가 아주 광범위한 산출량 수준에서 지속된다면, 국가 내의 한 개 또는 몇몇 기업이 해당 상품의 전체 시장을 장악하게 되어 독점(monopoly)(대체재가 존재하지 않는 상품의 유일한 생산자)이나 과점(oligopoly)(동질적인 또는 차별화된 상품의 소수의 생산자)이 나타나게 된다.

넷째, 1980년대 초반 이래 아웃소싱과 오프쇼링을 통해 해외에 생산설비를 설치하는 일이 급격히 증가했을 뿐만 아니라 부품 및 컴포넌트의 국제무역이 급격히 증가해 왔는데, 이러한 것들이 중요한 신국제적 규모의 경제(new international economies of scale)의 원천이 되었다. 아웃소싱(outsourcing)이란 한 기업이 생산비를 절감하기 위하여 해외에서 부품이나 컴포넌트를 구입하는 것을 말한다. 반면 오프쇼링(offshoring)은 한 기업이 자사 제품에 필요한 부품이나 컴포넌트를 해외에 있는 자체 공장에서 생산하는 것을 말한다. 아웃소싱이나 오프쇼링을 통해 국제적 규모의 경제를 달성할 수는 있지만(사례연구 6-1 참조), 수많은 고임금 일자리가 해외로 이전된다는 불만도 야기되었다(사례연구 6-2 참조).

규모의 경제 또는 규모에 대한 수익증가는 외부경제와 명확하게 구분되어야 한다. 전자는 한 기업의 산출량이 증가함에 따라 그 기업의 평균생산비가 감소하는 것을 의미한다. 따라서 규모의 경제 또는 규모에 대한 수익증가는 기업 내부적인 것이다. 반대로 외부경제(external economies)는 전체 산업의 산출량이 증가함에 따라(즉, 기업 외부적인 이유로) 개별기업의 평균생산비가 하락하는 것을 의미한다. 외부경제와 국제무역에서 외부경제의 중요성에 관해서는 이 장 부록에서 검토한다.

마지막으로 어느 정도 규모의 경제와 관련이 있는 것으로 1961년 린더(Linder)가 제시한 가설이 있는데, 이 가설에 의하면 한 국가는 국내에서 큰 시장이 존재하는 제조업 상품을 수출한다는 것이다. 이러한 상품들은 대다수의 사람들에게 인기를 끌 수 있는 상품들이다. 이러한 시장의 욕구를 충족시키는 과정에서 그 국가는 필요한 경험과 효율성을 확보하게 되어 후에는 유사한 기호와 소득수준을 가진 다른 국가로 상품을 수출하게 된다. 이 국가는 자국 내의 저소득층 또는 고소득층 소수에게 인기 있는 상품을 수입할 것이다. 이러한 '기호의 유사성(preference similarity)' 또는 '중첩 수요(overlapping demands)' 가설에 의하면 제조업품 무역은 소득수준과 기호가 유사한 국가들 사이에 가장 클 것이다. 린더의 가설은 그의 고국인 스웨덴에서는 입증되었지만, 다른 국가의 경우에는 아직 입증되지 않았다. 예컨대 이 가설은 일본이나 대한민국과 같은 비기독교 국가가 인조 크리스마스 트리나 크리스마스 카드에 대한 국내시장이 없음에도 불구하고 이들 제품을 수출하는 이유를 설명하지 못하고 있다.

사례연구 6-1 신국제적 규모의 경제

오늘날 국제적 기업이 생산하고 있는 제품 중에서 여러 다른 국가에서 생산되는 부품과 컴포넌트가 갈수록 많아지고 있는데(사례연구 1-1 참조), 그 이유는 생산비를 최소화하기 위한 것이다. 예를 들어 일부 포드 피에스타의 모터는 영국에서, 변속기는 프랑스에서, 클러치는 스페인에서 생산되고 부품은 독일에서 조립되어 유럽 전역에서 판매되고 있다. 마찬가지로 일본과 독일의 카메라는 저임금을 이용하기 위하여 싱가포르에서 조립되고 있다.

투입물의 해외 '구매(sourcing)'는 보다 많은 이윤을 얻기 위한 선택의 문제가 아니라, 경쟁력을 유지하기 위한 필수조건일 뿐이다. 보다 저렴한 투입요소를 획득하기 위해 해외로 눈을 돌리지 않는 기업들은 세계시장에서뿐만 아니라 국내시장에서도 경쟁력을 상실하게 된다. 현재 미국의 기업들은 아웃소싱에 1,000억 달러 이상을 지출하고 있으며, 그렇게 함으로써 비용을 10~15%까지 절감하고 있다. '아웃소싱'은 현재 일본기업의 총제조업 비용의 1/3 이상을 차지하고 있으며, 이로 인해 일본기업은 생산비의 20% 이상을 절약하고 있다.

오늘날과 같이 급격하게 작아지고 있는 세상에서 경쟁력을 유지하기 위해서 기업들은 항상 보다 저렴한 요소의 공급처와 해외생산을 추구해야만 한다. 실제로 이러한 과정은 오늘날의 세계경제에서 제조업의 신국제적 규모의 경제로 생각될 수 있다. 1980년대에 기업들이 국내에서 경영을 합리화할 수밖에 없었던 것처럼, 오늘날의 기업들은 신국제적 규모의 경제를 활용할 수 있도록 제조과정 전체 시스템을 범세계적으로 통합해야 하는 도전에 직면하고 있다.

사실상 세계적 기업들은 그들의 생산물에 투입되는 부품이나 컴포넌트를 아웃소싱이나 오프쇼링(즉, 해외에서의 직접생산)할 뿐만 아니라 세계적 공급 또는 가치사슬(supply or value chain)의 일환으로 상당 부분의 생산을 세계 여러 지역으로 분산(프래그멘테이션)시키는 데까지 이르고 있다. 이 점은 수천 명의 사상자를 내고 (3기의 원자로를 포함한) 주요 사회간접시설을 파괴했을 뿐만 아니라 특히 자동차와 같은 많은 생산물의 국제적 공급사슬이나 가치사슬을 파괴한 2011년 3월 일본을 강타한 쓰나미가 발생하자 더욱 분명해졌다.

이러한 프래그멘테이션과 세계적 공급사슬 또는 가치사슬의 세계에서는 다국적기업들이 장차의 경쟁적 지위에 필수적인 (선진국에서의 R&D와 같은) 핵심 역량에 더욱더 집중하고 외부의 공급자가 특별히 생산우위를 가지고 있는 (개발도상국에서 미숙련노동 등을 필요로 하는) 기타의 부품이나 컴포넌트는 아웃소싱하거나 해외생산(오프쇼링)을 한다. 어떤 의미에서는 이제 국가들의 무역 중 수출품에 체화된 생산요소나 투입요소의 무역이 차지하는 비중이 생산물이나 서비스 그 자체의 무역과 비슷하거나 더 크다고 할 수 있다.

출처 : "Manufacturing's New Economies of Scale", *Harvard Business Review*, May-June 1992, pp. 94-102; "How to Think Strategically about Outsourcing," *Harvard Management Update*, May 2000, pp. 4 -6; and D. Salvatore, "The U.S. Challenge to European Firms," *European Journal of International Management*, Vol. 1, No.1, 2007, pp. 69-80. M. P. Timmer et al., "Fragmentation, Incomes and Jobs: An Analysis of European Competitiveness," *Economic Policy*, October 2013, pp.613-661; and D. Salvatore, *Magegerial Economics in a Global Economy*, 9th ed. (Oxford University Press, 2019) Chs. 6 and 7.

6.4 불완전경쟁과 국제무역

이 절에서는 불완전경쟁과 국제무역 간의 중요한 관계를 처음에는 직관적으로, 그리고 난 후 정형화된 모형을 통해 살펴본다. 또한 산업내무역을 측정하는 방법을 살펴본다.

6.4A 제품차별화에 기인한 무역

오늘날 현대 경제의 생산물 중 상당 부분이 동질적 상품보다는 차별화된 상품과 관련이 있다. 따라서 시보레는 토요타, 폭스바겐, 볼보, 또는 르노와 동일한 상품이 아니다. 결과적으로 국제무역의 상당

사례연구 6-2 미국 산업에서의 일자리 상실률과 세계화

표 6-1은 2003년부터 2005년까지 미국 제조업 부문에서 사라진 일자리의 비율이 서비스 산업에서보다 3배 높지만, 일자리 상실은 교역재보다는 비교역재 부문에서 훨씬 높았다는(따라서 이는 수입의 증가나 아웃소싱 또는 오프쇼링 때문은 아니다는) 점을 보여 준다. 사례연구 3-4에서 논의한 바와 같이 미국에서 일자리 상실의 직접적 원인은 대부분 국제무역 때문이 아니라 노동생산성을 향상시킨 기술 변화 때문이었으며, 이는 대체로 저숙련 산업 노동자에게 큰 영향을 미쳤다. 사무엘슨(Samuelson, 2004), 바그와티 (Bhagwati, 2007), 블라인더(Blinder, 2008), 코우(Coe, 2008),

서머스(Summers, 2008), 그리고 해리슨과 맥밀란(Harrison and McMillan, 2011) 등이 논의한 바와 같이 현재 공포스러운 것은 통신 및 수송 분야의 혁명으로 인해 제조업품뿐만이 아니라 최근까지도 안전하게 생각되었던 서비스 분야에서 갈수록 많은 고숙련 고임금 직업이 수출된다는 것이다. 실제로 베어풋과 마타로니(Barefoot and Mataloni, 2011)는 1999년부터 2009년까지 미국의 다국적기업들은 미국 내에서 거의 90만 개의 일자리를 줄인 대신 해외에서는 290만 개의 일자리를 확대했다는 점을 발견했다.

표 6-1 산업별 미국의 일자리 상실률(%)

산업	전체	교역재	비교역재
제조업	12	12	17
정보	4	4	15
금융 서비스	4	3	12
전문적 기업 서비스	4	6	3

출처 : J. Bradford Jensen and Lori G. Kletzer, based on Table 3 in "'Fear' and Offshoring: The Scope and Potential Impact of Imports and Exports of Services," PIIE Policy Brief 08-1, Peterson Institute for International Economics, January 2008. (https://piie.com/publications/policy-briefs/fearand-offshoring-scope-and-potential-impact-imports-and-exports).

부분이 동일한 산업이나 포괄적 제품군 중에서의 차별화된 상품(differentiated products)의 교환과 관련이 있다. 즉, 국제무역의 상당량이 차별화된 상품의 산업내무역(intra-industry trade)으로, 이는 완전히 상이한 상품의 산업간무역과는 반대되는 것이다(사례연구 6-3 참조).

산업내무역은 생산에 있어 중요한 규모의 경제를 활용하기 위하여 발생한다. 즉, 국제적 경쟁으로 인하여 산업국가 내의 개별기업이나 플랜트는 동일한 상품의 여러 가지 이형제품(varieties)이나 유형(style)을 생산하지 않고 오직 한 가지 또는 기껏해야 몇 가지의 이형제품이나 유형만을 생산한다. 이것은 단위당 생산비용을 절감하는 데 결정적으로 중요하다. 소수의 이형제품이나 유형만을 생산하면, 보다 전문화되고 속도가 빠른 기계를 개발하여 연속적이고 장기적 조업이 가능해진다. 이때 한 국가는 기타의 이형제품이나 유형은 다른 국가로부터 수입한다. 산업내무역의 결과, 소비자들은 다양한 선택범위(즉, 차별화된 상품의 다양성)와 생산을 할 때 규모의 경제 때문에 발생하는 보다 저렴한 가격으로 인하여 이익을 얻게 된다. 사례연구 6-4는 소비자들이 무역을 통해 구입할 수 있는 제품의 다양성이 커지기 때문에 발생하는 후생이익을 살펴본다.

산업내무역의 중요성은 1958년 유럽연합 또는 공동시장 가입국 간 관세 및 기타 국제무역에 대한

사례연구 6-3　자동차제품에서의 미국의 산업내무역

표 6-2는 1965년, 1973년, 1980년, 1985년, 1990년, 1995년, 2000년, 2005년, 2010년 2015년, 2017년도에 캐나다, 멕시코, 유럽, 일본과의 자동차제품(자동차, 부품, 엔진, 차체)의 무역을 보여 준다. 여러 국가에서 다양한 생산자들에 의해 생산되는 자동차 및 자동차제품은 동질적이지 않고 차별화되어 있으며 따라서 산업내무역이 발생한다. 1965년부터 2017년 동안 미국의 자동차제품의 산업내무역이 급격히 증가한 것은 무역규제의 감소와 수송비의 절감에 기인한 것이었으며, 미국과 캐나다의 산업내무역이 증가한 것은 1965년 미국-캐나다 간의 자동차 무역협정에 기인한 것

표 6-2　자동차제품에서의 미국의 수입과 수출(10억 달러)

연도	캐나다	멕시코	유럽	일본	세계
수입					
1965	0.11	—	0.07	0.01	0.19
1973	4.92	—	3.14	2.41	10.55
1980	7.87	0.22	6.73	11.85	26.94
1985	20.77	2.93	11.84	24.55	58.57
1990	27.71	4.39	13.27	30.12	78.51
1995	41.63	12.11	15.65	34.94	108.02
2000	58.75	28.30	29.11	44.49	170.20
2005	64.42	29.86	43.06	49.37	205.45
2010	47.96	43.73	33.63	42.92	189.76
2015	62.61	106.27	59.91	50.58	350.03
2017	62.15	116.47	64.46	55.45	359.85
수출					
1965	0.62	—	0.07	—	0.87
1973	4.12	—	0.48	0.09	6.03
1980	9.54	1.35	1.46	0.19	16.74
1985	16.32	2.72	1.15	0.21	21.07
1990	19.48	3.57	3.65	1.52	32.55
1995	28.94	5.14	5.45	4.07	52.51
2000	38.23	13.28	6.55	2.73	67.20
2005	45.77	13.55	10.41	1.45	85.99
2010	43.05	17.14	9.73	1.24	99.51
2014	59.62	33.98	19.64	2.09	159.45
2015	57.23	34.11	18.75	2.00	151.92
2017	61.59	33.88	20.16	2.88	157.64

출처 : WTO and Bureau of Labor Statistics, 2018; and "Global Car Industry Runs on NAFTA," *The Wall Street Journal*, November 11, 2016, p. A1.

인데, 이 협정으로 인해 양국 간의 자동차제품의 자유무역이 확립되었다. 그 결과 캐나다에서 생산되던 자동차 모델의 수는 줄었지만(이에 따라 생산에서의 규모의 경제를 더 많이 실현할 수 있게 되었으며), 동시에 미국으로부터의 수입을 통해 캐나다 소비자들이 선택할 수 있는 모델의 수는 증가하였다. 미국-멕시코 간의 자동차제품에 대한 산업내무역 역시 1994년 1월 1일 발효된 NAFTA(북미 자유무역협정)로 인해 급격히 증가하였다. NAFTA에 대해서는 제10장에서 상세하게 논의될 것이다. 향후에는 소형차의 생산은 멕시코로 이전되는 반면, 대형차의 생산은 미국과 캐나다에 집중될 것으로 보인다. 미국의 일본과의 자동차제품 무역은 대체로 일방적이지만, 캐나다와 멕시코의 무역은 쌍방적이라는 점에 주목하자. 2010년 (멕시코를 제외한) 자동차제품의 무역이 감소한 것은 세계경제의 저성장 때문이었다.

사례연구 6-4 국제무역을 통한 다양성의 이익

지금까지는 무역을 통한 후생이익을 수입품 가격의 하락과 소비의 증가로 측정하였다. 그러나 국제무역의 결과 소비자들이 구매할 수 있는 상품의 다양성이 증가하기 때문에 아주 중요한 또 다른 무역으로부터의 이익이 발생한다. 브로다(Broda)와 와인스타인(Weinstein)은 미국 소비자들이 1972년에 구입할 수 있었던 것보다 2001년에 구입할 수 있었던 다양한 상품들을 구입하기 위해 GDP의 3%인 2,800억 달러를 추가적으로 지불할 용의가 있다고 추정했다. 미국의 소비자들이 선택할 수 있었던 상품의 다양성은 1972년의 74,667개(평균 9.7개국으로부터 7,731개의 재화)에서 2001년에는 259,215개(평균 15.8개국으로부터 16,390개의 재화)로 증가했다. 따라서 이들은 전통적인 수입가격지수가 다양성으로 인한 가치의 증가를 고려하지 않기 때문에 수입품의 가격을 연간 약 1.2% 과대평가한 것으로 추정한다.

소비자들이 각 유형의 상품을 보다 다양하게 선택함으로써 발생하는 무역으로부터의 이익은 최근에야 무역을 개방한 개발도상국의 경우에 훨씬 크다. (중국이 대체로 폐쇄경제였던) 1972년에 중국의 소비자들이 선택할 수 있었던 다양성과 비교하여 (중국이 국제무역 개방을 한) 1997년에 중국의 소비자들이 선택할 수 있었던 훨씬 광범위한 다양성으로 인해 중국은 GDP의 326.1%라는 엄청난 이익을 얻어 이익이 가장 큰 국가였다. 그다음이 과거 소비에트연방으로 GDP의 213.7%의 이익을 얻었다. 대한민국과 타이완은 각각 GDP의 185.3%와 126.9%의 이익을 얻어 그 뒤를 잇고 있다. 사실상 이들이 연구한 기타 19개국에서의 이익은 (미국의 경우 GDP의 3%와 비교할 때) 두 자리 숫자였는데, 그 이유는 이들이 다룬 연구가 지난 30년간 미국 경제가 가장 개방된 시기였기 때문이다(따라서 GDP 대비 비율로는 가장 적은 이익을 얻었다). 그러나 블로니겐과 소더베리(Blonigen and Soderbery, 2010)는 미국이 다양성으로 인해 얻는 이익을 훨씬 더 클 것으로 생각한다.

출처 : C. Broda and D. Weinstein, "Globalization and the Gains from Variety," *Quareterly Journal of Economics*, Apirl 2006, pp541-585; and B. Blonigen and A. Soderbery, "Measuring the Benefits of Foreign Products Variety with an Accurate Variety Set," *Journal of International Economics*, November 2010, pp168-180;and G. Sheu, "Price, Quality, and Variety: Measuring the Gains from Trade in Differentiated Products," *American Economic Journal: Applied Economics*, October 2014, pp. 66–89.

장애가 제거됨에 따라 명확해졌다. 경제학자 발라사(Balassa)는 이러한 장애가 제거됨에 따라 교역량이 급증하였으며, 대부분의 교역량 증가는 포괄적으로 분류된 산업 내에서의 차별화된 상품의 교환과 관련이 있다는 점을 발견하였다. 즉, 독일의 자동차는 프랑스 및 이탈리아의 자동차와, 프랑스의 세탁기는 독일의 세탁기와, 이탈리아의 타자기는 독일 및 프랑스의 타자기 등과 교환되었다.

유럽연합이 설립되기 이전에도 대부분의 산업에서 플랜트 규모는 유럽과 미국에서 거의 비슷하였다. 그러나 유럽에서의 단위비용이 훨씬 높았는데, 그 이유는 유럽의 플랜트가 미국의 플랜트에 비해 보다 많은 이형제품과 유형을 생산했기 때문이다. 관세가 인하되고 결국은 철폐됨에 따라 유럽연합 내에서의 무역은 확대되었고 각각의 플랜트는 한 가지 상품 중에서 소수의 이형제품이나 유형의 생산에 특화할 수 있게 되었으며 결과적으로 단위비용은 급격히 감소하였다.

6.4B 산업내무역과 헥셔-오린 모형의 관계

1979년 이래 헬프먼, 크루그먼 및 랭커스터(Helpman, Krugman, and Lancaster)와 다른 사람들에 의해 개발된 산업내무역 모형과 헥셔-오린 모형의 차이점은 무엇인가?

첫째, 헥셔-오린 모형에서의 무역은 비교우위 또는 국가 간(노동, 자본, 천연자원 및 기술)과 같은 요소부존도의 차이에 기인하지만, 산업내무역은 제품차별화와 규모의 경제에 의해 발생한다. 따라서 국가 간 요소부존도의 차이가 클수록 비교우위에 의한 무역이 더 커지지만, 산업내무역은 규모나(생산요소를 광의로 정의할 때) 요소부존 비율이 유사한 산업국가 간에 더욱 커진다.

둘째, 규모의 경제에 의해 생산되는 차별화된 상품의 경우에는 무역 이전의 상품의 상대가격으로 무역 패턴을 정확히 예측할 수 없다. 특히 무역을 하지 않는 경우에 대국에서는 국가적 규모의 경제가 더 크기 때문에 소국에 비하여 더 싼 비용으로 생산할 수 있다. 그러나 무역을 하게 되면 모든 국가는 같은 정도로 규모의 경제를 활용할 수 있기 때문에, 소국이 대국보다 동일한 상품을 싸게 판매할 수도 있다.

셋째, 무역은 한 국가의 희소 생산요소의 보수를 감소시킨다는 헥셔-오린 모형과는 반대로, 규모의 경제로 인한 산업내무역의 경우에는 모든 생산요소가 이익을 얻을 수도 있다. 유럽연합의 설립이나 세계대전 이후의 제조업품에 대한 무역자유화에 대해서는 이익집단의 저항이 별로 없었다는 점은 이러한 사실로 설명될 수 있다. 이러한 점은 산업국가의 노동자계층이 일부 선진 개발도상국가와의 무역자유화에 대해 강한 반론을 제기하는 점과는 대조가 되는데, 그 이유는 이들 국가와의 무역이 산업내무역이라기보다는 산업간무역의 성격을 가지고 있기 때문이다. 따라서 전체 산업(직물산업과 같은)이 붕괴될 수 있고, 실질임금이 하락하며 산업국가 내에서의 노동력이 다른 산업으로 재배치되는 결과를 초래할 수 있다.

마지막으로 산업내무역은 어떤 제품의 부품 및 컴포넌트 무역의 급속한 증가와도 관련이 있다. 사례연구 6-1에서 살펴본 바와 같이 국제적 기업은 생산비를 최소화하기 위하여(국제적 규모의 경제) 특정 제품의 다양한 부품을 여러 나라에서 생산하거나 수입하기도 한다. 각국이 총생산비를 최소화하기 위하여 비교우위를 활용하는 것은 기본적 헥셔-오린 모형을 현대적 생산조건에 맞게 확장한 것으로 볼 수 있는데, 이러한 패턴은 일부 개발도상국에게는 절실하게 필요한 고용기회를 제공하기도 한다. 이 문제는 국제적 자원의 이동과 다국적 기업을 살펴보는 제12장에서 다시 논의하기로 하자.

따라서 우리가 얻을 수 있는 잠정적인 결론은 비교우위는 **산업간무역**의 패턴을 결정하지만, 차별화된 제품에서의 규모의 경제는 **산업내무역**을 발생시킨다는 점이다. 오늘날의 세계에서 이러한 두 가지 무역의 형태는 모두 발생하고 있다. (선진국과 개발도상국에서와 같이) 요소부존도가 상이하면 할수록 비교우위와 산업간무역이 더욱더 중요해지며, 반대로 (선진국 간의 경우처럼) 광의로 정의된 요소부존도가 유사할수록 산업내무역이 더욱더 중요해질 것이다. 그러나 랭커스터(1980)가 지적한 바와 같이 산업내무역의 경우에도 "배후의 어디엔가는 비교우위가 있다." 어쩌면 산업간무역은 **자연적** 비교우위를 반영하는 반면, 산업내무역은 **획득된** 비교우위를 반영하고 있을 수도 있다.

보다 중요한 점은 5.6절에서 논의된 헥셔-오린 이론에 대한 최근의 실증적 연구결과들에 의하면, 국가 간 기술 및 요소가격의 격차와 비교역상품 및 수송비의 존재를 인정하고, 보다 세분화된 요소부존도 및 무역자료를 이용하면, 상당 부분의 산업내무역은 사실상 요소부존도 및 비교우위의 국제 간 차이에 기인한다는 점을 보여 준다. 따라서 산업내무역과 헥셔-오린 이론은 처음 보이는 것처럼 그렇게 대립되는 것은 아닌 것으로 보인다. 다시 말하면 상당량의 산업내무역은 요소부존도 및 비교우위의 차이에 기인한 무역과 사실상 양립할 수 있다. 예를 들어 미국이 멕시코로부터 컴퓨터를 수입하는 것은 사실상 컴퓨터에 체화된 멕시코의 미숙련노동을 수출함과 아울러 미국의 숙련노동에 의해 생산된 컴퓨터 칩을 재수출하는 것일 수도 있다.

6.4C 산업내무역의 측정

산업내무역의 수준은 다음과 같이 산업내무역 지수(intra-industry trade index, T)로 측정될 수 있다.

$$T = 1 - \frac{|X - M|}{X + M} \tag{6-1}$$

여기에서 X와 M은 각각 특정 산업 또는 상품군에서의 수출액 및 수입액을 표시하며 식 (6-1)의 분자에 있는 수직선은 절댓값을 의미하고, T는 0부터 1까지 또는 0부터 100까지의 값을 취할 수 있다. 만일 한 나라가 해당 상품을 수출만 하거나 수입만 한다면(산업내무역이 존재하지 않음) $T=0$이다. 반대로 어느 상품의 수출과 수입이 같다면 $T=1$이다(산업내무역이 극대화된다).

그루벨과 로이드(Grubel and Lloyd)는 1967년도의 10개 산업국가의 여러 산업에 대해 T 지수를 계산하였다. 그 결과 10개 산업국가를 가중 평균한 T 지수는 화석연료, 윤활유 및 관련 산업의 경우 0.30, 화학제품의 경우 0.66으로 나타났으며, 10개 국가에서 전 산업을 가중평균한 T 지수는 0.48로 나타났다. 이는 1967년도에 10개 산업국가의 전체 무역 중 절반 정도가 동종 산업에 속하는 차별화된 상품을 교환하였다는 것을 의미한다. T의 값은 또한 시간이 지남에 따라 증가해 왔다. 그 값은 1959년에는 0.36, 1964년에는 0.42, 1967년에는 0.48이었다. 사례연구 6-5는 산업내무역에 관한 최근의 추정값을 주요 산업국가와 개발도상국가의 경우에 대하여 보여 주고 있다.

그러나 T-지수를 이용하여 산업내무역의 정도를 측정하는 데는 심각한 결함이 있는데, 그 이유는 산업이나 상품군을 얼마나 광범위하게 정의하느냐에 따라 T-지수의 값이 변화하기 때문이다. 구체적으로 어떤 산업을 광범위하게 정의할수록 T의 값은 커지게 된다. 왜냐하면 어떤 산업을 광범위하게 정의할수록 한 국가는 차별화된 생산물의 일부 이형제품을 생산하고 다른 이형제품을 수입할 가능성이 높기 때문이다(사례연구 6-6 참조). 따라서 T-지수는 주의해서 사용해야 한다. 그럼에도 불구하고, T-지수는 국가 간 산업내무역의 차이를 측정하고, 시간이 지남에 따라 동일 산업에서의 산업내무역이 어떻게 변화하는가를 측정하는 데 매우 유용하다(사례연구 6-7 참조).

6.4D 산업내무역에 관한 정형화된 모형

그림 6-2는 산업내무역에 관한 정형화된 모형을 보여 주고 있다. 그림 6-2에서 D는 차별화된 제품을

사례연구 6-5 산업내무역의 증가

표 6-3은 1988~1991년, 1996~2000년, 2008년도 동안 산업국가에서 제조업품의 산업내무역 비율에 관한 자료를 보여 주고 있다. 이 표를 통하여 2008년도에 벨기에서 산업내무역 비율이 가장 높았고(92.0), 프랑스(88.3), 헝가리(87.9), 네덜란드(86.7), 오스트리아(86.6)의 순으로 높았으며, 그리스, 뉴질랜드, 아일랜드가 가장 낮았음을 알 수 있

다. 다른 6개 G7 국가(프랑스 제외)의 점유율은 영국의 지수가 81.6, 독일이 77.2, 미국이 74.9, 이탈리아가 74.1, 일본이 53.7이었다. 제조업 부문에서의 산업내무역 역시 대부분의 국가(아일랜드 제외)에서 1988~1991년과 2008년도에 상당히 증가하였다.

표 6-3 각국의 총제조업 무역 중 제조업품의 산업내무역 비율

국가	1988~1991	1996~2000	2008	국가	1988~1991	1996~2000	2008
프랑스	75.9	77.5	88.3	덴마크	61.6	64.8	78.9
캐나다	73.5	76.2	76.6	이탈리아	61.6	64.7	74.1
오스트리아	71.8	74.2	86.6	폴란드	56.4	62.6	80.9
영국	70.1	73.7	81.6	포르투갈	52.4	61.3	n.a.
멕시코	62.5	73.4	78.2	대한민국	41.4	57.5	69.7
헝가리	54.9	72.1	87.9	아일랜드	58.6	54.6	50.9
스위스	69.8	72.0	69.3	핀란드	53.8	53.9	70.3
독일	67.1	72.0	77.2	일본	37.6	47.6	53.7
벨기에	77.6	71.4	92.0	뉴질랜드	37.2	40.6	41.3
스페인	68.2	71.2	83.6	터키	36.7	40.0	66.7
네덜란드	69.2	68.9	86.7	노르웨이	40.0	37.1	64.3
미국	63.5	68.5	74.9	그리스	42.8	36.9	47.0
스웨덴	64.2	66.6	80.4	오스트레일리아	28.6	29.8	n.a.

출처 : OECD, "Intra-Industry Trade", *Economic Outlook*(Paris: OECD, June 2002) and OECD Data Base, 2010.

판매하는 기업이 직면하는 수요곡선이다. 다른 많은 기업들이 유사한 상품을 판매하기 때문에, 이 기업이 직면하는 수요곡선은 대단히 탄력적이다(즉, D의 경사가 작다). 이는 가격이 조금만 변화하더라도 이 기업의 판매량은 많이 변화한다는 점을 의미한다. (현재의 경우와 같이) 차별화된 제품을 판매하는 기업의 수가 많고, 특정 산업에 대한 진입과 퇴출이 용이한 경우의 산업조직을 독점적 경쟁(monopolistic competition)이라고 한다. 어느 특정기업이 판매량을 증가시키기 위해서는 모든 상품에 대한 가격(P)을 인하해야 하기 때문에, 이 기업의 한계수입곡선(MR)은 수요곡선(D)보다 아래에 위치하고 있고, 따라서 $MR < P$이다. 예를 들어 이 수요곡선으로부터 이 기업은 $P=4.5$달러에 2단위를 판매하고 총수입 9달러를 얻을 수 있거나 또는 $P=4$달러에 3단위를 판매하여 총수입 12달러를 얻을 수 있다는 점을 알 수 있다. 따라서 세 번째로 판매되는 상품 단위에 대한 $P=4$달러와 비교할 때, 총수입

사례연구 6-6   G20 국가의 산업내무역 지수

표 6-4는 2006년 (선진경제대국과 신흥시장경제 그리고 유럽연합 전체로 구성된) G20 국가의 산업내무역 지수를 SITC 3자리와 5자리에서 살펴본 것이다. 지수가 0.000이라는 것은 산업내무역이 0이라는 사실을, 그리고 지수가 1.0이라는 것은 각각의 해당 상품 분야의 수출과 수입이 같다는 것을 의미한다. SITC 3자리 수준에서의 산업내무역 지수가 5자리 수준에서의 지수보다 모든 국가의 경우에 클 것으로 예상된다. (즉, 산업의 포괄범위가 커질수록, 다시 말해 자동차제품, 기차 및 항공기를 포함하는 수송장비는 자동차보다 포괄 범위가 넓을수록 산업내무역 지수는 더 커질 것이다.) 이 표로부터 선진국에 대한 산업내무역 지수가 G20 국가보다 더 크다는 것을 알 수 있다.

표 6-4   SITC 3자리와 5자리의 G20 국가에 대한 산업내무역 지수

국가	SITC 3자리(%)	SITC 5자리(%)	국가	SITC 3자리(%)	SITC 5자리(%)
프랑스	60.0	42.4	브라질	37.3	13.7
캐나다	59.9	42.1	인도	31.8	12.7
독일	57.0	41.9	아르헨티나	31.3	15.6
영국	52.5	36.2	중국	30.5	18.2
미국	50.3	31.7	남아프리카	29.4	9.2
이탈리아	49.7	34.4	인도네시아	29.1	11.7
멕시코	47.8	33.4	터키	21.7	13.0
타이	44.9	25.2	러시아	14.6	4.7
대한민국	41.2	24.0	사우디아라비아	7.0	1.1
일본	39.8	23.8	**단순 평균**	**38.7**	**2.29**

출처 : M.Bulhart, "Global Intra-Industry Trade, 1962-2006," *The World Economy*, March 2009, pp. 401-459.

의 변화 또는 한계수입은 MR=3달러이다.

특정 상품의 몇몇 이형제품 중 한 가지만을 생산함으로써 기업은 생산에 있어서 규모에 대한 수익증가를 얻을 수 있기 때문에, 평균비용곡선(AC) 역시 오른쪽 아래로 이동한다(즉, 산출량이 증가함에 따라 평균비용이 하락한다). 결과적으로 이 기업의 한계비용곡선(MC)은 평균비용곡선(AC)보다 아래에 위치한다. 그 이유는 평균비용이 하락하기 위해서는 한계비용이 평균비용보다 작아야 하기 때문이다. 이 기업에 최적인 생산량 수준은 3단위이고, 점 E로 표시되고 있는데, 이 점은 한계수입(MR)곡선과 한계비용(MC)곡선이 교차하는 점이다(그림 6-2 참조). 생산량이 이 수준보다 작으면, MR(즉, 추가적 수입)이 MC(즉, 추가적 비용)보다 크기 때문에 이 기업은 생산량을 확대하는 것이 이득이 된다. 반대로 생산량 수준이 3단위보다 많으면, MR<MC가 되어 이 기업은 생산량을 감소하는 것이 이득이 된다. 따라서 최적 생산량(Q)은 3단위이다. 이때 이 기업은 수요곡선상의 점 A와 같이 4달러의 가격을 부과할 것이다. 게다가 이 산업에 속한 기업들이 이윤을 얻는 한 장기적으로는 보다 많은 기업들이 이 산업으로 진입할 것이기 때문에, 이 기업이 직면하게 되는 수요곡선(D)은 AC 곡선과 접하게 될 것이고 결국은

사례연구 6-7   2017년도 미국 일부 산업의 산업내무역 지수

표 6-5는 미국의 일부 상품에 대한 수출액과 수입액 및 가끔 사용되는 식 (6-1A)를 이용한 산업내무역 지수 T를 보여 준다. 식 (6-1)을 이용해도 결과는 동일하며 표 6-5에 대해 이를 확인해 보라. 식 (6-1A)의 분자는 수출액이나 수입액 중 적은 것을 사용한다.

$$T = \frac{\min(X, M)}{(X+M)/2} \qquad (6\text{-}1A)$$

표 6-5로부터 미국의 산업내무역 지수는 산업용 엔진이나 반도체와 같은 첨단기술 제품의 경우에 대단히 높은데, 이들 제품은 미국이 다른 선진국이나 (중국과 같은) 주요 신흥시장경제권에 거의 같은 양을 수입하고 수출하기도 하는 상품이다. 반대로 (민간 항공기와 같이) 미국이 주로 수출하는 일부 하이테크 제품과 미국이 (개발도상국으로부터) 주로 수입하는 (가정용 가구, 의류, 가사용품 같은) 로테크 노동집약적 상품의 경우에는 T가 아주 낮다.

표 6-5   2017년도 미국 일부 산업의 수출액, 수입액 및 산업내무역 지수

제품	수출액(백만 달러)	수입액(백만 달러)	산업내무역 지수(%)
산업용 엔진	25,249	24,652	98.8
반도체	47,971	54,157	93.9
과학 및 의료 장비	46,722	45,865	93.0
발전기	54,966	76,118	83.9
공작기계	6,680	12,043	71.4
통신장비	38,244	74,323	67.9
플라스틱 제품	4,715	17,356	66.7
의료 및 치과 용품	51,158	110,099	63.4
민간 항공기	56,034	13,740	39.4
컴퓨터	15,378	69,021	36.4
텔레비전	4,965	25,696	32.4
가정용 가구	4,780	36,821	23.0
의류 및 가사용품	10,471	136,871	14.2

출처 : Bureau of Economic Analysis, 2018.

$Q=3$에서 $P=AC=4$달러가 된다. 이는 이 기업의 이윤은 0이 된다는(즉, 장기적으로 투자에 대한 정상적 수익만을 얻게 된다) 점을 의미한다.

이제 산업간무역과 산업내무역의 관계를 살펴보기로 하자. 먼저 1국은 상대적으로 노동이 풍부한 국가이고 상품 X는 노동집약적인 반면, 2국은 자본을 상대적으로 풍부하게 가지고 있고 상품 Y는 자본집약적이라고 가정하자. 상품 X와 Y가 동질적이라면, 헥셔-오린 이론으로 예측할 수 있는 바와 같이 1국은 상품 X를 수출하고 상품 Y를 수입하는 반면, 2국은 상품 Y를 수출하고 상품 X를 수입할 것이다. 이는 산업간무역이며 비교우위만을 반영하고 있다. 한편, 상품 X와 상품 Y에 다양한 이형제품들이 존재한다면(즉, 상품 X와 Y가 차별화되었다면), 1국은 상품 X의 순수출국이 되겠지만(이것은 비

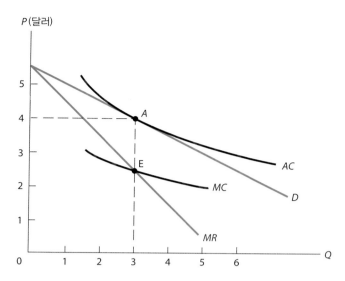

그림 6-2 독점적 경쟁에서의 생산과 가격

D는 특정기업이 판매하는 생산물에 대한 수요곡선이고, MR은 이에 상응하는 한계수입곡선이다. 이 생산물은 차별화되어 있기 때문에 D는 오른쪽 아래로 이동한다. 결과적으로 $MR<P$이다. 독점적 경쟁 상태에 있는 이 기업의 최적 생산량은 3단위이고 점 E로 표시되고 있는데, 이 점에서 $MR=MC$이다. $Q=3$일 때, $P=AC=4$달러(점 A)가 되고 이 기업의 이윤은 0이 된다(즉, 장기적으로 투자에 대한 정상적 수익만을 얻게 된다). 또한 AC는 이 기업의 평균비용곡선으로 규모의 경제로 인하여 AC는 오른쪽 아래로 이동한다.

교우위에 근거한 산업간무역이다), 상품 X의 이형제품 중 몇 가지를 수입할 것이며 상품 Y의 몇몇 이형제품을 수출할 것이다(이것은 제품차별화와 규모의 경제에 기인한 산업내무역이다).

마찬가지로 2국은 상품 Y의 순수출국이 되겠지만 또한 상품 Y의 이형제품 중 몇 가지를 수입할 것이며, 상품 X의 이형제품을 몇 가지 수출할 것이다. 1국과 2국의 상품 X 및 Y의 순수출은 산업간무역을 반영하는 것으로 이는 비교우위 때문에 발생한다. 반대로 1국이 상품 X의 이형제품 중 몇 가지를 수입하고 상품 Y의 이형제품을 수출하는 한편, 2국은 상품 Y의 이형제품을 몇 가지 수입하고 상품 X의 이형제품을 몇 가지 수출한다는 사실(즉, 각각의 상품에 대한 시장을 상호 침투한다는 사실)은 산업내무역을 반영하는데, 이는 제품차별화와 규모의 경제로 인한 것이다. 따라서 제품이 동질적이라면 산업간무역만이 있을 뿐이며, 반대로 제품이 차별화되어 있을 때는 산업간무역과 산업내무역이 모두 있게 된다. 또한 요소부존도와 기술이 두 국가 간에 유사할수록 산업내무역에 대한 산업간무역의 중요성은 작아지게 되는 반면, 요소부존도와 기술이 국가 간에 상이한 경우에는 이와 반대가 된다. 시간이 지남에 따라 산업국가의 요소부존도와 기술은 보다 유사하게 되었기 때문에, 산업간무역에 대한 산업내무역의 중요성은 커져 왔다. 그러나 앞에서 지적한 바와 같이 상당 부분의 산업내무역 역시 (요소의 개념을 협의로 세분화하여 정의할 때) 국제적 요소부존도의 차이에 기인한 것이다.

6.4E 기타의 산업내무역

이제 그림 6-3을 이용하여 산업내무역을 다른 측면에서 검토해 보자. 그림 6-3의 수평축은 독점적 경쟁산업에서의 기업의 수(N)를 측정하고 수직축은 제품의 가격(P)과 평균생산비 또는 단위당 생산비용(AC)을 측정한다. 모든 기업들의 제품이 차별화되어 있지만, 모든 기업은 동일한 가격에서 판매한다. 이렇게 되는 경우는 독점적 경쟁산업에 있는 모든 기업들이 대칭적이거나, 동일한 수요함수 및 비용함수에 직면하게 될 때이다.

　그림 6-3에서 곡선 P는 산업 내 기업의 수와 제품가격 사이의 관계를 보여 준다. 산업 내 기업의 수가 많을수록 제품가격은 더 낮아지므로 곡선 P는 오른쪽 아래로 이동하는데, 그 이유는 산업 내 기업의 수가 많아질수록 경쟁이 격화되기 때문이다. 예를 들어 N=200일 때, P=4달러(그림에서 점 F 참조)이고 N=300일 때 P=3달러(점 E)가 되며, N=400일 때 P=2달러(점 E')가 된다. 반대로 곡선 C는 산업 전체의 생산량이 일정할 때 산업 내 기업의 수와 평균생산비 사이의 관계를 보여 준다. N의 수가 많아질수록 AC가 커지는 사실을 반영하여 곡선 C는 오른쪽 위로 이동한다. 그 이유는 산업 전체의 생산량이 일정할 때, 기업의 수가 많아질수록 산업 전체의 생산량 중 개별기업이 생산하는 비율이 작아지게 되고, 따라서 개별기업의 평균생산비는 증가하기 때문이다. 예를 들어 N=200일 때 AC=2달러(그림에서 점 G)가 되고, N=300일 때 AC=3달러(점 E)가 되며 N=400일 때 AC=4달러(점 H)가 된다.

　곡선 P와 곡선 C가 만나는 점에서 균형점 E가 결정이 되며, 이때 P=AC=3달러이고 N=300이며 각각의 기업의 이윤은 0이 된다. 200개의 기업이 있다면 AC=2달러(점 G)인 반면 P=4달러(점 F)가 된다. 이때 기업들은 이윤을 얻기 때문에 더 많은 기업들이 이 산업에 진입하게 되어 장기균형점인 E에 도달하게 된다. 반대로 N=400이면, AC=4달러(점 H)인 반면 P=2달러(점 E')가 된다. 이때는 기업들이 손실을 입으므로 일부 기업들은 이 산업으로부터 퇴출하여 장기 균형점 E에 도달하게 될 것이다.

　무역을 확대하거나 시작함으로써 그리고 그 결과 더욱 확대되고 통합된 세계시장의 일부가 되기 때문에, 각국의 기업들은 보다 적은 범위의 제품 생산에 특화하여 평균생산비가 하락할 수 있게 된

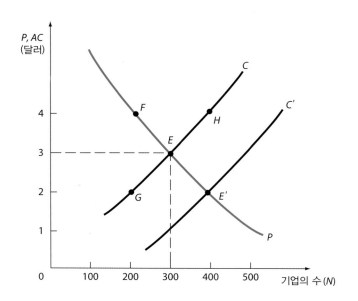

그림 6-3　독점적 경쟁과 산업내무역

곡선 P는 산업 내의 기업의 수(N)와 생산물의 가격 사이의 음의 관계를 보여 주고, 곡선 C는 N과 산업 전체의 생산량이 일정할 때 개별 기업의 평균비 사이의 양의 관계를 보여 준다. 곡선 P와 C가 만나는 점 E에서 균형이 이루어지는데, 이때 P=AC=3달러이고 N=300이다. 무역을 하게 되면 C 곡선이 C'으로 아래로 이동하여 새로운 균형점은 E'이 되고, 이때 P=2달러이고 N=400이 된다.

다. 이때는 국가들의 요소부존도나 기술이 동일하다고 하더라도 상호이익이 되는 무역이 발생할 수 있다. 각국의 소비자들은 제품가격이 하락하고, 선택할 수 있는 제품의 범위가 더 커지기 때문에 이익을 얻을 수 있다. 이러한 점은 그림 6-3에서 곡선 C가 곡선 C'으로 아래로 이동하는 것으로 표현된다. 곡선 C는 곡선 C'으로 아래로 이동하는데, 그 이유는 시장규모나 산업 전체의 판매량이 커지게 되면 기업의 수가 일정한 경우에 개별기업의 판매량이 증가하게 되고, 개별기업의 평균비용이 하락하기 때문이다. 곡선 C가 곡선 C'으로 아래로 이동하게 되면, 새로운 장기 균형점은 E'이 되어, 원래의 장기 균형점 $E(P=3$달러, $AC=3$달러)와 비교할 때 $P=AC=2$달러이고 $N=400$이 됨을 알 수 있다. 산업 전체의 판매량 증가는 곡선 P에 영향을 미치지 못한다(즉, 곡선 P는 이동하지 않음)는 점에 주의하자.

6.5 동태적 기술 격차에 기인한 무역

(헥셔–오린 이론에서 강조하고 있는) 노동, 자본 및 천연자원의 상대적 이용가능성의 차이와 규모의 경제 및 제품차별화의 존재와는 관계없이 국가 간 동태적 기술의 변화는 그 자체로 무역의 결정원인이 될 수 있다. 이러한 점은 기술 갭 및 제품수명주기 모형으로 살펴볼 수 있다. 이 두 가지 모형에서는 본질적으로 시간이 개재되기 때문에 이러한 모형들은 정태적 헥셔–오린 모형을 동태적으로 확장한 것으로 볼 수 있다.

6.5A 기술 갭 및 제품수명주기 모형

1961년 포스너(Posner)에 의해 개략적으로 설명된 기술 갭 모형(technological gap model)에 의하면 산업국가 사이의 무역 중 상당 부분은 신제품과 새로운 생산과정의 도입에 기인하고 있다. 신제품이나 새로운 생산과정은 혁신 기업이나 국가로 하여금 세계시장에서 일시적 독점적 지위를 갖도록 한다. 이러한 일시적 독점은 새로운 발명품을 촉진하기 위하여 부여되는 특허나 저작권 때문에 생기는 경우가 종종 있다.

　기술적으로 가장 발달한 국가인 미국은 많은 수의 새로운 첨단기술 제품을 수출한다. 그러나 외국의 생산자가 신기술을 획득하면서, 그들은 노동비용이 상대적으로 저렴하기 때문에 궁극적으로 해외시장을 정복하게 되고 미국의 시장마저도 정복하게 된다. 그러는 동안 미국의 생산자들은 더욱 새로운 제품과 생산과정을 도입하여 새로운 기술 갭을 바탕으로 이들 제품을 수출한다. 그러나 이 모형의 결점은 기술 갭의 크기를 설명하지 못할 뿐 아니라 기술 갭이 발생하는 원인과 시간이 지남에 따라 기술 갭이 소멸되는 원인을 설명하지 못한다는 점이다.

　기술 갭 모형을 확장하고 일반화한 것이 제품수명주기 모형(product cycle model)인데, 이 모형은 1966년 버넌(Vernon)에 의해 개발되었다. 이 모형에 의하면 신제품의 도입기에는 보통 생산을 하기 위해 고도의 숙련된 노동이 필요하다. 제품이 성숙기에 들어서고 많은 사람들이 사용하게 될 때는 이 제품은 표준화되며, 이때 이 제품은 대량 생산기술과 덜 숙련된 노동에 의해 생산된다. 따라서 이 제품에 대한 비교우위는 이 제품을 원래 도입했던 선진국으로부터 노동이 상대적으로 저렴한 개발도상국으로 이전된다. 이러한 과정은 혁신국으로부터 저임금국가로의 해외직접투자를 수반하기도 한다.

버넌은 고소득, 노동절약적 제품이 부유한 국가에서 처음 도입되기 쉬운 이유로 다음과 같은 점을 지적한다. (1) 부유한 국가에서 고소득, 노동절약적 제품을 도입할 수 있는 기회가 가장 크고, (2) 이러한 신제품을 개발하기 위해서는 소비자들의 반응을 통해 제품을 보완하는 데 유리하도록 시장과의 인접성이 필요하며, (3) 서비스를 제공할 필요가 있기 때문이다. 기술 갭 모형은 **모방화** 과정에서의 시차를 강조하지만 제품수명주기 모형은 **표준화** 과정을 강조한다. 이러한 모형들에 의하면 고도로 발달한 산업국가들은 보다 발달된 신기술을 체화시킨 비표준화된 상품을 수출하고 덜 발전된 구기술을 체화시킨 표준화된 상품들을 수입할 것으로 예상된다.

제2차 세계대전 이후 미국과 일본 사이의 라디오 제조업체의 경험은 제품수명주기 모형에 관한 고전적 예이다. 제2차 세계대전 직후 미국의 기업들은 미국에서 개발된 진공관 덕분에 라디오에 대한 국제시장을 지배하였다. 그러나 수년 내에 일본이 미국기술을 복제하고 저렴한 노동력을 이용하여 라디오 시장에서의 높은 점유율을 차지하였다. 그러자 미국은 다시 트랜지스터의 개발로 인해 기술적인 선도역할을 차지할 수 있었다. 그러나 일본은 수년 내에 또다시 이 기술을 모방하여 미국보다 더 저렴하게 판매하였다. 그 후 미국은 프린트 회로기판(printed circuit)을 도입함으로써 일본과 성공적으로 경쟁할 수 있는 능력을 갖추었다. 이러한 최신의 기술 때문에 라디오가 노동집약적 방법으로 생산될지 아니면 자본집약적으로 생산될지 그리고 미국이 시장에 계속 잔류하게 될지 아니면 미국과 일본이 궁극적으로는 대한민국과 싱가포르와 같은 보다 저렴한 생산자에 의해 퇴출당할지는 두고 볼 일이다.

1967년의 연구에서 그루버(Gruber), 메타(Mehta)와 버넌(Vernon)은 연구개발(R&D) 비용과 수출성과 사이에 강한 양의 상관관계가 있음을 발견하였다. 그들은 연구개발 비용을 국가나 기업이 신제품이나 새로운 생산과정에서 획득할 수 있는 일시적 비교우위에 대한 대용변수로 간주하였다. 이렇게 볼 때 이러한 결과는 기술 갭 모형과 이와 밀접한 관계에 있는 제품수명주기 모형의 타당성을 보여 준다고 볼 수 있다. 제7장에서는 R&D에 기인한 기술적 측면에서 미국의 선도적 지위의 격차가 유럽이나 일본에 비해 좁혀져 왔다는 점을 살펴볼 것이다.

이러한 모형에서 무역은 원래 산업국가에서 (고숙련노동이나 연구 및 개발에 대한 지출과 같은) 상대적으로 풍부한 생산요소에 의하여 개발된 신기술 때문에 발생하였다는 점을 주목하자. 그 후에는 모방과 표준화를 통해 저개발국가가 상대적으로 저렴한 노동력으로 인하여 비교우위를 갖게 된다. 이렇게 볼 때 무역은 국가 간 상대적 요소부존량(기술)이 시간이 지남에 따라 변화하기 때문에 발생한다고 할 수 있다. 따라서 기술 갭 모형과 제품수명주기 모형은 헥셔-오린 모형에 대한 대안적 모형이라기보다는 기본적 헥셔-오린 모형을 기술적으로 동태적인 세계로 확장한 것으로 볼 수 있다. 요약하면 제품수명주기 모형은 **정태적 비교우위**를 설명하는 기본적 헥셔-오린 모형과는 반대로 신제품과 신생산 과정에 대한 **동태적 비교우위**를 설명하려는 것이다. 시간의 경과에 따른 비교우위의 변화와 성장의 원천에 대해서는 다음 장에서 논의한다.

6.5B 제품수명주기 모형에 대한 예시

제품수명주기 모형은 그림 6-4를 통해 도식화할 수 있는데, (이 모형의 한 가지 설명 방법에 따라) 이 그림은 혁신국과 모방국의 관점에서 어느 제품의 수명을 5단계로 분류하고 있다. I 단계(수평축의 시

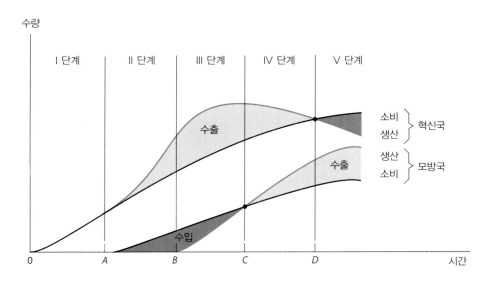

그림 6-4 제품수명주기 모형

Ⅰ 단계(시간 *OA*)에서는 이 제품이 혁신국에서만 생산되고 소비되며, Ⅱ 단계(*AB*)에서는 혁신국에서의 생산이 완전무결해지고 국내 및 해외에서 증가하는 수요를 충족할 수 있도록 생산이 급격히 증가한다. Ⅲ 단계(*BC*)에서는 이 제품이 표준화되며, 모방국도 국내 소비를 할 수 있도록 생산을 시작한다. Ⅳ 단계(*CD*)에서는 모방국이 제3시장에서 혁신국보다 더 저렴하게 판매하며, Ⅴ 단계(점 *D* 이후)에서는 혁신국의 시장에서도 모방국이 더 저렴하게 판매한다.

간 *OA*에 해당) 또는 신제품 단계에서는, 이 제품이(이때 이 제품은 특별한 신제품이다.) 혁신국에서만 생산되고 소비된다. Ⅱ 단계 또는 제품의 성장단계(시간 *AB*)에서는 혁신국에서의 생산은 완전무결해지고 국내 및 해외에서의 수요증가를 충족할 수 있도록 생산이 급격히 증가한다. 이 단계에서는 이 제품이 해외에서 전혀 생산되지 않기 때문에 혁신국은 국내 및 해외시장에서 독점상태에 있다.

Ⅲ 단계 또는 제품의 성숙기(시간 *BC*)에는 이 제품이 표준화되며, 혁신기업은 국내의 다른 기업 및 해외기업에게 라이선스하여 이 제품을 생산하는 것이 이익이 된다고 판단할 수도 있다. 따라서 모방국은 국내에서 소비할 수 있도록 이 제품을 생산하기 시작한다. Ⅳ 단계(시간 *CD*)에서는 이 제품이 표준화되어 더 이상 개발기술이나 엔지니어링 기술이 필요하지 않기 때문에, 모방국은 저렴한 노동비용이나 기타 비용으로 인해 제3국에서 혁신국보다 더 싸게 판매할 수 있게 되고, 혁신국에서 이 제품에 대한 생산은 감소한다. 마지막으로 Ⅴ 단계(즉, 점 *D*를 지난 부분)에서는 모방국이 혁신국의 시장에서도 이 제품을 더 싸게 판매할 수 있게 되며, 혁신국에서의 생산은 급격히 감소하거나 아니면 생산이 붕괴된다. 단계 Ⅳ와 Ⅴ를 제품의 쇠퇴기라고도 한다. 기술의 확산, 표준화 및 해외에서의 저렴한 비용으로 인하여 이 제품의 수명은 다하게 된다. 이제는 혁신국이 새로운 기술에 집중하여 신제품을 도입할 차례이다.

이러한 제품의 수명주기를 경험한 제품으로는 라디오, 스테인리스강, 면도날, TV 및 반도체를 들 수 있다. 최근 들어 신기술의 확산 시차는 상당히 짧아졌기 때문에, 제품수명주기의 시간 압축(time compression)을 목격할 수 있다. 즉, 혁신국에서 신제품이 소개될 때부터 모방국이 제3시장과 혁신국 시장에서 혁신국을 축출할 때까지 소요되는 시간이 갈수록 짧아지고 있다. 이러한 점은 신기술과 신

사례연구 6-8 세계에서 가장 경쟁력 있는 국가, 미국

표 6-6은 2018년 스위스에 있는 경영개발연구원(Institute for Management Development, IMD)이 측정한 국제경쟁력 상위 20개 국가를 보여 주고 있다. 국제경쟁력은 한 국가나 기업이 세계시장에서 자국민의 부를 경쟁자보다 더 잘 창출할 수 있는 능력으로 정의되었다. 국제경쟁력은 300개의 경쟁력 평가기준의 가중평균으로 계산되는데, 이 기준은 네 가지 대항목으로 분류되며 이는 (1) 경제적 성과(국내 경제에 대한 거시경제적 평가), (2) 정부의 성과(정부의 정책이 경쟁력에 이바지하는 정도), (3) 기업의 효율성(기업이 혁신적이고 이윤을 창출하는 정도), (4) 사회기반시설(기초적, 기술적 과학 및 인적 자원이 기업의 필요에 부응하는 정도)이다.

표 6-6이 보여 주는 바와 같이 미국이 1위를 차지하고 있으며 그 뒤를 홍콩(중국), 싱가포르, 네덜란드, 스위스, 덴마크가 차지한다. 지수가 계산된 63개 국가 중에서 기타 G7 국가들로는 캐나다가 10위, 독일 14위, 영국 20위, 일본 25위, 프랑스 28위, 이탈리아가 42위였다. 중국은 13위, 대한민국 27위, 스페인 36위, 인도 44위, 러시아 45위, 남아프리카 53위, 아르헨티나 54위, 브라질 60위, 베네수엘라 63위였다. 세계경제포럼(다보스포럼)은 *Global Competitiveness Report*에서 이와 비견되는 국제경쟁력 순위를 제공하는데, 2017~2018년도의 상위 10개국으로는 스위스가 1위이고 그 다음이 미국, 싱가포르, 네덜란드, 독일, 홍콩(중국), 스웨덴, 영국, 일본, 노르웨이의 순이었다.

표 6-6 2018년도의 국제경쟁력 순위

순위	국가	순위	국가
1	미국	11	룩셈부르크
2	홍콩(중국)	12	아일랜드
3	싱가포르	13	중국
4	네덜란드	14	카타르
5	스위스	15	독일
6	덴마크	16	핀란드
7	아랍에미리트	17	타이완
8	노르웨이	18	오스트리아
9	스웨덴	19	오스트레일리아
10	독일	20	영국

출처 : IMD, 2018.

제품에 의존하여 국제경쟁력을 유지하는 미국과 같은 국가에는 어려움을 초래할 수 있다. 미국이 신제품과 신기술을 도입하여 획득할 수 있는 이득은 다른 국가, 특히 중국에 의해 보다 신속하게 복제되고 있다. 아이패드는 애플의 스티브 잡스가 고안했지만 모든 생산은 아웃소싱으로 이루어졌다. "미국은 뒤처지지 않기 위해서는 더욱 빠르게 달릴 수밖에 없다."는 격언은 이 경우에 대단히 적절하다. 그러나 미국은 신기술과 신제품을 매우 빠르게 도입함으로써 세계에서 가장 경쟁력 있는 국가로 꼽히고 있다(사례연구 6-8 참조).

6.6 수송비, 환경기준 및 국제무역

지금까지는 수송비가 0인 것으로(5.2절의 가정 9) 가정했다. 이 절에서는 이 가정을 완화한다. 그 결과 수송비는 수출국과 수입국에서 교역상품의 가격에 영향을 미침으로써 무역에 직접적인 영향을 미칠 수 있으며 또한 국제적인 생산과 산업의 입지에도 영향을 미치기 때문에 무역에 간접적인 영향을 미치는 것을 알 수 있다. 이 절에서는 이러한 두 가지 효과와 환경오염이 산업의 입지와 무역에 미치는 효과를 살펴본다.

6.6A 수송비와 비교역상품

수송비는 운임, 보관비, 하역비, 보험료, 운송 중인 화물에 대한 이자비용 등을 뜻한다. 한 지역이나 국가에서 다른 지역으로 화물을 운송하는 데 드는 비용을 모두 포괄하여 수송비(transport costs) 또는 물류비(logistics cost)라 한다.

　동질적인 상품이라면 무역을 하기 이전의 두 지역 간 가격 차이가 두 지역 간 수송비보다 클 때 국제적으로 거래가 이루어질 것이다. 수송비나 물류비를 고려하면 대부분의 상품과 서비스가 국제적으로 거래되지 않는 이유를 알 수 있다. 이러한 것을 비교역상품(nontraded goods)과 비교역서비스(nontraded services)라고 한다. 이러한 것들은 국가 간 수송비가 가격 차이보다 큰 것들이다. 따라서 시멘트는 가격 대비 중량이 크기 때문에 국경지역을 제외하고는 국제적으로 거래되지 않는다. 마찬가지로 보통사람들은 단순히 이발을 하기 위해 뉴욕에서 영국으로 여행하지는 않을 것이다.

　일반적으로 교역상품의 가격은 세계 전체의 수요 및 공급조건에 의해 결정되지만, 비교역상품의 가격은 국내의 수요 및 공급조건에 의해 결정된다. 냉동트럭 및 냉동선의 이용으로 인한 수송비의 하락 때문에 비교역상품이 교역상품으로 되었다. 예를 들어 보스턴, 시카고, 뉴욕 및 필라델피아의 상점에서 볼 수 있는 포도와 기타의 과일 및 채소는 남아메리카로부터 수송해 온 것으로, 과거에는 높은 수송비와 상품의 부패 때문에 이러한 일이 가능하지 않았다. 마찬가지로 컨테이너화된 화물선적(대단히 대규모의 표준화된 컨테이너에 선적하는 방법)의 발달로 말미암아 수송비와 거래비용이 크게 하락하여, 과거에 비교역상품이었던 많은 상품이 교역상품이 되었다. 수송비와 물류비용은 선진국보다는 개발도상국의 경우에 훨씬 더 높기 때문에 개발도상국의 기업에게 있어서는 심각한 무역 장애로 작용한다.

　수송비를 분석하는 방법에는 두 가지 방법이 있다. 한 가지 방법은 일반균형분석(general equilibrium analysis)으로, 이는 한 국가의 생산가능곡선이나 오퍼곡선을 이용하여 수송비를 상품의 상대가격으로 표시하는 것이다. 보다 직접적인 방법은 부분균형분석(partial equilibrium analysis) 방법으로 절대 수송비 또는 통화로 표시된 수송비를 분석하는 것으로, 이 방법은 분석하고자 하는 상품의 생산량, 소비량, 교역량을 제외한 두 국가 간의 환율, 소득 수준 및 기타 모든 조건이 일정하다고 놓고 분석하는 것이다. 그림 6-5는 이 방법을 보여 주고 있다.

　그림 6-5에서 공통의 수직선은 1국과 2국에서 상품 X의 달러 표시 가격을 나타낸다. 2국의 경우에는 (보통의 경우와 마찬가지로) 상품 X의 양이 증가하는 것은 공통의 원점으로부터 오른쪽으로 이동하는 것으로 측정된다. 대신에 1국의 경우에는 상품 X의 양이 증가하는 것은 공통의 원점으로부터 왼쪽으로

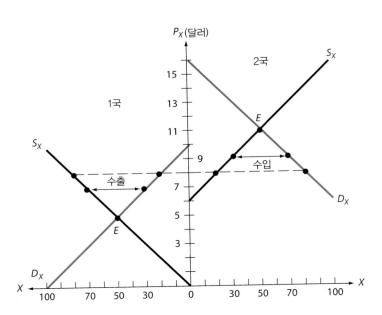

그림 6-5 수송비에 대한 부분균형분석

공통의 수직축은 양국에서 상품 X의 달러 표시 가격을 나타낸다. 1국의 경우 공통의 원점으로부터 왼쪽으로 이동하는 것은 상품 X의 양이 증가하는 것을 나타낸다. 무역을 하지 않을 때 1국은 P_X=5달러에서 50X를 생산하고 소비하며, 2국은 P_X=11달러에서 50X를 생산하고 소비한다. 또한 단위당 수송비가 2달러라면, 1국에서 P_X=7달러가 되고, 2국에서는 P_X=9달러가 된다. P_X=7달러에서 1국은 70X를 생산하여 30X를 소비하고 40X를 수출한다. P_X=9달러에서 2국은 30X를 생산하고 40X를 수입하여 70X를 소비한다.

이동하는 것으로 측정된다. 1국의 경우 당연히 그렇지만 원점으로부터 왼쪽으로 이동할수록 1국의 상품 X에 대한 공급곡선은 양의 기울기를 갖는 반면 수요곡선(D_X)은 음의 기울기를 갖는다(오른쪽 아래로 이동)는 점을 주목하자.

무역을 하지 않는 경우 1국은 P_X=5달러(1국의 D_X와 S_X가 교차하는 점으로 표시된)의 균형가격에서 50X를 생산하고 소비하며, 2국은 P_X=11달러에서 50X를 생산하고 소비한다. 그러나 무역을 하게 되면, 1국은 상품 X를 2국으로 수출할 것이다. 1국이 상품 X를 수출함에 따라 P_X가 1국에서는 상승하고 2국에서는 하락한다. 단위당 수송비용이 2달러라면, 2국에서의 P_X는 1국에서보다 2달러만큼 더 높으며, 이 비용은 수출량과 수입량이 같아지도록 두 나라가 분담하게 된다. 그 예로 그림 6-5에서는 1국이 P_X=7달러이고, 2국이 P_X=9달러일 때 그렇게 된다. P_X=7달러에서 1국은 70X를 생산하여, 국내에서 30X를 소비하고 40X를 2국으로 수출한다. P_X=9달러, 2국은 30X를 생산하고 40X를 수입하여 70X를 소비한다.

수송비가 없는 경우에는 양국에서 P_X=8달러가 되고 60X가 거래된다는 점에 주목하자. 따라서 수송비로 인해 생산에서 특화의 정도와 교역량 및 무역으로부터의 이익은 감소한다. 그뿐만 아니라 수송비가 존재하게 되면 상품 X의 절대가격(과 상대가격)은 양국에서 상이해져, 헥셔-오린 모형의 모든 가정들이 충족된다고 하더라도 요소가격은 완전히 균등화되지 않을 것이다.

마지막으로 그림 6-5는 양국이 수송비를 균등하게 분담하도록 그려져 있다. 일반적으로 1국의 D_X와 S_X의 기울기가 2국에 비해 클수록 1국이 분담해야 하는 수송비의 몫은 커지게 된다.(이 명제에 관한 증명과 수송비에 관한 일반균형적 분석은 이 장 연습문제로 수록되어 있다.)

6.6B 수송비와 산업의 입지

수송비는 생산과 산업의 입지에 영향을 미침으로써 국제무역에도 영향을 미친다. 산업은 자원 지향적, 시장 지향적, 또는 자유 입지형으로 분류될 수 있다.

자원 지향적 산업(resource-oriented industry)은 그 산업에서 이용하는 원자재 공급원의 근처에 위치하는 경향이 있는 산업이다. 예를 들어 광업은 광물이 매장되어 있는 곳 근처에 위치할 수밖에 없다. 보다 일반적으로 어느 산업에서 이용하는 원자재를 수송하는 비용이 최종 생산물을 시장에 운반하는 데 드는 비용보다 훨씬 높은 산업이 자원 지향적 산업이다. 철강, 기초 화학 및 알루미늄과 같은 산업이 이러한 산업인데, 이러한 산업에서는 중량이 많이 나가고 부피가 큰 원자재를 보다 가벼운 최종 생산물로 가공하는(즉, 가공단계에서 상당한 양의 중량 손실이 수반되는) 산업이다.

반대로 시장 지향적 산업(market-oriented industry)은 그 산업제품의 시장 근처에 위치하는 산업이다. 이러한 산업은 생산과정에서 보다 무거워지거나 수송이 어려워지는, 즉 가공단계에서 중량이 늘어나는 산업이다. 소프트-드링크 산업이 하나의 훌륭한 예인데, 이 산업에서는 고도로 농축된 용액을 시장으로 운반한 후 물을 첨가하고 병에 담는다(이것들은 모두 중량을 늘리는 작업이다).

자유 입지형 산업(footloose industry)은 생산과정에서 별로 중량이 추가되거나 중량이 감소하지 않는 산업이다. 이러한 산업은 중량 대비 가격이 높은 경향이 있고, 이동성이 대단히 높으며, 문자 그대로 가고 싶은 곳에 마음대로 갈 수 있는 산업이다. 이러한 산업은 기타 투입요소의 이용가능성으로 인해 생산비용이 가장 저렴한 곳에 위치하는 경향이 있다. 그 한 예가 미국의 컴퓨터산업인데, 이 산업에서는 미국에서 생산된 컴포넌트를 멕시코 국경지역으로 운반하여 그곳에서의 저렴한 노동력을 이용하여 조립한 후, 미국으로 다시 수출하여 최종 생산물로 포장한 후 미국시장에서 판매한다. 각국의 정부는 이러한 자유 입지형 산업을 유치하기 위하여 국내 및 해외의 투자가들에게 세제상의 특혜를 부여한다.

6.6C 환경기준, 산업 입지 및 국제무역

산업의 입지와 국제무역은 각국의 상이한 환경기준에 의해서도 영향을 받는다. 환경기준(environmental standards)이란 한 국가가 허용하는 대기오염, 수질오염, 열오염 및 기타 폐기물의 처리 때문에 발생하는 오염 등의 수준을 말한다. 환경오염은 편리하고 저렴한 환경을 상품과 서비스를 생산, 소비, 처리할 때 발생하는 모든 유형의 폐기물에 대한 쓰레기 처리장으로 이용할 때 발생한다.

환경오염은 심각한 무역 문제를 야기할 수도 있는데, 그 이유는 교역상품 및 서비스의 가격이 종종 사회적 환경비용을 반영하지 못하기 때문이다. 환경기준이 약한 국가는 해외로부터 공해기업을 유치하여 오염을 유발하는 상품과 서비스의 생산에서 비교우위를 획득함으로써 사실상 환경을 자원부존 또는 생산요소로 이용할 수 있다. 예를 들어 미국의 노동자들은 NAFTA를 반대했는데, 그 이유는 미국기업이 환경기준법이 허술하고 정화비용이 낮은 멕시코로 이주함에 따라 미국 내에서 일자리를 잃어버릴 것이라는 두려움 때문이었다. 실제로 환경에 대한 우려가 꽤 심각했기 때문에 미국 의회에서 NAFTA를 통과시키기 위해서는 환경에 대한 측면적 합의가 추가되어야 했다. 1999년 3월 제네바에서 열린 고위급회담에서는 무역협상 시 환경영향 평가를 반영하도록 강력히 촉구했다.

패트릭 로우(Patrick Low)에 의한 세계은행연구(1992)에 의하면 공해산업과 공해산업의 수출은 청정산업보다 더 빠르게 확대되었으며, 공해산업의 수출도 부유한 선진국보다 가난한 개발도상국에서 더 빠르게 확대되었다는 점을 보여 준다. 그러나 이 연구에 의하면 국가들은 부유해짐에 따라 경제발전에 대해 보다 '환경친화적'으로 접근하며 '지속 가능한 개발'에 더 많은 관심을 기울이는 것으로 나타났다(사례연구 6-9 참조).

2001년 7월 산업국가들이 지구 온난화를 야기한 온실가스 배출에 대해 감축목표를 설정하기로 한 역사적 합의가 1997년 서명된 기후변화에 관한 교토의정서 이행의 일환으로 서명되었다. 미국은 감축목표가 자의적이고 준수하기에 비용이 많이 든다는 이유로 서명을 거부했다. 2007년 12월 발리에

사례연구 6-9   환경성과 지수

표 6-7은 2018년도 환경성과 지수(EPI)에 관한 180개국의 순위를 보여 주고 있다. EPI는 (1) 인류의 건강에 대한 환경 스트레스를 경감시킬 수 있는 능력과 (2) 천연자원관리를 촉진할 수 있는 능력을 기준점으로 정하고, 6개 항목에 포함된 25개 성과지표를 이용하고 결합하여 하나의 점수를 산출한다.

표 6-7에서 스위스가 EPI에서 1위이고, 그다음이 프랑스, 덴마크, 말타, 스웨덴, 영국, 룩셈부르크, 오스트리아,

아일랜드, 핀란드였다. 기타 국가들의 순위는 스페인(12), 독일(13), 이탈리아(16), 일본(20), 오스트레일리아(21), 캐나다(25), 미국(27), 러시아(52), 대한민국(60), 브라질(69), 멕시코(72), 아르헨티나(74), 중국(120), 남아프리카(142)이고 부룬디(180)가 꼴찌이다. 일반적으로 부유한 국가의 순위는 높고 가난한 국가의 순위는 낮으며 최빈국의 순위는 최하위이다.

표 6-7   2018년도 환경성과 지수(EPI) 순위

순위가 높은 국가		순위가 낮은 국가	
순위	국가	순위	국가
1	스위스	171	중앙아프리카공화국
2	프랑스	172	니제르
3	덴마크	173	레소토
4	말타	174	아이티
5	스웨덴	175	마다가스카르
6	영국	176	네팔
7	룩셈부르크	177	인도
8	오스트리아	178	콩고민주공화국
9	아일랜드	179	방글라데시
10	핀란드	180	부룬디

출처 : Wendling.Z.A. Emerson.J.W.,Esty.D.C.,Levy.M.A., de Sherbinin,A., et al. (2018). 2018 Environmental Performance Index. new Haven, DT: Yale Center for Environmental Law and & Policy. https://epi.yale.edu/

서 개최된 기후변화에 관한 UN 회의에서 (미국을 포함한) 190개국이 2012년 만료가 되는 교토의정서를 대신할 새로운 협약을 2012년까지 협상하기로 한 협정에 서명하였으며, 열을 함유한 가스의 배출을 2050년까지 절반으로 감축하기로 하였다.

2011년 12월 남아프리카 더반에서 개최된 UN 기후변화회의에서는 교토협약을 연장하여 2015년 프랑스에서 개최된 2015 당사국총회에서 신협약을 타결하기로 결정하였으며 2020년까지 발효될 예정이다. 여기에는 전 세계 온실가스 배출의 약 3/5을 차지하는 개발도상국에 의한 배출규제도 포함된다. 또한 신협약에서는 1,000억 달러의 '녹색기후기금'을 설립하여 개발도상국들이 환경변화의 충격을 상쇄할 수 있도록 선진국이 돕도록 했다. 2012년 12월 카타르 도하에서 개최된 UN 회의에서는 2015년 회의에 방해가 되는 절차적 장애물들을 제거하였다.

2015년 12월 12일 기후변화에 관한 UN 기본협약(UNFCCC)은 "기후변화를 방지하고 저탄소미래를 위해 필요한 투자와 조치들을 강화하고 가속화하기 위한" 획기적인 조치에 합의했다. 파리협약은 2016년 4월 22일 서명되었고, 2016년 11월 4일 발효되었다. 이는 기후변화에 대처하기 위해 모든 국가(당사자)가 시도한 첫 번째 사건이었다. 이 협약의 핵심 목적은 지구 온도의 산업화 대비 이전 상승폭을 금세기에 섭씨 2도로 더 나아가서는 섭씨 1.5도까지 제한할 수 있도록 기후변화의 위협에 대한 세계적 대응을 강화하는 것이다. 또한 이 협약은 개발도상국에게 금융지원과 신기술을 제공하여 개발도상국들이 기후변화의 충격에 대처할 수 있는 능력을 확충하는 것이 목적이다. 그 후 2017년 6월 1일 미국의 트럼프 대통령은 "이 협약이 미국 경제를 잠식하고 … 미국은 항구적으로 불리한 처지에 놓이기 때문에…" 미국은 법적으로 가능한 날까지(2020년 11월 4일) 이 협약에 참여하지 않겠다고 발표했다. 그리고 2018년 12월 폴란드에서 열린 UN 회의는 이러한 약속불이행의 우려 속에서도 파리 기후변화 협약의 주요 목표를 지지했다.

요약

1. 헥셔와 오린은 국가 간 요소부존도의 차이로 비교우위를 설명한다. 그러나 이 이론은 오늘날 국제무역의 상당 부분을 설명하지 못하고 있다. 이러한 갭을 보완하기 위해서는 규모의 경제, 불완전경쟁 및 국가 간 기술변화의 차이로 국제무역을 설명하는 새롭고, 보완적인 모형이 필요하다.

2. 헥셔-오린 이론의 가정을 대부분 완화해도 모형이 수정되기는 하지만 그 타당성을 잃게 되는 것은 아니다. 그러나 규모에 대한 수익불변, 완전경쟁 및 국가 간 기술 격차가 존재하지 않는다는 가정을 완화하면 새로운 보완적 무역이론이 필요하게 되는데, 이러한 모형으로 헥셔-오린 모형으로는 설명할 수 없는 국제무역의 상당 부분을 설명할 수 있다.

3. 모든 면에서 두 국가가 동일하다고 하더라도 규모의 경제로 인해 상호이익이 되는 무역이 발생할 수 있다. 규모의 경제가 존재할 때 각국이 어느 한 가지 상품에 특화하면, 세계 전체의 총생산량은 각국이 특화하지 않는 경우보다 더 커지게 된다. 무역을 통해 각국은 이러한 이익을 공유할 수 있다. 아웃소싱과 오프쇼링은 새롭고도 중요한 국제적 규모의 경제의 원천이기도 하지만 고임금 일자리가 해외로 이전된다는 불만을 야기하기도 한다.

4. 오늘날 국제무역의 많은 부분이 차별화된 상품의 교환과 관련이 있다. 이러한 산업내무역은 생산에 있어서

중요한 규모의 경제를 활용하기 위해서 발생하는데, 규모의 경제는 각각의 기업이나 플랜트가 어떤 제품의 한 가지 또는 소수의 유형이나 이형제품을 생산할 때 발생한다. 산업내무역은 지수로 측정할 수 있다. 차별화된 상품의 경우 기업은 오른쪽 아래로 이동하는 수요곡선에 직면하게 되고 평균비용곡선이 오른쪽 아래로 이동하는 곳에서 생산을 하며, 이윤은 0이 된다. 생산량 수준이 일정할 때 독점적 경쟁산업에 있는 기업의 수가 많아질수록 생산물의 가격은 낮아지며 평균비용은 높아진다. 무역을 함에 따라 시장이 확대되면, 상품가격은 낮아지며 기업의 수는 많아진다. 국가의 요소부존도가 유사할수록 산업내무역은 산업간무역에 비해 더 중요해진다.

5. 기술 갭 모형에 의하면 기업은 다른 국가의 모방기업에 의해 시장을 빼앗길 때까지는 신상품을 수출한다. 그러는 동안 혁신기업은 신제품이나 신공정을 도입할 것이다. 이와 관련된 제품수명주기 모형에 의하면 제품은 다섯 가지의 단계를 거친다. 즉, 제품의 도입 단계, 수출을 하기 위한 생산의 확대 단계, 표준화 및 모방을 통한 해외생산 단계, 해외의 모방기업이 제3시장에서 저렴하게 판매하는 단계, 해외기업이 혁신국의 국내시장에서도 혁신기업보다 저렴하게 판매하는 단계이다.

6. 수송비가 존재하면 무역 이전의 가격 차이가 수송비보다 높은 상품만이 교역되며, 수출량과 수입량이 같을 때 양국에서 교역되는 상품의 상대적 가격은 수송비만큼 차이가 날 것이다. 그러므로 수송비는 생산 및 산업의 입지에도 영향을 미침으로써 국제무역에도 영향을 미치게 된다. 산업은 자원 지향적, 시장 지향적, 자유 입지형 산업으로 분류될 수 있으며, 환경기준 역시 산업의 입지와 국제무역에 영향을 미친다.

주요용어

과점(oligopoly)

규모에 대한 수익증가(increasing returns to scale)

기술 갭 모형(technological gap model)

독점(monopoly)

독점적 경쟁(monopolistic competition)

동태적 외부경제(dynamic external economies)

물류비(nontraded goods and services)

부분균형분석(partial equilibrium analysis)

비교역상품(nontraded goods)

비교역서비스(nontraded services)

산업내무역(intra-industry trade)

산업내무역 지수(intra-industry trade index, T)

수송비(transport or logistics costs)

시장 지향적 산업(market-oriented industries)

신국제적 규모의 경제(new international economies of scale)

아웃소싱(outsourcing)

오프쇼링(offshoring)

외부경제(external economies)

유치산업보호론(infant industry argument)

일반균형분석(general equilibrium analysis)

자원 지향적 산업(resource-oriented industries)

자유 입지형 산업(footloose industries)

제품수명주기 모형(product cycle model)

차별화된 상품(differentiated products)

학습곡선(learning curve)

환경기준(environmental standards)

복습문제

1. 헥셔-오린 이론의 중요한 한계는 무엇인가?

2. 헥셔-오린 이론의 어느 가정을 완화해도 결론은 변함이 없는가?

3. 헥셔-오린 이론으로는 설명할 수 없는 상당 부분의 국제무역을 설명하기 위해 새로운 보완적인 이론을 만들기 위해서는 헥셔-오린 이론의 어느 가정을 완화해야 하는가?

4. 규모의 경제란 무엇인가? 이것이 무역의 원인이 될 수 있는 이유는? '신국제적 규모의 경제'란 무엇인가?

5. 제품 차별화란 무엇인가? 이로 인해 불완전경쟁이 야기되는 이유는? 제품차별화에 의해 어떻게 무역이 발생할 수 있는가?

6. 산업내무역은 어떻게 측정되는가? 이러한 측정방법의 결함은 무엇인가?

7. 독점적 경쟁이란 무엇인가? 산업내무역을 설명하기 위해 독점적 경쟁 모형을 이용하는 이유는?

8. 산출량 수준이 일정할 때 독점적 경쟁산업에서 기업의 수가 많을수록 가격은 낮아지지만 개별 기업의 평균비용이 상승하는 이유는?

9. 독점적 경쟁산업에서 시장 규모가 커지면 가격은 낮아지고 기업의 수가 더 많아지는 이유는 무엇인가?

10. 기술 갭 모형에 의하면 국제무역은 어떻게 발생하는가? 이 모형에 대한 비판점은 무엇인가? 제품수명주기 모형의 내용은 무엇인가? 제품수명주기 모형의 각 단계는 무엇인가?

11. 헥셔-오린 이론과 기타의 무역이론은 어떤 관계가 있는가?

12. 헥셔-오린 이론과 신무역이론의 실증적 타당성은? 수송비와 비교역상품의 관계는 무엇인가? 수송비는 헥셔-오린 정리에 어떤 영향을 미치는가? 수송비는 요소가격 균등화 정리에 어떤 영향을 미치는가?

13. 자원 지향적 산업이란 무엇인가? 시장 지향적 산업은? 자유 입지형 산업은 무엇인가? 이처럼 산업이 분류되는 이유는 무엇인가?

14. 환경기준은 산업입지와 국제무역에 어떤 영향을 미치는가?

연습문제

1. 그림 6-1과 유사한 그림을 그려서 두 국가의 생산가능곡선이 동일하지만 기호가 상이한 경우 규모의 경제에 의해서 상호이익이 될 수 있는 무역이 발생할 수 있음을 보이라.

2. 두 국가의 기호는 동일하지만 생산가능곡선이 상이한 경우에 대하여 연습문제 1번의 문제를 다시 풀어 보라.

3. 생산가능곡선과 기호가 모두 상이한 경우에 대하여 연습문제 1번 문제를 다시 풀어 보라.

4. 수출과 수입이 각각 다음과 같은 경우 산업내무역 지수를 구하라.

(a) 1,000과 1,000

(b) 1,000과 750

(c) 1,000과 500

(d) 1,000과 25

(e) 1,000과 0

5. 연습문제 4번에서 수출과 수입을 바꾸어서 다시 구하라.

6. 그림 6-2에서와 동일한 AC 및 MC 곡선을 이용하여, 다른 기업이 이 제품을 모방하여 특정기업의 시장점유율이 감소하기 전에 특정기업이 이윤을 얻는 상황을 설명할 수 있도록 그림 6-2와 유사한 그림을 그리라.

7. (a) 어떤 점에서 독점적 경쟁과 독점은 유사한가?

(b) 차이는 무엇인가?

(c) 산업내무역 모형에서 독점적 경쟁과 독점의 차이가 소비자 후생에 중요한 이유는 무엇인가?

8. 완전경쟁기업, 독점적 경쟁기업 및 독점기업이 직면하

는 수요곡선은 어떤 차이가 있는가? 그리고 그 이유는?

9. 그림 6-3에서 곡선 *C*가 곡선 *C′*의 절반만큼 이동하였다면 어떤 결과가 발생하는가?

10. 제품수명주기의 각 단계에서 혁신국과 모방국의 수출을 나타내는 도표를 그리라.

11. 외국의 생산자들이 로열티를 지급하지 않고 미국산 제품의 위조품과 해적판의 생산 및 판매를 증가시키면 미국 내에서의 제품수명주기는 어떤 영향을 받는지 설명하라.

12. 생산가능곡선을 이용하여 수송비를 분석하라.
    (힌트 : 무역을 하게 되면 상품의 상대가격은 수송비만큼 차이가 생긴다.)

13. 오퍼곡선을 이용하여 연습문제 12번과 같이 분석하라.

14. 그림 6-5와 유사한 그림을 그려, 교역되는 상품에 대한 수요곡선 및 공급곡선의 기울기가 클수록 수송비를 더 많이 분담한다는 사실을 설명하라.

부록

이 부록의 A6.1에서는 외부경제와 외부경제가 무역 패턴에 미치는 효과를 살펴보고 A6.2에서는 동태적 외부경제와 학습곡선을 다룬다.

A6.1 외부경제와 무역 패턴

6.3절에서 산업의 생산량이 증가함에 따라 개별기업의 평균생산비용이 감소하는 것으로 **외부경제**를 정의한 바 있다. 외부경제는 내부경제 또는 규모에 대한 수익증가와 구분을 해야 하는데, 후자는 기업의 산출량이 확대됨에 따라 평균생산비가 감소하는 것을 뜻한다. 외부경제는 어떤 산업이 지역적으로 집중될수록 보다 특화된 노동이나 기타 서비스를 더 용이하게 제공받을 수 있기 때문에 발생한다. 따라서 그 산업 내에 있는 모든 기업의 생산성은 높아지고 평균비용은 낮아진다. 이러한 이유로 인해 수많은 컴퓨터 기업들이 캘리포니아의 실리콘 밸리에 밀집되어 있고, 금융기관과 은행들이 뉴욕 시에 집중되어 있는 것이다.

외부경제는 개별기업의 규모보다는 산업 내에 있는 기업의 수가 확대되는 것에 의해 좌우되기 때문에 완전경쟁과 양립할 수 있다. 즉, 규모의 경제가 있게 되면 기업들은 기업의 규모가 크기 때문이 아니라 산업의 규모가 크기 때문에 평균생산비의 하락을 향유할 수 있다. 이와 반대로 내부경제 또는 규모에 대한 수익이 증가하는 경우에는 산업 내에 있는 하나 또는 소수 기업의 규모가 커짐에 따라 독점이나 과점이 야기되며 완전경쟁이 붕괴하게 된다.

외부경제는 국제무역의 패턴에도 영향을 미친다. 특히 특정산업의 규모가 큰 국가는 평균생산비가 낮을 수 있으며(즉, 외부경제가 클 수 있으며) 따라서 그 상품의 수출국이 될 수 있다. 어떤 국가에서 처음으로 특정 산업이 시작되거나 규모가 커지는가 하는 문제는 순전히 역사적 우연일 수 있다. 그러나 일단 어떤 국가에서 처음으로 산업이 시작되거나 다른 국가에 비해 규모가 커지게 되면 이 국가는 시간이 지남에 따라 다른 국가에 비해 비용우위를 더욱더 많이 가질 수 있을 것이다. 즉, 그 국가의 우위는 시간이 지남에 따라 누적적으로 된다. 1국이 이 상품을 이미 생산하고 있고 수출하고 있는 한, (2국의 생산량이 1국에서처럼 많이 증가한다면) 2국이 저비용의 생산자가 될 수 있다고 하더라도 이렇게 되는 것은 불가능하다. 따라서 외부경제가 현저하게 존재하는 경우에는 무역의 패턴을 결정할 수 없다. 그림 6-6에서는 이것을 보여 준다.

그림 6-6에서 D_W는 어떤 상품에 대한 세계 전체의 수요곡선을 의미한다. 이 상품은 1국에 의해 (평균비용곡선 AC_1으로) 생산될 수도 있고, 2국에 의해(평균비용곡선 AC_2로) 생산될 수도 있다. 이 상품의 평균생산비는 외부경제로 인해 각국에서 산업의 생산량이 증가함에 따라 하락한다. 산업 내에 있는 기업들 간의 경쟁으로 인해 각국에서의 가격(P)은 평균생산비(AC)와 같게 된다.

어떤 역사적 우연이나 기타의 이유에 의하여 이 산업이 1국에서 먼저 시작되었고, 2국에서는 시작되지 않았다고 하자. 그러면 1국은 이 상품 3단위를 $AC=P=3$달러에(그림에서 점 E_1) 세계시장에 공급할 수 있을 것이다. 그러나 2국은 $AC=P=2$달러(그림에서 점 E_2)에 상품 4단위를 공급할 수 있다. 그러나 1국이 이미 시장에 존재하는 한 2국은 이 시장에 진입할 수 없다. 특히 2국은 이 상품을 생산하기 위해서는 $AC=4$달러(그림의 점 B)에 직면하게 된다. 이 비용은 1국이 이미 세계시장에 공급하는 가격보다 높기 때문에, 2국은 이 상품을 생산할 수 없을 것이다. 따라서 외부경제가 큰 경우에는 실제의 생산비나 잠재적 생산비가 낮은 것만으로 무역 패턴을 결정할 수 없다.

그림 6-6 외부경제와 특화

D_W는 어떤 상품에 대한 세계 전체의 수요곡선을 의미한다. AC_1 곡선과 AC_2 곡선은 규모의 경제 때문에 오른쪽 아래로 이동한다. 1국이 이 상품의 유일한 공급자라면 이 국가는 이 상품을 $AC=P=3$달러에서(점 E_1) 3단위 생산할 것이고, 반대로 2국이 이 상품의 유일한 공급자라면 2국은 이 상품을 $AC=P=2$달러에서(점 E_2) 4단위 생산할 것이다. 어느 경우이든 완전경쟁이므로 $AC=P$가 된다. 만약 2국에서 이 산업이 존재하지 않았다면, 2국은 이 상품 생산을 시작할 수 없는데, 그 이유는 이 상품을 처음 생산하기 시작할 때의 평균비용(점 B)이 1국이 이미 시장에 존재할 때의 평균생산비용(점 E_1)보다 높기 때문이다.

1개의 기업에게만 외부경제가 존재하는 경우의 그림을 그리라.

A6.2 동태적 외부경제 및 특화

기업들의 생산경험이 풍부해짐에 따라 기업들은 종종 생산품이나 생산기술을 개선하게 된다. 그러면 다른 기업들이 혁신기업을 모방함에 따라 전체 산업의 생산비가 하락할 수 있다. 한 산업의 누적적 생산량이 증가하고 시간이 지나면서 기업들이 지식을 축적함에 따라 평균생산비가 하락하는 것을 동태적 외부경제(dynamic external economies)라 한다. 앞에서 논의한 단순한 외부경제는 일정 기간 산업의 생산량이 증가할 때 발생하는데, 동태적 외부경제는 시간이 지남에 따라 한 산업의 생산량이 증가하고 기업이 지식을 축적할 때 발생한다. 예를 들어 100번째의 항공기를 조립하는 데는 1,000시간이 걸리지만, 경영자와 노동자가 생산경험을 축적함에 따라 효율성이 커지기 때문에 200번째 항공기를 조립할 때는 700시간만 걸릴 수도 있다. 현실세계의 경험으로부터 많은 산업의 경우에 누적적 생산량이 2배 증가함에 따라 생산비는 20~30% 감소함을 알 수 있다.

동태적 외부경제는 학습곡선(learning curve)을 이용하여 그림으로 표현할 수 있다. 학습곡선은 시간이 지나면서 누적 생산량이 증가함에 따라 평균생산비가 감소하는 정도를 보여 준다. 예를 들어 그림 6-7은 1국의 산업의 생산량이 200단위일 때 평균생산비는 2.5달러(L_1상의 점 F)이며, 누적 생산량이 400단위로 2배가 되면 평균생산비는 2달러(점 C)이고, 다시 누적 생산량이 2배가 되어 800단위가 되면 평균생산비가 1.6달러(점 H)가 됨을 보여 준다.

또한 그림 6-7은 2국이 400단위의 생산량을 단위당 1.5달러(L_2상의 점 G)에 생산할 수는 있지만, 단위당 3달러(점 J)라는 시작비용(start-up cost)이 높기 때문에 시장에 진입할 수 없음을 보여 주고 있다. 2국이 시장에 진입할 수 있는 유일한 방법은 이 산업이 성장하고 지식을 축적하는 동안 일시적으로 무역보호를 하거나 보조금을 지급하는 방법뿐이다. 이를 유치산업보호론(infant industry argument)이라고 한다. 그러나 승자가 될 수 있는 산업을 선별하는 것(즉, 성장산업으로 발전하여 상당한 기간 세계시장에서 자유롭게 경쟁할 수 있는 산업을 선별하는 것)은 지극히 어려운 일이다. 이 점에 관해서는 무역정책을 논의하는 9.4B절에서 더 논의될 것이다.

학습곡선에 대한 식은 $AC=aQ^b$로 표현할 수 있다. 각각의 매개변수의 의미를 설명하고 학습곡선을 표현하기 위해서는 이것들이 양 또는 음이 되어야 하는지를 설명하라.

그림 6-7 학습곡선과 특화

이 그림은 1국의 산업의 경우에 생산량이 200단위(L_1상의 점 F)일 때 평균생산비는 2.5달러이고, 누적 생산량이 400단위(점 C)로 2배 증가하면 평균생산비는 2달러가 되며, 누적 생산량이 다시 2배 증가하여 800단위(점 H)가 되면 평균생산비가 단위당 1.6달러가 됨을 보여 주고 있다. 또한 이 그림은 2국이 생산물 400단위를 단위당 1.5달러(L_2상의 점 G)에 생산할 수 있음을 보여 주는데, 그러나 2국은 단위당 3달러의 보다 높은 시작비용(점 J)에 직면하고 있기 때문에 이 시장에 진입할 수 없다.

경제성장과 국제무역

- 한 국가의 요소부존량 변화가 성장, 교역조건, 무역량과 후생에 어떤 영향을 미치는지 알아본다.
- 기술변화가 성장, 무역, 후생에 어떤 영향을 미치는지를 설명한다.
- 기호의 변화가 무역, 성장, 후생에 어떤 영향을 미치는가를 이해한다.

7.1 서론

6.5절에서 논의된 동태적인 성격을 지닌 기술 갭과 제품수명주기에 기인한 무역을 제외하고는 지금까지 논의된 무역이론은 완전히 정태적인 성격을 가지고 있다. 즉, 한 국가의 요소부존도, 기술 및 기호가 주어져 있을 때, 그 국가의 비교우위와 무역으로부터의 이익이 어떻게 결정되는지를 살펴보았다. 그러나 요소부존도는 시간이 지남에 따라 변화하며, 기술은 개선되고 기호 역시 변화할 수 있다. 결과적으로 한 국가의 비교우위 역시 시간이 지남에 따라 변화한다.

이 장에서는 이러한 변화를 포괄할 수 있도록 무역모형을 확장하여 한 국가의 요소부존도의 변화 그리고/또는 기술 진보가 한 국가의 생산가능곡선에 어떤 영향을 미치는가를 살펴본다. 이러한 변화는 기호의 변화와 아울러 한 국가의 오퍼곡선, 교역량, 교역조건 및 무역으로부터의 이익에 영향을 미친다.

7.2절에서는 한 국가의 요소부존도 변화가 생산가능곡선을 어떻게 변화시키는지를 설명하고 립진스키 정리(Rybczynski theorem)를 살펴본다. 7.3절에서는 여러 유형의 기술진보를 정의하고 이러한 기술진보가 생산가능곡선에 미치는 영향을 살펴본다. 7.4절에서는 국가 규모가 너무 작아서 교역조건에 영향을 미칠 수 없는 국가의 경우에 성장이 무역과 후생에 미치는 영향을 살펴본다. 7.5절에서는 보다 복잡한 경우인 대국으로 분석을 확장한다. 마지막으로 7.6절에서는 양국에서의 성장과 기호의 변화가 교역량 및 교역조건에 미치는 영향을 살펴본다. 부록에서는 립진스키 정리를 정식으로 증명하고, 국가 내에서 어느 한 생산요소가 이동 가능하지 않을 때 성장의 효과를 살펴보며, 힉스의 기술진보를 그래프를 이용하여 설명한다.

이 장과 부록에서는 앞 장에서 설명된 대부분의 분석도구를 사용하게 될 것이며 따라서 무역이론이 어떻게 활용되는지를 살펴보게 될 것이다. 우리가 행하고 있는 분석의 유형은 동태분석(dynamic analysis)에 반대되는 개념으로 비교정학(comparative statics)이 있다. 비교정학은 기저에 있는 경제 환경의 변화가 균형의 위치에 미치는 영향을 분석하는 것으로 이행기간이나 조정과정은 고려하지 않는다. 반면에 **동태분석**은 조정과정 그 자체와 시간경로를 다룬다. 동태적 무역이론은 아직도 초보적 단계에 있지만, 비교정학은 시간이 지남에 따라 요소부존도, 기술 및 기호가 변화할 때 국제무역에 미치는 효과에 대해 많은 것을 분석할 수 있도록 해 준다.

7.2 생산요소의 증가

한 국가의 인구는 보통 시간이 지남에 따라 증가하며 이에 따라 노동력 역시 증가한다. 마찬가지로 자원 중 일부를 자본설비를 생산할 수 있도록 활용함으로써 한 국가의 자본저량 역시 증가한다. **자본**이란 노동력의 교육이나 훈련뿐만 아니라 기계, 공장, 사무용 빌딩, 수송수단 및 통신수단과 같이 인간에 의해 만들어진 모든 생산수단을 의미하는 것으로, 이것들은 모두 한 국가의 상품 및 서비스 생산능력을 증진시킨다.

여러 형태의 노동과 자본이 있지만 논의를 단순화하기 위해서 앞 장에서와 마찬가지로 노동과 자본의 각 단위들은 동질적(즉, 동일하다고)이라고 가정하자. 그러면 두 종류의 생산요소 노동(L)과 자본(K)이 존재하고, 따라서 분석을 하는 데 있어서 편리하게도 평면기하를 이용할 수 있게 된다. 물론 현실세계에서는 천연자원도 있고, 어떤 것은 (광물과 같이) 고갈될 수도 있으며 혹은 발견이나 신기술의 적용에 의해 새롭게 발견되는 것도 있다.

성장을 하는 국가는 규모에 대한 수익불변하에서 2개의 상품(노동집약적인 상품 X와 자본집약적인 상품 Y)을 생산한다고 계속 가정하자.

7.2A 시간의 경과에 따른 노동의 증가와 자본 축적

시간이 경과함에 따라 한 국가의 노동과 자본의 부존량이 증가하면 그 국가의 생산가능곡선은 밖으로 이동한다. 이러한 이동의 형태나 정도는 노동과 자본이 증가하는 비율에 좌우된다. 만일 노동과 자본이 동일한 비율로 증가하면, 그 국가의 생산가능곡선은 생산요소의 증가 비율만큼 균일하게 밖으로 이동한다. 결과적으로 과거의 생산가능곡선과 새로운 생산가능곡선(생산요소가 증가하기 이전과 이후의)의 기울기는 원점을 지나는 직선과 이러한 2개의 생산가능곡선이 만나는 점에서는 모두 같게 된다. 이것이 **균형성장**(balanced growth)의 경우이다.

만일 노동부존량만이 증가한다면 두 상품의 생산량은 증가하게 되는데, 그 이유는 노동이 두 상품의 생산에 모두 이용되고 어느 정도 자본을 대체할 수 있기 때문이다. 그러나 (노동집약적 상품인) X의 생산이 (자본집약적 상품인) Y의 생산보다도 더 많이 증가한다. 만일 자본부존량만이 증가한다면 반대의 경우가 성립하게 된다. 노동과 자본이 다른 비율로 증가하는 경우에도 마찬가지의 방법으로 한 국가의 생산가능곡선이 밖으로 어떻게 이동하는지를 알 수 있다.

그림 7-1은 1국에서 생산요소가 증가하는 여러 가지 가상적인 유형들을 보여 주고 있다(설명을 명확하게 하기 위하여 생산요소 및 요소부존량이 증가하는 정도를 확대하였다). 2국의 생산요소가 증가하는 경우에도 마찬가지이며, 이 문제는 이 장 연습문제로 남겨 두기로 한다.

그림 7-1의 왼쪽 도표는 1국이 이용할 수 있는 노동과 자본의 양이 2배 증가하는 경우에 균형성장

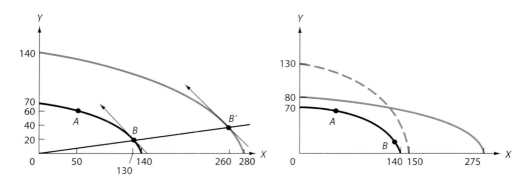

시간의 경과에 따른 노동과 자본의 증가

왼쪽 도표는 규모에 대한 수익이 불변인 생산기술의 경우에 노동과 자본이 2배 증가하는 균형성장의 예를 보여 주고 있다. 2개의 생산가능곡선의 형태는 동일하며, 원점을 지나는 어느 직선상의 점에서도 생산가능곡선의 기울기 또는 P_X/P_Y가 동일하다. 오른쪽 도표는 노동 또는 자본만이 2배 증가하는 경우를 보여 주고 있다. 노동만이 2배 증가하는 경우 (노동집약적 상품인) X의 생산량이 Y의 생산량보다 높은 비율로 증가한다(그러나 생산량이 2배만큼 증가하지는 않는다). 마찬가지로 자본만이 2배 증가하는 경우에는 Y의 생산량이 X의 생산량보다 높은 비율로 증가하지만 2배만큼 증가하지는 않는다(점선으로 표시된 생산가능곡선 참조).

의 예를 보여 주고 있다. 규모에 대한 수익불변을 가정하였으므로 1국이 생산할 수 있는 각 상품의 최대 생산량은 140X에서 280X로 70Y에서 140Y로 2배 증가한다. 확장된 생산가능곡선의 형태는 성장 이전의 생산가능곡선의 형태와 동일하기 때문에 2개의 생산가능곡선의 기울기 또는 P_X/P_Y는 원점을 지나는 직선과 생산가능곡선들이 만나는 점 B와 B′에서 동일하다는 점에 주목하자.

그림 7-1의 오른쪽 도표는 성장 이전의 1국의 생산가능곡선을 다시 그리고(140X와 70Y의 절편), 다른 두 가지의 생산가능곡선을 추가하여 그린 것이다. 이 중 하나는 노동만 2배 증가한 경우이고(실선) 다른 하나는 자본만 2배 증가한 경우(점선)이다. 만일 노동만 2배 증가한 경우에 생산가능곡선은 노동집약적 상품의 생산량을 측정하는 X축 방향으로 보다 많이 이동하고, 자본만 2배 증가한 경우에 생산가능곡선은 자본집약적 상품의 생산량을 측정하는 Y축 방향으로 더 많이 이동한다. 그러나 노동만 2배 증가할 때 상품 X의 최대 생산량은 2배만큼 증가하지 않는다(즉, X의 생산량은 140X에서 275X 만큼만 증가한다)는 점을 주목하자. 상품 X의 생산량이 2배 증가하기 위해서는 노동과 자본의 양이 모두 2배 증가해야 한다. 마찬가지로 자본만 2배 증가할 때도 상품 Y의 최대 생산량 역시 (70Y에서 130Y로) 2배만큼 증가하지는 않는다.

노동과 자본이 같은 비율로 증가하고 두 상품을 생산할 때의 생산기술이 규모에 대한 수익 불변이라면, 성장 후의 생산성 및 노동과 자본에 대한 보수는 성장이 있기 이전과 동일하게 된다. 만일 부양률(총인구 중 피부양자의 비율)이 변화하지 않는다면 1인당 국민소득과 이 국가의 후생은 변화하지 않는다. 만일 노동만 증가한다면(또는 노동이 자본 이상으로 증가한다면), K/L는 하락하고 노동생산성, 노동에 대한 보수 및 1인당 소득은 하락할 것이다. 반대로 자본부존량만 증가한다면(또는 자본이 노동 이상으로 증가한다면), K/L는 상승하고 따라서 노동생산성, 노동에 대한 보수 및 1인당 소득은 증가할 것이다.

7.2B 립진스키 정리

립진스키 정리(Rybczynski theorem)란 상품의 가격이 일정할 때 어느 한 가지 생산요소의 부존량이 증가하면 증가한 생산요소를 집약적으로 이용하는 상품의 생산량은 생산요소 증가율 이상으로 증가하지만 다른 상품의 생산량은 감소한다는 것이다. 예를 들어, 1국에서 노동만이 증가한다면, P_X와 P_Y가 일정할 때 (노동집약적 상품인) X의 생산량은 노동 증가율 이상으로 증가하지만 (자본집약적 상품인) Y의 생산량은 감소한다.

그림 7-2는 (그림 7-1의 오른쪽 도표와 마찬가지로) 노동만 2배 증가하기 이전과 이후의 생산가능곡선을 보여 주고 있다. 성장을 하기 전에 무역을 하면 앞 장에서와 마찬가지로 1국은 점 B에서(즉, 130X와 20Y), $P_X/P_Y=P_B=1$로 생산을 한다. 노동만 2배 증가하고 P_X/P_Y가 $P_B=1$이라면 1국은 확장된 새로운 생산가능곡선상의 점 M에서 생산을 하게 될 것이다. 점 M에서 1국은 270X를 생산하지만 10Y만을 생산한다. 따라서 립진스키 정리에 의해 예상되는 바와 같이 상품 X의 생산량은 2배 이상 증가하지만 상품 Y의 생산량은 감소한다. 상품 Y의 생산에 이용되던 노동과 자본 일부가 X의 생산에 이용되고 또한 노동이 2배 증가했기 때문에 상품 X의 생산량은 2배 이상 증가한다.

립진스키 정리를 그래프를 이용하여 정식으로 증명하는 일은 부록에서 다루기로 한다. 여기서는 립진스키 정리를 직관적인 방법으로 적당히 증명하기로 하자. 그 증명은 다음과 같다. 한 가지 생산요소의 양이 증가함에 따라 상품의 가격이 변하지 않기 위해서는 생산요소의 가격(즉, w와 r이)이 변하지 않아야 한다. 그러나 생산요소의 가격은 두 상품을 생산할 때의 K/L와 노동 및 자본의 생산성이 변하지 않는 경우에만 변하지 않는다. 증가한 노동력을 완전 고용하고 두 상품의 생산에서 K/L가 변하지 않을 수 있는 유일한 방법은 (노동집약적 상품인) X의 생산에서 증가한 노동력을 완전히 흡수할 수 있도록, (자본집약적 상품인) Y의 생산이 감소하여 충분한 자본과 (그리고 적은 노동을) 방출하는 방법 외에는 없다. 따라서 상품의 가격이 변화하지 않는다면, 상품 X의 생산은 증가하고 상품 Y의 생산은 감소한다. 사실상 상품 X의 생산량은 노동이 증가하는 비율 이상으로 증가하는데, 일부 노동과 자본이 상품 Y의 생산으로부터 상품 X의 생산으로 전환되기 때문이다. 이를 확대효과(magnification

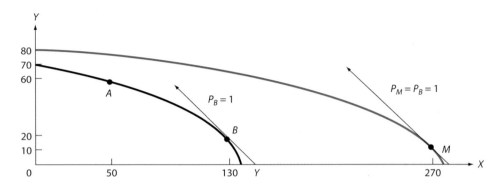

그림 7-2 노동만 증가할 때의 립진스키 정리

성장 이전에 무역을 하면 앞 장에서와 마찬가지로 1국은 점 B에서(130X와 20Y), $P_X/P_Y=P_B=1$로 생산을 한다. 노동만이 2배 증가하고 P_X/P_Y가 $P_B=1$로 변하지 않는다면 1국은 확장된 새로운 생산가능곡선상의 점 M에서(270X와 10Y) 생산을 한다. 따라서 립진스키 정리의 내용과 같이 (노동집약적인 상품인) X의 생산은 증가하고, (자본집약적인 상품인) Y의 생산은 감소한다.

effect)라고 하며, 부록 A7.1절에서는 이를 정식으로 증명한다.

요약하면 P_X와 P_Y가 (따라서 P_X/P_Y가) 변하지 않기 위해서는 w와 r이 변하지 않아야 된다. 그러나 두 상품의 생산에서 K/L가 변하지 않을 경우에만 w와 r이 변하지 않는다. 증가한 노동력을 완전히 흡수하면서 w와 r이 변하지 않는 유일한 방법은 Y의 생산량이 감소하여 Y의 생산에서 이용되었던 노동과 자본이 높은 비율의 K/L로 방출되고, 이렇게 방출된 K가 증가한 L과 X를 생산할 때의 낮은 K/L로 결합하는 방법뿐이다. 따라서 상품 X의 생산량은 증가하고, 상품 Y의 생산량은 감소하므로 사실상 X의 생산량은 노동의 증가율 이상으로 증가한다. 마찬가지로 K만이 증가하면, 상품 Y의 생산량은 K의 증가율 이상으로 증가하며 X의 생산량은 감소한다.

만일 어느 생산요소가 국내에서 이동 불가능하다면 결과는 달라지는데, 이동 불가능한 생산요소가 증가한 생산요소인지 증가하지 않은 생산요소인지에 따라 좌우된다. 이 문제는 제5장 부록에서(A5.4절) 소개된 특정요소 모형을 부록 A7.2절에서 이용하여 다루기로 한다.

7.3 기술진보

몇 가지 경험적 연구결과에 의하면 산업국가에서 1인당 소득이 증가한 것은 대부분 기술진보에 기인한 것이었으며, 자본 축적에 기인한 정도는 훨씬 작았다. 그러나 기술진보를 분석하는 것은 생산요소 증가를 분석하는 것보다 복잡한데, 그 이유는 기술진보에는 여러 가지 정의나 유형이 있으며 또한 한 상품 또는 두 가지 상품의 생산에서 기술진보가 발생하는 속도가 다를 수 있기 때문이다.

우리들의 목적에 가장 적합한 기술진보에 대한 정의는 1972년 노벨경제학상을 공동 수상한 영국의 경제학자 존 힉스(John Hicks)가 제시하였다. 7.3A절에서는 힉스의 기술진보의 여러 유형을 정의한다. 그리고 7.3B절에서는 여러 유형의 힉스의 기술진보가 한 국가의 생산가능곡선에 미치는 영향을 살펴본다. 앞으로의 논의에 있어서 기술진보가 발생하기 이전과 이후에도 규모에 대한 수익이 불변인 생산기술을 가정하며 기술진보는 단 한 번만 발생한다고 가정하자.

7.3A 중립적 · 노동절약적 · 자본절약적 기술진보

기술진보는 보통 중립적 · 노동절약적 · 자본절약적 기술진보로 분류된다. 모든 기술진보는(그 유형에 관계없이) 일정한 생산량을 생산하는 데 필요한 노동과 자본의 양을 감소시킨다. 여러 유형의 힉스의 기술진보는 이러한 일정한 생산량을 생산하는 데 필요한 노동과 자본의 양이 어떻게 감소하는가를 보여 주는 데 그 특징이 있다.

중립적 기술진보(neutral technical progress)는 노동과 자본의 생산성을 같은 비율로 증가시키며, 따라서 **생산요소의 상대가격 w/r가 변화하지 않을 때** 중립적 기술진보가 발생한 후의 K/L의 비율은 기술진보가 발생하기 이전과 같다. 다시 말하면 w/r가 변하지 않으면, 자본이 노동으로(또는 반대로) 대체되지 않으며 결과적으로 K/L는 변하지 않는다. 이때 정해진 생산량 수준은 보다 적은 노동과 보다 적은 자본으로 생산될 뿐이다.

노동절약적 기술진보(labor-saving technical progress)는 자본의 생산성을 노동생산성 이상으로 증가시킨다. 그 결과 생산을 할 때 자본이 노동을 대체하게 되며 따라서 w/r가 변하지 않을 때 K/L는 상승한다. 노동 한 단위당 보다 많은 자본이 사용되기 때문에 이러한 유형의 기술진보를 노동절약적이라고 한다. 이 경우에 정해진 생산량 수준은 보다 적은 노동과 자본으로 생산될 수 있지만 보다 높은 K/L의 비율로 생산된다는 점에 주목하자.

자본절약적 기술진보(capital-saving technical progress)는 노동의 생산성을 자본의 생산성 이상으로 증가시킨다. 그 결과 생산을 할 때 자본은 노동으로 대체되며 w/r가 변하지 않을 때 K/L는 증가(K/L는 감소)한다. 자본 한 단위당 보다 많은 노동이 사용되기 때문에 이러한 유형의 기술진보를 자본절약적이라고 한다. 이 경우에 정해진 생산량은 더 적은 노동과 자본으로 생산될 수 있지만 더 높은 K/L(보다 낮은 K/L)의 비율로 생산된다는 점에 주목하자.

이 장의 부록에서는 다소 수준 높은 분석틀을 이용하여, 기술진보에 대한 힉스의 정의를 그래프를 이용하여 보다 엄밀하게 살펴본다.

7.3B 기술진보와 한 국가의 생산가능곡선

모든 형태의 기술진보는 생산요소가 증가할 때와 마찬가지로 한 국가의 생산가능곡선을 밖으로 이동시킨다. 생산가능곡선의 이러한 이동의 형태와 정도는 한 상품 또는 두 상품에서 기술진보의 유형 및 기술진보율에 좌우되는데, 여기서는 중립적 기술진보만을 다루기로 한다. 비중립적인 기술진보는 대단히 복잡하고 보다 고급의 대학원 수준의 교과서에서 수리적으로 접근할 수 있다.

2개의 상품에서 중립적 기술진보가 같은 비율로 발생하면, 한 국가의 생산가능곡선은 기술진보가 발생하는 비율만큼 밖으로 균일하게 이동한다. 이 경우 생산가능곡선에 미치는 효과는 생산요소의 균형성장의 경우와 동일하다. 따라서 이 국가의 과거의 생산가능곡선과 새로운 생산가능곡선의 (이러한 유형의 기술진보가 발생하기 이전과 이후의) 기울기는 생산가능곡선이 원점으로부터의 직선과 만나는 점에서 모두 같게 된다.

예를 들어 1국에서 상품 X와 Y를 생산할 때 노동과 자본의 생산성이 2배 증가하고 두 가지 상품의 생산에 있어 규모에 대한 수익불변이라고 하자. 이러한 유형의 기술진보를 나타내는 그래프는 그림 7-1의 왼쪽 도표와 동일한데, 이 도표는 노동과 자본의 양이 2배 증가할 때를 표현한 것으로 여기에서는 다시 그리지 않았다.

그림 7-3은 기술진보 이전의 1국의 생산가능곡선과 상품 X를 생산할 때만 또는 상품 Y를 생산할 때(점선으로 표시된 생산가능곡선)만 노동과 자본의 생산성이 2배 증가할 때 1국의 생산가능곡선을 보여 준다.

상품 X를 생산할 때만 노동과 자본의 생산성이 2배 증가하면 상품 Y의 각각의 생산량 수준에 대하여 상품 X의 생산량은 2배 증가한다. 예를 들어 상품 Y의 생산량이 60Y로 일정할 때, 상품 X의 생산량은 기술진보가 발생하기 이전의 50X에서 기술진보가 발생한 후에는 100X(각각 점 A와 점 A')로 증가한다. 마찬가지로 상품 Y의 생산량이 20Y로 일정한 경우에 상품 X의 생산량은 130X에서 260X(점 B와 B')로 증가한다. 1국의 모든 자원이 상품 X를 생산하기 위해 사용되는 경우 X의 생산량 역시 (140X에서 280X로) 2배 증가한다. 만일 상품 X를 생산할 때만 기술진보가 발생하고 이 국가의 모든 자원이 상품 Y를 생산하는 데만 이용된다면 상품 Y의 생산량은 70Y로 변하지 않는다는 점을 주목하자.

마찬가지 방법으로 추론해 보면 상품 Y를 생산할 때만 노동과 자본의 생산성이 증가하는 경우에

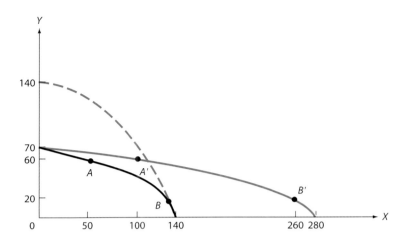

그림 7-3 중립적 기술진보

위의 그림은 기술진보가 발생하기 이전과 상품 X를 생산할 때만 또는 상품 Y를 생산할 때(점선으로 표시된 생산가능곡선)만 노동과 자본의 생산성이 2배 증가한 경우의 생산가능곡선을 보여 주고 있다. 만일 1국이 모든 자원을 노동과 자본의 생산성이 2배 증가한 상품만을 생산하는 데 이용한다면, 그 상품의 생산량 역시 2배 증가한다는 점에 주목하자. 반대로 1국이 기술진보가 발생하지 않은 상품을 생산하는 데 모든 자원을 사용한다면, 그 상품의 생산량은 변하지 않는다.

생산가능곡선이 어떻게 이동하는지를(그림 7-3의 점선으로 표시된 생산가능곡선) 설명할 수 있다. 학생들은 그림 7-3과 그림 7-1의 오른쪽 도표와의 차이를 면밀하게 검토해야 한다.

마지막으로 무역을 하지 않는 경우에는 어떤 유형의 기술진보이든 그 국가의 후생을 증가시키는 경향이 있다는 점을 지적하고자 한다. 그 이유는 생산가능곡선이 보다 더 확대되고 노동력과 인구가 변화하지 않은 상태에서는 성장이 발생한 후에 적절한 재분배 정책을 통해 성장이 발생하기 이전보다 개별 국민들의 후생수준이 높아질 수 있기 때문이다. 이 장의 나머지 부분에서는 성장이 무역 및 후생에 미치는 효과를 살펴볼 것이다. 사례연구 7-1은 몇몇 국가에서 시간의 경과에 따른 노동자 1인당 자본의 변화를 살펴본다.

7.4 성장과 무역 : 소국의 경우

이제 앞의 7.2절과 7.3절의 논의를 토대로 한 국가의 규모가 너무 작아서 무역을 할 때 상품의 상대가격에 영향을 미칠 수 없는 경우에(따라서 이 국가의 교역조건은 변화하지 않는다.) 성장이 생산, 소비, 무역 및 후생에 미치는 효과를 분석해 보기로 하자. 7.4A절에서는 일반적인 성장의 문제를 논의하고 순무역편향적, 역무역편향적 및 중립적 생산 및 소비를 정의한다. 이러한 개념들을 이용하여 7.4B절에서는 특정 유형의 생산요소 증가 효과를 설명하고 7.4C절에서는 기술진보의 효과를 분석한다. 7.5절에서는 한 국가가 무역을 통해 상품의 상대가격에 영향을 미칠 수 있는 보다 현실적인 경우를 검토하기로 한다.

사례연구 7-1   주요국에서 노동자 1인당 자본의 증가

표 7-1은 사례연구 5-2의 표 5-2에 포함된 국가들에 대해 1990년부터 2015년까지 (2010년 국제 달러가격으로 측정한) 1인당 자본량을 보여 준다. 표 7-1을 통해 미국, 영국, 캐나다의 1인당 자본량은 이 표에 있는 다른 기타 선진국보다 빠른 속도로 증가했음을 알 수 있다. 또한 중국, 터키, 인도의 1인당 자본량 역시 표에 있는 기타 개발도상국보다

빠른 속도로 증가했다.

표 7-1로부터 1990년부터 2015년까지 미국의 자본집약적 상품에서의 비교우위는 다른 선진국에 비하여 증가했음을 알 수 있다. 같은 기간에 미국의 자본집약적 상품에서의 비교우위는 러시아, 멕시코, 브라질을 제외한 (특히 중국, 터키, 인도와 같은) 개발도상국에 대해서는 감소했다.

표 7-1   **주요국에서의 자본-노동 비율의 변화(1990~2015)(2010년 국제 달러가격)**

국가	1990	1995	2000	2005	2010	2015	2015/1990
미국	88,132	112,582	144,659	175,650	193,790	215,709	2.45
프랑스	101,616	128,110	150,855	170,897	190,009	199,337	1.96
일본	107,515	144,833	170,782	186,661	192,651	194,164	1.81
이탈리아	93,607	128,769	152,345	175,993	193,245	182,978	1.95
캐나다	75,663	93,736	111,953	130,646	153,464	176,042	2.33
독일	115,155	125,094	149,621	157,276	169,618	174,304	1.51
스페인	83,057	107,074	127,265	144,399	159,957	163,960	1.97
영국	54,684	74,794	97,175	112,449	119,715	131,494	2.40
대한민국[a]	49,000	83,576	112,592	139,503	165,657	181,027	3.69
터키	19,556	29,230	58,634	79,709	102,601	128,425	6.57
러시아	na	na	55,191	62,689	79,030	93,695	1.70
중국	7,198	12,220	19,573	31,516	55,557	92,029	12.78
멕시코	65,394	61,629	69,720	72,126	77.150	82,558	1.26
타이	23,258	43,801	48,971	49,145	54,248	63,119	2.71
브라질	34,801	40,571	45,773	43,746	49,573	56,296	1.62
인도	4,513	6,147	8,042	11,120	18,401	25,030	5.55

na. =자료 입수 불가능.
[a] IMF는 현재 대한민국을 선진국으로 분류함.
출처 : Penn World Tables, 2015; World Bank, United Nations, ILO, various years.

7.4A 성장이 무역에 미치는 효과

지금까지 생산요소가 증가하거나 기술진보가 발생하면 한 국가의 생산가능곡선이 밖으로 이동한다는 점을 살펴보았다. 이때 교역량의 변화는 한 국가의 수출가능 상품과 수입가능 상품의 생산이 증가하는 정도와 성장과 무역을 통해 국민소득이 증가할 때의 소비 패턴의 변화에 의해 좌우된다.

상품의 상대가격이 일정할 때 한 국가의 수출가능 상품의 생산이 수입가능 상품의 생산보다 더 많이 증가하면, 성장의 결과 무역은 생산 이상으로 증가하는 경향이 있는데, 이 경우를 순무역편향적(protrade)이라고 한다. 기타의 경우는 역무역편향적(antitrade)이거나 중립적(neutral)이다. 생산량이 무역량과 동일한 비율로 증가하면 생산은 무역에 대해 중립적 효과를 미친다. 한편 상품의 상대가격이 일정할 때 한 국가의 수입가능 상품의 소비가 수출가능 상품의 소비보다 더 증가하면, 소비효과에 의해 무역은 생산 이상으로 확대되는 경향이 있으며 이를 순무역편향적이라고 한다. 기타의 경우 소비 확대는 역무역편향적이거나 중립적이다.

따라서 생산과 소비는 순무역편향적(상품의 상대가격이 변화하지 않을 때 무역이 생산보다 더 증가하면), 역무역편향적 또는 중립적일 수 있다. 한 국가의 수출가능 상품의 생산량이 수입가능 상품의 생산량 이상 증가하면 생산은 순무역편향적이다. 또한 한 국가의 수입가능 상품의 소비가 수출가능 상품의 소비 이상으로 증가하면 소비는 순무역편향적이다.

성장과정에서 무역량은 사실상 이러한 생산효과와 소비효과의 순효과에 의해 결정된다. 생산과 소비가 순무역편향적이면, 무역량은 생산량이 확대되는 속도보다 빠르게 증가하는 반면, 생산과 소비가 역무역편향적이면 무역량은 생산량보다는 적게 확대되고 경우에 따라서는 절대적으로 감소할 수도 있다. 만일 생산이 순무역편향적이고 소비가 역무역편향적이거나, 생산이 역무역편향적이고 소비가 순무역편향적이라면 무역량은 상반되는 이들 효과의 순효과에 의해 결정된다. 한편 생산과 소비가 중립적인 경우는 실제 발생할 가능성이 별로 없지만, 무역량은 생산량과 같은 속도로 확대된다.

생산요소는 다양한 유형과 비율로 증가하여 성장할 수 있으며 기술진보에 의해 성장할 수 있다. 또한 생산 및 소비는 순무역편향적, 역무역편향적 또는 중립적일 수 있기 때문에 성장이 무역과 후생에 미치는 효과는 경우마다 달라진다. 따라서 ('이러이러한 경우라면 이러한 경우가 발생할 것'이라는 형식의) 분류적 접근방법을 택해야 할 것이다. 결과적으로 우리가 택할 수 있는 방법은 몇 가지 예를 들어 어느 특정 상황에서 어떤 일이 발생할 수 있는가를 분석할 수 있도록 여러 가지 효과를 살펴보는 것이다.

7.4B 생산요소의 증가, 무역 및 후생의 예시

그림 7-4의 상단 도표는 그림 7-2를 다시 그린 것인데, 이 도표는 1국의 노동이 2배 증가하고 성장 이후에도 1국의 교역조건이 변화하지 않는 경우를 보여 준다. 즉, 성장 이전에 1국은 점 B에서 생산을 하여 60X와 60Y를 $P_B=1$에서 교환하고 (앞 장에서와 마찬가지로) 무차별곡선 III에 도달하고 있었다. 1국에서 노동이 2배 증가하면 7.2A절에서 설명한 바와 같이 1국의 생산가능곡선은 밖으로 이동한다. 1국의 규모가 작아서 상품의 상대가격에 영향을 미칠 수 없다면 1국은 점 M에서 생산을 하는데, 이 점에서 확장된 새로운 생산가능곡선은 $P_M=P_B=1$과 접하게 된다. 점 M에서는 점 B와 비교해 볼 때 립진스키 정리의 내용과 같이 1국의 상품 X의 생산은 2배 이상 증가하지만, 상품 Y의 생산은 감소한다. $P_M=P_B=1$에서 1국은 150Y를 150X와 교환하여 사회무차별곡선 VII상의 점 Z에서 소비한다.

(1국의 수출가능 상품인) 상품 X의 생산은 증가한 반면 상품 Y의 생산은 감소하기 때문에 이때 생산의 증가는 순무역편향적이다. 마찬가지로 (1국의 수입가능 상품인) 상품 Y의 소비가 상품 X의 소비 이상으로 증가하기 때문에(즉, 점 Z는 원점과 점 E를 연결한 직선의 왼쪽에 있다.) 소비의 증가 역시

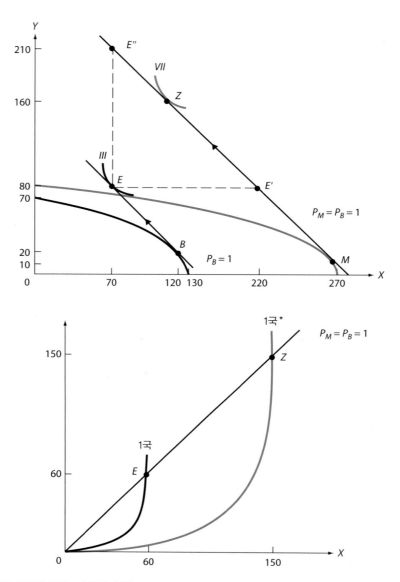

그림 7-4 생산요소의 증가와 무역 : 소국의 경우

상단 도표는 1국의 노동이 2배 증가한 후 1국은 $P_M = P_B = 1$에서 150X와 150Y를 교환하여 무차별곡선 *VII*에 도달함을 보여 주고 있다. 성장의 결과 상품 X와 Y의 소비가 증가하므로 두 상품은 정상재이다. 노동은 2배 증가하지만 소비는 2배만큼 증가하지는 않으므로(점 *Z*와 점 *E*를 비교할 것) 1국의 사회후생은 감소한다. 하단 도표는 성장 이전에 자유무역을 하면 1국은 $P_X/P_Y = P_B = 1$에서 60Y와 60X를 교환하고, 성장 이후에 자유무역을 하면 1국은 $P_X/P_Y = P_B = 1$에서 150Y와 150X를 교환함을 보여 준다.

순무역편향적이다. 생산과 소비가 모두 순무역편향적이므로 무역량은 상품 X의 생산량 이상으로 증가한다.

　성장과 무역의 결과 1국의 소비가능영역은 확장된 새로운 생산가능곡선과 점 *M*에서 접하는 직선 P_M이 된다는 사실에 주목하자. 성장과 무역의 결과 두 상품의 소비가 증가한다는 사실은 두 상품이 정상재(normal goods)임을 의미한다. 상품 Y가 열등재(inferior goods)인 경우에만 1국에서 상품 Y의 절대적인 소비량이 감소했을 것이다(즉, P_M 선상의 점 *E′*보다 오른쪽 하단에서 소비했을 것이다). 마찬가지로 상품 X가 열등재인 경우에만 1국에서 상품 X의 절대적인 소비량이 감소했을 것이다(즉, P_M 선상의 점 E''보다 왼쪽 상단에서 소비했을 것이다).

그림 7-4의 하단 도표는 교역조건이 변하지 않는 경우에 1국의 무역이 확대됨을 오퍼곡선을 이용하여 보여 주고 있다. 즉, 성장 이전에 자유무역을 하면 1국은 $P_X/P_Y=P_B=1$에서 60Y와 60X를 교환하고, 성장 이후에 자유무역을 하면 1국은 $P_X/P_Y=P_M=P_B=1$에서 150Y와 150X를 교환한다. 교역조건이 불변임을 보여 주는 직선은 2국(또는 세계의 기타 지역) 오퍼곡선의 직선부분이기도 하다. 그 이유는 1국의 규모가 너무 작아서 성장 이전과 이후에 1국의 오퍼곡선이 (대규모 국가인) 2국의 오퍼곡선의 직선부분과 교차하고 따라서 교역조건은 변하지 않기 때문이다.

성장 이후에 1국의 후생수준이 감소한다는 점에 주목하자. 그 이유는 1국의 노동력(인구)은 2배 증가하는 반면에 총소비는 2배만큼 증가하지 않기 때문이다(성장 이전에 70X와 80Y를 소비하는 점 E와 성장 이후에 120X와 160Y를 소비하는 점 Z를 비교하자). 따라서 이러한 유형의 성장 결과 1국의 '대표적' 국민의 소비 및 후생은 감소한다. 대표적 국민이란 국가 전체와 동일한 기호와 소비 패턴을 가지고 있으면서 평균소비량을 소비하는 사람을 말한다.

7.4C 기술진보, 무역 및 후생

두 상품의 생산에서 동일한 비율로 중립적 기술진보가 발생하면, 상품의 상대가격이 변화하지 않는 경우에 두 상품의 생산이 동일한 비율로 증가한다는 점을 7.3B절에서 살펴본 바 있다. 만약 이 국가에서 각 상품의 소비가 같은 비율로 증가한다면, 교역조건이 일정할 때 무역량 역시 같은 비율로 증가할 것이다. 즉, 생산과 소비가 중립적으로 확대되면 무역량도 같은 비율로 확대된다. 생산은 중립적이고 소비가 순무역편향적이면, 무역량은 생산량 이상으로 확대된다. 그러나 노동, 인구 및 교역조건이 변하지 않기 때문에 대표적 국민의 후생은 무역량과는 관계없이 더 커지게 된다.

수출가능 상품의 생산에서만 중립적 기술진보가 발생하는 것은 순무역편향적이다. 예를 들어 1국에서 상품 X를 생산할 때만 중립적 기술진보가 발생한다면, 1국의 생산가능곡선은 그림 7-3에 그려진 바와 같이 X축 방향으로만 확대된다. 교역조건이 변화하지 않을 때 1국에서 상품 X의 생산량은 그림 7-4에서보다도 더 증가하는 반면, (그림 7-4에서와 같이) 상품 Y의 생산량은 감소한다. 1국은 무차별곡선 *VII*보다 상위의 무차별곡선에 도달하게 되며, 무역량은 그림 7-4에서보다도 더 확대될 것이다. 더욱 중요한 점은 노동력과 인구가 일정할 때 이제 대표적 국민의 후생은 (그림 7-4에서 노동만이 증가할 때와는 반대로) 증가한다는 점이다.

반대로 (수입가능 상품인) 상품 Y의 생산에서만 중립적 기술진보가 발생하는 것은 역무역편향적이며, 1국의 생산가능곡선은 (그림 7-3에서 점선으로 표시된 바와 같이) Y축 방향으로만 확대된다. 교역조건, 기호 및 인구가 변화하지 않는다면 무역량은 감소하는 경향이 있지만 국가 후생은 증가한다. 이 경우는 1국에서 자본만이 증가하는 경우와 유사하며 7.5C절에서 다루기로 한다. 중립적 기술진보가 두 상품에서 다른 비율로 발생하는 경우에 무역량은 증가하거나 감소할 수 있지만 후생은 항상 증가한다. 이 결과는 일반적으로 비중립적인 기술진보의 경우에도 마찬가지이다. 따라서 기술진보는 그 유형에 따라 무역량을 증가시키거나 감소시키기는 하지만, 소국의 경우에는 항상 후생을 증대시킨다. 사례연구 7-2는 몇몇 선진국 및 개발도상국에서 자본심화와 기술변화에 기인한 노동생산성의 증가를 살펴본다.

사례연구 7-2   자본심화, 기술변화 및 효율성의 향상에 기인한 노동생산성의 증가

표 7-2는 1965~1990년까지 몇몇 선진국과 개발도상국에 대하여 자본심화(즉, 노동자 1인당 자본의 증가), 기술변화 및 효율성의 향상(추격)이 노동생산성에 기여한 정도를 경제규모 순에 따라 보여 주고 있다. 이 표는 노동생산성이 대한민국에서 가장 빠르게 증가했고(425%), 그다음이 일본 (209%), 타이(195%) 순임을 보여 주고 있다. 미국은 표 7-2에 포함된 국가들 중에서 가장 낮은 성장률(31%)을 경험했

다. 또한 이 표는 대부분의 노동생산성 증가는 자본심화에 기인하고 있음을 보여 준다. 기술변화는 프랑스에서 노동생산성의 증가에 가장 높은 기여를 하였고, 그다음이 인도, 일본, 독일, 타이 순이다. 효율성의 향상이 가장 높았던 국가는 대한민국, 이탈리아, 타이이다. 아르헨티나, 칠레, 멕시코, 스페인 및 영국에서는 실제로 효율성이 감소하였다.

표 7-2   자본심화, 기술변화 및 효율성의 향상에 기인한 노동생산성의 증가(1965~1990)

국가	노동생산성의 변화율(%)	노동생산성의 변화율에 대한 기여도		
		자본심화	기술변화	효율성의 향상
미국	31.1	19.3	9.9	0.0
일본	208.5	159.9	15.2	3.1
독일	70.7	31.8	14.4	13.3
프랑스	78.3	47.2	16.3	4.1
영국	60.7	64.9	1.4	−3.8
이탈리아	117.4	45.5	13.3	31.9
캐나다	54.6	18.6	11.7	16.7
스페인	111.7	125.5	7.1	−12.3
멕시코	47.5	66.7	2.1	−13.3
인도	80.5	38.9	15.7	12.4
대한민국	424.5	259.7	2.9	41.7
아르헨티나	4.6	59.3	1.8	−35.5
터키	129.3	95.6	6.6	9.9
타이	194.7	104.1	12.6	28.3
필리핀	43.8	20.9	7.9	10.3
칠레	16.6	50.2	1.9	−23.9

출처 : S. Kumar and R. R. Russell, "Technological Change, Technological Catch-up, and Capital Deepening: Relative Contributions to Growth and Convergence," *American Economic Review*, June 2002, pp. 527-548.

7.5 성장과 무역 : 대국의 경우

이제 7.4절에서의 논의를 바탕으로 한 국가의 규모가 충분히 커서 무역하는 상품의 상대가격에 영향을 미칠 수 있을 때(따라서 이 국가의 교역조건은 변화한다), 성장이 생산, 소비, 무역 및 후생에 미치는 효과를 분석한다. 7.5A절에서는 한 국가의 성장이 교역조건 및 후생에 미치는 효과를 살펴보고, 7.5B절에서는 성장 그 자체로 한 국가의 후생이 증대될 수는 있지만, 성장의 결과 교역조건이 상당히 악화되어 성장 이전보다 후생이 감소하는 경우를 살펴본다. 마지막으로 7.5C절에서는 성장이 한 국가의 교역조건과 후생을 향상시키는 경우를 살펴본다.

7.5A 성장과 국가의 교역조건 및 후생

성장의 결과 성장의 원천 및 유형과는 관계없이 가격이 일정할 때 무역량이 증가하면, 그 국가의 교역조건은 악화되는 경향이 있다. 반대로 성장의 결과 가격이 일정할 때 무역량이 감소하면, 그 국가의 교역조건은 개선되는 경향이 있다. 이를 성장의 교역조건 효과(terms-of-trade effect)라 한다.

성장이 한 국가의 후생에 미치는 효과는 교역조건 효과와 부의 효과의 순효과에 의하여 결정된다. 부의 효과(wealth effect)란 성장의 결과 노동자 또는 사람 1인당 생산량의 변화를 뜻한다. 양의 부의 효과는 그 자체로 한 국가의 후생을 증대시키는 경향이 있으며, 그 밖의 경우에는 한 국가의 후생은 감소하거나 변화하지 않는 경향이 있다. 만일 성장과 무역의 결과 교역조건이 개선되고 부의 효과가 양이면, 그 국가의 후생은 반드시 증대되며, 만일 이 두 가지 효과가 모두 불리하면 그 국가의 후생은 반드시 감소한다. 만일 부의 효과와 교역조건 효과가 반대 방향으로 움직이면, 이 두 가지 상반되는 힘의 상대적 크기에 따라 그 국가의 후생은 증가 또는 감소하거나 변화하지 않을 수 있다.

예를 들어 1국에서 노동만 2배 증가하면, 부의 효과는 그 자체로 1국의 후생을 감소시키는 경향이 있다. 이것이 그림 7-4의 경우이다. 게다가 이러한 유형의 성장은 $P_M = P_B = 1$에서 무역량을 확대시키므로, 1국의 교역조건은 악화되는 경향이 있다. 따라서 1국의 후생은 두 가지 이유에 의해 감소되는데 그림 7-5는 이 경우를 보여 주고 있다.

그림 7-5는 1국이 상품의 상대가격에 영향을 미칠 수 있을 정도로 규모가 크다는 점을 제외하고는 그림 7-4와 동일하다. 성장과 무역의 결과 교역조건이 $P_M = P_B = 1$에서 $P_N = 1/2$로 악화되면, 1국은 점 N에서 생산하고 2국과 140X와 70Y를 교환하여 무차별곡선 IV상의 점 T에서 소비한다(그림 7-5의 상단 도표 참조). 이 국가의 규모가 작아서 교역조건에 영향을 미칠 수 없었던 경우에도 1국의 후생은 감소했을 뿐만 아니라(즉, 부의 효과는 음) 이제는 교역조건도 악화되었기 때문에 1국의 후생은 더욱 더 감소한다. 이러한 점은 무차별곡선 IV가 무차별곡선 VII보다 낮은 위치에 있다는 사실에 반영되어 있다.

그림 7-5의 하단 도표는 1국이 (그림 7-4의 하단 도표와 같이) 교역조건에 영향을 미칠 수 없는 경우와 미칠 수 있는 경우에, 이러한 유형의 성장이 교역조건과 무역량에 미치는 효과를 오퍼곡선을 이용하여 보여 주고 있다.

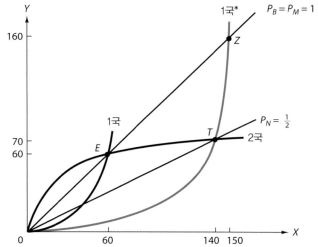

그림 7-5 **생산요소의 증가와 무역 : 대국의 경우**

그림 7-5는 1국의 규모가 커서 교역조건에 영향을 미칠 수 있다는 점을 제외하고는 그림 7-4와 동일하다. 성장과 무역의 결과 교역조건이 $P_M = P_B = 1$에서 $P_N = 1/2$로 악화되면, 1국은 점 N에서 생산하고 2국과 140X를 70Y와 교환하여 무차별곡선 IV상의 점 T에서 소비한다(상단 도표 참조). 무차별곡선 IV가 무차별곡선 VII보다 낮은 위치에 있기 때문에 이제 이 국가의 후생은 더욱더 감소한다. 하단 도표는 이 국가가 교역조건에 영향을 미칠 수 있는 경우와 없는 경우에 이러한 유형의 성장이 교역조건과 무역량에 미치는 효과를 오퍼곡선을 이용하여 보여 주고 있다.

7.5B 궁핍화 성장

부의 효과가 그 자체로는 한 국가의 후생을 증대시키는 효과가 있다고 하더라도 교역조건이 지나치게 악화되어 한 국가의 순후생이 감소할 수도 있다. 이러한 경우를 자그디시 바그와티(Jagdish Bhagwati)는 **궁핍화 성장**(immiserizing growth)이라고 하였는데, 그림 7-6은 이 경우를 보여 주고 있다.

그림 7-6은 그림 7-3의 1국의 생산가능곡선을 다시 그린 것인데, 이 그림은 상품 X의 생산에서만 중립적 기술진보가 발생하여 노동과 자본의 생산성이 2배 증가하기 이전과 이후의 상황을 그린 것이다. 가격이 변화하지 않는다면 부의 효과 자체에 의해 1국의 후생은 증가하는데, 그 이유는 1국의 노동력과

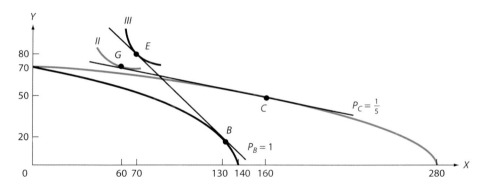

궁핍화 성장

그림 7-6은 그림 7-3에 있는 1국의 생산가능곡선을 다시 그린 것인데, 이 그림은 상품 X의 생산에서만 중립적 기술진보가 발생하여 노동과 자본의 생산성이 2배 증가하기 이전과 이후의 상황을 그린 것이다. 이러한 유형의 성장이 발생하면, 부의 효과 자체에 의해 1국의 후생은 증가할 것이다. 그러나 1국의 교역조건이 $P_B=1$에서 $P_C=1/5$로 급격하게 악화됨에 따라 1국은 점 C에서 생산하여 100X를 수출하고 20Y를 수입하여, 무차별곡선 *II*상의 점 G(이 점은 1국이 성장 이전에 자유무역을 할 때 도달했던 무차별곡선 *III*보다 낮은 위치에 있음)에서 소비한다.

인구는 일정한 반면 1국의 생산량이 증가하기 때문이다. 그러나 이러한 유형의 기술진보는 무역량을 증가시키므로 1국의 교역조건은 악화되는 경향이 있다. 예를 들어서 1국의 교역조건이 $P_B=1$에서 $P_C=$ 1/5로 급격하게 악화되면, 1국은 점 C에서 생산하여 100X를 수출하고 20Y를 수입하여, 무차별곡선 *II* 상의 점 G(이 점은 1국이 성장 이전에 자유무역을 할 때 도달했던 무차별곡선 *III*보다 낮은 위치에 있음)에서 소비할 것이다.

다음과 같은 경우에 1국에서 궁핍화 성장이 발생할 가능성이 크다. (a) 가격이 일정할 때 성장의 결과 1국의 수출이 대폭 증가한다. (b) 1국의 경제규모가 상당히 크기 때문에 수출을 상당량 늘리면 교역조건이 악화된다. (c) 1국의 수출품에 대한 2국(또는 세계의 기타 국가)의 소득탄력성이 대단히 낮기 때문에 1국의 교역조건이 상당히 악화된다. (d) 1국의 무역의존도가 높기 때문에 1국의 교역조건이 상당히 악화되면 국가 후생이 감소한다.

궁핍화 성장은 현실세계에서 그리 흔한 현상은 아닌 것으로 보이며, 궁핍화 성장이 발생한다면 그것은 선진국보다는 개발도상국에서 발생할 가능성이 크다. 시간이 경과함에 따라 개발도상국의 교역조건이 어느 정도 악화되어 온 것으로 보이기는 하지만, 생산의 증가가 이러한 교역조건의 악화를 충분히 상쇄해 왔기 때문에 개발도상국의 1인당 소득이나 후생은 일반적으로 증가해 왔다. 최근에 개발도상국의 인구가 급격히 증가하지 않았더라면, 이들 국가의 1인당 실질소득은 더 빠르게 증가했을 것이다. 이 문제와 기타의 문제들은 국제무역과 경제발전을 다루는 제11장에서 충분히 논의될 것이다.

7.5C 이익이 되는 성장과 무역의 예시

이제는 1국에서 (희소한 생산요소인) K만이 2배 증가하여 부의 효과 그 자체에 의해 1국의 후생이 증대되는 경우를 살펴보기로 한다. 이 결과는 1국에서 (자본집약적 상품인) Y의 생산에서만 중립적 기술진보가 발생하는 경우와 대단히 유사하다. 이러한 유형의 성장 결과 상품의 가격이 변화하지 않는다면 무역량이 감소하는 경향이 있기 때문에 1국의 교역조건은 개선되는 경향이 있다. 부의 효과 및 교역조건 효과가 유리한 경우에는 1국의 후생은 반드시 증가하며, 그림 7-7은 이 경우를 설명한다.

그림 7-7의 상단 도표는 성장 이전의 생산가능곡선과 자본만이 2배 증가한 경우의 생산가능곡선(그림 7-1의 오른쪽 도표에서 점선으로 표시된 생산가능곡선)을 보여 주고 있다. 상품의 상대가격이 $P_B=1$일 때, 1국은 110X와 105Y를 생산하고(상단 도표의 점 R), 2국과 15X를 15Y와 교환하여 무차별곡선 V상의 점 U에서 소비한다. 노동과 인구가 변하지 않기 때문에 이러한 유형의 성장은 1국의 후생을 증대시킨다.

그뿐만 아니라 가격이 일정할 때 1국의 무역량은 (성장 이전의 자유무역을 하는 상황인 점 E와 비교하여) 감소하기 때문에, 1국의 교역조건은 $P_R=P_B=1$에서 $P_S=2$로 개선된다. $P_S=2$에서 1국은 점 S에서

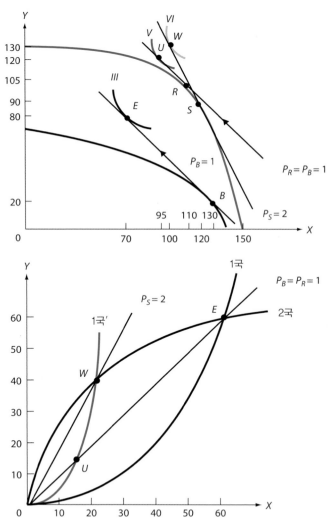

그림 7-7 1국의 교역조건과 후생을 개선시키는 성장

1국에서 (희소한 생산요소인) K만이 2배 증가하면, 교역조건이 $P_R=P_B=1$로 변화하지 않는 경우에(상단 도표 참조) 점 R에서 생산할 것이다. 1국은 15X와 15Y를 2국과 교환하여 무차별곡선 V상의 점 U에서 소비한다. 그러나 1국의 규모가 크면 1국은 $P_R=P_B=1$에서 X를 적게 수출하려고 하기 때문에 1국의 교역조건은 개선된다. $P_S=2$에서 1국은 점 S에서 생산하고 20X와 40Y를 2국과 교환하여 무차별곡선 VI상의 점 W에서 소비한다. 부의 효과와 교역조건 효과가 모두 유리하기 때문에 1국의 후생은 증가한다. 하단 도표는 1국이 교역조건에 영향을 미칠 수 있을 때와 없을 때, 이러한 유형의 성장이 교역조건과 무역량에 미치는 효과를 오퍼곡선을 이용하여 보여 주고 있다. 이 그림을 그림 7-5와 비교해 보자.

120X와 90Y를 생산하고 20X와 40Y를 2국과 교환하여 무차별곡선 VI상의 점 W에서 소비한다. 따라서 1국의 후생은 부의 효과와 아울러 교역조건 효과에 의해 증가한다.

그림 7-7의 하단 도표는 1국이 교역조건에 영향을 미칠 수 있을 때와 없을 때, 이러한 유형의 성장이 교역조건과 무역량에 미치는 효과를 오퍼곡선을 이용하여 보여 주고 있다. 독자들은 부의 효과와 교역조건 효과가 모두 유리한 (따라서 1국의 후생은 두 가지 이유로 증가하는) 그림 7-7과 두 가지 효과가 모두 불리하여 1국의 후생이 감소하는 그림 7-5를 주의하여 비교하기 바란다. 사례연구 7-3에서는 신흥경제대국의 등장과 성장을 살펴본다.

7.6 양국에서의 성장, 기호의 변화 및 무역

지금까지는 1국만 성장한 것으로 가정하였다. 그 결과 1국의 생산가능곡선과 오퍼곡선만이 이동하였다. 이제 양국이 모두 성장하는 경우를 포괄할 수 있도록 분석을 확장하기로 한다. 양국이 모두 성장하게 되면, 양국의 생산가능곡선과 오퍼곡선이 이동한다. 오퍼곡선을 이용하여 양국에서 성장과 기호 변화의 효과를 분석하기로 하자.

7.6A 양국에서 성장 및 기호

그림 7-8은 한 국가 또는 양국에서 여러 유형의 성장이 무역량 및 교역조건에 미치는 효과를 보여 주고 있다. 양국이 모두 대국이라고 가정하자. '1'과 '2'로 표시된 오퍼곡선은 각각 1국과 2국의 원래의 (성장 이전의) 오퍼곡선이다. 오퍼곡선 '1*'와 '2*' 및 오퍼곡선 '1˝'과 '2˝'은 각각 여러 유형의 성장이 발생한 경우 1국과 2국의 오퍼곡선이다. 그림을 지저분하지 않게 하기 위하여 각각의 균형점을 지나가는 상품의 상대가격선은 그리지 않았다. 그러나 각각의 균형점에서 1국의 교역조건(즉, P_X/P_Y)은 그 점에서 교환되는 **상품 Y의 양을 상품 X의 양으로 나누면** 알 수 있다. 동일한 균형점에서 2국의 교역조건은 1국의 교역조건의 역수이다.

성장 이전의 원래의 오퍼곡선 1과 2에서, 1국은 2국과 $P_B=1$에서(균형점 E_1 참조) 60X를 60Y와 교환한다. (그림 7-5에서와 같이) 1국에서 노동이 2배 증가하면, 1국의 오퍼곡선은 1로부터 1*로 시계방향으로 회전하며, 1국은 140X를 수출하고 70Y를 수입한다(점 E_2). 이 경우 1국의 교역조건은 P_X/P_Y =70Y/140X=1/2로 악화되며 2국의 교역조건은 $P_Y/P_X=2$로 개선된다.

2국만이 성장하여 2국의 오퍼곡선이 2에서 2*로 시계반대방향으로 회전하면 균형점은 E_3가 된다. 예를 들어 이런 상황은 2국에서 (풍부한 생산요소인) 자본이 2배 증가할 때 발생할 수 있다. E_3에서 2국은 1국과 140Y를 70X와 교환하며, 따라서 2국의 교역조건은 $P_Y/P_X=1/2$로 악화되고 1국의 교역조건은 P_X/P_Y =2로 개선된다. 양국이 모두 성장하여 오퍼곡선이 1*와 2*가 되면 균형점은 E_4가 된다. 무역량은 140X 와 140Y로 확대되지만 양국의 교역조건은 1로 변하지 않는다.

반대로 (그림 7-7에서와 같이) 1국에서 자본이 2배 증가하면 1국의 오퍼곡선은 1에서 1′으로 시계반대방향으로 회전하여 균형점은 E_5가 된다. 이때 1국은 2국과 20X를 40Y와 교환하여 1국의 교역조건은 2로 개선되고 2국의 교역조건은 1/2로 악화된다. 만약 2국의 노동만이 증가하여 2국의 오퍼곡선이 2′으로 시계방향으로 회전한다면 균형점은 E_6가 된다. 이러한 상황은 2국에서 (희소한 생산요소인)

사례연구 7-3   신흥경제대국의 등장과 성장

개발도상국 중에서 신흥경제대국이 등장하고 있다. 이들 국가는 BRICS(브라질, 러시아, 인도, 중국, 남아프리카공화국)이다. 중국은 이미 경제대국이고, 인도는 경제대국의 길목에 들어서고 있으며 브라질과 러시아가 그 뒤를 따르고 있다. 2011년에 중국의 지원을 받아 편입된 남아프리카공화국은 경제규모가 훨씬 작다. 표 7-3은 신흥경제대국의 규모 및 경제적 중요성에 관한 데이터를 미국, EU, 일본과 같은 전통적 경제대국과 비교하여 보여 준다.

경제규모에 대한 가장 중요한 척도는 구매력(PPP)으로 평가한 국민총소득(GNI)이다. 이는 개발도상국의 GNI가 선진국의 GNI에 비해 과소평가될 수 있는 (15.2절에서 논의되는 저평가된 환율, 비시장 생산과 같은) 모든 원인을 고려한 것이다.

표 7-3에서 PPP로 평가했을 때 경제대국은 28개 회원국으로 구성된 유럽연합(제10장에서 살펴볼 EU-28)과 미국과 중국이며, 그다음이 인도와 일본 순이다. 러시아와 브라질은 이에 비해 경제규모가 훨씬 작으며 남아프리카공화국은 더 작다. PPP로 평가한 1인당 GNI, 즉 각국의 생활수준 척도에서는 미국이 단연 1위이고 그다음이 EU-28, 일본이다. 러시아, 중국, 브라질, 남아프리카공화국, 인도가 그다음이다. 이들 국가의 1인당 국민소득은 미국보다 훨씬 낮으며 특히 인도가 그러하다. 그러나 중국과 인도의 성장 속도는 훨씬 빠르며 러시아, 브라질, 남아프리카공화국의 성장도 전통적 경제대국보다 빠르다. PPP로 측정한 총 GNI로 평가한 중국의 경제규모는 2017년에 미국을 추월했다. 그러나 1인당 국민소득의 측면에서는 미국과 중국의 격차는 아직도 상당하다.

그러나 경제규모나 성장률보다 더 중요한 점은 세계시장과 국내시장에서 점점 정교한 제품(특히 중국) 및 서비스(특히 인도)의 여러 분야에서 전통적 경제대국에 대한 신흥경제대국의 도전이 날로 치열해지고 있다는 점이다.

표 7-3   2017년 신흥경제대국과 전통적 경제대국의 상대적 경제규모

	인구 (백만)	국토면적 (km^2)	GNI[a] (10억 달러)	1인당 GNI[a] (달러)	평균성장률(%) (2000~2017)
중국	1,386	9,563	23,242	16,760	9.7
인도	1,339	3,287	9,449	7,060	7.5
브라질	209	8,516	3,173	15,160	2.9
러시아	145	17,098	3,655	24,893	3.5
남아프리카공화국	57	1,219	745	13,090	2.9
EU(28)	512	4,384	20,900	40,890	1.1
미국	326	9,832	19,608	60,200	1.7
일본	127	378	4,821	37,920	0.8

[a]구매력 평가(PPP)
출처 : World Bank and Eurostat Databanks, 2018.

노동이 2배 증가하는 경우 발생할 수 있다. 이때 2국은 1국과 20Y를 40X와 교환하여 2국의 교역조건은 2로 개선되는 반면 1국의 교역조건은 1/2로 악화된다. 양국이 모두 성장하여 오퍼곡선이 1에서 1′으로 2에서 2′으로 회전한다면, 무역량은 15X와 15Y에 불과하지만 양국의 교역조건은 1로(균형점 E_7 참조) 변하지 않는다.

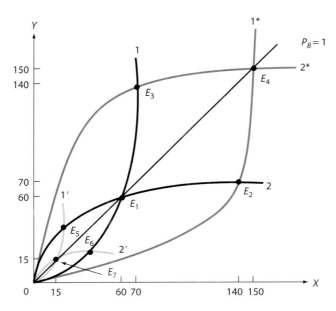

그림 7-8　**양국에서의 성장과 무역**

1국에서 (1국의 풍부한 생산요소인) 노동이 2배 증가하면 1국의 오퍼곡선은 1에서 1*로 회전하여, 균형점은 E_2가 되고 무역량은 증가하지만 교역조건은 악화된다. 2국에서 (2국의 풍부한 생산요소인) 자본이 2배 증가하면, 2국의 오퍼곡선은 2에서 2*로 회전하여 균형점은 E_3가 되고 무역량은 증가하지만 교역조건은 악화된다. 대신에 1국에서 자본이 2배 증가하면, 1국의 오퍼곡선은 1′으로 회전하여, 무역량은 감소하지만 교역조건은 개선된다. 2국에서 노동이 증가하면 2국의 오퍼곡선은 2′으로 회전하여, 균형점은 E_6가 되고 무역량은 감소하지만 2국의 교역조건은 개선된다. 양국의 오퍼곡선이 1′과 2′으로 이동하면 무역량은 더욱더 감소하며(E_7 참조), 교역조건은 변하지 않는다.

　양국에서 두 가지 상품을 생산할 때 균형성장이나 중립적 기술진보가 일어나면, 양국의 오퍼곡선은 밖으로 이동하고 그 국가의 수출가능 상품을 측정하는 축으로 가까이 이동하게 된다. 이 경우 무역량은 확대되고 각국의 오퍼곡선의 모양(즉, 굴곡)과 오퍼곡선이 회전하는 정도에 따라 교역조건은 변화하지 않거나 한 국가는 개선되지만 다른 국가는 악화되는 결과가 나타난다.

7.6B 양국에서 기호의 변화와 무역

시간이 지남에 따라 경제가 성장할 뿐만 아니라 국민들의 기호도 변화할 것이다. 이미 살펴본 바와 같이 성장은 생산가능곡선에 영향을 미침으로써 그 국가의 오퍼곡선에 영향을 미치지만, 기호의 변화는 무차별곡선에 영향을 미침으로써 그 국가의 오퍼곡선에 영향을 미친다.

　1국에서 (2국의 수출가능 상품인) 상품 Y에 대한 욕구가 커지게 되면, 1국은 수입하는 상품 Y의 각 단위당 더 많은 양의 (1국의 수출가능 상품인) X를 제공하고자 할 것이다. 이를 다른 말로 표현하면, 1국이 수출하는 상품 X의 일정한 양에 대하여, 1국은 더 적은 양의 상품 Y와 기꺼이 교환하려고 할 것이다. 그 결과 1국의 오퍼곡선은 그림 7-8의 1에서 1*와 같이 시계방향으로 회전하며, 무역량은 증가하지만 1국의 교역조건이 악화되는 결과를 초래한다.

　반대로 2국에서 상품 X에 대한 기호가 증가하면, 2국의 오퍼곡선은 2에서 2*와 같이 시계반대방향으로 회전하며, 무역량은 증가하지만 2국의 교역조건은 악화된다. 만약에 위의 경우와 반대로 기호가 변화하면 오퍼곡선 역시 반대방향으로 회전할 것이며, 양국의 기호가 모두 변화하면 양국의 오퍼곡선도 모두 회전할 것이다. 무역량과 교역조건은 성장의 경우와 마찬가지로 각국에서 기호가 변화하는 정도와 유형에 의해 결정된다.

요약하면 양국에서 성장 및/또는 기호의 변화는 양국의 오퍼곡선을 이동시켜, 무역량 및/또는 교역조건을 변화시킨다고 할 수 있다. 한 국가의 오퍼곡선이 그 국가의 수출상품을 측정하는 축의 방향으로 이동하면, 오퍼곡선이 이동하는 원인에 관계없이, 상품의 가격이 일정할 때 무역량이 확대되는 경향이 있으며 그 국가의 교역조건은 악화된다. 한 국가의 오퍼곡선이 반대로 이동하는 경우에는 상품의 가격이 일정할 때 무역량이 감소하는 경향이 있으며, 그 국가의 교역조건은 개선된다. 한 국가의 오퍼곡선이 일정하게 이동하더라도 무역 상대국의 오퍼곡선의 굴곡이 클수록 그 국가의 교역조건이 개선되는 정도가 더 커진다.

사례연구 7-4에서는 G7 선진국에서의 생산 및 무역의 증가와 후생을 살펴본다(개발도상국에서의 무역과 성장에 관해서는 제11장에서 살펴본다).

사례연구 7-4 선진 산업국가에서의 성장, 무역 및 후생

표 7-4는 1990~2017년까지 (선진 산업국가인) G7의 실질 국내총생산(GDP), 수출, 교역조건 및 1인당 GDP의 연평균 증가율을 보여 준다. 이 표로부터 실질 GDP의 연평균 증가율은 미국의 2.6%부터 이탈리아의 0.6%까지 분포되어 있으며, G7 국가 전체의 단순 평균은 1.7%임을 알 수 있다. 수출량의 평균 증가율은 독일과 프랑스의 5.7%부터 일본의 2.6%까지 분포되어 있고, 7개국 전체의 평균은 4.2%이다. 따라서 수출이 GDP보다 2.5배 빠르게 증가했다.

교역조건의 변화는 일본의 경우 연평균 1.5% 악화되었으며, 영국의 경우 0.4%, 7개국 전체로는 가중치가 적용되지 않은 평균변화율은 0%이다. 표 7-4의 마지막 열은 (생활수준 변화에 대한 개략적인 척도로) 1인당 실질 GDP의 연간 증가율이 영국은 1.4%, 이탈리아는 0.2%이고 7개국 전체의 가중치가 적용되지 않은 연간 증가율은 1.0%임을 보여 준다. 여러 요인이 1인당 GDP의 증가에 기여했지만 수출증가가 그중 하나라는 점은 확실하다.

표 7-4 GDP, 수출 및 교역조건의 변화(1990~2017)

	연평균 증가율			
	실질 GDP	수출량	교역조건	1인당 GDP
미국	2.6	4.8	0.2	1.3
일본	1.0	2.6	−1.5	0.8
독일	1.4	5.7	0.3	1.3
영국	2.1	3.6	0.4	1.4
프랑스	1.5	5.7	0.0	0.9
이탈리아	0.6	2.9	−0.2	0.2
캐나다	2.4	4.1	0.2	1.3
단순 평균	1.7	4.2	0.0	1.0

출처 : IMF, *International Financial Statistics*(Washington, D.C., Various Issues); OECD, *Economic Outlook*(Paris, Various Issues), and World Bank, *World Development Indicators*(Washington, D.C., Various Issues).

요약

1. 앞에서 논의된 무역이론은 정태적인 성격을 지니고 있었다. 즉, 한 국가의 요소부존도, 기술 및 기호가 주어졌을 때 한 국가의 비교우위와 무역으로부터의 이익이 어떻게 결정되는지를 살펴보았다. 그러나 요소부존도는 시간이 지남에 따라 변하므로 기술은 보통 개선되고, 기호 역시 변한다. 이 장에서는 이러한 변화에 따라 균형이 어떻게 변하는지를 살펴보았다. 이를 비교정학이라고 한다.

2. 규모에 대한 수익불변과 가격이 일정할 때, 노동과 자본이 같은 비율로 증가하면(균형성장), 한 국가의 생산가능곡선은 생산요소의 증가비율만큼 균일하게 밖으로 이동하며, 1인당 생산량은 변하지 않는다. 만일 노동이 자본보다 빠르게 증가하면, 그 국가의 생산가능곡선은 노동집약적 상품을 비례 이상 생산하는 방향으로 이동하며, 1인당 생산량은 감소한다. 자본이 노동보다 빠르게 증가하면, 반대의 경우가 성립한다. 립진스키 정리에 의하면 상품의 가격이 변화하지 않을 때, 어느 한 가지 생산요소의 부존량이 증가하면 그 생산요소를 집약적으로 사용하는 상품의 생산은 생산요소 이상으로 증가하지만 다른 상품의 생산은 감소한다.

3. 모든 기술진보는 일정한 생산량을 생산하는 데 필요한 자본과 노동의 양을 감소시키고, 생산가능곡선을 밖으로 이동시키며 그 국가의 후생을 증가시키는 경향이 있다. 힉스의 중립적 기술진보는 노동과 자본의 생산성을 같은 비율로 증가시키며, 한 국가의 생산가능곡선에 생산요소의 균형성장과 동일한 영향을 미친다. 결과적으로 생산요소의 상대가격(w/r)이 일정할 때 K/L는 변하지 않는다. 노동절약적 기술진보는 자본생산성을 노동생산성 이상으로 증가시킨다. 그 결과 생산을 할 때 노동은 자본으로 대체되고, w/r가 변하지 않으면 K/L는 상승한다. 반면 자본절약적 기술진보는 노동절약적 기술진보의 반대이다.

4. 생산과 소비는 (상품의 가격이 일정할 때 무역이 비례적으로 더 많이 증가하면) 순무역편향적, 역무역편향적 또는 중립적이다. 한 국가의 수출가능 상품의 생산이 수입가능 상품의 생산 이상 증가하면 생산은 순무역편향적이다. 또한 한 국가의 수입가능 상품의 소비가 수출가능 상품의 소비 이상으로 증가하면 소비는 순무역편향적이다. 성장과정에서 무역량은 생산효과와 소비효과의 순효과에 의해 결정된다.

5. 성장의 결과 상품의 가격이 일정할 때 한 국가의 무역량이 성장의 원인에 관계없이 증가하면, 그 국가의 교역조건은 악화되는 경향이 있으며, 그렇지 않다면 그 국가의 교역조건은 변하지 않거나 개선될 것이다. 성장이 한 국가의 후생에 미치는 효과는 부의 효과에 의해서도 좌우된다. 부의 효과란 성장의 결과 노동자 또는 사람 1인당 생산량이 증가하는 것을 의미한다. 성장의 교역조건 효과와 부의 효과가 유리하면, 그 국가의 후생은 반드시 증가한다. 기타의 경우에는 이러한 두 가지 효과의 순효과에 따라 그 나라의 후생은 변하지 않을 수도 있고 감소할 수도 있다. 불리한 교역조건 효과가 유리한 부의 효과를 압도하여 한 국가의 후생이 감소하는 경우를 '궁핍화 성장'이라고 한다.

6. 양국에서의 성장 및/또는 기호 변화의 결과 양국의 오퍼곡선은 이동하며, 무역량 및/또는 교역조건을 변화시킨다. 한 국가의 오퍼곡선이 그 이유에 상관없이, 그 국가의 수출가능 상품을 측정하는 축의 방향으로 이동하면, 상품의 가격이 일정할 때 무역량은 증가하는 경향이 있고 그 국가의 교역조건은 악화된다. 반면 한 국가의 오퍼곡선이 반대방향으로 이동하면 상품의 가격이 일정할 때 무역량은 증가하는 경향이 있으며, 그 국가의 교역조건은 개선된다. 또한 한 국가의 오퍼곡선이 일정하게 이동하더라도, 무역 상대국의 오퍼곡선의 굴곡이 클수록 그 국가의 교역조건이 개선되는 정도가 더 커진다.

주요용어

교역조건 효과(terms-of-trade effect)

궁핍화 성장(immiserizing growth)

균형성장(balanced growth)

노동절약적 기술진보(labor-saving technical progress)

동태분석(dynamic analysis)

립진스키 정리(Rybczynski theorem)

부의 효과(wealth effect)

비교정학(comparative statics)

순무역편향적(protrade)

역무역편향적(antitrade)

열등재(inferior good)

자본절약적 기술진보(capital-saving technical progress)

정상재(normal goods)

중립적(neutral)

중립적 기술진보(neutral technical progress)

복습문제

1. 앞 장에서 논의된 무역이론이 정태적이라는 말은 무슨 뜻인가? 비교정학(비교정태분석)이란 무엇인가?

2. 앞 장에서 논의된 무역이론을 한 국가의 요소부존량, 기술변화 및 기호변화를 포괄할 수 있도록 어떻게 확장할 수 있는가? 그 결과 나타나는 무역이론은 동태적인가? 그 이유는?

3. 여러 가지 유형의 요소부존량의 증가가 한 국가의 생산가능곡선에 어떤 영향을 미치는가? 균형성장이란 무엇인가?

4. 립진스키 정리는 무엇인가?

5. 중립적 · 노동절약적 · 자본절약적 기술진보를 설명하라.

6. 한 상품 또는 두 상품 모두에서 중립적 기술진보가 발생한다면 생산가능곡선은 어떻게 변하는가? 생산가능곡선에 미치는 효과와 관련하여 어떤 유형의 기술진보가 균형성장에 해당하는가?

7. 생산 또는 소비가 순무역편향적, 역무역편향적, 중립적이라는 말은 무슨 뜻인가?

8. 어느 유형의 성장이 순무역편향적일 가능성이 큰가? 어느 유형의 성장이 역무역편향적일 가능성이 큰가? 어느 유형의 상품이 순무역편향적 소비를 야기할 가능성이 큰가? 역무역편향적 소비는?

9. 교역조건이 성장에 미치는 효과는 무엇인가? 성장의 부의 효과란 무엇인가? 한 국가가 소국이어서 상품의 상대가격에 영향을 미칠 수 없을 때 성장과 무역으로 인한 후생의 변화를 어떻게 측정할 수 있는가? 한 국가가 대국이어서 상대가격에 영향을 미칠 수 있다면?

10. 어느 유형의 성장이 한 국가의 후생을 감소시킬 가능성이 큰가? 궁핍화 성장이란 무엇인가? 어느 유형의 성장이 한 국가의 후생을 증가시킬 가능성이 큰가?

11. 한 국가의 오퍼곡선이 수출품 축의 방향으로 회전하거나 이동한다면 교역조건과 교역량에 미치는 효과는? 어떤 유형의 성장 또는 기호변화가 오퍼곡선을 어떻게 움직이도록 하는가?

12. 한 국가의 오퍼곡선이 이동할 때 무역상대국 오퍼곡선의 모양은 교역조건에 어떤 영향을 미치는가?

연습문제

1. 앞 장에서 소개된 성장 이전의 2국의 생산가능곡선으로부터 시작하여, 다음과 같은 상황을 보여 줄 수 있는 2국의 새로운 생산가능곡선을 그리라.
   (a) 2국이 이용할 수 있는 노동과 자본의 양이 2배 증가하는 경우
   (b) 자본의 양만 2배 증가하는 경우
   (c) 노동의 양만 2배 증가하는 경우

2. 앞 장에서 소개된 성장 이전의 2국의 생산가능곡선으로부터 출발하여, 자본의 양만 2배 증가하는 경우 립진스키 정리를 보여 주는 2국의 새로운 생산가능곡선을 그리라.

3. 앞 장에서 소개된 성장 이전의 2국의 생산가능곡선으로부터 시작하여, 다음과 같은 상품의 생산에서 노동과 자본의 생산성이 2배 증가하는 중립적 기술진보를 보여 줄 수 있는 2국의 새로운 생산가능곡선을 그리라.
   (a) 상품 X 및 상품 Y
   (b) 상품 X만
   (c) 상품 Y만

4. 연습문제 3번의 그래프와 연습문제 1번과 2번의 생산가능곡선을 비교하라.

5. 다음과 같은 가정하에 그림 7-4의 상단 도표와 유사한 그림을 2국에 대하여 그리라.
   (a) 2국에서 자본의 양만이 2배 증가한다.
   (b) 자유무역을 할 때 상품의 균형상대가격은 $P_X/P_Y = 1$ 이다.
   (c) 2국의 규모가 너무 작아서 성장 이전이나 이후에도 상품의 상대가격에 영향을 미치지 못한다.
   (d) 성장 이후에 2국이 150Y를 수출한다.

6. 연습문제 5번과 동일한 가정하에서 그림 7-4의 하단 도표와 유사한 그림을 2국에 대하여 그리라.

7. 다음과 같은 가정하에 그림 7-5의 상단 도표와 유사한 그림을 2국에 대하여 그리라.

   (a) 2국의 규모가 커서 상품의 상대가격에 영향을 미칠 수 있다.
   (b) 2국의 교역조건이 성장 이전에 자유무역을 할 때의 $P_Y/P_X = 1$로부터 성장 이후에 자유무역을 할 때는 $P_Y/P_X = 1/2$로 악화된다.
   (c) 성장 이후에 자유무역을 하면 2국은 140Y를 수출한다.

8. 연습문제 7번과 동일한 가정하에서 그림 7-5의 하단 도표와 유사한 그림을 2국에 대하여 그리라.

9. 2국에서 상품 Y를 생산할 때만 노동과 자본의 생산성이 2배 증가할 때, 2국의 궁핍화 성장을 보여 줄 수 있도록 그림 7-6과 유사한 그림을 그리라.

10. 한 국가의 인구 및 노동력이 증가할 때의 궁핍화 성장을 설명할 수 있도록 그림 7-6과 유사한 그림을 그리라.

11. 그림 7-7의 상단 도표와 유사한 그림을 다음과 같은 가정 아래 그리라.
    (a) 2국에서 노동만이 2배 증가한다.
    (b) 2국의 교역조건이 성장 이전에 자유무역을 할 때의 $P_Y/P_X = 1$로부터 성장 이후에 자유무역을 할 때는 $P_Y/P_X = 2$로 개선된다.
    (c) 2국이 성장 이후 자유무역을 할 때 20Y를 수출한다.

12. 연습문제 11번과 같은 가정 아래 그림 7-7의 하단 도표와 유사한 그림을 2국에 대하여 그리라.

13. 표 7-2의 자료는 표에 있는 다른 국가와 비교하여 미국의 노동생산성은 가장 작게 증가하고, 효율성은 향상되지 않았으며, 기술은 약간만 개선되었다는 점을 시사한다. 이 사실은 표 6-5의 정보와는 모순된 것으로 보인다. 이러한 외견상의 모순을 어떻게 해결할 수 있겠는가?

부록

부록의 A7.1절에서는 립진스키 정리를 정식으로 증명하고, A7.2절에선 한 가지의 생산요소가 이동불가능할 때의 성장의 효과를 분석하며, A7.3절에서는 힉스의 중립적 노동절약적 및 자본절약적 기술진보를 그림을 이용하여 설명한다.

A7.1 립진스키 정리에 대한 정형화된 증명

7.2B절에서 논의된 바와 같이 립진스키 정리는 상품의 상대가격이 변화하지 않을 때 어느 한 가지 생산요소의 부존량이 증가하면 그 생산요소를 집약적으로 사용하는 상품의 생산량은 생산요소 이상으로 증가하며 다른 상품의 생산량은 감소한다는 것을 말한다.

여기에서 소개되는 립진스키 정리에 대한 정식 증명은 A3.3절에서 소개된 바와 같이 에지워스 상자도로부터 한 국가의 오퍼곡선을 도출하는 과정을 그대로 따라가면 된다. 그림 3-10으로부터 시작하여 1국에서 노동만이 2배로 증가하는 경우에 한하여 립진스키 정리를 정식으로 증명해 보자.

립진스키 정리는 (그림 7-2에서와 같이) 자유무역을 할 때의 생산점 B에서 시작하여 증명할 수도 있고 또는 (앞 장에서처럼) 자급자족 또는 무역을 하지 않을 때의 생산 및 소비 균형점인 A에서 시작하여 증명할 수 있다. 상품의 상대가격이 초기의 균형점 수준에서 변하지 않고, 성장 이후의 새로운 생산점을 초기의 특정 생산점과 비교하는 한, 어떤 점에서 시작하는가는 전혀 중요하지 않다. 여기서는 점 A에서부터 시작하는데, 이렇게 함으로써 무역을 하지 않을 때 상품의 상대가격에 대한 립진스키 정리의 함축적 의미를 검토할 수 있기 때문이다.

그림 7-9는 그 증명을 보여 준다. (그림 7-9의 하단에 있는) 1국의 생산가능곡선상의 점 A는 (그림 7-9의 상단에 있는) 노동이 2배 증가하기 이전 1국의 에지워스 상자도에 있는 점 A로부터 도출된다. 이는 그림 3-9에서와 정확히 일치한다. 노동이 2배 증가하면 1국의 에지워스 상자도의 길이는 2배가 되지만 (자본의 양은 일정하므로) 높이는 변하지 않는다.

상품의 상대가격이 변하지 않기 위해서는 요소가격이 변하지 않아야 한다. 그러나 요소의 상대가격은 두 상품을 생산할 때의 K/L 및 노동과 자본의 생산성이 일정한 경우에만 변하지 않는다. 노동이 2배 증가한 후, 노동과 자본을 완전고용하고 K/L가 변하지 않을 수 있는 유일한 방법은 도표 상단에 있는 에지워스 상자도에서 생산점이 A에서 A^*로 이동하는 것뿐이다. 점 A와 A^*에서 상품 X를 생산할 때의 K/L는 같은데, 그 이유는 점 A와 점 A^*가 원점 O_X를 지나는 동일한 선분상에 있기 때문이다. 마찬가지로 상품 Y를 생산할 때의 K/L도 점 A에서와 점 A^*에서가 같은데, 그 이유는 원점 O_Y^*와 점 A^*를 연결하는 점선으로 표시된 선분이 원점 O_Y와 A를 연결하는 선분과 기울기가 같기 때문이다. 노동이 2배 증가한 후 모든 자원을 완전 고용하고 두 상품의 생산에서 K/L가 변하지 않는 점은 에지워스 상자도 내에서 점 A^*가 유일하다. 점 A와 점 A^*에서 등량선의 기울기는 동일한데, 이는 이 두 점에서 w/r가 동일하다는 것을 의미한다.

에지워스 상자도에서 점 A^*는 점 A보다 원점 O_X에서 멀리 있기 때문에 1국에서 상품 X의 생산량은 증가한다. 반대로 점 A^*는 점 A보다 원점 O_Y^*에 가까이 있기 때문에 1국의 상품 Y의 생산량은 감

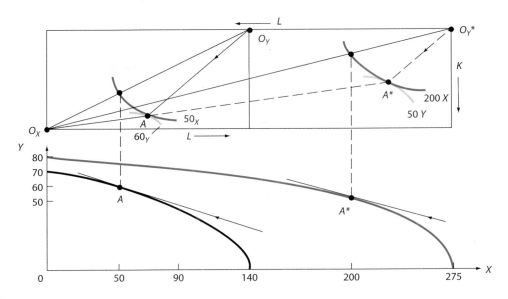

그래프를 이용한 립진스키 정리의 증명

(도표의 하단에 있는) 1국의 생산가능곡선상의 점 *A*는 (도표의 상단에 있는) 1국의 에지워스 상자도 내에 있는 점 *A*로부터 도출된다. 이는 그림 3-9에서와 정확히 일치한다. 노동이 2배 증가하면 상자의 길이가 2배 증가한다. P_X와 P_Y가 변하지 않기 위해서는 w와 r이 변하지 않아야 한다. 그러나 w와 r은 두 상품을 생산할 때 K/L가 변하지 않을 때만 변하지 않으며, 도표의 상단 및 하단에 있는 점 *A*뿐이다. 이 경우가 성립하고 L의 증가는 완전히 고용되는 유일한 점은 점 *A**에서는 두 상품을 생산할 때의 K/L가 점 *A*에서와 같다. 점 *A**에서는 립진스키 정리의 내용과 같이 (노동집약적인 상품인) X의 생산은 2배 이상 증가하는 반면 상품 Y의 생산은 감소한다.

소한다. 이러한 사실은 노동이 증가하기 전에는 1국의 생산가능곡선상의 점 *A*에서 생산되다가 노동이 증가한 후에는 생산가능곡선상의 점 *A**에서 생산되는 것으로 반영된다. 즉, $P_A = P_A^* = 1/4$일 때 1국은 성장 이전의 생산가능곡선상의 점 *A*에서 50X와 60Y를 생산하지만, 성장 이후에는 생산가능곡선상의 점 *A**에서는 200X와 50Y만을 생산한다. 노동이 2배 증가하면 상품 X의 생산량은 2배 이상 증가한다(이 경우에는 4배 증가하였다). 즉, 노동의 증가는 (노동집약적인 상품인) X의 생산에 확대효과를 미친다. 이로써 립진스키 정리는 증명되었다.

P_X/P_Y가 불변일 때 상품 Y의 생산이 감소한다는 점을 증명하였으므로, 상품 Y가 열등재가 아닌 한 P_X/P_Y가 불변일 수 없다는 점을 추가적으로 설명하고자 한다. 상품 Y가 열등재인 경우에만 1국에서 실질 국민소득이 증가하고 무역을 하지 않는 경우에 상품 Y의 소비가 절대적으로 감소할 것이기 때문이다. 상품 Y가 열등재라는 사실을 배제하면, 성장 이후 무역을 하지 않을 때 상품 Y가 절대적으로 더 많이 생산되고 소비되도록 P_X/P_Y는 하락(P_Y/P_X는 상승하여)하여야 한다. 따라서 상품의 상대가격이 변화하지 않는다고 가정한 것은 **상품의 상대가격이 변화하지 않는다면** 각 상품의 생산량이 어떻게 변화할 것인가를 분석하기 위한 한 가지 방법일 뿐이다. 그러나 상품 Y가 열등재가 아니거나 1국의 규모가 너무 작아 자유무역을 할 때 상품의 상대가격에 영향을 미치지 못하는 경우를 제외하면 상품의 상대가격은 변화하지 않을 수 없다. 1국의 규모가 너무 작아 자유무역을 할 때 상품의 상대가격에 영향을 미치지 못하는 경우에는 상품 Y가 열등재가 아니더라도 상품의 상대가격이 일정할 때, 1국은 성장의 결과 두 상품을 보다 더 소비할 수 있다. 이것이 바로 그림 7-4가 보여 주는 것이다.

연습문제 (a) 2국의 무역 이전 또는 자급자족 균형점 A^*로부터 시작하여, 2국에서 자본이 2배 증가했을 때의 립진스키 정리를 그래프를 이용하여 증명하라. (b) 2국에서 자본이 2배 증가한 후 실제로 새로운 균형점에서 생산과 소비를 하기 위해서는 어떤 제약적인 가정이 필요한가? (c) 성장의 결과만으로 볼 때 상품의 상대가격은 어떻게 변할 것으로 예상되는가? 성장과 자유무역의 결과 상품의 상대가격은 어떻게 변할 것으로 예상되는가?

A7.2 생산요소가 이동 불가능할 때의 성장

상품의 가격이 일정할 때 한 생산요소의 부존량이 증가하면 그 생산요소를 집약적으로 사용하는 상품의 생산은 비율 이상으로 증가하는 반면, 다른 상품의 생산은 감소한다는 사실을, 립진스키 정리를 통하여 살펴본 바 있다. 또한 상품의 가격이 변화하지 않으면, 요소가격 역시 변하지 않음을 살펴보았다.

이제 상품의 가격이 변하지 않고 어느 한 생산요소가 국내의 산업 간에 이동 불가능할 때 생산요소 증가의 효과를 분석하려고 한다. 이 경우는 제5장 부록 A5.4절에서 소개된 특정요소 모형을 이용하여 분석할 수 있다. 그 결과는 립진스키 정리로 예측되는 결과와는 다르며, 국내에서 이동 불가능한 생산요소가 증가한 생산요소인지 아니면 증가하지 않은 생산요소인지에 따라 달라진다.

그림 7-10의 왼쪽 도표는 (1국에서 상대적으로 풍부하고 이동 가능한 생산요소인) 노동공급의 증가를 보여 주고 있으며, 오른쪽 도표는 (1국에서 희소하고 이동 불가능한 생산요소인) 자본공급의 증가를 보여 주고 있다. (그림 5-8에서와 같이) 두 도표에서 이 국가 내의 총노동공급이 OO'인 상태에서

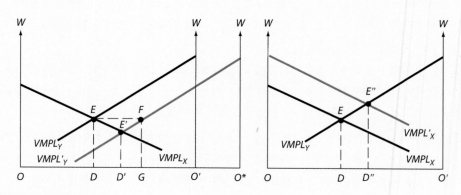

그림 7-10 특정요소 모형에서의 성장

국내에서 노동이 이동 가능하고 자본은 이동 불가능하면 성장 이전에 2개의 그림에서 $w=ED$가 되며, OD만큼의 노동이 X를 생산하는 데 이용되고 DO'만큼의 노동은 Y를 생산하는 데 이용된다. 왼쪽 도표에서 노동공급이 $O'O^*=EF=DG$만큼 증가하면, 임금은 $E'D'$으로 하락하고 DD'의 추가적인 노동은 X를 생산하는데, $D'G$의 추가적인 노동은 Y를 생산하는 데 이용된다. X와 Y의 생산량은 증가하며 양 산업에서 r은 상승한다. 오른쪽 도표에서는 X의 생산에 있어서만 K가 증가한다. 그 결과 $VMPL_X$ 곡선은 $VMPL'_X$로 위로 이동한다. 임금은 $w=E''D''$으로 상승하며 상품 X를 생산하는 데 이용되던 DD''의 노동이 상품 Y를 생산하는 데 이용된다. X의 생산은 증가하며 Y의 생산은 감소하고, 상품의 가격이 변하지 않을 때 양 산업에서 r은 하락한다.

시작하자. 이때 두 산업에서의 임금은 ED가 되며, $VMPL_X$ 곡선과 $VMPL_Y$ 곡선이 만나는 점에서 결정된다. OD만큼의 노동은 상품 X의 생산에 이용되고 DO'의 노동은 상품 Y의 생산에 이용된다.

이제 노동공급이 증가하고 노동은 이동 가능하지만 자본은 이동 불가능한 경우를 나타내는 그림 7-10의 왼쪽 도표를 살펴보자. 노동공급이 OO'에서 OO^*로 $O'O^*=EF=DG$만큼 증가하면, 두 산업에서의 새로운 균형임금은 $E'D'$으로 $VMPL_X$ 곡선과 $VMPL'_Y$ 곡선이 만나는 점에서 결정된다. DG만큼의 노동공급 증가 중 DD'은 상품 X을 생산하는 데 고용되며, $D'G$는 상품 Y를 생산하는 데 고용된다. 두 산업에서 자본의 양은 변화하지 않았지만 노동량이 증가했기 때문에 두 상품의 생산량은 증가한다. 그러나 상품 X의 생산이 상품 Y의 생산보다 더 많이 증가하는데, 그 이유는 상품 X는 노동집약적 상품이고, 증가한 노동 중 더 많은 양이 X의 생산에 고용되기 때문이다. 게다가 두 산업에서 자본의 양은 변하지 않은 상태에서 더 많은 노동이 고용되었으므로, $VMPK$와 자본에 대한 임금(r)은 두 산업에서 모두 상승한다.

따라서 노동의 공급이 증가하고 노동은 이동 가능하지만 자본이 이동 불가능한 경우에는 상품의 가격이 일정할 때 두 가지 상품의 생산은 증가하고, 모든 산업에서 w는 하락하고 r은 상승한다. (노동과 자본이 모두 국내에서 이동 가능한) 장기의 경우에, 노동공급이 증가하면 상품가격이 불변일 때 상품 X의 생산은 노동 증가율 이상으로 증가하고 상품 Y의 생산은 감소하며 w와 r은 변하지 않는다 (립진스키 정리).

이제 그림 7-10의 오른쪽 도표를 살펴보자. 이 도표는 상품 X의 생산에서만 (1국에서 희소하고 이동 가능하지 않은) 자본공급이 증가한 경우를 보여 준다. 상품 X의 생산에 있어 각각의 노동은 더 많은 노동과 결합하여 생산하므로 $VMPL_X$ 곡선은 $VMPL'_X$로 위로 이동한다. 이제 양 산업에서의 새로운 균형임금은 $VMPL'_X$와 $VMPL_Y$가 교차하는 데서 결정되며 균형임금은 상승하고 상품 Y를 생산하는 데 이용되던 DD''만큼의 노동이 상품 X를 생산하는 데 이용된다. 양 산업에서 w가 상승하므로 (가정한 바와 같이) 상품가격이 변하지 않기 위해서는 r이 하락해야 한다. 그뿐만 아니라 상품 X를 생산할 때 더 많은 노동과 자본이 이용되기 때문에 상품 X의 생산은 증가한다. 반대로 상품 Y를 생산할 때 이용되는 자본의 양은 같지만 이용되는 노동의 양이 감소했기 때문에 상품 Y의 생산은 감소한다. 따라서 이 경우에 생산의 변화는 립진스키 정리의 내용과 유사하다.

그러나 위의 모든 결과들은 상품의 가격이 변화하지 않는다는 가정을 전제로 하고 있다. 상품 X의 생산은 증가하는 반면 상품 Y의 생산은 감소하기 때문에 (또는 상품 X의 생산보다 적게 증가하기 때문에), P_X/P_Y는 하락할 것이며, (1국이 소국이 아니라면) 교역조건은 악화될 것이고, 따라서 (상품의 가격이 불변이라는 전제하에) 앞에서 도출한 성장이 요소가격에 미치는 효과는 수정되어야 할 것이다.

> **연습문제** 1국의 상품 Y의 생산에서만 자본공급이 증가하면 어떻게 되겠는가?

A7.3 그래프를 이용한 힉스의 기술진보에 대한 분석

이 절에서는 (A3.1절과 A3.2절에서 살펴본) 등량선을 이용하여 힉스가 분류한 중립적, 노동절약적,

및 자본절약적 기술진보를 그래프로 설명하고자 한다. 또한 여러 유형의 기술진보가 생산요소의 상대가격에 미치는 효과를 검토한다.

모든 혁신은 그 유형에 관계없이 일정한 양의 생산량을 나타내는 등량선이 원점방향으로 이동하는 것으로 표현될 수 있다. 이는 기술진보가 발생한 후 일정량의 생산량을 더 적은 생산요소의 투입으로 생산할 수 있음을 의미한다. 여러 유형의 기술진보는 생산요소의 상대가격(w/r)이 일정할 때 기술진보가 K/L에 미치는 효과에 의해 구분된다.

K/L가 변화하지 않으면 힉스의 기술진보는 **중립적**이다. 기술진보의 결과 K/L가 상승하면 **노동절약적**이며, K/L가 감소하면 **자본절약적**이다. 그림 7-11은 이러한 점을 보여 주고 있다.

세 도표에서 기술진보 이전에 4L과 4K를 이용하여 100X를 생산하는 점 A_1으로부터 시작하기로 하자. 중립적 기술진보가 발생한 후에는 동일한 100X를 2L과 2K(왼쪽 도표의 점 A_2)로 생산할 수 있으며 $w/r=1$(등비선의 기울기의 절댓값)로 일정할 때 $K/L=1$로 변하지 않는다. 노동절약적 기술진보의 경우에는 동일한 100X를 3K와 1L(중앙 도표의 점 A_3)로 생산할 수 있으며, $w/r=1$로 일정할 때 $K/L=3$이 된다. 마지막으로 자본절약적 기술진보의 경우에는 동일한 100X를 1K와 3L(오른쪽 도표의 점 A_3)로 생산할 수 있으며, $w/r=1$로 일정할 때 $K/L=1/3$이 된다.

중앙 도표의 점 A_2에서는 이자율에 대한 자본의 한계생산성 비율이(즉, MPK/r) MPL/w보다 크고 따라서 상품 X를 생산할 때 노동이 자본으로 대체된다. 노동이 자본으로 대체됨에 따라 r/w은 상승할 것이며 K/L가 상승하는 정도는 둔화된다. 어쨌든 노동절약적 기술진보의 결과 r은 w에 비해 상승할 것이다.

반대로 오른쪽 도표의 점 A_2에서는 MPL/w이 MPK/r보다 크기 때문에 상품 X를 생산할 때 자본이 노동으로 대체된다. 자본이 노동으로 대체됨에 따라 w/r는 상승하고, K/L는 하락(즉, L/K이 상승)하는 정도가 둔화된다. 어쨌든 자본절약적 기술진보의 결과 w는 r에 비해 상승할 것이다.

따라서 노동의 양이 상대적으로 많이 증가하거나 또는 노동절약적 혁신이 발생하면, K/L와 w/r는 감

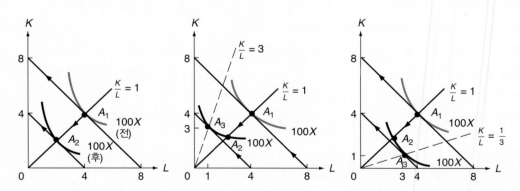

그림 7-11　힉스의 중립적, 노동절약적, 자본절약적 기술진보

세 그림에서 점 A_1에서 시작하자. 이 점은 기술진보가 발생하기 이전에 4L과 4K로 100X를 생산하고 있음을 보여 준다. 중립적 기술진보가 발생하면 동일한 100X는 이제 (왼쪽 도표의 점 A_2인) 2L과 2K로 생산되며 $w/r=1$(등비선의 기울기의 절댓값)로 일정할 때 $K/L=1$로 변하지 않는다. 노동절약적 기술진보의 경우에는 동일한 100X를 3K와 1L(중앙 도표의 점 A_3)로 생산할 수 있으며, $w/r=1$로 일정할 때 $K/L=3$이 된다. 마지막으로 자본절약적 기술진보의 경우에는 동일한 100X를 1K와 3L(오른쪽 도표의 점 A_3)로 생산할 수 있으며, $w/r=1$로 일정할 때 $K/L=1/3$이 된다.

소하는 경향이 있다. 자본절약적 혁신이 노동집약적 상품을 생산할 때 발생하면 이러한 경향은 더 커진다. 그 이유는 이 경우에 노동에 대한 수요가 가장 많이 증가하기 때문이다. 성장과 무역이 w/r에 어떤 영향을 미치는가를 알기 위해서는 순전히 내적인 성장만이 w/r에 대해 미치는 효과와 더불어 국제무역

연습문제 이 장에서 소개된 분석도구를 사용하여 다음과 같은 명제에 대해 상세하게 논평하라. 자본투자의 결과 실질임금은 상승하는 경향이 있지만 기술진보는 유형에 따라 실질임금을 증가시키거나 감소시킬 수 있다.

국제무역정책

제2부(제8~12장)에서는 국제무역정책 또는 통상정책을 다룬다. 제8장에서는 역사적으로 가장 중요한 무역제한조치인 관세를 다룬다. 제9장에서는 다른 무역제한조치들로 논의를 확대하고 통상적으로 무역제한조치를 정당화하는 주장들을 평가하고 그 역사를 요약한다. 제10장에서는 경제통합을 다루고 제11장에서는 국제무역이 경제발전에 미치는 효과를 다룬다. 제12장에서는 국제자원이동과 다국적기업을 다룬다.

무역제한조치 : 관세

- 관세가 소비자와 생산자에게 미치는 효과를 서술한다.
- 소국과 대국의 경우 관세의 비용과 편익을 파악한다.
- 최적관세와 보복을 서술한다.
- 관세구조의 의미와 중요성을 이해한다.

8.1 서론

제1부에서는 자유무역을 하는 경우 세계생산량이 극대화되고, 모든 국가들이 이익을 얻는 것을 보았다. 그러나 현실적으로는 모든 국가들이 무역에 어떤 제한조치들을 부과하고 있다. 이러한 제한이나 규제조치들은 그 국가의 무역이나 통상과 관련되기 때문에 일반적으로 무역정책(trade policy) 또는 통상정책(commercial policy)이라 한다. 무역제한조치들이 해당 국가의 후생의 관점에서 합리화되고 있기는 하나, 현실적으로는 보통 그러한 규제조치로 이익을 얻는 그 국가 내의 특정 그룹들에 의해 옹호되고 있다.

관세는 역사적으로 볼 때 가장 중요한 유형의 무역제한조치이다. 관세란 거래되는 상품이 국경을 통과할 때 부과되는 세금이나 징수금이다. 이 장에서는 관세를 살펴보고, 다음 장에서는 관세 이외의 무역규제조치들을 논의한다. 수입관세(import tariff)는 수입되는 상품에 부과되는 관세이고, 수출관세(export tariff)는 수출되는 상품에 부과되는 관세이다. 수입관세가 수출관세보다 더 중요하므로 수입관세를 중심으로 논의하기로 하자. 수출관세는 미국헌법에서 금지되어 있으나, 개발도상국에서는 자국의 전통적인 수출품(예 : 가나의 코코아, 브라질의 커피)의 가격을 올리고, 수입(收入)을 증대시킬 목적으로 수출관세를 자주 사용하고 있다. 개발도상국들은 조세수입을 증대시키기 위해 징수가 용이한 수출관세에 크게 의존하고 있다. 반면에 선진국들은 조세수입의 확보에는 소득세를 주로 사용하고, 산업(보통 노동집약적 산업)보호를 목적으로는 관세나 기타 수입제한조치를 사용하고 있다.

관세는 가격, 수량 또는 두 가지가 복합되어 부과될 수 있다. 종가관세(ad valorem tariff)란 거래상품 가치의 일정한 비율로 표시되며, 종량관세(specific tariff)란 거래상품의 물적 단위당 일정한 액을 단위수로 합계한 것으로 표시된다. 마지막으로 복합관세(compound tariff)란 종량관세와 종가관세를 결합한 것이다. 예를 들어 자전거에 10%를 부과하는 것은 자전거의 수입가격이 100달러인 경우 자전거마다 10달러의 관세를 관세당국에 납부하고, 200달러인 경우에는 단위마다 20달러의 관세를 납부하는 것이다. 반면 수입 자전거에 10달러의 종량관세를 부과한다는 것은 관세당국이 수입가격에 관계 없이 단위마다 10달러의 관세를 징수하는 것을 의미한다. 마지막으로 5%의 종가관세와 10달러의 종량관세가 복합된 복합관세를 부과하면 관세당국은 100달러 자전거의 경우 15달러의 관세를 200달러의 경우 20달러의 관세를 징수한다. 미국은 종가관세와 종량관세를 거의 동일한 빈도로 사용하지만 유럽은 주로 종가관세에 의존하고 있다. 이 장에서 종가관세를 중심으로 설명하기로 한다.

관세는 제2차 세계대전 이후 크게 감소하였으며 지금 선진국에서는 제조업에 대해 평균 3% 이하의 관세를 부과하는(사례연구 8-1) 반면에, 개발도상국에서는 관세율이 매우 높은 실정이다(사례연구 8-2). 농업 분야의 무역은 아직도 무역장벽이 높은데, 이것은 다음 장에서 살펴보기로 한다.

이 장에서는 관세가 관세부과국과 교역 상대국의 생산, 소비, 무역, 후생에 미치는 효과를 분석한다. 먼저 부분균형분석(수요곡선과 공급곡선의 사용)에서 시작하여 보다 복잡한 일반균형분석을 소개한다. 일반균형분석에서는 생산가능곡선이나 사회무차별곡선 또는 오퍼곡선을 사용한다.

사례연구 8-1 주요 선진국에서 비농업제품에 대한 평균관세율

표 8-1은 미국, 유럽연합, 일본, 캐나다(즉, 주요 선진국과 유럽연합)가 2017년에 여러 가지 비농업제품에 부과한 평균관세율을 보여 준다. 이 표에 의하면 가장 높은 관세는 항상 의류, 직물, 가죽제품(유럽연합과 일본에서는 어류 및 수산제품, EU와 캐나다에서는 수송장비)에 부과하였고, 비농업제품에 대한 평균관세율은 5% 미만이다. 일부 소규모 선진국의 경우 평균관세율은 이보다도 더 낮다.

표 8-1 2017년 미국, 유럽연합, 일본, 캐나다의 비농업제품에 대한 관세(%)

	미국	유럽연합	일본	캐나다
어류 및 수산제품	0.2	11.6	5.6	0.9
광물 및 금속	1.7	2.0	1.0	1.0
원유	1.8	2.5	0.7	0.9
화학제품	2.8	4.6	2.3	0.7
목재, 종이 등	0.5	0.9	0.9	1.0
직물	7.9	6.5	5.4	2.3
의류	11.6	11.5	9.0	16.5
가죽, 신발	3.9	4.1	7.7	3.8
비전기기계	1.2	1.8	0.0	0.4
전기기계	1.5	2.5	0.1	1.0
수송장비	2.9	4.7	0.0	5.5
기타 제조업품	2.2	2.3	1.2	2.5
평균	3.1	4.2	2.5	2.1

출처 : WTO Data Bank (Geneva, 2018).

사례연구 8-2   주요 개발도상국에서 비농업제품에 대한 평균관세율

표 8-2는 2017년 중국, 인도, 브라질, 러시아, 대한민국, 멕시코가 여러 가지 비농업제품에 대해 부과한 관세율을 보여 준다. 이 표는 멕시코가 가장 낮은 관세를 부과하

며(5.8%), 다른 국가들의 평균 관세율은 6.2%(러시아)와 13.9%(브라질) 사이에 있다. 그러나 이들 6개국은 선진국보다 훨씬 높은 관세를 부과하고 있다.

표 8-2   2017년 중국, 인도, 브라질, 러시아, 대한민국, 멕시코의 비농업제품에 대한 관세(%)

	중국	인도	브라질	러시아	대한민국	멕시코
어류 및 수산제품	10.8	29.9	10.3	7.1	16.7	14.0
광물 및 금속	7.8	8.5	10.1	7.3	4.6	3.6
원유	5.3	4.2	0.4	4.4	4.5	0.1
화학제품	6.6	8.1	8.0	4.7	5.6	2.3
목재, 종이 등	4.1	8.9	10.4	8.2	2.4	4.5
직물	9.6	11.9	23.3	7.6	9.0	9.8
의류	16.0	15.1	35.0	7.4	12.5	21.2
가죽, 신발	13.3	10.1	16.1	5.7	7.6	6.1
비전기기계	8.1	7.2	12.8	2.6	5.9	2.8
전기기계	8.6	7.3	14.2	4.5	6.0	3.5
수송장비	12.3	24.9	19.2	8.4	5.7	8.5
기타 제조업품	11.7	8.9	15.2	7.6	6.1	5.2
평균	8.8	10.7	13.9	6.2	6.8	5.8

출처 : WTO Data Bank (Geneva, 2018).

8.2절에서는 관세를 부과하더라도 그 국가의 무역량이 매우 작아 세계시장가격에 영향을 줄 수 없는 국가를 상정하고, 그러한 국가가 관세를 부과하는 경우 부분균형효과를 살펴본다. 8.3절에서는 관세구조를 살펴보고 보다 복잡한 일반균형분석을 다루며, 8.4절에서는 소국의 관세효과를, 8.5절에서는 대국의 관세효과를 보기로 한다. 마지막으로 8.6절에서는 최적관세의 개념을 보기로 한다. 부록에서는 대국에서의 관세의 부분균형분석을 보고, 실효보호율에 관한 식을 유도한다. 또한 그래프를 통해 스톨퍼–사무엘슨 정리와 그 예외사항을 분석하고 관세가 요소소득에 미치는 단기효과 및 최적관세의 측정에 관한 사항을 논의한다.

8.2 관세의 부분균형분석

관세에 관한 부분균형분석은 소국이 소규모 국내산업과 경쟁하고 있는 수입품에 대해 관세를 부과하는 경우 가장 적절하다. 그 경우 관세로 인해 (소국이므로) 세계시장가격이 변하지 않고, (그 산업이 소규모이므로) 나머지 산업도 영향을 받지 않는다.

8.2A 관세의 부분균형효과

관세의 부분균형효과는 그림 8-1을 이용하여 분석할 수 있다. 그림에서 D_X는 2국의 상품 X에 대한 수요곡선을, S_X는 상품 X에 대한 공급곡선을 나타낸다. 1국에 대한 분석은 이 장의 마지막에 있는 연습문제에서 다룬다. 2국은 소국이고, 산업 X도 소규모산업으로 가정할 때 무역이 이루어지지 않는 경우 D_X와 S_X의 교점인 균형점 E에서 가격은 3달러에 수요량과 공급량은 30X가 된다. 세계가격이 1달러인 상태에서 자유무역이 이루어지면 2국은 상품 X를 70X(AB) 소비하는데, 그중 10X(AC)를 국내에서 생산하고, 나머지 60X(CB)는 수입하게 된다(그림 3-4 오른쪽 도표에서처럼). 수평선 S_F는 2국이 자유무역을 할 때 무한탄력적인 외국으로부터의 공급곡선을 나타낸다.

2국이 상품 X의 수입에 100%의 종가관세를 부과하면 상품 X의 가격은 2달러로 상승하게 된다. 2국은 50X(GH)의 상품 X를 소비하게 되는데, 그중 20X(GJ)는 국내에서 생산하고, 나머지 30X(JH)는 수입한다. 점선으로 표시된 수평선 S_F+T는 2국의 관세가 포함된 상품 X에 대한 새로운 외국으로부터의 공급곡선을 나타낸다. 이와 같이 관세의 소비효과(consumption effect of a tariff)(국내소비의 감소)는 20X(BN)이고, 생산효과(production effect)(관세로 인한 국내생산의 증가)는 10X(CM)가 되며, 무역효과(trade effect)(수입의 감소)는 30X(BN+CM)가 된다. 수입효과(revenue effect, 정부가 징수한 관세수입)는 30달러(MJHN)(수입되는 30X에 개당 1달러 부과)가 된다.

2국에서 관세부과로 인해 가격이 1달러만큼 동일하게 상승하는 경우 상품 X의 수요곡선(D_X)이 더 탄력적이고, 평평할수록 소비효과는 더 커진다. 마찬가지로 상품 X의 공급곡선(S_X)이 탄력적일수록 생산효과도 그만큼 더 커진다. 이와 같이 상품 X의 수요곡선과 공급곡선이 탄력적일수록 관세의 무역효과는 그만큼 커지고 관세수입효과는 작아지게 된다.

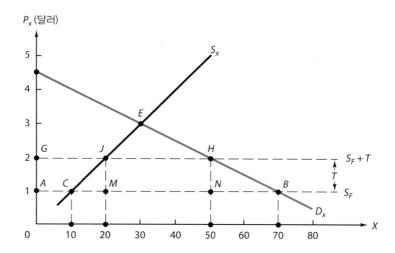

그림 8-1 관세의 부분균형효과

D_X와 S_X는 2국의 상품 X에 대한 수요곡선과 공급곡선을 나타낸다. P_X=1달러인 자유무역 가격하에서 2국은 상품 X를 70X(AB) 소비하고, 그중 10X(AC)는 국내생산하고 나머지 60X(CB)는 수입하고 있다. 상품 X에 100%의 수입관세를 부과하면 P_X는 2국의 개인들에게 2달러가 된다. P_X=2달러에서 2국은 상품 X를 50X(GH) 소비하는데, 그중 20X(GJ)는 국내생산하고 나머지 30X(JH)는 수입하게 된다. 이와 같이 관세의 소비효과는 20X(BN) 감소이고, 생산효과는 10X(CM) 증가이다. 무역효과는 30X(BN+CM) 감소이고 관세수입은 30달러(MJHN)이다.

8.2B 관세가 소비자 잉여와 생산자 잉여에 미치는 효과

2국이 상품 X의 수입에 부과하는 100% 관세의 결과 상품 X 가격이 1달러에서 2달러로 상승하는 경우 소비자 잉여는 감소하고 생산자 잉여는 증가한다. 이것은 그림 8-2에서 검토되며, 8.2C절에서 관세의 비용과 편익을 측정하기 위해 사용된다.

그림 8-2에서 왼쪽 도표는 관세로 인한 소비자 잉여의 손실을 보여 준다. 그것은 색칠된 부분 (*AGHB*)으로 60달러이다. 그 이유는 다음과 같다. 관세가 부과되기 전 2국의 소비자는 1달러의 가격에 70X를 소비하고 있다. 소비자는 소비하는 마지막 단위(70번째 상품)에 대해서는 기꺼이 지불하고자 하는 만큼만 지불한다(*Dₓ*상의 점 *B*). 그러나 소비자는 그들이 구입한 그 전 단위에 대해서는 더 높은 가격을 지불하고자 하며 더 큰 만족을 얻는다. 실제로 수요곡선의 높이는 각각의 상품 단위에 대해 그것을 소비하기 위해 기꺼이 지불하고자 하는 최대가격을 나타낸다. 소비자가 각 단위에 대해 기꺼이 지불하고자 하는 가격과 실제로 지불한 가격의 차이를 소비자 잉여(consumer surplus)라 부른다. 그래프상에서 소비자 잉여는 가격 위의 수요곡선 아래의 영역으로 측정된다.

예를 들어 그림 8-2의 왼쪽 도표에서 2국의 소비자는 상품 X의 30번째 단위의 소비에 대해 3달러 (=*LE*)를 기꺼이 지불하고자 하지만, 실제로는 1달러만을 지불하기 때문에 2달러(*KE*)의 소비자 잉여를 획득한다. 마찬가지로 상품 X의 50번째 단위에 대해서 소비자는 2달러(*ZH*)를 기꺼이 지불하고자 하지만, 실제로는 1달러(*ZN*)만을 지불하기 때문에 1달러(*NH*)의 소비자 잉여가 발생한다. 상품 X의 70번째 단위의 경우에 소비자는 1달러(*WB*)를 지불하고자 한다. 이것은 실제로 지불한 가격과 동일하므로 70번째의 상품에 대해서는 소비자 잉여가 0이 된다. 수입관세가 없는 경우 1달러의 가격에 70X를 구입하므로 2국의 소비자 잉여는 122.5달러(3.50달러에 70을 곱해 2로 나눈값)가 된다. 이것은 소비자가 기꺼이 지불하고자 하는 가격(*ORBW*=192.5달러)과 실제로 지불한 가격(*OABW*=70달러)의 차이다.

2국이 100%의 수입관세를 부과하면 상품 X의 가격은 1달러에서 2달러로 상승하고, 구입은 70단

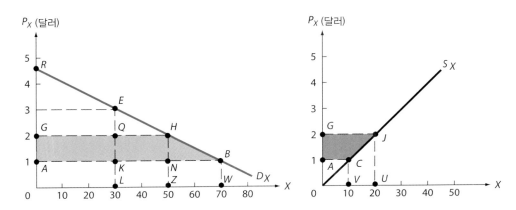

그림 8-2 관세가 소비자 잉여 및 생산자 잉여에 미치는 효과

왼쪽 도표에서 상품 X의 가격을 P_X=1달러에서 P_X=2달러로 상승시키는 관세는 소비자 잉여를 *ARB*(122.5달러)에서 *GRH*(62.5달러)로 감소시키거나, 색칠된 *AGHB*(60달러)만큼 감소시킨다. 오른쪽 도표는 관세가 생산자 잉여를 색칠된 *AGJC*(15달러)만큼 증가시킨다는 것을 보여 준다.

위에서 50단위로 감소한다. 관세로 인해 소비자는 $OGHZ$(=100달러)만큼 지불하고, 소비자 잉여는 ARB=122.5달러에서 GRH=62.5달러로 감소한다(그림 8-2 왼쪽 도표의 색칠된 영역). 이와 같이 2국이 100%의 수입관세를 부과하면 소비자 잉여는 감소한다.

그림 8-2의 오른쪽 도표에서 관세로부터 지대 또는 생산자 잉여의 증가는 색칠한 부분 $AGJC$=15달러이다. 그 이유는 다음과 같다. 자유무역 가격인 P_X=1달러에서 국내생산자는 10단위를 생산하고 10달러($OACV$)의 수입을 얻는다. 관세로 인해 P_X=2달러가 되면 20단위를 생산하고, 40달러($OGJU$)의 수입을 획득한다. 생산자 수입의 30달러의 증가($AGJC$+$VCJU$) 중에서 15달러($VCJU$)는 생산비용의 증가를 의미하고 나머지($AGJC$=15달러)는 지대(rent) 또는 생산자 잉여(producer surplus)의 증가를 의미한다. 관세로 인한 지대나 생산자 잉여의 증가를 관세의 보조금 효과라 한다.

8.2C 관세의 비용 및 편익

소비자 잉여와 생산자 잉여의 개념과 척도를 사용하여 관세의 비용과 편익을 분석할 수 있다. 그림 8-3은 이를 보여 주며 그림 8-1과 그림 8-2에서 제공된 정보를 요약하고 확장한다.

그림 8-3은 2국이 100%의 관세를 부과하는 경우 상품 X의 가격이 1달러에서 2달러로 상승하고 소비는 70X(AB)에서 50X(GH)로 감소하고, 생산은 10X(AC)에서 20X(GJ)로 증가하여 수입이 60X(CB)에서 30X(JH)로 하락한 결과 2국의 정부는 수입관세로 30달러($MJHN$)를 징수한다는 것을 보여 준다(그림 8-1처럼). 더 나아가 소비자 잉여는 60달러($AGHB$)만큼 하락하고(그림 8-2 왼쪽 도표처럼), 생산자 잉여는 15달러($AGJC$)만큼 증가한다(그림 8-2 오른쪽 도표처럼).

그림 8-3은 60달러($AGHB$=a+b+c+d)의 소비자 잉여의 감소분 중에서 30달러($MJHN$=c)는 정부의 관세수입으로 징수되고, 15달러($AGJC$=a)는 지대 또는 생산자 잉여의 형태로 상품 X의 생산자에

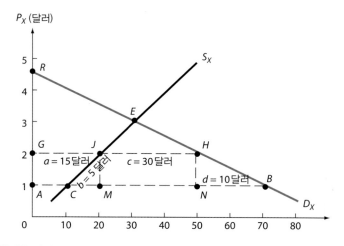

그림 8-3 관세의 부분균형비용 편익

2국에서 상품 X에 100%의 관세를 부과하는 경우 상품 X의 가격은 1달러에서 2달러로 상승한다. 이것은 소비자 잉여를 $AGHB$=a+b+c+d(=15+5+30+10=60달러)만큼 감소시킨다. 이 중 $MJHN$=c(=30달러)가 정부에 의해 조세수입으로 징수되고, $AGJC$=a(=15달러)는 상품 X의 생산자에게 지대나 생산자 잉여의 증가의 형태로 재분배되며, (삼각형 CJM의 면적=b=5달러와 BHN의 면적=b=10달러인) 나머지 15달러는 보호비용 또는 경제의 사중적 손실을 의미한다.

게 재분배되며, 나머지 15달러($CJM=b=5$달러와 $BHN=d=10$달러의 합계)는 경제의 보호비용 또는 사중적 손실이 된다.

　보호비용(protection cost) 또는 사중적 손실(deadweight loss)의 생산측면 구성요인($CJM=b=5$달러)은 관세로 인해 국내 자원이 수출가능 상품인 상품 Y의 효율적인 생산으로부터 수입가능 상품인 상품 X의 비효율적인 생산으로 이전되기 때문에 발생한다. 보호비용 또는 사중적 손실의 소비측면 구성요인($BHN=d=10$달러)은 관세로 인해 상품 Y의 가격에 비해 상품 X의 가격이 인위적으로 상승해 2국의 소비 패턴을 왜곡시키기 때문에 발생한다.

　이와 같이 관세는 (상품에 더 높은 가격을 지불하는) 국내소비자로부터 (더 높은 가격을 받는) 국내생산자로, (수출가능 상품을 생산하는) 풍부한 생산요소로부터 (수입가능 상품을 생산하는) 희소한 생산요소로 소득을 재분배시키며, 이로 인해 관세의 보호비용 또는 사중적 손실이라 불리는 비효율성이 발생한다. 소비자 잉여의 손실을 관세로 인해 구조된 일자리의 수로 나누면 구조된 국내 일자리당 비용을 계산할 수 있다(사례연구 8-3 및 8-4 참조).

　위의 분석은 소국(무역에 의해 상품가격에 영향을 주지 않는 국가)에서 관세의 부분균형효과이다.

사례연구 8-3　몇몇 미국 제품에 대한 무역자유화의 후생효과

표 8-3은 미국에서 (전반적인 평균관세율이 낮음에도 불구하고) 보호가 매우 높았던 특정 품목에 대해 1990년에 무역보호(관세나 관세 상당치)를 제거하는 경우의 후생효과를 보여 준다. 소비자 비용은 관세로 인한 소비자 잉여의 감소(그림 8-3에서 $AGHB=a+b+c+d$)를 뜻하며, 관세수입은

미국 정부가 관세로 징수한 수입(그림 8-3에서 $MJHN=c$)이다. 생산자 이익은 관세로부터 발생한 생산자 잉여의 증가분(그림 8-3에서 $AGJC=a$)을 의미하며, 사중적 손실은 관세의 보호비용(그림 8-3에서 $CJM+BHN$)이다. 또한 표 8-3은 관세에 의해 구조된 국내 일자리당 비용을 보여 준

표 8-3　미국에서 선별된 제품에 대한 수입관세의 경제적 효과

제품	관세(%)	소비자 비용 (백만 달러)	관세수입 (백만 달러)	생산자 이익 (백만 달러)	사중적 비용 (백만 달러)	일자리당 소비자 비용 (천 달러)
세라믹 타일	19.0	139	92	45	2	401
코스튬 주얼리	9.0	103	51	46	5	97
냉동 농축 오렌지주스	30.0	281	145	101	35	57
유리제품	11.0	266	95	162	9	180
수하물	16.5	211	169	16	26	934
고무신발류	20.0	208	141	55	12	122
여성 신발	10.0	376	295	70	11	102
여성 핸드백	13.5	148	119	16	13	191

출처 : G. C. Hufbauer and K. A. Elliott, *Measuring the Cost of Protection in the United States*(Washington, D.C. : Institute for International Economics, 1994), pp. 8-13. (https://piie.com/bookstore/measuring-costs-protection-united-states).

(계속)

다. 이것은 관세의 소비자 비용(즉, 소비자 잉여의 감소분)을 관세의 결과 구조된 국내 일자리의 수로 나눈 값이다.

예를 들어 표 8-3은 미국이 고무신발류 수입에 20%의 관세를 부과하면 (표 8-3의 밑으로부터 세 번째 행) 미국 소비자에게 2억 800만 달러의 비용이 발생하고, 미국 정부는 관세수입을 1억 4,100만 달러 징수하며 생산자 이익은 5,500만 달러, 사중적 비용은 1,200만 달러임을 보여 준다. 이 표는 또한 미국에서 (자유무역을 하는 경우와 비교했을 때) 고무신발류의 생산으로 구조된 일자리의 비용이 (2억 800만 달러를 구조된 일자리 1,705개로 나눈) 12만 2천 달러에 이르는 것을 보여 주고 있다. 상대적으로 중요하지 않은 상품이더라도 관세보호의 비용이 미국 소비자에게 매우 높고 미국 수입경쟁산업에서 일자리를 유지하기 위한 비용이 대단히 높다는 점을 주목하자.

표 8-4는 표 8-3의 일부 제품에 대해 미국이 관세를 철폐할 경우 발생할 수 있는 연간 후생이익의 변화를 2015~2020년을 기준으로 보여 준다. 미국의 수입관세가 대단히 낮음에도 불구하고 생산량과 고용에 대한 효과는 상당하다. (표의 마지막 열에 표시된) 후생이익 역시 상당한데, 섬유 및 의류(그 자체로 한 항목에 속한다)의 경우에 특히 그러한데, 이들 부문에서 일자리를 보호하기 위한 비용 역시 상당하다. 미국이 (다음 장에서 논의될) 모든 제품에 대해 (관세뿐만이 아닌) 모든 종류의 수입 보호를 철폐할 경우 후생이익은 33억 달러에 이를 것으로 미국 국제무역위원회는 추산하고 있다.

표 8-4 수입제한을 철폐함으로써 예상되는 미국 내 변화

제품	미국의 관세율(%)	2015년 고용수준	생산량(%)	고용(%)	후생이익(백만 달러)
섬유 및 의류	5.2~12.8	368,200	-4.0~-4.6	-4.3~-4.5	2,366.1
유리제품	7.2	13,798	-1.5	-1.3	100.8
전기 조명 기구	5.0	26,490	-1.0	-0.4	82.9
자기 및 기타 도자기	5.3	3,527	-3.5	-4.0	77.0
담배	6.7	10,593	-0.1	-0.1	70.3
세라믹 타일	6.2	4,916	-2.8	-2.5	57.9
셀룰로스 유기섬유	4.7	3,713	-1.5	-1.6	23.8

출처 : United States International Trade Commission (USITC), *The Economic Effects of Significant U.S. Import Restraints* (Washington, D.C. : USITC, December 2017).

대국이 관세를 부과하는 경우의 부분균형효과는 보다 복잡하므로 보다 높은 수준의 학생들을 위해 부록 A8.1에서 소개한다.

8.3 관세구조이론

지금까지는 최종 상품의 수입에 대한 명목관세(nominal tariff)를 논의해 왔다. 여기서는 앞 절의 부분균형분석을 확장하여 실효보호율을 정의하고 측정하며, 실효보호율의 중요성을 논의하고자 한다. 이것은 1960년대 이후 개발된 비교적 새로운 개념이며, 오늘날에는 널리 사용되고 있다.

사례연구 8-4 몇몇 EU 제품에 대한 무역자유화의 후생효과

표 8-5는 유럽연합에서 (전반적인 평균관세율이 낮음에도 불구하고) 보호가 매우 높았던 특정 품목에 대해 1990년에 무역보호(관세나 관세 상당치)를 제거하는 경우의 후생효과를 보여 준다. 이 표는 미국의 경우와 동일하게 해석할 수 있으며, 유일한 차이점은 비용과 편익이 유로로 표시된다는 점이다. 유로는 1990년 유럽연합 15개 회원국 중 12개 회원국의 새로운 통화이다. 이 책을 저술할 당시 1유로의 가치는 대략 1.15달러였기 때문에 표 8-5의 유로가치에 상응하는 달러 가치는 약 15% 높을 것이다.

예를 들면 표 8-5는 유럽연합이 22.9%의 관세(또는 관세 상당치)를 화학섬유(표 8-5의 첫째 행)의 수입에 부과하면 유럽연합 소비자에게는 5억 8,000만 유로(6억 6,700만 달러)의 비용이, 유럽연합 정부에게 3억 6,200만 유로(4억 1,600만 달러)의 관세수입이, 1억 3,900만 유로(1억 6,000만 달러)의 생산자 이익, 7,900만 유로(9,100만 달러)의 사중적 손실이 발생함을 보여 준다. 또한 유럽연합의 화학섬유 생산에서 보존된 각각의 일자리 비용이 (자유무역과 비교했을 때) 526,000유로(5억 8,000만 유로를 보존된 1,103개의 일자리로 나눈) 또는 605,900달러에 달하는 것을 알 수 있다. 상대적으로 중요하지 않은 상품이더라도 관세보호의 비용이 유럽연합 소비자에게 매우 높고 유럽연합 수입경쟁산업에서 일자리를 유지하기 위한 비용이 대단히 높다는 점을 주목하자. 1999년 무역보호의 총비용은 영국에서는 GDP의 약 3%, 기타 EU 지역에서는 2%로 추정된다.

표 8-5 유럽연합에서 선별된 제품에 대한 보호의 경제적 효과

제품	관세(%)	소비자 비용 (백만 유로)	관세수입 (백만 유로)	생산자 이익 (백만 유로)	사중적 비용 (백만 유로)	일자리당 소비자 비용 (천 유로)
화학섬유	22.9	580	362	139	79	526
비디오카세트	30.2	313	165	82	67	420
집적회로	47.6	2,187	548	139	564	366
복사기	33.7	314	242	5	66	3,483
강철	21.9	1,626	229	397	333	316
승객용 차량	17.1	2,101	979	278	276	569
직물	21.4	7,096	1,742	2,678	668	180
의류	31.3	7,103	1,696	1,712	1,079	214

출처 : P. A. Messerlin, *Measuring the Cost of Protection in Europe*(Washington, D.C. : Institute for International Economics, 2001), pp. 46-47, 54-55. (https://piie.com/bookstore/measuring−costs−protection−europe−european−commercial−policy−2000s)

8.3A 실효보호율

국가마다 원자재를 무관세로 수입하거나, 투입물에 대한 수입관세율이 투입물로 생산되는 최종 상품에 대한 수입관세율보다 더 낮은 경우가 아주 흔하다. 그 이유는 보통 국내가공이나 고용을 촉진하기 위해서인데, 예를 들면 한 국가는 양모를 무관세로 수입하지만 의류의 국내생산과 국내 고용을 증진시키기 위해서 의류수입에는 관세를 부과한다.

이러한 경우에 [그 국가에서 발생한 국내부가가치(domestic value added) 또는 가공과정으로 계산된] 실효보호율(rate of effective protection)은 (최종 상품의 가치로 계산된) 명목관세율을 초과한다.

국내부가가치는 최종재의 가격에서 그 상품의 생산에 들어가는 수입된 중간재의 비용을 뺀 것과 일치한다. 명목관세율이 소비자에게 중요한 반면(왜냐하면 명목관세율은 관세부과의 결과로 최종 상품의 가격이 상승하는 정도를 나타내기 때문에) 실효관세율은 수입경쟁상품의 국내 가공에 실제로 얼마 정도의 보호가 제공되는가를 보여 주기 때문에 생산자들에게 중요하다. 다음의 한 가지 예가 명목관세율과 실효관세율 간의 차이를 명백히 밝혀 준다.

옷 한 벌의 국내생산에 80달러 상당의 수입원모가 투입된다고 생각하자. 또한 그 옷의 자유무역 가격은 100달러이지만 수입되는 한 벌당 10%의 명목관세를 부과한다면, 판매되는 옷의 가격은 국내소비자에게 110달러가 된다. 이 중 80달러는 수입된 원모, 20달러는 국내부가가치, 10달러는 관세이다. 그렇다면 각각의 수입된 옷에 징수된 10달러 관세는 10%의 명목관세율을 나타내는데, 명목관세율은 최종재 가격으로 계산되기 때문이다(즉, \$10/\$100=10%). 반면에 실효관세율은 50%가 되는데, 즉 (\$10/\$20=50%) 이것은 실효관세율이 국내에서 그 옷에 부과된 부가가치로 계산되기 때문이다.

소비자들은 10달러의 관세가 그들이 구입하는 옷의 가격을 10달러 또는 10% 증가시킨다는 사실에만 관심을 갖지만 생산자들은 이 10달러의 관세를 국내에서 생산된 옷에 대한 부가가치인 20달러의 50%로 간주하므로, 그들에게 있어서 10달러의 관세는 국내 가공가치의 50%에 해당한다. 이것은 10%의 명목관세율이 나타내는 것보다 훨씬 더 큰 보호의 정도를 의미하므로 수입되는 의류와 경쟁관계에 있는 의류의 국내생산자에게 있어서 국내생산을 촉진하는 데 중요한 것은 실효관세 보호율이다. 수입된 중간재가 무관세로 되거나 수입되는 중간재로 생산하는 최종재보다 수입중간재에 더 낮은 관세가 부과되는 경우 실효보호율은 명목관세율을 상회하게 된다.

실효보호율은 보통 다음과 같은 식에 의해 계산된다(부록에서 유도됨).

$$g = \frac{t - a_i t_i}{1 - a_i} \tag{8-1}$$

여기서 g는 최종재 생산자에 대한 실효보호율이고, t는 최종재 소비자에 대한 명목보호율, a_i는 관세가 없는 상태에서 최종재의 가격에 대한 수입투입물 비용의 비율, t_i는 수입투입물의 명목관세율을 나타낸다.

앞서 옷의 예에서 t는 10% 또는 0.1%, $a_i = \$80/\$100 = 0.8$, $t_i = 0$일 때

$$g = \frac{0.1 - (0.8)(0)}{1.0 - 0.8} = \frac{0.1 - 0}{0.2} = \frac{0.1}{0.2} = 0.5 \text{ 또는 } 50\% \text{가 된다.}$$

5%의 명목관세율이 수입투입물에 부과되면(즉, $t_i = 0.05$)

$$g = \frac{0.1 - (0.8)(0.05)}{1.0 - 0.8} = \frac{0.1 - 0.04}{0.2} = \frac{0.06}{0.2} = 0.3 \text{ 또는 } 30\% \text{가 된다.}$$

대신에 $t_i = 10\%$가 부과되면

$$g = \frac{0.1 - (0.8)(0.1)}{1.0 - 0.8} = \frac{0.1 - 0.08}{0.2} = \frac{0.02}{0.2} = 0.1 \text{ 또는 } 10\%(t \text{와 일치})$$

t_i=20%인 경우

$$g=\frac{0.1-(0.8)(0.2)}{1.0-0.8}=\frac{0.1-0.16}{0.2}=\frac{-0.06}{0.2}=-0.3 \text{ 또는 } -30\%\text{가 된다.}$$

8.3B 실효보호이론의 일반화와 평가

식 (8-1)로부터 최종재의 실효보호율(g)과 명목관세율(t) 간에는 다음과 같은 중요한 관계가 있음을 알수 있다.

1. a_i가 0인 경우 $g=t$
2. a_i와 t_i가 고정된 경우 t의 값이 클수록 g도 커진다.
3. t와 t_i의 값이 주어진 상태에서 a_i의 값이 클수록 g도 커진다.
4. $t>t_i$인 경우 $g>t$이고, $t=t_i$인 경우 $g=t$이고, $t<t_i$인 경우 $g<t$ (앞의 세 가지 예 참조)
5. $a_i t_i$가 t를 초과하는 경우 실효보호율은 ($-$)가 된다(위의 마지막 예 참조).

국내생산자에게 수입중간재에 대한 관세는 그들의 생산비를 증가시키는 조세이며, 최종재에 부과된 명목관세율이 일정할 때 실효보호율을 감소시켜 국내생산이 억제된다. 몇 가지 경우(위의 결론 5 참조)에 최종재에 대한 명목관세율이 (+)인 경우에도 자유무역을 할 때보다 국내생산이 감소할 수 있다.

명목관세율은 매우 잘못 인식될 수 있으며 수입경쟁상품의 국내생산자에게 실제로 제공되는 보호의 정도에 관한 대략적인 감마저 제공하지 못한다. 더 나아가 대부분의 산업 국가들은 원자재에 대해서는 매우 낮거나 0인 명목관세를, 가공의 정도가 커짐에 따라서는 그만큼 관세율도 높아지는 경사형 관세구조를 가지고 있다. 이러한 경사형 관세구조로 인해, 중간재가 존재하는 경우 실효보호율은 명목관세율보다 훨씬 클 수 있다. 사례연구 8-5에서 알 수 있듯이 선진국에서 가장 높은 관세율은 단순한 의류와 같은 노동집약적인 상품에 부과되고, 이러한 상품은 개발도상국이 비교우위를 갖고 있으며, 그 자체로서 그들의 발전에 매우 중요한 상품이다. 현재 대부분의 개발도상국도 똑같이 하고 있다(즉, 경사형 관세구조를 사용한다. 사례연구 8-6 참조). 이러한 문제는 제11장에서 자세히 분석된다.

그러나 실효보호의 개념은 그 부분균형적 속성으로 인해 조심스럽게 사용되어야 한다. 특히 이 이론은 상품의 국제가격과 수입중간재의 국제가격이 관세에 의해 영향을 받지 않으며 투입이 생산에서 고정된 비율로 이루어진다는 가정에 입각하고 있다. 의심할 바 없이 그러한 두 가지 가정은 타당성이 약한데, 예를 들어 수입관세의 결과 국내생산자에 대한 수입투입물의 가격이 상승하는 경우 생산자들은 생산을 할 때 국내투입물로 대체할 것이다. 이러한 결점에도 불구하고 실효보호율은 명목관세율보다 수입경쟁상품의 국내생산자에게 실제로 제공되는 보호 정도를 측정하는 데 있어서 분명히 우월하다. 그래서 우루과이 라운드 무역협상 중에 중요한 역할을 했다(9.6B절 참조).

식 (8-1)은 명목관세율이 상이하게 부과되는 여러 가지 수입투입물이 존재하는 경우에도 쉽게 확대될 수 있다. 이것은 그 식의 분모에 있는 각각의 수입투입물의 a_i의 합계와 분자에 있는 각각의 수입투입물의 $a_i t_i$의 합계를 사용해서 이루어진다(부록에서 실제로 유도되는 식은 이러한 일반적인 경우이며, 앞에서 논의된 투입물이 1개인 경우는 특수한 경우이다).

사례연구 8-5   미국, 유럽연합, 일본, 캐나다에서 공산품의 관세구조

표 8-6은 미국, 유럽연합, 일본, 캐나다에서 우루과이 라운드 이후 원자재, 중간재, 최종재의 수입에 대한 관세율 수준을 보여 준다. 운송장비, 비전기기계, 전기기계 그리고 기타 제조업제품은 표 8-1에서와 같이 (가공 정도와 관계없이) 단일 관세가 부과되고, 표 8-6에는 포함되어 있지 않다. 이 표는 주요 산업국가에서 수입되는 많은 제조업제품들이 경사형 관세구조를 가지고 있다는 것을 보여 준다. 가공단계에 따른 관세의 증가는 직물 및 의류, 가죽, 고무, 여행용품의 수입에서 가장 크다. 또한 (일본을 제외하고) 어류 및 수산제품, 광물제품(캐나다 제외) 등에서 많이 발견된다. 화학제품, 목재, 펄프, 종이, 가구 등에 대해서는 상황이 복합적이며 다른 선진국에 대한 관세구조도 유사하다.

표 8-6   2000년 미국, 유럽연합, 일본, 캐나다에서 공산품 수입에 대한 경사형 관세구조(%)

	미국			유럽연합		
	원자재	중간재	최종재	원자재	중간재	최종재
목재, 펄프, 종이, 가구	0.0	0.7	0.7	0.0	1.0	0.5
직물 및 의류	2.8	9.1	9.1	2.6	6.6	9.7
가죽, 고무, 여행용품	0.0	2.3	11.7	0.1	2.4	7.0
금속류	0.8	1.1	2.9	0.0	1.2	2.8
화학제품	0.0	4.1	2.3	0.0	5.2	3.4
광물제품	0.6	1.3	5.3	0.0	2.4	3.7
어류 및 수산제품	0.7	1.7	4.0	11.2	13.3	14.1

	일본			캐나다		
	원자재	중간재	최종재	원자재	중간재	최종재
목재, 펄프, 종이, 가구	0.1	1.9	0.6	0.2	0.9	1.9
직물 및 의류	2.6	5.9	8.3	2.5	11.1	14.5
가죽, 고무, 여행용품	0.1	10.4	20.7	0.3	5.7	10.3
금속류	0.0	1.0	0.9	0.1	1.7	5.2
화학제품	0.0	2.9	1.0	0.0	4.7	3.9
광물제품	0.2	0.5	1.8	2.7	1.0	4.4
어류 및 수산제품	5.2	10.4	7.9	0.6	0.3	4.6

출처 : WTO, *Market Access: Unfinished Business*(Geneva: WTO, 2001), pp. 36-39.

8.4 소국에서 관세의 일반균형분석

이 절에서는 일반균형분석을 사용하여 관세가 생산, 소비, 무역 및 후생에 미치는 효과를 분석한다. 여기서 분석의 대상이 되는 국가는 너무 작아서 교역으로 인해 세계가격에 영향을 줄 수 없다고 가정한다. 다음 절에서 이 가정을 완화해서 보다 현실적이고 복잡한 경우를 다루게 된다. 이 경우의 국가는 무역을 통해서 세계가격에 영향을 줄 수 있는 충분히 큰 국가이다.

사례연구 8-6 여러 개발도상국의 지역별 부문별 경사형 관세

그림 8-4는 2017년 선진국의 농업 및 제조업 분야에서 여러 개발도상국의 지역별 및 부문별 경사형 관세 구조를 보여 준다. 왼쪽 도표는 관세 및 경사형 관세가 일반적으로 제조업 부문보다는 농업 부문에서, 다른 지역보다는 남아시아 지역에 대해 더 높다는 점을 보여 준다. 오른쪽 도표는 관세 및 경사형 관세가 다른 부문보다 유지, 직물 및 의류, 피혁제품, 비금속광물에서 더 높다는 것을 보여 준다.

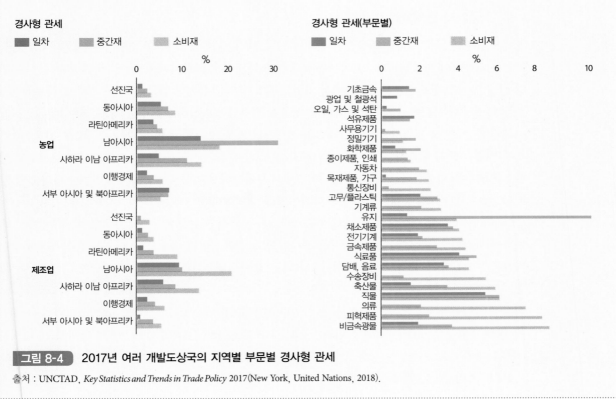

그림 8-4 2017년 여러 개발도상국의 지역별 부문별 경사형 관세

출처 : UNCTAD, *Key Statistics and Trends in Trade Policy* 2017(New York, United Nations, 2018).

8.4A 소국에서 관세의 일반균형효과

소국이 관세를 부과하는 경우 세계시장가격에 영향을 주지 않을 것이다. 그러나 수입되는 상품의 국내가격은 그 소국의 개별생산자나 소비자의 경우에 관세의 크기만큼 상승할 것이다.

소국의 경우에 수입상품의 국내가격이 개별생산자나 소비자에게 관세의 크기만큼 상승하더라도 그 가격은 소국 전체의 관점에서는 여전히 일정한데, 왜냐하면 그 국가 자체가 관세를 징수하기 때문이다. 예를 들어 수입가능 상품 X의 국제가격이 단위당 1달러이고 그 국가가 상품 X의 수입에 100%의 종가관세를 부과하는 경우 국내생산자는 2달러보다 더 낮은 가격으로 상품 X를 생산해서 팔 수 있는 한 수입상품과 경쟁할 수 있다. 소비자들은 수입되든 국내에서 생산되든 관계없이 상품 X 단위당 2달러를 지불해야 할 것이다(수입상품과 국내생산되는 상품이 동일하다고 가정한다). 그러나 국가가 수입되는 상품 X에 단위당 1달러의 관세를 징수하기 때문에 상품 X의 가격은 그 국가 전체의 관점에서는 여전히 1달러이다.

개별생산자 및 소비자의 경우에 (관세를 포함한) 수입가능 상품의 가격과 (관세를 제외한 가격으로 세계시장가격과 동일한) 국가 전체로서의 가격 간의 차이는 8.4B절의 도표상의 분석을 위해 중요하다. 더 나아가 관세를 부과하는 소국의 정부가 그 관세수입을 공공소비를 보조하기 위해서 사용하고 (예 : 학교나 경찰 등) 또는 일반적인 소득세 경감을 위해서 사용한다고 가정한다. 즉, 소국의 정부는 관세수입을 기본적인 서비스를 제공하기 위한 조세를 덜 징수할 수 있을 것이다.

8.4B 소국에서 관세효과의 설명

앞에서 살펴본 1국과 2국을 사용하여 관세의 일반균형효과를 설명하기로 하자. 우선 2국의 생산가능 곡선을 사용하여 시작하는데, 그 이유는 분석의 편의상 더 편리하기 때문이다. 1국에 관한 분석은 이 장 끝에 있는 문제로 남긴다. 앞 장에서 기억할 필요가 있는 유일한 결론은 2국은 상품 Y(자본집약적 상품)의 생산에 특화하는 자본풍부국이며, 상품 X를 수입하고 상품 Y를 수출한다는 점이다.

그림 8-5로부터 세계시장에서 상품 X의 상대가격(P_X/P_Y)이 1이고 이 국가는 소국으로 세계시장가 격에 영향을 주지 않으며, 점 B에서 생산하고 세계의 나머지 국가들과 상품 X를 60단위 수입하고 상 품 Y를 60단위 수출한다. 그리고 자유무역하에서 무차별곡선 III상의 점 E에서 소비한다(편의상 앞 장 에서 2국에 대해 도표상에서 붙였던 프라임은 모두 생략한다).

2국이 현재 상품 X의 수입에 100%의 종가관세를 부과하면 상품 X의 상대가격은 국내생산자와 소 비자에게 2가 되지만 (이 국가는 관세를 징수하므로) 세계시장과 국가 전체의 경우에 상품 X의 상대 가격은 1이 된다. 상품 X의 상대가격이 2가 되는 경우 국내생산은 점 F에서 이루어지고 가격선은 그 점에서 생산가능곡선과 접한다. 이와 같이 2국은 관세부과 후에 수입가능 상품인 상품 X의 생산을 늘 리고 수출가능 상품인 상품 Y의 생산을 줄인다(점 F와 점 B를 비교). 그림에 의하면 FG의 수출(30Y) 에 대해 수입수요는 GH′(30X)이 되는데, 그중 GH 또는 15X는 직접 소비자에게 돌아가고, 나머지 HH′(나머지 15X)은 현물로 상품 X에 대한 100%의 수입관세 형태로 정부에 의해 징수된다.

2국의 소비자들은 관세 포함 가격 $P_X/P_Y=2$에 직면하고 있기 때문에 무차별곡선 II′은 $P_F=2$인 점 선과 접하게 된다. 그러나 2국 정부는 관세를 징수하여 공공소비나 조세 경감의 형태로 재분배하기 때 문에 무차별곡선 II′은 또한 (2국 전체로는 $P_X/P_Y=1$인 세계시장가격에 직면하므로) $P_W=1$과 평행한 점선상에 있어야 한다. 따라서 새로운 소비점 H′은 2개의 점선이 교차하는 점에서 결정된다(따라서 2개의 점선에 있어야 한다). ($P_W=1$과 $P_F=2$인 가격선 사이의 각과 같은) 2개의 점선 사이의 각은 100%의 관세율과 같다. 관세를 부과하면 생산은 점 F에서, 소비는 점 H′에서 이루어지므로 2국은 (관 세부과 이전에 60Y를 수출하고 60X를 수입하던 것과는 대조적으로) 30Y를 수출하고 30X를 수입한다.

요약하면 2국은 자유무역하에서는 점 B에서 생산하고 세계시장가격 $P_W=1$하에서는 상품 Y를 60단 위 수출하고 상품 X를 60단위 수입한다. 상품 X에 100%의 수입관세를 부과하는 경우 상품 X의 상대가 격은 2국의 개별생산자나 소비자에게 2가 되고 세계시장과 2국 전체에게는 1이 된다. 그렇다면 생산은 점 F에서 이루어져 관세를 부과하는 경우에 자유무역하에서보다 더 많은 양의 상품 X가 생산된다. 상 품 Y 30단위가 상품 X 30단위와 교환되는데, 그중에 상품 X 15단위는 그 국가의 정부에 의해 상품 X에 100% 수입관세의 형태로 현물로 징수된다. 소비는 관세부과 후에 무차별곡선 II′상의 H′점에서 이루어 지는데, 이는 자유무역 소비점인 무차별곡선 III상의 E보다 아래에 있다. 왜냐하면 관세로 인해 생산특

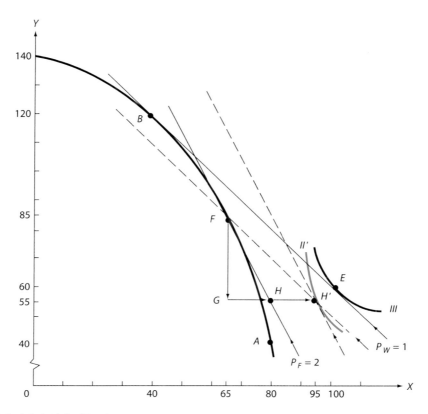

소국에서 관세의 일반균형효과

세계시장에서 $P_X/P_Y = 1$인 경우 (그림 3-4의 오른쪽 도표에서와 같이) 소국은 점 B에서 생산하고 점 E에서 소비한다. 상품 X의 수입에 100%의 종가관세를 부과하는 경우 2국의 개인에 대해서는 $P_X/P_Y = 2$가 되고 점 F에서 생산하고 그 국가는 30Y(FG)를 수출하여 그 대가로 30X를 얻는다. 그중 15X(HH')는 정부에 의해 관세로 징수된다. 정부가 관세수입을 전부 국민들에게 재분배한다고 가정하기 때문에 관세부과의 결과, 소비는 무차별곡선 II'상의 점 H'에서 이루어지며, 점 H'에서는 두 점선이 교차한다. 이와 같이 자유무역하에서의 소비 및 후생(E)은 관세하에서 소비 및 후생(H')보다 우월하다.

화가 덜 되고 무역이익이 그만큼 줄어들기 때문이다.

상품 X에 300% 수입관세를 부과하는 경우 상품 X의 상대가격(P_X/P_Y)은 국내생산자나 소비자의 경우 4가 되고, 2국은 생산과 소비에서 폐쇄경제점인 점 A로 돌아갈 것이며(그림 8-5), 그러한 수입관세를 금지관세(prohibitive tariff)라 부른다. 이 경우 상품 X에 300%의 수입관세는 금지관세가 될 수 있는 **최소한의 종가관세율**이다. 더 높은 관세는 여전히 금하고 있으며, 2국은 계속해서 점 A에서 생산 및 소비를 하게 된다.

8.4C 스톨퍼-사무엘슨 정리

스톨퍼-사무엘슨 정리(Stolper-Samuelson theorem)에 의하면(예 : 관세의 결과로) 한 상품의 상대가격이 상승하면 그 상품의 생산에 집약적으로 사용되는 요소의 수익이 증가한다. 이와 같이 관세를 부과하면 각국의 희소생산요소의 실질소득은 증가할 것이다. 예를 들어 2국(자본풍부국)이 상품 X(노동집약적 상품)에 수입관세를 부과하면 국내생산자와 소비자에게 있어 상품 X의 상대가격이 상승하고 그에 따라 노동(2국의 희소요소)의 실질임금도 상승하게 된다.

그 이유는 상품 X에 대한 수입관세의 영향으로 상품 X의 상대가격이 상승함에 따라 2국은 상품 X를 더 많이 생산하고 상품 Y를 덜 생산하기 때문이다(그림 8-5에서 점 F를 점 B와 비교하라). (노동집약적 상품인) X의 생산이 확대되기 위해서는 (자본집약적 상품인) Y의 생산이 감소할 때 방출되는 L/K보다 더 높은 노동–자본 비율이 필요하다. 그 결과로 임금–임대료 비율은 상승하고 노동 대신에 자본이 사용되어서 두 상품의 생산에서 자본–노동 비율이 상승한다(이것은 부록 A8.3절에서 그래프로 보여 준다). 노동 각 단위가 더 많은 자본과 결합됨에 따라서 노동의 생산성이 상승하고 임금도 상승한다. 이와 같이 2국이 상품 X에 수입관세를 부과하면 그 국가의 상품 X의 상대가격은 상승하고 노동(그 국가의 희소생산요소)의 소득도 증가한다.

노동생산성이 두 상품의 생산 모두에서 상승하므로 화폐임금뿐 아니라 실질임금도 상승한다. 또한 관세부과 이전과 이후에 완전고용이 이루어지므로 노동의 총소득과 국민소득에서 노동이 차지하는 몫은 더 커진다. 관세에 의해서 국민소득이 감소하고 노동에게 돌아가는 총소득의 몫이 더 높아지기 때문에 (그림 8-5의 점 H'과 점 E 비교) 2국에서 이자율과 자본의 총소득은 하락한다. 이와 같이 소국은 전체적으로 관세에 의해서 피해를 보는 반면에 희소생산요소는 풍부한 생산요소를 희생시키는 대신 이익을 보게 된다(5.5C절 참조).

예를 들어 소국이면서 공업국이고 자본풍부국인 스위스와 같은 나라가 노동집약적인 상품의 수입에 관세를 부과하게 되면 임금은 상승한다. 이것이 일반적으로 산업국가의 노동조합이 수입관세를 선호하는 이유이다. 그러나 자본소유자의 소득 감소가 노동의 이익을 초과하므로 국가 전체적으로는 손실이 발생한다. 스톨퍼–사무엘슨 정리는 소국의 경우에 항상 타당하고 보통 대국의 경우에도 역시 타당하다. 그러나 대국의 경우에는 무역으로 인해 세계시장가격이 영향을 받기 때문에 그 분석은 한층 더 복잡하다.

8.5 대국에서 관세의 일반균형분석

이 절에서는 관세가 생산, 소비, 무역 및 후생에 미치는 효과에 관한 일반균형분석을 무역을 통해서 국제시장가격에 영향을 미칠 수 있는 대국의 경우로 확장한다.

8.5A 대국에서 관세의 일반균형효과

대국에서 관세의 일반균형효과를 분석하기 위해서는 오퍼곡선을 사용하는 것이 더 편리하다. 한 국가가 관세를 부과하게 되면 그 국가의 오퍼곡선은 수입관세의 양만큼 수입상품을 측정하는 축 쪽으로 이동하거나 회전한다. 그 이유는 임의의 수출상품의 양에 대해서 수입업자는 관세를 보상하기(지불하기) 위해서 더 많은 수입상품을 필요로 하기 때문이다. 그 국가가 대국이라는 사실은 무역상대국의 오퍼곡선이 직선이 아니라 곡선이라는 것으로 반영된다.

이러한 상황하에서 대국이 수입관세를 부과하게 되면 무역량은 감소하지만 그 나라의 교역조건은 개선된다. 무역량 감소 그 자체는 국가의 후생을 감소시키는 반면에 교역조건의 개선은 국가의 후생을 증가시키는 경향이 있다. 그러므로 그 국가의 후생이 실제로 증가할 것인가 감소할 것인가는 이 두 가지 상반되는 힘의 순효과에 의존한다. 이것은 소국이 관세를 부과하는 경우와 대조를 이룬다. 소국의 경우에 관세를 부과하면 무역량은 감소하지만 교역조건은 변하지 않기 때문에 소국의 후생은 항상 감소하게 된다.

8.5B 대국에서 관세효과의 설명

2국이 상품 X의 수입에 100% 종가관세를 부과하는 경우 그림 8-6에서 2국의 오퍼곡선이 2′으로 회전한다. 관세에 의해 왜곡된 오퍼곡선 2′은(오퍼곡선 2와) Y축으로부터 정확히 2배의 거리에 있게 된다 (예 : 점 H'을 점 H와, 점 E'을 점 D와 비교해 보라).

관세부과 전에 오퍼곡선 2와 1의 교점에서 균형점 E가 결정되며, 그 점에서 2국은 상품 X의 상대가격($=P_X/P_Y=P_W$) 1에서 60단위의 상품 Y를 수출하고 60단위의 상품 X를 수입한다. 오퍼곡선 2′과 오퍼곡선 1의 교점에서 관세부과 후의 새로운 균형점 E'이 결정되는데, 그 점에서 2국은 새로운 세계가격 ($=P_X=P_Y=P'_W$) 0.8에서 상품 Y를 40단위 수출하고 상품 X를 50단위 수입하게 된다. 이와 같이 1국(세계의 나머지 국가)의 교역조건은 $P_X/P_Y=P_W=1$에서 $P_X/P_Y=P'_W=0.8$로 악화되는 반면에 2국의 교역조건은 $P_Y/P_X=1/P_W=1$에서 $P_Y/P_X=1/P'_W=1/0.8=1.25$로 개선된다. 임의의 관세율에 대해서 1국의 오퍼곡선이 가파르거나 덜 탄력적일수록 1국의 교역조건은 더 악화되고 2국의 교역조건은 더 개선된다.

이와 같이 대국인 2국이 관세를 부과하는 경우에 무역량은 감소하지만 그 나라의 교역조건은 개선된

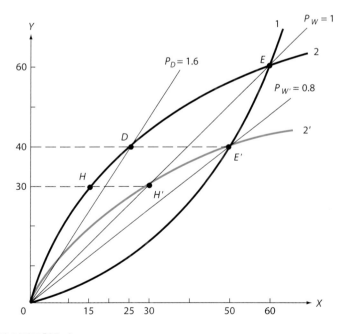

그림 8-6 대국에서 관세의 일반균형효과

자유무역 오퍼곡선 1과 2는 양국에서 균형점 E와 $P_X/P_Y=1$을 정의한다. 2국이 상품 X에 100%의 수입종가관세를 부과하면 오퍼곡선은 2′으로 이동해 새로운 균형점 E'을 이루게 된다. 점 E'에서 무역량은 자유무역하에서보다 적어지고 $P_X/P_Y=0.80$이 된다. 이것은 2국의 교역조건이 P_Y/P_X =1.25로 개선되는 것을 의미한다. 2국의 후생의 변화는 교역조건의 개선과 무역량 감소의 순효과에 의존한다. 그러나 정부가 상품 X 수입의 반을 관세로 징수하므로 2국의 개인에 대해 $P_X/P_Y=1$에서 $P_X/P_Y=P_D=1.6$으로 상승한다.

다. 이러한 두 가지 상반된 힘의 순효과에 따라 2국의 후생은 증가하거나 감소할 수 있고 변하지 않을 수도 있다. 이는 2국이 소국이어서 무역을 통해 세계시장가격에 영향을 주지 않았던 전의 경우와 대조된다. 그 경우에 1국(세계의 나머지 국가)의 오퍼곡선은 그림 8-6에서 직선으로 그려진다. 2국이 상품 X에 100%의 수입관세를 부과하게 되면 무역량은 자유무역을 할 때의 60단위의 상품 Y 수출과 60단위의 상품 X 수입으로부터 관세부과 이후에는 30단위의 상품 Y 수출과 30단위의 상품 X 수입으로 감소된다 (그림 8-6과 8-5에서 점 E 와 점 H' 비교). 그 결과 소국인 2국의 후생은 관세로 인해서 항상 감소하게 된다.

2국이 대국이라고 가정했던 현재의 경우로 돌아가서 그림 8-6에서 무역으로 왜곡된 오퍼곡선 2′에서 2국은 점 E'에서 균형을 이루고 상품 Y를 40단위 수출해서 상품 X를 50단위 수입하게 되고 세계시장에서 상품 Y의 상대가격은 $P_X/P_Y=P'_w=0.8$이 된다. 그러나 점 E'에서 2국이 수입하는 50단위의 상품 X 중 25단위는 2국 정부에 의해 상품 X에 대한 100% 수입관세로 현물로 징수되며 나머지 25단위만이 개별소비자에게 직접 돌아가게 된다. 그 결과 2국의 개별소비자와 생산자에 대한 상품 X의 상대가격은 $P_X/P_Y=P_D=1.6$이 되고 세계시장에서의 가격과 국가 전체로서의 가격의 2배가 된다.

수입가능 상품인 상품 X의 상대가격이 개별소비자와 생산자에게 상승하므로 스톨퍼–사무엘슨 정리는 2국이 대국이라고 가정할 때에 역시 타당하다. 그 국가가 수입관세를 부과한 후에 개별소비자와 생산자가 직면하는 상품 X의 상대가격이 하락하는 예외적인 경우에는 스톨퍼–사무엘슨 정리가 타당하지 않으며 2국에서 임금은 하락하게 된다. 이것을 메츨러 패러독스(Metzler paradox)라 하며 부록 A8.4에서 논의한다.

또 하나 지적할 것은 스톨퍼–사무엘슨 정리는 모든 요소가 국내의 산업 간에 이동 가능한 경우(장기)에 타당하다. 두 생산요소 중 하나(예 : 자본)가 이동 불가능한 경우(단기) 관세가 요소소득에 미치는 효과는 스톨퍼–사무엘슨 정리와 다르며 이것은 부록(A8.5)의 특정요소 모형에서 다룬다.

8.6 최적관세

이 절에서는 대국이 소위 최적관세를 부과함으로써 자유무역 때보다 어떻게 후생을 더 증가시킬 수 있는가를 검토한다. 그러나 그 국가의 이익은 다른 국가들의 손실 위에서 이루어지게 되므로 손실을 본 국가들이 보복을 하여 결국에는 모든 국가들이 손해를 보게 될 것이다.

8.6A 최적관세의 개념과 보복

8.5B절과 그림 8-6에서 보았듯이 대국이 관세를 부과하는 경우 무역량은 감소하지만 그 국가의 교역조건은 개선된다. 무역량의 감소 자체는 국가의 후생을 감소시키는 경향이 있는 반면 교역조건의 개선 자체는 국가의 후생을 증가시키는 경향이 있다.

최적관세(optimum tariff)란 무역량의 감소에서 발생하는 음(−)의 효과에 대해 교역조건의 개선에 따른 순이익을 극대화하는 관세율이다. 즉, 자유무역에서 출발하여 한 국가가 관세율을 높여 감에 따라 그 국가의 후생은 최대점에 도달하고(최적관세), 최적관세율을 지나서 관세율이 증가함에 따라 후생은 감소하게 된다. 궁극적으로 금지관세가 되는 경우 자급자족 상태로 돌아갈 것이다.

그러나 관세를 부과하는 국가의 교역조건이 개선됨에 따라 무역상대국의 교역조건은 악화된다. 왜 냐하면 상대국의 교역조건은 관세부과국의 교역조건의 역수 값이기 때문이다. 무역상대국의 경우 무역량도 감소하고 교역조건도 악화되기 때문에 후생수준은 명백히 감소한다. 그 결과 무역상대국은 보복을 하고자 자국의 입장에서 최적관세를 부과할 것이다. 그러나 무역상대국의 보복은 교역조건의 악화로 인한 손실은 회복할 수 있으나 무역량은 더 감소시킬 것이다. 또한 처음에 관세를 부과한 국가는 그것에 대해 다시 보복하고자 할 것이며, 그 과정이 계속되는 경우 모든 국가는 무역으로부터 이익의 전부를 잃어버리게 된다.

한 국가가 최적관세를 부과할 때 상대국이 최적관세를 부과하지 않는 경우라도 관세부과국의 이익은 무역상대국의 손실보다 작으므로 세계 전체적으로는 자유무역에 비해 후생이 감소하게 된다. 자유무역이 세계 후생을 극대화한다는 것은 바로 이런 점 때문이다.

8.6B 최적관세의 개념과 보복에 대한 설명

그림 8-7은 그림 8-6의 자유무역 오퍼곡선 1과 2를 다시 그린 것이다. 여기서 균형점은 E이고 세계시장가격 $P_W = 1$이다. 최적관세의 경우 2국의 오퍼곡선은 2^*로 회전이동한다(오퍼곡선과 관련된 그 관세가 왜 최적관세가 되는가는 부록 A8.6절에서 설명한다). 1국이 보복하지 않는 경우 오퍼곡선 1과 오퍼곡선 2^*의 교점에서 새로운 균형점 E^*가 결정되는데, 그 점에서 2국은 25Y를 수출하고 40X를 수입

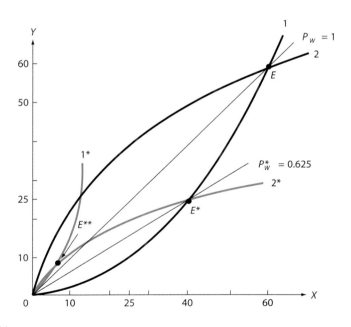

그림 8-7 **최적관세와 보복**

오퍼곡선 1과 2는 그림 8-6에서와 같이 자유무역 균형점 E와 $P_X/P_Y = 1$을 결정한다. 2국의 최적관세로 인해 오퍼곡선이 2^*로 회전이동하면 2국의 교역조건은 $P_X/P_Y = 1/P^*_W = 1/0.625 = 1.6$으로 개선된다. 균형점 E^*에서 2국은 가능한 최고의 후생수준에 도달하며 자유무역 균형점 E에서보다 후생수준이 높다. 그러나 1국의 후생수준이 감소하므로 1국은 자신의 최적관세를 부과함으로써 보복할 것이며 오퍼곡선 1^*와 균형점 E^{**}에 도달하게 된다. 2국도 이에 대해 다시 보복할 것이고, 결국 양국은 무역으로부터의 이익의 전부를 잃어버릴 것이다.

하여 세계시장과 2국 전체에 대해 $P_X/P_Y=P_W^*=0.625$가 된다. 그 결과 1국의 교역조건은 $P_X/P_Y=P_W=1$ 에서 $P_X/P_Y=P_W^*=0.625$로 악화되고, 2국의 교역조건은 $P_Y/P_X=1/P_W^*=1/0.625=1.6$으로 개선된다.

오퍼곡선 2*와 관련된 관세를 부과하면 교역조건 개선으로 인한 2국의 후생의 증가는 무역량의 감소로 인한 후생의 증가를 초과할 뿐 아니라 2국이 관세로 도달할 수 있는 최고의 후생수준을 나타낸다(그리고 자유무역의 후생수준을 초과한다. 다시 오퍼곡선 2*와 관련된 관세가 왜 최적관세가 되는가는 부록 A8.6절에서 A4.1절에서 유도한 무역무차별곡선을 사용하여 설명된다. 여기서는 최적관세가 부과국과 상대국에 미치는 후생효과만 검토한다).

그러나 교역조건의 악화와 무역량의 감소로 인해 1국의 후생은 (자유무역에 비해) 분명히 감소한다. 그 결과 1국은 보복을 단행하여 오퍼곡선 1*로 표현되는 자국의 최적관세를 부과할 것이다. 오퍼곡선 1*와 2*에서 새로운 균형점은 E^{**}가 된다. 이번에는 1국의 교역조건은 개선되고, 2국의 후생은 자유무역의 경우보다 낮아지며 무역량은 훨씬 적어진다. 이 점에서 2국은 다시 보복할 것이고, 결국은 두 국가의 자급자족 상태를 나타내는 그림 8-7의 원점에서 끝날 것이다. 그렇게 되는 경우 무역으로부터의 모든 이익은 상실되어 버린다.

지금까지 우리는 암묵적으로 **최적수입관세**를 다루었다는 것을 주목하라. 보다 고급의 논문들은 최적수입관세와 최적수출관세는 동등하다는 것을 보여 준다. 소국의 경우 최적수입관세율은 0이라는 것에 주목하라. 왜냐하면 소국의 경우 관세는 교역조건에 영향을 주지 않고 무역량만 감소시키기 때문이다(그림 8-6의 점 E, H' 참조). 이와 같이 상대국이 보복을 하지 않는다 하더라도 소국이 관세를 부과하면 소국의 후생수준은 자유무역을 할 때보다 감소한다. 마지막으로 브로다, 리마오 및 와인스타인(Broda, Limao, & Weinstein, 2008)의 최근 연구에 의하면 각 국가는 수출탄력성이 낮은 상품(즉, 시장지배력을 많이 가지고 있는 상품)에 고율의 관세를 부과하는 것으로 나타났다.

요약

1. 자유무역이 세계후생을 증가시킴에도 불구하고 대부분의 국가들은 그 국가의 특정 집단을 이롭게 하는 무역제한조치들을 사용한다. 역사적으로 가장 중요한 유형의 무역제한조치가 관세인데, 이것은 수출이나 수입에 부과하는 세금이나 징수금이다. 종가관세는 거래되는 상품가치의 일정비율로 표시되고, **종량관세**는 단위당 고정된 양으로 표시된다. 때때로 둘을 결합해서 복합관세가 된다. 가장 일반적인 것은 종가수입관세이다. 일반적으로 관세율은 과거 50년 동안 하락해 왔으며 오늘날 선진국의 제조업의 경우 평균관세율은 3% 정도에 불과하다.

2. 관세의 부분균형분석에서는 관세부과국의 수입가능 상품에 대한 수요곡선과 공급곡선을 사용한다. 수입가능 상품의 국내가격은 관세만큼 상승한다. 관세부과의 결과 국내소비의 감소, 국내생산의 증가, 수입의 감소, 징수되는 관세수입과 소비자로부터 국내생산자로 소득의 재분배를 가져온다. 또한 관세는 보호비용 또는 사중적 손실이라 불리는 비효율성을 야기한다.

3. 국내생산자에게 실제로 제공되는 보호의 정도는 실효보호율(g)로 측정된다. 이것은 보통 명목보호율(t)과는 큰 차이가 나며 t 값이 양(+)인 경우에도 g는 음(-)이 될 수 있다. 수입원자재에 부과된 관세율과 최종재에 부과된 관세율이 같거나 수입원자재가 존재하지 않는 경우에만 명목관세율과 실효보호율은 동일하게 된다.

일반적으로 선진국에서 실효보호율은 그에 상응하는 명목보호율보다 훨씬 높고 가공 정도가 높을수록 더 높아진다. 그러나 이러한 계산은 부분균형적 속성으로 인해 조심스럽게 다루어져야 한다.

4. 소국이 수입관세를 부과하는 경우 수입가능 상품의 국내가격은 그 국가의 개인에 대해 관세만큼 상승한다. 그 결과 수입가능 상품의 국내소비는 감소하는 반면 국내생산은 증가하여 수입은 감소한다. 관세부과국이 관세를 징수하므로 국가 전체적으로 볼 때는 세계가격은 변하지 않는다. 관세에 관한 이러한 일반균형분석은 제1부에서 개발한 무역모형과 그 국가가 관세수입을 그 국민들에게 공공소비에 대한 보조나 일반소득세 경감 등의 형태로 재분배하는 것을 가정함으로써 분석될 수 있다.

5. 스톨퍼–사무엘슨 정리에 따르면 한 상품의 상대가격의 상승(예 : 관세의 결과)은 그 상품의 생산에 집약적으로 사용되는 요소의 수익 또는 수입을 증가시킨다. 예를 들어 자본풍부국이 노동집약적인 상품에 수입관세를 부과하는 경우 그 나라의 임금은 상승한다.

6. 대국이 수입관세를 부과하는 경우 그 국가의 오퍼곡선은 수입가능 상품을 표시하는 축 쪽으로 관세의 양만큼 회전하여 무역은 감소하고 교역조건은 개선된다. 최적관세란 무역량의 감소로 야기되는 부정적인 효과에 대해 교역조건의 개선으로 발생하는 순효과를 극대화시키는 관세율이다. 그러나 관세부과국의 이익은 상대국의 희생에 의해 이루어지므로 상대국은 보복할 가능성이 있으며 그 경우 결국에는 양국 모두 손해를 보게 된다.

주요용어

관세의 소비효과(consumption effect of a tariff)

국내부가가치(domestic value added)

금지관세(prohibitive tariff)

메츨러 패러독스(Metzler paradox)

명목관세(nominal tariff)

무역정책(trade policy)

무역효과(trade effect)

보호비용(protection cost)

복합관세(compound tariff)

사중적 손실(deadweight loss)

생산자 잉여(producer surplus)

생산효과(production effect)

소비자 잉여(consumer surplus)

수입관세(import tariff)

수입효과(revenue effect)

수출관세(export tariff)

스톨퍼–사무엘슨 정리(Stolper-Samuelson theorem)

실효보호율(rate of effective protection)

종가관세(ad valorem tariff)

종량관세(specific tariff)

지대(rent)

최적관세(optimum tariff)

통상정책(commercial policy)

복습문제

1. 종가관세, 종량관세, 복합관세는 무엇인가? 선진국에서는 수출관세와 수입관세 중 어느 것이 일반적인가? 개발도상국에서는?

2. 선진국에서 관세의 1차적 기능은 무엇인가? 개발도상국에서는?

3. 관세에 대한 부분균형분석이 정당화될 수 있는 경우는

언제인가? 그리고 이를 설명하라.

4. 관세의 소비효과, 생산효과, 무역효과, 수입효과, 재분배 효과란 무엇인가?

5. 관세의 보호비용 또는 사중적 손실이란 무엇인가? 이를 어떻게 측정할 수 있는가?

6. 명목관세와 실효보호의 차이점은 무엇인가? 실효보호의 개념은 왜 유용한가? 실효보호율은 어떻게 측정하는가?

7. 선진국의 관세구조는 어떠한가? 이러한 관세구조가 개발도상국에게 우려의 대상인 까닭은 무엇인가? 실효보호율의 개념과 측정방법에 대한 가장 심각한 결함은 무엇인가?

8. 일반균형분석을 이용하여 소국이 수입관세를 부과했을 때 소국의 개인과 세계 전체에서 수입품의 상대가

격에 미치는 효과를 설명하라.

9. 소국의 경우 관세의 부과가 생산의 특화에 미치는 효과는 무엇인가? 교역량에 미치는 효과는? 국가의 후생에 미치는 효과는? 풍부한 생산요소와 희소한 생산요소 사이의 소득분배에 미치는 효과는?

10. 대국의 경우에 일반균형분석 방법을 이용하여 수입관세의 부과가 오퍼곡선, 교역조건, 교역량, 후생 및 풍부한 생산요소와 희소한 생산요소 사이의 소득분배에 미치는 효과를 분석하라.

11. 최적관세란 무엇인가? 교역조건의 변화와 교역량 사이의 관계는 무엇인가?

12. 한 국가가 최적관세(또는 수입관세)를 부과하면 다른 국가가 보복할 가능성이 있는 이유는? 보복과정이 되풀이되면 어떤 결과가 발생할 것인가?

연습문제

1. 1국에 대해서 상품 Y의 양을 수평축에, 상품 Y의 달러가격을 수직축에 놓고 그림 8-1과 유사한 그림을 그리라. 그림 8-1에서 2국의 S_X와 동일한 1국에 대한 S_Y를 그리라. 수직축과 $P_Y=8$에서 수평축과 80Y에서 교차하는 1국의 D_Y를 그리라. 마지막으로 자유무역의 경우 $P_Y=1$이고 1국이 상품 Y에 100%에 종가수입관세를 부과한다고 가정하라. 이 그림을 이용하여 1국에 대해서 다음을 살펴보자.

   (a) $P_Y=1$인 자유무역 가격에서 상품 Y의 소비, 생산, 수입의 수준

   (b) 1국이 상품 Y에 100% 종가관세를 부과한 후에 상품 Y의 소비, 생산, 수입의 수준

   (c) 관세의 소비, 생산, 무역 및 수입효과는 무엇인가?

2. 연습문제 1번과 관련하여

   (a) 관세부과 전후에 소비자 잉여의 달러가치를 계산하라.

   (b) 관세로 인한 생산자 수입의 증가 중에서(자유무역에서의 생산자 수입과 비교하라.) 증가된 생산비는

   어느 정도인가? 증가된 지대 및 생산자 잉여는 무엇인가?

   (c) 관세의 보호비용 또는 사중적 손실의 달러가치는 얼마인가?

3. 한 국가가 원자재 및 중간재의 관세율은 인하하지만 최종재에 대해서는 인하하지 않는다고 가정하자. 이것이 그 국가의 실효보호율에 어떤 영향을 주는가?

4. t(최종재의 명목관세)가 40%이고, a_i(관세가 없는 경우에 최종재의 가격에서 수입투입물 비용의 비율)가 0.5이고, t_i(수입투입물의 명목관세)가 40%인 경우 실효보호율을 계산하라.

5. 연습문제 4번에서 t_i의 값이 다음과 같을 때 g를 다시 계산하라.

   (a) t_i가 20%인 경우?

   (b) t_i가 0인 경우?

   (c) t_i가 80%인 경우?

   (d) t_i가 100%인 경우?

6. 연습문제 4번에서

(a) t_i가 20%이고, a_i가 0.6인 경우 g를 다시 계산하라.

(b) 제3장의 연습문제 4번과 앞의 문제 6(a)의 답에서 g와 t 사이의 관계에 대해 어떤 일반적인 결론에 도달할 수 있는가?

7. 1국의 그림 3-4의 무역모형과 1국이 소국이라는 가정으로부터 1국이 자유무역에서 시작하여 상품 Y에 100%의 종가관세를 부과하는 경우 일반균형 결과를 보여 주는 그림 8-5와 유사한 그림을 그리라.

   (힌트 : 그림 4-3에서 관세를 부과하면 40X와 20Y가 교환되는 대신 30X와 15Y가 교환된다고 가정하라.)

8. 스톨퍼–사무엘슨 정리를 이용하여 상품 Y에 수입관세를 부과할 때 1국의 노동과 자본 간의 소득분배에 미치는 효과를 지적하라.

9. 연습문제 8번에서의 해답으로 소득재분배에 미치는 힘을 설명하라. 그 국가가 상품 X에 수입관세를 부과할 때 2국에 소득재분배에 대해 8.4C절에서 주어진 설명과 유사한 방식으로 설명하라.

10. 1국이 대국이라고 가정한다면 연습문제 8번의 결과는 어떻게 변할 것인가?

11. 인도는 노동집약적이거나 자본집약적인 상품 중 어느 것에 수입을 제한할 것 같은가? 그 이유는 무엇인가? 인도에서 노동과 자본 사이의 소득분배에 어떤 효과를 미칠 것 같은가?

12. 그림 8-6에서 1국과 2국의 자유무역 오퍼곡선과 연습문제 1번의 그림에 기초하여 대국이라고 가정되는 1국이 상품 Y에 100%의 종가 수입관세를 부과하는 경우에 일반균형효과를 보여 주는 그림 8-7과 유사한 그림을 그리라.

13. 1국이 최적관세로 인해 상품 X를 25단위 수출하고, 상품 Y를 40단위 수입하고, 그 나라의 최적관세에 대해 2국이 보복하는 것을 보여 주는 그림 8-7과 유사한 그림을 그리라.

14. 두 국가가 쌍방의 최적관세에 대해서 여러 번 보복을 한다면 어떤 결과가 나올 것인가?

부록

이 부록에서는 대국에서 관세의 부분균형효과를 보여 주고, 실효보호율에 관한 식을 유도한다. 스톨퍼–사무엘슨 정리와 그 예외를 그래프로 분석하며, 관세가 요소소득에 미치는 단기효과를 검토하고, 최적관세의 측정에 관하여 살펴본다.

A8.1 대국에서 관세의 부분균형효과

8.2절에서는 소국(무역에 의해 상품 가격에 영향을 주지 않는 국가)에서 관세의 부분균형효과를 검토하였다. 그 분석을 확장하여 대국에서 관세가 부과되는 경우 부분균형효과를 살펴보기로 하자. 이것은 그림 8-8로 알 수 있는데 그림 8-3과 유사하지만 약간 복잡하다.

그림 8-8의 상단 도표에서 S_H는 대국에서 상품 X의 **국내공급곡선**을, S_F는 상품 X의 **해외공급곡선**을 나타내고 S_{H+F}는 상품 X의 **총공급곡선**을 나타낸다. S_{H+F}는 국내공급곡선 S_H와 상품 X에 대한 해외공급곡선을 합함으로써 얻어진다. $P_X=1$인 경우 상품 X 10단위는 국내에서 공급되고, 10단위는 해외에서 공급되어서 총 20단위가 공급된다. $P_X=2$인 경우 20단위가 국내에서 공급되고 30단위가 해외에서 공급되어 총

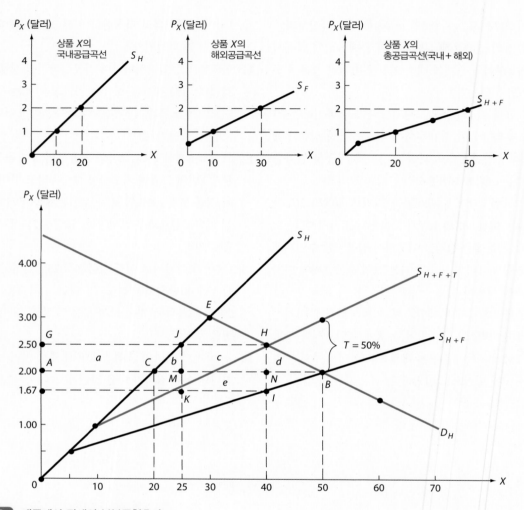

그림 8-8 대국에서 관세의 부분균형효과

상단의 도표에서 S_H는 상품 X의 국내공급곡선을, S_F는 해외공급곡선을 나타내고, S_{H+F}는 상품 X의 총공급곡선을 나타낸다. 하단의 도표에서 자유무역의 경우 D_H가 S_{H+F}와 점 B에서 만나 상품 X의 가격이 2달러이고 수량은 50단위가 된다($AC=20X$는 국내에서 공급되고 $CB=30X$는 외국으로부터 공급된다). 그 국가가 지금 상품 X에 50%의 종가관세를 부과하는 경우 총공급곡선 S_{H+F}는 50%만큼 상향이동해서 S_{H+F+T}가 된다. 그렇게 되면 D_H와 S_{H+F+T}가 점 H에서 교차하여 $P_X=2.5$달러, $Q_X=GH=40$이 된다($GJ=25X$는 국내에서 공급되고 $JH=15X$는 외국으로부터 공급된다). 소비자 잉여의 손실은 $a+b+c+d=22.5$달러이다. 그중 $a(=11.25$달러)는 국내생산자가 더 많이 받게 된 지대이고 $c(=7.5$달러)는 국내소비자로부터 징수한 관세수입이다. $b+d(=3.75$달러)는 그 국가의 보호비용 또는 사중적 손실이다. 그 국가는 수출업자로부터 $e(=4.95$달러)를 징수하므로 국가는 관세부과로 순이익 1.2달러(4.95-3.75)를 얻는다.

50단위가 공급된다. 대국은 해외 외국인들로 하여금 자국으로 상품 X를 더 많이 공급하게 하기 위해서는 더 높은 가격을 지불해야 하므로 S_F 곡선은 양(+)의 기울기를 갖는다.

그림 8-8의 하단 도표에서 **자유무역**의 경우 D_H(그 국가의 상품 X에 대한 국내수요곡선)와 S_{H+F}(조금 크게 그렸을 뿐 그림 8-8의 상단 그림과 동일함)가 점 B에서 만나 상품 X의 가격이 2달러이고 수량은 50단위($=AB$)가 된다.(이 중 국내생산자가 $AC=20X$를 공급하고 외국의 생산자는 $CB=30X$를 공급한다.) 그 국가가 지금 상품 X에 50%의 종가관세를 부과하는 경우 총공급곡선은 50%만큼 상향이

동해서 S_{H+F+T}가 된다. 그렇게 되면 D_H와 S_{H+F+T}가 점 H에서 교차하여 상품 X의 가격은 2.5달러가 되고 상품 X의 수량은 40단위($=GH$)가 된다(이 중 $GJ=25$X는 국내생산자가 공급하고 $JH=15$X는 해외로부터 공급된다).

관세부과로 인한 소비자 잉여의 손실은 $a+b+c+d=22.5$달러이고, 그중 $a(=11.25$달러)는 국내생산자가 더 얻는 지대이고, $c(=7.5$달러)는 국내소비자로부터 정부가 징수한 관세수입이며, 나머지($b+d=3.75$달러)는 보호로부터 발생한 사중적 손실이다.

그러나 그 국가의 정부는 해외 수출업자로부터 $IKMN=e=0.33$달러$\times15=4.95$달러만큼 징수한다. 그 이유는 P_X를 증가시킴으로써 관세는 그 국가의 상품 X의 소비와 수입을 감소시키고, 그 국가가 대국이기 때문에 더 적은 수출량이 더 낮은 가격으로 공급될 것이기 때문이다. 구체적으로 관세로 인해 국내소비자는 (자유무역에서 $P_X=2$달러와 비교하여) 2.5달러를 지불하고 해외 수출업자는 (자유무역하의 2달러 대신에) 1.67달러만을 받는다. 이와 같이 해외 수출업자는 국내생산자와 관세의 부담을 공유하게 된다. 이 국가가 대국이므로 관세부과의 결과 수입가격은 하락할 것이다(즉, 그 국가는 관세로부터 교역조건의 이익을 얻는다).

관세로 인한 국가의 보호비용 또는 사중적 손실은 그 국가가 얻게 되는 교역조건 이익과 비교해야 한다. 이 경우에 국가의 교역조건 4.95달러(e) 이익은 관세의 보호비용 3.75달러($b+d$)를 초과하기 때문에 그 국가는 관세로부터 1.2달러($e-b-d$)의 순이익을 얻는다. 교역조건 이익이 보호비용과 동일해지면 관세로부터 이익도 손해도 보지 않게 되지만, 보호비용보다 교역조건 이익이 작아지면 손해를 보게 된다. 소국은 해외수출 또는 세계가격에 영향을 주지 않기 때문에 보호비용 또는 사중적 손실만큼 관세부과로 인해 순손실을 본다($e=0$).

위의 예에서처럼 한 국가가 관세로부터 이익을 얻는다고 하더라도 한 국가의 교역조건의 이익은 다른 외국의 손실을 의미한다. 따라서 외국은 그들 자신의 관세를 통해 보복할 가능성이 높고 결국에는 두 국가 모두 무역과 국제특화 수준의 감소로 인해서 손실을 볼 것이다(8.6절의 최적관세 논의 참조).

> **연습문제**　자유무역과 종량관세하에서 S_H와 S_F의 가격탄력성과 상품의 가격 간의 관계는 무엇인가?

A8.2 실효보호율에 관한 공식의 유도

실효보호율은 보호로 인한 국내부가가치의 증가율을 의미하며 다음과 같은 식으로 계산된다.

$$g = \frac{V' - V}{V} \tag{8A-1}$$

여기서 g는 실효보호율, V는 자유무역에서의 국내부가가치, V'은 최종재와 수입중간재에 관세가 부과되는 경우의 국내부가가치이다.

식 (8A-1)로부터 8.3A절의 식 (8-1)을 유도할 수 있다. 여기에서 V와 V'은 각각 자유무역과 관세를 부과하는 경우 최종재의 국제가격으로 정의되고 이를 식 (8A-1)에 대입하고, 단순화시켜 식 (8-1)을 얻는다.

한 상품(예 : 의류)의 자유무역 가격을 p로 일정하다고 가정하자(즉, 소국의 경우를 다루고 있다). 여러 가지 수입투입물(예 : 모직, 단추 등)의 세계시장 가격이 일정하고 의류의 국내생산에 투입된다고 가정하자. 자유무역을 할 때 의류의 국내생산에 투입되는 이러한 수입투입물들의 비용의 합계는 다음과 같다.

$$a_1 p + a_2 p + \cdots a_n p = \sum a_i p \qquad (8A\text{-}2)$$

여기서 i는 n개의 수입투입물 중 하나를, $a_i p$는 의류의 국내생산에 들어가는 수입투입물 i의 비용을 나타낸다.

이와 같이 자유무역을 할 때 그 국가에서 생산되는 의류의 국내부가가치는 일정한 국제자유무역 가격에서 모든 수입투입물의 비용을 뺀 것이다.

$$V = p - p\sum a_i = p(1 - \sum a_i) \qquad (8A\text{-}3)$$

의류수입에 관세가 부과되고 의류의 국내생산에 투입되는 수입투입물에도 관세가 부과되는 경우 국내부가가치(V')는 다음과 같다.

$$V' = p(1+t) - p\sum a_i(1+t_i) \qquad (8A\text{-}4)$$

여기서 t는 의류수입에 부과되는 명목종가관세율이고, t_i는 의류의 국내생산에 투입되는 수입투입물 i의 종가관세율이다. 수입투입물에 따라서 t_i가 다르다는 것을 주목하라.

식 (8A-3)과 (8A-4)를 식 (8A-1)에 대입하여 다음과 같은 결과를 얻는다.

$$g = \frac{V' - V}{V} = \frac{p(1+t) - p\sum a_i(1+t_i) - p(1-\sum a_i)}{p(1-\sum a_i)}$$

분자, 분모의 각 항에 p가 있기 때문에 그것들을 소거하고 괄호를 제거함으로써 다음 식을 얻는다.

$$g = \frac{1 + t - \sum a_i - \sum a_i t_i - 1 + \sum a_i}{1 - \sum a_i}$$

분자에서 같은 항을 제거함으로써 다음 식을 얻는다.

$$g = \frac{t - \sum a_i t_i}{1 - \sum a_i} \qquad (8A\text{-}5)$$

만약 상품의 생산에 투입되는 수입투입물이 하나인 경우 식 (8A-5)의 분자, 분모에서 $\sum$가 제거되고 결국 8.3절의 식 (8-1)로 귀착된다.

실효보호이론의 단점은 생산계수가 기술적으로 고정되었다고 가정하는 것과(즉, 요소대체가 불가능하다.) 수입되는 상품과 수입투입물의 국제가격은 관세에 영향을 받지 않는다(소국 가정)고 가정하는 것이다.

　(a) 한 상품의 국내생산에 투입되는 수입투입물에 관세가 부과되면 최종재의 소비, 생산, 무역, 재분배에 어떤 효과를 가져오는가?

(b) 이는 관세의 보호비용의 크기 또는 사중적 손실에 어떤 효과를 가져오는가?(힌트 : 수입투입물에 대한 관세의 결과로 그림 8-1의 어느 곡선이 어느 방향으로 이동하는가를 살펴보라.)

A8.3 도표를 이용한 스톨퍼-사무엘슨 정리

스톨퍼-사무엘슨 정리에 따르면 관세를 부과하는 경우 희소생산요소의 실질수익은 증가한다는 것이다. 예를 들어 자본풍부국인 2국이 노동집약적인 상품(상품 X)의 수입에 관세를 부과하면 국내 생산자 및 소비자에게 P_X/P_Y가 상승해서 2국의 희소요소인 노동의 실질임금 또한 증가하게 된다.

그림 8-6는 2국이 상품 X에 수입관세를 부과할 때 P_X/P_Y가 상승하고 그 결과 상품 X의 생산은 증가하고 상품 Y의 생산이 감소하는것을 보여 준다. 관세부과의 결과 두 상품을 생산할 때의 자본집약도는 상승하고, 스톨퍼-사무엘슨 정리의 내용과 같이 임금이 상승한다.

이를 보여 주기 위해 그림 8-9에서 2국에 대한 에지워스 상자도를 사용한다(그림 3-10과 5-6에서 프라임은 제거하였음). 그림 8-9에서 점 A는 폐쇄경제의 생산점이고, 점 B는 자유무역의 생산점이며 점 F는 상품 X에 100%의 관세를 부과할 때의 생산점이다. 점 F가 점 B보다 원점 O_X에서 멀고 원점 O_Y에서는 가까운데 그 이유는 상품 X에 대한 수입관세의 결과로 P_X/P_Y가 상승하여 2국에서 상품 X의 생산은 증가하고 상품 Y의 생산은 감소하기 때문이다.

원점 O_X에서 점 B까지 실선의 기울기는 **자유무역**을 할 때 상품 X 생산에서의 자본집약도를 측정하고 원점 O_Y부터 점 B까지의 실선의 기울기는 상품 Y 생산의 자본집약도를 측정한다. (상품 X에 수입관세 부과 후) 점 F에서 생산하는 경우에 상품 X 생산의 자본집약도와 상품 Y 생산의 자본집약도는 각각 원점 O_X와 O_Y로부터 점 F까지 점선의 기울기로 측정된다. 각 원점에서 점선의 기울기가 실선의 기울기보다 크므로 상품 X에 수입관세를 부과하는 경우 두 상품의 생산에 있어서 자본집약도가 자유무역의 경우보다 높아진다.

상품 X에 대한 관세부과 후 두 상품 생산에서(노동 단위당) 더 많은 자본이 결합됨으로써 노동의 생산성은 증가하고 두 상품의 생산에서 임금률은 상승한다. 이것은 점 $F(w/r$ 측정)를 통과하는 짧은 실선의 기울기가 점 B를 통과하는 짧은 실선의 기울기보다 더 크다는 사실에 의해 반영된다. 요소시장에서의 완전경쟁을 가정하면 임금은 두 상품 모두 생산에서 균등화될 것이다.

　그림 3-9와 그림 5-6의 상단에 있는 1국의 에지워스 상자도를 이용하여 상품 Y에 100% 관세를 부과하는 경우 생산점이 B에서 F로 이동하고 두 상품의 생산에서 자본집약도가 감소하며 1국에서 생산성과 자본소득이 증가함을 보이라.

도표를 이용한 스톨퍼-사무엘슨 정리

2국이 상품 X에 수입관세를 부과하게 되면 P_X/P_Y는 상승하고, 계약곡선상의 자유무역점 B로부터 F로 생산점이 이동하게 되며 상품 X 생산은 증가하고 상품 Y 생산은 감소한다. 양 원점으로부터 F까지의 **점선**의 기울기가 양 원점으로부터 B까지의 **실선**의 기울기보다 크기 때문에 관세부과 후의 자본집약도(K/L)가 양 상품의 생산에서 모두 높게 된다. 노동 단위당 더 많은 자본이 사용됨에 따라 노동의 생산성은 증가하고 그에 따라 노동의 소득은 스톨퍼-사무엘슨 정리의 내용과 같이 관세부과 후 더 증가한다.

A8.4 스톨퍼-사무엘슨 정리의 예외, 메츨러 패러독스

관세부과의 결과 개인에게 수입가능 상품의 상대가격이 상승하지 않고 하락하는 특이한 경우 희소요소의 소득 역시 감소하게 되고, 스톨퍼-사무엘슨 정리는 더 이상 타당하지 않게 된다. 이 경우를 분석하기 위해 그림 8-10에서 왼쪽 도표를 보기로 하자. 이 도표는 그래프 분석을 보다 명확하게 하기 위하여 수입관세가 아닌 **수출관세**를 다루고 있다는 것 외에는 그림 8-6과 동일하다.

그림 8-10의 왼쪽 도표는 2국의 개별 수출업자가 55Y를 수출하고 그중 15Y($D'E'$)는 정부에 의해 수출관세의 형태로 현물로 징수되고 나머지 40Y는 50X를 얻기 위해 외국인에게 돌아간다는 것을 보여 준다. 그 결과 관세로 인해 2국의 개인에 대해 $P_X/P_Y=P_{D'}=1.1$이 되어 자유무역하에서 $P_X/P_Y=P_W$ =1과 비교된다.

오퍼곡선 2에서 2'으로의 이동이 수출관세보다는 수입관세에 기인한다면 2국의 개인에 대해 P_X/P_Y

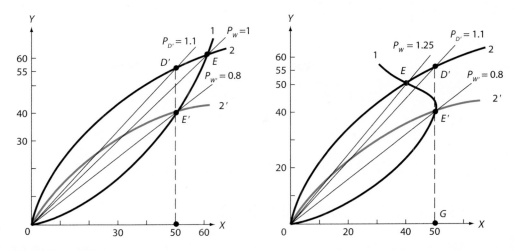

그림 8-10 메츨러 패러독스

왼쪽 도표는 2국에서 수출관세를 부과할 때 상품 X의 상대가격은 국가 전체적으로는 $P_X/P_Y=0.8$로 하락하지만 개인적으로는 자유무역의 상대가격 $P_X/P_Y=1$과 비교하여 $P_X/P_Y=1.1$로 상승함을 보여 준다. 2국의 개인에 대해서 상품 X의 상대가격이 상승하므로 2국은 노동집약재를 더 많이 생산하고 노동의 소득은 증가하여 스톨퍼-사무엘슨 정리가 타당하다. 오른쪽 도표에서 자유무역을 할 때 $P_X/P_Y=1.25(E)$가 되고 2국이 동일한 수출관세를 부과하면 2국의 개인에 대해 $P_X/P_Y=1.1$이 된다. 2국이 관세를 부과할 때 P_X/P_Y가 하락하기 때문에 노동의 소득은 감소한다. 이와 같이 스톨퍼-사무엘슨 정리는 더 이상 타당하지 않게 되고 메츨러 패러독스가 성립하는데, 이것은 오른쪽 도표에서 1국의 오퍼곡선이 후방굴절하거나 점 E를 지나서 비탄력적이기 때문에 발생한다.

의 상승은 더 클 것이라는 것을 주목하라[그림 8-6에서 $P_D(=1.6)$를 보라]. 그러나 스톨퍼-사무엘슨 정리가 성립하기 위해 중요한 것은 2국의 개인에 대해 P_X/P_Y가 상승하는 것이다. 그 이유는 P_X/P_Y가 상승하는 경우 수출관세이든 수입관세이든 관계없이 노동과 자본은 상품 Y의 생산으로부터 상품 X의 생산으로 이동하고, 두 상품 모두의 생산에서 자본집약도가 상승하고 따라서 노동의 생산성과 소득이 상승하기 때문이다(A8.3절에서 설명한 것과 정확하게 동일하다).

1국(또는 세계의 나머지 국가)의 오퍼곡선이 후방굴절하고 한 점을 지나서 음의 방향으로 구부러지거나 비탄력적인 예외적인 경우에 한해서(그림 8-10의 오른쪽 도표와 같이) P_X/P_Y는 2국의 개인에 대해서 상승하지 않고 하락하게 된다(자유무역 균형가격과 비교하여). 그 경우에 스톨퍼-사무엘슨 정리는 더 이상 타당하지 않다. 특별히 그림 8-10의 오른쪽 도표에서 자유무역 균형점 E(오퍼곡선 1과 2의 교점에 의해서 주어짐)에서 P_W는 1.25가 된다. 2국에 의한 수출관세 부과는 오퍼곡선 2를 2′으로 회전시켜 2국 전체와 나머지 세계에 대해서 균형점이 E′이 되고 세계시장가격 $P_{W'}$은 0.8이 된다. 그러나 2국의 개인은 15Y(D′E′)의 수출관세를 지불해야 하고 따라서 2국의 개인에 대한 $P_X/P_Y=P_{D'}=1.1$이 된다.

2국이 수출관세를 부과하면 2국 개인에 대한 P_X/P_Y는 감소하므로(자유무역을 할 때의 $P_X/P_Y=1.25$에서 수출관세 부과 후에는 $P_X/P_Y=1.1$로) 스톨퍼-사무엘슨 정리는 더 이상 타당하지 않다. 즉, 2국의 관세부과에 따른 P_X/P_Y의 하락이 2국으로 하여금 상품 X를 덜 생산하고 상품 Y를 더 생산하게 한다. Y는 자본집약적인 상품이므로 두 상품의 생산에서 자본집약도는 하락하고 노동의 소득과 생산성도 하락하게 된다. 이것은 스톨퍼-사무엘슨 정리의 내용과 정반대이고 이를 메츨러 패러독스라 한다.

그러나 메츨러 패러독스는 예외적이다. 그것이 발생할 수 있는 필요충분조건은 다른 국가의 오퍼곡선이 후방으로 굴절되거나, 관세의 영역 내에서 비탄력적이고 정부가 징수한 수출관세수입의 전부가 수입가능 상품의 소비에 지출되는 경우이다.

> **연습문제**   1국이 수출관세를 부과할 때 스톨퍼-사무엘슨 정리가 타당함을 보여 주는 그림은 왼쪽 도표에, 메츨러 패러독스를 보여 주는 그림은 오른쪽 도표에 그림 8-10과 유사한 그림을 그리라.

A8.5 관세가 요소소득에 미치는 단기효과

스톨퍼-사무엘슨 정리는 모든 생산요소가 국내의 산업 간에 이동이 가능한 장기(long-run)를 대상으로 한다. 그러나 노동은 이동이 가능하지만 어떤 자본은 상품 X 산업에 고정되고, 어떤 자본은 상품 Y 산업에 고정되는 단기의 경우를 상정해 보자. 관세가 요소소득에 미치는 단기효과는 스톨퍼-사무엘슨 정리가 설명하는 장기의 경우와 다르다. 이것은 A5.4절에서 설명된 특정요소모형에 의해 분석될 수 있다.

자본이 풍부해서 자본집약적인 상품 Y를 수출하고, 상품 X를 수입하는 2국을 상정해 보자. 그림 8-11에서 OO'는 2국에서 이용 가능한 총노동공급을 나타내고, 세로축은 임금률을 나타낸다. 자유무역을 할 때 2국의 양 산업에서 균형 임금률은 ED이고 이는 두 산업의 한계생산물 곡선인 $VMPL_X$와 $VMPL_Y$의 교점에 의해 결정된다. OD의 노동은 상품 X 산업에 사용되고, 상품 Y의 산업에는 DO'의 노동이 사용된다.

2국이 상품 X의 수입에 관세를 부과하여 P_X가 상승하면 $VMPL_X$는 비례적으로 상승하여 $VMPL'_X$가

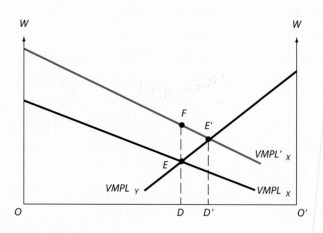

그림 8-11   관세가 요소소득에 미치는 단기효과

2국(자본풍부국)이 수입관세를 부과하면 보통 P_X는 상승하고, $VMPL_X$는 $VMPL'_X$로 상향 이동한다. 임금은 비례 이하로 상승하여 DD'의 (이동 가능한 생산요소인) 노동이 상품 Y의 생산으로부터 상품 X의 생산으로 이동한다. 상품 X 단위로 측정한 실질임금은 하락하고, 상품 Y 단위로 측정한 실질임금은 증가한다. (이동 불가능한 생산요소인) 자본의 실질수익률은 상품 X 산업에서는 증가하고, 상품 Y 산업에서는 하락한다.

된다. 그 결과 임금은 ED에서 $E'D'$으로 상승하며 DD' 단위의 노동이 상품 Y의 생산으로부터 상품 X의 생산으로 이동한다. 명목임금 w는 P_X보다 덜 증가하므로 상품 X 단위로 표시한 임금은 하락하고, Y단위로 표시한 임금은 상승한다(P_Y는 변하지 않으므로).

상품 X 산업에 특정화된 자본은 더 많은 노동과 결합되므로 자본의 실질 한계생산물가치는 상품 X로 표시하든 상품 Y로 표시하든 상승하게 된다. 반면에 상품 Y의 생산에서는 더 적은 노동이 고정된 자본과 사용되므로 상품 Y 산업에서 자본의 한계생산물가치는 상품 X 단위로 표시해서 하락하고, 상품 Y 단위로도 하락하게 된다.

이와 같이 자본풍부국인 2국에서 상품 X에 대해 관세를 부과하면 이동 가능한 요소인 노동의 실질소득은 상품 X 단위로 측정하면 하락하고 상품 Y 단위로 측정하면 상승하게 한다. 이동 불가능한 요소인 자본의 실질소득은 상품 X 산업에서는 상승하고, 상품 Y 산업에서는 하락한다. 이러한 결과는 자본과 노동이 이동 가능한 경우에 얻어지는 스톨퍼–사무엘슨 정리와 비교된다. 스톨퍼–사무엘슨 정리에서는 자본풍부국에서 관세부과로 인해 실질임금은 증가하고 실질임대료는 감소하였다.

> **연습문제** 노동풍부국인 1국에서 자본집약적인 상품인 Y에 관세를 부과하는 경우 노동은 이동 가능하지만 자본은 이동 불가능한 경우 실질 w와 실질 r에 어떤 영향을 주는가?

A8.6 최적관세의 측정

8.6A절에서는 최적관세를 무역량의 감소로부터 발생하는 부정적인 효과에 대해 교역조건의 개선으로부터 발생하는 순이익을 극대화하는 관세율로 정의하였다. 그림 8-7의 오퍼곡선 2*가 2국의 최적관세와 관련되는 이유는 E^*가 2국이 임의의 관세로 달성할 수 있는 가장 높은 무역무차별곡선상의 점이기 때문이다. 이것은 그림 8-12의 TI로 표시되는데, 이 그림은 그림 8-7과 동일하다.

무역무차별곡선은 부록 A4.1절에서 1국에 대해 유도되었다. 2국의 다른 무역 무차별곡선들도 그림 8-12의 TI와 동일한 일반모양을 가지며, TI의 왼쪽(2국에 대한 보다 낮은 후생)이나 오른쪽(TI보다 후생수준이 높지만 2국이 도달할 수 없음)에 위치한다.

이와 같이 최적관세란 가능한 한 가장 높은 무역무차별곡선에 도달하게 하는 관세율로서 무역상대국의 오퍼곡선과 접하는 관세율이다. 이와 같이 TI는 1국의 오퍼곡선과 접하게 된다. TI와 점 E^*에 도달하기 위해서는 2국은 오퍼곡선이 2에서 2*까지 회전하도록 수출 또는 수입관세를 부과해야 한다.

2국은 상품 Y에 100% 종가수출관세를 부과함으로써 오퍼곡선을 2에서 2*로 이동시킬 수 있다. 구체적으로 보면 2국의 수출업자는 균형점 E^*에서 50Y(JN)를 수출하는데, 그중 25Y(JE^*)는 2국의 정부에 의해 상품 Y에 대한 수출관세로 징수되고, 나머지 25Y(E^*N)는 40X와 교환된다. 2국은 상품 X에 대한 훨씬 높은 수입관세를 부과하면 오퍼곡선을 2에서 2*로 회전시킬 수 있다는 점을 주목하자. 실제로 최적수출 관세율과 최적수입 관세율은 동일하다(그림 8-12에서는 그렇게 보이지 않는다 하더라도). 이것은 보다 고급의 대학원 과정에서 수학을 사용해서만 보일 수 있다.

그러나 한 국가가 어떤 수입품에 수요 독점력을 갖는 것보다(예 : 브라질이 커피 수출에 대해, 석유

그림 8-12 최적관세의 측정

균형점 *E**가 2국이 도달할 수 있는 최고의 무차별곡선상에 있으므로 오퍼곡선 2*는 2국의 최적관세와 관련되어 있으며, 1국의 오퍼곡선과 접하는 *TI*에 의해 주어진다. 2국은 100%의 종가수입관세를 부과함으로써 *TI*상의 균형점 *E**에 도달할 수 있다(왜냐하면 *JE**=*E*N*이므로). 2국은 *TI*보다 높은 무역무차별곡선에 도달할 수 없다. 한편 100%의 최적관세율이 아닌 어떤 관세율을 부과해도 이 국가는 *TI*보다 낮은 무역무차별곡선상에 위치하게 된다.

수출국들의 OPEC을 통한 석유수출에 대해) 수출품에 독점력을 갖는 것이 더 그럴듯하므로 최적관세 논의는 수입보다 수출의 관점에서 보는 것이 더 적절하다.

최적수출 또는 수입관세율(t^*)은 다음과 같다.

$$t^* = \frac{1}{e-1} \tag{8A-6}$$

여기서 e는 무역상대국의 오퍼곡선의 탄력성이다. 이와 같이 e가 무한대가 되면(상대국의 오퍼곡선이 직선일 때 이것은 또한 상대국이 소국임을 의미한다.) 2국의 최적관세율은 0이 된다. 한편 1국의 오퍼곡선이 어떤 곡률을 가지면(e가 무한대보다 작으면) 최적관세율은 양(+)의 값을 갖는다. e의 값이 작을수록(상대국의 오퍼곡선의 곡률이 클수록) t^*의 값은 커진다. 그러나 식 (8A-6)은 최적관세율을 구하기 위해 먼저 E^*(그림 8-12 참조)를 찾아야 하므로 실용적이지 않다.

8.6B절에서 지적했듯이 최적관세로부터 얻는 이익은 상대국의 희생의 결과이며 따라서 상대국은 보복할 가능성이 크다. 그러므로 상호적인 보복이 계속된다면 결국 두 국가는 무역이익의 모든 것을 잃어버릴 것이다. 상대국의 관세율이 주어진 상태에서 두 국가가 우연히 동시에 최적관세를 부과하지 않는다면 무역량은 0으로 축소될 것이다.

연습문제 (a) 1국에 대해서 상품 X에 대한 최적수출관세를 보여 주는 그림 8-12와 유사한 그림을 그리라(힌트 : 1국의 무역 무차별곡선은 그림 4-8 참조). 동일한 그림 위에 1국이 이미 최적관세를 부과한 후에 2국의 최적관세를 보이라(힌트 : 그림 8-7 참조). (b) 1국이 최적관세를 부과하고 2국이 자신의 최적관세로 보복한 후에 1국과 2국의 대략적인 교역조건은 어떠한가? (c) 자유무역과 비교하여 각국의 후생은 어떻게 변화되었는가?

비관세장벽과 신보호주의

- 쿼터와 기타 비관세장벽의 의미와 효과를 익힌다.
- 덤핑과 수출보조금의 효과를 서술한다.
- 보호주의의 정치경제학과 전략적 무역정책 및 산업정책을 설명한다.
- 우루과이 라운드의 결과와 도하 라운드의 목적을 서술한다.

9.1 서론

역사적으로 볼 때 관세가 가장 중요한 무역제한조치라고는 하더라도, 그 외에 수입 쿼터, 수출자율규제, 반덤핑조치 등과 같은 다른 유형의 무역장벽들이 있다. 관세는 전후기간 동안 협상을 통해 인하되었기 때문에 비관세 무역장벽의 중요성이 크게 증대되었다.

이 장에서는 비관세장벽의 효과를 분석한다. 9.2절에서는 수입 쿼터의 효과를 살펴보고, 수입관세와 비교한다. 9.3절에서는 다른 비관세장벽들을 다루는데 국제 카르텔, 덤핑, 수출보조금 등과 같은 무역장벽뿐만 아니라 수출자율규제와 기타 규제들도 논의한다. 9.4절에서는 보호주의에 관한 논의들을 다룬다. 이러한 것 중에는 명백히 오류인 것도 있고 경제적 의미를 갖는 것도 있다. 9.5절에서는 전략적 무역정책이나 전략적 산업정책을 다루며, 9.6절에서는 1934년부터 지금까지 미국의 통상 또는 무역정책의 역사를 개관한다. 마지막으로 9.7절에서는 무역협상으로서의 우루과이 라운드 결과를 요약하고, 도하 라운드에 관해 논의한다. 그리고 현재 세계가 직면하고 있는 현안 문제들을 살펴본다. 부록에서는 집중화된 카르텔의 작용, 국제가격차별, 국내 왜곡을 시정하기 위해 관세 대신 보조금과 세금을 사용하는 문제 등을 그래프를 통해 분석한다.

9.2 수입 쿼터

쿼터(quota)는 가장 중요한 비관세장벽으로 수입상품과 수출상품의 양에 대한 **직접적인 수량규제**이다. 이 절에서는 수입 쿼터를 다루며, 수출 쿼터(수출자율규제 형태로)는 9.3A절에서 다룰 것이다. 수입 쿼터의 효과는 8.2절에서 관세의 효과를 분석하기 위해 사용한 부분균형분석 방법을 사용하여 분석한다. 수입 쿼터와 그에 상당하는(equivalent) 수입관세의 유사성에 또한 주목하자.

9.2A 수입 쿼터의 효과

수입 쿼터는 국내산업이나 농업을 보호하거나 국제수지를 방어하기 위해 사용되며, 제2차 세계대전 직후 서유럽에서 매우 광범위하게 사용되었다. 그 후로 수입 쿼터는 선진공업국에서는 농업을 보호하기 위해, 후진국에서는 제조업의 수입대체를 촉진하거나 국제수지 방어 목적으로 사용되었다.

그림 9-1은 수입 쿼터에 대한 부분균형분석을 보여 주는데, 이는 그림 8-1과 거의 동일하다. D_X는 상품 X에 대한 수요곡선을, S_X는 공급곡선을 나타낸다. 세계가격이 1달러인 상태에서 자유무역이 이루어지면 이 국가는 70단위(AB)를 소비하는데, 그중 10단위(AC)는 국내에서 생산하고 나머지 60단위 (CB)는 수입하게 된다. 30단위(JH)만큼의 수입 쿼터가 부과되면 국내가격은 2달러로 상승하게 되며, 이것은 상품 X에 100%의 종가관세를 부과하는 것과 같다(그림 8-1 참조). 그 이유는 2달러의 가격하에서만 50단위(GH)의 수요량이 20단위(GJ)의 국내생산과 30단위(JH)의 수입 쿼터와 일치하기 때문이다. 이와 같이 수입 쿼터 30단위(JH)로 인해 국내소비는 20단위(BN)만큼 감소하고 국내생산은 10단위 (CM)만큼 증가하여 100%의 수입관세와 그 효과가 동일하게 된다(사례연구 9-1 참조). 정부가 수입권을 최고입찰자에게 경매방식으로 배분하게 되면 수입효과는 30달러($JHNM$의 영역)가 된다. 그 경우 30단위의 수입 쿼터는 암묵적인 100%의 수입관세와 모든 면에서 동일하게 된다.

수요곡선이 D_X에서 D_X'로 이동하는 경우 30단위($J'H'$)로 주어진 수입 쿼터의 결과 상품 X의 국내가격은 2.5달러로 상승한다. 국내생산은 25단위($G'J'$)로 증가하고, 국내소비도 50단위에서 55단위 ($G'H'$)로 증가한다. 반면에 (수요곡선 D_X에서 D_X'로의 이동에 직면하여) 100%의 관세가 부과된 경우

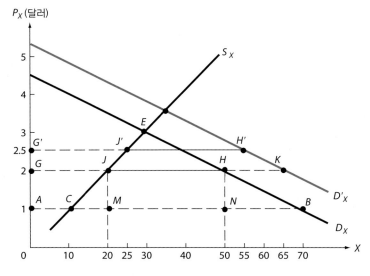

그림 9-1 수입 쿼터의 부분균형효과

D_X와 S_X는 각각 한 국가의 상품 X에 대한 수요곡선과 공급곡선을 나타낸다. P_X=1달러인 자유무역에서 시작하여 30X(JH)의 수입 쿼터를 부과하면 P_X=2달러가 되고 상품 X의 소비는 50X(GH)가 되는데 그중 20X(GJ)는 국내에서 생산된다. 정부가 경쟁시장에서 수입허가권을 가장 높은 입찰자에게 경매에 붙이는 경우 100%의 수입관세처럼 수입효과 역시 30달러($JHNM$)가 된다. 30X($J'H'$)의 수입 쿼터에서 수요곡선이 D_X에서 D_X'로 이동하는 경우 소비는 50X에서 55X($G'H'$)로 증가하고 그중 25X($G'J'$)는 국내에서 생산된다.

사례연구 9-1 미국의 설탕 수입 쿼터에 대한 경제적 효과

2005년 미국은 미국으로 수입되는 설탕 수입을 연간 140만 톤의 쿼터로 규제했다. 이 쿼터로 인해 미국 소비자들이 지불하는 설탕의 가격은 2배 이상 상승하여 연간 17억 달러에 달하는(그림 8.3에서 $a+b+c+d$ 면적의 합으로 표시되는) 소비자 잉여의 손실이 발생했는데, 이 중 9억 달러는 생산자 잉여의 형태로 생산자에게 귀속되었고(그림 8.3의 면적 'a'), 4억 달러는 미국으로 설탕을 수출한 외국의 수출업자들이 더 높은 가격을 받았기 때문에 그들에게 귀속되었고(그림 8.3의 면적 'c'), 나머지 4억 달러는 미국 내 생산 및 소비가 왜곡되어 발생한 사중적 손실(그림 8.3에서 '$b+d$'의 면적)이다. 따라서 설탕 쿼터로 인한 미국의 후생 손실은 약 8억 달러(소비자 잉여의 감소분 17억 달러 — 생산자 잉여의 증가 9억 달러)이다.

소비자 잉여의 감소분 17억 달러를 2005년 미국 인구 3억 명으로 나누면 미국인들은 설탕 쿼터 때문에 평균적으로 약 6달러를 더 지불한 것이다. 물론 대부분의 미국인들은 이 쿼터를 모르고 있고, 1년 동안 설탕에 대한 지출이 적기 때문에 이를 크게 신경 쓰지도 않을 것이다. 그러나 미국 내 대규모 설탕 생산업체의 숫자가 1,000개도 되지 않기 때문에 설탕 생산업체의 평균이윤은 연간 2백만 달러 증가했다(따라서 미국의 설탕업체들이 쿼터를 유지하기 위해 연방정부에 지속적인 노력을 한 것은 놀랄 만한 일이 아니다!). 설탕 쿼터를 철폐하면 2005년도 미국의 설탕산업에서 7,000개의 일

자리가 없어질 것으로 추정되므로, 이는 미국의 설탕산업에서 보존되는 일자리 한 개에 대한 **소비자 비용**이 약 24만 3,000달러에 (설탕 쿼터로 인한 소비자 잉여의 감소분 17억 달러를 보존된 7,000개의 일자리로 나눈 금액) 달한다는 것을 의미한다.

2015년 미국 국내 설탕산업의 고용이 15,100인으로 감소하자 미국 정부는 120만 톤의 설탕 쿼터로 미국의 설탕 수입을 제한하였다. [이를 암묵적인 관세 상당치(또는 외국의 수출업자에 대한 수출세 상당치)라 한다.] USITC는 미국의 설탕 수입에 대한 모든 무역보호를 폐지하면 — 2015~2020년 기준치와 비교하여 — 국내의 설탕 생산은 4.5% 감소, 국내고용은 4.2%(634명) 감소, 3억 4,770만 달러의 후생이익이 발생할 것으로 추정하였다. 2017년에는 설탕에 대한 관세할당을 완전히 폐지하는 대신 이를 완화하기 위한 입법조치(2017년의 설탕현대화법)가 도입되었는데 이를 시행하게 되면 설탕수입은 증가하고 미국의 소비자들이 지불하는 설탕가격은 하락할 것이다.

출처 : United States International Trade Commission, *The Economic Effects of Significant U.S. Import Restraints*, (Washington, D.C. : USITC, December 2017); "Candy-Coated Cartel," Policy Analysis, CATO Institute, April 10, 2018. ; "USDA Announces Sugar TRQs for Fiscal Year 2019," July 2, 2018, https://www.fas. usda.gov/newsroom/usda-announces-sugar-trqs-fiscal-year-2019.

국내가격은 2달러로 불변이고, 국내생산도 20단위(GJ)로 불변이며 국내소비는 65단위(GK)로 증가하고, 수입은 45단위(JK)가 된다.

9.2B 수입 쿼터와 수입관세의 비교

그림 9-1에서 D_X에서 D'_X로의 이동을 통해 수입 쿼터와 수입관세의 여러 가지 차이점 중 한 가지가 분명해진다. 즉, 수입 쿼터가 주어진 경우에 수요가 증가하면 이에 상당한(equivalent) 수입관세에 비해 국내가격은 상승하고 국내생산은 증가한다. 반면에 수입관세의 경우 수요의 증가는 국내가격을 변화시키지 않고 그에 따라 국내생산도 변화하지 않으며 동등한 수입 쿼터에 비해 소비와 수입이 보다 더 증가한다(그림 9-1 참조). S_X의 이동이나 D_X의 하락은 유사한 방법으로 분석될 수 있고, 이 장 마지막 연습문제에서 다룬다. D_X나 S_X의 어떤 이동에 대한 조정은 수입 쿼터의 경우는 국내가격에서, 수입관세의 경우는 **수입량**에서 변화가 일어나므로 수입 쿼터는 (수입관세의 경우처럼) 가격 메커니즘을 단순히 변경시키는 것이 아니라 그것을 완전히 대체하는 역할을 한다.

수입 쿼터와 수입관세의 두 번째 중요한 차이점은 쿼터의 경우 수입허가권의 배분과 관련된다. 정부가 경쟁시장에서 수입허가권을 경매로 팔지 않는다면 그것을 획득한 기업들은 독점이윤을 획득하게 된다. 이 경우에 정부는 수입허가권을 잠재적 수입업자들 간에 어떻게 배분할 것인가에 대한 기준을 마련해야 한다. 그러한 결정은 효율성보다는 자의적인 행정적 판단에 근거할 수도 있으며 실제적, 잠재적 수입업자의 여러 가지 잠재적 효율성이 변화된 경우에도 여전히 경직적인 상태를 유지할지도 모른다. 더 나아가 수입허가권이 독점이윤을 가져오기 때문에 잠재적 수입업자는 상당한 노력을 로비하는 데 쏟아붓거나 정부 관리들을 매수하여 수입권을 따내려고 할 것이다(소위 지대 추구활동). 이처럼 수입 쿼터는 시장 메커니즘을 대체할 뿐 아니라 전체 경제의 관점에서 볼 때 낭비를 초래하고 부패의 씨앗을 내포하게 된다.

마지막으로 관세의 무역효과는 불확실한 반면, 수입 쿼터는 수입을 특정한 수준으로 **확실하게** 제한하는데, 그 이유는 D_X나 S_X의 모양을 알기 어렵기 때문에 바람직한 수준으로 수입을 제한하기 위한 관세율을 추정하는 것이 매우 어렵기 때문이다. 더 나아가서 외국의 수출업자는 조업의 효율성을 높이거나, 이윤의 폭을 줄임으로써 관세의 모두 또는 일부를 흡수할 수 있으므로 실제 수입 감소액은 예상보다 더 낮아질지도 모른다. 쿼터의 경우에는 수입국으로 수입되는 수입량이 제한되기 때문에 수출업자는 이렇게 할 수 없다. 국내생산업자가 수입관세보다 수입 쿼터를 강하게 선호하는 것은 이러한 이유와 쿼터가 훨씬 눈에 덜 띄기 때문이다. 그러나 수입 쿼터는 수입관세보다 더 제한적이기 때문에 사회는 일반적으로 이러한 노력을 저지해야 한다. 9.7A절에서 보게 되는 것처럼 우루과이 라운드 조항 중의 하나는 수입 쿼터와 다른 비관세장벽을 이에 상당한 관세로 바꾸는 것이다(관세화 과정).

9.3 다른 비관세장벽과 신보호주의

이 절에서는 관세와 수입 쿼터 외의 다른 비관세장벽들을 다룬다. 여기에는 수출자율규제, 기술적, 행정적 및 기타 규제 등이 포함된다. 무역규제에는 그 외에 국제 카르텔, 덤핑이나 수출보조금 등이 있다. 지난 20년 동안 비관세장벽(Nontariff Trade Barriers, NTBs), 또는 신보호주의(new protectionism)는 국제무역의 흐름을 방해하는 데 관세보다 더 중요한 역할을 했고, 국제무역체제에 주요한 위협이 되어 왔다. 이 절에서는 수출자율규제로 시작하여 비관세장벽과 신보호무역주의를 다룬다.

9.3A 수출자율규제

비관세장벽 중 가장 중요한 것 중의 하나는 수출자율규제(Voluntary Export Restraints, VERs)이다. 수출자율규제는 수입하는 국가에서 상대국의 수출에 의해 국내의 특정 산업 전반이 위협받는다고 판단될 때 더욱 높은 수준의 수입규제조치가 취해질 수 있다는 위협하에 수출국으로 하여금 소위 자율적으로 수출을 규제하도록 하는 것이다. 수출자율규제는 1950년대 미국, 유럽연합 및 기타 선진국에 의해서 일본, 대한민국 및 다른 국가의 의류, 철강, 전자제품, 자동차 및 기타제품의 수출을 억제할 목적으로 시도되었으며, 이러한 산업은 지난 30년 동안 선진국에서 심각한 고용의 감소를 경험한 성숙된 산업들이다. 수출자율규제는 때때로 시장 질서협정으로도 불리는데, 이는 수출자율규제를 사용하는 미국과 기타 선진국들이 외관상으로나마 자유무역을 지지하는 것처럼 보이기 위해 붙인 이름이다. 우루과이 라운드는 1999년까지 모든 수출자율규제를 폐지하도록 요구하였고 새로운 수출자율규제의 시행도 금지하였다.

수출자율규제가 성공적인 경우 그 경제적 효과는 수입 쿼터의 경우와 동일하지만 그것이 수출국가에 의해 시행되므로 수입(收入)효과나 지대가 외국의 수출업자에게 돌아간다는 점에 차이가 있다. 이것의 한 예는 1981년 일본 자동차에 대한 미국의 수출자율규제이다(사례연구 9-2 참조). 미국은 또한

사례연구 9-2 미국과 유럽으로 수출되는 일본 자동차에 대한 수출자율규제

1977년부터 1981년까지 미국의 자동차 생산은 약 1/3로 감소하였고, 수입의 비율은 18%에서 29%로 상승하였으며, 거의 30만 명에 달하는 자동차산업의 노동자들이 일자리를 잃었다. 또한 미국의 3대 자동차 회사(GM, 포드, 크라이슬러)는 1980년에 40억 달러의 손실을 경험했다. 그 결과 미국은 미국으로 수출되는 일본의 자동차의 수량을 1981년부터 1983년까지 매년 168만 대로 제한하고 1984년과 1985년에는 185만 대로 제한하는 협정을 일본과 체결하였다. 일본은 미국이 한층 더 엄격한 수입규제를 할 것을 두려워해서 자동차 수출을 제한하는 데 동의했다.

미국의 자동차 제조업자들은 1981년부터 1985년까지의 기간을 잘 이용하여 수지균형점을 낮추고 품질을 향상시켰지만 비용 개선을 소비자에게 돌려주지 않고 디트로이트는 1983년에 거의 60억 달러의 이익을, 1984년에는 100억 달러, 1985년에는 80억 달러의 이익을 보았다. 일본은 고가의 자동차를 수출함으로써 더 높은 이익을 창출했다. 물론 최대의 피해자는 미국 일반 대중이었는데, 그들은 국내 및 외국 자동차에 대해서 실질적으로 더 높은 가격을 지불해야 했다. 미국의 국제무역위원회는 1984년에 그 협정에 의해 미국 국산자동차는 가격이 660달러 인상되었고, 일본 자동차는 1,300달러 인상된 것으로 추정했다. 미국 국제무역위원회는 또한 그 협정으로 미국 소비자가 부담한 총비용은 1981년부터 1984년까지 157억 달러였고, 4만 4천 명의 자동차산업의 일자리가 1인당 10만 달러 이상의 비용을 치르고 유지된 것으로 추정했다.

1985년 이래로 미국은 VER 협정의 갱신을 요구하지 않았지만 일본은 미국과의 더 많은 무역마찰을 회피하기 위하여 자동차 수출을 제한했다(1986년부터 1991년까지는 230만 대로 그 후에는 165만 대로). 그러나 1980년대 말 이래로 일본은 이른바 시설이전 공장에서 미국의 자동차를 생산하는 데 크게 투자했으며, 그 결과 1996년에 일본은 미국에서 200만 대 이상의 자동차를 생산했고, 미국 자동차 시장의 23%를 차지했다. 2009년에 일본 자동차 생산업자의 미국시장 점유율은 해외 자동차업체의 점유율 46%에서 35%에 달했다.

미국의 뒤를 이어 캐나다와 독일 역시 일본의 자동차 수출에 대한 규제를 실시하였다(프랑스와 이탈리아는 이미 엄격한 쿼터를 부과하고 있었다). 유럽연합 자동차 시장에 대한 일본의 점유율을 16%로 제한하기로 한 1991년의 협정은 일본 자동차(수입 및 유럽 내 생산)의 유럽시장 점유율이 11.4%에 도달한 1999년 말 종료되었다. 2008년에는 점유율이 13%를 초과했고 장차 상승할 것으로 예상된다.

해외 자동차업체의 미국 내 판매량(수입품과 미국 내 생산을 합하여)은 디트로이트의 빅 3보다 더 많다. 2009년도에 GM은 파산신청을 했다가 미국 정부가 납세자의 돈 495억 달러를 투자한 후에 회생하였고, 그 결과 미국 정부는 이 회사의 지분을 61% 보유하게 되었다. 크라이슬러 역시 정부지원으로 회생하였으나 그 후 이탈리아의 피아트에 의해 인수되었다. 2010년 이래로 미국의 자동차업체들은 생산과 판매를 늘리고, 일본 업체로부터 일부 시장을 탈환하기도 했다. 2010년에 GM은 미국보다는 중국에서 생산된 차를 더 많이 판매하고 있다!

출처 : U.S. International Trade Commission, *A Review of Recent Development in the U.S. Automobile Industry Including an Assessment of the Japanese Voluntary Restraint Agreement*(Washington, D.C. February 1985); "Japanese Cars Europe Sales Records," *The Japan Times*, January 16, 2005, p. 1; "America's Other Auto Industry", *The Wall Street Journal*, December 1, 2008, p. A22; "The Medicine Starts to Work," *The Economist*, May 22, 2010, p. 69; and "U.S. Automakers Getting Back on Track at Just the Right Time," *Money Morning*, October 11, 2011, p. 1; and "How American Cars are Really Sold in China," CNN Money, April 10, 2018.

1982년 주요 철강 수출공급자와 수출자율규제를 협상하여 미국 철강시장의 20%까지 수입을 제한하였다. 이러한 조치는 대략 20,000개의 일자리를 구했지만 대신 미국의 철강가격은 20~30% 정도 상승한 것으로 추정된다. 이 수출자율규제는 1992년에 시효가 끝났으며, 즉시 외국철강수입에 대한 반덤핑관세의 부과요구로 대체되었는데(9.3D절 참조) 이는 미국, 일본, 유럽연합, 중국 및 여타 국가 간에 심각한 분쟁을 불러일으켰다.

수출자율규제는 수출 국가들이 마지못해 수출을 억제하므로 수입 쿼터에 비해 수입을 규제하는 면에서는 덜 효과적이다. 해외수출업자들은 그들의 쿼터를 시간이 지남에 따라 고품질, 고가격으로 채우고자 한다. 이러한 제품의 질적 향상은 일본의 미국에 대한 자동차 수출자율규제의 경우에 매우 분명하다. 더 나아가서 대체로 수출자율규제는 주요 공급국가에만 관련되기 때문에 다른 국가들이 주요 공급자의 수출을 대체할 여지가 있으며 제3국을 통한 선적이 가능하다.

9.3B 기술 · 행정 및 기타 규제

국제무역은 또한 기술 · 행정 및 기타 규제(technical, administrative, and other regulations)에 의하여 저해된다. 여기에는 자동차 및 전기장비에 대한 **안전규정**, 수입식품의 위생적인 생산과 포장을 위한 **건강규정**, 원산지와 함량에 대한 **상표요구조건** 등이 포함된다. 이러한 많은 규제들은 법적인 목적을 가지고 있지만 어떤 것들은 프랑스에서 스카치에 대한 광고금지나 영국에서 TV에서 외국영화를 상영하는 것을 금지하는 것과 같이 수입규제를 위해 위장된 것이다.

다른 무역규제는 국내 공급자로부터 구매할 것을 요구하는 법에 의해 발생한다(소위 정부조달정책). 예를 들어 1933년에 통과된 '바이 아메리칸'법에 의하면 정부 당국은 국내 공급자에게 12%까지(국방 계약에 대해서는 50%까지) 가격우위를 제공했다. 도쿄 라운드의 무역자유화의 일환으로(9.6D절 참조) 미국 및 여타 국가들은 이러한 관행과 규제를 공개하고 외국 공급자에게 공정한 기회를 제공하는 정부조달 협정에 동의했다.

최근에는 국경세에 대한 관심이 커지고 있다. **국경세**는 수출업자에게 **국내간접세**를 환급하는 것으로(관세 외에도) 수입업자에게 부과된다. 미국에서 간접세의 예는 물품 및 판매세이고, 유럽에서는 부가가치세(VAT)이다. 미국에서 대부분의 정부수입은 (소득세와 같이) 직접세를 통해 징수되고, 유럽에서는 (부가가치세와 같이) 간접세를 통해 징수되기 때문에 미국의 수출업자는 유럽의 수출업자에 비해 훨씬 더 적은 환급을 받게 되고 경쟁열위에 있게 된다.

국제상품협정과 **복수환율** 역시 무역을 제한한다. 국제상품협정은 개발도상국의 주요한 관심사이며, 제11장에서 논의한다.

9.3C 국제 카르텔

국제 카르텔(international cartel)은 서로 다른 국가에 소재한 상품의 공급자들이 산출량 및 수출을 제한해서 총이윤을 극대화시키거나 증가시킬 목적으로 조직한 기구이다. 미국에서 국내 카르텔이 불법이고, 유럽에서는 제한되지만 **국제 카르텔**은 어느 한 국가의 관할 아래 있지 않기 때문에 쉽게 해체될 수 없다.

현재의 국제 카르텔 중에서 가장 악명 높은 것은 석유수출국기구(OPEC)로 1973년과 1974년 사이에 생산 및 수출을 제한함으로써 원유가격을 4배 높이는 데 성공했다. 또 하나의 예는 국제항공운송협회로서 국제항공요금 및 정책을 집행하기 위해 2007년까지 매년 회합한 주요 국제항공노선 카르텔이다.

국제 카르텔은 필요 불가결한 상품의 국제적 공급자가 극소수이고, 그에 대한 밀접한 대체상품이 존재하지 않는 경우 매우 성공적일 것이다. OPEC은 1970년대에 이러한 조건들을 아주 잘 충족시켰다. 그러나 국제 공급자가 많은 경우에는 그것들을 효과적인 카르텔로 조직한다는 것은 더 어렵다. 마찬가지로 어느 상품에 대한 좋은 대체상품이 있는 경우에 국제 카르텔이 생산 및 수출을 제한하여 가격과 이윤을 증가시키고자 시도하면 구입자들은 대체상품으로 이동하게 된다. 이것은 석유 또는 주석 외의 다른 광물이나 설탕, 커피, 코코아, 고무 이외의 다른 농산물 분야에서 국제 카르텔이 형성되기 어려운 이유이다.

카르텔의 힘은 생산과 수출을 제한할 수 있는 능력에 있기 때문에 임의의 한 공급자가 카르텔 밖으로 나가거나 카르텔을 속이고 그 카르텔 가격보다 낮은 가격으로 무제한의 판매를 하고자 하는 인센티브가 존재한다. 이는 높은 원유가격으로 인해 원유탐사와 (영국, 노르웨이, 멕시코와 같은) 비회원국의 생산이 촉진된 1980년대의 예를 통해 OPEC에게 명백해졌다. 석유제품에 대한 수요를 감소시킨 에너지 보존조치와 아울러 가격 상승으로 인한 공급의 증가로 인해 1980년대와 1990년대의 원유가격은 1970년대에 비해 급락했다. 또한 경제이론이 예측하는 바와 같이 카르텔은 내재적으로 불안정하고 자주 붕괴하거나 실패하게 된다. 그러나 카르텔은 성공하게 되면 총이윤을 극대화하는 독점자 [집중화된 카르텔(centralized cartel)]로서 행동하게 된다(A9.1절 참조).

9.3D 덤핑

무역장벽은 또한 덤핑으로부터 유래할 수도 있다. 덤핑(dumping)은 한 제품을(생산비 이하로 또는) 국내보다 해외에서 더 낮은 가격으로 수출하는 것이다. 덤핑은 지속적, 약탈적 및 산발적 덤핑으로 분류된다. 지속적 덤핑(persistent dumping)은 국제가격차별 또는 국내 독점기업이 총이윤을 극대화하기 위하여 제품을 국제시장보다 (운송비나 무역장벽에 의해 고립되는) 국내시장에서 더 높은 가격으로 **지속적**으로 판매하는 것이다. 부록 A9.2절에서 국내 공급자가 총이윤을 극대화하기 위해서 어떻게 국내와 해외에서 가격을 책정하는가를 보여 준다.

약탈적 덤핑(predatory dumping)은 해외의 생산자를 업계로부터 축출하기 위해서 한 상품을 비용 이하 또는 해외에서 보다 낮은 가격으로 **일시적**으로 판매하는 것인데, 그 후에는 새로 획득된 해외에서의 독점력을 활용하여 가격을 상승시킨다. 산발적 덤핑(sporadic dumping)은 한 상품을 생산비 이하로 국내보다 해외에서 더 낮은 가격으로 **간헐적**으로 판매하는 행위이다. 이것은 그 제품의 예기치 않는 일시적인 초과공급을 국내가격을 하락시키지 않고, 해소하기 위한 것이다.

약탈적 덤핑을 상쇄하기 위한 무역규제조치가 정당화되고 부당한 해외경쟁으로부터 국내산업을 보호하는 것이 허용된다. 이러한 규제는 보통 **반덤핑관세** 형태를 띠는데, 가격 차이를 상쇄하거나 그러한 관세부과를 하겠다고 위협하는 것이다. 그러나 덤핑의 유형을 결정하는 것이 쉽지 않고 국내생산자들은 어떠한 유형의 덤핑에 대해서도 변함없이 보호를 요구한다. 그렇게 함으로써 그들은 수입을 억제하고 그들 자신의 생산 및 이윤을 증가시키게 된다. 실제로 지속적이고 산발적인 덤핑의 경우에는 낮은 가격으로 인해 소비자가 얻는 이익이 국내생산자가 부담하는 생산에서의 손실보다 더 클 수도 있다.

지난 40년 동안 일본은 미국에 철강과 TV를 덤핑 수출하는 것으로, 유럽 국가들은 자동차와 철강과 다른 제품을 덤핑하는 것으로 비난을 받아 왔다. 많은 선진국, 특히 유럽연합에 속한 선진국들은 그들의 농업지지 프로그램하에서 생산되는 농산물을 덤핑 수출하려고 하는 경향이 있다. 덤핑이 입증되는 경우에 위반한 국가 또는 기업은 반덤핑관세를 부과받는 대신에 제품의 가격을 올리기를 선호한다(1976년 폭스바겐, 1977년 일본 TV 수출업자들이 했던 것처럼). 2007년에는 (유럽연합을 1개 국가로 간주했을 때) 29개국이 (많은 개발도상국을 포함하여) 반덤핑법이 존재하고 있었다.

1978년 미국 정부는 트리거 프라이스 메커니즘(trigger-price mechanism)을 도입하여 (1980년대 말의 대한민국) 세계 최저 생산국보다 낮은 가격에 철강이 미국에 수입된다는 고소가 접수되면 신속하게 반덤핑 조사를 받도록 하였다. 덤핑이 입증되면 미국 정부는 수입철강의 가격을 최저생산비 국가의 가격과 같아지도록 관세를 부과하여 국내 철강산업을 신속하게 구제한다. 미국에 대한 철강 수출 자율규제가 종료된 1992년 이래로 미국의 철강 생산업자들은 외국의 철강 생산자들에 대해 수백 건의 반덤핑 제소를 하여 뜨거운 논쟁을 불러일으켰다.

1985년 미국 생산자들은 일본의 컴퓨터 칩(컴퓨터의 두뇌이고 가장 현대적인 기계) 수출업자에 대해서 반덤핑 제소를 하였다. 이에 대해 일본은 1986년에 미국 및 여타 국가에서의 칩의 덤핑을 중지하는 협정을 체결하였다. 그러나 덤핑이 지속되자 미국은 1987년에 미국으로 수출되는 3억 달러 상당의 일본제품에 대해 100% 수입관세를 부과하였다. 그 관세는 일본이 해외 생산자들로 하여금 일본 칩의 시장점유율을 1986년의 8%에서 1992년까지 20%로 확대한다는 반도체 협정을 체결하자 1991년에 폐지되었다. 그러나 미국의 칩 생산자들은 1994년까지 동의한 일본에서의 시장점유율이 20%에 도달하지 못하자 의견의 불일치가 계속되었다. 1996년에 그 협정은 갱신되었지만 미국과 일본의 컴퓨터 칩 산업이 시장점유율에 대한 요구 없이 상호 간의 시장을 모니터링한다는 데만 동의했다.

1998년과 1999년에 미국은 유럽연합, 일본, 대한민국, 브라질, 러시아로부터의 철강 수입에 대해 반덤핑관세를 부과했으며, 2002년 3월에는 러시아, 브라질, 일본, 중국으로부터의 철강 수입에 대해 30%의 관세를 부과했다(이에 대해 WTO는 이를 불법으로 판정하여 미국은 2003년 이를 철회했다). 2010년에 WTO는 중국의 덤핑 및 정부 보조금으로부터 미국의 생산자들을 보호하기 위하여 미국이 중국산 철강 파이프, 타이어 및 기타 제품에 대하여 2008년 부과한 관세를 지지했다. 철강산업이 반덤핑 조사를 요구하는 일은 근래에 특히 미국에서 빈번해졌는데 그 이유는 세계시장에서의 만성적인 초과공급 때문이다.

2005년에 미국은 미국에 대한 중국산 직물 및 의류 수출의 연간 증가율을 2008년까지 7.5%로 제한할 것을 협상했다(유럽연합 역시 2008년까지 10% 한도를 협상했다). 이러한 규제조치는 우루과이 라운드 이행조치의 일환으로 2004년 직물 및 의류에 대한 쿼터가 철폐됨에 따라 이들 중국산 제품이 미국과 유럽연합에 넘쳐났기 때문에 필요한 것으로 생각되었다. 미국이 유럽연합의 (미국인 소유의 플랜테이션에서 생산되는) 중앙아메리카와 카리브산 바나나 수입 규제에 대해 비난했던 바나나 사례는 오래 끌어왔는데, 2010년 미국에게 유리한 방향으로 해결되었다.

2011년 미국은 미국산 닭고기 제품에 대한 중국의 과중한 반덤핑관세를 철폐하도록 WTO에 요청했다. 미국과 유럽연합은 (고급 카탈로그와 잡지에 사용되는) 중국의 코팅 용지에 대해 반덤핑 및 상계관세를 부과했다. 미국은 미국의 전자결제 서비스 공급자가 중국시장에 대한 접근을 제한한 중국 정부의 조치에 대해 WTO의 심리를 요구했다. 또한 중국도 미국의 중국에 대한 SUV 수출에 대해 22%까지의 가혹한 관세를 부과했다.

2012년 3월, 미국, 일본 및 유럽연합은 중국이 여러 형태의 희토류, 텅스텐 및 몰리브덴에 대한 중국의 수출규제에 대한 분쟁해결절차에 따라 중국과 협의할 것을 요청하였다. 2012년 5월 미국 상무부는 몇몇 중국의 태양 전자판 기업이 덤핑한 것으로 판정하여 그들의 수출품에 대해 31%의 관세를 부과하였다.

시행 중인 반덤핑 조치의 수는 1998년 1월의 880건에서 2011년 9월에는 1,683건으로 증가했다. 평균적으로 반덤핑 조사의 절반 정도가 아무런 조치 없이 종료되며 나머지는 관세를 부과하거나 수출업자가 가격을 인상하는 것으로 종결되었다. 사례연구 9-3은 2016년과 2017년에 G20 국가가 시행한 반덤핑 조사이다.

9.3E 수출보조금

수출보조금(export subsidies)은 한 국가의 수출을 촉진하기 위해 수출업자나 잠재적 수출업자에게 직

사례연구 9-3 G20 국가에 의한 반덤핑 조사

표 9-1은 WTO 회원국인 (가장 중요한 선진국, 개발도상국 그리고 유럽연합으로 구성된) G20 국가가 2016년과 2017년에 시행한 반덤핑 조치의 수를 보여 준다. 이 표를 통해 반덤핑 조치의 수는 2016년의 140건에서 2017년에는 154건으로 증가했음을 알 수 있다. 2017년에 인도가 가장 많은 반덤핑 조치를 받았고(47), 그다음이 미국(33), 오스트레일리아(14) 및 브라질, 캐나다와 멕시코(각각 19건)이다. (전체로서의) 유럽연합은 11건이었다. G20 중 다른 국가들(프랑스, 독일, 이탈리아, 영국, 남아프리카공화국)은 2016~2018년 기간에 아무런 반덤핑 조치를 받지 않았다. 2016~2017년 기간에 대부분의 반덤핑 조치가 부과되었던 상품은 금속, 화학품, 플라스틱, 펄프/종이 및 기계였다.

표 9-1 G20 국가가 시행한 반덤핑 조치의 수

G20 국가	2016	2017	G20 국가	2016	2017
아르헨티나	1	1	일본	2	1
오스트레일리아	5	14	대한민국	3	4
브라질	13	10	멕시코	12	2
캐나다	3	10	러시아	4	1
중국	11	5	사우디아라비아	0	1
유럽연합	5	11	터키	9	10
인도	37	47	미국	35	33
인도네시아	0	3	총계	140	154

출처 : WTO, *Report on G20 Trade Measures*(WTO: Geneva, 2018).

접적인 지급(또는 세금감면이나 저금리 대부)을 하는 것으로 그 자체로 덤핑의 한 형태로 간주될 수 있다. 수출보조금은 국제협정에 의해서 불법이지만 많은 국가들은 위장된 그리고 그렇게 위장되지 않은 형태로 수출보조금을 제공하고 있다.

예를 들어 모든 주요 선진국들은 미국의 **수출입은행**(Export-Import Bank)과 같은 대리인을 통해서 그 국가의 수출품을 구입하는 해외 바이어들에게 낮은 금리의 대부를 통해 구입 자금을 조달하도록 한다. 이러한 저금리 신용대출은 미국 수출의 약 2%를 차지하지만 중국, 일본, 프랑스, 독일 수출의 경우에는 훨씬 높다. 실로 이것은 오늘날 미국이 다른 선진국들에 대해서 갖는 가장 심각한 무역분쟁의 원인이다. 보조금의 크기는 상업적인 대부로 지불되는 이자율과 보조된 이율의 차이로 측정할 수 있다. 수출입은행의 정관은 2014년 6월 30일 만료되었으나 2015년 7월 1일까지 연장되었고 그 후 2015년 12월 4일에 2019년 9월 30일까지 갱신되었다.

또 다른 예로는 '치외법권 소득'으로 해외에 자회사를 설립한 미국의 (보잉, 마이크로소프트, 캐터필러 등을 포함하는) 3,600개 기업들은 1971년부터 적용된 미국 세법의 **해외영업법인**(Foreign Sales Corporations, FSC) 조항을 이용하여 수출소득에 대해 일부 조세감면을 받았다. 이 조항으로 인해 미국기업들은 연간 약 40억 달러의 세금을 절감할 수 있었다. 1999년 WTO는 이러한 세금감면은 일종의 수출보조금으로 판정하고 미국으로 하여금 이를 폐지하도록 요구하였다. 미국은 항소했지만 패배했고, 2004년에는 FSC를 폐지하였으나 40억 달러의 제재를 받게 되었다. 그러나 미국이 수출보조금을 모두 폐지하지 않았기 때문에 2005년에 WTO는 유럽연합이 3억 달러의 미국 무역에 대해 제재를 할 수 있도록 허용했다.

2010년에 미국은 중국이 풍력장비 생산에 대한 보조금을 불법으로 지급한다고 소송을 제기했다. 중국은 재생가능 에너지, 풍력 에너지, 태양열 및 수력발전 제품군에 대한 미국의 정부정책과 보조금에 대한 자체 조사를 실시하겠다고 응수했다. 2011년에는 중국이 여러 가지 중요한 첨단기술 제품 생산에 필수적인 희토류와 같은 일부 원자재의 수출을 제한하고 있다는 유럽연합, 멕시코 및 미국의 불만에 대해 WTO는 중국에 불리한 판결을 내렸다. 2016년 미국은 중국과 기타 5개국(브라질, 대한민국, 멕시코, 러시아, 터키)으로부터의 철강 수입에 대해 관세를 부과하였고 2017년과 2018년에는 다른 국가로부터의 철강 수입에 대해 더 높은 관세를 부과하였다(차후에 논의함).

특히 골치 아픈 문제로는 공동농업정책(CAP)의 일환으로 유럽연합이 농민들의 소득을 보전하기 위해 지원하는 높은 농산물 가격이다. 이러한 높은 농업보조금으로 농산품 잉여가 막대하게 발생하였고, 또한 보조금에 의한 수출이 발생하게 되었는데, 이는 미국이나 다른 국가의 수출시장을 **빼앗는** 것이었으며 미국과 유럽연합 사이의 가장 첨예한 무역분쟁의 원인이 되었다(사례연구 9-4 참조).

또한 EU가 항공기(에어버스)에 지급하는 보조금과 일본의 통상산업성(MITI)이 컴퓨터 및 기타 첨단기술에 지급하는 보조금 때문에 심각한 분쟁이 발생했다. 2018년 WTO는 에어버스가 A380 및 A350 항공기를 개발하는 데 220억 달러 이상의 불법보조금을 지급했다고 판정하여 미국으로 하여금 EU에 대해 100억 달러 이상의 벌칙금을 부과하도록 하였는데, 이로써 2006년 세계무역시스템에서 발생한 가장 심각한 논쟁을 종결시켰다.

상계관세(Countervailing Duties, CVDs)는 외국 정부가 지급한 수출보조금을 상쇄하기 위해 수입품에 대해 종종 부과된다. 사례연구 9-5는 미국, 유럽연합, 일본 및 캐나다의 수입품과 고소득국가, 중

사례연구 9-4　OECD 국가에서의 농업보조금

표 9-2는 2010년과 2017년에 OECD 국가가 자국의 농업 부문에 지불한 보조금을 10억 달러로 또한 생산자 보조금 상당치(즉, 총농가소득의 비율로)를 보여 준다. 이 표에 의하면 2017년도에 농업보조금을 가장 많이 사용한 국가는 유럽연합(931억 달러)이고, 그다음이 일본(425억 달러), 미국(310억 달러), 대한민국(246억 달러)이다. 2017년 일본의 생산자 보조금 상당치는 유럽연합의 2.7배였고, 미국의 4.9배였다. 대한민국, 노르웨이, 스위스, 일본은 가장 많은 생산자 보조금 상당치를 지불했다. 농업보조금은 오늘날 가장 첨예한 무역분쟁의 원인이며 (현재에도 그러하며) 우루과이 라운드의 타결이 지연되고 도하 라운드가 실패하는 원인이 되었다(9.8절 참조).

농업보조금에 대한 가장 첨예한 무역분쟁 중의 하나는 2002년 미국이 목화재배 농가에게 지급했던 30억 달러의 보조금에 대해 브라질이 이의를 제기한 면직물 사례이다. 2004년에 WTO는 이러한 보조금이 "WTO 규정에 불일치"(즉, 불법이라고)하다고 판결했다. 브라질은 미국이 보조금을 철폐하기 위해 처한 조치에 만족하지 않았기 때문에 2009년 8억 2,930만 달러의 미국 상품에 대한 보복관세를 발표했지만, 2010년 미국이 1억 4,730만 달러의 기금을 설립하여 브라질 목화재배 농가에게 기술 지원을 해주고 2014년에는 면직물에 대한 보조금을 철폐하기로 약속함에 따라 이의 시행을 연기했다.

표 9-2　2010년 및 2017년 여러 OECD 국가의 농업보조금 및 생산자 보조금 상당치

국가	10억 달러		농업 생산에 대한 보조금 비율	
	2010	2017	2010	2017
미국	30.8	31.0	7	10
유럽연합	104.7	93.1	20	18
일본	52.8	42.5	50	49
캐나다	7.1	4.5	18	10
오스트레일리아	–	1.3	0.8	2
노르웨이	3.6	2.9	61	53
스위스	5.7	6.1	54	51
멕시코	6.5	4.2	12	8
대한민국	19.6	24.6	45	54
터키	24.4	13.4	28	23
산업국가 전체　총합	253.1	227.9	평균　18	18

출처 : OECD, *Agricultural Policies in OECD Countries: Monitoring and Evaluation*(OECD: Paris, 2018); and R. Schnepf, *Brazil's WTO Against U.S. Cotton Program*(Washington D.C.: Congresseional Research Service, February 2014).

간소득국가 및 저소득국가라는 국가군에 대한 비관세장벽의 정도를 살펴본다.

9.3F 수출보조금의 분석

수출보조금은 그림 8-1과 유사한 그림 9-3을 통해 분석할 수 있다. 그림 9-3에서 D_X와 S_X는 각각 2국의 상품 X에 대한 수요곡선과 공급곡선을 나타낸다. 상품 X의 자유무역 세계가격이 3.5달러(그림 8-1에서

사례연구 9-5   비관세장벽의 만연

표 9-3은 1996년 모든 유형의 비관세장벽(수출자율규제, 반덤핑 조치, 기술 및 기타 규제, 상계관세)이 미국, 유럽연합, 일본 및 캐나다 등에 만연해 있는 것을 보여 준다. 이러한 비관세장벽의 만연은 영향을 받는 관세선(tariff lines)의 비율로 측정된다. 예를 들면 미국은 1996년 식품, 음료, 담배 무역의 2.8%가 일부 유형의 비관세장벽에 영향을 받았

표 9-3   대규모 선진국에서 비관세장벽의 만연

	영향을 받는 관세선의 비율			
	미국	유럽연합	일본	캐나다
식품, 음료, 담배	2.8	17.2	5.9	0.4
직물 및 의류	67.5	75.2	31.9	42.9
목재 및 목재제품	0.6	0.0	0.0	3.2
종이 및 종이제품	1.1	0.7	0.0	0.4
화학, 석유제품	3.3	2.9	0.9	0.6
비금속광물제품	3.6	0.0	0.0	0.0
기초금속산업	30.4	0.6	5.1	1.7
조립금속제품	5.9	0.0	0.0	2.2
다른 제조업	1.7	0.0	0.0	0.9
평균 제조업	17.9	13.4	10.3	7.8

출처 : WTO, *Market Access: Unfinished Business*(Geneva : WTO, 2004).

무역규제지수(%)

그림 9-2   총체적 무역규제지수(OTRI)

이 그림은 OTRI를 관세와 비관세장벽으로 구분하여 총 %로 보여 준다. 저소득국가의 OTRI는 고소득국가나 중간소득국가보다 높았다. 제조업에서도 마찬가지이지만 농업에서는 그 반대이다.

출처 : UNCTAD, *Non-Tariff Measures to Trade: Economic and Policies Issue for Developing Countries*(New York : UNCTAD, 2013).

고, 유럽연합 17.2%, 일본 5.9%, 캐나다에서는 0.4%였다. 이 표로부터 지금까지 모든 국가 또는 지역에서 가장 보호를 많이 받는 부분은 직물과 의류라는 것을 알 수 있다. 총체적으로 볼 때 모든 제조업품에서 비관세장벽의 무역 가중 백분비는 미국에서 17.9%, 유럽연합에서 13.4%, 일본에서 10.3%, 캐나다에서 7.8%이다.

그림 9-2는 관세와 비관세장벽에 대한 최근의 거시 자료를 보여 준다. 이 그림에 의하면 2012년에 저소득국가의 총체적 무역규제지수(Overall Trade Restrictiveness Index, OTRI)

는 중간소득국가나 고소득국가보다 높았다. 제조업에서도 마찬가지이지만 농업에서는 그 반대이다. 또한 이 그림은 고소득국가와 저소득국가에서 OTRI 중 비관세장벽의 비중이 저소득국가보다 훨씬 높았으며, 특히 농업 부문에서 그러하다는 점을 보여 준다. 이 세 가지 국가군 모두의 경우(제조업품의 수입이 농업제품의 수입보다 훨씬 많기 때문에) 농업 부문에서의 OTRI는 제조업 부문이나 전체 OTRI보다 훨씬 높다.

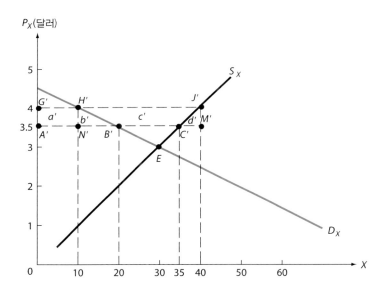

그림 9-3 **수출보조금의 부분균형효과**

P_X = 3.5달러의 자유무역가격하에서 소국인 2국은 35X($A'C'$)를 생산하고 20X($A'B'$)를 소비하고 15X($B'C'$)를 수출한다. 수출되는 상품 X의 각 단위에 0.5달러의 보조금을 지불하는 경우 P_X는 국내생산자와 소비자에게 4달러로 상승한다. P_X가 4달러인 경우 2국은 40X($G'J'$)를 생산하고 10X($G'H'$)를 소비하고 30X($H'J'$)를 수출한다. 국내소비자는 7.5달러($a'+b'$)를 잃고 국내생산자는 18.75달러($a'+b'+c'$)를 얻으며 정부보조금은 15달러($b'+c'+d'$)이다. 2국의 보호비용 또는 사중적 손실은 3.75달러(삼각형 $B'H'N'$ = b' = 2.5달러와 $C'J'M'$ = d' = 1.25달러)이다.

는 1달러)이면 2국은 35X($A'C'$)를 생산하고 20X($A'B'$)를 소비하며 나머지 15X($B'C'$)를 수출한다. 즉, 3달러 이상의 가격하에서는 2국은 상품 X의 수입자가 아니라 수출자가 된다.

2국의 정부(소국 가정)가 수출상품 X의 단위당 0.5달러의 보조금을 지급하면(16.7%의 종가보조금과 동일) 상품 X의 가격은 국내생산자와 소비자에게 4달러가 된다. P_X = 4달러에서 2국은 40X($G'J'$)를 생산하고 10X($G'H'$)를 소비하고 30X($H'J'$)를 수출한다. 상품 X의 가격 상승은 2국에서 상품 X 생산자에게는 이익이 되지만 소비자에게는 손해가 된다. 2국은 또한 보조금 비용을 지불해야 한다.

구체적으로 보면 국내소비자는 7.5달러($a'+b'$)의 손해를 보고, 국내생산자는 18.75달러($a'+b'+c'$)의 이익을 보며 정부보조금은 15달러($b'+c'+d'$)이다. d'은 상품 X를 더 생산하기 위해 상승한 국내비용을 의미하므로 생산자 잉여 증가분의 일부가 되지 않는다. 또한 2국에서는 3.75달러(삼각형 $B'H'N' = b' = 2.5$달러와 $C'J'M' = d' = 1.25$달러의 합)의 보호비용 또는 사중적 손실이 발생한다.

국내생산자는 국내소비자의 손실과 2국의 조세 부담자의 보조금 비용의 합계보다 이익을 덜 얻기 (즉, 2국은 3.75달러에 해당하는 사중적 손실 또는 보호비용만큼 손해를 보기 때문에) 때문에 다음과 같은 의문이 생긴다. 2국은 왜 수출업자에게 보조금을 지불하는가? 그 대답은 국내생산자가 보조금을 얻기 위해서 2국 정부에 성공적으로 로비를 하거나 2국 정부가 X 산업을 바람직한 첨단산업으로 생각하여 X 산업을 장려하는 경우이다(이것은 9.5절에서 논의됨). 외국 소비자는 보조금으로 인하여 $P_X = 3.5$달러에서 15X를 얻는 대신에 30X를 얻기 때문에 이익을 본다. 또한 2국이 소국이 아닌 경우 상품 X의 수출을 더 많이 하기 위해서 상품 X의 가격을 하락시킬 필요가 있기 때문에 교역조건도 악화될 것이다.

9.4 보호주의의 정치경제학

이 절에서는 보호무역을 찬성하는 여러 가지 주장을 다룬다. 여기에는 분명히 오류인 주장에서부터 몇 가지 제약조건하에서 경제적으로 충분히 타당성이 있는 주장까지 매우 다양하다.

9.4A 보호무역에 관한 잘못된 주장과 의심스러운 주장

한 가지 **잘못된** 주장은 무역규제가 **값싼 해외노동으로부터 국내노동을 보호**하기 위해 필요하다는 것이다. 이 논의는 국내임금이 해외에서보다 더 높더라도 국내 노동생산성이 해외에서보다 충분히 높은 경우, 국내노동비용은 더 낮을 수도 있기 때문에 오류가 된다. 저임금국가는 노동집약적인 상품의 생산 및 수출에 특화하고, 자본집약적인 상품의 생산 및 수출은 고임금국가가 특화함으로써(2.4절 참조) 비교우위에 근거하여 상호이익이 되는 무역이 발생할 수 있다.

보호를 찬성하는 또 하나의 **잘못된** 주장은 **과학적 관세**(scientific tariff)이다. 이것은 국내생산자들이 해외경쟁에 대처하도록 수입품의 가격을 국내가격과 동등하게 하는 관세이다. 그러나 그러한 소위 과학적 관세하에서는 모든 상품에서 국제가격 차이와 무역이 제거될 것이다.

두 가지 **의심스러운** 논의는 보호라고 하는 것이 (1) 국내 실업을 감소시키거나, (2) 그 나라의 국제수지 적자를 해소시키기 위해 필요하다는 것이다. 보호는 국내생산을 통해 수입대체를 유발함으로써 국내 실업을 감소시키고 국제수지 적자를 해소할 수 있다. 그러나 이러한 것들은 보호에 대한 **인근 궁핍화** 논의이다. 왜냐하면 그것들은 다른 국가를 희생하기 때문이다. 특별히 보호가 실업 및 국제수지 적자를 줄이기 위해서 사용되는 경우 해외에서 더 큰 실업과 무역수지 적자가 발생한다. 그 결과 다른 국가들은 보복을 할 것이고 결국에 모든 국가는 손실을 보게 된다. 국내 실업과 국제수지 적자는 적절한 통화정책과 재정정책, 무역정책을 사용해서 해소되어야지 무역규제로 하는 것은 바람직하지 않다.

9.4B 유치산업론과 보호에 대한 기타 근거 있는 주장

경제논리에 타당한(그럼에도 불구하고 몇 가지 제약하에서만 타당한) 보호를 찬성하는 한 가지 주장은 **유치산업보호론**(infant-industry argument)이다. 이 논의에서는 한 국가가 한 상품에 잠재적 비교우위를 가지고 있더라도 노하우의 결여나 최초의 산출량 수준이 낮기 때문에 그 산업이 자리를 잡을 수 없거나 이미 시작되었더라도 기존의 해외기업과 성공적으로 경쟁할 수 없다고 주장한다. 그렇다면 그러한 유치기간 동안에 국내산업을 창설해서 **일시적인** 보호를 하는 것은 정당화될 수 있다. 그것은 해외경쟁에 대처하고, 규모의 경제를 달성하며 그 국가의 장기적인 비교우위를 반영할 때까지이므로, 그것이 달성되면 보호는 철회되어야 한다. 그러나 이 논의가 타당하기 위해서는 성장하는 산업에서의 수익이 유치기간 동안 그 제품의 국내소비자가 지불하는 보다 높은 가격을 상쇄할 만큼 충분히 커야 한다.

보호에 대한 유치산업론은 타당하기는 하지만 여러 가지 중요한 제약조건을 요구한다. 무엇보다도 그러한 논의는 선진국보다 자본시장이 적절하게 기능하지 못하는 개발도상국에서 더 정당화된다. 두 번째로 어느 산업 또는 어느 잠재적 산업이 이러한 조치를 받을 자격이 있는지를 찾아내는 것이 쉽지 않다. 경험에 따르면 보호는 일단 주어지는 경우 철회하기가 쉽지 않다. 세 번째로 가장 중요한 것은 유치산업에 대해 무역보호(예 : 수입관세의 형태로)로 할 수 있는 것을 그에 상응하는 생산보조로 더 효과적으로 할 수 있다는 것이다. 그 이유는 순수한 **국내 왜곡**은 상대가격과 국내 소비를 왜곡시키는 무역정책보다는 순수하게 **국내 정책**을 사용해서 극복돼야 하기 때문이다. 생산보조금은 보다 직접적인 지원의 형태이고 수입관세보다 철회하기가 더 쉽지만, 한 가지 실제적인 어려움은 보조금은 수입관세와 달리 수입을 창출하는 것이 아니고 오히려 수입을 요구한다는 데서 발생한다. 그러나 그 원칙은 여전히 타당하다.

똑같은 일반 원칙이 다른 유형의 국내 왜곡에도 타당하다. 예를 들어 한 산업이 **외부경제**(즉, 다른 산업에서 일하게 될 노동자를 훈련시킴으로써 사회 전체가 얻는 이득)를 창출하는 경우 그 산업은 과소투자된다(왜냐하면 이 산업은 투자로 인한 이득을 충분히 획득하지 못하므로). 그 산업을 지원하고 더 큰 외부경제를 사회에 제공하는 한 가지 방법은 수입을 제한하는 것인데, 이것은 그 산업은 지원하지만 국내소비자에게 그 제품의 가격을 상승시키므로 보다 좋은 방법은 그 산업에 직접 보조금을 지불하는 것이다. 이는 소비왜곡과 무역규제로 발생하는 소비자의 손실 없이 그 산업을 지원할 수 있다. 마찬가지로 **외부불경제**를 일으키는 활동(오염)을 저지하기 위해서 직접세는 관세보다 더 좋은 방법일 것이다. 왜냐하면 조세는 상대가격과 소비를 왜곡시키지 않기 때문이다. **국내 왜곡**을 교정하는 가장 좋은 방법은 무역정책보다는 **국내 정책**을 사용하는 것이라는 일반원칙은 A9.3절에서 그래프로 설명한다.

무역규제는 국방에 중요한 국내산업을 보호하기 위해 옹호될 수도 있다. 이 경우조차도 관세의 보호보다 직접적인 생산보조금이 일반적으로 더 좋은 방법이다. 어떤 관세는 다른 국가들로 하여금 관세의 상호인하에 동의하도록 유도하기 위해 사용되는 협상관세의 성격을 갖는다. 여기서 관세가 의도한 목표를 달성하는 데 얼마나 효율적인가를 판단하는 데에는 정치학자들이 더 적절하다. 경제적으로 가장 타당한 경우는 8.6절에서 논의한 **최적관세**이다. 즉, 한 국가가 교역조건을 변화시킬 만큼 충분히 큰 경우 그 국가는 시장 지배력을 이용하여 최적관세로 교역조건을 개선시키고 후생을 증가시킬 수 있다. 그러나 다른 국가들은 보복을 하고자 할 것이며 결국에는 모든 국가가 손해를 보게 된다. 그렇다고는 하더라도 브로다, 리마오, 와인스타인(Broda, Limao, & Weinstein, 2009)은 수출공급 탄력성이 높은 상품보다는 낮은 상품에 높은 관세가 부과된다는 증거를 제시하였다.

9.4C 누가 보호를 받는가

무역보호는 상품가격을 상승시킴으로써 생산자를 이롭게 하고 소비자(그리고 보통은 국가 전체)를 해롭게 한다. 그러나 생산자는 소수이고 보호로부터 큰 이익을 얻기 때문에 그들은 정부에 로비를 통하여 보호주의 조치를 채택하게 할 강한 유인을 갖는다. 다른 한편으로 손실은 많은 소비자들 간에 퍼지기 때문에 그들 각자는 보호로부터 매우 적게 잃게 되므로 자신들을 효과적으로 조직화해서 보호주의 조치에 저항할 것 같지 않다. 이와 같이 보호주의를 선호하는 편향이 존재한다(사례연구 9-1 참조).

최근에 경제학자들은 어느 그룹과 산업이 보호를 받는가에 관한 여러 가지 이론을 개발했고 이러한 이론의 몇 가지는 실증적으로 확인이 되었다. 선진국에서 보호는 현재의 일자리를 잃어버리는 경우 다른 고용 기회를 찾기 매우 어려운 미숙련 저임금 노동자를 고용하는 노동집약적 산업에서 더 많이 이루어진다. 고도로 조직화된 산업은 덜 조직화된 산업보다 더 보호를 받는다는 압력단체 또는 이익단체 이론은 어느 정도 실증적으로 확인되었다(Hilmann, 1989; Grossman & Helpman, 1994 참조). 어떤 산업이 소수의 기업으로 구성된다면 조직화의 가능성이 더 크다. 또한 소비자 제품을 생산하는 산업이 일반적으로 다른 산업의 투입물로 사용되는 중간재를 생산하는 산업에 비해 더 많은 보호를 얻을 수 있는데, 왜냐하면 소비자 제품을 생산하는 산업은(중간재 산업을 보호하는 경우 투입물의 가격이 상승하므로) 보호를 저지하거나 상쇄할 수 있는 능력을 갖고 있기 때문이다.

게다가 일부 지역에서 소수의 노동자를 고용하는 산업보다는 광범위한 지역에서 다수의 노동자를 고용하는 산업이 보다 많은 보호를 받을 가능성이 더 높다. 다수의 노동자를 고용하는 산업은 그들 산업을 보호하는 정부 관료들을 선출할 수 있는 투표능력이 있다. 또 하나의 이론은 무역정책은 현 상태를 유지하는 쪽으로 치우치는 경향이 있다는 것이다. 즉, 한 산업이 과거에 보호되었다면 지금도 보호될 가능성이 크다. 정부 역시 누가 이익을 보고 손해를 보느냐에 관계없이 소득분배에 커다란 변화를 가져오는 무역정책을 채택하지 않으려고 한다. 마지막으로 보호는 후진국 제품과 경쟁하는 산업이 보호받기 쉬운데, 그 이유는 후진국들이 그들의 수출품에 대한 무역규제를 저지할 수 있는 경제적·정치적 능력이 약하기 때문이다.

상기 이론의 몇몇은 겹치기도 하고 몇몇은 충돌되기도 하고 몇몇은 부분적으로만 실증적으로 확인이 되었다. 아웃소싱이나 오프쇼링으로부터 국내 일자리를 보호하기 위해 관세, 쿼터 및 보조금 형태의 무역보호가 요구되기도 한다. 그러나 사례연구 1-1, 3-3 및 6-2에서 살펴본 바와 같이, 이는 국내 일자리를 보호하기보다는 소비자 가격을 상승시키고 국내생산자의 국제경쟁력을 약화시킨다. 오늘날 미국에서 가장 높은 보호를 받는 산업은 직물과 의류산업이다. 사례연구 9-6은 완전한 무역자유화로 인해 세계경제가 얻는 이익의 추정치를 보여 준다.

9.5 전략적 무역정책 및 산업정책

이 절에서는 전략적 무역정책 및 산업정책을 다룬다. 먼저 일반적으로 접근하고(9.5A절) 다음에는 게임이론을 사용하여 살펴본다(9.5B절). 9.5C절에서는 외국의 산업육성정책(industrial targeting)과 전략적 무역정책에 대한 미국의 대응을 논의한다.

사례연구 9-6   완전한 무역자유화를 할 때 세계경제가 얻는 이익

표 9-4는 농업, 직물 및 기타 제조업 부문에서 완전한 무역 자유화를 할 때 고소득국가, 개발도상국 및 세계 전체에 대한 경제적 효과를 10억 달러, 1인당 달러 및 GDP에 대한 비율로 보여 준다. 모든 이익은 2015년까지 누적한 것이다. 따라서 이 표의 첫 번째 행은 농업 무역을 완전히 자유화할 때 2015년까지의 누적이익이 고소득국가의 경우 1,260억 달러, 개발도상국의 경우 560억 달러, 세계 전체로는 1,820억 달러임을 보여 준다. 직물 및 기타 제조업품을 무역자유화할 때의 이익은 이보다는 적다.

이 표의 첫 번째 열은 모든 부문의 무역을 자유화할 때 고소득국가들이 얻는 이익은 1,970억 달러(1인당 194.63달러에 해당) 또는 고소득국가 GDP의 0.6%이며, 개발도상국이 얻는 이익은 900억 달러(1인당 17.59달러) 또는 개발도상국 GDP의 0.8%임을 보여 준다. 세계 전체로는 총이익은 2,870억 달러(1인당 46.84달러) 또는 세계 GDP의 0.7%이다. 따라서 총이익의 절반은 농업 부문에서 나오며 총이익의 2/3는 고소득국가로 귀속된다(그러나 GDP에 대한 비율로 보면 개발도상국들이 얻는 이익이 더 많다).

표 9-4   완전한 무역자유화를 할 때 세계경제가 얻는 이익

자유화 부문	고소득국가	개발도상국	세계 전체
총액, 10억 달러			
농업	126	56	182
직물	14	24	38
기타	57	10	67
총합	197	90	287
1인당 달러			
농업	124.48	10.95	29.70
직물	3.83	4.69	6.20
기타	56.31	1.95	10.93
총합	194.63	17.59	46.84
GDP 대비 비율			
농업	0.38	0.50	0.44
직물	0.04	0.21	0.09
기타	0.17	0.09	0.16
총합	0.60	0.80	0.70

출처 : K.Anderson and W.Martin, ed., *Agricultural Reform and the Doha Development Agenda*(Washington D.C. : World Bank, 2006) Ch. 12.

9.5A 전략적 무역정책

전략적 무역정책(strategic trade policy)은 적극적 무역정책과 보호무역론을 옹호하는 비교적 최근의 이론이다. 이 논의에 따르면 한 국가는 그 국가의 미래 경제성장에 핵심적이라 할 수 있는 반도체, 컴

퓨터, 원거리통신 또는 기타 산업 등에서 (일시적 무역보호, 보조금, 조세감면, 정부와 산업체 간의 협력 등을 통해) 비교우위를 창출할 수 있다는 것이다. 이러한 첨단산업은 위험성이 높고, 규모의 경제를 누리기 위해서 대규모의 생산이 요구되고, 성공하게 되는 경우 광범위한 외부경제효과를 발생시킨다. 전략적 무역정책에 의하면 이러한 산업들을 장려함으로써 이로부터 발생하는 외부경제효과를 누릴 수 있으며 미래의 경제성장 전망도 높일 수 있다. 이것은 핵심적인 첨단산업의 비교우위를 획득하기 위해 선진국에서 이루어진다는 것을 제외하면 개발도상국에서의 유치산업보호론과 유사하며, 대부분의 국가는 이러한 정책을 시행하고 있다. 실제로 일부 경제학자는 일본이 전후에 공업과 기술 분야에서 놀라운 진보를 이룬 것은 일본의 전략적 산업 및 무역정책에 기인한다고까지 생각할 정도이다.

전략적 산업정책과 무역정책(industrial policy)의 사례로 일본의 경우는 1950년대의 철강산업과 1970년대와 1980년대의 반도체산업, 유럽의 경우는 1970년대의 콩코드(초음속 비행기) 개발과 1970년대부터 에어버스의 개발을 들 수 있다. 또한 중국의 경우 지난 10년간 고속철과 그리고 최근에는 태양 전지판의 개발을 예로 들 수 있다. 1970년대 일본에서의 반도체 개발은 성공적인 전략적 무역 및 산업정책의 교과서적인 사례로 제시된다. 1970년대에 반도체(많은 새로운 제품에 사용되는 컴퓨터 칩과 같은)시장은 미국이 주도하고 있었다. 일본에서 강력한 권력을 갖는 통상산업성은 1970년대 중반부터 이 산업의 발전을 목표로 연구개발 자금을 지원하고 그 산업의 투자에 세금혜택을 부여하고 정부–산업 간의 협력을 증진시키는 한편 (특히 미국과 같은) 외국으로부터 경쟁에 대해 국내산업을 보호하였다.

1980년대 중반 일본이 미국의 반도체시장을 거의 장악한 점을 볼 때 이러한 정책들은 일본의 성공에 기여한 것으로 평가된다. 그러나 대부분의 경제학자들은 이것에 회의적인 시각을 갖고 있으며, 이 분야에서 일본의 놀라운 성공은 과학과 수학에 대한 강조, 높은 투자율, 미국과 같이 분기적 이윤을 강조하지 않고 투자에 대해 보다 장기적인 견해를 취한 것 등을 원인으로 보고 있다. 일본에서 그 외의 목표산업인 철강산업에서는 수익률이 전후 기간 동안 일본 전 산업의 평균수익률보다 낮았다. 유럽에서 콩코드는 기술적인 성공을 거두긴 했으나 상업적인 측면에서는 크게 실패하였으며, 에어버스도 정부의 지속적인 대량의 보조금이 없었다면 경쟁에서 살아남을 수 없었을 것이다.

광범위한 외부경제효과가 존재하는 과점적 시장에서 이론적으로는 전략적 무역정책을 통해 시장의 성과를 개선시킬 수 있고, 국가의 성장과 복지를 증진시킬 수는 있지만 이 이론의 주창자와 보급자들마저 이를 시행하는 데 심각한 어려움이 있음을 인정하고 있다. 첫 번째는 승자(미래에 큰 외부경제를 줄 산업을 선택하는 것)를 선택하는 것이 어렵고 그들이 성공적으로 육성되도록 적절한 정책을 고안하는 것이 어렵다는 것이다. 두 번째로 대부분의 선진국들이 동시에 전략적 무역정책을 선택하게 되면 그들의 노력이 상쇄되어 각자에 대한 잠재적 이익이 작을지도 모른다는 것이다. 세 번째로는 한 국가가 전략적 무역정책을 통해 상당한 성공을 달성하는 경우 이것은 다른 나라의 희생의 대가로 이루어진 것이므로(즉, 인근 궁핍화 정책) 다른 국가는 그에 대해 보복할지도 모른다는 것이다. 이러한 모든 실제적 어려움에 때문에 전략적 무역정책의 옹호자들마저도 **결국 아직도 자유무역이 최선의 정책**이라는 것을 어쩔 수 없이 시인하는 실정이다. 즉, 자유무역은 이론적으로는 준최적일지 모르지만, 현실적으로는 최적이라는 것이다.

9.5B 게임이론을 이용한 전략적 산업정책과 무역정책

이제 게임이론(game theory)을 사용해서 전략적 산업정책과 무역정책의 예를 살펴보자. 보잉과 에어버스가 둘 다 새로운 항공기를 생산할 것인가의 여부를 결정한다고 하자. 또한 새로운 항공기를 개발하는 비용이 매우 크므로 단 하나의 생산자가 전 세계의 시장을 혼자서 독점하는 경우 1억 달러의 이윤이 발생하지만, 두 생산자가 모두 항공기를 생산하게 되면 각자는 1,000만 달러의 손실이 발생한다고 가정하자. 이 정보는 표 9-5에서 두 기업이 모두 항공기를 생산하는 경우 그에 따라 각각 1,000만 달러의 손실이 발생한다는 것이 제1행 제1열에서 나타난다. 보잉만이 항공기를 생산하는 경우 보잉은 1억 달러의 이윤을 얻고 에어버스의 이윤은 0(1행 2열)이 된다. 한편 보잉이 항공기를 생산하지 않고 에어버스만 생산한다면 보잉의 이윤은 0이 되고 에어버스는 1억 달러의 이윤을 얻는다(2행 1열). 마지막으로 어느 기업도 항공기를 생산하지 않는다면 각자의 이윤은 0이 된다(2행 2열).

어떤 이유에선가 보잉이 먼저 시장에 진입해서 1억 달러의 이윤을 얻고 있다고 가정하자. 에어버스는 이윤을 얻을 수 없기 때문에 시장에 진입하지 않는다. 이것은 표의 제1행과 제2열에서 알 수 있다. 에어버스가 시장에 진입한다면 두 기업은 모두 손실을 본다(1행 1열). 이때 유럽 정부가 에어버스에 매년 1,500만 달러의 보조금을 지불한다고 가정하면, 보잉이 이미 항공기를 생산하고 있음에도 불구하고 에어버스 역시 항공기를 생산하게 될 것이다. 왜냐하면 에어버스는 1,000만 달러의 손실을 보더라도 1,500만 달러의 보조금을 받기 때문에 결국 500만 달러의 이익을 얻기 때문이다. 그러나 보잉은 보조금을 받지 않기 때문에 (에어버스가 시장에 진입하지 않았을 때) 1,000만 달러의 이익을 얻다가 에어버스가 시장에 진입하면 1,000만 달러의 손실을 본다.(표의 1행 1열에서 에어버스의 이익은 보조금을 받지 않을 때 −1,000만 달러이지만, 보조금을 받게 되면 500만 달러가 된다.) 결국 보잉이 보조금을 받지 않으면 손실을 보기 때문에, 보잉은 생산을 중단하게 되고 에어버스 혼자 항공기 시장을 차지하게 되어 에어버스는 더 이상 보조금을 받지 않고도 1,000만 달러의 이익을 얻는다(표의 2행 1열).

물론 미국 정부는 그 자신의 보조금으로 보잉이 항공기 생산을 계속하도록 보복을 할 수 있다. 그러나 국방의 경우를 예외로 하면 미국 정부는 기업에 보조금을 주는 경향이 유럽 정부보다 훨씬 덜하다. 현실세계는 이것보다 훨씬 더 복잡하기는 하지만 한 국가가 어떻게 산업 및 전략적 무역정책을 사용함으로써 시장에서 열위를 극복하고 첨단 분야에서 전략적 비교우위를 획득하게 되는가를 볼 수 있다. 실제로 2000년에 에어버스는 550명의 승객을 태울 수 있는 슈퍼점보 A380을 2006년까지 100억 달러 이상의 개발비용으로 생산함으로써 (1969년부터 서비스를 시작하였고 475명의 승객을 태울 수 있는) 보잉 747과 경쟁하게 되었다.

표 9-5 두 기업의 경쟁과 전략적 무역정책

		에어버스	
		생산한다	생산하지 않는다
보잉	생산한다	−10, −10	100, 0
	생산하지 않는다	0, 100	0, 0

보잉은 초음속으로 지구의 어떤 곳도 중간 기착 없이 250명을 운송할 수 있으며 연료 효율성이 20% 향상된 새로운 보잉 드림라이너 787 제트기를 2009년까지 개발한다고 발표하여 에어버스의 A380 개발계획에 응수하였다. 보잉은 승객들이 일찍 도착하고 중간 기착지에서 지체하지 않는 것을 선호할 것으로 믿었다. 게다가 2005년 11월 보잉은 보다 큰 보잉 747(747-8)을 2009년 도입한다고 발표하여 에어버스를 놀라게 했다. 에어버스는 수십억 달러의 정부 보조금으로 에어버스 A350을 개발하여 보잉 787과 정면으로 경쟁하겠다고 발표함으로써 응수했고, 보잉은 보조금과 관련해 에어버스를 WTO에 제소했다.

생산상의 문제로 인한 오랜 지체 후에 에어버스 A380은 2008년에, 보잉 787 드림라이너는 2011년에, 보잉 747-8은 2012년에, 새로운 에어버스 A350은 2015년 1월에 운항을 시작하였다. 에어버스는 향후 20년간 A380 1,200대를 판매할 것으로 예상하였으나 2018년 3월 31일 현재 229대를 판매하였고 102대는 주문을 받았다. 2009년 이래로 에어버스는 (2015년을 제외하면) 판매한 A380에 대해 손실을 입었고 320억 달러의 개발비용을 회수할 수 있는 희망도 없었다. 현재 항공사들은 2개의 엔진을 가지고 있는 보잉 787과 에어버스 A350을 선호하는데, 이들 기종은 보다 저렴하고 연료 효율적이다. 2019년 2월 에어버스는 A380의 생산을 2021년에 중단한다고 발표했으며, 보잉 747-8의 생산은 이보다 더 빨리 중단될지도 모른다.

이런 유형의 분석은 브랜더와 스펜서(Brander and Spencer, 1985)에 의해서 국제무역에 처음으로 도입되었다. 이런 분석이 갖는 한 가지 심각한 약점은 보통 정부의 산업 및 무역정책의 결과를 정확하게 예측하는 것이 매우 어렵다는 것이다(즉, 표 9-5의 숫자를 알기가 어렵다). 표 9-5의 숫자를 조금만 바꾸어도 결과는 완전히 달라진다. 예를 들어 에어버스와 보잉이 항공기를 생산한다면 에어버스는 1,000만 달러의 손실을 입고, 보잉은 효율적인 생산으로 인해 1,000만 달러의 이윤을 갖는다고 가정하자. 그렇다면 에어버스가 보조금으로 항공기를 생산한다 할지라도 보잉은 보조금 없이도 이윤을 창출하기 때문에 시장에 남게 된다. 그렇다면 에어버스는 무한대로 보조금을 요구할 것이고 이 경우에 에어버스에 보조금을 제공하는 것은 좋은 아이디어가 될 것 같지 않다. 따라서 이러한 유형의 분석을 올바르게 수행한다는 것은 극히 어렵다. 여러 다른 전략들의 결과를 정확하게 예측해야 하지만, 정확한 예측을 하기란 어렵기 때문에 대부분의 경제학자들은 자유무역이 결국에 최선의 정책이라고 말하는 것이다.

9.5C 외국의 산업육성정책과 전략적 무역정책에 대한 미국의 반응

미국은 대내적으로 산업육성정책(industrial targeting)과 전략적 무역정책에 대해서는 일반적으로 반대하는 입장이지만, 이러한 정책을 사용하여 미국의 이익을 저해하는 국가에 대해서는 보복을 했다. 민간 기술에 대한 연방정부의 직접지원에 대해 가장 좋은 예가 세마테크이다. 세마테크는 1987년에 14개 미국의 주요 반도체 제조업자들의 비영리 컨소시엄으로 텍사스의 오스틴에서 설립되었는데, 연간 예산은 2억 2,500만 달러(1억 달러는 정부가 나머지는 14개 회원사가 부담)이다. 세마테크의 목적은 회원사가 일본기업과 경쟁할 수 있도록 최신의 컴퓨터 칩 제조기술을 개발하는 것이다. 세마테크는 이러한 노력의 결과 1991년까지 미국의 컴퓨터 칩 회사가 일본의 경쟁자를 따라잡았다고 주장했다. 그 후 세마테크는 완전히 민영화되었고(즉, 더 이상 정부지원을 받지 않는다), 1998년에는 일부 외국기업까지 포함한 12개 주요 컴퓨터 회사의 자회사인 인터내셔널 세마테크를 설립했다(본부는 뉴욕 올버니에 있음). 그러나 미국의 반도체 산업을 지탱하기 위한 원래의 목적을 달성하자 세마테크는 쓸모가 없어지게 되었고, 2015년 5월 올버니에 있는 SUNY 폴리테크 인스티튜트(Suny Polytech Institute)에 흡수되었다.

또한 미국은 해외시장이 보다 광범위하게 시장을 개방하도록 일방적인 조치들을 취해 왔으며, 이에 응하지 않는 국가에 대해서는 독자적인 무역제한 조치를 보복했다. 그 한 예가 1991년 반도체협정인데, 이 협정에서 일본은 미국의 컴퓨터 칩 생산자들이 일본 칩 시장의 20%까지 점유하도록 협조하는 데 동의했다. 이 협정은 1996년 갱신되었으나 시장점유율에 대한 요구 없이 미국과 일본의 컴퓨터 칩 산업이 서로의 시장을 모니터링하도록 하였다. 그 후 미국의 컴퓨터 칩 산업은 세계시장에서 선도적 지위를 탈환했고, 이 협정은 더 이상 적용되지 않는다.

1990년대 초반 미국은 일본 건설회사에 대한 미국시장을 닫겠다고 위협하여, 미국의 건설회사가 일본시장에서 입찰에 참여할 수 있도록 일본의 건설시장을 개방하는 협정을 체결했다. 보다 광범위하게 1990년대 중반 미국은 일본과 미일구조협의(Structural Impediments Initiative, SII)라는 협상을 하였는데, 그 목적은 무엇보다도 일본의 유통 시스템을 미국기업에게 폭넓게 개방하는 것이었다. 그뿐만 아니라 미국은 브라질, 중국 및 인도와 같은 국가들이 미국의 특수한 수출품에 대해 과도하게 규제하는 것을 철폐하도록 요구했고, (특허와 같은) 지적재산권의 무단 사용으로부터 보호해 줄 것을 요구했다. 2013년에 미국은 중국의 대미 태양전자판(solar panel) 수출에 대해 반덤핑관세를 부과했다.

그후 2018년에 트럼프 대통령은 철강과 알루미늄에 대한 수입관세를 인상하였고, 다른 국가들이 자동차 제품에 대해 제공하는 것으로 생각되는 높은 보호조치에 대한 보복으로 자동차 수입관세를 인상하겠다고 위협했으나, 이는 특히 중국의 전략적 무역정책과 산업지원 및 첨단산업 지원정책에 대응하기 위한 것이었으며 이로 인해 무역전쟁의 가능성이 발생했다(사례연구 9-7 참조).

9.6 미국 통상정책의 역사

이 절에서는 미국의 통상정책의 역사를 검토한다. 1934년의 무역협정법으로부터 시작하여 관세 및 무역에 관한 일반협정(GATT)과 1962년의 무역확대법, 케네디 라운드 무역협상에 관해 논의한다. 그리고 1974년의 무역개혁법과 도쿄 라운드 무역협상의 결과를 논의하며, 마지막으로 1984년과 1988년의 무역법을 논의한다.

9.6A 1934년의 무역협정법

1930년대 초반에 다음의 이유들로 세계무역 전체와 특히 미국의 수출이 크게 감소하였다: (1) 대공황으로 인해 전 세계적으로 크게 위축된 경제활동, (2) 1930년의 스무트–홀리 관세법(Smoot-Hawley Tariff Act)의 통과. 이 법으로 인해 1932년에 미국의 평균수입관세가 최고 59%에 달했으며 외국의 보복을 불러일으켰다.

스무트–홀리 관세법은 원래 미국의 농업을 지원하기 위해 도입되었으나 의회의 법안통과 과정에서 제조업의 수입에도 높은 관세가 부과되었다. 그 목적은 수입을 제한하고 국내고용을 증진시키는 인근 궁핍화였다. 그 법안은 관세가 그들에게 심각한 타격을 입힐 것이고 그들도 보복을 할 것이라는

사례연구 9-7   2018년, 트럼프의 무역전쟁이 시작되다

2016년 대통령 선거 유세에서 트럼프 후보는 자신이 대통령이 되면 국제무역협상을 재협상하고 미국의 주요 무역 파트너들과 직접 협상하여 미국의 수출품에 대한 해외의 보호조치들을 제거하고, 그들이 미국 시장에 접근하는 정도와 상응하는 정도로 그들 시장에 접근할 수 있도록 할 것이라고 약속했다.

대통령이 되자 트럼프는 환태평양경제동반자협정(TPP)에서 탈퇴하고, 범대서양무역투자동반자협정(TTIP)을 연기하고, NAFTA의 재협상을 강요하고, 미국의 철강, 알루미늄 및 기타 제품에 대한 수천억 달러의 관세를 부과하였으며, 유럽, 일본, 중국 및 기타국들이 미국의 수출품에 대한 규제를 없애지 않는다면 이들 국가로부터의 자동차 수입에 대해 25%의 관세를 부과하겠다고 위협하였다. 나아가 트럼프는 제2차 세계대전 이후 미국의 주도하에 설립된 WTO가 자유로운 국제무역 체제의 규칙을 준수하지 않는다면 WTO에서 탈퇴할 것이라고 위협하였다.

그러나 가장 위험한 무역분쟁은 중국과의 분쟁이었는데, 이는 미국이 중국으로부터의 수입에 대해 (1) 중국 기업이 대규모로 미국 기술을 체계적으로 도둑질했다는 이유로 (2) 중국 정부가 일부 중국의 대기업에 제공한 불법 보조금과 (3) 미국 및 외국 기업이 중국 내에서 영업하기 위한 전제조건으로 중국 기업과 합작투자를 하고 기술을 이전해야 한다는 요구조건 그리고 (4) (철강과 알루미늄과 같은) 많은 상품에서 생산능력의 과잉 확충과 과잉 생산량을 미국 시장과 세계시장에서 덤핑한다는 이유로 미국이 중국으로부터의 수입에 대해 수십억 달러의 관세를 부과한 2018년에 절정에 달하였다.

미국 기업과 무역에 대한 불공정 무역관행을 시정하라는 미국의 요구에 중국이 주의를 기울이지 않자, 미국은 2018년 6월 처음에는 미국에 대한 중국의 수출품 500억 달러에 대해 수입관세를 부과했다. 중국이 동일한 액수의 미국 수출품에 대해 관세를 부과함으로써 보복하자, 미국은 7월 중국의 수출품 2,000억 달러에 대해 추가적으로 10%의 관세를 부과하여 이를 '더블 업'시켰고(중국이 이를 변화시키지 않는다면 관세율을 25%로 인상하겠다고 위협했다), 2017년 중국의 (대미 수출액은 5,200억 달러를 상회하는 반면) 수입액은 1,900억 달러 이하였기 때문에 중국은 같은 방식으로 보복할 수 없었지만, 미국에 대해 다른 형태의 보호 방식으로 보복한다고 위협했다. 이에 따라 무역전쟁이 발발하게 되었으며, 이는 전쟁 당사국뿐만 아니라 세계전체에 매우 큰 대가와 악영향을 끼쳤다.

트럼프는 중국의 대미 수출에 대한 초기 관세는 '상계관세' 또는 원래 중국의 보호무역주의에 대한 방어조치였고, 따라서 중국의 보호는 정당화되지 않는다고 주장했으며, 이런 이유로 중국이 보복했을 때 이를 '더블 업'시킨 것이라고 주장했다. 트럼프는 중국이 미국 기업과 수출에 대한 중국의 규제를 철폐하도록 강요할 때 WTO를 이용하지 않았고, 중국의 수출품에 대해 상계관세를 부과할 권한도 이용하지 않았는데, 그 이유는 수년간 WTO가 무역체제의 규칙을 준수할 능력이 없거나 그럴 의사가 없다고 생각했기 때문이다. 따라서 트럼프 행정부 아래서 미국의 '방어적인' 보호무역주의적 무역정책은 WTO를 약화시키고 대단히 해로운 무역전쟁의 위험성을 내포하고 있었다. 이 글을 쓸 때(2019년 2월) 미국과 중국은 무역협상을 재개하여 전면적인 무역전쟁을 피하고 있었다.

자료 : D. Salvatore, "The Challenges to the Liberal Trading System," *The Journal of Policy Modeling*, July/August 2009, pp. 593-588; D. Salvatore, Ed., "Trump Economics: Effects on the United States and the World," Special Issue of the *Journal of Policy Modeling*, May/June 2018; C. P. Bown and E. Zhang, "Measuring Trump's Trade Protection: Five Takeaways," *Trade & Investment Policy Watch*, PIIE, February 15, 2019; "U.S and China Resume Trade Talks," *Financial Times*, February 15, 2019, p. 4; and D. Salvatore, ed., Special Issue of the *Journal of Policy Modeling*, Part B, "The Challenge to the Postwar Liberal Trading System," May/June 2019.

36개국의 저항에도 불구하고 통과되었다. 후버 대통령은 이 법을 거부하도록 촉구한 1,000여 명 이상의 미국 경제학자들이 서명한 청원에도 불구하고 그 안을 법제화하는 데 서명하였으나 그 결과는 재난이었다. 1932년까지 깊어 가는 세계 불황에 직면하여 60개국이 가파른 관세율 상승으로 보복하였다. 그 결과는 세계무역의 붕괴였으며(1932년 미국의 수입은 1929년 수준의 31%에 불과하였으며 수출은 한층 더 감소하였다). 이것은 전 세계에 걸쳐 불황의 확산 및 심화를 가져왔다.

세계무역 위축 추세를 역전시키기 위해 루스벨트 대통령 시절 미국의회는 1934년의 무역협정법 (Trade Agreements Act of 1934)을 통과시켰다. 이 법에 구현된 일반원리는 차후 미국의 무역입법의 기초로 여전히 남아 있다. 그 법은 무역정책의 입안을 보다 정치적인 성향을 갖는 의회로부터 대통령에게 이관했고, 스무트-홀리 관세법하에서 설정된 50%만큼의 상호관세 인하를 대통령이 다른 국가들과 협상하도록 허용하였다. 무역협정법은 1962년 무역확대법에 의해 대체될 때까지 총 11번 개정되었으며, 1947년까지 미국의 평균관세율은 1934년 수준의 50% 이하가 되었다.

1934년의 무역협정법과 그에 따르는 무역입법은 최혜국 원칙(most-favored-nation principle)에 기초하고 있다. 이 무차별 원리는 미국이 다른 임의의 무역상대국과 체결한 상호적 관세인하는 모든 무역상대국에게 확대 적용된다. 마찬가지로 미국도 최혜국 원칙에 서명한 임의의 두 국가 간의 양자 간 관세인하로부터 이익을 얻는다. 그러나 이러한 양자 간 접근방법은 양자 간 무역(bilateral trade)이 지배적이었던 상품에서만 관세인하가 발생하는 심각한 약점이 있다. 그렇지 않다면 많은 무임승차국가들은 협상에 직접 가담하여 자신의 관세 양허를 하지 않고도 두 국가 간에 서명된 상호적 관세인하로부터 이익을 취할 것이다.

9.6B 관세 및 무역에 관한 일반협정(GATT)

관세 및 무역에 관한 일반협정(General Agreement on Tariffs and Trade, GATT)은 1947년에 창설되고, 스위스 제네바에 본부를 둔 국제기구로서 다자간 무역협상(multilateral trade negotiations)을 통해 보다 자유로운 무역의 촉진에 기여하고자 하였다. 원래 GATT는 국제무역을 규율하기 위해 1948년 아바나에서 협상된 국제무역기구(International Trade Organization, ITO)의 일부가 될 것으로 기대되었으나, ITO가 미국 상원에 의해서, 그리고 다른 국가에 의해서도 비준이 되지 못함으로써 GATT가 탄생하게 되었다.

GATT는 세 가지 기본원칙에 근거하고 있다.

1. 무차별주의 이 원칙은 앞에서 언급한 최혜국 원리의 무조건적 수용을 의미한다. 이 원칙에 대한 유일한 예외는 관세동맹과 같은 경제통합의 경우와 한 국가와 그 국가의 식민지 간의 무역이다.
2. 농업부문과 국제수지 문제를 겪는 국가를 제외하고는 비관세장벽(쿼터와 같은)의 폐지
3. GATT 틀 안에서 무역분쟁의 해결에 대해 국가 간의 협의

1993년까지 총 123개국(과거 소비에트 연방국가들과 중국을 제외한 미국 및 모든 주요 국가 포함)이 GATT의 서명국이 되었고, 24개의 다른 국가는 가입을 신청했다. 이 협정은 세계무역의 90%를 커버하고 있다.

GATT의 후원 아래 1947년부터 1962년 사이에 다섯 가지 무역협상을 통해 관세는 총 35%가 인하되었다. 1965년 GATT는 개발도상국에 특혜무역 조치를 허용하고 그들이 선진국 간의 관세인하 협상으로부터 상호성 없이도 이익을 얻을 수 있도록 하였다(이는 제11장에서 논의됨).

1962년까지 관세인하는 큰 성공을 거두지 못하였다. 왜냐하면 관세의 협상이 **제품별**로 이뤄졌고,

1950년대 미국의회는 주기적으로 무역협정법을 개정할 때마다 심각한 보호주의적 장치를 첨부하고 있기 때문이었다. 이러한 보호주의적 장치는 다음과 같다.

1. 임계점조항(peril-point provision) : 대통령이 국내산업의 심각한 피해를 야기하는 어떠한 관세 인하 협상도 하지 못하도록 하는 것이다.
2. 회피조항(escape clause) : 수입으로부터 피해를 입은 것으로 주장하는 국내산업이 국제무역위 원회(1975년까지는 미관세위원회)에 청원을 허용하는 것으로 그 위원회는 대통령에게 어떠한 협상된 관세인하도 철회할 수 있도록 한다. 한 산업에서 수입비중이 증가한 것만으로도 충분히 피해를 입증할 수 있다.
3. 국가안보조항(national security clause) : 국가안보를 위해 중요한 산업이 피해를 입을 때 관세감 축(이미 협상이 이루어졌더라도)을 막는 것이다.

의미 있는 관세인하는 필연적으로 어떤 산업(그 국가가 비교열위에 있는 산업)에 피해를 주기 때문에 이러한 무역제한, 특별히 회피조항은 보다 큰 관세인하를 하는 데 심각한 장애물이 될 수 있다.

9.6C 1962년의 무역확대법 및 케네디 라운드

1962년의 무역확대법(Trade Expansion Act of 1962)이 의회에서 통과되어 무역협정법을 대신하게 된 것은 유럽연합 또는 공동시장의 형성에 의해 창출된 새로운 상황에 대처하기 위한 것이다.

1962년의 무역확대법은 대통령으로 하여금 1962년 수준의 50%까지 일괄적 관세인하 협상을 하도 록 허용한 것으로, 이것은 무역협정법의 제품별 접근을 대신한 것이다. 추가적으로 1962년의 법은 관 세인하로 일자리를 잃은 노동자나 기업에게 무역조정지원(Trade Adjustment Assistance, TAA)을 제공 했다. 이것은 무피해 원칙을 대체했고 해고 노동자에게 재훈련과 이주를 지원하고 피해를 입은 기업 에게 세금경감, 저비용 대출, 기술원조의 형태를 띠었다.

조정지원의 원리는 1962년 무역확대법의 가장 중요한 면이다. 왜냐하면 (관세인하로 인한 무역확 대의 수혜자인) 사회 전반이 조정의 짐을 부담하거나 분담하기 때문이다. 그러나 지원의 기준이 완화 된 1970년대 초까지 조정지원을 받을 만한 기업이나 노동자가 극소수였다. 1980년, 무역지원 프로그 램이 절정이던 해에 50만 명 이상의 노동자들이 16억 달러 정도의 지원을 받았고, 그 이후로 계획은 상당히 축소되어서 3~4만 명의 노동자들이 매년 2~4억 달러 정도의 지원을 받았다. 2002년 무역조 정개혁 법안으로 지원액은 연간 20억 달러로 크게 증가하였다. 2016년에는 약 127,000명의 노동자가 총 10억 달러의 무역조정지원(TAA)을 받았다.

1962년의 무역확대법을 근거로 미국은 GATT의 후원 아래 광범위한 다자간 무역협상을 시작하였는 데, 이것이 케네디 라운드(Kennedy Round)이다. 케네디 라운드 협상은 1967년에 종결되었고 공산품의 평균관세율을 향후 5년간에 걸쳐 1962년 수준의 총 35%만큼 인하되는 결과를 가져왔다. 1972년 말 그 협정이 시행되었을 때 공산품의 평균관세율은 선진국에서 10% 이하가 되었다. 그러나 아직도 심각한 비관세장벽이 많이 있는데, 특히 농업 부문에서 그러하다.

9.6D 1974년의 무역개혁법과 도쿄 라운드

1962년의 무역확대법은 1974년의 무역개혁법(Trade Reform Act of 1974)으로 대체되었다. 이것은 대통령으로 하여금 (1) 60%까지의 관세인하 협상 및 5% 또는 그 이하의 관세를 철폐하는 것을 허용하고, (2) 비관세장벽의 감축을 협상하는 것이다. 이 법은 또한 조정지원을 위한 기준을 자유화하였다.

1974년 무역개혁법을 근거로 미국은 도쿄 라운드(Tokyo Round)(도쿄에서 개회식이 개최된 것을 제외하고는 실제로 제네바에서 이루어짐)라고 알려진 다자간 무역협상에 참여하였다. 이는 1979년에 종결되었다. 관세인하 협상은 8년 동안 진행되어 1980년부터 미국에 대해서는 평균 31%, 유럽연합에 대해서는 27%, 일본에 대해서는 28%의 인하가 있었다. 비관세장벽을 시행하는 국가의 행동원칙 또한 규정되어 비관세장벽의 규제 효과를 줄이고자 하였다. 이러한 원칙은 (1) 정부조달원칙의 협정, (2) 상계, 반덤핑관세의 경우 관세 적용의 일률성, (3) 제조업, 준제조업 또는 선별된 개발도상국에 대한 일반특혜관세 등을 포함한다(그러나 직물, 신발, 가전제품, 철강 및 개발도상국에게 중요한 많은 제품들은 제외되었다).

도쿄 라운드에서 무역자유화로 인한 정태적 총이익은 매년 17억 달러 정도 되는 것으로 추정된다. 규모의 경제, 더 큰 효율성과 기술혁신으로부터 발생하는 동태적 이익을 고려할 때 그 금액은 매년 80억 달러에 이를 것이다. 그러나 이러한 금액은 대략적인 추산치에 불과하며, 도쿄 라운드에서 협상된 관세인하로 미국 전체가 이익을 봤다 할지라도 (미국에서 비교적 희소한 요소인) 노동과 비교적 소기업의 비중이 높은 산업들(미국에서 가장 많은 보호를 받는)은 어느 정도 피해를 입었다.

9.6E 1984년과 1988년의 무역법

1974년의 무역개혁법 이후 1984년의 무역 및 관세법(Trade and Tariff Act of 1984)이 제정되었다. 이 법은 세 가지 주요한 조항을 원칙으로 한다. (1) 대통령이 지적재산권의 보호, 서비스 교역의 장벽을 완화, 첨단산업제품 직접투자에 대한 국제적 협상을 하도록 허용한다. (2) 개발도상국의 대미 수출에 특혜적으로 부여되는 일반특혜관세(GSP)를 1993년 7월까지 확장하되(11.6절 참조) 개발도상국 중 대한민국과 타이완 같이 선진개발도상국에 대해서는 졸업 또는 특혜적 접근을 철폐한다. (3) 이스라엘과의 자유무역협정을 체결하기 위한 협상을 허용한다. 미국이 1986년에 시작된 새로운 다자간 무역협상(우루과이 라운드)을 요구하는 것은 이 법의 조항을 근거로 한다(9.7A절 참조).

1988년의 전방위 무역 및 경쟁법(Omnibus Trade and Competitiveness Act of 1988)은 슈퍼 301조 조항을 포함하고 있는데 (1) 미국의 특별 무역대표부로 하여금 여러 가지 포괄적인 무역장벽을 유지하는 국가들을 우선협상국으로 지정하여, (2) 그러한 장벽을 제거하기 위한 협상의 엄격한 스케줄을 설정하는 것이다. (3) 협상이 성공적이지 못한다면 그러한 국가로부터 수입을 축소함으로써 보복을 한다. 1989년 5월에 미국은 일본, 브라질, 인도를 가장 불공정한 무역국가로 지목했다. 일본은 공공당국이 미국의 인공위성, 슈퍼컴퓨터를 구매할 것을 거절했고, 미국에서 제조된 삼림제품을 배제했기 때문에 지목되었다. 브라질은 실제로 모든 수입에 부과된 라이선싱 요구 때문에 지목되었고, 인도는 해외직접투자에 대한 제한과 외국에 기반을 둔 보험회사를 규제하는 것 때문이었다. 1988년 슈퍼 301조 조항하에서 이러한 국가들은 그들이 무역규제를 완화하지 않을 경우 선별된 대미 수출품에 100% 관

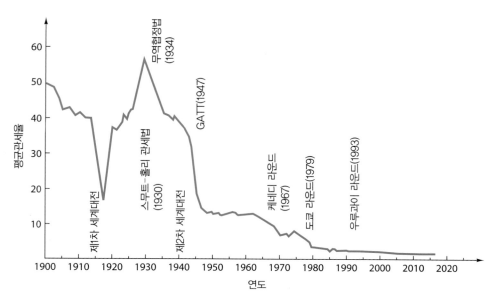

그림 9-4 **관세가 부과되는 수입품에 대한 미국의 평균관세율(1900~2018)**

미국에서 관세부과 수입품에 대한 평균관세율은 1930년 스무트-홀리 관세법하에서 1932년에 높게는 59%부터 2005년 5% 이하까지 분포되어 있다. 평균관세율은 저관세수입의 비율이 증가하는 경우 관세계획의 변화 없이도 하락할 수 있다(1972년 이후에 저관세 석유수입의 큰 증가 결과와 같이).

출처 : *Historical Abstract of the United States*(Washington, D.C. : U.S. Government Printing Office, 1972); and *Statistical Abstract of the United States*(Washington, D.C. : U.S. Government Printing Office, 2012 and 2018).

세에 직면하였다.

그림 9-4는 1900년부터 2018년까지 관세부과가 가능한 수입품에 대한 미국의 평균관세율의 역사를 요약한다. 다른 주요 선진국에서의 관세율 역시 유사하게 하락하였으며 미국의 관세율과 비교된다(표 8-1 참조). 그림의 평균관세율은 관세계획의 변화 없이도 저관세수입 비율이 증가함에 따라 하락했다. 예를 들면 1972년 이후 평균관세율의 하락은 주로 미국에서 석유의 저관세수입의 큰 증가에 기인한다.

9.7 우루과이 라운드, 도하 라운드의 실패, 미해결의 무역문제

이 절에서는 먼저 성공적인 우루과이 라운드의 조항을 검토한 다음 도하 라운드가 달성하고자 했던 목표와 실패한 이유를 논의한다. 그런 다음 오늘날 세계가 직면한 미해결의 무역문제를 검토할 것이다.

9.7A 우루과이 라운드

1993년 12월 세계에서 123개국이 참가한 역사상 8번째이고 가장 야심찬 다자간 무역협상인 우루과이 라운드(Uruguay Round)가 7년간의 고통스러운 협상에 종지부를 찍었다. 우루과이 라운드는 1986년 9월 우루과이의 푼타 델 에스테에서 시작되었으며, 1990년 12월에 종결짓기로 계획되었으나, 미국과 유럽연합(그중에서도 특히 프랑스)의 농업보조금 감축에 관한 이견으로 인해 3년 동안 결론을 내는 것을 연기해 왔다. 우루과이 라운드의 목적은 신보호주의가 확산되는 것을 억제하고 그 추세를 역전시키는 것이다. 또한 서비스, 농업, 해외투자를 협상의제에 포함하고, 지적재산권 보호에 대한 국제적인 규칙을 협상하고, 보다 시의적절하고 GATT의 규칙과 일치하도록 분쟁해결 메커니즘을 개선하고자 하였다. 그 협정은 1994년 4월 15일에 미국과 기타 국가들에 의해 서명되었으며, 1995년 7월 1일에 효력을 발휘하게 되었다.

그 협정의 주요 조항들은 다음과 같다.

1. **관세** : 공산품에 대한 관세는 평균 4.7%에서부터 3%까지 인하되고, 관세율이 0인 상품의 비율이 20~22%에서 40~45%로 증가했다. 의약품, 건설장비, 의료장비, 종이제품, 철강 등에서 관세가 완전히 제거되었다.

2. **쿼터** : 각국은 농산품 수입에 대한 쿼터와 면직물 및 의류수입에 관한 쿼터를 덜 규제적인 관세로, 농업 분야에서는 1999년 말까지, 면직물 및 의류 분야에서는 2004년 말까지 대체하기로 하였다. 농업 분야의 관세는 개발도상국에서는 24%까지 인하되었고, 선진국에서는 36%, 면직물의 관세는 25%까지 인하되었다.

3. **반덤핑** : 이 협정은 반덤핑법의 사용으로부터 발생하는 논쟁을 해결하기 위해서 보다 강력하고 빠른 조치를 제공한다. 그러나 반덤핑법의 사용을 저지하지는 않는다.

4. **보조금** : 농산물 수출의 보조금의 양이 지난 6년 동안 21% 감축되었고, 공업 분야의 연구에 대한 정부보조금은 응용연구비용의 50%까지 감축되었다.

5. **긴급수입제한조치** : 각국은 일시적으로 관세 또는 다른 제한조치를 사용해서 국내산업에 심각한 피해를 주는 수입증가에 대처하게 된다. 이는 과학적인 근거 없이 단순히 무역을 제한하기 위한 목적으로 건강 및 안전기준을 실시하는 것을 금지한다. 예를 들면 한 국가는 성장 호르몬을 통해 생산된 소고기가 사람이 소비하는 데 안전하지 않다는 것을 보여 주어야만 성장 호르몬으로 사육된 소고기의 수입을 억제할 수 있다.

6. **지적재산권** : 이 협정은 특허 및 상표, 복사권을 20년간 보호한다. 그러나 개발도상국에 대해서는 의료 분야에서 10년간의 단계적 특허보호를 허용한다.

7. **서비스** : 미국은 자국의 은행 또는 증권기업이 일본, 대한민국, 많은 개발도상국 시장에 접근하는 데 실패했고, 프랑스와 유럽연합이 미국의 필름과 TV 프로그램에 대한 방영의 규제를 철폐하도록 하는 데 실패했다.

8. **다른 산업조항** : 미국과 유럽연합은 민간 항공기 제조업자에 대한 정부 보조를 한층 더 제한하고 장거리 전화시장을 개방하며, 유럽의 철강 제조업자에 대한 보조금을 제한하기 위한 논의를 계속하기로 합의했다. 또한 미국은 일본의 컴퓨터 칩 시장을 더욱 개방하기 위한 협상을 계속할 것임을 시사했다.

9. **무역관련 투자조치** : 이 협정은 (자동차 생산업체)와 같은 해외투자자가 국내 부품을 이용하거나 수입한 만큼 수출해야 한다는 조건을 단계적으로 철폐하는 것이다.

10. **세계무역기구** : 이 협정 역시 공산품의 무역뿐 아니라 농산물 및 서비스업의 무역에 대해서도 GATT의 조항을 세계무역기구(World Trade Organization, WTO)의 조항으로 대체한 것이다. 무

역분쟁 또한 GATT에서와 같이 만장일치가 아닌 국가들의 2/3나 3/4의 투표에 의해 해결될 수 있다(이것은 피소국가가 자국에 해가 되는 행동을 저지할 수 있다는 것을 의미한다).

우루과이 라운드의 타결은 그 자체로서 커다란 업적이지만 일부 목표만 성취되었고, 여러 가지 미해결된 무역문제가 남아 있다(다음 절 참조). 2005년까지 우루와이 라운드를 시행하면 세계의 후생은 730억 달러 증가하는데, 이 중 583억 달러는 선진국에 돌아가고 192억 달러는 개발도상국에 귀속될 것으로 추정된다(사례연구 9-8 참조). 그러나 우루과이 라운드가 실패했더라면 심리적 재앙이었을 것이며 무역규제가 만연하고 파괴적인 무역전쟁이 발발했을 것이다.

1996년과 1997년 기간에 통신 분야, 금융 분야, 정보기술 분야의 무역을 개방하려고 하는 다자간 무역협상이 종결되었으며, 시간이 지남에 따라 이 협상으로 인해 우루과이 라운드 전체보다 더 큰 무역의 확대가 발생할 것이다. 1999년에 유럽연합은 멕시코와 자유무역협정을 체결(2000년 7월에 효력 발효)하여 쌍방간 무역에 대한 관세를 모두 철폐하기로 하였다. 2001년에 중국은 WTO에 144번째 회원국으로 가입하였으며, 러시아가 2012년에 156번째 회원국으로 가입하여, 2019년 WTO의 총회원국은 164개국이 되었다.

2002년 8월에 미국의회는 대통령에게 패스트 트랙(fast track)이라는 무역촉진권한(trade promotion authority)을 부여해서 광범위한 무역협상을 하도록 했는데, 이는 행정부가 제출한 법안을 의회는 조문 수정 없이 가부간의 결정만 하는 것이다. 이러한 법제화의 목적은 외국 정부로 하여금 미국 정부가 협상에 신속히 대처할 것이라는 확신을 주기 위한 것이다. 또한 이 법안은 대통령이 협상 시에 환경보호, 노동권, 반덤핑법을 고려하도록 하였으며, 일자리를 잃은 노동자에게 건강보험과 기타 혜택으로 연간 12억 달러까지 지원할 수 있게 하였고, 농부와 목축업자들도 혜택을 받을 수 있도록 하였다. 그러나 패스트 트랙은 2007년 만기가 된 후 2015년, 2018년에 갱신되었고, 2021년까지 갱신될 예정이다. 1990년 이후 (유럽연합 및 기타 국가들과 마찬가지로) 미국은 (제10장에서 논의되는 바와 같이) 여러 국가들과 자유무역협정을 체결했다.

9.7B 실패한 도하 라운드

1999년 12월 시애틀에서 개최된 WTO 무역회의에서는 무역협상에 관한 '새천년 라운드(Millenium Round)'를 추진하기 위한 시도가 있었다. 이러한 시도는 (1) 개발도상국들이 새로운 라운드의 의제로 노동 및 환경기준을 포함하는 데 극렬히 반대했고, (2) 미국이 농업제품의 완전한 무역자유화를 의제

사례연구 9-8 우루과이 라운드로 예상되는 이익

표 9-6은 2005년까지 우루와이 라운드가 전면 시행되는 경우 세계 여러 국가와 지역이 얻는 후생이익의 추정치를 달러와 GDP에 대한 비율로 보여 주고 또한 실질임금의 상승률도 함께 보여 준다. 이 표에 의하면 세계의 후생은 730억 달러 증가하는데, 이 중 538억 달러(74%)는 선진국에 돌아가고 나머지는 개발도상국에 귀속된다. 유럽연합과 유럽자유무역연합(EFTA)이 가장 많은 이익(237억 달러)을 얻고 그다음이 미국(198억 달러)과 일본(69억 달러)이다. 개발

| 표 9-6 | 우루과이 라운드로 인한 실질소득의 증가 | | |

국가 또는 지역	후생이익 (10억 달러)	후생이익 (GDP 대비 %)	실질임금 상승 (%)
선진국			
미국	19.8	0.22	0.21
유럽연합 및 EFTA	23.7	0.22	0.21
일본	6.9	0.11	0.09
캐나다	1.6	0.22	0.20
오스트레일리아와 뉴질랜드	1.8	0.34	0.36
개발도상국			
아시아			
인도	2.8	0.68	0.54
스리랑카	0.1	0.70	0.54
기타 남아시아	2.7	2.29	2.43
중국	1.3	0.14	0.23
홍콩	−0.1	−0.11	0.47
대한민국	2.5	0.45	0.45
싱가포르	1.6	2.11	1.92
인도네시아	0.6	0.24	0.32
말레이시아	2.6	2.19	2.56
필리핀	2.5	2.82	3.91
타이	0.8	0.40	0.76
기타			
멕시코	0.1	0.01	0.03
터키	0.2	0.11	0.09
중부 유럽	1.2	0.33	0.34
중앙아메리카와 남아메리카	0.3	0.02	0.04
총계	73.0		

출처 : D. K. Brown, A. V. Deardorff, and R. Stern, "Computational Analysis of Multilateral Trade Liberalization in the Uruguay Round," *Discussion Paper No.489*, School of Public Affairs, University of Michigan, December 8, 2002.

도상국 중에서는 인도가 가장 많은 이익(28억 달러)을 얻고 그다음이 기타 남아시아(27억 달러), 말레이시아(26억 달러) 및 대한민국과 필리핀(각각 25억 달러)이다. 중국은 13억 달러의 이익을 얻고, 홍콩만이 약간 손해를 본다(1억 달러). GDP 대비 비율과 실질임금으로는 선진국의 이익은 0.4% 이하이지만, 개발도상국의 이익은 (1.92%의 실질임금 이익을 얻는 싱가포르를 제외하면) 기타 남아시아, 싱가포르, 말레이시아 및 필리핀의 경우 GDP의 2%를 초과한다.

에 포함시키려는 데 대해 유럽연합과 일본이 반대했으며, (3) 유럽연합이 요구했던 경쟁 및 투자정책을 논의하는 데 미국이 반대했기 때문이다. 이러한 일들은 강력한 **반세계화 운동**이 조직한 대규모 시위가 진행되는 중에 일어났는데, 반세계화 운동은 다국적기업의 이익을 위해 인간 및 환경복지를 희생하고, 세계의 여러 가지 인간 및 환경문제가 세계화 때문에 발생했다고 비난하고 있다(1.1절 참조).

2001년 11월 카타르 도하에서 도하 라운드가 개최되었다. 의제는 (1) 농업, 산업제품 및 서비스의 생산과 무역을 한층 더 자유화하며, (2) 투자정책 및 경쟁정책뿐만 아니라 반덤핑 및 긴급수입제한조치에 대한 규칙을 보다 엄격하게 하는 것 등이 포함되었다. 새로운 라운드는 선진국의 경우 농업관세를 45~75%, 개발도상국은 35~60% 인하하는 반면, 최빈개발도상국은 인하하지 않을 것을 제안했다. 또한 비농업제품의 관세에 대해서는 선진국은 50%, 개발도상국은 35% 인하할 (최빈개발도상국은 인하하지 않음) 것을 제안했다. 새로운 라운드로 인해 2015년까지 예상되는 이익은 (완전한 무역자유화를 했을 때 얻을 수 있는 이익의 약 1/3인) 960억 달러였으며(사례연구 9-6의 표 9.4 참조), 이 중 800억 달러는 선진국으로 귀속되며(이는 1인당 79.04달러, 선진국 GDP의 0.24%임), 160억 달러는 개발도상국으로 귀속된다(이는 1인당 3.13달러이며, 개발도상국 GDP의 0.14%임).

처음부터 개발도상국들은 우루과이 라운드가 그들에게 약속한 많은 것을 가져다주지 못한다고 생각하여 양허를 하는 데 주저하였으며, 그 대신 도하 라운드를 진정한 '개발 라운드'로 만들 것을 주장하였다. 도하 라운드는 2004년 말 종결될 것으로 예상되었지만 선진국과 개발도상국 그리고 선진국 간에 농업보조금에 대한 의견 불일치로 5년간의 협상 끝에 2008년 7월 거의 붕괴했다.

사례연구 9-9는 1947년 이래 GATT의 후원하에 시행된 8차례의 다자간 무역 라운드와 2001년 WTO의 후원하에 실행된 9번째의 실패한 도하 라운드를 요약하여 보여 준다.

9.7C 미해결 무역문제

우루과이 라운드의 성공적인 종료에도 불구하고 여전히 심각한 무역문제는 많이 남아 있다.

첫 번째 문제는 무역보호주의가 여전히 만연해 있다는 점이다. 9.3절부터 9.5절에서 논의한 바와 같이 선진국들은 외국의 경쟁으로부터 국내생산과 일자리를 보호하려고 하고 있으며, 새로운 첨단기술산업을 육성하기 위하여 전략적 무역정책과 산업정책을 이용하며, 개발도상국 역시 그렇다. 유럽연합은 산업불모지로 전락할 것이라는 우려 때문에 몇몇 산업에 대한 보호를 강화해 왔다. 러시아는 중고차 수입에 대해 관세를 인상하고, 인도는 중국산 완구의 수입을 금지하고, 아르헨티나는 자동차 부품의 수입, 직물 및 가죽제품에 대한 수입허가 요건을 강화하였다. 미국과 유럽연합, 일본은 농민 및 은행들에게 보조금을 지급하고 있는 반면 중국은 국가경제의 우월성을 달성하기 위해 공격적인 산업정책을 추구하고 있는데, 이는 기술우위를 성취하기 위함으로 보인다.

두 번째 문제는 농업제품에 대한 보조금과 관세가 높은 수준에 있으며, 반덤핑조치와 긴급수입제한조치가 가능하고 종종 남용되기 때문에 심각한 무역분쟁의 소지가 잠재하고 있다는 점이다.

세 번째 무역문제로는 세계가 3개의 무역 블록[EU, NAFTA 및 (명확하게 정의되지는 않았지만) 태평양 블록]으로 분할되는 경향이 있다는 점이다(무역 블록은 제10장과 11장에서 자세히 살펴본다). 이러한 무역 블록이 자유무역체제의 초석이 될 수도 있지만 걸림돌이 될 수도 있으며, 이로 인해 양자 간 무역, 보호무역주의 및 블록 간 무역분쟁이 나타날 수도 있다.

사례연구 9-9   다자간 무역협상 라운드

표 9-7은 무역협상의 연도, 장소, 이름, 참가국, 논의된 주제, 인하된 관세율을 보여 준다. 표로부터 GATT가 지원한 가장 중요한 협상은 1947년의 라운드와 1964~1967년의 케네디 라운드, 1973~1979년의 도쿄 라운드, 1986~1993년의 우루과이 라운드임을 알 수 있다. WTO가 지원하는 새로운 도하 라운드(2001년~)는 규모가 가장 크고 또한 가장 어려운 협상이 될 것으로 보인다.

표 9-7   GATT 무역협정과 WTO 라운드

연도	장소/이름	참가국 수	논의된 주제	관세인하율
1947	제네바	23	관세	21
1949	안시	13	관세	2
1951	토키	38	관세	3
1956	제네바	26	관세	4
1960~1961	제네바(딜론 라운드)	26	관세	2
1964~1967	제네바(케네디 라운드)	62	관세 및 반덤핑조치	35
1973~1979	제네바(도쿄 라운드)	99	관세, 비관세조치 및 다자간 협상	33
1986~1993	제네바(우루과이 라운드)	125	관세 및 비관세조치 및 농업, 서비스, 직물 및 지적재산권, 분쟁해결 및 WTO 창설	34
2001~	도하(도하 라운드)	150	농업, 공업제품, 서비스업에서 전 세계적 무역자유화	실패

출처 : WTO, *Annual Report* (Geneva: WTO, 2011).

네 번째 문제는 미국과 프랑스와 같은 선진국들이 노동과 환경기준의 설립을 요구하는 것이다. 이는 선진국과 개발도상국 사이의 '공평한 근로조건'을 보장하고 개발도상국에 의한 '사회적 덤핑'(즉, 개발도상국이 그들의 노동자에 대한 기본적 인권이나 적절한 임금 및 작업환경을 보장하지 않음으로써 불공평하게 경쟁하는 것)을 피하기 위한 것으로 보인다. 그러나 노동과 환경기준을 설립하는 것은 보호무역주의 조치로 악용될 위험이 있다. 환경기준 역시 마찬가지이다(6.6C절 참조). **무역관련 투자조치(TRIMs)**와 아울러 (보조금과 규제와 같은) 무역관련 경쟁정책 역시 우루과이 라운드에서보다 더 적절하게 처리해야 할 필요가 있다.

마지막으로 2018년 세계가 직면하고 있는 **다섯 번째**의 가장 위험한 무역문제는 트럼프 대통령 행정부하에서 미국의 (방어적) 보호무역주의적 무역정책인데, 이는 (사례연구 9-7에서 논의한 바와 같이) WTO를 약화시키며 무역전쟁의 위험을 내포하고 있다.

요약

1. 쿼터는 수입 또는 수출에 대한 직접적 수량 규제이다. 수입 쿼터는 상당한(equivalent) 관세와 동일한 소비 및 생산효과를 갖는다. 정부가 수입허가를 경쟁시장에서 가장 높은 가격을 제시하는 입찰자에게 경매로 배정한다면 수입(收入)효과 역시 동일하게 된다. 수요 또는 공급의 변화에 따른 조정은 수입 쿼터의 경우에는 국내가격을 통해 이루어지고, 관세의 경우에는 수입량을 통해 이루어진다. 또한 수입허가가 경매를 통해서 배당되지 않으면 독점이윤을 발생시키고, 그에 따라 부패가 발생할 수 있다. 수입 쿼터는 일반적으로 그에 상당한 수입관세보다 더 규제적이다.

2. 수출자율규제는 수입국이 수출국으로 하여금 한 제품의 수출을 소위 자발적으로 축소하도록 유도하는 것이다. 성공하는 경우의 경제적 효과는 수입효과를 제외하고는 수입 쿼터와 동일하다. 여기서 수입은 해외 공급자가 획득하게 된다. 그러나 수출자율규제는 수입을 제한하는 데 있어서 성공적일 것 같지 않으며, 대부분 우루과이 라운드 협정의 결과로 1999년 말에 폐지되었다. 또한 여러 가지 다른 비관세무역장벽들이 있는데, 이러한 장벽은 지난 30년간 국제무역 흐름의 방해물로서 관세보다 더 중요하게 되었다.

3. 국제 카르텔은 서로 다른 국가에 소재하는 상품의 공급자들이 총이윤을 극대화하거나 증가시킬 목적으로 상품의 생산과 수출을 규제하는 조직이다. 국제 카르텔은 필수적인 상품으로서 좋은 대체 상품이 없고, 국제 공급자가 소수인 경우에 더 성공할 것이다. 카르텔에서 탈퇴하거나 기만할 유인이 존재한다. 또한 무역규제는 덤핑과 수출보조금으로부터 유래할 수 있다. 덤핑은 한 제품을 국내가격보다 더 낮은 가격 또는 비용 이하로 수출하는 것으로 지속적이고, 약탈적이며, 산발적이다. 상계관세는 외국정부가 제공하는 보조금을 상쇄하기 위해서 수입품에 부과하는 관세이다.

4. 관세가 외국의 싼 노동력으로부터 국내 노동자들을 보호하기 위해서 필요하다는 주장과 과학적 관세는 분명히 오류이다. 두 가지 회의적인 인근 궁핍화 논의는 보호무역이 국내실업을 감소시키고, 국제수지의 적자를 해소하기 위해서 필요하다는 것이다. 보호무역주의의 보다 타당한 논의는 유치산업보호론이다. 그러나 보호무역으로 할 수 있는 것은 직접 보조금이나 조세를 통해서 국내 왜곡 없이도 더 잘 이루어질 수 있으며, 국방을 위해서 중요한 산업의 경우에도 동일하다. 보호무역주의에 대해서 경제적으로 가장 타당한 것은 최적관세이다(그러나 이것은 보복을 불러일으킨다). 미국에서의 무역보호주의는 보통 저임금 노동자와 대체로 소비재를 생산하는 잘 조직화된 산업이 무역보호를 받고 있다.

5. 전략적 무역정책 및 산업정책은 보호무역주의에 대한 또 하나의 유보적인 논의이다. 한 국가는 첨단기술 산업을 장려함으로써 거기서 유래하는 커다란 외부경제 효과를 획득할 수 있고, 미래의 성장 전망을 높일 수 있다. 그러나 전략적 무역정책과 산업정책은 여러 가지 특별한 어려움에 직면하게 되는데, 그 이유는 국가들이 승자를 선발하기가 어렵고 보복을 야기하기 때문이다. 이러한 이유로 자유무역은 아직도 최선의 정책이다. 그러나 중국의 전략적 무역정책과 산업정책에 '방어적' 수입관세의 부과로 대응함으로써 트럼프 대통령은 2018년 무역전쟁의 위험을 불사했다.

6. 1930년의 스무트-홀리 관세법은 1932년 미국에서 평균 수입관세를 59% 상승시키는 결과를 가져와서 외국의 보복을 불러일으켰다. 1934년의 무역협정법은 대통령에게 최혜국 원칙하에서 50%까지 상호 관세감축을 협상할 수 있는 권한을 부여하였으나, 한 가지 심각한 문제점은 그것이 쌍무적 접근이란 것이다. 관세 및 무역에 관한 일반협정(GATT)은 농업 분야와 국제수지 문제를 겪고 있는 나라를 제외하고는 무차별주의, 협상, 비관세장벽의 철폐를 토대로 자유무역에 기여하였다. 1962년까지만 하더라도 관세감축은 제품별 협상과 특히 임계점조항, 회피조항, 국가안보조항 등 미국의

보호주의자들의 장치에 의해 심각하게 제한을 받았다. 1962년의 무역확대법을 근거로 1967년에 종결된 케네디 라운드의 협상을 통해 공산품에 대해 평균 35%의 관세인하 협상을 하였다. 1962년의 무역확대법은 조정지원으로 무피해 원칙을 대신했다. 1974년의 무역개혁법을 근거로 1979년에 종결된 도쿄 라운드에서 평균 31%의 관세인하 협상을 했으며 비관세장벽에 대한 행동조항을 수용하였다. 1988년의 무역법은 미국의 수출을 크게 제한하는 국가에 대해 보복적 조치를 취할 수 있는 미국의 권한을 강화하였다.

7. 무역협상에 관한 우루과이 라운드는 1993년 12월에 종결되었다. 그것은 공산품에 대한 평균관세율을 4.7%에서 3%까지 인하하였고, 쿼터는 관세에 의해서 대체되고, 반덤핑관세와 긴급수입제한 조치가 엄격하게 제한되도록 하였다. 이 협정은 역시 농산물 수출보조금의 감축과 공산물보조금의 감축을 요구했고, 지적재산권의 보호도 요구하였다. 1996~1997년 기간에 동 협정은 통신, 금융, 정보기술 분야 무역을 개방하는 데

이르렀다. 2000년 7월에는 유럽연합과 멕시코 간에 자유무역협정이 발효되었고, 2001년 11월에는 도하 라운드가 시작되었으며, 2001년에 중국이 WTO의 144번째 회원국이 되었다. 러시아는 2012년에 156번째 회원국이 되었다. 2002년 8월에는 의회가 대통령에게 무역협상을 할 권한을 부여하였다. 새천년 라운드를 시작하고자 하는 시도는 국가들이 2001년 11월 무역회의에서의 의제에 관한 협정에 이르지 못하고 실패하였다. 세계는 몇 개의 무역 블록으로 분할되고 있으며, 심각한 반세계화 운동이 나타났다. 또한 선진국 간 그리고 선진국과 개발도상국 사이에 많은 무역분쟁이 있었다. 이러한 문제점은 도하 라운드에서 해결될 것으로 기대되었으나, 도하 라운드는 농업보조금에 대한 의견불일치로 2008년 거의 붕괴되었다. 2018년의 가장 위험한 무역문제는 트럼프 대통령 행정부하에서 미국의 '방어적' 무역정책인데, 이는 WTO를 약화시키며 무역전쟁의 위험을 내포하고 있다.

주요용어

게임이론(game theory)

과학적 관세(scientific tariff)

관세 및 무역에 관한 일반협정(General Agreement on Tariffs and Trade, GATT)

국가안보조항(national security clause)

국제무역기구(International Trade Organization, ITO)

국제 카르텔(international cartel)

기술 · 행정 및 기타 규제(technical, administrative, and other regulations)

다자간 무역협상(multilateral trade negotiations)

덤핑(dumping)

도쿄 라운드(Tokyo Round)

무역정책(industrial policy)

무역조정지원(Trade Adjustment Assistance, TAA)

비관세장벽(Nontariff Trade Barriers, NTBs)

산발적 덤핑(sporadic dumping)

상계관세(Countervailing Duties, CVDs)

세계무역기구(World Trade Organization, WTO)

수출보조금(export subsidies)

수출입은행(Export-Import Bank)

수출자율규제(Voluntary Export Restraints, VERs)

스무트-홀리 관세법(Smoot-Hawley Tariff Act)

신보호주의(new protectionism)

약탈적 덤핑(predatory dumping)

양자 간 무역(bilateral trade)

우루과이 라운드(Uruguay Round)

유치산업보호론(infant-industry argument)

임계점조항(peril-point provisions)

전략적 무역정책(strategic trade policy)

지속적 덤핑(persistent dumping)

집중화된 카르텔(centralized cartel)

최혜국 원칙(most-favored-nation principle)

케네디 라운드(Kennedy Round)

쿼터(quota)

트리거 프라이스 메커니즘(trigger-price mechanism)

해외영업법인(Foreign Sales Corporations, FSC)

회피조항(escape clause)

1934년의 무역협정법(Trade Agreements Act of 1934)

1962년의 무역확대법(Trade Expansion Act of 1962)

1974년에 무역개혁법(Trade Reform Act of 1974)

1984년의 무역 및 관세법(Trade and Tariff Act of 1984)

1988년의 전방위 무역 및 경쟁법(Omnibus Trade and Competitiveness Act of 1988)

복습문제

1. 수입 쿼터란 무엇인가? 수입 쿼터는 오늘날 대체로 어떻게 이용되는가? 수입 쿼터에 대한 부분균형분석 효과는 무엇인가? 이에 상당한 관세와 유사한 점 및 차이점은 무엇인가?

2. 수출자율규제란 무엇인가? 미국은 이를 어떻게 사용했는가?

3. 무역에 대한 기술·행정 및 기타의 비관세장벽이란 무엇인가? 이들은 어떻게 무역을 규제하는가? 관세장벽과 비교할 때 비관세장벽의 중요성은 무엇인가?

4. 국제 카르텔이란 무엇인가? 국제 카르텔은 무역을 어떻게 제한하는가? 1970년대에 가장 성공적이었던 국제 카르텔은 무엇인가? 1980년대에 그것의 힘이 약화된 이유는 무엇인가?

5. 덤핑이란 무엇인가? 덤핑의 유형에는 무엇이 있는가? 덤핑을 하는 이유는? 덤핑이 가능하기 위해서는 어떤 조건이 필요한가? 덤핑으로 인해 보통은 무역이 제한되는 이유는?

6. 국가가 수출에 대해 보조금을 지급하는 이유는? 이러한 보조금은 어떤 문제를 야기하는가?

7. 보호에 대한 잘못된 주장과 의심스러운 주장에는 어떤 것이 있는가? 이들 주장이 잘못된 이유와 의심스러운 이유는 무엇인가?

8. 보호에 대한 유치산업보호론은 무엇인가? 이 주장의 전제조건은 무엇인가?

9. 보호에 대해 어느 정도 근거가 있는 기타의 주장은? 이들 주장은 어떻게 보완되어야 하는가?

10. 전략적 무역정책과 산업정책이란 무엇인가? 그 타당성은 무엇인가?

11. 1934년의 무역협정법이 중요한 이유는? GATT의 기본 원칙은?

12. 케네디 라운드의 주요 성과는 무엇인가? 도쿄 라운드의 성과는? 1984년과 1988년의 무역법의 주요 내용은?

13. 우루과이 라운드의 성과는?

14. 오늘날 세계가 직면하고 있는 무역문제는 무엇인가?

15. 도하 라운드가 필요한 이유는?

연습문제

1. 국가들이 자유무역이 최선의 정책임에도 불구하고 무역규제를 사용하는 이유를 설명하라.

2. 그림 9-1의 자유무역하에서 D_X와 S_X 그리고 $P_X=1$달러로부터 시작하여 30X의 수입 쿼터의 부분균형효과를 D_X가 D_X''로 이동하여 D_X와 D_X''가 평행하고 S_X와 $P_X=2.5$달러에서 S_X와 교차하는 경우를 분석하라.

3. 그림 9-1의 자유무역하에서 D_X와 S_X 그리고 $P_X = 1$달러로부터 시작하여 30X의 수입 쿼터의 부분균형효과를 S_X가 S_X'로 이동하고 $P_X = 3.5$달러에서 D_X와 교차하는 경우를 분석하라.

4. 그림 9-1의 자유무역하에서 D_X와 S_X 그리고 $P_X = 1$달러로부터 시작하여 30X의 수입 쿼터의 부분균형효과를 S_X가 S_X''로 이동하고 $P_X = 2.5$달러에서 D_X와 교차하는 경우를 분석하라.

5. 그림 9-1의 자유무역하에서 D_X, S_X 그리고 $P_X = 1$달러로부터 S_X가 S_X^*로 (평행하게) 이동하여 D_X와 $P_X = 2$달러에서 교차할 때 30X의 수입 쿼터에 대한 효과를 부분균형방법으로 분석하라.

6. 그림 9-1의 자유무역하에서 D_X와 S_X 그리고 $P_X = 4.5$달러로부터 시작하여 30X의 수출 쿼터의 부분균형효과를 분석하라.

7. 연습문제 6번에서와 같이 30X 수출 쿼터가 그에 상응하는 수입관세 또는 쿼터와 어떤 점에서 유사하고 차이가 나는가를 설명하라.

8. 양축과 그에 상응하는 한계수입곡선이 교차하는 직선인 수요곡선을 그리라(수직축과 수요곡선의 반거리에 위치한다). 동일한 그래프 위에 수요곡선과 한계수입곡선과 교차하는 가상적인 공급곡선을 그리라. 수출상품시장이 완전경쟁 상태일 때 수출상품의 균형가격과 수량을 결정하라.

9. 연습문제 8번과 동일한 상황에서 공급곡선이 독점자로서 행동하는 수출업자의 카르텔인 경우 그 상품의 균형가격과 수출물량을 결정하라.

10. 연습문제 8번과 9번의 결과를 비교하라.(힌트 : 경제학원론 교재의 완전경쟁과 독점을 복습할 것)

11. 3개의 가격–수량축을 나란히 그리라.
첫 번째 그래프에 가파른 직선인 수요곡선(D_1)을 그리고, 그것으로 국내시장을 표시한다. 동일한 그래프상에 그에 상응하는 한계수입곡선(MR_1)을 그리라.
두 번째 그래프에 낮고 평평한 직선인 수요곡선(D_2)을 그리고, 그것으로 국제시장을 표시한다. 동일한 그래프상에 그에 상응하는 한계수입곡선(MR_2)을 그리라.
세 번째 그래프에 MR_1과 MR_2를 수평으로 합하여 MR을 그리고, 세 번째 그래프에 한계수입곡선의 아래에서부터 위로 교차하는 한계비용곡선(MC)을 그리라. 그런 후에 수평의 점선을 그리고 첫 번째 그래프와 두 번째 그래프까지 확장하라. 수평의 점선이 MR_1과 교차하는 점은 국내 독점자가 국내시장에 얼마만큼 판매하는가를 나타내고, 수평축이 MR_2와 교차하는 점에서는 국제시장에서 얼마만큼 판매하는가를 나타낸다.

(a) 독점자는 국내시장(P_1)과 국제시장(P_2)에서 각각 어떤 가격을 부과하는가?

(b) 이것이 왜 두 시장 간의 판매의 최상 또는 최적의 분배를 나타내는가?

12. 수직축에 평균생산비를, 수평축에 산출량 수준을 측정하는 표 상에 규모에 대한 수익불변에 직면하는 효율적인 외국기업의 장기평균비용곡선과 기업이 성장함에 따라 기존의 외국기업보다 더 효율적이 되는 개발도상국의 유치산업의 장기평균비용곡선을 그려서 유치산업보호론을 설명하라.

13. 표 9-5의 숫자가 다음과 같이 변하는 경우 요구되는 전략적 무역정책을 지적하라.

(a) 10, +10

(b) +10, 0

(c) +5, −10

14. 자유무역생산점 B로부터 그림 8-5의 국가가 65X(점 F)를 생산하기를 원한다고 가정하라.

(a) 그 국가는 관세 또는 보조금으로 어떻게 이것을 할 수 있는가?

(b) 보조금이 더 나은 이유는 무엇인가?

부록

이 부록에서는 집중화된 카르텔의 운용, 국제가격차별, 국내왜곡을 교정하기 위해 관세 대신에 조세나 보조금을 사용하는 경우의 효과를 그래프로 분석한다.

A9.1   집중화된 카르텔

그림 9-5에서 D_X는 상품 X의 수출에 대한 세계 총수요이고, MR_X는 그에 상응하는 한계수입곡선이다. MR_X는 모든 점에서 수직축과 D_X 사이의 거리의 1/2에 위치한다. S_X는 상품 X의 수출에 대한 카르텔의 공급곡선이다. S_X는 모든 카르텔 회원국의 공급곡선들의 수평 합계($\sum MC_X$)이다. 완전경쟁하에서 국제 균형점은 점 E인데 P_X=3달러에서 400단위의 상품 X가 거래된다.

독점자로서 활동하는 상품 X의 국제 카르텔(또는 **집중화된 카르텔**)은 수출을 300단위로 감소시키고, 가격을 P_X=3.5달러로 부과시킴으로써(MR_X와 $\sum MC_X$의 교점 F에 의해 주어짐) 총이윤을 극대화한다(D_X상의 점 G). 집단으로서(즉, 카르텔) 상품 X 수출업자의 총이윤의 증가는 그림의 색칠한 부분으로 표현된다. 이러한 이윤 증가의 이유는 상품 X의 총수출을 300단위로 축소시켜 국제 카르텔은 MC_X가 MR_X를 초과하는 수출을 하지 않음으로써 그 차이의 합계만큼 총이윤이 더 커지기 때문이다.

> **연습문제**   그림 9-5의 D_X와 S_X로부터 시작하여 상품 X의 수출업자가 둘이고, 동일한 경우 그들은 동일한 시장점유율에 동의한다는 독점결과를 보여 주는 그림을 그리라. 이것이 시장-공유 카르텔이다.

그림 9-5   **국제 카르텔의 총이윤 극대화**

D_X는 상품 X에 대한 수출의 총수요이고, S_X는 수출의 총공급이다. 완전경쟁하에서의 균형점은 점 E인데 P_X=3달러에서 400단위가 거래된다. 상품 X의 수출업자의 카르텔은 독점자로서 활동하며 수출을 300단위로 축소시키고, 가격을 P_X=3.5달러(D_X상의 점 G)로 부과시킴으로써(MR_X와 $\sum MC_X$의 교점 F에 의해 주어짐) 총이윤을 극대화한다. 카르텔의 총이윤은 그림의 색칠한 부분만큼 더 커진다.

A9.2 국제가격차별

지속적 덤핑 또는 국제적 가격차별은 그림 9-6에서 설명한다. 그림에서 국내시장에서 한계수입곡선 MR_d와 해외시장에서 한계수입곡선 MR_f의 합계는 ΣMR이다. 한계수입곡선과 한계비용곡선이 만나는 점 E에서 국내 독점기업은 그 이윤을 극대화하기 위해 **총 300단위**를 판매하게 된다. 총 300단위는 점 E에서의 수평선이 MR_d와 MR_f와 만나는 점에서 국내시장과 해외시장으로 배분된다. 이와 같이 국내 독점기업은 200단위를 해외시장에서 3달러의 가격에 100단위를 국내시장에서 4달러의 가격에 팔게 된다. P_X는 (국내 독점자가 외국경쟁에 직면하게 되는) 해외시장에서보다 (운송비와 무역장벽으로 고립되는) 국내시장에서 더 높아진다.

이윤극대화의 일반원리는 $MR_d = MR_f$이다. 만약 $MR_d \neq MR_f$이면 한계수입이 낮은 시장에서 한계수입이 높은 시장으로 판매를 전환함으로써 두 시장에서 MR이 같아질 때 총수입을 증가시킬 수 있다. 해외수요곡선이 국내수요곡선보다 탄력적이기 때문에 해외가격이 국내가격보다 낮다. 해외시장에서는 밀접한 대체재가 존재하기 때문에 해외수요곡선이 국내수요곡선보다 탄력적이다.

> **연습문제** 국내시장에서 수요의 가격탄력성의 절댓값(e_d)이 2이고, 외국에서의 e_f가 3이고, $\Sigma MR = MC = 10$달러인 경우 국제가격차별을 하는 국내 독점기업이 총이윤을 극대화하기 위하여 국내시장(P_d)과 해외시장(P_f)에서 어떤 가격에 팔 것인가를 계산하라. (힌트 : 미시경제이론에서 $MR = P(1 - \frac{1}{e})$이라는 공식을 이용하라.)

그림 9-6 **국제가격차별**

총이윤을 극대화하는 총산출량은 300X로 점 E로 표시되는데, 이 점에서 $\Sigma MR(=MR_d + MR_f)$ 곡선이 MC 곡선과 교차한다. 300X 중에서 (점 E를 지나가는 수평선이 MR_f와 교차하는 점인) 200X는 해외시장에서 $P_X = 3$달러에 판매되며 (점 E를 지나는 수평선이 MR_d와 교차하는 점인) 100X는 $P_X = 4$달러에 국내시장에서 판매된다. 총이윤을 극대화하기 위한 원리는 $MR_d = MR_f$이다.

A9.3 관세, 보조금, 국내목표

이 절에서는 순수한 국내목표를 달성하기 위해서는 보조금이 관세보다 바람직하다는 것을 보여 준다. 그림 9-7(그림 8-4를 확장)은 자유무역하에서 $P_X/P_Y=P_W=1$이면 점 B(40X와 120Y)에서 생산하고, 무차별곡선 III 상의 점 E(100X와 60Y)에서 소비하는 것을 나타낸다. 이 국가가 65단위(점 F)의 상품 X를 생산하기를 원한다면 상품 X의 수입에 100%의 관세를 부과하는 경우 국내생산에 100%의 보조금을 지불할 수 있다. 상품 X의 수입에 100%의 관세를 부과하는 경우 $P_X/P_Y=P_F=2$가 되어(정부가 관세수입을 일반적인 보조금의 형태로 재분배하면) 이 국가는 점 F(65X와 85Y)에서 생산하고, 무차별곡선 II'상의 점 H'에서 소비하게 된다. 여기까지는 그림 8-4와 동일하다.

상품 X의 국내생산에 100%의 보조금을 지급하게 되면 소비자가 지불하는 가격은 $P_X/P_Y=1$이고 이 국가는 무차별곡선 II''에 도달하게 된다(이는 무차별곡선 II'보다 상위에 있다). 따라서 보조금은 국내생산자를 동일하게 보호할 수 있는 관세보다 바람직한데, 그 이유는 보조금을 지급하는 경우 관세와는 반대로 소비자가 지불하는 가격이 왜곡되지 않기 때문이다.

그림 9-7 국내목표 달성을 위한 관세와 보조금

자유무역하에서 $P_X/P_Y=P_W=1$이면 그 국가는 점 B(40X와 120Y)에서 생산하고 점 E에서 소비한다. 상품 X에 100%의 수입관세를 부과하는 경우 $P_X/P_Y=P_F=2$가 되고 그 국가는 65X(점 F)를 생산하고, 무차별곡선 II'상의 점 H'에서 소비한다. 상품 X의 국내생산에 100%의 보조금을 지불하면 소비자가 지불하는 가격은 $P_X/P_Y=1$이 되고(자유무역을 할 때와 같이), 그 국가는 무차별곡선 II''에 도달하게 된다(이는 무차별곡선 II'보다 상위에 있다).

연습문제 그림 9-7의 국가가 상품 X 생산에서 외부불경제로 인해 자유무역을 할 때 $P_X/P_Y = P_W = 1$에서 점 F에서 생산한다면 어떻게 생산점 B에 도달하는가를 설명하라.

제 10 장

경제통합론 : 관세동맹과
자유무역지역

학습목표	■ 무역창출, 무역전환의 의미와 경제통합으로 인한 동태적 이익을 이해한다.
	■ 유럽연합과 NAFTA의 중요성과 효과를 서술한다.
	■ 개발도상국가 간 그리고 중부 및 동부유럽 국가의 경제통합을 위한 노력을 서술한다.

10.1 서론

이 장에서는 일반적인 경제통합(economic integration)과 특별한 유형인 관세동맹을 다룬다. 경제통합 이론은 통합에 참여하는 국가들에 대해서만 차별적으로 무역장벽을 감소시키거나, 제거하는 통상정책을 뜻한다. 경제통합의 정도는 특혜무역협정으로부터 자유무역지역, 관세동맹, 공동시장, 경제동맹 등으로 여러 단계가 있다.

특혜무역협정(preferential trade arrangements)은 회원국에 대해서는 비회원국에 비해 더 낮은 무역장벽을 유지한다. 이것은 경제통합의 가장 느슨한 형태이다. 특혜무역협정의 가장 좋은 예는 **영연방특혜제도**인데, 이것은 1932년 영국이 창설하여 현재의 영연방 회원국들과 과거의 몇몇 회원국들로 구성되어 있다.

자유무역지역(free trade area)은 회원국 간에는 모든 무역장벽이 제거되지만 비회원국에 대해서는 독자적 무역장벽을 유지하는 경제통합의 한 형태이다. 가장 좋은 예로는 1960년 영국, 오스트리아, 덴마크, 스웨덴, 노르웨이, 포르투갈과 스위스가 결성한 **유럽자유무역협정(EFTA)**, 1993년 미국, 멕시코, 캐나다에 의해 체결된 **북미자유무역협정(NAFTA)**, 1991년 아르헨티나, 브라질, 파라과이, 우루과이로 형성된 **남미공동시장(Mercosur)**이다.

관세동맹(customs union)은 자유무역지역처럼 회원국 간에는 어떤 무역장벽도 허용하지 않는다. 아울러 비회원 국가에 대해서는 (공동관세의 부과와 같은 형태로) 무역정책의 조화를 목표로 한다. 가장 유명한 예로는 1957년 서독, 프랑스, 이탈리아, 벨기에, 네덜란드, 룩셈부르크로 이루어진 유럽연합(European Union, EU) 또는 유럽공동시장이다. 또 하나의 예는 1834년 주권을 가진 독일의 여러 주들에 의해 형성된 **독일관세동맹** 또는 관세동맹으로 1870년 비스마르크의 독일 통일에서 중요성이 입증되었다.

공동시장(common market)은 관세동맹을 넘어 회원국 간에 노동과 자본의 자유로운 이동을 허용하는 것이다. 유럽연합은 1993년 초에 공동시장의 단계에 도달하였다.

경제동맹(economic union)은 회원국 간의 통화정책 및 재정정책의 조화를 꾀하거나 통일시킴으로써 공동시장보다 한 단계 더 진행한 것이다. 이것은 가장 진보된 유형의 경제통합으로, 그 대표적인 예는 제2차 세계대전 이후 형성된 벨기에, 네덜란드, 룩셈부르크 세 국가의 경제동맹인 베네룩스이다. 완전한 경제 및 통화동맹의 한 예는 미국이다.

관세동맹을 분석하기 위해 사용된 동일한 개념으로 분석할 수 있는 최근의 흥미로운 전개 상황으로는 무관세지대(duty-free zones) 또는 자유경제지대(free economic zones)가 있다. 이는 원자재와 중간재에 무관세를 허용함으로써 해외투자를 유치하기 위해 설립된 지역이다.

이 장의 논의는 보통 관세동맹의 관점에서 이루어지지만 다른 유형의 지역경제연합에도 대부분 적용될 수 있다. 10.2절에서는 무역창출 관세동맹에 관해 논의하며, 10.3절에서는 무역전환 관세동맹을 분석한다. 또한 10.4절에서는 차선이론을 제시하며, 10.5절에서는 관세동맹의 동태적 효과를 살펴보고, 10.6절에서는 경제통합의 여러 가지 시도에 대한 간단한 역사를 살펴보기로 한다. 부록에서 무역전환 관세동맹의 정태적 효과에 대한 일반균형분석을 소개하고, 현재 진행 중인 지역 간 무역협정(RTA)을 보여 준다.

10.2 무역창출 관세동맹

이 절에서는 먼저 무역창출의 과정을 설명하고 다음에 무역전환 관세동맹의 효과를 분석한다.

10.2A 무역창출

관세동맹의 형성으로 인한 정태적, **부분균형효과**는 무역창출과 무역전환으로 측정된다. 무역창출(trade creation)은 관세동맹의 회원국인 한 국가의 국내생산이 다른 회원국으로부터의 더 낮은 비용의 수입에 의해 대체될 때 발생한다. 관세동맹의 형성 전후에 모든 경제자원이 완전고용되었다고 가정하면 이는 비교우위에 의한 생산 특화를 강화하므로 회원국의 후생을 증가시킨다. 무역창출 관세동맹(trade-creating customs union)의 경우 회원국의 실질소득 증가로 인해 스필-오버 효과가 발생하여 비회원국으로부터의 수입도 증가하므로 비회원국의 후생도 증가하게 된다.

10.2B 무역창출 관세동맹의 설명

무역창출 관세동맹을 설명하는 그림 10-1은 그림 8-3을 변형한 것이다. 그림 10-1에서 D_X와 S_X는 각각 2국의 상품 X에 대한 국내수요와 공급곡선을 나타낸다. 상품 X의 자유무역가격이 1국에서 $P_X=1$달러이고, 3국에서 $P_X=1.5$달러이며, 2국은 소국이어서 이런 가격들에 영향을 줄 수 없다고 가정하자. 최초에 2국이 상품 X의 모든 수입에 무차별적으로 100%의 종가관세를 부과하면 2국은 상품 X를 1국으로부터 $P_X=2$달러에 수입할 것이다. $P_X=2$달러에서 2국은 50X(GH)를 소비하는데, 그중 20X(GJ)는 국내에서 생산하고, 나머지 30X(JH)는 외국에서 수입한다. 2국은 또한 30달러(MJHN)의 관세수입을 징수한다. 그림 10-1에서 S_1은 자유무역하에서 1국의 2국으로의 상품 X에 대한 완전탄력적인 공급곡선을 의미한다. S_1+T

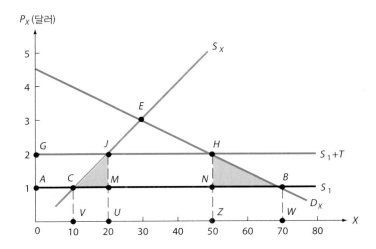

그림 10-1   무역창출 관세동맹

D_X와 S_X는 각각 2국의 상품 X에 대한 국내수요와 공급곡선을 나타낸다. 관세동맹 이전 관세포함 가격 $P_X=2$달러에서 2국은 50X(GH)를 소비하는데, 그중 20X(GJ)는 국내에서 생산하고 나머지 30X(JH)는 외국에서 수입한다. 2국은 또한 30달러($MJHN$)의 관세수입을 징수한다. 2국은 3국으로부터의 관세포함가격 $P_X>2$달러이므로 3국에서는 수입하지 않는다. 2국이 1국과만 관세동맹을 체결하면 2국은 70X(AB)를 소비하는데, 그중 10X(AC)는 국내생산하고, 60X(CB)는 $P_X=1$달러에 1국으로부터 수입한다. 관세수입은 없어지며, $AGJC$ 영역은 국내생산자로부터 국내소비자로의 이전을 의미한다. 또한 2국에서는 CJM과 BHN의 합으로 주어지는 15달러에 상응하는 순정태적 이익이 발생한다.

는 관세포함 공급곡선이다. 3국으로부터 수입하는 상품 X의 관세포함 가격은 $P_X=3$달러이므로 2국은 3국으로부터 상품 X를 수입하지 않는다.

2국이 1국과만 관세동맹을 체결하면(1국으로부터의 수입에만 관세를 제거하면) 2국은 70X(AB)를 소비하는데, 그중 10X(AC)는 국내생산하고, 60X(CB)는 $P_X=1$달러에서 1국으로부터 수입한다. 관세수입은 없어지며, 관세동맹의 형성으로 2국의 소비자에게 돌아가는 총이익은 $AGHB$이다. 그러나 그중의 일부만이 2국 전체의 순이익이 된다. $AGJC$ 영역은 생산자 잉여 또는 지대의 감소를 의미하며 $MJHN$은 관세수입의 감소를 의미한다. 또한 삼각형 CJM과 삼각형 BHN의 합으로 주어지는 15달러에 상응하는 순정태적 이익이 2국에 발생한다.

삼각형 CJM은 무역창출로부터 발생하는 생산부문의 후생이익이고, 2국에서 10X(CM)의 생산을 비효율적인 국내생산자로부터($VUJC$의 비용으로) 1국의 보다 효율적인 생산자로($VUMC$의 비용으로) 이동한 결과이다. 삼각형 BHN은 무역창출로 인한 소비부문의 후생이익으로서 2국에서 20X(NB)만큼의 소비 증가로 $ZWBN$만의 지출로 $ZWBH$의 이익을 얻는 것에 기인한다.

관세동맹이론을 발전시킨 바이너(Viner)는 1950년에 무역창출의 생산효과에 집중하고 소비효과는 간과하였다. 관세동맹이론을 확장시킨 미드(Meade)는 1955년에 소비효과를 처음으로 고려하였다. 그후 존슨(Johson)은 관세동맹의 총후생 효과를 얻기 위해 2개의 삼각형을 합하였다.

10.3 무역전환 관세동맹

이 절에서는 먼저 무역전환의 의미를 설명하고, 다음에 무역전환 관세동맹의 효과를 설명한다.

10.3A 무역전환

무역전환(trade diversion)은 관세동맹 밖으로부터의 저렴한 비용의 수입이 관세동맹 회원국으로부터의 보다 높은 비용의 수입에 의해 대체될 때 발생한다. 이것은 회원국에 특혜무역조치를 하기 때문에 발생한다. 무역전환 자체는 후생의 감소를 가져오는데, 왜냐하면 관세동맹 밖의 보다 효율적인 생산으로부터 관세동맹 안의 보다 비효율적인 생산으로 생산이 전환되기 때문이다. 이와 같이 무역전환은 자원의 국제적 배분을 악화시키고, 생산을 비교우위와 반대방향으로 전환시킨다.

무역전환 관세동맹(trade-diverting customs union)은 무역창출과 무역전환을 둘 다 가져오므로 두 가지 상반된 힘의 상대적 크기에 따라서 회원국의 후생을 증가시킬 수도 있고 감소시킬 수도 있다. 비회원국의 후생은 그들의 경제자원이 무역이 전환되기 전보다 비효율적으로 사용되기 때문에 감소할 것이다. 이와 같이 무역창출 관세동맹은 무역창출만을 가져오고 회원국과 비회원국의 후생을 분명히 증가시키지만 무역전환 관세동맹은 무역창출과 무역전환을 동시에 가져오며 회원국의 후생을 증가시킬 수도 있고 감소시킬 수도 있다(나머지 세계의 후생은 감소할 것이다).

10.3B 무역전환 관세동맹의 설명

무역전환 관세동맹의 효과는 그림 10-2에서 설명된다. 이 그림에서 D_X와 S_X는 각각 2국의 상품 X에 대한 국내수요와 국내공급을, S_1과 S_3는 각각 1국과 3국의 상품 X에 대한 무한탄력적인 자유무역 공급곡선을 나타낸다. 100%의 무차별관세가 부과되면 2국은 1국으로부터 정확히 S_1+T(그림 10-1과 정확히 동일)인 $P_X=2$달러에 상품 X를 수입한다. 2국은 50X(GH)를 소비하는데, 그중 20X(GJ)는 국내에서 생산하고, 나머지 30X(JH)는 1국에서 수입한다. 2국은 또한 30달러($JMNH$)를 관세수입으로 징수한다.

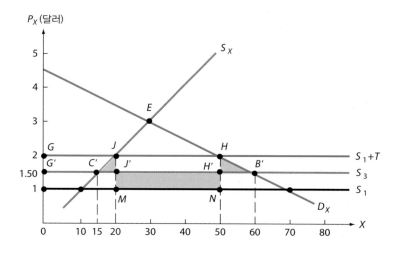

그림 10-2 무역전환 관세동맹

D_X와 S_X는 각각 2국의 상품 X에 대한 국내수요와 국내공급을, S_1과 S_3는 각각 1국과 3국의 상품 X에 대한 무한탄력적인 자유무역 공급곡선을 나타낸다. 100%의 무차별관세가 부과되면 2국은 1국으로부터 $P_X=2$달러에 30X(JH)를 수입한다. 3국과만 관세동맹을 체결하는 경우 3국으로부터 $P_X=1.5$달러에 45X($C'B'$)를 수입한다. 순수 무역창출로 인한 2국의 후생이익은 3.75달러(2개의 색칠된 삼각형의 면적의 합으로 주어진다.)이고, 무역전환으로 인한 후생손실은 15달러(색칠된 직사각형의 면적)이다. 이와 같이 무역전환 관세동맹은 2국에 11.25달러의 순후생 손실을 가져온다.

2국이 3국과만 관세동맹을 체결하는 경우(3국에 대해서만 관세를 철폐) 2국은 3국으로부터 P_X=1.5달러에 수입하는 것이 더 싸다. P_X=1.5달러인 경우 2국은 60X($G'B'$)를 소비하는데, 그중 15X($G'C$)는 국내생산하고 45X($C'B'$)는 3국으로부터 수입하는데, 이때 2국은 관세수입을 징수하지 못한다. 관세가 (동맹 밖의 국가인) 1국으로부터의 수입에 대하여 차별을 하기 때문에 2국의 상품 X 수입은 효율적인 생산자인 1국으로부터 비효율적인 생산자인 3국으로 **전환되었다**. 2국의 관세동맹 전의 수입은 30X였으나 관세동맹 후에는 45X가 된다. 이와 같이 무역전환 관세동맹은 어느 정도의 무역창출을 가져온다.

2국이 3국과 관세동맹을 체결함으로써 얻어지는 정태적 후생효과는 그림 10-2의 색칠한 영역으로 측정된다. 2개의 색칠한 삼각형 $C'JJ'$와 $B'HH'$의 면적의 합 3.75달러는 무역창출로 인한 2국의 후생이익을 나타내고, 색칠한 직사각형 $MNH'J'$의 면적 15달러는 1국에서의 보다 낮은 비용의 수입 30X(JH)가 고비용국가인 3국으로 무역이 전환되기 때문에 발생하는 후생손실을 나타낸다. 보다 구체적으로 보면 관세동맹의 형성으로 인한 소비자 잉여의 증가분 $G'GHB'$에서 $G'GJC$은 2국에서 소비자에게서 생산자에게로의 이전을 의미한다. 3국과의 관세동맹 체결 전에 2국이 징수한 관세수입 $JMNH$(30달러) 중에서 $J'JHH'$은 관세동맹 체결 후에 보다 낮은 상품 X의 가격으로 2국의 소비자에게 이전된다. $C'JJ'$와 $B'HH'$의 색칠한 삼각형은 2국의 순이익이 되고 색칠한 직사각형 $MNH'J'$의 관세 수입의 손실은 설명되지 않는다.

무역전환으로 인한 후생손실을 측정하는 색칠한 직사각형의 영역(15달러)이 순수무역창출로 인한 후생이익을 측정하는 색칠한 삼각형 영역들의 합계(3.75달러)보다 크기 때문에 이러한 무역전환 관세동맹은 2국에 대하여 11.25달러의 후생손실을 가져온다. 그러나 이것은 항상 그런 것은 아니다. 그림 10-2에서 볼 때 D_X와 S_X가 평평할수록(관련된 영역에서 더 탄력적일수록), S_3가 S_1에 가까울수록 색칠한 삼각형의 영역들의 합계는 더 커지고, 색칠한 직사각형의 영역들은 더 작아진다. 무역전환 관세동맹의 경우에도 관세동맹을 체결하는 국가에게 후생의 순이익을 가져올 수 있다. 보다 고급의 일반균형 분석틀에서 무역전환 관세동맹의 정태적 효과에 대한 분석은 이 장의 부록에 제시된다.

유럽연합의 형성으로부터 유래하는 정태적 후생효과를 측정한 결과 놀랍게도 정태적 후생의 순이익(GDP의 1~2%로)이 많지는 않았다.

10.4 차선이론과 관세동맹의 다른 정태적 후생효과

이 절에서는 먼저 차선이론으로 알려진 일반적인 원리를 검토하고, 관세동맹이론을 차선이론의 특별한 경우로 살펴본다. 그리고 나서 관세동맹의 무역창출효과로 인해 후생을 증가시킬 수 있는 조건들을 검토하고, 마지막으로 관세동맹의 다른 정태적 후생효과들을 살펴본다.

10.4A 차선이론

제1부에서 자유무역을 하는 경우 세계자원이 가장 효율적으로 활용되어 세계 산출량과 후생이 극대화된다는 것을 보았다. 그러므로 1950년 바이너가 관세동맹에 관한 이론을 발표하기 전에는 자유무역을 하는 방향으로 이동하면 후생을 증가시키는 것으로 생각되었다. 관세동맹은 회원국 간의 무역장벽을 제거하므로 세계의 나머지 국가에 대해서 무역장벽을 증가시키지 않는 한, 자유무역을 하는

방향으로 이동하는 것을 의미한다. 이는 그 자체로 회원국과 비회원국의 후생을 모두 증가시키는 것으로 생각되었다.

그러나 바이너는 관세동맹을 형성하더라도 회원국의 후생이 증가할 수도 있고 감소할 수도 있다고 생각하였다. 이것은 차선이론(theory of the second best)의 한 예로서 이 이론은 후생을 극대화하거나 파레토 최적에 도달하기 위한 모든 조건이 다 충족되지 않는다면 이러한 조건들을 가능한 한 많이 충족시키고자 하는 것이 반드시 차선의 결과를 가져오지 않는다는 것이다. 이와 같이 관세동맹을 형성해서 회원국들끼리만 무역장벽을 해소하는 것은 필연적으로 차선의 후생 결과를 보장하지는 않는다. 약간 놀랄 만한 이 결론은 일반적으로 국제경제 분야에서뿐만 아니라 경제학의 연구에서도 큰 중요성을 갖는다. 차선이론은 이 일반적인 이론을 국제무역에 적용한 하나의 예에 불과하다. 차선이론은 바이너의 연구에서 어느 정도 모호하게 시작됐지만 그 후에 1955년 미드에 의해서 충분히 발전되었고, 1956년 립시와 랭커스터에 의해서 일반화되었다.

10.4B 후생증가의 조건

관세동맹은 다음과 같은 조건들에서 무역창출 및 후생증가를 더 많이 가져올 것이다.

1. 동맹체결 전에 회원국의 무역장벽이 높으면 높을수록. 이 경우 관세동맹을 형성하는 경우 비회원국에서 회원국으로 무역이 전환되는 것보다 회원국 간에 무역이 창출될 가능성이 더 크다.
2. 관세동맹의 여타국과의 무역에 대한 장벽이 낮을수록. 이 경우 관세동맹을 형성하는 경우 비용을 발생시키는 무역전환을 야기할 가능성이 작다.
3. 관세동맹을 형성하는 나라의 수가 많으면 많을수록. 이럴 경우 그들의 규모가 클수록. 이러한 상황에서 저비용 생산자가 동맹 안에 포함될 가능성이 더 크다.
4. 회원국의 경제가 보완적이기보다는 경쟁적일수록. 이 경우 생산특화 및 무역창출의 기회가 더 크다. 이와 같이 관세동맹이 두 경쟁적인 산업국가에 의해 형성될 경우 산업국가와 농업국가 간에 형성되는 것보다 후생은 더 증가한다.
5. 관세동맹의 회원국들이 지리적으로 근접할수록. 운송비로 인해 회원국 간 무역창출이 저해받을 가능성이 작아진다.
6. 관세동맹의 체결 전에 관세동맹의 잠재적 회원국 간에 무역 및 경제관계가 크면 클수록. 이것은 관세동맹의 형성 결과 후생증가의 보다 더 큰 기회를 갖게 된다.

유럽연합(EU)은 유럽자유무역연합(EFTA)보다 더 큰 성공을 거두었다. 그 이유는 유럽연합을 형성한 국가들이 유럽자유무역연합 국가들보다 훨씬 더 경쟁적이고, 지리적으로 더 근접해 있고 동맹 전에 더 큰 무역을 했기 때문이다(앞의 4, 5, 6항목의 이유에 해당).

10.4C 관세동맹의 기타 정태적 후생효과

관세동맹의 형성으로 인한 기타의 **정태적** 효과들도 있는데, 첫 번째는 회원국 간의 무역을 위한 관세공무원, 국경감시원 수의 감축을 통한 행정적 절약이다. 이 이익은 관세동맹이 무역창출적이든 무역전환적이든 발생한다.

두 번째로 무역전환 관세동맹의 결과 여타국으로부터의 수입에 대한 수요 및 수출공급의 감소를 통해 관세동맹의 **집단적 교역조건**이 개선될 수 있다. 이것은 그래프상으로 관세동맹의 오퍼곡선이 안쪽으로 이동하는 것으로 표현되며 무역창출 관세동맹의 경우에는 그 반대가 된다. 왜냐하면 관세동맹의 형성으로 인한 실질소득의 증가 중 일부가 여타국으로부터의 수입수요 증가로 스필-오버되기 때문이다. 개별 국가의 교역조건이 개선될 것인가, 악화될 것인가, 변하지 않을 것인가는 상황에 따라 다르다.

마지막으로 관세동맹은 국제무역협상에서 단일한 단위로 행동함으로써 개별적 멤버보다 더 큰 교섭력을 발휘할 것이다. 의심할 바 없이 이것은 유럽연합의 경우에 해당된다.

10.5 관세동맹의 동태적 이익

관세동맹을 형성하는 국가들은 앞에 논의된 **정태적 후생효과** 외에 여러 가지 중요한 **동태적 이익**을 얻을 수 있다. 이는 경쟁의 증가, 규모의 경제, 투자에 대한 자극, 경제자원의 효율적 활용에 기인하며 이것을 하나씩 검토해 보기로 한다.

관세동맹의 형성에서 얻을 수 있는 가장 큰 동태적 이익은 그에 따르는 **경쟁의 증가**이다. 즉, 관세동맹이 없는 경우에 생산자들은 느리게 성장하거나 무역장벽 뒤에서 안주할 것이다. 그러나 관세동맹이 형성되고 회원국 간에 무역장벽이 제거되면 각국의 생산자들은 관세동맹 내에 있는 다른 생산자와 경쟁에 대처하기 위해 보다 효율적이 되거나 합병을 하거나 퇴출되거나 할 것이다. 경쟁수준의 증가는 발전을 자극하고 새로운 기술의 활용수준을 높일 것이다. 이러한 모든 노력은 생산비를 감축시켜서 소비자의 이익에 기여할 것이다. 관세동맹은 관세동맹 전에 국가적으로 경쟁을 제한했던 담합이나 시장공유협정과 같은 과점적 관행이 관세동맹 체결 후에도 동맹 내에서 유지되지 않도록 주의를 기울여야 하는데(반트러스트 법을 통과시키거나 집행함으로써), 유럽연합은 이를 시도했었다.

관세동맹으로 인한 두 번째 이익은 확대된 시장으로부터 발생하는 **규모의 경제**일 것이다. 그러나 관세동맹의 회원국이 아닌 소국이라 하더라도 세계의 나머지 시장에 수출함으로써 국내시장의 협소함을 극복하고 생산에서 상당한 규모의 경제를 획득할 수 있다. 예를 들면 벨기에나 네덜란드와 같은 비교적 소국은 그들이 유럽연합에 가입하기 전에도 국내시장 및 수출을 위하여 생산함으로써 많은 산업 공장이 미국의 공장 크기와 견줄 만큼 커서 이미 상당한 규모의 경제를 향유하고 있었다. 한층 더 나아가 유럽연합의 형성으로 각 생산물에서의 차별화된 제품의 종류를 줄이고 생산의 런(run)을 증가시킴으로써 상당한 규모의 경제가 달성되었다(6.4A절 참조).

관세동맹의 형성으로 인한 또 하나의 가능한 이익은 확대된 시장을 활용하고 경쟁의 증가에 대처하기 위해서 **투자를 자극**시키며, 더 나아가 비동맹제품에 부과된(차별적) 무역장벽을 회피하기 위해서 관세동맹 내에 생산시설을 설립하도록 비가맹국을 자극한다는 것이다. 이러한 것을 **관세공장**(tariff factory)이라 한다. 미국기업이 1955년 이후와 다시 1986년 이후에 유럽에서 행한 대규모 투자는 이렇게 급속히 성장하는 시장으로부터 배제되기를 원치 않는 그들의 소망으로 설명될 수 있다.

마지막으로 관세동맹이 공동시장인 경우 노동 및 자본의 자유로운 이동으로 자원이 효율적으로 이용될 것이다.

관세동맹의 형성으로부터 유래하는 동태적 이익은 전에 언급되었던 정태적 이익보다 훨씬 더 크고 중요할 것으로 생각된다. 실제로 영국은 동태적 이익 때문에 1973년에 유럽연합에 가입했다. 최근의 실증적 연구에 의하면 이러한 동태적 이익이 정태적 이익보다 5~6배보다 더 크다는 것을 시사한다.

그러나 주목할 점은 정태적ㆍ동태적 이익을 얻기 위해 관세동맹을 형성하는 것은 단지 차선적 해결에 불과하다는 것이다. 한 국가가 일방적으로 모든 무역장벽을 제거하는 것이 최선의 정책일지도 모른다. 미국과 같이 충분히 커서 교역조건에 영향을 미칠 수 있는 나라의 경우 무역장벽을 **일방적으**로 제거함으로써 얻을 수 있는 효율성의 이익을 교역조건의 악화로 인한 손실과 비교해야 한다. 모든 무역장벽을 일방적으로 제거하는 것은 그 과정에서 목소리가 매우 크고 영향력 있는 소수가 손해를 입어 강력하게 반대하기 때문에 정치적으로 실행하기가 어렵다. 관련된 질문은 지역 블록(block)이 다자간 자유무역에 디딤돌이냐 걸림돌이냐 하는 것이다. 이 문제에 관해서는 상당한 의견의 불일치가 있다. 어떤 경제학자들은 지역 블록을 통해 무역자유화가 보다 신속하게 (부분적으로) 이루어진다고 믿는 반면, 바그와티 교수(Bhagwati, 2008)와 같은 다른 사람들은 지역 블록이 다자간 무역자유화를 저해하고 블록 간의 잠재적 갈등을 야기한다고 생각한다. 아마도 무역 블록이 새로운 회원국을 쉽게 받아들이고 내부적 무역장벽뿐 아니라 외부적 장벽을 감소시킨다면 두 가지 경우의 장점을 모두 얻을 수 있을 것이다(Salvatore, 2009).

10.6 경제통합 시도의 역사

이 절에서는 유럽연합, 유럽자유무역연합, 북미자유무역협정, 남미공동시장 등으로 시작하여 경제통합의 시도에 관한 역사를 간단히 개괄하고자 한다. 그 후 개발도상국 간의 경제통합, 과거 소비에트연방(소련)의 공화국들 간의 경제통합에 대해서도 살펴보기로 한다.

10.6A 유럽연합

당시 유럽공동시장이었던 **유럽연합**(EU)은 1957년 3월에 서독, 프랑스, 이탈리아, 벨기에, 네덜란드, 룩셈부르크가 서명한 로마조약에 의해 창설되었고, 1958년 1월 1일 발족하였다. 공동 대외관세는 6개 국가의 1957년 평균관세율로 설정되었다. 1968년에 유럽연합 내의 공산품의 자유무역과 농산품에 대한 공동가격이 달성되었고, 1970년까지 노동과 자본의 자유로운 이동에 관한 제한이 완화되었다. 1973년에 영국, 덴마크, 아일랜드가 회원국으로 가입하고, 그리스가 1981년에 스페인과 포르투갈이 1986년에, 오스트리아, 핀란드, 스웨덴이 1995년에 가입함으로써 회원국은 15개국으로 확대되었다. 1993년 1월 1일 유럽연합은 회원국 간 상품과 서비스, 자원의 자유로운 이동에 관한 모든 남아 있는 규제를 제거해서 통합된 단일시장이 되었다. 2008년에 27개국으로 확대된 유럽연합은 세계에서 가장 큰 무역 블록이다(사례연구 10-1 참조). 크로아티아는 2013년 7월 1일 28번째 회원국으로 가입했다. EU 내의 무역은 통합을 하지 않았을 때와 비교해서 2배 증가한 것으로 추정되며 이러한 무역확대의 반 이상은 산업내무역이다(6.4A절 참조).

유럽연합의 형성은 비회원국가와의 공산품의 무역을 크게 확대시켰다. 이것은 다음과 같은 요인에

사례연구 10-1 유럽연합, 북미자유무역협정, 일본의 경제적 상황

표 10-1은 2017년도 유럽연합(EU28), 북미자유무역협정(NAFTA) 및 일본의 경제적 상황을 보여 준다. 이 표에 의하면 EU28은 NAFTA보다 인구는 104%, 국민총소득(GNI)은 78%, 가중평균을 한 1인당 소득은 74%이다. EU28의 상품 총수출과 역외상품수출(즉, EU 이외의 국가에 대한 수출)은 각각 총 NAFTA 수출의 248%와 89%이다. EU28의 상품 총수입과 역외상품수입(즉, EU 이외의 국가로부터의 수입)은 각각 총 NAFTA 수입의 177%와 64%이다. 일본은 EU28과 비교할 때, 인구는 25%, GNI는 29%, 1인당 국민소득은 118%이고, 수출은 EU28 역외 수출의 12%, 수입은 EU28 역외 수입의 33%이다. 일본의 인구는 NAFTA의 26%, GNI는 NAFTA의 23%, 1인당 국민소득은 NAFTA의 87%, 수출은 EU28 역외 수출의 29%, 수입은 EU28 역외 수입의 20%이다.

표 10-1 유럽연합, 북미자유무역협정, 일본

국가	인구 (백만)	GNI (10억 달러)	GNI (1인당)	수출 (10억 달러)	수입 (10억 달러)
EU(15)	408.2	15,432.6	37,813	5,075.5	4,953.3
독일	82.7	3,596.6	43,490	1,448.3	1,167.0
프랑스	67.1	2,548.3	37,970	535.2	624.7
영국	66.0	2,675.9	40,530	445.0	644.1
이탈리아	60.6	1,878.3	31,020	506.2	452.6
스페인	46.6	1,265.9	27,180	320.5	350.6
신규 회원국	104.4	1,364.9	12,758	828.2	843.8
폴란드	38.0	482.5	12,710	230.9	230.4
EU(28) 합계	512.6	16,797.5	32,711	5,903.7	5,797.1
역외 EU(28)	—	—	—	2,122.5	2,096.6
캐나다	36.7	1,573.5	42,870	420.9	441.7
멕시코	129.2	1,112.5	8,610	409.5	432.2
미국	325.2	18,890.3	58,270	1,546.7	2,409.5
NAFTA 합계	491.6	21,576.3	44,069	2,377.1	3,283.4
일본	126.8	4,888.1	38,550	698.1	671.9

EU(15) : 오스트리아, 벨기에, 덴마크, 핀란드, 프랑스, 독일, 그리스, 아일랜드, 이탈리아, 룩셈부르크, 네덜란드, 포르투갈, 스페인, 스웨덴, 영국
신규 회원국(13) : 불가리아, 크로아티아, 사이프러스, 체코공화국, 에스토니아, 헝가리, 라트비아, 리투아니아, 몰타, 폴란드, 루마니아, 슬로바키아공화국, 슬로베니아
출처 : World Bank, *World Development Report* 2018(World Bank: Washington, D.C., 2018); and WTO, *International Statistical Review* (WT0: Geneva, 2018).

근거한다. (1) 유럽연합의 매우 빠른 성장으로 동맹 외부로부터의 산업제품 수입수요가 증가하였다. (2) 케네디 라운드, 도쿄 라운드의 결과로 산업제품 수입의 평균관세율이 매우 낮은 수준으로 인하되었다. 한편 유럽연합의 형성은 농업 분야에서 무역전환을 가져왔는데, 미국으로부터의 곡물과 같은 온대지방의 산물이 이에 해당된다.

공동농업정책(CAP)의 진전은 유럽연합으로서는 특히 문젯거리였다. 결과는 농산물 가격을 상대적으로 높게 설정함으로써 일반적 유럽연합의 농부와 특히 프랑스 농부를 위해 소비자의 이익을 희생하는 것이었다. 유럽연합은 또한 수입농산물의 가격을 유럽연합이 설정한 공동의 높은 농산품 가격과 일치시키기 위해 관세[가변수입관세(variable import levies)라 함]를 부과하였다. 높은 농산물 지지가격으로 인해 유럽연합 내에서 막대한 농산물 잉여와, 높은 보관비용, 보조금에 의한 수출(수출보조금을 다루는 9.3E 및 사례연구 9-4 참조)이라는 문제가 야기되었다. 이러한 농업정책은 영국이 유럽연합에 가입하는 데 중요한 장애물이 되었는데, 영국은 농산물 가격을 낮게 유지하는 대신 농민들의 소득을 바람직한 수준으로 유지하기 위해서 부족분을 지불했기 때문이다. 이는 미국과 우루과이 라운드 그리고 도하 라운드에서의 첨예한 무역분쟁의 원인이 되었다(9.7절 참조).

1975년 로메 협정에서 유럽연합은 과거 유럽연합의 식민지였던 아프리카, 카리브해, 태평양 지역에 있는 46개 개발도상국으로부터의 수입에 대한 대부분의 무역장벽을 제거하였다. 이 조약은 5년마다(1980, 1985, 1990, 1995) 갱신되었고, 관련 국가의 수는 71개국으로 증가하였다. 1971년 유럽연합은 개발도상국의 제조업, 준제조업 제품의 수입에 일반관세특혜를 부여하였으나 직물, 철강, 가전제품, 신발 및 개발도상국에게 중요한 기타 제품들은 제외되었다. 1979년 도쿄 라운드에서 열대상품의 무역으로 특혜는 확장되었다. 그러나 이러한 특혜가 과거 식민지에 제공된 무역장벽의 완전한 제거보다는 미흡한 수준이었기 때문에 그에 따른 무역전환으로 심각한 논쟁이 발생하게 되었다. 개발도상국의 수출에 대한 쿼터와 관세는 1994년 12월에 종결된 우루과이 라운드 결과 점차적으로 감축되었다(9.7절 참조). 2000년 2월에 로메 협정은 종료되었고, 2000년 6월 베냉의 코토누에서 서명한 코토누 협정으로 대체되었다. 새로운 협정의 일반적 목적은 로메 협정과 같다. EU는 2008년 1월 코토누 협정을 '호혜주의를 바탕으로 하는 새로운 동반관계 협정(New Partnership Agreement, NPA)'으로 대체하였는데, 6개 지역 79개국이 참여하였다.

앞에서 언급한 바와 같이 유럽연합의 형성으로부터 발생하는 정태적 후생효과는 GDP의 1~2%이지만 동태적 이익은 훨씬 더 클 것으로 추정된다(사례연구 10-2 참조). 아마도 가장 큰 이익은 과거에 적대 관계에 있던 독일과 프랑스와 같은 국가들이 단일 경제공동체 국가로 통일되면서 발생하는 정치적인 이익일 것이다. 미국은 유럽통합에 대해서 두 가지 마음을 가지고 있었는데, 한편으로는 지지하지만 다른 한편으로는 영향력을 잃을까 봐 두려워했다. 1986년 유럽연합은 로메 조약을 단일 유럽의 정서로 개정했고, 이로 인해 회원국 간 재화, 서비스 및 자원의 자유로운 이동에 대한 남은 장벽들이 제거되었다. 이는 사실상 EU 1992 프로그램으로 달성되었는데, 이로 인해 EU는 1993년 초에 하나의 통합된 시장이 되었다. 그 결과 비회원국에 대한 보호주의가 강화될 것을 두려워하여 EU에 대한 해외직접투자가 급증하였다.

유럽연합의 운용에 관한 기타의 특징은 다음과 같다. (1) 회원국들은 공통의 부가가치세 제도를 채택했는데, 이 제도에서 생산단계마다 생산물에 대한 부가가치에 세금이 부과되어 소비자에게 전가된

사례연구 10-2　유럽연합 단일시장으로부터의 이익

1993년 초 회원국 간에 상품, 서비스, 자본, 노동의 자유로운 흐름을 제한하는 나머지 규제들이 철폐됨에 따라 유럽연합은 하나의 통일된 시장이 되었다. 시간이 지나면서 이는 유럽연합에 상당한 효율성 이익과 기타의 이익을 가져올 것으로 기대된다. 표 10-2에 따르면 유럽연합의 국내총생산(GDP)은 1988년과 비교하여 비관세장벽의 철폐로 0.2% 증가하였고, 생산장벽의 제거로 2.2%, 규모의 경제로부터 1.65%, 경쟁의 격화로부터 1.25% 증가해서 총이익

이 유럽연합 GDP의 5.3%로 2,650억 달러에 이른다. 더 나아가 총체적인 인플레이션율은 6.1%로 감소하고, 180만 명의 추가적인 일자리가 창출되어 유럽연합의 평균실업률이 1.5%만큼 감소할 것으로 기대된다. EU92 계획은 국외자에 대한 유럽연합의 보호주의의 증가를 예상한 미국과 일본으로부터 대량의 해외직접투자를 유발할 것으로 기대된다. 2003년 유럽연합 집행위원회는 EU92의 이익이 EU GDP의 2%로 평가했다.

표 10-2　유럽연합에서 완전통합 내부시장의 잠재적 이익

	1988년 유럽연합 GDP에 대한 비율(%)
이익	
비관세장벽 철폐	0.20
생산장벽 제거	2.20
규모의 경제	1.65
경쟁의 격화	1.25
전반적인 총이익	5.30

출처 : P. Cecchini, *The European Challenge*: 1992 (Aldershot, England: Wildwood House, 1988).

다. (2) (브뤼셀에 본부를 두고 있는 EU의 집행기구) **집행위원회**는 법을 제안하고 조약의 준수를 모니터링하며 반트러스트 정책과 같은 공동정책을 관리한다. (3) (각국 정부를 대표하는) **각료회의**는 최종 결정을 하지만 집행위원회의 권고에 의해서만 이를 행한다. 또한 유럽의회(5년마다 회원국에서 직접 선거로 선출된 751명으로 현재 큰 권한은 없음)와 재판소(집행위원회와 각료회의 결정의 합헌성을 결정)를 둔다. (4) 금융정책과 재정정책의 조화를 포함한 완전한 통화동맹 그리고 궁극적으로는 완벽한 정치적 동맹을 위한 계획을 세운다.

　2004년 5월 대부분 과거 공산진영에 있던 중부 및 동부유럽의 10개국이 유럽연합의 회원국이 되었다. 이들 10개국은 폴란드, 헝가리, 체코공화국, 슬로바키아공화국, 슬로베니아, 에스토니아, 리투아니아, 라트비아, 몰타, 사이프러스이다. 불가리아와 루마니아는 2008년 가입했으며 크로아티아는 2013년에 가입했다. 터키와 같은 기타국은 가입을 협상 중이다. 13개 신규 회원국의 가입으로 유럽연합 EU28은 그 규모에 있어서 NAFTA에 필적할 만하다(표 10-1 참조). 그러나 영국이 EU 회원국 내 무제한의 이민을 허용하는 EU의 규칙과 EU의 규제 증가를 회피하기 위해 2016년 6월 23일 유럽연합을 탈퇴[브렉시트(Brexit)]하는 국민투표를 실시하고, 2020년 1월 31일 공식탈퇴하여 EU28은 EU27이 되었다.

10.6B 유럽자유무역연합

유럽자유무역연합(European Free Trade Association, EFTA)이라는 자유무역지역이 1960년에 외부의 7개(영국, 오스트리아, 덴마크, 노르웨이, 포르투갈, 스웨덴, 스위스) 국가에 의해 형성되었고, 1961년에는 핀란드가 준회원국이 되었다. EFTA는 1967년에 공산품의 자유무역을 달성했지만 농산물의 무역장벽을 제거하는 데는 소수의 특별한 조항만 마련했다.

각 국가의 비회원국에 대한 독자적 무역장벽의 유지는 무역굴절(trade deflection)의 문제를 야기할 수 있다. 이는 다른 회원국의 높은 관세를 피하기 위해 비회원국이 저관세회원국으로 수출하는 것이다. 무역굴절을 극복하기 위해 원산지를 조사하고 모든 수입품의 최종국가를 검사한다. 물론 이 문제는 관세동맹에서는 공동 대외관세 때문에 발생하지 않으며, 특혜무역협정에서는 소규모의 관세특혜만 회원국에 부여하기 때문에 심각성이 덜하다.

아이슬란드가 1970년에 가입했고, 핀란드는 1986년에 완전한 회원국이 되었으며, 스위스 관세동맹의 일부인 리히텐슈타인이 1991년에 가입하였다. 그러나 1973년에 영국과 덴마크는 아일랜드와 함께 EFTA를 탈퇴하고 유럽연합에 가입하였고, 1986년 포르투갈 역시 EFTA를 탈퇴하고 EU에 가입하였다. 그 결과 1991년에 EFTA는 7개 회원국(오스트리아, 핀란드, 아이슬란드, 리히텐슈타인, 노르웨이, 스웨덴, 스위스)으로 제네바에 본부를 두고 있다. 1994년 1월 1일에 EFTA는 유럽연합에 가입해 유럽경제지역(European Economic Area, EEA)을 형성했다. 이는 궁극적으로 대부분의 상품, 서비스, 자본, 노동이 17개 회원국 간에 자유롭게 이동하는 관세동맹(스위스와 리히텐슈타인은 1992년 12월 이 조약을 거부했고, 리히텐슈타인은 스위스 없이는 참여할 수 없었음)이며, 인구는 3억 8,500만 명이다. 1995년에 오스트리아, 핀란드, 스웨덴이 EFTA를 탈퇴하고 유럽연합에 가입해서 현재는 4개국(스위스, 노르웨이, 아이슬란드, 리히텐슈타인)만 남아 있다.

10.6C 북미자유무역협정과 기타 자유무역협정

1985년 9월에 미국은 이스라엘과 자유무역협정을 체결하였다. 이것은 미국이 서명한 최초의 양자 간 무역협정으로 두 나라 간의 상품무역에서 관세 및 비관세장벽이 쌍방 간에 감축되었다. 서비스 무역 또한 자유화되었고 지적재산권의 보호를 위한 몇 가지 조항도 신설되었다.

1965년 이래 미국과 캐나다가 자동차 분야에서 자유무역협정을 체결하였으나, 포괄적이고 경제 전반에 걸친 자유무역협정은 오랫동안 이뤄지지 않다가 1988년에야 그러한 자유무역협정이 최종적으로 이루어졌다. 1989년 1월 1일 이 협정이 발효될 때 캐나다는 이미 미국의 가장 큰 무역상대국이 되었으며, 쌍방 간 무역량은 매년 1,500억 달러에 이르렀다(이 중 75%는 이미 무관세). 이 협정에 의해 1998년까지 두 나라 간에 남아 있는 관세 및 비관세장벽의 대부분을 철폐하기로 하였다. 캐나다는 이 협정의 결과 5% 더 빨리 성장하였고, 미국은 1% 더 빨리 성장한 것으로 추정되며 수십만의 일자리가 국경의 양쪽에서 창출되었다.

이 협정은 최초로 서비스 무역을 관장하는 일련의 규칙을 제정하였는데, 각국은 상대방 국가의 서비스 부분을 자국 서비스 부문과 동등한 대우를 하고 회계사, 법률가, 엔지니어 및 기타의 전문 인력이 국경을 넘나들 때 가하는 관료적 규제를 완화하기로 합의하였다. 나아가 이 협정에서는 양국 간 에너지 수송에 관한 나머지 규제를 철폐하고, 상호 간 시장투자에 대한 규제를 완화하였다.

1993년 9월에 미국, 캐나다, 멕시코는 북미자유무역협정(North American Free Trade Agreement, NAFTA)에 서명하였고, 1994년 1월 1일에 발효되었다. 이 협정은 궁극적으로 전체 북미지역의 상품 및 서비스의 자유로운 이동을 가져오는 것이었다. NAFTA는 무역에서의 많은 다른 장벽을 제거하고 세 국가 간에 국경을 넘는 투자의 장벽도 단계적으로 제거했다. 1993년 미국에 400억 달러를 수출하고, 410억 달러를 수입하는 멕시코는 이미 캐나다와 일본에 이어 미국의 세 번째 무역상대국이었다. 그 협정이 발효된 시점에서 NAFTA의 중요한 영향은 미국과 멕시코 간의 무역이다(캐나다는 그저 자국의 이익을 지키기 위해 협상에 참여하였다).

NAFTA의 시행으로 제품시장 및 자원시장에서 경쟁이 격화되고 미국 소비자가 지불하는 여러 가지 상품의 가격이 낮아짐에 따라 미국은 이익을 얻었다. 사실상 1994년부터 2008년까지 미국과 멕시코의 쌍방무역은 3배 이상 증가했다. 미국 경제는 멕시코 경제보다 15배 이상 크기 때문에 NAFTA로 인한 GDP 대비 미국의 이익은 멕시코의 이익보다는 훨씬 적다. 그뿐만 아니라 미국의 임금은 멕시코보다 6배 이상 높기 때문에 NAFTA의 결과 미국 내 미숙련노동의 일자리가 상실될 것으로 기대되었지만, 숙련노동의 일자리가 증가하여 전반적으로 미국 내 고용은 90,000개에서 160,000개 증가했다(Inter-American Development Bank, 2002). 그러나 허프바우어와 쇼트(Hufbauer and Schott, 2005)는 최근의 한 연구에서 미국 내 고용의 증가는 이보다는 훨씬 적었다고(일자리가 감소한 것으로까지) 결론을 내렸다. 미국 내 (앨라배마와 아칸소 같은) 저임금 지역에서는 고용이 감소했고 고임금 지역에서는 고용이 증가했지만 15년의 유예기간과 일자리를 상실한 노동자에 대해 약 30억 달러를 지원했기 때문에 미국 내 저임금 지역의 노동자에 대한 피해는 최소화되었다.

멕시코와 자유무역을 함에 따라 미국 산업들은 멕시코에서 노동집약적 컴포넌트를 수입하면서도 기타 활동은 미국 내에서 유지하여 저임금 국가의 산업에 모든 일자리를 빼앗기지 않을 수 있었다. 사실상 멕시코가 획득한 일자리는 미국에서 온 것이 아니고 임금수준이 멕시코와 비슷한 말레이시아와 같은 국가에서 유입된 것이다. NAFTA에 대한 의회의 승인을 얻는 조건으로 미국은 미국 산업을 위협할 수 있는 수입 급증을 방지함과 아울러 (미국 기업이 훨씬 느슨한 노동 및 환경규제를 활용하기 위해 사업장을 멕시코로 이전하는 것을 방지하기 위하여) 근로 및 환경기준에 관한 일련의 부수적인 협정을 협상했다.

NAFTA의 시행으로 인해 멕시코는 거대한 미국시장에 보다 용이하게 접근할 수 있어서 수출주도형 성장을 이룰 수 있고, 해외직접투자를 유치할 수 있다는 점에서 이익을 얻는다. 멕시코는 농업 분야에서 일자리를 상실하고 소득이 감소했지만, 이러한 손실은 산업 분야에서의 이익으로 상쇄되고도 남는다. 시간이 지남에 따라 멕시코의 산업 분야에서 고용기회가 증가하고 임금이 상승하여 멕시코인들이 미국으로 이주하려는 압력은 감소할 것으로 예상된다. 그러나 멕시코가 NAFTA로 이익을 얻을 수 있는 역량은 멕시코의 불충분한 구조조정과 취약한 경제제도로 인해 제한받고 있다(사례연구 10-3 참조).

1993년 미국은 미주를 위한 구상(Enterprise fot the Americas Initiative, EAI)을 추진한 결과 1998년 미주자유무역지대를 설립하였는데, 그 목적은 북미와 남미의 34개 민주주의 국가 사이에 반구의(hemispheric) 자유무역지대를 형성하는 것이다. 그러나 이 협상은 실패했다. 2001년부터 2011년까지 미국은 오스트레일리아, 바레인, 칠레, 이스라엘, 요르단, 모로코, 오만, 페루, 싱가포르 및 중미자

사례연구 10-3   NAFTA로 인한 멕시코의 이익, 기대와 결과

표 10-3은 NAFTA가 2005년까지 멕시코에 미칠 장기적 모의실험 결과를 보여 주며, 이를 실제 결과와 비교한다. NAFTA의 가입 결과 1995~2005년의 10년간 멕시코의 실질 GDP는 연간 5.2% 증가할 것으로 추정되어, NAFTA에 가입하지 않았을 경우의 예상 성장률 3.8%와 비교된다. 또한 멕시코의 NAFTA 가입 결과 (1) 멕시코의 인플레이션율은 연간 14.5%에서 9.7%로, 단기 이자율은 18.3%에서 13.0%로 하락할 것으로 예상되며, (2) 해외직접투자는 연간 60억 달러에서 92억 달러로 증가하고 수출증가율은 8.3%에서 10.4%로 상승하며, (3) 무역수지 적자는 연간 97억 달러에서 149억 달러로 증가하고, 자본유입은 연간 106억 달러에서 147억 달러로 증가할 것으로 예상된다.

1994년부터 2005년까지 평균을 한 실제 결과는 다음과 같다. 실질 GDP는 2.8% 증가했고, 인플레이션율은 13.9%, 단기 이자율은 18.7%, 해외직접투자의 유입은 169억 달러, 수출증가율은 9.2%, 무역수지 적자는 77억 달러 순금융자본 유입은 168억 달러였다. 1994년부터 2008년까지 실제 결과도 1994년부터 2005년까지의 결과와 유사하다(표 10-3의 마지막 열 참조). 따라서 멕시코는 NAFTA로부터 예상된 이익을 거의 실현하지 못하였는데, 그 이유는 1995년 멕시코의 심각한 경제위기, 2001~2002년 미국의 저성장 및 보다 중요하게는 멕시코의 취약한 경제제도 및 불충분한 구조조정 때문이었다. 이 자료에서 (멕시코의 경기침체 연도인) 1995년과 (미국의 저성장과 경기침체로 인해 미국의 멕시코로부터의 수입이 감소했던) 2001~2002년을 제외하면 멕시코의 연평균 실질 GDP 증가율은 1994~2005년에는 4.5%이고 1994~2008년에는 4.1%가 된다.

표 10-3	북미자유무역협정이 멕시코 경제에 미치는 효과(연평균 : 1994~2005년, 1994~2008년)				
	NAFTA에 가입하는 경우	NAFTA에 가입하지 않는 경우	차이	실제 결과 (1994~2005)	실제 결과 (1994~2008)
실질 GDP 성장률(%)	5.2	3.8	1.4	2.8	2.9
인플레이션율(%)	9.7	14.5	−4.8	13.9	12.0
단기 이자율(%)	13.0	18.3	−5.3	18.7	16.5
해외직접투자의 유입(10억 달러)	9.2	6.0	3.2	16.9	18.2
수출증가율(%)	10.4	8.3	2.1	9.2	8.4
무역적자(10억 달러)	14.9	9.7	5.2	7.7	9.6
순금융자본 유입(10억 달러)	14.7	10.6	4.1	16.8	16.2

출처 : L. Klein and D. Salvatore, "Welfare Effects of the NAFTA," *Journal of Policy Modeling*, April 1995, pp. 163-176; G. C. Hufbauer and J. J. Schott, *NAFTA Revisited*(Washington, D.C.: Institute for International Development, 2005); "Measuring the Economic Effects of NAFTA on Mexico," *CEFifo Forum*, No. 4 Winter 2010, pp. 31-37.

유무역협정(CAFTA-DR)(코스타리카, 엘살바도르, 과테말라, 온두라스, 니카라과, 도미니카공화국 참여)과 자유무역협정(FTA)을 체결했다. 2011년에는 대한민국, 파나마, 콜롬비아와의 자유무역협정을 비준했다. 그러나 트럼프 행정부에서는 범대서양무역투자동반자협정(TTIP)을 연기하고, 2017년에는 12개국이 참여할 예정이던 **환태평양경제동반자협정(TPP)**의 서명을 거부하였다. (나머지 11개국 오스트레일리아, 브루나이, 캐나다, 칠레, 일본, 말레이시아, 멕시코, 뉴질랜드, 페루, 싱가포르, 베트남이 2018년 서명하였다.) 2018년에 미국은 대한민국과 FTA를 재협상하였으며, 캐나다 및 멕시코와 NAFTA를 재협상하였다.

최근 들어 EU와 기타 국가들 역시 FTA에 서명하는 데 적극적이었다. 유럽 지중해 간 자유무역지대(EMFTA)를 설립하기 위한 노력의 일환으로 EU는 알제리, 이집트, 이스라엘, 요르단, 레바논, 모로코, 튀니지, 터키와 FTA를 체결했다. 또한 EU는 노르웨이와 스위스, 남아프리카공화국과 대한민국, 칠레, 콜롬비아, 멕시코, 페루, 그리고 기타 15개 소규모 국가와도 FTA를 체결했다. 또한 EU는 2017년에는 캐나다와 2018년에는 멕시코와 FTA를 체결했으며, 메르코수르 및 (바레인, 쿠웨이트, 오만, 카타르, 사우디아라비아, 아랍에미리트로 구성된) 걸프협력회의(Gulf Cooperation Council)와도 FTA를 협상 중에 있다.

일본은 ASEAN, 브루나이, 칠레, 인도, 인도네시아, 말레이시아, 멕시코, 페루, 필리핀, 싱가포르, 스위스, 타이 및 베트남과 FTA를 체결했다. 캐나다는 미국 및 멕시코와 FTA를 체결했고(NAFTA), 유럽자유무역연합(EFTA), 유럽연합(CETA)뿐만 아니라 칠레, 콜롬비아, 코스타리카, 이스라엘, 요르단, 파나마, 페루와도 FTA를 체결했으며 기타 국가들과도 협상 중에 있다.

2018년 9월 현재 434개의 FTA가 발효 중에 있는데, 1990년에는 그 숫자가 약 50개였다. 오늘날 대부분의 국가는 여러 개의 FTA에 참여하고 있다. 이처럼 양자 간 또는 지역 간 FTA가 스파게티 보울처럼 확산되는 것을 다자간 무역체제에 대한 장애물로 생각하는 사람들도 일부 있다.

10.6D 개발도상국 내에서의 경제통합의 시도

유럽연합의 성공으로 인해 개발도상국 그룹들 간에 경제성장과 발전을 가속화하기 위한 수단으로 경제통합을 하려는 여러 가지 시도가 있었다. 그러나 대부분의 그러한 시도는 제한된 성공만을 거두었거나 실패하였다. (각각의 RTA 참여국과 아울러) 모든 RTA의 사례와 기타 지역별 경제통합의 사례는 부록 A10.2에 수록되어 있다.

이러한 관세동맹은 어느 정도는 산업발전을 장려하는 데 무역전환적이다. 아마도 개발도상국 간의 성공적인 경제통합의 가장 큰 걸림돌은 회원국들 간에 이익이 불균등하게 배분되는 것으로 이익은 주로 블록 내에서 가장 발전된 국가에 귀속된다. 그 결과 낙후된 국가는 경제통합에 참여하지 않아 경제통합 노력은 실패하게 된다. 이러한 어려움을 피하는 한 가지 방법은 산업계획(즉, 각국에게 특정 산업을 할당)을 통해 투자지원을 제공하는 것이다. 이러한 전략이 중앙아메리카 공동시장에서 시도되었지만 그 노력은 실패했고(앞에서 설명한 바와 같이 1990년에 부활하기는 했지만) 그 동맹은 1969년에 와해되었다.

다른 난점으로는 개발도상국들이 새롭게 획득한 주권의 일부를 초국가적인 기구로 이양하기를 꺼린다는 점인데, 이는 성공적 경제통합을 위해 필요한 것이다. 다른 어려움은 회원국 간에 운송 및 통신의 결여, 회원국을 격리시키는 거리, 그들 경제의 기본적으로 보완적인 특성, 농업 분야의 수출에 대한 세계시장에서의 경쟁 등으로 개발도상국 간의 경제통합은 대부분 성공적이었다고 말할 수 없다. 사례연구 10-4는 메르코수르의 경제적 상황을 보여 주며, 사례연구 10-5는 경제통합에 따른 무역 패턴의 변화를 보여 준다.

10.6E 중부 · 동부유럽 및 소비에트연방 내의 경제통합

1949년에 소비에트연방(소련)은 동유럽의 공산주의 블록 국가(불가리아, 체코슬로바키아, 헝가리, 폴

사례연구 10-4 메르코수르의 경제적 상황

표 10-4는 1991년 아르헨티나, 브라질, 파라과이, 우루과이 및 베네수엘라가 설립한 메르코수르(Mercosur) 또는 남미공동시장(Southern Common Market)의 경제적 상황을 보여 준다. 베네수엘라는 2012년 다섯 번째 정회원국이 되었다. 볼리비아, 칠레, 콜롬비아, 에콰도르, 가이아나, 페루, 수리남은 준회원국이다. 1994년 메르코수르는 관세동맹으로서의 위상을 공식화했지만 그 과정은 2018년 말까지 아르헨티나와 브라질의 무역분쟁으로 인해 완결되지 못했다. 파라과이는 2012년에, 베네수엘라는 2016년에 메르코수르의 민주주의 조항을 위반하여 자격정지가 되었지만, 파라과이는 2013년 7월 신임 대통령의 선출 후에 복귀한 반면 마두로 치하의 베네수엘라는 2018년 말 현재까지도 자격정지 상태에 있다.

표 10-4는 2017년 메르코수르의 인구는 2억 8,690만 명이고, 총국민소득은 2조 6,631억 달러, 가중 평균 1인당 국민소득은 9,108달러, 총 상품수출은 3,244억 달러이며, 수입은 2,553억 달러임을 보여 준다. 2017년도 메르코수르의 총국민소득, 1인당 평균소득, 수출 및 수입은 2014년보다 훨씬 낮았는데, 그 이유는 베네수엘라, 아르헨티나 및 브라질의 심각한 경제 문제 때문이었다. 메르코수르 국가 사이의 무역은 1990년도의 41억 달러(총무역의 8.7%)에서 2005년에는 211억 달러(총무역의 12.8%)로 증가했지만 세계은행의 연구(Yeats, 1988)에 의하면 이 중 상당 부분이 메르코수르 역외의 효율적인 생산자로부터 무역전환 때문인 것으로 보인다.

표 10-4 메르코수르

국가	인구 (백만 명)	GNI (10억 달러)	GNI (1인당)	수출 (10억 달러)	수입 (10억 달러)
아르헨티나	44.3	577.1	13,040	58.4	66.9
브라질	200.3	1,796.5	8,580	217.8	157.5
파라과이	6.8	26.7	3,920	8.7	11.9
우루과이	3.5	52.7	15,250	7.9	8.5
베네수엘라	32.0	210.1	7,400	31.6	10.5
메르코수르	286.9	2,663.1	9,108	324.4	255.3
미국	325.2	18,890.3	58,270	1,546.7	2,409.5
NAFTA	491.6	21,576.3	44,069	2,377.1	3,283.4
EU(28)	512.6	16,797.5	32,711	5,903.7	5,797.1
역외 EU(28)	–	–	–	2,122.5	2,096.6
일본	126.8	4,888.1	38,550	698.1	671.9

출처 : World Bank, *World Development Indicators* 2018(World Bank: Washington D.C., 2015); and WTO, *International Trade Statistical Review*(WTO: Geneva, 2018).

사례연구 10-5 경제통합에 따른 무역 패턴의 변화

표 10-5는 1990년, 1995년, 2000년, 2005년, 2010년, 2015년, 2017년에 EU, NAFTA, 메르코수르의 총상품수출액, RTA 역내수출, RTA 총수출에 대한 RTA 역내수출의 비중을 보여 준다. 이 표에 의하면 EU는 RTA 역내무역 비중이

가장 높고 메르코수르는 가장 낮다. 그러나 RTA 역내무역은(1991년 설립 후 4년 동안) 1990년에서 1995년 사이에 메르코수르에서 가장 빠르게 증가했고(1994년 설립 이후), 1995년부터 2000년까지는 NAFTA에서 가장 빠르게 증가했다. 메르코수르의 총수출 중 역내무역의 비중은 2000년 부터 2005년까지 급격히 하락했는데, 그 이유는 2001년과 2002년 브라질과 아르헨티나에서의 경제위기 때문이었다. 또한 2008년 시작된 세계의 금융위기로 인하여 EU에서는 2005~2015년, NAFTA에서는 2005~2010년 동안 역내무역 비중이 감소하였다.

표 10-5 1990, 1995, 2000, 2005, 2010, 2015, 2017년도 EU, NAFTA, 메르코수르의 총수출과 역내무역(10억 달러 및 %)

EU 수출(10억 달러)			
연도	총수출	EU 역내무역	총수출 중 EU 역내무역의 비중
1990(EU-15)	1,482	980	66.1
1995(EU-15)	1,937	1,295	66.9
2000(EU-15)	2,251	1,392	61.8
2005(EU-27)	4,065	2,756	67.8
2010(EU-27)	5,153	3,365	65.3
2015(EU-27)	5,392	3,407	63.2
2016(EU-28)	5,904	3,781	64.0

NAFTA 수출(10억 달러)			
연도	총수출	NAFTA 역내무역	총수출 중 NAFTA 역내무역의 비중
1990	562	240	42.7
1995	857	394	46.0
2000	1,225	682	55.7
2005	1,476	825	55.9
2010	1,965	956	48.7
2015	2,293	1,146	50.0
2017	2,377	1,189	50.0

메르코수르 수출(10억 달러)			
연도	총수출	메르코수르 역내무역	총수출 중 메르코수르 역내무역의 비중
1990	46	4	8.7
1995	71	15	21.1
2000	85	18	21.2
2005	164	21	12.8
2010	281	44	15.7
2015	301	43	14.3
2017	324	42	13.0

출처 : WTO, *International Statistical Review*(Geneva: WTO, 2018).

란드, 동독, 루마니아)들과 몽골(쿠바, 북한, 베트남)을 포함하여 경제상호원조회의(Council of Mutual Economic Assistance, CMEA 또는 COMECON)를 형성하였다. 이 협정의 목적은 서방국가로부터의 무역을 전환하고 공산국가들 간에 자급자족의 정도를 높이는 것이었다. 이 협정에서 대부분의 CMEA 회원국들은 소련으로부터 원유 및 천연가스를 수입하고 그 대가로 산업 및 농산품을 수출하였다.

또한 CMEA 회원국들은 모든 국제거래를 국영무역회사(state trading company)를 통해 결정하고 통제했다. 그러한 체제하에서 수입되는 상품의 유형과 양은 국내적으로 이용 가능한 제품에 대한 국가적인 계획에 의해서 결정되었으며, 국가는 필요한 수입의 지불을 위해 어떤 상품을 수출할 것인가를 결정했다. 그러므로 그러한 무역에서는 정치적인 거래가 경제적인 거래만큼 중요한 역할을 하였으며 비교우위와 상품의 상대가격은 어떠한 직접적인 역할도 하지 못했다. 실제로 이러한 중앙계획경제(centrally planned economies)(시장의 힘이 아닌 정부의 명령에 의해 가격이 결정되는 경제)는 자급자족을 강조하고 국제무역을 자원의 균형을 유지하고 자체 조달할 수 없는 상품과 서비스를 얻기 위한 필요악으로 간주하였다.

CMEA 간의 무역은 일반적으로 쌍방협정과 대량구매에 의해 이뤄졌다. 쌍방협정(bilateral agreements)에는 물물교환과 상계무역이 포함되는데, 이는 한 가지 상품을 다른 상품과 물물교환하여 각국과의 무역수지 균형을 달성하려는 의도였다. 그 이유는 (CMEA 무역의 계산단위인) '태환 가능한' 루블화의 잉여분을 잉여축적국 외의 다른 국가로부터 상품이나 서비스를 수입하는 데 사용할 수 없기 때문이다. 예를 들어 폴란드가 소련으로부터 수입한 것 이상으로 수출했다면 폴란드는 이렇게 축적된 잉여 루블화를 소련 상품을 구매하는 데만 사용할 수 있다. 대량구매(bulk purchasing)란 한 국영무역회사가 다른 국가의 국영무역회사로부터 1년 또는 수년 동안 특정량의 상품을 구매하기로 한 협정이다.

1989년 말 이후 공산주의 체제는 동유럽 전역과 소련에서 붕괴되었고, 동독과 서독은 재통일되었으며, 유고슬라비아는 해체되었고 소련은 와해되었다. 이러한 강력한 정치적인 변화는 적어도 부분적으로는 중앙계획경제의 실패로 촉발되었다. 12개 중동부유럽국가(Central and Eastern European Countries, CEEC)와 15개의 과거 소련이었던 신독립국가(Newly Independent States, NIS)는 시장경제 노선을 따라 경제를 구조조정하고 자유무역을 시도하고 있다. 이것은 수십 년간의 중앙계획과 비효율성을 경험한 후에 일어난 기념비적인 일이다. 시장경제의 창설은 (1) 가격과 임금을 정부통제로부터 자유화하는 것(수요와 공급이라는 시장의 힘에 의해 자유롭게 자원배분이 이루어질 수 있도록), (2) 생산자원을 정부에서 민간소유로 전환(경제의 사유화), (3) 경쟁과 무역을 자유화하는 방향으로 경제를 개방(즉, 국가무역을 시장원리에 입각한 무역으로 대치), (4) 시장경제의 기능을 원활하게 하는 데 필요한 법적, 제도적 장치를 창설(예 : 소유권, 서방 스타일의 은행제도, 자본시장, 회계, 상법 등)할 것을 필요로 한다.

대부분의 국가에서는 중앙계획경제가 붕괴하면서 무역관계의 파행이 나타났다. 실업의 증가, 높은 인플레이션, 거대한 재정적자, 지속 불가능한 외채, 폴란드, 헝가리, 체코공화국(1992년 체코슬로바키아가 체코와 슬로바키아공화국으로 나누어짐으로써 나타남), 슬로베니아(1991년 과거 유고슬로비아로부터 독립함)와 에스토니아(발트해 국가이자 과거 소련)들은 경제의 구조조정에서 많은 진전을 이루었으며 급속하게 성장하고 있다. 다른 CEEC 국가들은 뒤처져 있다. 시장경제와 민주사회에 필요한 제도의 설립과 대규모 산업의 민영화는 특히 어려운 문제였다. 1989년 이후로 CEEC와 NIS 무역에 큰 변화가 일어났다. 1980년에는 CEEC, NIS의 수출의 51%는 다른 CEEC와 NIS 국가로, 28%는 선진국으로, 21%는 개발도상국으로 이루어졌다. 2008년에는 이 숫자가 각각 20%, 63%, 7%로 변화되었다.

1991년 말 소련은 공식적으로 해체되었고 러시아를 중심으로 대부분의 구 사회주의 공화국들(신흥독립국가 또는 NIS)은 독립국가연합(Commonwealth of Independent States, CIS)을 창설하였다. 1991년에 유럽연합은 폴란드, 헝가리, 체코슬로바키아와 연합협정에 서명하여 이들 국가들이 유럽연합에 철강, 직물, 농산물과 같은 몇 가지 중요한 제품을 제외하고는 유럽연합과 자유무역을 할 수 있도록 허용하였다. 1996년까지 그 협정은 10개의 CEEC 국가로 확대되었다. 1992년에는 폴란드, 헝가리, 체코공화국, 슬로바키아가 유럽연합 가입을 준비하기 위해 중유럽 자유무역연합(Central European Free Trade Association, CEFTA)을 창설하였으며, 발트해 연안국가인 에스토니아, 라트비아, 리투아니아는 EU에 가입하기 위한 준비절차로 발트해 자유무역협정(Baltic Free Trade Agreement, BAFTA)을 설립하였지만 현재는 모두 EU 회원국이다.

10개의 중앙 및 동부유럽 국가(폴란드, 헝가리, 체코공화국, 슬로바키아, 슬로베니아, 에스토니아, 리투아니아, 라트비아, 몰타, 사이프러스)는 2004년 EU 회원국이 되었고, 불가리아와 루마니아는 2008년에, 크로아티아는 2013년에 가입했다. 알바니아와 과거 유고슬라비아였던 보스니아–헤르체고비나, 세르비아, 몬테네그로, 마케도니아는 터키와 더불어 EU 가입을 협상 중이다. 2009년에는 러시아, 아르메니아, 아제르바이잔, 벨라루스, 그루지야, 카자흐스탄, 키르기스스탄, 몰도바, 타지키스탄, 투르크메니스탄, 우크라이나, 우즈베키스탄과 같은 구소련국가들이 자유무역지역인 독립국가연합 자유무역지역(CISFTA)을 설립했다.

요약

1. 경제통합은 회원국들에만 차별적으로 무역장벽을 낮추거나 철폐하는 통상정책을 말한다. 특혜무역협정(영연방 특혜 제도와 같은)에서는 무역장벽은 참여하는 국가들 간의 무역에만 무역장벽을 낮춘다. 자유무역지역(EFTA, NAFTA)은 회원국들 간의 모든 무역장벽을 제거하지만 비회원국에 대해서는 독자적인 무역장벽을 유지한다. 관세동맹(예 : 유럽연합)은 한 단계 더 나아가서 외부세계에 대해서 공동의 통상정책을 채택하고, 공동시장(1993년 이후의 유럽연합과 미래의 메르코수르)은 회원국 간의 노동과 자본의 자유로운 이동을 허용한다. 경제동맹은 회원국들의 통화 및 재정정책을 조화시키거나(베네룩스) 단일화(미국)한다.

2. 관세동맹의 정태적 부분균형효과는 무역창출과 무역전환으로 측정할 수 있다. 무역창출은 한 회원국의 국내생산이 다른 회원국의 더 낮은 비용의 수입에 의해 대체될 때 발생하며, 이것은 생산에서의 특화와 관세동맹 내의 후생을 증대시킨다. 무역창출 관세동맹은 비회원국의 후생도 증가시킨다. 왜냐하면 실질소득 증가의 일부가 여타 세계로부터의 수입 증가를 유발하기 때문이다.

3. 무역전환은 관세동맹 밖의 저비용 수입이 동맹 내 회원국으로부터의 고비용 수입으로 대체될 때 발생한다. 무역전환은 비교우위로부터 역행하는 것이므로 그 자체로 후생을 감소시킨다. 무역을 전환하는 관세동맹은 무역창출과 무역전환을 모두 야기하여 이 두 가지 힘의 상대적 크기에 따라 후생을 증가시키거나 감소시킨다.

4. 관세동맹이론은 차선이론의 특별한 경우이다. 이것은 최대의 사회적 후생 또는 파레토 최적에 도달하기 위한 모든 조건이 다 충족될 수 없는 상황에서 이러한 조건들 중 많은 조건을 가능한 한 많이 충족시킨다고 하더라도 필연적으로 차선의 후생 결과를 가져오지 않는다는 것이다. 관세동맹의 형성이 무역창출을 더 많이 가져와서 후생을 증가시킬 수 있는 조건들은 이론적으로 잘 알려져 있다. 관세동맹의 다른 정태적 효과는 행정적 절약과 협상력의 증대이다. 그러나 관세동맹이 개별 회원국의 교역조건에 미치는 효과는 분명하지 않다.

5. 정태적인 후생이익 이외에도 관세동맹을 형성하는 국가들은 경쟁의 증가와 규모의 경제, 투자에 대한 자극, 경제자원의 효율적 활용으로부터 상당한 동태적 이익을 얻을 수 있다.

6. 유럽연합은 1958년에 서독, 프랑스, 이탈리아, 벨기에, 네덜란드, 룩셈부르크가 창설하였고, 1973년에 영국, 덴마크, 아일랜드가 가입하였으며, 1981년에는 그리스, 1986년에는 스페인과 포르투갈이, 1995년에는 오스트리아, 핀란드, 스웨덴이 가입하였다. 2004년에는 폴란드, 헝가리, 체코공화국, 슬로바키아공화국, 슬로베니아, 에스토니아, 리투아니아, 라트비아, 몰타, 사이프러스가 가입하였다. 불가리아와 루마니아는 2008년에, 크로아티아는 2013년에 가입하였다. 회원국 간의 공산품에 대한 자유무역과 공동 농산물 가격은 1968년에 이루어졌고, 1993년 초에는 완전한 공동시장이 되었다. 유럽연합이 창설된 결과 공산품 분야의 무역은 확대되었지만, 농산물 분야에서는 무역전환이 발생했다. 1993년에 미국, 캐나다, 멕시코는 북미자유무역협정(NAFTA)을 체결하였는데 2018년 9월 재협상이 진행되었다. 개발도상국 간의 경제통합을 위한 많은 시도는 제한된 성공만을 거두었거나 실패하였지만, 남미공동시장(메르코수르)은 성공을 거둔 것 같다. 남미공동시장 회원국은 브라질, 아르헨티나, 파라과이 및 우루과이이다. 지난 10년간 지역 간 무역협정(RTA)이 급증했다.

주요용어

가변수입관세(variable import levies)

경제동맹(economic union)

경제상호원조회의(Council of Mutual Economic Assistance, CMEA 또는 COMECON)

경제통합(economic integration)

공동시장(common market)

관세공장(tariff factory)

관세동맹(customs union)

국영무역회사(state trading company)

남미공동시장(Southern Common Market)

대량구매(bulk purchasing)

독립국가연합(Commonwealth of Independent States, CIS)

메르코수르(Mercosur)

무관세지대(duty-free zones)

메르크수르(Marcosur)

무역굴절(trade deflection)

무역전환(trade diversion)

무역전환 관세동맹(trade-diverting customs union)

무역창출(trade creation)

무역창출 관세동맹(trade-creating customs union)

발트해 자유무역협정(Baltic Free Trade Agreement, BAFTA)

북미자유무역협정(North American Free Trade Agreement, NAFTA)

브렉시트(Brexit)

신독립국가(Newly Independent States, NIS)

쌍방협정(bilateral agreements)

유럽경제지역(European Economic Area, EEA)

유럽연합(European Union, EU)

유럽자유무역연합(European Free Trade Association, EFTA)

자유경제지대(free economic zones)

자유무역지역(free trade area)

중동부유럽국가(Central and Eastern European Countries, CEEC)

중앙계획경제(centrally planned economies)

중유럽 자유무역연합(Central European Free Trade Association, CEFTA)

차선이론(theory of the second best)

특혜무역협정(preferential trade arrangements)

복습문제

1. 경제통합이란 무엇인가? 특혜무역협정이란? 자유무역지대란? 관세동맹이란? 공동시장이란? 경제동맹이란? 각각의 예를 들어 보라.

2. 무역창출이란 무엇인가? 무역창출 관세동맹이 회원국과 기타국에 미치는 정태적 후생효과는? 이러한 정태적 후생효과가 발생하는 이유는? 이를 어떻게 측정할 수 있는가?

3. 무역전환이란 무엇인가? 무역전환 관세동맹이 회원국과 기타국에 미치는 정태적 후생효과는? 이러한 정태적 후생효과가 발생하는 이유는? 이를 어떻게 측정할 수 있는가?

4. 차선이론이란 무엇인가? 관세동맹이론이 차선이론의 특별한 예인 이유는 무엇인가?

5. 어느 경우에 관세동맹이 무역창출을 야기하여 후생을 증대시킬 가능성이 큰가?

6. 관세동맹에 참여하는 국가들은 어떤 동태적 이익을 얻을 수 있는가? 그 크기는 얼마나 큰가?

7. EU의 설립이 다른 국가와의 산업제품 및 농산품 무역에 미치는 효과는 무엇인가?

8. EU의 설립으로 인해 회원국들이 얻게 되는 정태적 이익과 동태적 이익의 크기는?

9. 미국이 협상한 자유무역협정에는 어떤 것이 있는가? NAFTA란 무엇인가?

10. EFTA를 EU와 비교하라.

11. 메르코수르는 무엇인가? 개발도상국 사이에 경제를 통합하기 위한 시도가 제한된 성공만을 거두거나 실패한 이유는 무엇인가?

12. CMEA란 무엇인가? 동부유럽 및 구소련국가들을 구조조정하고 세계경제에 통합시키기 위해서는 무엇이 필요한가?

13. CEFTA와 BAFTA란 무엇인가? 이들의 궁극적 목적은 무엇인가?

연습문제

1. 폐쇄경제에서 A국의 상품 X 가격은 10달러, B국은 8달러, C국은 6달러이고 A국은 소국이어서 무역에 의해 B국과 C국의 가격에 영향을 주지 않는다고 가정하자. A국이 B국과 C국으로부터의 상품 X의 수입에 무차별적인 100% 종가관세를 부과하는 경우 A국은 상품 X를 국내에서 생산하는가 아니면 B국 또는 C국에서 수입하는가?

2. 연습문제 1번에서
   (a) A국이 그 후에 B국과 관세동맹을 체결하는 경우 A국은 상품 X를 국내에서 생산하는가, 아니면 B국 또는 C국에서 수입하는가?
   (b) A국이 B국과 체결하는 관세동맹은 무역창출적인가? 무역전환적인가, 아니면 어느 것도 아닌가?

3. A국, B국, C국에서 상품 X의 폐쇄경제의 가격이 연습

문제 1번과 동일하고 A국 무역을 통해 B국과 C국의 가격에 영향을 주지 않는다고 가정하자. A국이 B국과 C국으로부터의 상품 X의 수입에 무차별적인 50% 종가관세를 부과하는 경우 A국은 상품 X를 국내에서 생산하는가, 아니면 B국 또는 C국에서 수입하는가?

4. 연습문제 3번에서

   (a) A국이 그 후에 B국과 관세동맹을 체결하는 경우 A국은 상품 X를 국내에서 생산하는가, 아니면 B국 또는 C국에서 수입하는가?

   (b) A국이 B국과 체결하는 관세동맹은 무역창출적인가? 무역전환적인가, 아니면 어느 것도 아닌가?

5. 무역창출 관세동맹의 효과를 설명하는 그림을 그리라.

6. 관세동맹에 참여한 국가의 후생이익을 측정하라.

7. 관세동맹에 참여한 국가의 후생이익을 **감소시키는** 무역전환 관세동맹의 효과를 설명하는 그림을 그리라.

8. 관세동맹에 참여한 국가가 겪는 순후생손실을 측정하라.

9. 관세동맹에 참여한 국가의 후생을 **증**가시키는 무역전환 관세동맹의 효과를 설명하는 그림을 그리라.

10. 국가의 후생을 증가시키는 무역전환 관세동맹에 참여하는 국가의 순후생이익을 측정하라.

11. 무역전환 관세동맹이 회원국 후생의 순증가 또는 감소를 가져올 것인가를 결정하는 요인은 무엇인가?

12. A국이 B국과만 관세동맹을 체결하고 C국의 관세포함 가격이 B국의 자유무역가격보다 낮은 경우 어떤 일이 발생할 것인가를 보여 주는 그림을 그리라.

13. 1988년 미국-캐나다 자유무역협정을 체결했을 때 멕시코를 포함한 NAFTA를 체결했을 때보다 미국 국내에서 논쟁이 적게 일어난 이유는?

14. 1993년 초 유럽연합이 단일 통합시장으로 전환함에 따라 미국에 미치는 가능한 비용과 편익을 지적하라.

부록

이 부록에서는 무역전환 관세동맹의 정태적 효과에 관한 일반균형분석을 소개하며, 전후 국제무역체제에서 지역주의의 발생 연대기와 최근의 급증상황을 보여 준다.

A 10.1 무역전환 관세동맹의 정태적 효과에 관한 일반균형분석

10.3절에서 무역전환 관세동맹의 형성으로 인한 정태적 부분균형적 후생효과를 분석했다. 이 절에서는 이러한 정태적 후생효과를 보다 고급의 일반균형 틀 내에서 보기로 하자. 이는 부분균형분석에서는 분명하지 않은 무역전환 관세동맹의 몇 가지 측면을 보여 준다. 더불어 관세동맹의 형성으로 인한 정태적 후생효과에 대한 매우 완전한 그림을 보여 준다.

무역전환 관세동맹의 일반균형분석은 그림 10-3에서 설명된다. 이 그림은 그림 8-4에 있는 2국의 생산가능곡선과 동일하다. 단순화를 위해 2국은 1국과 3국의 상품 X의 상대가격에 영향을 미칠 수 없는 소국이라 가정한다.

상품 X의 수입에 100%의 비차별적 종가관세를 부과하게 되면 2국은 점 F에서 생산한다. 그 점에서 한계변환율, 또는 변환곡선의 기울기가 1국의 상품 X의 관세포함 상대가격 $P'_1 = 2$(그림에 표시되지 않음)와 일치하게 된다. 그러나 2국은 관세를 징수하므로 2국은 $P_1 = 1$인 선상에서 1국과 30X를 30Y

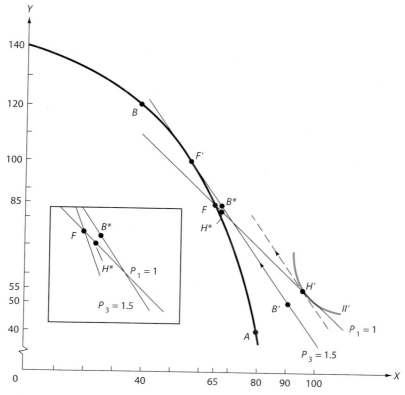

그림 10-3 **무역전환 관세동맹의 일반균형분석**

상품 X에 100%의 비차별적 수입관세를 부과하면 상품의 상대가격 $P_1 = 1$에서 2국은 점 F에서 생산하고 무차별곡선 II'상의 점 H에서 소비한다. (그림 8-4에서와 마찬가지로) 3국과만 관세동맹을 체결함으로써 2국은 $P_3 = 1.5$에서 점 F'에서 생산하고 $B' < H'$에서 소비한다. 이러한 무역전환 관세동맹의 결과 2국의 후생은 감소한다. 그러나 기호가 다르다면 2국은 전에는 점 H^*에서 소비하고 3국과의 관세동맹 체결 후에는 점 B^*에서 소비하여 순후생이익을 얻을 수 있다($B^* > H^*$이므로).

와 교환함으로써 무차별곡선 II'상의 점 H'에서 소비한다. 한편 (그림 8-4에서와 마찬가지로) 이 점에서 무차별곡선 II'은 $P'_1 = 2$와 접한다.

2국이 3국과 관세동맹을 체결하면 대신에 3국에서의 자유무역 상대가격 $P_3 = 1.5$에서 상품 X를 수입할 것이다. 그리고 나서 2국은 $P_3 = 1.5$를 따라 점 B'에서 소비한다. 점 B'은 점 H'보다 더 적은 상품을 포함하므로 점 B'은 보다 낮은 무차별곡선상에 있게 된다(그림 8-4에서는 표시되지 않음). 이것은 그림 10-2에서 보인 부분균형 결과를 확인해 준다. 거기서 2국은 3국과 관세동맹을 체결함으로써 후생의 순손실을 경험했다.

그러나 선호의 차이가 있는 경우 2국은 관세동맹 형성 전에는 점 H^*에서, 후에는 점 B^*에서 소비할 수 있다. 점 B^*에서는 점 H^*보다 상품 X와 상품 Y를 모두 더 많이 소비하므로 무역전환 관세동맹은 2국의 순후생의 증가를 가져올 것이다(보다 명확하게 이해할 수 있도록 점 F, 점 B^* 및 점 H^* 사이의 관계는 변환곡선 내부의 박스에 확대하여 표시). 이와 같이 무역전환 관세동맹은 그것이 형성되는 상황에 따라서 후생에 순이익을 줄 수도 있고 순손실을 줄 수도 있다.

연습문제   2국이 점 F에서 생산하고 점 H'에서 소비하는 그림 10-3에서 시작하여 3국이 1국과 관련하여 상대적 효율성이 낮으면 낮을수록 2국과 3국 간의 관세동맹은 2국의 순후생 이익이 더 커진다는 것을 그래프로 증명하라(관세동맹이 무역전환적이더라도).

A 10.2 2018년 6월 전 세계의 지역 간 무역협정

표 10-6은 2018년 6월 현재 발효 중인 세계의 무역협정 및 지역 간 무역협정을 보여 준다.

표 10-6   2018년 6월 전 세계의 지역 간 무역협정

안데스 공동시장(CAN)

Bolivia, Plurinational State of
Colombia
Ecuador
Peru

아세안 자유무역협정(AFTA)

Brunei Darussalam	Indonesia	Malaysia	Philippines	Thailand
Cambodia	Lao People's Democratic Republic	Myanmar	Singapore	Viet Nam

중미공동시장(CACM)

Costa Rica	El Salvador	Guatemala	Honduras	Nicaragua

카리브 공동시장(CARICOM)

Antigua and Barbuda	Belize	Guyana	Montserrat	Saint Vincent and the Grenadines
Bahamas	Dominica	Haiti	Saint Kitts and Nevis	Suriname
Barbados	Grenada	Jamaica	Saint Lucia	Trinidad and Tobago

중앙아프리카 경제 및 통화공동체(CEMAC)

Cameroon	Chad	Congo	Equatorial Guinea	Gabon
Central African Republic				

동남아프리카 공동시장(COMESA)

Burundi	Egypt	Kenya	Mauritius	Sudan
Comoros	Eritrea	Libya	Rwanda	Uganda
Democratic Republic of the Congo	Eswatini	Madagascar	Seychelles	Zambia
Djibouti	Ethiopia	Malawi	South Sudan	Zimbabwe

표 10-6　2018년 6월 전 세계의 지역 간 무역협정(계속)

서아프리카 제국 경제공동체(ECOWAS)

Benin	Côte d'Ivoire	Guinea	Mali	Senegal
Burkina Faso	The Gambia	Guinea-Bissau	Niger	Sierra Leone
Cabo Verde	Ghana	Liberia	Nigeria	Togo

유럽 자유무역협력(EFTA)

Iceland	Liechtenstein	Norway	Switzerland

유럽연합(28)

Austria	Denmark	Hungary	Malta	Slovenia
Belgium	Estonia	Ireland	Netherlands	Spain
Bulgaria	Finland	Italy	Poland	Sweden
Croatia	France	Latvia	Portugal	United Kingdom
Cyprus	Germany	Lithuania	Romania	United Kingdom
Czech Republic	Greece	Luxembourg	Slovak Republic	

걸프협력회의(GCC)

Bahrain, Kingdom of	Oman	Qatar	Saudi Arabia, Kingdom of	United Arab Emirates
Kuwait, the State of				

남미공동시장(MERCOSUR)

Argentina	Brazil	Paraguay	Uruguay	Venezuela, Bolivarian Republic of

북미자유무역협정(NAFTA)

Canada	Mexico	United States of America

남아프리카 개발공동체(SADC)

Angola	Eswatini	Malawi	Nambia	Tanzania
Botswana	Lesotho	Mauritius	South Africa	Zambia
Democratic Republic of the Congo	Madagascar	Mozambique	Seychelles	Zimbabwe

남미 자유무역지대(SAFTA)

Afghanistan	Bangladesh	Bhutan	India	Maldives
Nepal	Pakistan	Sri Lanka		

서아프리카 경제공동체(WAEMU)

Benin	Côte d'Ivoire	Mali	Senegal	Togo
Burkina Faso	Guinea-Bissau	Niger		

(계속)

표 10-6   2018년 6월 전 세계의 지역 간 무역협정(계속)

기타 협정

아프리카 카리브해 태평양지역국가(ACP)

Angola	Cook Islands	Ethiopia	Madagascar	Saint Kitts and Nevis
Antigua and Barbuda	Côte d'Ivoire	Fiji	Malawi	Saint Lucia
Bahamas	Cuba	Guyana	Nauru	Somalia
Barbados	Djibouti	Haiti	Niger	South Africa
Belize	Dominica	Jamaica	Nigeria	Sudan
Benin	Dominican Republic	Kenya	Niue	Suriname
Botswana	Equatorial Guinea	Kiribati	Palau	Tanzania
Burkina Faso	Eritrea	Lesotho	Papua New Guinea	Timor–Leste
Burundi	Eswatini	Liberia	Rwanda	
Cabo Verde	Fiji	Mali	Saint Vincent and the Grenadines	Togo
Cameroon	Gabon	Marshall Islands	Samoa	Tonga
Central African Republic	The Gambia	Mauritania	Sao Tomé and Principe	Trinidad and Tobago
Chad	Ghana	Mauritius	Senegal	Tuvalu
Comoros	Grenada	Micronesia, Federal States of	Seychelles	Uganda
Congo	Guinea	Mozambique	Sierra Leone	Vanuatu
Democratic Republic of the Congo	Guinea-Bissau	Namibia	Solomon Islands	Zambia
				Zimbabwe

아프리카

북아프리카

Algeria	Egypt	Libya	Morocco	Tunisia

사하라 이남 아프리카

서아프리카

Benin	The Gambia	Guinea-Bissau	Mauritania	Senegal
Burkina Faso	Ghana	Liberia	Niger	Sierra Leone
Cabo Verde	Guinea	Mali	Nigeria	Togo
Côte d'Ivoire				

표 10-6 2018년 6월 전 세계의 지역 간 무역협정(계속)

중앙아프리카

Burundi	Central African Republic	Congo	Equatorial Guinea	Rwanda
Cameroon	Chad	Democratic Republic of the Congo	Gabon	Sao Tomé and Principe

동아프리카

Comoros	Kenya	Reunion	South Sudan
Djibouti	Madagascar	Rwanda	Sudan
Eritrea	Mauritius	Seychelles	Tanzania
Ethiopia	Mayotte	Somalia	Uganda

남아프리카

Angola	Eswatini	Malawi	Nambia	Zambia
Botswana	Lesotho	Mozambique	South Africa	Zimbabwe
Territories in Africa not elsewhere specified				

아시아

East Asia

Hong Kong, China	Japan	Korea, Democratic People's Republic of	Chinese Taipei
Macao, China	Korea, Republic of	Mongolia	

동남아시아

Brunei Darussalam	Lao People's Democratic Republic	Philippines	Timor-Leste
Cambodia	Malaysia	Singapore	Viet Nam
Indonesia	Myanmar	Thailand	

남아시아

Afghanistan	Bhutan	Maldives	Pakistan	Sri Lanka
Bangladesh	India	Nepal		

오세아니아

Australia	Kiribati	Nauru	Papua New Guinea	Tonga
Fiji	Marshall Islands	New Zealand	Samoa	Tuvalu
Indonesia	Micronesia	Palau	Solomon Islands	Vanuatu

(계속)

표 10-6 2018년 6월 전 세계의 지역 간 무역협정(계속)

아시아 태평양 경제협력체(APEC)

Australia	Hong Kong, China	Malaysia	Russian Federation	Viet Nam
Brunei Darussalam	Indonesia	New Zealand	Singapore	
Canada	Japan	Peru	Chinese Taipei	
Chile	Korea, Republic of	Papua New Guinea	Thailand	
China	Mexico	Philippines	United States of America	

BRIC

Brazil	Russian Federation	India	China	Zambia

선진국

North America (except Mexico)	European Union (28)	EFTA (Iceland, Liechtenstein, Norway, Switzerland)	Australia, Japan and New Zealand

개발도상국

Africa	South and Central America and the Caribbean, Mexico	Europe except the European Union (28) and EFTA; Middle East	Asia except Australia, Japan, and New Zealand

후진개발도상국

Afghanistan	Comoros	Lao People's Democratic Republic	Niger	Timor-Leste
Angola	Democratic Republic of the Congo	Lesotho	Rwanda	Togo
Bangladesh	Djibouti	Liberia	Sao Tomé and Principe	Tuvalu
Benin	Eritrea	Madagascar	Senegal	Uganda
Bhutan	Ethiopia	Malawi	Sierra Leone	Vanuatu
Burkina Faso	The Gambia	Mali	Solomon Islands	Yemen
Burundi	Guinea	Mauritania	Somalia	Zambia
Cambodia	Guinea-Bissau	Mozambique	South Sudan	Tuvalu
Central	African Republic	Haiti	Myanmar	Sudan
Chad	Kiribati	Nepal	Tanzania	

동아시아무역국(6개국)

Hong Kong, China	Malaysia	Singapore	Chinese Taipei	Thailand
Korea, Republic of				

태평양 동맹

Chile	Colombia	Mexico	Peru

국제무역과 경제발전

■ 국제무역과 경제발전의 관계를 이해한다.
■ 교역조건과 수출 불안정성 및 경제발전 사이의 관계를 이해한다.
■ 발전전략으로서의 수입대체와 수출지향을 비교한다.
■ 개발도상국이 처해 있는 현재의 문제점을 서술한다.

11.1 서론

북아메리카, 서유럽, 일본, 오스트레일리아, 뉴질랜드 등 몇몇 소수의 국가들을 제외하고는 세계 대부분의 국가들은 저개발국가로 분류되거나, 보다 긍정적으로 표현해서 개발도상국으로 분류된다. 개발도상국은 일반적으로 선진국과 비교하여 낮은 1인당 평균 실질소득, 농업이나 광산물 채굴과 같은 1차적 활동에 높은 노동력 비율, 낮은 수명, 높은 문맹률, 높은 인구증가율, 저성장률 등으로 특징지어진다. 그러나 선진국과 후진국이 명백하게 이분되는 것은 아니고, 매우 가난한 나라에서 매우 부유한 나라까지 연속적인 스펙트럼이 존재한다.

과거에 선진국과 개발도상국 간의 경제관계는 후진국이 선진국으로부터 제조업 제품을 얻기 위해 주로 식품과 원자재를 수출하는 특징이 있었다. 극빈국의 경우에는 아직도 이러한 유형의 거래가 이루어지고 있지만 개발도상국 중 보다 선진화된 국가의 경우 상황이 많이 달라졌다. 개발도상국의 수출 품목 중 제조업품 비율은 1960년에 20% 정도에 불과했으나 2017년에는 50%를 상회하고 있다 (World Bank, 2018).

개발도상국의 경제발전의 수준과 그 속도가 주로 국내적 상황에 의존한다고 하더라도 대부분의 경제학자들은 국제무역이 발전과정에서 매우 중요한 역할을 한다고 믿고 있다. 그러나 경제학자들도 항상 그렇게 생각했던 것은 아니다. 1980년대까지만 해도 소수의 영향력 있는 경제학자들은 국제무역과 현재의 국제경제체제의 기능은 지속적으로 개발도상국의 교역조건을 악화시키고, 수출소득의 불안정성을 증대시킴으로써 개발에 도움이 되기보다는 오히려 방해가 된다고 생각했다. 이러한 경제학자들은 비교우위에 입각한 전통적인 무역이론이 개발도상국과 개발과정에는 적절하지 않다고 주장했다. 따라서 이들은 수입대체(즉, 과거에 수입된 제조업품을 국내생산하는 것)를 통한 산업화를 옹호했으며 개발도상국이 무역에 의존하지 말 것을 권고했다. 또한 그들은 현재의 국제경제체제를 개발도상국의 특수한 요구에 부응하도록 개혁해야 할 필요성을 강력히 제기하였다.

이 장에서는 이러한 논제들을 검토하고자 한다. 이러한 논제는 개발경제학 교과서나 교과과정에서 자세히 논의될 것이므로 여기서는 간단히 소개한다. 11.2절에서는 국제무역과 경제개발의 일반적 관계를 소개한다. 11.3절에서는 교역조건과 그것이 경제발전에 미치는 효과를 살펴보고, 11.4절에서는 수출의 불안정성에 관해 논의한다. 11.5절에서는 수입대체 또는 수출 주도형 개발정책에 대해 검토한다. 마지막으로 11.6절에서는 현재 개발도상국이 직면하고 있는 문제들에 대해 검토한다.

11.2 경제발전에서 무역의 중요성

이 절에서는 국제무역이론이 개발도상국과 개발과정에서 적절한 이론이 아니라는 주장을 검토하기로 한다. 그 후 19세기 신정착지에서 국제무역이 어떻게 '성장의 엔진' 역할을 수행했는가를 검토하고, 오늘날의 개발도상국에서는 더 이상 성립하지 않는 이유들을 살펴보기로 한다. 이 절에서는 국제무역이 오늘날의 개발과정에서 기여할 수 있는 모든 중요한 점들을 긍정적인 측면에서 살펴보고자 한다.

11.2A 무역이론과 경제발전

전통적인 무역이론에 따르면 각 국가가 자국이 비교우위에 있는 상품의 생산에 특화하게 되면 세계산출량은 더 증가하고, 각 국가는 무역을 통해 발생하는 이익을 나누어 가진다는 것이다. 현재의 요소부존과 기술의 상태에서 비교우위론에 의하면 개발도상국은 주로 원자재, 연료, 광물 및 음료를 선진국에 수출하고 제조업 제품을 수입하도록 처방한다.

개발도상국의 이러한 특화 패턴 및 무역은 단기적으로는 후생을 극대화하는 반면, 장기적으로는 선진국에 대해 종속적인 위치로 전락하게 하고 산업의 동태적인 이익을 창출하고 후생을 극대화하는 데 저해가 될 것이라고 개발도상국은 믿어 왔다. 제조업 생산에서 유래되는 **동태적 이익**(비교우위에서 발생하는 정태적 이익과 대비되는)은 보다 훈련된 노동력, 더 많은 기술혁신, 보다 높은 수출품의 가격과 안정성, 국민에게 보다 높은 소득을 가져다준다. 개발도상국이 1차 산품에 특화하고, 선진국이 제조업에 특화하는 경우 산업과 무역의 동태적 효과의 전부 또는 대부분은 선진국에 귀속되어 개발도상국은 여전히 가난하고, 저개발상태에서 의존적으로 남아 있을 것이다. 이러한 생각은 대부분의 선진국은 공업국이고 개발도상국은 농업국이라는 사실에 의해 더욱 설득력을 갖는다.

이와 같이 개발도상국들은 전통적인 무역이론을 정태적이고 개발과정에서는 적절하지 않은 것으로 공격하였다. 그들은 기존의 무역이론이 현재의 상황에 순응하는 것이고, 개발은 필연적으로 현재 상황의 변화를 요구하는 것으로 생각했다. 간단히 말해서 전통적인 무역이론은 한 시점에서의 후생을 극대화하지만 시간의 변화에 따른 후생을 극대화하지 않는 것으로 평가했다.

만일 이러한 점들이 사실이라면 이는 전통적 무역이론이 경제발전의 과정에 적절하지 않다는 심각한 비판이 될 것이다. 그러나 (경제성장과 국제무역을 다루는) 제7장에서 살펴본 바와 같이 전통적인 무역이론은 비교정태분석의 기법에 의해 쉽게 확장되어 요소공급, 기술 및 기호의 변화를 고려할 수 있다. 이는 한 국가의 개발 패턴이 일순간에 결정되는 것이 아니라 시간이 지나면서 기저의 여건이 변함에 따라 개발 패턴을 재산정해야 한다는 것을 의미한다. 예를 들어 개발도상국이 자본을 축적하고 기술을 진보시킴에 따라 비교우위가 1차 산품 및 단순 제조품에서 보다 복잡한 상품 및 서비스로 이행한다는 것이다. 실제로 이것은 어느 정도 브라질, 대한민국, 타이완, 멕시코, 브라질 및 기타 개발도상국에서 발생한 사실이다. 결과적으로 전통적인 무역이론은 개발도상국 및 발전과정에 아직도 타당하다고 할 수 있다.

게다가 비교우위를 처음 계산할 때와 시간이 경과함에 따라 비교우위가 변화하는 경우에도 이론적으로는 산업부문으로부터의 동태적 이익을 고려할 수 있다. 이는 오늘날 몇몇 국가들이 깨닫게 된 바와 같이 산업생산의 확대가 개발도상국의 희소자원을 가장 효율적으로 사용하고 있는 것은 아니라는 것을 의미한다. 따라서 진정으로 동태적 이론의 필요성을 부정할 수는 없지만, 비교정태분석의 방법으로도 한 경제의 동태적 변화를 전통적 무역이론의 틀 내에서 설명할 수 있다. 그 결과 앞에서 언급된 몇 가지 제한조건을 염두에 두면 전통적 무역이론은 개발도상국 및 발전과정에 대해서도 적절하며, 최소한 이것은 그 문제를 연구하는 대부분의 경제학자들의 감각이다.

11.2B 성장 엔진으로서의 무역

19세기 기간에 세계 산업생산의 대부분은 영국에 집중되었다. 자원 빈국인 영국에서 산업 생산 및 인구의 큰 증가로 인해 신정착지역(regions of recent settlement, 미국, 캐나다, 오스트레일리아, 뉴질랜드, 아르헨티나, 우루과이, 남아프리카공화국)의 식품 및 원자재 수출에 대한 수요가 매우 빠른 속도로 증가하였다. 예를 들어 1815년부터 1913년까지 1세기 동안 영국의 인구는 3배 증가했고, 실질 GNP는 10배가 되었으며, 수입물량은 20배로 증가하였다. 그들의 급속한 수출확대는 친숙한 가속도-승수 과정을 통하여 신정착 지역의 나머지 경제에 확산되었다. 넉시(Nurkse, 1970)에 따르면 수출부문은 경제의 빠른 성장과 발전을 가져오는 선도부문이 되었다. 즉, 국제무역은 19세기 기간에 이들 국가에 대해서 성장의 엔진(engine of growth)으로서의 역할을 수행하였다.

신정착지역은 여러 가지 호조건으로 인해 영국의 식료 및 원자재에 대한 수요를 충족시킬 수 있었다. 첫째, 이러한 국가들은 기름진 땅, 숲, 광물자원과 같은 천연자원이 매우 풍부하다. 둘째, 여러 가지 숙련기술을 가진 노동자들이 과밀한 유럽에서 매우 광활한 땅으로 이동하였고 거대한 양의 자본도 마찬가지였다. 데이터가 정확하지는 않지만 캐나다, 아르헨티나, 오스트레일리아와 같은 국가에서 총자본 형성의 30~50%는 자본유입을 통하여 조달되었다. 자본과 노동의 대량 유입을 통해 철도, 운하 및 다른 시설의 건설이 가능하였으며, 그로 인해 식품 및 원자재의 새로운 공급원을 열 수 있었다. 마지막으로 해상운송의 큰 진보로 인해 신대륙은 밀, 옥수수, 면이나 원모, 가죽과 다양한 식료품 및 원자재를 유럽이나 그 밖의 전통적 공급원에 비해 싸게 공급할 수 있게 되었다.

이와 같은 요인들이 신정착지역의 빠른 경제성장을 가능하게 하였다. 그들 제품에 대한 수요는 빠른 속도로 증가하였고 그들은 이용되지 않는 많은 자원을 가지고 있었으며, 또한 유럽으로부터 대량의 자본 및 수많은 노동자들을 받아들였다. 대표적으로 크라비스와 같은 일부 경제학자들은 19세기에 신정착지역의 고도성장은 (풍부한 천연자원과 같은) 내부 조건이 유리했기 때문이며, 무역은 단지 지원하는 역할만 했다고 생각한다(이를 입증할 만한 자료도 제시한 바 있다). 그렇다고 하더라도 오늘날의 개발도상국들이 성장과 발전을 위해 무역에 크게 의존할 수 없다는 점에 많은 사람들이 동의하고 있다. 이것은 수요, 공급조건이 좋지 않기 때문이다.

수요 측면에서 보면 식품 및 원자재에 대한 수요는 19세기 동안 신정착지역의 경우에 비해서 현재 훨씬 더 느린 속도로 성장했는데 그 이유는 여러 가지가 있다. (1) 개발도상국의 식품 및 농업 원자재 수출은 선진국에서의 수요의 소득탄력성이 1보다 작기 때문에 선진국의 소득이 증가함에 따라 개발 도상국의 농산물 수출 수요는 소득증가보다 작게 증가한다. 예를 들어, 커피에 대한 수요의 소득탄력 성은 0.8이고, 코코아는 0.5, 설탕은 0.4, 차는 0.1이다. (2) 합성 대체재의 개발로 천연자원에 대한 수 요가 감소하였다. 예를 들어, 합성고무는 천연고무의 수요를 감소시켰고, 나일론은 면에 대한 수요를 감소시켰으며, 플라스틱은 가죽 및 가죽제품에 대한 수요를 감소시켰다. (3) 기술진보는 많은 제품에 서 원자재의 함량을 감소시켰다. (4) 선진국에서 서비스의 산출량은 상품의 산출량보다 더 빠른 속도 로 증가하였다. (5) 선진국들은 개발도상국들의 수출품(예 : 밀, 채소, 설탕, 오일 및 기타 제품)에 대 해서 무역규제조치를 부과했다.

공급 측면에서 보면 케언크로스(Cairncross, 1962)는 오늘날의 개발도상국들은 19세기의 신정착지 역에 비해서 (원유수출국을 제외하고는) 천연자원이 훨씬 덜 풍부하다는 것을 지적했다. 그뿐만 아니 라 오늘날의 개발도상국들은 인구밀도가 과밀해서 그들의 식품 및 원자재가 수출되지 않고 국내에서 소비된다. 더 나아가서 오늘날 개발도상국으로의 국제적 자본이동은 19세기의 신정착지역에 비해 훨 씬 적다. 그리고 오늘날의 개발도상국들은 숙련노동이 유입되지 않고 유출된다(이 문제는 제12장에 서 논의한다). 마지막으로 1990년대까지만 해도 개발도상국들은 빠른 산업화를 위해 농업을 무시했 기 때문에 농업 부문의 수출 및 개발 전망이 저해되었다.

11.2C 무역의 경제발전에 대한 기여

오늘날 국제무역이 일반적으로 성장의 엔진으로서의 역할을 할 수는 없다 하더라도 아직도 여러 가 지 면에서 개발도상국의 경제성장에 기여할 수 있다. 하벌러(Haberler)는 국제무역이 경제발전에 미 칠 수 있는 다음과 같은 중요한 효과를 지적했다. (1) 무역은 과소고용될 수 있었던 국내 자원을 완전 히 활용하도록 한다. 즉, 개발도상국들은 무역을 통해 불충분한 국내수요로 인해 자원이 미활용되는 생산가능곡선 안의 비효율적인 생산점으로부터 생산가능곡선상으로 이동할 수 있다. 그러한 나라에 서 무역은 잉여분출(vent for surplus) 또는 농산품 및 원자재의 잠재적 초과공급의 탈출구를 의미한다. 이는 특히 동남아시아나 서아프리카와 같은 개발도상국에서 발생했다.

나아가 (2) 무역은 시장의 크기를 확대함으로써 분업과 규모의 경제를 가능하게 한다. 이는 소규모 경제의 경공업 생산에서 특히 중요하고 실제로 일어났다. (3) 국제무역은 새로운 아이디어, 새로운 기 술, 새로운 경영기술 및 기타 기술들의 전파의 통로가 된다. (4) 무역은 선진국으로부터 개발도상국으 로 자본의 국제적 흐름을 촉진시키고 용이하게 한다. 외국기업이 투자에 대한 경영권을 보유하고 있 는 해외직접투자의 경우에 해외자본은 이를 관리할 수 있는 해외 숙련노동을 수반하게 된다. (5) 브라 질이나 인도와 같은 여러 대규모 개발도상국에서는 새로운 제조업 제품의 수입으로 인해 국내수요가 자극되어 이들 제품의 효율적인 국내생산이 가능하게 되었다. (6) 국제무역은 국내생산자가 해외경쟁 에 대처하기 위해서 효율성을 더 높이도록 자극하기 때문에 탁월한 반독점 무기가 된다. 이것은 다른 제품의 국내생산에 투입물로 사용되는 중간재 및 반제품의 가격 및 비용을 낮추는 역할을 한다.

국제무역에 비판적인 사람들은 이러한 인상적인 이익들의 목록을 무역이 해로운 효과를 갖는 똑같 이 인상적인 목록과 대비시킬 수 있다. 그러나 개발도상국은 무역을 통해 아무것도 얻는 것이 없거나 손실을 본다면 무역을 거부할 수 있기 때문에 무역을 하고 있는 개발도상국은 무역으로부터 이익을 얻는다고 생각할 수 있다. 무역이익의 대부분이 선진국에 돌아가는 경우 상당한 불만이 있고 이러한 상황을 바꿀 필요에 대한 정당성이 존재하는 것은 사실이지만 그렇다고 무역이 실제로 해를 주는 것으로 해석되어서는 안 된다. 물론 국제무역이 실제로 경제발전에 해를 끼칠 수 있는 경우들을 찾을 수 있지만, 대부분의 경우 발전과정에서 큰 도움을 주는 것으로 생각된다. 이는 많은 연구자들에 의해서 경험적으로 확인되어 왔다. 중국은 전후 대부분의 기간에 안보와 이념적 이유로 자급자족을 추구해 왔지만 1980년대 이후 무역이 성장 및 발전에 미치는 잠재적 기여를 높이 평가하기 시작했고 실제로 지금은 국제무역으로부터 큰 이익을 획득하고 있다. 이 점은 공산주의 몰락 후 동유럽의 과거 공산주의 국가에도 해당된다.

11.2D 국제무역과 내생적 성장이론

로머(Romer, 1986)와 루카스(Lucas, 1988)에 의해 내생적 성장이론(endogenous growth theory)이 최근에 발전함으로써 국제무역과 장기 경제성장 및 발전 간의 양의 관계에 관한 설득력 있고, 엄격한 이론적 기초가 마련되었다. 구체적으로 내생적 성장에 관한 신이론에 따르면 무역장벽을 낮추는 것은 다음과 같은 이유에서 장기적으로 경제성장과 발전을 가속화시킨다고 본다. (1) 개발도상국이 개방 정도가 낮을 때보다 높을 때 더 빠른 속도로 선진국의 발전된 기술을 흡수할 수 있다. (2) 연구개발로 인한 이익이 증가한다. (3) 생산에서 규모의 경제를 촉진시킨다. (4) 가격왜곡을 축소시키고 국내 자원의 부문 간 배분이 효율적으로 된다. (5) 중간재의 사용에서 전문화와 효율성을 더욱 증대시킨다. (6) 신제품이나 서비스가 보다 신속하게 도입된다.

전에도 자유무역이 성장과 경제발전을 촉진하는 많은 다른 경로들이 알려져 있었다(11.2C절 참조). 그러나 과거의 이론은 훨씬 더 자의적이고, 정밀하지 않았으나, 새로운 성장이론은 보다 낮은 무역장벽이 장기적으로 성장을 촉진할 수 있는 실제적 경로들을 보다 엄밀하고 세밀하게 보여 준다. 특히 내생적 성장이론은 **내생적 기술진보가** 어떻게 (신고전과 성장이론에서 규정되었던) 자본축적에서 수확체감의 법칙을 상쇄하는 외부효과를 창출하는가를 보여 준다. 수확체감은 더 많은 가변요소가 다른 고정된 요소와 사용될 때 발생한다.

새로운 내생적 성장이론이 자유무역이 장기적으로 경제성장 및 발전을 촉진하는 채널을 이론적으로 구체화시키는 데 큰 기여를 했지만 현실세계에서 이러한 연관관계를 명시적으로 검증하는 것은 자세한 자료의 부족으로 인해 쉽지가 않았다. 실제로 에드워즈(Edwards, 1993), 팩(Pack, 1994)이 지적했듯이 지금까지 대부분의 검증은 몇몇 국가 그룹에 대해서 횡단면 자료에 근거하여 이루어졌고 과거의 연구와 크게 다르지 않았다. 즉, 이러한 실증적 연구는 일반적으로 개방이 고도성장을 촉진한다는 것을 보여 주지만 실제적으로 무역이 어떤 경로로 장기적으로 고도성장에 기여하는지는 자세히 검증되지 않았는데, 이것이야말로 내생적 성장이론의 이론적 공헌이다. 이를 위해 보다 특정한 국가의 연구를 통해 혁신, 성장 및 무역의 관계를 검토하는 것이 필요하다(사례연구 11-1 참조).

사례연구 11-1 성장과 무역에 관한 동아시아의 기적

표 11-1은 경제실적이 좋았던 아시아 고도성장경제(High-Performance Asian Economies, HPAEs)의 실질 GDP와 무역의 평균성장률을 보여 준다. 이러한 나라들은 (1960년대부터 고도성장을 했던 아시아의 4마리 호랑이라고 불린) 홍콩, 대한민국, 싱가포르, 타이완과 1970년대 및 1980년대의 고도성장기에 이 4개국을 추격한 말레이시아, 인도네시아, 타이 및 중국이다. 이 중 특히 중국은 놀라운 성장으로 인해서 독자적으로 구분하며, 타이완의 자료는 입수 불가능하다.

이 표에 의하면 아시아 고도성장경제의 실질 GDP는 1980~1990년 10년 동안 평균 6.9%로 성장하였고, 1990~1995년 기간에는 7.7%로 성장하였다. 중국에서의 실질 GDP의 성장률은 한층 높아서 각각 10.2%, 12.8%였다. 경제실적이 좋았던 아시아 경제에서는 이러한 성장률로 인해 실질 GDP가 거의 10년마다 2배씩 증가했고, 중국에서는 6~7년마다 2배가 되었다.

표 11-1은 수출 성장률이 GDP 성장률보다 훨씬 높다는 것을 보여 준다. 수출의 증가는 GDP의 성장을 촉진하는 계기가 되었고 또한 성장에 의해 자극을 받았다는 점은 확실하다. 경제실적이 좋았던 아시아 경제와 중국의 고도성장에 기여한 다른 요인들로는 매우 높은 저축 및 투자율, 교육 및 훈련의 개선, 신기술의 신속한 도입, 농업경제에서 공업경제로의 이행 등이 있다. 무역과 성장에 관한 '아시아 경제의 기적'은 기타 개발도상국 및 선진국에서 실질 GDP와 수출이 평균 이하의 낮은 성장을 했다는 점과 대조가 된다(표 11-1 참조).

그러나 1997년 7월 타이는 갑자기 깊은 경제위기에 빠져들었고, 이는 (경제를 엄격하게 통제했던 중국을 제외한) 실적이 좋았던 다른 아시아 경제로 빠르게 파급되었다. 이러한 위기의 원인은 이들 국가가 국제자본시장에서 달러와 엔화로 단기자금을 과도하게 차입하여 자금의 상당 부분을 실물자산 투기와 다른 비생산적인 투자에 사용했기 때문이다. 상업은행과 기업이 그들의 대출을 재상환할 수 없게 되자 외국은행은 그들의 대출상환 연기를 거부했다. 그러자 국내의 상업은행은 국내기업에 대한 대출을 중단했고, 그 결과 많은 기업들이 도산했으며 이들 국가는 깊은 불황에 빠져들었다. 위기가 절정이었던 1997~1998년에 대한민국, 홍콩, 타이 및 말레이시아의 실질 GDP는 5% 이상 감소하였고, 인도네시아에서는 거의 15% 감소하였다. 그러나 1998~1999년에 최악의 위기상황은 지나가고 성장은 회복되었지만, (중국을 제외하고는) 위기 이전보다 성장률은 둔화되었다.

표 11-1 아시아 고도성장경제에서 실질 GDP와 무역의 평균성장률(1980~1995)

	실질 GDP 성장률(%)		수출 성장률(%)	
	1980~1990	1990~1995	1980~1990	1990~1995
대한민국	9.4	7.2	12.0	13.4
홍콩	6.9	5.6	14.4	13.5
싱가포르	6.4	8.7	10.0	13.3
타이	7.6	8.4	14.0	14.2
인도네시아	6.1	7.6	5.3	21.3
말레이시아	5.2	8.7	10.9	14.4
평균	6.9	7.7	11.1	15.0
중국	10.2	12.8	11.5	15.6
개발도상국	2.8	2.1	7.3	5.2
선진국	3.2	2.0	5.2	6.4

출처 : World Bank, *World Bank Development Report*, 1997-2009.

11.3 교역조건과 경제발전

이 절에서는 먼저 여러 가지 교역조건들을 정의한다. 그다음에 개발도상국의 상품 교역조건이 악화될 것으로 예상되는 여러 가지 이유를 분석한다. 마지막으로 개발도상국의 상품 및 소득 교역조건이 시간에 따라 어떻게 변화되었는가를 측정하기 위해 시도되었던 여러 가지 경험적 연구결과를 제시한다.

11.3A 여러 가지 교역조건

4.6절에서는 상품 또는 순물물교환 교역조건을 정의했다. 그러나 여러 가지 다른 유형의 교역조건이 있는데 소득 교역조건, 단일요소 교역조건, 복수요소 교역조건이 그것이다. 이제 이러한 교역조건들을 각각 정의하고 그 중요성을 예를 들어 설명할 것이다.

4.6절에서 상품(commodity) 또는 순물물교환 교역조건(net barter, terms of trade, N)을 그 국가의 수출품의 가격지수(P_X)를 수입품의 가격지수(P_M)로 나누어서 100을 곱한 값으로 정의했다.

$$N = (P_X/P_M)100 \qquad (11\text{-}1)$$

예를 들어 1980년을 기준연도로 하는 경우 2010년 말에 그 나라의 수출품의 가격지수가 5% 하락하고 수입품의 가격지수가 10% 상승하면, 이 국가의 상품 교역지수는 다음과 같이 하락하게 된다.

$$N = (95/110)100 = 86.36$$

이것은 1980년과 2010년 사이에 그 국가의 수출품 가격이 수입품 가격에 비해 14% 하락했다는 것을 의미한다.

한 국가의 소득 교역조건(income terms of trade, I)은 상품 교역조건에 수출물량지수를 곱한 것이다.

$$I = (P_X/P_M) Q_X \qquad (11\text{-}2)$$

여기서 Q_X는 수출물량지수이다. 이 경우 소득 교역조건은 그 국가의 수출에 근거하여 수입할 수 있는 능력을 의미한다. 앞의 예에서 Q_X가 1980년 100에서 2010년에 120으로 증가하면 그 국가의 소득 교역조건은 다음과 같다.

$$I = (95/110)120 = (0.8636)(120) = 103.63$$

이것은 1980년부터 2010년 기간에 그 국가의(수출소득에 근거한) 수입능력이 3.63%만큼 증가했다는 것을 의미한다(P_X/P_M는 감소했지만). 소득 교역조건의 변화는 개발도상국에서 매우 중요한데, 그 이유는 그 국가들이 수입자본재에 크게 의존하여 경제발전을 하기 때문이다.

한 국가의 단일요소 교역조건(single factoral terms of trade, S)은 다음과 같이 표시된다.

$$S = (P_X/P_M) Z_X \qquad (11\text{-}3)$$

여기서 Z_X는 그 국가의 수출산업의 **생산성** 지수를 나타낸다. 이와 같이 S는 수출에 체화된 국내 생산요소 단위당 그 국가가 얻을 수 있는 수입품의 양을 나타낸다. 예를 들어 그 국가의 수출부문의 생산성이

1980년 100에서 2010년에 130으로 증가하면 그 국가의 단일요소 교역조건은 112.27로 증가한다.

$$S = (95/110)130 = (0.8636)(130) = 112.27$$

이는 이 국가가 1980년에 비해서 2010년에 수출에 체화된 국내 생산요소의 단위당 수입품을 12.27% 더 많이 얻는다는 것을 의미한다. 즉, 한 국가가 수출부문의 생산성 증가를 다른 국가와 공유한다고 하더라도 그 국가는 2010년에 1980년에 비하여 더 나아질 수 있다. 단일요소 교역조건의 개념은 복수 요소 교역조건(double factoral terms of trade, D)으로 확장될 수 있다.

$$D = (P_X/P_M)(Z_X/Z_M)100 \tag{11-4}$$

여기서 Z_M은 수입생산성 지수이다. 이와 같이 D는 수입에 체화된 해외요소 단위당 그 국가의 수출에 체화된 국내요소의 단위수를 측정한다. 예를 들어 1980년에서 2010년 사이에 Z_M이 100에서 105로 상승하면 D는 다음과 같이 상승한다.

$$D = (95/110)(130/105) = (0.8636)(1.2381)(100) = 106.92$$

네 가지로 정의된 교역조건 중에서 N, I, S가 가장 중요하다. D는 개발도상국의 경우에 크게 중요하지 않고 거의 측정되지 않는다. 개발도상국에 있어 가장 중요한 것은 I와 S이다. 그러나 N이 측정하기가 가장 용이하기 때문에 경제문헌상에 대부분의 논의는 N의 관점에서 이루어지고, N은 자주 단순히 교역조건으로 불린다. 앞의 예들에서 보았듯이 I와 S는 N이 하락할 때도 증가할 수 있다. 이것은 일반적으로 개발도상국에 유리한 것으로 간주된다. 물론 가장 좋은 상황은 N, I, S가 모두 증가하는 경우이다. 한편 개발도상국의 관점에서 최악의 상황은 세 가지 교역조건이 모두 악화되는 것이다. 이것은 7.5B절에서 논의한 **궁핍화 성장**을 가져올 수 있다.

11.3B 상품 교역조건 악화의 이유

프레비시(Prebisch), 싱어(Singer), 뮈르달(Myrdal)과 같은 경제학자에 따르면 개발도상국들의 **상품 교역조건**은 시간에 따라 악화되는 경향이 있다. 그 이유는 선진국에서 발생하는 생산성 증가의 전부 또는 대부분은 높은 임금, 높은 소득의 형태로 선진국의 노동자에게 돌아가지만 개발도상국에서 일어나는 생산성 증가의 대부분은 가격인하로 반영되기 때문이라는 것이다. 따라서 이 논의에 의하면 선진국은 두 가지 경우의 좋은 측면을 모두 향유한다. 선진국들은 생산성 증가의 이익을 노동자의 고임금과 고소득의 형태로 유지하고 동시에 개발도상국의 농업 수출품에 대해서 낮은 가격을 지불함으로써 개발도상국에서 발생하는 생산성 증가의 이익을 대부분 획득하게 된다.

선진국과 개발도상국의 생산성 증가에 대해 매우 다른 반응이 나타나는 것은 그들의 국내 노동시장이 다르기 때문이다. 특히 선진국에서는 노동이 상대적으로 희소하고 노동조합이 강하기 때문에 선진국의 생산성 증가의 대부분은 고임금의 형태로 노동자에게 귀속되고 생산비와 가격은 크게 변하지 않는다. 실제로 선진국에서는 임금이 생산성보다 더 상승할 수 있으며 그 결과 선진국이 수출하는 제조업 제품의 생산비와 가격이 상승한다. 다른 한편으로는 대부분의 개발도상국에서는 잉여노동, 대규모 실업, 노동조합이 약하거나 존재하지 않으므로 이러한 나라들에서 발생하는 생산성 증가의 모두 또는 대부분은 농산물 수출의 낮은 생산비 또는 낮은 가격으로 반영된다.

　　모든 생산성 증가가 선진국과 개발도상국 모두에서 낮은 상품가격으로 반영된다면 개발도상국의 교역조건은 시간이 지남에 따라 개선될 것이다. 그 이유는 농업 분야의 생산성 증가는 공업 분야에 비해 전반적으로 더 낮기 때문이다. 그러므로 제조업 제품의 비용과 가격은 농산물의 가격과 비교하여 하락할 것이다. 선진국은 대부분 제조업 제품을 수출하고 농산물과 원자재를 수입하기 때문에 그들의 교역조건은 악화될 것이며, 개발도상국의 교역조건은 시간이 지남에 따라 개선될 것이다. 프레비시(1962), 싱어(1950), 뮈르달(1959)에 따르면 개발도상국의 전체적인 교역조건이 지속적으로 악화될 것으로 예상하는 이유는 생산성 증가가 선진국에서는 보다 높은 임금으로 반영되지만 개발도상국에서는 보다 낮은 가격으로 반영되기 때문이다.

　　개발도상국의 교역조건 악화를 예상할 수 있는 또 하나의 이유는 선진국 제조업 제품에 대한 수출수요가 개발도상국의 농산물 및 원자재 수출에 대한 수요보다 훨씬 더 빠른 속도로 성장하는 경향이 있기 때문이다. 이것은 제조업 제품의 수요의 소득탄력성이 농산물 및 원자재의 탄력성보다 훨씬 더 크기 때문이다. 이러한 논의가 어떤 의미를 갖기는 하지만 이론적인 근거만으로 그것들을 평가하는 것은 어렵다. 더 나아가 지난 10년 동안 많은 개발도상국들은 총수출에서 제조업 수출 비율이 크게 증가했다는 사실로 보아 그 계산은 한층 더 어려워지고 결과의 유용성은 떨어지게 될 것이다.

11.3C 상품 및 소득 교역조건의 역사적 변화

개발도상국의 교역조건이 악화될 것이라는 프레비시와 싱어의 신념은 영국의 교역조건이 1870년 100에서 1938년에 170으로 상승했다는 것을 보여 주는 1949년의 UN 연구에 근거한다. 개발도상국은 식품 및 원자재를 수출하고 제조업 제품을 수입하는 반면에, 영국은 제조업 제품을 수출하고 식품 및 원자재를 수입하기 때문에 프레비시와 싱어는 이것으로부터 개발도상국의 교역조건(영국의 교역조건의 역수)이 100에서 100/170 = 59로 하락했다고 추론했다.

　　이러한 결론은 여러 가지 이유로 심각한 도전을 받았다. 첫째, 수출과 수입 가격이 영국에서는 부두에서 측정되었기 때문에 영국의 식품 및 원자재 수입가격의 하락은 이 기간에 발생했던 해양운송비용의 급격한 하락을 반영하고 수출국이 받는 상대가격이 낮다는 것을 의미하지 않는다. 둘째, 영국이 제조업 수출로 받은 상대가격이 높은 것은 1차 산품보다는 제조업 제품에서 더 큰 질적 개선이 있었다는 것을 반영한다. 예를 들어 오늘날의 1파운드의 커피가 과거의 1파운드의 커피와 크게 다르지 않는 반면에 오늘날 타이프라이터나 PC는 20~30년 전의 타이프라이터보다 성능이 많이 향상되었다. 그러므로 어떤 제조업 제품의 가격이 1차 산품의 가격과 관련하여 상승한다는 것은 자연스러운 것이다. 셋째, 선진국들 또한 몇몇 1차 산품을 수출했고(미국은 농산물을 많이 수출한다는 점을 상기하자) 개발도상국 역시 많은 제조업 제품을 수출했다. 따라서 거래되는 1차 산품의 가격을 거래되는 제조업 제품의 가격으로 나눠서 개발도상국의 교역조건을 측정하는 것은 전적으로 타당하지 않다. 넷째, 1차 산품의 가격이 터무니없이 낮은 불황기에 그 연구가 끝났기 때문에 영국의 교역조건의 상승(그리고 개발도상국의 교역조건의 하락)은 크게 과대평가되었다.

　　이러한 비판으로 인해 UN 연구의 약점을 보완하기 위한 많은 실증적 연구가 이루어졌다. 1956년 킨들버거(Kindleberger)의 연구는 1870년부터 1952년까지 개발도상국의 서부유럽에 대한 교역조건이 약간 하락한 것으로 결론을 내렸다. 그러나 킨들버거 역시 질의 변화를 고려하지 않았다. 1963년 립시(Lipsey)의 연구는 1880년부터 1960년까지 미국에 대한 개발도상국의 교역조건이 지속적으로 하락하는 추세가 없음을 발견하였다. 개발도상국의 교역조건은 제1차 세계대전 이전과 제2차 세계대전부터 1952년까지 개선되었으며 그 후에는 악화되었다. 보다 최근에 스프라오스(Spraos, 1983)는 수송비와 품질개선을 고려할 때 개발도상국의 상품 교역조건이 1870년부터 1938년까지 악화되었지만, UN 연구에서 발견된 것보다는 악화 정도가 훨씬 적었다는 점을 확인했다. 그러나 스프라오스는 1970년까지 전후의 기간을 포함했을 때 교역조건이 악화되었다는 증거를 찾지 못했다. 그릴리와 양(Grilli and Yang, 1988)은 1차 산품과 제조업품 간의 교역조건(당시의 개발도상국의 교역조건에 대한 근사치)이 1900~1986년 기간 및 석유제품을 제외했을 때는 1953년 이래로 연간 0.6% 악화되었음을 발견했다. 이 결과는 1900~1990년의 기간에 대한 라인하트와 위컴(Reinhart and Wickham, 1994)의 연구에서도 확인되었다. 카신과 맥더모트(Cashin and McDermott, 2002)는 1862년부터 1999년까지 140년 동안 1차 산품의 실질가격이 연간 1% 하락했음을 발견했다. 그들은 또한 1900년대 초부터 가격변동폭이 커졌으며, 1970년대 초부터 가격변동이 보다 빈번하게 일어났다는 증거를 보여 줬다. 마지막으로 자니아스(Zanias, 2004)는 그림 11-1에서와 같이 (자연대수를 취한 후 수직축에 표시되었기 때문에 같은 길이는 동일한 변화율을 의미함) 제조업품에 대한 1차 산품의 가격이 1900년부터 1998년까지 거의 1/3로 하락했지만, 이는 시간이 지남에 따라 연속적으로 하락한 것이 아니라 구조변화시기(1915~1920년 및 1975~1993년)에 발생했음을 보여 준다.

이러한 연구들로부터 몇 가지 중요한 결론을 내릴 수 있다. 첫째, 장기적인 교역조건의 변화를 추정하는 데는 심각한 통계적 난점이 항상 있다는 것이다. 예를 들면 어느 해를 자료의 시작과 끝으로 보는가에 따라 그리고 수출품과 수입품의 가격을 계산하는 방식에 따라 결과는 매우 민감하다. 둘째,

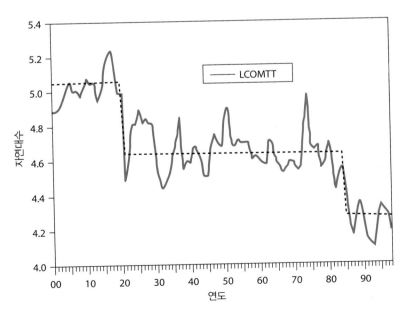

그림 11-1 상품 교역조건과 구조변화(1900~1998)

표 11-2는 1972년부터 2017년까지 몇몇 연도에 대한 상품가격지수의 변화를 보여 준다. 이 표에 의하면 2010년도의 가격을 100이라 할 때 비연료상품의 가격은 1972년도의 89에서 2017년에는 367로 122% 상승했다.(변화율은 초기가격과 최종가격의 평균을 이용하여 계산했다.) 동일한 1972~2017년의 기간에 식품은 100%, 음료는 114%, 원자재는 131% 금속은 138% 상승하여 179% 상승한 석유가격

과 비교된다. 그러나 표 11-2의 가격지수는 급격히 변동하여 비교연도가 달라지면 그 결과 역시 달라졌을 것이라는 점에 주목하자. 또한 이 자료는 1차 산품 수출국의 교역조건은 수출상품의 종류에 따라 달라진다는 점을 보여 준다. (선진국, 개발도상국 전반, 아시아, 중동과 서반구의 교역조건의 변화에 대해서는 사례연구 4-4의 표 4-3 참조)

표 11-2 **상품가격의 변화(1972~2017)(2010＝100)**

상품	1972	1974	1980	1986	1990	1995	2000	2005	2010	2015	2017	변화율(%) (1972~2017)
비연료상품	89	171	230	171	214	253	202	255	100	342	367	122
식품	107	242	253	164	206	231	182	222	100	313	323	100
음료	140	214	445	454	238	359	233	308	100	532	508	114
원자재	34	56	102	81	119	157	127	130	100	156	162	131
금속	139	255	355	255	394	394	323	517	100	655	762	138
석유	28	113	359	138	226	168	276	521	100	498	501	179

출처 : IMF data.

개발도상국 전체의 전반적 교역조건의 변화는 개별 개발도상국의 교역조건 변화와 별 관계가 없다는 점이다. 예컨대 식료품을 수출하는 개발도상국의 교역조건은 원유를 주로 수출하는 개발도상국의 교역조건보다 적게 개선될 수 있다. 따라서 수출상품의 유형과 시간의 경과에 따른 이들의 가격변화가 중요하다(사례연구 11-2 참조). 셋째, 대부분의 연구에 의하면 **상품 교역조건**의 장기적인 추세와는 관계없이, 개발도상국 전체의 소득 교역조건은 수출물량의 급속한 증가로 인해 시간이 지남에 따라 상당히 개선되었다. 예를 들어 그릴리와 양(1988)은 1953년부터 1983까지 개발도상국의 상품 교역조건은 약 20% 악화되었지만, 소득 교역조건은 약 165% 개선되었다는 점을 발견했다(앞에서 지적한 바와 같이 개발도상국에게는 소득 교역조건이 상품 교역조건보다 더 중요하다). 마지막으로 요소 교역조건은 생산성 변화의 척도를 구하기가 어렵기 때문에 측정하기 어렵다.

11.4 수출 불안정성과 경제발전

장기적 또는 지속적 교역조건의 악화와 별도로 개발도상국들은 수출가격 및 소득의 **단기변동**으로 인해 발전에 심각한 저해를 받아 왔다. 이 절에서는 단기 불안정성을 살펴본다. 먼저 이론적 관점에서 개발도상국의 수출가격과 소득에서 단기변동의 원인과 결과를 보기로 한다. 그러고 나서 단기변동의

크기를 측정하고 개발에 미치는 실제적 효과를 살펴보기로 한다. 마지막으로 개발도상국의 수출가격과 소득을 안정화시킬 목적으로 진행되는 국제상품협정에 관해 간단히 논의한다.

11.4A 수출 불안정성의 원인과 결과

개발도상국들이 수출하는 1차 산품의 수출가격은 크게 변동한다. 이는 수요와 공급이 비탄력적이고 불안정하기 때문이다. 그림 11-2에서 D와 S는 각각 1차 산품에 대한 개발도상국의 경사가 급한(비탄력적인) 가상적 수요와 공급곡선을 나타낸다. D와 S의 경우에 균형가격은 P이다. 어떤 이유로 D가 D'으로 감소하거나 S가 S'으로 증가하는 경우 균형가격은 P'으로 크게 하락한다. D와 S가 D', S'으로 동시에 이동하는 경우 균형가격은 한층 더 떨어져서 P''이 된다. D'과 S'이 다시 D와 S로 복귀하면 균형가격은 급격히 상승해서 P가 된다. 이와 같이 개발도상국의 1차 산품에 대한 수요와 공급곡선이 비탄력적이고 불안정한 경우 이들 국가의 수출품가격이 크게 변동할 수 있다.

　그렇다면 개발도상국에서 1차 산품의 수출 수요곡선과 공급곡선이 왜 비탄력적이고 이동하게 되는가? 개발도상국의 1차 산품의 수출에 대한 수요는 선진국의 개별 가계가 그들 소득의 극히 일부만을 커피, 차, 코코아, 설탕과 같은 상품에 지출하기 때문에 가격 비탄력적이다. 따라서 이러한 상품의 가격이 변할 때에 가계는 이러한 상품의 구입을 크게 변화시키지 않을 것이며, 그 결과 가격 비탄력적인 수요가 된다. 한편 많은 광물에 대한 수요는 대체재가 거의 없기 때문에 가격 비탄력적이며, 동시에 개발도상국의 1차 산품에 대한 수출수요는 선진국의 경기변동으로 인해 불안정적이다.

　공급 측면에서는 개발도상국의 1차 산품의 공급이 가격 비탄력적인데(즉, 가격 변화에 대해서 공급량이 크게 변하지 않음), 왜냐하면 개발도상국의 자원 이용에 있어서 내부적인 경직성이나 비유연성이 존재하기 때문이다. 특히 목재와 같이 오랜 회임기간을 필요로 하는 산업에서 그러하다. 공급곡선은 기후조건, 질병 등으로 인해 불안정하거나 이동한다.

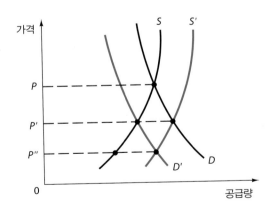

그림 11-2 가격 불안정성과 개발도상국의 1차 산품 수출

D와 S는 개발도상국에 1차 산품 수출에 수요와 공급곡선을 각각 나타낸다. D와 S의 경우에 균형가격은 P이다. D가 D'으로 이동하고, 또는 S가 S'으로 이동하는 경우 균형가격은 P'으로 크게 하락한다. D와 S가 모두 D'과 S'으로 이동하는 경우 균형가격은 한층 더 떨어져 P''이 된다. 그 이후에 D'과 S'이 다시 D와 S로 복귀하면 균형가격은 P로 복귀하게 된다. 이와 같이 가격 비탄력적이고 불안정한 D와 S 곡선은 큰 가격변동을 가져올 것이다.

수출품 가격이 급변하기 때문에 개발도상국의 **수출소득**은 해마다 크게 변동할 수 있다. 수출소득이 증가할 때 수출업자들은 소비지출, 투자 및 은행예금을 증가시키지만 수출소득이 감소할 때는 이들 역시 감소한다. 이러한 효과는 승수-가속도 과정을 통해 경제의 나머지 부문에 전파된다. 이러한 호경기와 불경기가 되풀이되면 (수입기계, 연료 및 원자재에 의존하는) 개발계획을 수립하는 것이 어렵게 된다.

11.4B 수출 불안정성의 측정과 경제개발에 미치는 효과

1966년에 발표된 유명한 연구에서 맥빈(MacBean)은 1946~1958년 기간에 수출 불안정성 지수(달러 표시 수출소득의 5년간 이동평균으로부터의 편차로 정의되며, 0부터 100까지의 값으로 측정됨)가 45개 개발도상국에 대해서는 23이었고 자료를 얻을 수 있는 18개 선진국에 대해서는 18이었다는 사실을 발견했다.

이러한 실증 결과는 개발도상국의 수출 불안정성(export instability)이 선진국보다 다소 크기는 하지만, 불안정성 자체는 0부터 100까지 측정했을 때 절대적으로는 그리 크지 않다는 점을 의미한다. 또한 맥빈은 개발도상국의 수출소득 불안정성이 큰 이유는 과거에 사람들이 생각한 것처럼 이들 국가들이 소수의 1차 산품을 수출하거나 소수의 국가들에게 수출하기 때문(즉, 무역의 상품별 집중이나 지역적 집중)이 아니고 수출상품의 유형 때문이라는 것을 보여 주었다. 예를 들어 고무, 주트, 코코아와 같은 상품을 수출하는 국가의 수출소득은 석유, 바나나, 설탕, 담배를 수출하는 국가보다 훨씬 불안정하다.

더 나아가서 맥빈은 개발도상국의 수출소득이 크게 변동하더라도 개발도상국의 국민소득, 저축, 투자는 크게 변하지 않고 개발도상국의 개발 노력을 저해하지 않는다는 점을 보여 줬다. 그 이유는 불안정성의 절대적 수준이 비교적 낮고 수출소득으로 인한 승수효과가 작기 때문인 것으로 보인다. 이러한 결과를 바탕으로 맥빈은 개발도상국들이 그들의 수출소득을 안정화시키기 위하여 요구한 비용이 많이 드는 국제상품협정은 정당화될 수 없다고 결론을 내렸다. 동일한 자원으로 실제로 불안정하지도 않은 수출소득을 안정화시키는 것보다는 진정으로 개발 목적에 사용하는 것이 더 유익하다는 것이다. 마셀(Massell, 1970), 란시에리(Lancieri, 1978), 러브(Love, 1986), 마셀(Massell, 1990), 고시와 오스트리(Ghosh and Ostry, 1994), 신하(Sinha, 1999)의 후속 연구는 그 후의 기간에 대하여 수출 불안정성이 그다지 크지도 않고 개발을 저해하지도 않았다는 맥빈의 결과를 확인하였다.

11.4C 국제상품협정

개발도상국의 **개별 생산자**는 제2차 세계대전 이후 설립된 마케팅 위원회(marketing boards)와 같은 순수한 국내계획에 의해서 수출가격을 안정화시킬 수 있다. 이 위원회는 위원회가 정한 안정적 가격으로 국내생산자의 생산물을 구매하여 변동하는 세계가격으로 판매함으로써 운영된다. 풍년의 경우 국내가격은 세계시장 가격보다 낮게 책정되어 그 결과 위원회는 자금을 축적하고, 흉년의 경우에는 국내생산자에게 세계시장 가격보다 높은 가격을 지급하여 자금을 사용한다. 그 예로는 제2차 세계대전 이후 설립된 가나의 코코아 마케팅 위원회와 버마(현재의 미얀마)의 쌀 마케팅 위원회를 들 수 있다. 그러나 이러한 마케팅 위원회 중 극히 일부만 성공했는데, 그 이유는 시간이 지남에 따라 세계시장의 평균가격과 같도록 하는 국내시장 가격을 정확히 예측하는 것이 어렵고 부정부패 때문이다.

개발도상국들은 **국제상품협정**(international commodity agreements)에 더 큰 관심을 기울여 왔는데, 그 이유는 국제상품협정의 경우 수출가격과 수출소득을 증대시킬 수 있는 가능성이 있기 때문이다. 국제상품협정에는 완충재고, 수출통제 및 구매계약이라는 세 가지 유형이 있다.

완충재고(buffer stocks)란 상품가격이 최저가격 이하로 떨어질 때 상품을 구입하고 그 상품가격이 설정된 최고가격보다 높을 때 재고로부터 그 상품을 판매하는 것이다. 완충재고 협정은 몇 가지 단점이 있다. (1) 어떤 상품의 저장비용이 매우 높을 수 있다. (2) 최저가격이 균형가격보다 높으면 재고는 시간이 지남에 따라 점점 증가한다. 완충재고 협정의 한 예로는 **국제주석협정**이다. 이것은 1956년에 체결되어 몇 년 동안 성공을 거두었으나 1985년에 와해되었다. **국제천연고무협정**은 1979년 설립되었으나 1998년 종결된 반면, **국제코코아협정**은 2001년 설립되어 2014년 갱신되었고 2018년 현재도 운용 중이다.

수출통제(export controls)란 상품가격을 안정화시키기 위해서 각 국가가 수출하는 상품의 수량을 규제하는 것이다. 수출통제 협정의 중요한 이점은 재고를 유지하는 비용을 피할 수 있다는 점이다. 단점은 (수량 할당제도와 같이) 비효율성이 야기되고 상품의 주요 수출업자가 (개별 수출업자들은 참여하지 않거나 속이려고 하는 강한 유인이 있음에도 불구하고) 모두 참여해야 한다는 점이다. 한 예는 **국제설탕협정**이다. 이것은 1954년에 체결되었으나 대체적으로 선진국이 그들의 사탕무로 만든 설탕의 생산을 증가시킬 수 있었기 때문에 설탕가격이 안정화되고 상승할 수 없었다. 1962년에 체결된 **국제커피협정**은 1980년대의 커피가격을 안정화시키는 데 성공했다. 그러나 이 협정은 커피가격의 하락과 더불어 1989년에 붕괴되었고 1993년에 부활했다. 2010~2011년과 2014년을 제외하고는 커피수출국 연합의 세계적 수출 유보 정책이 커피공급을 충분히 감소시키는 데 실패했기 때문에 커피의 과잉 공급으로 커피가격은 낮은 상태에 있었다. 9.3C절에서 지적한 바와 같이 OPEC은 1970년대에 원유가격이 급상승한 이래 1980년대와 1990년대 대부분 혼란상태에 빠졌는데, 그 이유는 원유의 과잉 공급과 원유에 대한 수요의 둔화로 인해 가격이 크게 하락하였기 때문이다. 그러나 2000년대 초기부터 원유가격은 급상승하였으며 2014년 급락할 때까지 높은 수준에 머물러 있었다(표 11-2 참조).

구매계약(purchase contracts)은 수입업자가 특정한 상품의 특정량을 구입하기로 동의한 최저가격과 수출업자가 그 상품의 특정량을 팔기로 동의한 최고가격을 규정하는 장기적인 다자간 협정이다. 완충재고와 수출통제의 단점을 회피하기 위해 구매계약에서는 상품의 이중 가격제도를 도입했다. 한 예는 **국제밀협정**인데, 1949년에 체결되었다. 그러나 이 협정은 개발도상국보다는 미국, 캐나다, 오스트레일리아에 주로 영향을 주었다. 그러나 1970년대 초 이후에 소련의 대량 밀 구입 결과 밀가격이 설정된 최고가격 한도를 크게 상회했기 때문에 가동되지 못했다. 이 협정은 1995년 종료되었다.

앞에서 언급한 국제상품협정들은 제2차 세계대전 이후로 한때나마 작동한 것으로 유일하게 중요한 것이다. 그러나 이미 앞에서 언급한 바와 같이 국제커피협정의 경우를 제외하면, 일반적으로 국제상품협정은 실패했거나 제한된 성공만을 거두었다. 그 이유 중 한 가지는 이를 운영하는 데 대단히 많은 비용이 들고, 이를 설립하고 운영하는 대부분의 부담을 짊어져야 하는 선진국의 지원이 없었기 때문이다. 국제상품협정을 평가할 때에 가격이 안정되는지 아니면 소득이 안정되는지 그리고 불안정성이 수요곡선의 이동에 의한 것인지 아니면 공급곡선의 이동에 의한 것인지를 판단하는 것이 중요하다는 점에 주목해야 한다.

IMF는 1969년 특정 연도의 수출소득이 과거 5년간 이동평균보다 낮은 개발도상국을 위해 보상금융계획을 설립하였다. 수출소득을 안정화시키는 유사한 계획이 유럽연합에 의해서 4억 달러의 기금으로 1975년에 설정되어 57개의 아프리카, 카리브해, 태평양에 있는 로메 협정 국가들에 적용되었다. 그러나 이것들은 매우 약한 계획이며 개발도상국들의 요구에는 크게 미치지 못했다. 그럼에도 불구하고 보상금융계획은 많은 이익을 제공하고 국제상품협정과 관련된 대부분의 문제를 회피할 수 있게 했다.

11.5 수입대체 및 수출지향적 공업화

이 절에서는 개발도상국들이 산업화를 하고자 하는 이유와 수입대체와 수출지향적 공업화의 장단점을 검토한다. 그리고 나서 1950~1970년대 대부분의 개발도상국들이 산업화 및 발전 전략으로 채택한 수입대체정책의 결과를 평가한다. 그 후 대부분의 개발도상국에서 무역자유화를 향한 흐름에 대해 검토한다.

11.5A 수입대체 대 수출을 통한 개발

1950년대, 1960년대, 1970년대 기간에 대부분의 개발도상국들은 전통적인 무역이론이 처방하는 대로 수출을 위해 1차 산품(식품, 원자재, 광물)의 생산에 계속적으로 특화하지 않고 공업화를 위한 정교한 시도를 하였다. 공업화는 (1) 보다 빠른 기술진보, (2) 대부분의 개발도상국이 직면하는 실업을 경감시키기 위한 고소득 일자리의 창출, (3) 생산과정에서 전방 및 후방 연관효과를 통한 보다 높은 승수와 가속도, (4) 교역조건의 개선과 수출가격과 소득의 안정성, (5) 개발도상국의 제조업에 대한 수입수요가 그들의 수출소득보다 더 빠른 속도로 증가하기 때문에 발생하는 국제수지상의 어려움의 경감 등을 제공한다는 데 근거를 두고 있다. 개발도상국이 공업화하려고 하는 것은 대부분의 가난한 국가가 농업국인 데 반해 모든 부자국가는 공업국이라는 사실에 미루어 볼 때 자연스럽다.

개발도상국이 공업화하기로 결정한 경우 수입대체를 통한 공업화와 수출지향적 공업화 중 하나를 선택해야 한다. 수입대체 공업화(import-substitution industrialization, ISI) 전략은 다음의 세 가지 장점을 갖는다. (1) 상품의 수입에 의해 증명되듯이 산업제품에 대한 수요가 이미 존재하므로 수입을 대체할 산업을 설정하는 위험이 감소된다. (2) 선진국에 대해 공산품에 대한 무역장벽을 낮추도록 요구하는 것보다 자국의 국내시장을 해외경쟁으로부터 보호하는 것이 더 용이하다. (3) 외국기업들은 개발도상국의 조세장벽을 극복하기 위해 이른바 관세공장을 설립할 유인을 갖는다.

이러한 장점에 비해 다음과 같은 단점도 있다. (1) 국내산업이 해외경쟁으로부터의 보호에 익숙해져서 보다 효율적으로 되기 위한 유인을 갖지 않는다. (2) 국내산업은 국내시장의 협소로 인해 규모의 경제를 활용할 수 없으므로 비효율적인 산업을 초래할 수 있다. (3) 보다 단순한 제조업 수입이 국내생산에 의해 대체된 후에 보다 자본집약적이고 발전된 기술을 이용하는 수입이 국내생산에 의해 대체되어야 함에 따라 수입대체는 점점 더 비용이 들고 어려워진다.

수출지향 공업화(export-oriented industrialization) 역시 장점과 단점이 있다. 장점은 다음과 같다. (1) 국내시장의 협소를 극복하고 개발도상국이 규모의 경제를 활용할 수 있도록 한다. 이것은 매우 가난하고 소규모인 개발도상국에게 특히 중요하다. (2) 수출을 목적으로 한 제조업의 생산이 경제 전반에 걸쳐 효율성을 제고하고 촉진한다. 이것은 한 산업의 산출물이 국내 다른 산업의 투입물이 되는 경우 특히 중요하다. (3) (수입대체의 경우에서처럼) 제조업 수출의 확대는 국내시장의 성장에 의해 제한되지 않는다.

한편 두 가지 심각한 단점이 있다. (1) 개발도상국은 이미 기반이 있고 효율적인 선진국의 산업과 경쟁하기 때문에 수출산업을 설립하는 것이 매우 어렵다. (2) 선진국은 개발도상국이 이미 비교우위에 있거나 곧 획득할 수 있는 단순 노동집약적인 상품을 생산하는 산업을 높은 실효보호율로 보호한다.

1950년대, 1960년대, 1970년대 기간에 대부분의 개발도상국, 특히 비교적 대국들은 수입대체 공업화 정책을 매우 선호했다. 그들은 기존의 유치산업을 보호하고 가공 정도에 따라 크게 증가하는 실효관세율로 유치산업의 탄생을 장려했다. 이것은 처음에는 외국의 부품을 조립하는 비교적 단순한 단계를 장려하기 위해 시행되었으며, 또한 순차적으로 부품과 중간재들이 점점 더 국내에서 생산될 수 있을 것이라는 희망에 근거하였다(후방연관효과). 국내산업의 높은 보호 역시 개발도상국에서 관세 공장의 창설을 자극하였다.

11.5B 수입대체의 경험

수입대체를 통한 공업화 정책은 제한된 성공만을 거두었거나 실패를 가져왔다. 100~200% 이상에 이르는 매우 높은 실효보호율은 1950년대, 1960년대, 1970년대 인도, 파키스탄, 아르헨티나, 나이지리아와 같은 국가에서는 매우 보편적이었다. 이것으로 인해 국내산업은 매우 비효율적이 되었고 소비자는 매우 높은 가격을 지불해야 했다. 때때로 수입투입물의 외국통화가치가 국내생산물의 외국통화가치보다 높은 경우도 있었다(음의 부가가치).

산업에서의 높은 보호와 보조금으로 인해 자본집약도는 지나치게 높고 노동은 별로 흡수되지 않았다. 예를 들어 인도와 같은 자본빈국에서의 철강산업의 자본집약도는 자본풍부국인 미국의 자본집약도와 거의 같은 수준에 이르렀다. 이것은 개발도상국에서 이용 가능한 투자자본을 빠른 속도로 고갈시켰고, 극소수의 일자리만 창출할 뿐이었다. 그 결과 대부분의 개발도상국에서 노동력 증가의 대부분은 매년 농업 분야 및 전통적 산업에서 흡수되어야 했고, 실업과 과소 고용문제가 악화되었다. 또 현대 도시에서 고소득 일자리를 찾고자 하는 희망으로 도시로의 인구이동이 폭발적인 상황에까지 이르렀다. 최우선 순위는 새로운 공장건설, 신기계의 도입에 주어졌고, 그 결과 필요한 원자재나 연료를 구입하기 위한 자금의 부족으로 유휴생산시설이 만연했다. 공장의 1교대 가동의 결과 개발도상국의 자본집약도는 지나치게 높았고 노동은 별로 흡수되지 않았다.

수입대체를 통한 공업화의 결과 농업과 다른 1차 산업은 무시되었고, 이로 인해 많은 개발도상국들의 전통적인 수출부문에서 수출소득이 감소하고 브라질과 같은 국가는 과거 수출하던 식량을 수입해야 했다. 그뿐만 아니라 수출대체정책을 실시한 결과 기계, 원자재, 연료 및 식량조차도 더욱더 많이 수입하게 되어 개발도상국의 국제수지 문제가 악화되었다.

총체적으로 볼 때 인도, 파키스탄, 아르헨티나와 같은 수입대체를 통한 공업화를 강조했던 개발도상국들은 상황이 훨씬 악화되었고, 1950년대 초반 이후로 수출지향 전략을 택한(홍콩, 대한민국, 싱가포르) 국가보다 훨씬 낮은 비율로 성장하게 되었다(사례연구 11-3 참조). 수입대체정책은 개발도상

사례연구 11-3   부유한 국가, 세계화 국가, 비세계화 국가의 GDP 성장

표 11-3은 세계화를 추진한 개발도상국(즉, 세계화 국가)이 부유한 국가나 비세계화 국가보다 그 이전에는 그렇지 않았지만 1980년대 이후에는 성장률이 더 높았음을 보여 준다. 부유한 국가는 24개 OECD 국가와 칠레, 홍콩, 싱가포르, 대한민국, 타이완과 같이 일찍 세계화를 추진한 국가(상대적으로 고소득국가)의 합으로 정의된다. 자료를 구할

수 있는 73개국 중에서 GDP 대비 무역비율이 높고 평균관세율이 급격히 낮은 상위 1/3 국가(24개국)는 세계화 국가로 분류하였으며, 나머지 2/3(49개국)는 비세계화 국가로 분류하였다. 성장은 실질 GDP의 가중평균 증가로 측정하였다. 따라서 1980년대 초 이래로 세계화는 보다 높은 성장률과 밀접한 관계에 있다.

표 11-3 부유한 국가, 세계화 국가, 비세계화 국가의 실질 GDP 평균성장(1960~2000)(%)

	1960년대	1970년대	1980년대	1990년대	2000년대
부유한 국가	4.7	3.1	2.3	2.2	1.6
세계화 국가	1.4	2.9	3.5	5.0	5.0
비세계화 국가	2.4	3.3	0.8	1.4	2.3

출처 : D. Dollar and A.Kray, "Trade Growth and Poverty," *World Bank Research Paper*, March 2001, p. 38; and World Bank, World Development Report, 2009, D.Salvatore, "Globalization, International Competitiveness, and Growth: Advanced and Small Countries," *Journal of International Commerce, Economics and Policy*, April 2010, pp. 21-32.

국 국민소득의 10%에 달하는 낭비를 가져온다고 추정되지만, 개발의 초기단계에서는 수입대체정책이 어느 정도 도움이 된다는 것은 지적되어야 한다. 반면에 개발의 차후단계에서는 수출지향정책이 절대적으로 중요하다. 수입대체와 수출지향정책은 이와 같이 양자택일의 문제가 아니라 어느 정도 순차적으로 적용될 수 있으며, 비교적 규모가 큰 개발도상국의 경우 특히 그러하다. 이것은 실제로 대한민국이 시도했던 정책이다.

11.5C 개발도상국에서 최근의 무역자유화와 성장

과거 수입대체 산업화를 택한 많은 개발도상국들은 1980년대부터 무역을 자유화하고 수출지향 전략을 채택하기 시작하였다. 그러한 개혁은 1982년의 외채위기(11.6B절 참조)와 수출지향형 국가들의 가시적인 성공으로 인해 더욱 촉진되었다. 표 11-4는 1980년대, 1990년대 초 라틴아메리카, 아프리카, 아시아의 몇몇 개발도상국들이 취한 무역자유화 조치들을 보여 준다. 일반적으로 이 개혁은 평균관세율과 양적 수입제한조치를 현격하게 축소하고 단순화하였다. 이로 인해 GDP에서 수출과 수입의 합계로 측정되는 개방도가 상승하였으며, 총수출에서 제조업품이 차지하는 비율 역시 크게 상승하였고(사례연구 11-4 참조) 자유화 국가의 성장률도 높아졌다. 무역개혁은 몇 차례에 걸쳐 마지못해 소규모로 하는 것보다는 일거에 대담하게 하는 것이 성공적이었으며 반인플레이션 정책과 병행해서 하는 것이 성공적이었다.

세계은행은 기술적 지원과 대부를 통해 무역자유화 프로그램의 계획과 집행을 용이하게 하였다. 세계은행은 1980년에 구조조정을 위한 자금지원을 시작했고, 1995년까지 200억 달러 이상을 구조개

표 11-4 | 몇몇 개발도상국의 무역개혁

국가	개혁 내용
아르헨티나	1991년 평균관세수준을 18%에서 11%로 인하하고 수입면장, 규제를 상당 부분 완화. 1992년 최고관세율을 또 다시 15% 인하
브라질	1990년 주요 무역개혁을 발표하여 거의 모든 쿼터를 관세로 대체. 1990년 평균관세율을 37%에서 25%로 인하, 1992년에는 21%로 인하, 1994년에는 14%로 인하
칠레	1973년 모든 쿼터를 철폐하고 자동차를 제외한 모든 상품에 대한 10%의 단일관세 적용. 1980년대 초 금융위기 이후 관세율을 15%로 인상
중국	1992년 협정에서 상당한 수입자유화를 실시했으며, 여기에는 1998년까지 약 90%의 비관세장벽 철폐가 포함됨
이집트	모든 교역상품에 대한 수입 쿼터를 1990년의 37%에서 1991년에 23%, 1992년에는 10%로 감소하며 1993년에는 최고관세율이 100%에서 80%로 인하
인도	수입품의 70%에 달하는 제한적인 수입면장 규정을 1992년 철폐, 최고관세율은 110%에서 1993년 85%로 인하
멕시코	1985년부터 쿼터를 상당 부분 감축. 1988년에는 평균관세율을 11%로 인하하고 최고관세는 20%로 설정
필리핀	28%의 평균관세율을 1995년까지 20%로 인하하기로 하는 무역개혁을 1991년 채택. 일부 쿼터도 철폐
터키	1980년부터 쿼터와 기타 비관세장벽을 상당 부분 감축하고, 1992년에는 관세를 상당 부분 인하

출처 : D. Rodrkrik, "The Rush to Free Trade in the Developing World: Why So Late? Why Now? Will It Last?" *NBER Working Paper No.3947*, January 1992, pp. 3-4; and S.Hickok, "Recent Trade Liberalization in Developing Countries," *Quarterly Review*, Federal Reserve Bank of New York, Autumn 1993, p. 3.

사례연구 11-4 몇몇 개발도상국의 총수출에서 제조업의 비율

표 11-5는 1983년과 2017년 아시아, 아프리카, 라틴아메리카의 몇몇 개발도상국의 총수출 중에서 제조업품이 차지하는 수출비중을 보여 준다. 이 표를 통해 나타난 모든 국가의 수출구조가 같은 기간 제조업품의 확대방향으로 변했음을 알 수 있다. 이는 특히 (제조업 수출비중이 4배 이상 증가한) 이집트와 (제조업 수출비중이 2배 이상 증가한) 남아프리카공화국, 케냐, 타이, 말레이시아, 멕시코(2배 증가한), 칠레의 경우에 특히 그렇다. 따라서 개발도상국이 원자재와 식료품을 수출하고 제조업품을 수입하는 전형적인 형태는 더 이상 사실이 아니다. 또한 개발도상국들은 대부분 단순한 노동집약적 상품을 수출한다는 결론 역시 (표에 포함된 국가 중) 말레이시아와 브라질 같은 선진 개발도상국의 경우에는 더 이상 타당하지 않다.

표 11-5 | 1983년과 2017년 몇몇 개발도상국의 총수출 중 제조업품의 비율

아프리카	1983	2017	아시아	1983	2017	라틴아메리카	1983	2017
이집트	12	54	인도	52	71	아르헨티나	16	29
케냐	15	37	말레이시아	25	68	브라질	39	38
남아프리카공화국	18	47	파키스탄	63	77	칠레	7	14
튀니지	44	82	타이	31	78	멕시코	37	82

출처 : World Bank, *World Development Indicators, Various Issues*.

혁 또는 부문개혁을 시도할 목적으로 60개 이상의 국가에 대여하기 시작했다. 대부의 경우 국가 수는 사하라 이남 아프리카에서 가장 많았지만 대부의 규모가 작았기 때문에 훨씬 더 많은 양이 다른 개발도상국에 돌아갔다. 개발도상국들이 관세 및 무역에 관한 일반협정(GATT)에 가입하고(9.6B절 참조), 우루과이 라운드가 성공적으로 종결됨에 따라(9.7A절 참조) 이미 수행된 개혁과 추가적인 개혁이 더욱 공고해졌으며, 이로 인해 향후 10년간 개발도상국의 생산성 및 경제성장이 촉진되었다.

11.6 개발도상국이 직면하는 현안

이 절에서는 오늘날 개발도상국이 직면하는 다음의 가장 심각한 문제들을 검토한다. (1) 여러 국가, 특히 사하라 이남 아프리카에 소재한 많은 국가들의 심각한 빈곤, (2) 몇몇 극빈국들의 지속 불가능한 외채, (3) 선진국의 개발도상국 수출에 대한 무역보호조치. 이러한 각각의 문제들을 간단히 검토해 보자.

11.6A 개발도상국의 빈곤

표 11-6은 2017년도 여러 국가군의 인구와 구매력으로 평가한 1인당 국민소득, 1990년부터 2017년까지의 1인당 실질소득의 증가율 및 1990년과 2016년의 유아사망률 및 평균수명을 보여 준다. 이 표에 의하면 2017년도 전체 개발도상국과 과거 공산권 국가의 1인당 평균소득(중국과 인도는 각각 8,690달러, 1,820달러)은 고소득 선진국의 50,133달러에 비해 4,450달러에 불과함을 알 수 있다. 한층 더 심각한 점은 1인당 실질소득의 증가율이 사하라 이남 아프리카의 경우 (가뭄, 전쟁, 인구 급증, HIV의 확산 및 개발계획의 전반적 실패로 인해) 1.9%이며, 유럽 및 중앙아시아 개발도상국의 경우 (공산주의

표 11-6 인구, 경제 및 건강지표(1990~2017)

국가/지역	인구(2017) (백만 명)	1인당 소득		1,000명당 유아사망률		평균수명 (연)	
		달러 (2017)	성장률(%) (1990~2017)	1990	2016	1990	2016
중저소득 경제	6,281	4,450	4.3	36	18	63	70
사하라 이남 아프리카	1,061	1,454	1.9	46	28	50	60
동아시아 및 태평양	2,314	10,170	6.1	28	8	69	75
중국	1,386	8,690	9.5	30	5	69	76
남아시아	1,788	1,743	5.1	59	28	58	69
인도	1,391	1,820	5.5	57	25	58	69
유럽 및 중앙아시아	916	22,651	1.7	14	5	72	77
중동 및 북아프리카	444	7,245	1.9	28	14	66	73
라틴아메리카 및 카리브해 국가	644	8,200	1.9	23	9	68	76
고소득 경제	1,249	50,133	1.3	6	3	75	80
세계	7,530	10,366	1.6	37	19	65	72

출처 : World Bank, *World Development Indicators, Various Issues*.

의 붕괴 이후 경제적 구조조정으로 인해) 1.7%이고, 중동과 북아프리카의 경우 (1990년대 전쟁, 정치적 혼란 및 원유가격의 급락으로 인해) 1.9%에 불과하다는 점이다.

또한 1990년부터 2017년까지 라틴아메리카와 카리브해 국가의 1인당 소득의 연평균 증가율은 정치적 혼란과 개발계획의 실패로 인해 대단히 낮았다(1.9%). 동아시아와 태평양경제(특히 중국)에서만 1인당 실질소득은 1990년부터 2017년까지 급증했다. 남아시아에서는 1인당 소득 증가율이 동아시아에서와 같이 괄목할 만하지는 않지만 상당한 수준이었다. 또한 이 표를 통해 저소득 개발도상국에서는 고소득 선진국에 비해 유아사망률은 훨씬 높고 평균수명은 훨씬 낮지만, 1990년부터 2016년까지 이들 지표가 개선되고 있음을 알 수 있다.

지난 30년간의 급격한 세계화 동안 세계의 빈곤인구(세계은행은 하루에 1.25달러 이하로 생활하는 사람으로 정의) 수가 급격하게 감소했지만, 오늘날 세계에는 7억 명 이상의 빈곤인구가 존재하고, 약 1억 5,500만 명의 5세 이하의 어린들이 만성적으로 영양실조상태에 있다(Salvatore, 2007, 2018). 최근의 심각한 범세계적 금융위기와 이로 인한 저성장은 세계의 빈곤을 감소시킨 지난 10년간의 성과를 망쳐버릴 수 있으며 이는 세계의 빈곤층에게는 비극이다.

그러나 한 국가의 1인당 소득을 각국에서 화폐의 구매력 차이를 고려하지 않고 환율을 이용하여 달러로 환산하게 되면 고소득국가와 저소득국가 사이의 격차가 과대평가되며, 한 국가의 발전수준이 낮을수록 격차가 과대평가된다는 점에 주의해야 한다. 예를 들어 각국 화폐의 구매력을 바탕으로 계산한 1인당 실질소득에 의하면 2017년 중국의 1인당 실질소득은 (표 11-6에 나타난 바와 같이) 8,690 달러가 아니라 16,760달러이며, 인도의 1인당 실질소득은 1,820달러가 아니라 7,060달러이다. 따라서 **구매력평가(PPP)**를 고려한 1인당 소득에 의하면 고소득국가와 저소득국가 사이의 생활수준 격차는 줄어들기는 하지만 그 격차는 여전히 크다(이 장 부록 참조). 그뿐만 아니라 개발도상국에서의 소득불평등은 선진국에서보다 훨씬 크다(Campano and Salvatore, 2006; Salvatore, 2010).

11.6B 개발도상국의 외채문제

1970년대와 1980년대 초반에 개발도상국의 총누적 외채(foreign debt)는 1조 달러를 초과하였으며, 이들 국가는 이 외채를 상환(즉, 원금상환이나 또는 이자 지급마저도)하는 데 어려움을 겪었다. 1982년 8월 멕시코가 외채를 상환(이자 지급)할 수 없었을 때 세계는 외채위기에 빠져들었다. 자국의 외채를 재협상하기 위한 계획의 일환으로 개발도상국들은 수입을 줄이고 인플레이션을 낮추며, 임금인상 및 국내 프로그램을 축소하도록 하는 긴축조치를 취할 것을 IMF로부터 요구받았다. 1994년에 중소득 개발도상국의 경우 외채문제는 어느 정도 해결되었으나(즉, 관리될 수 있었으나), 외채과다 최빈국(이들 중 대부분은 사하라 이남 아프리카 국가임)의 경우는 그렇지 못했다. 1999년 6월 G7 선진국들은 세계의 외채과다 국가들이 그들 정부에 진 부채의 90%까지 탕감해 주었다.

1997~1998년의 동아시아, 1998년의 러시아, 1999년과 2002년의 브라질, 2000~2002년 터키와 아르헨티나의 금융위기로 인해 이들 국가의 외채가 급증했다. 이로 인해 1997년 7월부터 1998년 10월까지 대한민국은 580억 달러, 인도네시아는 420억 달러, 브라질은 410억 달러, 러시아는 230억 달러, 타이는 170억 달러의 IMF, 세계은행 및 민간은행의 구제방안(금융지원의 약속)이 필요하게 되었다. 2002년 2월 IMF는 160억 달러의 여신을 터키에게 지원하여 금융위기를 극복하도록 했지만 (역사상 가장 큰 규모인

1,400억 달러의 외채에 대해 2001년 12월 채무불이행을 선언한) 아르헨티나에 대해서는 지원을 거부했다. 2002년 8월 IMF는 300억 달러의 여신을 브라질에 제공하여 신뢰를 회복하고 막대한 양의 자본유출을 억제하도록 하였다. 아르헨티나는 2003년에 성장을 회복하였고 2005년에는 외채를 재조정하여 IMF 여신을 모두 상환하였다.

2008~2009년의 글로벌 금융위기가 발생했을 때 개발도상국들은 이전의 위기보다는 더 잘 대처할 준비가 되어 있었다. 그러나 선진국들이 위기를 타개하기 위해 이자율을 급격히 인하하자 많은 개발도상국들은 드물게 낮은 이자율을 활용하기 위하여 외국통화(주로 달러)로 표시된 해외 차입을 급속히 증가시켰다. 그러나 2017년 성장이 재개되고 미국의 연방준비은행이 달러 차입에 대한 이자율을 인상함에 따라 (아르헨티나와 터키로부터 시작하여 브라질, 인도, 인도네시아, 러시아, 남아프리카공화국과 같은) 많은 개발도상국들은 외채를 상환하기 어려워졌으며, 2018년 새로운 채무위기가 발생하기 시작했다(사례연구 11-5 참조).

사례연구 11-5 개발도상국의 외채부담

표 11-7은 (라틴아메리카의 외채위기가 공식적으로 시작된 해인 1982년 직전의) 1980년, (1997년 동아시아 금융위기가 발생하기 직전인) 1995년 및 (2008~2009년 글로벌 금융위기 이후의) 2015년에 개발도상국 전체와 지역별 개발도상국에 대해 총외채, GNI에 대한 총외채의 비율 및 수출에서 외채상환(외채에 대한 이자지급 및 원금상환)이 차지하는 비율을 보여 준다. 이 표로부터 1980년 개발도상국의 총외채는 5,800억 달러였음을 알 수 있다.(이 중 라틴아메리카 및 카리브해 국가의 외채가 2,570억 달러로 가장 컸다). 총외채는 1995년 1조 8,600억 달러로 급증했고, 2015년에는 6조 6,690억 달러가 되었다.

또한 표 11-7을 통해 GNI 대비 총외채 비율은 1980년부터 1995년까지 급상승했지만, 2015년까지는 (공산주의의 붕괴로 인한 파행으로 인해) 유럽과 중앙아시아를 제외하고는 하락했음을 알 수 있다. 수출 대비 외채상환 비율 역시 1980년부터 1995년까지 (동아시아 및 태평양, 라틴아메리카 및 카리브해 국가를 제외하고는) 상승했지만, 그 후 유럽과 중앙아시아를 제외하고는 2015년까지 모든 지역에서 하락했다. 그러나 2008~2009년 글로벌 금융위기 이후의 아주 낮았던 저금리를 활용하기 위해 많은 개발도상국들이 달러 차입을 증가시킴에 따라 2018년에는 새로운 채무위기에 직면하게 되었다.

표 11-7 개발도상국의 외채 지표(1980, 1995, 2015)

	총외채(10억 달러)			GNI 대비 외채(%)			수출 대비 외채상환(%)		
	1980	1995	2015	1980	1995	2015	1980	1995	2015
개발도상국 전체	580	1,860	6,669	21	39	26	13	18	12
사하라 이남 아프리카	61	236	416	24	76	28	7	16	8
동아시아 및 태평양	65	456	2,274	16	36	18	27	13	6
남아시아	38	152	637	16	32	24	12	30	11
유럽 및 중앙아시아	76	246	1,439	8	33	51	7	11	25
중동 및 북아프리카	83	162	198	22	59	16	6	21	7
라틴아메리카 및 카리브해 국가	257	609	1,696	36	36	36	36	27	23

출처 : World Bank, *International Debt Statistics*, Various Issues.

11.6C 개발도상국의 무역문제

1980년대에 선진국들은 저성장과 높은 실업률로 인한 고통 때문에 개발도상국으로부터의 수입에 대해 자국의 일부 대형 산업(직물, 철강, 조선, 소비자 가전제품, TV 수상기, 신발 및 기타 제품)에 제공했던 보호무역조치를 강화했다. 이들 산업은 개발도상국이 비교우위를 획득하였거나 획득하고 있었던 산업들이다. 신보호무역주의의 상당 부분은 **신흥공업경제**(Newly Industrialized Economies, NIEs)라고 불리던 아시아 고도성장경제(HPAEs) 국가들의 제조업 수출을 겨냥한 것이었다. 이들 경제(홍콩, 대한민국, 싱가포르, 타이완)의 특징은 GDP, 산업생산 및 제조업 수출의 급성장이다. 1993년에는 산업국가에 대한 개발도상국의 수출 중 1/3 정도가 쿼터 및 기타 비관세장벽에 의해 규제되었다.

보호무역주의의 강화 추세가 계속되었다면 개발도상국에서는 **수출비관주의**(export pessimism)가 부활하고(정당화되고) 내부지향적 정책으로 복귀하였을 것이다(Salvatore, 2012). 다행히 1993년 12월 우루과이 라운드가 성공적으로 타결되어 무역규제 및 보호무역주의는 감축되었다(9.7A절 참조). 우루과이 라운드 결과 발생한 무역자유화는 대부분 선진국 간에 이루어졌지만 개발도상국도 이익을 얻게 되었다(사례연구 9-7 참조). 2001년 11월에 시작된 **도하 라운드**(9.7B절 참조)는 개발도상국의 무역 요구를 다룸으로써 '개발 라운드'가 될 예정이었으나 선진국과 개발도상국 그리고 선진국 간의 첨예한 의견 불일치로 타결되지 못했다.

2008~2009년 글로벌 금융위기의 결과 보호무역주의가 확산되었고 2018년에는 트럼프 대통령이 모든 국가에게 손해를 끼칠 무역전쟁을 시작하면서 보호무역주의가 또 등장하게 되었다. 1974년 6월 UN 총회는 (1) 개발도상국의 외채 재협상과 이자 경감, (2) 국제상품협정의 협상, (3) 개발도상국의 제조업품 수출에 대한 선진국 시장에서의 특혜적 접근, (4) 선진국에서 농업제품에 대한 무역장벽의 제거, (5) 개발도상국에 대한 기술이전의 증대와 다국적기업의 규제, (6) 개발도상국에 대한 원조를 부유한 국가의 소득의 0.7%까지 확대, (7) 국제적 의사결정에 있어서 개발도상국의 역할 증대를 목표로 **신국제경제질서**(New International Economic Order, NIEO)의 설립을 요구하였다. 이러한 요구들의 대부분은 이미 1966년 이후 4년마다 개최되는 **유엔무역개발협의회**(United Nations Conferences on Trade and Development, UNCTAD)에서 제기된 것들이다. 그러나 1980년대와 1990년대 초 세계경제의 둔화로 인해 대부분의 산업국가들이 저성장과 실업이라는 자체의 내부적인 문제를 해결하기 위해 국내적인 문제에 관심을 기울임에 따라 뜨거운 논쟁거리로서의 신국제경제질서는 소멸되었다.

그럼에도 불구하고 세계화가 급격히 진행되었던 지난 30년 동안 많은 개발도상국에서 성장률은 증가했고 빈곤은 감소했다. 또한 오늘날의 세계에서 일부 개발도상국이 빈곤한 원인은 내부적인 이유 때문이며 전쟁, 부패, 정치적 불안정, 질병 및 자연적 재해 때문이라는 점도 더욱 잘 알게 되었다. 2000년도에 세계은행은 **새천년 개발목표**(Millennnium Development Goals, MDG)를 제안했는데, 이는 빈곤 개발도상국이 성장을 촉진하고, 빈곤을 감소시키며, 지속 가능한 발전을 도모할 수 있도록 부유한 국가들이 지원할 것을 제안한 것이다.

2017년에 선진국들은 그들의 GDP 중에서 0.2%만을 해외 원조로 제공하였으며, 미국도 예외는 아니었다. 그러나 우루과이 라운드 협정의 시행으로 인한 보호무역주의와 무역규제 감소는 개발도상국에게 무역 이익을 가져다주었다(사례연구 11-6 참조).

사례연구 11-6 세계화와 세계의 빈곤

세계화는 세계의 빈곤을 확대시키는 것으로 종종 비난받지만 사실은 세계화가 없었더라면 세계의 빈곤은 더한층 만연했을 것이다. 세계화가 모든 국가를 이롭게 하지 않는다는 것은 사실이다. 세계의 최빈국(특히 사하라 이남 아프리카 국가들)은 세계화에 뒤처져 있거나 그 언저리에 있으며, 2000년대에 1980년대보다 더 가난하다(즉, 1인당 평균 실질소득이 더 낮다). 그러나 그들의 가난의 원인은 세계화가 아니며 가뭄, 기근, 내전, 전쟁 및 HIV 등이다. 세계화가 비난을 받는 것은 세계화로 인해 나타나는 효율성의 증가와 개방성의 이익이 모든 국가에게 공평하고 균등하게 확산되지 못하기 때문이다. 그러나 지난 10년간 가장 빠른 성장을 보인 것도 사하라 이남 국가들이다.

세계은행은 가난한 사람들(하루에 1.25달러 이하로 생활하는 사람들)의 수가 1981년부터 2005년까지 6억 5천만 명 감소한 것으로 추정한다(Shaohua and Ravillion, 2008). 세계화가 아니었더라면 이 숫자는 더 커지면 커졌지 작아지지는 않았을 것이다. 그럼에도 아직도 비세계화 국가에 살면서 극심한 빈곤을 겪고 있는 7,000억 명의 사람들이 있으며, 수천 명의 어린이가 매일 기아 때문에 죽어가고 있다. 이러한 비극을 극복하기 위해 189개국은 2000년 새천년 선언에 서명하여 2015년까지 빈곤을 감소시키고 궁핍의 다른 원인들을 해결하며 지속적 개발을 촉진하기 위한 구체적 목표를 포괄하는 8개 항의 목표로 구성된 **새천년 개발목표**(Millenium Development Goal, MDG)를 채택하였다. 8개 항의 MDG는 (1) 극심한 빈곤과 굶주림을 1990년 수준의 절반으로 경감, (2) 보편적 교육의 달성, (3) 성의 평등 촉진, (4) 유아사망률의 감소, (5) 임산부 건강의 개선, (6) HIV/AIDS, 말라리아 및 기타 질병의 퇴치, (7) 환경 지속가능성의 보장, (8) 개발을 위한 글로벌 동반자 관계의 설립이다.

2005년도에 제프리 삭스(Jeffrey Sachs)는 부유한 국가가 유엔의 요구대로 자국 GDP의 0.7%(2009년 현재 1,290억 달러에서 2,810억 달러)를 개발도상국에 대한 원조로 제공

표 11-8 2030년까지 달성해야 할 지속가능한 발전 목표

목표 1 : 모든 곳에서 모든 형태의 빈곤 종식

목표 2 : 기아 퇴치, 식량 안보의 달성 및 영양 상태의 개선과 지속가능 농업의 증진

목표 3 : 건강한 삶의 보장 및 모든 연령대의 복지 증진

목표 4 : 공평한 질적 교육 및 무상 교육의 보장과 모든 사람에게 평생 학습기회의 증진

목표 5 : 성적(性的) 평등과 모든 여성의 자율권 보장

목표 6 : 모든 사람에게 수질과 위생시설의 이용가능성과 지속가능한 관리 보장

목표 7 : 모든 사람이 이용할 수 있는 안정적이고 지속가능한 에너지 보장

목표 8 : 지속적, 포괄적, 지속가능한 경제발전을 촉진하고 모든 사람에게 완전고용과 생산적 고용 및 품위 있는 생활 증진

목표 9 : 탄력적 사회기반시설 건설, 포괄적이고 지속가능한 산업화의 촉진 및 혁신 증진

목표 10 : 국가 간, 국가 내의 불평등 감소

목표 11 : 포괄적, 탄력적, 지속가능한 도시와 거주지 형성

목표 12 : 지속가능한 소비와 생산 패턴 보장

목표 13 : 기후변화와 그 충격에 대처하기 위한 긴급 행동

목표 14 : 지속가능한 발전을 위한 대양, 바다 및 해양자원의 보존 및 사용

목표 15 : 지상 생태계의 지속가능한 사용의 증진과 보호, 복원 및 삼림의 지속가능한 관리, 사막화에 대처, 토지 황폐화의 반전 및 생물 다양성 파괴의 중지

목표 16 : 지속적 발전을 위한 평화적이고 포괄적인 사회의 촉진, 만인을 위한 사법체계, 모든 수준에서 효과적이고 포괄적이며 책임 있는 제도의 구축

목표 17 : 지속적 발전을 위한 국제적 동반자 관계의 활성화와 실행방법 강화

(계속)

한다면 이들 목표의 대부분을 달성할 수 있다고 지적하였다. 그러나 소수의 국가들만이 GDP의 0.7% 이상을 원조로 제공하고 있다. 기타 대부분의 국가들은 해외 원조를 2010년까지 GDP의 0.5%, 2015년까지는 0.7%로 인상하기로 약속했으나 지켜지지 않았다. (사실상 2017년에 전체 선진국 국가들은 GDP의 0.2%만을 해외원조로 제공했다.) 부분적으로는 이러한 이유 때문에 목표 1(극심한 빈곤과 기아로 고통받는 사람들을 절반으로 줄인다는 목표)과 목표 7(개선된 수질에 접근할 수 없는 사람들의 비율을 절반으로 줄인다는 목표)만이 2015년에 달성되었다. 이에 따라 2015년 9월 25일, UN 총회는 '세계 전환을 위한 결의안 : 지속가능한 발전을 위한 2030 어젠다'를 채택하였다. 이는 표 11.8에 나타난 바와 같이 2030년까지 달성해야 할 일련의 목표

이다. 이러한 목표를 달성하기 위해서는 빈곤 국가들이 개발 노력을 배가하고 부유한 국가들이 그들의 시장을 빈곤 국가의 수출품에 대하여 폭넓게 개방하고 해외원조를 상당 부분 증가시키는 것이 필요하다.

출처 : World Bank, *Globalization, Growth and Poverty* (Washington, D.C. : World Bank, 2002); J. Sachs, *The End of Poverty* (New York : Penguin Press HP, 2005); United Nations, *The Millennium Development Goals Report 2015* (New York : U.N., 2015); United Nations, *Transforming Our World: The 2030 Agenda for Sustainable Development* (New York : U.N., 2015); D. Salvatore, "Growth, Poverty and Inequality in a Globalized World," in P. Pagnini ed. *Overland*, Paris, Vol. 1, No. 1, 2018; and *World Bank, World Development Indicators* (Washington, D.C. : World Bank, 2018).

요약

1. 개발도상국의 경제발전 수준과 속도는 주로 국내적 상황에 의존하지만 국제무역도 개발과정에 상당한 기여를 할 수 있다. 그러나 프레비시, 싱어, 뮈르달과 같은 경제학자들은 국제무역과 현재의 국제경제체제는 개발도상국을 희생해서 선진국들에게 이익을 주는 것으로 보고 있다.

2. 무역에 관한 진실로 동태적인 이론이 필요하지만 비교정태분석기법을 통해 전통적인 무역이론을 확장함으로써 생산요소 또는 기술, 기호의 변화까지도 분석할 수 있다. 수요와 공급상황의 악화로 인해 오늘날의 국제무역은 19세기의 신대륙에서만큼 성장의 엔진 역할을 기대할 수는 없다. 그러나 무역은 아직도 매우 중요한 긍정적 역할을 수행할 수 있다.

3. 상품 교역조건 또는 순물물교환 교역조건(N)은 시간이 경과함에 따라 수입가격에 대한 수출가격의 움직임을 측정한다. 소득 교역조건(I)은 한 나라의 수출에 근거한 수입능력을 측정한다. 단일요소 교역조건(S)은 수출에 체화된 국내 요소의 단위당 얻을 수 있는 수입의 양을 측정한다. 개발도상국의 경우에 I와 S는 N보다 중요하다. 그러나 대부분의 논의와 논쟁은 N의 관점에서 이루어졌다(왜냐하면 그것이 측정하기가 가장 용이하기 때문이다). N이 하락하더라도 I와 S는 증가할 수 있다. 프레비시와 싱어는 개발도상국의 경우에 N이 하락하는 경향이 있다고 주장했다. 왜냐하면 개발도상국에서 생산성 증가의 대부분은 농산물 수출가격의 하락으로 반영되기 때문이다. 실증적 연구에 따르면 개발도상국의 경우 N이 지난 세기에 걸쳐 하락한 것으로 보이지만 I는 수출량의 큰 증가로 인해 상당히 증가했다.

4. 장기 또는 지속적인 교역조건의 악화 이외에도 개발도상국은 선진국보다 수출품 가격과 소득이 단기에서 크게 변동하였는데, 이것은 그들의 수출품에 대한 가격 비탄력적이고, 불안정한 수요에 근거한다. 그러나 수출 불안정성의 절대적 수준은 아주 큰 것은 아니고, 대부분의 경우 개발에 방해가 된 것 같지 않다. 과거 개발도상국들은 수출가격과 수입을 안정화시키고 증대시킬 수 있는 국제상품협정을 요구했다. 이러한 것들로는 완충재고, 수출통제 또는 구매협정이 있다. 이 중

에서 극소수만이 현재 운영되고 있으며, 어떤 것도 특별히 효과적인 것 같진 않다. 상품협정을 체결하고 운영하는 데 사용된 자원들이 효율적으로 이용되었다고 보기 어렵다.

5. 1950년대, 1960년대, 1970년대 기간에 대부분의 개발도상국들은 수입대체정책을 통해 산업화를 시도해 왔다. 그 결과 비효율적인 산업, 과다한 자본집약도, 노동 흡수력의 약화, 농업의 무시, 보다 큰 국제수지 등의 문제가 발생했다. 1980년대 말 이후 많은 개발도상국들은 수출주도형 정책으로 이행했으며 농업에 더 관심을 갖게 되었다.

6. 오늘날 개발도상국이 직면하는 가장 심각한 문제들로는 (1) 사하라 이남 아프리카와 같은 많은 국가들에서 심각한 빈곤 상태, (2) 많은 최빈국들의 지속 불가능한 외채, 특히 사하라 이남 아프리카, (3) 개발도상국의 수출에 대한 선진국의 보호무역주의를 들 수 있다. 개발도상국들은 이러한 문제를 해결하기 위해서 UN과 산하 특별 기구인 유엔무역개발회의(UNCTAD)에서 신국제경제질서(NIEO)를 창설할 것을 요구했다. 세계화가 세계 빈곤의 원인은 아니지만 그렇다고 모든 국가에게 이익을 준 것은 아니었다. 2000년도에 세계은행은 새천년 개발목표(MDG)를 제안했는데, 이는 빈곤 개발도상국이 성장을 촉진하고, 빈곤을 감소시키며, 지속 가능한 발전을 도모할 수 있도록 부유한 국가들이 지원할 것을 제안한 것이다. 2015년까지 이들 목표 중 일부만이 달성되었을 뿐이다. 2015년 9월 25일, UN 총회는 세계 전환을 위한 결의안 : 지속가능한 발전을 위한 2030 어젠다를 채택하였다. 이는 표 11.8에 나타난 바와 같이 2030년까지 달성해야 될 일련의 목표이다.

주요용어

구매계약(purchase contracts)
국제상품협정(ational commodity agreements)
내생적 성장이론(endogenous growth theory)
단일요소 교역조건(single factoral terms of trade, S)
마케팅 위원회(marketing boards)
복수요소 교역조건(double factoral terms of trade, D)
상품(commodity)
성장의 엔진(engine of growth)
소득 교역조건(income terms of trade, I)
수입대체 공업화(Import-Substitution Industrialization, ISI)
수출 불안정성(export instability)
수출비관주의(export pessimism)
수출지향 공업화(export-oriented industrialization)

수출통제(export controls)
순물물교환 교역조건(net barter, terms of trade, N)
신국제경제질서(New International Economic Order, NIEO)
신정착지역(regions of recent settlement)
신흥공업경제(Newly Industrialized Economies, NIEs)
아시아 고도성장경제(High-Performance Asian Economies, HPAEs)
완충재고(buffer stocks)
외채(foreign debt)
유엔무역개발협의회(United Nations Conferences on Trade and Development, UNCTAD)
잉여분출(vent for surplus)

복습문제

1. 일부 경제학자들이 전통적 무역이론을 개발도상국과 그들의 개발과정에 적합하지 않다고 생각한 이유는? 이러한 비난에 어떻게 답변할 수 있는가?

2. 19세기의 신정착지역의 경우 국제무역은 어떻게 성장의 엔진이 되었는가?

3. 오늘날의 개발도상국에게 국제무역이 성장의 엔진이 될 수 없는 이유는 무엇인가? 오늘날에도 국제무역은 어떻게 개발을 지원하는 역할을 할 수 있는가?

4. 상품또는 순물물교환 교역조건이란 무엇인가? 소득 교역조건이란? 단일요소 교역조건이란 무엇인가? 복수요소 교역조건이란? 개발도상국에게 가장 중요한 교역조건은 어떤 것이며 그 이유는?

5. 프레비시, 싱어와 뮈르달이 개발도상국의 상품 교역조건이 시간의 경과에 따라 악화될 것이라고 생각한 이유는 무엇인가?

6. 프레비시와 싱어가 그들의 생각을 확인하기 위해 인용한 UN의 연구에 대해 어떤 비판을 할 수 있는가?

7. 지난 세기, 특히 제2차 세계대전 이후 기간에 개발도상국의 상품 교역조건과 소득 교역조건의 변동에 대해 이루어진 많은 실증적 연구로부터 어떤 결론을 내릴 수 있는가?

8. 수출 불안정성이란 무엇인가? 수출 불안정성의 원인과 이것이 경제발전에 미치는 효과는 무엇인가? 수출 불안정성의 원인과 경제발전에 미치는 효과에 대한 실증적 연구의 결과는 무엇인가?

9. 국제상품협정이란 무엇인가? 개발도상국들이 이를 추진한 이유는? 완충재고, 수출통제 및 구매계약이란 무엇인가? 각각의 예를 들어 보라.

10. 개발도상국들이 공업화를 추진한 이유는? 수입대체란 무엇인가? 수출지향적 정책이란 무엇인가? 개발도상국이 공업화를 하기 위한 방법으로 각각의 장점과 단점은?

11. 지난 수십 년간 수입대체의 경험은 어떠했는가? 이러한 경험 때문에 어떤 일이 발생했는가?

12. 오늘날 개발도상국들이 직면하고 있는 문제는 무엇인가? 그 원인은?

13. 세계의 어떤 지역에 최빈국들이 집중돼 있는가? 이들 국가가 빈곤한 이유는?

14. 개발도상국들은 그들이 직면하고 있는 문제를 어떻게 해결하려고 하는가? 가까운 장래에 이들 문제가 해결될 전망은?

15. 세계화로 인해 세계의 빈곤이 더 증가했는가 아니면 감소했는가? 세계의 빈곤을 감소시키기 위한 세계은행의 계획은 무엇인가?

연습문제

1. 국제무역으로 인해 개발이 저해되는 모든 경로를 열거하라.

2. 국제무역이 경제개발을 저해한다는 연습문제 1번에 대해 반박하라.

3. 비용이 증가하는 경우의 개발도상국의 가상적인 생산가능곡선을 그리라. 수평축은 1차 산품을 수직축은 제조업 제품을 측정하도록 하고 그림 위에 1차 산품의 기술진보가 그 국가의 생산곡선에 미치는 효과를 보여주라.

4. 1차 산품의 기술진보가 개발도상국의 교역조건에 미치는 효과를 지적하라. 그 이유는?(힌트 : 제7장 참조)

5. 무역이 어떻게 잉여를 분출할 수 있는가를 그림으로 보이라.

6. 1980년 개발도상국의 수출가격, 수입가격, 수출량, 생산성 지수가 100인 경우에 다음의 경우에 2010년의 지수는 얼마인가?

   (a) 국가의 수출가격지수가 10% 상승하고 수입가격지수가 20% 상승하는 경우 상품 교역조건

(b) 수출물량지수가 2010년에 130으로 증가하는 경우 소득 교역조건

(c) 수출부문의 생산성이 2010년에 140까지 증가하는 경우 단일요소 교역조건

7. 연습문제 6번의 국가가 1980년도와 비교하여 2010년에 더 잘살게 되었는가? 아니면 더 못살게 되었는가? 그 이유는?

8. 성장 전보다 성장 후에 성장으로부터 발생하는 교역조건의 악화로 인해 개발도상국이 더 못살게 될 수 있는 것을 그래프를 이용하여 보이라.

9. 한 상품의 공급이 증가할 때 균형가격이 그 상품에 대한 수요곡선이 가격 비탄력적일수록 더 크게 하락한다는 것을 보여 주는 그림을 그리라.

10. 음(−)의 기울기를 갖는 수요곡선과 양(+)의 기울기를 갖는 공급곡선을 사용하여 생산자의 소득 변동이 공급에서의 이동보다 수요에서의 이동의 경우에 더 크다는 것을 보여 주는 2개의 그림을 그리라.

11. 그림을 사용하여 완충재고로 인해 어떻게 상품이 관리할 수 없을 만큼 축적되거나 재고가 바닥날 수 있는가를 보이라.

12. 개발도상국이 요구한 신국제경제질서가 왜 창설되지 않았는가? 이것은 왜 더 이상 뜨거운 논쟁거리가 되지 못했는가?

13. 우루과이 라운드의 시행으로 인해 어떤 측면에서 개발도상국에 도움이 되었는가? 어떤 측면에서 그렇지 못했는가?

14. 지난 30년 동안 대부분의 개발도상국에서 궁핍화 성장이 일어났을 것 같지 않은 이유를 설명하라.

15. 부국들이 극빈 개발도상국의 모든 외채를 탕감해 주지 않는 이유를 설명하라.

부록

부록에서는 (1) 전통적인 방법과 구매력 평가를 기준으로 측정한 일부 선진국과 개도국에서의 소득불평등을 소개하고 (2) 세계은행의 2016년 1인당 국민총소득(GNI) 추정치로 분류한 소득대별 세계지도를 보여 준다.

A11.1 전통적인 척도와 구매력평가 척도에 의한 소득 불균등성

표 11-9는 전통적인 방법으로 측정했을 때(즉, 공식 환율을 이용하여 각국의 1인당 국민소득을 달러로 환산한 경우)와 각국에서 화폐의 구매력 차이를 고려하여 조정을 한 경우 2017년 각국의 1인당 소득을 보여 준다. 전통적인 방법으로 측정했을 때 미국의 1인당 소득은 중국보다 6.7배 더 높지만, 각국 화폐의 구매력 차이를 고려한 경우에는 3.6배밖에 높지 않다는 점에 주목하자. 또한 전통적 방법으로 측정했을 때 영국의 1인당 국민소득(40,503달러)은 표에 있는 국가들 중 네 번째이지만, 구매력평가(PPP)로 평가한 1인당 국민소득은 (프랑스와 일본의 뒤를 이어) 여섯 번째인데, 그 이유는 영국 물가가 일본과 프랑스보다 높기 때문이다. 어떤 측정방법을 이용하든 미국은 가장 높은 생활수준을 영위하고 있다. 마지막으로 전통적인 방법에 의하면 미국의 1인당 소득은 (세계 최빈국인) 부룬디보다 201배 높지만, PPP에 의하면 78배 높다. 그러나 큰 차이라는 점에 주목하자.

표 11-9 2017년 전통적인 방법과 구매력평가(PPP) 방법에 의한 1인당 소득

전통적인 방법(달러)		구매력평가 방법(달러)	
미국	58,270	미국	60,200
독일	43,490	독일	51,760
캐나다	42,870	캐나다	45,750
영국	40,530	일본	45,470
일본	38,550	프랑스	43,720
프랑스	37,970	영국	43,160
이탈리아	31,020	이탈리아	40,030
스페인	27,180	스페인	38,090
중국	8,690	멕시코	17,740
멕시코	8,610	중국	16,760
브라질	8,580	브라질	15,160
인도	1,820	인도	7,060
부룬디	290	부룬디	770

출처 : World Bank, *World Development Indicators*, Various Issues.

A11.2 세계의 소득대별 분포

그림 11-3은 세계은행이 추정한 2016년 국민총소득 추정치에 따라 분류한 세계의 소득지도이다.

소득대별 세계지도

세계은행의 2016년 1인당 GNI 추정치에 따른 분류(미국 달러)

- 저소득(1,005달러 이하)
- 중저소득(1,006~3,955달러)
- 중고소득(3,956~12,235달러)
- 고소득(12,236달러 이상)
- 자료 없음

그림 11-3 세계의 소득대별 분포

국제자원이동과 다국적기업

- 국제 포트폴리오 투자와 해외직접투자의 동기를 서술한다.
- 포트폴리오 투자와 직접투자가 투자국과 투자유치국에 미치는 효과를 서술한다.
- 다국적기업의 존재 이유와 다국적기업이 투자국과 투자유치국에 미치는 효과를 이해한다.
- 노동의 국제적 이동의 동기와 효과를 이해한다.

12.1 서론

지금까지는 상품무역만을 살펴보았으며 국제간 자원이동은 없는 것으로 가정하였다. 그러나 자본, 노동 및 기술은 국경을 넘어 이동한다. 어떤 의미에서는 국제무역과 생산자원의 이동은 상호 대체적인 것이라고 할 수 있다. 예를 들면 미국과 같이 상대적으로 자본이 풍부하고 노동이 희소한 국가는 자본집약적인 상품을 수출하거나 자본 자체를 수출할 수 있으며 또한 노동집약적인 상품을 수입하거나 노동이 풍부한 국가로부터의 이민을 받아들일 수도 있다. 국제무역의 경우와 마찬가지로, 특정 생산자원이 상대적으로 풍부해서 보수가 낮은 국가로부터 그 생산자원이 희소해서 보수가 높은 국가로 이동하는 경우에도 국가 간 생산요소의 가격이 균등화되며 일반적으로 후생은 증가한다.

그러나 국제무역과 생산자원의 국제적 이동은 관련국에 상이한 경제적 효과를 미친다. 이 장에서는 국제자본이동의 비용과 편익을 중점적으로 살펴본다. 또한 다국적기업은 비교적 새롭고 대단히 중요한 경제적 기업의 한 유형으로 자본, 노동 및 기술의 국제적 이동 통로로 중요한 수단이기 때문에 다국적기업도 상세하게 살펴볼 것이다.

해외투자는 포트폴리오 투자(portfolio investments)와 직접투자라는 두 가지 유형의 투자로 구분될 수 있다. 포트폴리오 투자는 한 국가의 통화로 표시된 채권과 같은 순수 금융자산에 대한 투자이다. 채권의 경우 투자자는 고정된 수익이나 정기적인 간격으로 수익을 얻기 위해 자본을 대여하고 약정된 날짜에 채권의 액면가치를 상환받는다. 제1차 세계대전 이전의 해외투자는 대부분 이러한 유형이었으며 철도건설이나 새로운 토지, 원자재의 구입을 목적으로 주로 영국으로부터 '신정착지'로 유입되었다. 미국 정부는 포트폴리오 투자를 어떤 주식회사의 의결권이 있는 주식을 10% 이하 구입하는 것으로 정의한다(10% 이상의 경우는 직접투자로 간주). 주식의 경우 투자자는 주주권이나 기업의 가치에 대한 청구권을 구입한다. 포트폴리오 투자나 금융투자는 은행이나 투자기금과 같은 금융기관을 통해 주로 이루어진다. 국제 포트폴리오 투자는 제1차 세계대전 이후 붕괴되었다가 1960년대 이후에 야 재개되었다.

한편 직접투자(direct investments)는 공장, 자본재, 토지 및 재고품에 대한 실물적 투자로 자본과 아울러 경영도 수반되는데, 투자자는 투자자본에 대한 통제권을 보유한다. 직접투자는 보통 자회사를 설립하거나(예 : 주식의 대부분을 구입함으로써) 다른 기업에 대한 통제권을 갖는 형태로 이루어진다. 그러나 미국 정부는 특정 기업의 10% 이상의 주식을 구입하는 것을 직접투자로 간주한다. 국제적인 맥락에서 볼 때 직접투자는 제조업, 자원추출 또는 서비스 업종에 종사하는 다국적기업에 의해 주로 이루어지며, 민간자본의 국제적 이동 경로와 형태로 포트폴리오 투자만큼 중요하다.

12.2절에서는 국제자본이동에 관한 자료를 소개하고 12.3절에서는 해외직접투자 및 포트폴리오 투자의 동기를 살펴본다. 12.4절에서는 국제자본이동이 투자국과 유치국에 미치는 후생효과를 분석하고 12.5절에서는 다국적기업이 존재하는 이유와 다국적기업으로 인한 문제점을 살펴본다. 마지막으로 12.6절에서는 일반적으로 노동이 국제적으로 (특히 숙련노동이) 이동하는 이유와 이로 인한 후생효과를 논의한다. 부록에서는 국제자본이동과 관련된 소위 이전문제를 살펴본다.

12.2 국제자본이동에 관한 자료

이제 1980년부터 2017년까지 미국의 해외자본투자와 외국의 대미자본투자의 규모와 구성요소를 살펴보기로 하자.

표 12-1은 미국 민간부문의 해외장기증권(주식과 채권) 보유액과 해외 민간부문의 미국에 대한 장

표 12-1 미국의 장기 해외민간투자(1980~2017)   (단위 : 10억 달러, 취득원가 · 경상비용 · 시장가치 기준, 연말)

연도	1980	1985	1990	1995	2000	2005	2010	2015	2017
미국의 해외자산									
외국증권	78.0	138.7	425.5	1,278.7	2,556.2	4,629.0	7,160.4	9,570.2	13,000.0
직접투자									
취득원가	215.4	230.3	421.5	711.6	1,316.2	2,241.7	3,741.9	5,289.1	6,013.3
경상비용	388.1	371.0	616.7	885.5	1,550.9	2,827.4	4,387.8	5,933.9	6,706.3
시장가치	297.3	475.7	853.3	1,493.6	2,934.6	4,047.2	5,486.4	7,057.1	8,910.0
외국의 미국자산									
미국증권	242.6	473.7	946.8	1,901.0	4,008.5	7,337.8	12,000.0	17,000.0	19,000.0
직접투자									
취득원가	83.0	184.6	403.7	560.1	1,256.9	1,634.1	2,280.0	3,354.9	4,025.6
경상비용	127.1	247.2	505.3	680.1	1,459.1	2,007.2	2,791.4	3,935.3	4,670.2
시장가치	99.9	309.3	661.2	1,135.5	3,023.8	3,227.1	4,099.1	6,729.2	8,925.5

출처 : U.S. Department of Commerce, *Survey of Current Business*(Washington, D.C. : U.S. Government Printing Office, Various Issues).

기증권보유액이 1980년부터 2017년까지 급격히 증가했으며, 2017년 말 미국 내 해외보유자산이 미국의 대외자산보유액보다 약간 더 많았음을 보여 준다. 또한 표 12-1은 각 연도 말 미국의 해외직접투자와 외국의 미국에 대한 **직접투자** 액수를 보여 주고 있다. 해외직접투자는 취득원가, 경상비용 또는 대체비용 및 (주식시장 가격을 이용하여) 시장가치로 평가된다. 미국의 해외직접투자는 대부분 1960년대와 1970년대에 발생한 반면, 외국의 대미직접투자는 대부분 1980년대 이후에 발생했기 때문에 미국의 해외직접투자는 그동안의 인플레이션 누적 효과를 조정할 필요가 있으므로 취득원가를 경상비용과 시장가치로 보완할 필요가 있다. 또한 표 12-1은 미국의 해외직접투자와 외국의 대미직접투자의 저량이 1980년부터 2017년까지 급속히 증가했으며 시장가치로 평가했을 때의 액수가 경상가치로 평가했을 때보다 크다는 점을 보여 준다.

표 12-2는 1980년부터 2017년까지 미국의 유럽에 대한 직접투자가 캐나다 및 라틴아메리카에 대한 직접투자보다 훨씬 빠른 속도로 증가했음을 보여 준다. 그 이유는 유럽연합이 급속히 성장했으며, 유럽연합이 유럽연합 외부의 국가들에게 부과하는 공동관세를 미국이 피하려 했기 때문이다. (11.6B절에서 논의한) 라틴아메리카 국가들의 국제채무 문제로 인해 1985년 미국의 라틴아메리카 국가에 대한 직접투자는 1980년보다 실제로 적었다는 점에 주목하자. 또한 일본에서의 경기침체로 인해 1990년대 미국의 일본에 대한 직접투자는 여타 지역에 대한 직접투자의 증가율보다 낮았다는 점 역시 주목하자.

표 12-3은 미국의 해외직접투자와 외국의 대미직접투자를, 제조업, (예금은행과 보험을 포함한) 금융업 및 (대부분 금융 서비스 이외의 기타 서비스인) 기타 부문으로 구분하여 보여 준다. 금융업에 관한 자료는 1985년 이후부터 이용 가능하다. 이 표를 통해 1985년 이후 금융업 및 기타 부문에 대한 해외직접투자는 제조업에 대한 직접투자보다 훨씬 빠른 속도로 증가했음을 알 수 있다. 사례연구 12-1은 1980년부터 2017년까지 미국으로의 해외직접투자의 연간 추이를 보여 준다.

표 12-2 미국의 지역별 해외직접투자(1980~2017) (단위 : 10억 달러, 취득원가 기준, 연말)

연도	총계	캐나다	유럽	라틴아메리카	아시아 · 태평양	일본	기타
1980	215.6	45.0	96.5	38.9	25.3	6.2	9.9
1985	230.3	46.9	105.2	28.3	35.3	9.2	14.6
1990	421.5	68.4	204.2	72.5	63.6	21.0	12.8
1995	711.6	81.4	363.5	122.8	126.0	39.2	17.9
2000	1,316.2	132.5	687.3	266.6	207.1	57.1	22.7
2005	2,241.7	233.5	1,110.0	365.9	380.5	79.3	45.6
2010	3,741.9	295.2	2,034.3	752.8	570.1	113.5	89.5
2015	5,289.1	362.0	3,075.6	902.6	847.1	106.9	101.8
2017	6,013.3	391.3	3,553.4	1,008.1	941.2	129.2	99.3

출처 : U.S. Department of Commerce, *Survey of Current Business*(Washington, D.C. : U.S. Government Printing Office, Various Issues).

미국의 장기 해외민간투자(1980~2017)   (단위 : 10억 달러, 취득원가 기준, 연말)

연도	1980	1985	1990	1995	2000	2005	2010	2015	2017
미국의 해외투자									
제조업	89.3	94.7	168.0	250.3	343.9	449.2	585.8	693.8	870.1
금융[a]	−	22.5	109.4	228.7	257.2	518.5	803.0	719.6	826.4
기타	126.1	113.1	144.1	232.6	715.1	1,274.0	2,353.1	3,875.7	4,316.8
총계	215.4	230.3	421.5	711.6	1,316.2	2,241.7	3,741.9	5,289.1	6,013.3
미국에 대한 외국인투자									
제조업	33.0	59.6	152.8	214.5	480.6	513.6	748.3	1,359.8	1,607.2
금융	−	35.5	70.4	115.6	217.0	346.5	356.8	444.0	530.0
기타	50.0	89.5	180.5	230.0	559.3	774.0	1,174.9	1,551.1	1,879.3
총계	83.0	184.6	403.7	560.1	1,256.9	1,634.1	2,280.0	3,354.9	4,025.5

[a]보험기관은 포함되지만 예금기관(은행)은 제외함.

출처 : U.S. Department of Commerce, *Survey of Current Business*(Washington, D.C.: U.S. Government Printing Office, Various Issues).

12.3 국제간 자본이동의 동기

이 절에서는 포트폴리오 투자와 해외직접투자의 동기를 살펴본다. 이 두 가지 유형의 해외투자의 동기는 기본적으로는 동일하지만, 해외직접투자의 경우 국제 포트폴리오 투자를 설명하는 기본 모형으로는 해결할 수 없는 점을 추가적으로 설명해야 한다.

12.3A 국제 포트폴리오 투자의 동기

국제 포트폴리오 투자의 기본 동기는 해외에서 더 높은 수익을 얻는 것이다. 따라서 한 국가의 거주자는 해외 채권에 대한 수익률이 더 높으면 해외 채권을 매입한다. 이는 수익률을 극대화하기 위한 단순한 결과이며 그 결과 수익률은 국제적으로 균등화된다(2국이 존재하는). 기본적인 헥셔-오린 모형에 의하면 자본에 대한 수익률은 원래 자본-노동 비율이 낮은 국가에서 더 높다. 한 국가의 거주자는 외국기업의 수익성이 국내기업의 수익성보다 장차 높을 것으로 예상하면 외국기업의 주식을 매입한다(논의를 단순화하기 위해 외국 증권을 보유하는 데 드는 거래비용이나 기타의 비용은 무시하기로 하자).

국제 포트폴리오 투자가 해외에서 더 높은 수익을 얻기 위해서 발생한다는 설명은 분명히 옳은 설명이다. 문제는 이러한 설명방법으로는 한 가지 중요한 점(현실세계에서 관찰되는 양방향의 자본이동)을 설명할 수 없다는 점이다. 즉, 한 국가에서 증권에 대한 수익률이 다른 국가보다 낮다면 수익률이 낮은 국가에서 수익률이 높은 국가로 자본이 이동하는 현상을 설명할 수 있지만, 현실세계에서 종종 관찰할 수 있는 바와 같이 반대방향으로도 동시에 자본이 이동하는 현상은 설명할 수 없다(표 12-1, 12-3 참조).

양방향의 자본이동을 설명하기 위해서는 위험이라는 요인을 고려해야 한다. 즉, 투자자들은 특정 투자와 관련된 수익률뿐만 아니라 위험도 고려한다. 채권을 보유할 때의 위험은 도산과 채권가격의

사례연구 12-1 미국에 대한 해외직접투자의 변동 흐름

표 12-4는 미국에 대한 해외직접투자의 수준이 1980년 90억 달러임을 보여 준다. 미국에 대한 해외직접투자는 (경기가 후퇴한 해인) 1983년에 87억 달러로 감소했다가 1990년에는 562억 달러로 증가했다. 그 후에 (1990~1991년의 경기후퇴 직후인) 1993년에는 297억 달러로 감소했다가 2000년도에는 사상 최대인 2,596억 달러로 증가했다. 그 후 (2001년도의 경기후퇴 이후 성장이 둔화되었던) 2002~2005년에는 낮았다가 2008년에는 2,557억 달러로 증가했지만 2009년에는 경기후퇴로 인하여 1,268억 달러로 감소하였고, 2014년에는 저성장으로 인하여 516억 달러로 하락하였다. 그러나 2015~2017년에는 고도성장으로 인하여 대단히 높았다. 따라서 미국에 대한 해외직접투자는 고성장기에는 증가하고 저성장기에는 감소하는 것으로 보인다.

1980년대 후반에 많은 미국 사람들은 외국인들, 특히 일본인들이 미국을 모두 사버릴 것이라고 걱정하였다. 미국에서의 저성장과 경기후퇴로 인하여 미국에 대한 해외직접투자의 매력이 없어졌기 때문에 이러한 우려는 1990년대 초반 수그러들었다. 그러나 1990년대 후반 고도성장이 재개됨에 따라 미국에 대한 해외직접투자는 1980년대 후반보다 훨씬 높은 수준으로 폭증했으나, 이번에는 미국이 1980년대와 비교해 볼 때 국제경쟁력을 갖추었기 때문에(사례연구 6-8 참조) 해외직접투자의 폭증은 우려의 대상이 아니었고 실제로 미국경제의 고도성장에 기여하는 것으로 환영받았다. 그러나 최근 들어 중국 기업이 미국의 첨단기술 기업을 인수함에 따라 미국의 국제경쟁력을 잠식하고 국가안보를 위협할 것이라는 우려가 일어나고 있다.

표 12-4 미국에 대한 해외직접투자의 흐름(1980~2017)   (단위 : 10억 달러)

연도	해외직접투자	연도	해외직접투자	연도	해외직접투자
1980	9.0	1993	29.7	2006	115.0
1981	14.8	1994	37.2	2007	142.3
1982	9.7	1995	47.9	2008	255.7
1983	8.7	1996	63.7	2009	126.8
1984	15.0	1997	59.5	2010	140.5
1985	15.2	1998	147.1	2011	106.5
1986	25.1	1999	221.6	2012	119.8
1987	34.3	2000	259.6	2013	124.1
1988	45.0	2001	140.9	2014	51.6
1989	51.8	2002	105.3	2015	340.9
1990	56.2	2003	93.4	2016	296.0
1991	45.8	2004	92.9	2017	200.5
1992	31.6	2005	70.7		

출처 : U.S. Department of Commerce, *Survey of Current Business*(Washington, D.C. : U.S. Government Printing Office, Various Issues).

변동성으로 구성된다. 주식을 보유할 때의 위험은 도산, 주식가격의 더 큰 변동성 및 기대 이하의 수익률을 얻을 가능성으로 구성된다. 따라서 투자자들은 일정한 위험수준에서 수익률을 극대화하며, 일반적으로 수익률이 더 높을 경우에만 더 큰 위험을 감수한다.

예를 들어 주식의 경우에 평균수익률을 중심으로 한 변동성(분산)으로 위험을 평가한다고 하자. 주식 A와 주식 B의 평균수익률은 30%이지만, 주식 A는 수익률이 20%이거나 40%가 될 확률이 각각 1/2인 반면 주식 B는 수익률이 10%이거나 50%일 확률이 각각 1/2이라고 하자. 이때 주식 B가 주식 A보다 위험하다는 점은 분명하다. 두 가지 주식의 평균수익률은 동일하므로 투자자들은 위험을 극소화하기 위하여 주식 A를 보유해야 한다.

그러나 주식 B의 수익률이 상승할 때 주식 A의 수익률은 하락하고 또한 그 반대의 경우도 성립한다면(즉, 시간이 지남에 따라 두 가지 주식의 수익률이 음의 상관관계를 가지고 있는 경우), 투자자들이 두 가지 주식을 모두 보유함으로써 여전히 평균 30%의 수익률을 얻을 수 있지만 위험은 훨씬 작아진다. 즉, 특정 시점에서 주식 A를 보유함으로써 평균 이하의 수익을 얻을 수 있는 가능성은 주식 B를 보유함으로써 평균 이상의 수익을 얻을 수 있는 가능성으로 어느 정도 상쇄된다. 결과적으로 주식 A와 주식 B를 모두 포함하는 포트폴리오의 위험은 상당히 감소한다.

따라서 포트폴리오 이론(portfolio theory)에 의하면 시간이 지남에 따라 수익률이 반대방향으로 변화하는 증권에 투자함으로써 포트폴리오 전반적으로는 더 낮은 위험으로 일정한 수익률을 얻거나 위험이 일정할 때 더 높은 수익률을 얻을 수 있다. 해외 증권에 대한 수익률은 (해외경제 여건이 상이한 정도에 따라) 국내 증권에 대한 수익률과 역의 관계에 있을 가능성이 크기 때문에, 국내 증권과 해외 증권을 모두 포함하는 포트폴리오는 국내 증권만을 포함하는 포트폴리오보다 더 높은 수익률을 얻거나(또는 얻고) 위험은 더 작아진다.

이처럼 균형 있는 포트폴리오를 구성하기 위해서는 양방향의 자본이동이 필요하다. 예를 들면 (주식 B보다 위험은 작지만 평균수익률은 동일한) 주식 A를 1국에서 매입할 수 있고, (주식 A의 수익률과는 음의 상관관계에 있는) 주식 B를 다른 2국에서 매입할 수 있다면 균형 있는 포트폴리오를 구성하기 위해 1국의 투자자는 주식 B를 매입하고(즉, 2국에 투자하고) 2국의 투자자는 주식 A를 매입해야(즉, 1국에 투자해야) 한다. 따라서 위험분산화(risk diversification)를 통해 양방향의 국제적 포트폴리오 투자를 설명할 수 있다.

앞에서는 투자자들이 주식에 대한 평균수익률과 그 변동성을 알고 있는 것으로 암묵적으로 가정하였다. 그러나 실제로 이러한 것들을 거의 알 수 없다. 따라서 투자자들은 어떤 주식을 매입할 것인지를 결정할 때 (시장에 대한 지식이나 직관 등을 통해) 평균수익률과 변동성이 어떻게 될 것인가를 스스로 생각해야 한다. 동일한 주식에 대해서도 개인마다 다른 기대를 가질 수 있기 때문에 각 국가의 투자가들이 좋다고 생각하는 주식은 다를 수 있다. 이를 통해 양방향의 국제 포트폴리오 투자가 발생하는 이유를 좀 더 정확하게 설명할 수 있다.

12.3B 해외직접투자의 동기

해외직접투자의 동기는 일반적으로 포트폴리오 투자의 동기와 마찬가지로 (해외에서 성장률이 더 높거나 세금을 우대하거나 인프라를 더 잘 활용할 수 있기 때문에) 더 높은 수익을 얻고 위험을 분산하기 위한 것이다. 실제로 수출이나 해외의 생산 및 판매설비를 통해서 국제 지향적 기업들은 순수 국내 기업에 비해 수익성은 더 높고 이윤의 변동 가능성은 훨씬 작다는 점이 밝혀진 바 있다.

이러한 이유를 통해 국제 포트폴리오 투자를 충분히 설명할 수는 있지만 해외직접투자와 관련된 한 가지 기본적 문제는 설명할 수 없다. 즉, 해외직접투자를 받아들이는 대신 한 국가의 거주자가 해외로부터 차입하여 자국 국내에 **직접투자**하지 않는 이유를 설명할 수 없다. 한 국가의 거주자는 국내 여건에 보다 익숙하기 때문에 외국의 투자자들보다 경쟁우위를 가질 수도 있을 것이다. 이러한 문제는 몇 가지 방법으로 설명할 수 있다. 이를 설명하는 데 가장 중요한 것으로는 많은 대기업들이 (보통 독점적, 과점적 시장에서) 일부 고유한 생산기술과 경영능력을 가지고 있어 해외에서 쉽고도 유익하게 활용할 수 있으며 이러한 기술들을 직접 통제하기를 원하는 경우를 들 수 있다. 이러한 상황에서 기업들은 해외직접투자를 하며, 이때 국내에서 생산되는 차별화된 상품의 해외생산 또는 수평적 통합 (horizontal integration)이 발생한다.

예를 들면 IBM이 직접 통제를 하고 싶은 특정한 컴퓨터 기술을 보유하고 있는 경우, 해외시장에 직접 수출하는 것보다는 해외에서 (현지 상황에 적용함으로써) 이 기술을 쉽게 복제함으로써 현지 시장에 자사제품을 더 효율적으로 공급할 수도 있다. IBM은 무역비밀이나 특허에 관한 통제를 철저히 하고 일관된 질과 서비스를 보장하기 위하여 해외생산자에게 라이선스 계약을 체결하지 않을 수도 있다. IBM이 외국의 생산자와 라이선스 계약을 체결한다고 하더라도, 이 분야에서 일어나고 있는 매우 빠른 기술혁신의 속도에 비추어 볼 때 가능하지 않을 수도 있다. 이러한 상황은 근본적으로 제너럴 일렉트릭, 토요타 및 기타의 많은 다국적기업의 경우에도 마찬가지이며, 이것이 바로 제조업 분야에서 선진국에 대한 해외직접투자가 발생하는 동기이다.

해외직접투자가 발생하는 다른 이유로는 필요 원자재에 대한 통제권을 획득함으로써 가능한 한 낮은 비용으로 지속적인 공급을 보장하기 위한 것이다. 이를 수직적 통합(vertical integration)이라 하며, 개발도상국이나 광물이 풍부한 일부 선진국에 대한 대부분의 해외직접투자는 이러한 유형이다. 따라서 미국기업과 외국기업은 캐나다, 자메이카, 베네수엘라, 오스트레일리아 및 다른 국가들의 광산을 소유하며, 외국인들은 미국 내 일부 석탄 광산을 소유한다. 다국적기업과 관련된 수직적 통합은 세계의 주요 자동차 생산업자들이 그러하듯이 판매망이나 유통망을 소유함으로써 **전방으로** 통합할 수도 있다.

해외직접투자가 발생하는 또 다른 이유로는 각국이 수입품에 부과하는 관세나 기타의 규제를 피하거나 해외직접투자를 유치하기 위한 각국 정부의 보조금 때문이다. 전자의 예로는 미국기업의 유럽연합 국가에 대한 대규모 직접투자와 제조업 부문에서 개발도상국에 대한 직접투자를 들 수 있다. 후자의 예로는 개발도상국 및 선진국의 침체지역에 대한 해외직접투자를 들 수 있다. 해외직접투자가 발생하는 기타의 이유로는 외국의 과점시장에 진입해서 이윤을 공유하고, 유망한 외국기업을 매입함으로써 미래의 경쟁을 피하고 수출시장의 상실에 대비하거나, 대형 다국적기업만이 시장에 진입하기 위한 자금을 조달할 수 있기 때문이라는 점을 들 수 있다.

따라서 양방향의 해외직접투자는 (미국에서의 컴퓨터산업과 같이) 일부 산업이 특정 국가에서 발전한 반면, (일본의 자동차산업과 같이) 다른 국가에서는 다른 산업이 보다 효율적이기 때문인 것으로 설명될 수 있다. 제2차 세계대전 이후에 (항공운수와 같은) 수송수단 및 (국제 전화선 및 국제 간자료의 전송 및 가공과 같은) 통신수단의 비약적 발전으로 인해 해외직접투자는 (가능해졌고) 촉진되었다. 이러한 발전으로 인해 다국적기업의 본사는 세계적으로 퍼져 있는 자회사의 운영에 관해 즉각적이고도 직접적인 통제를 할 수 있게 되었고, 그 결과 해외직접투자가 촉진되었다.

범세계적인 해외직접투자의 분포 역시 지리적 근접성이나 기존의 무역관계에 영향을 받는 것으로 보인다. 예를 들면 미국은 라틴아메리카, 방글라데시, 파키스탄, 필리핀 및 사우디아라비아에 대한 해외직접투자의 주요 공급원이며, 유럽연합으로부터의 해외직접투자는 주로 아프리카의 가나와 모로코, 라틴아메리카의 브라질, 아시아의 인도, 스리랑카, 베트남, 동부유럽의 과거 공산권 국가에 주로 이루어지며, 일본은 대한민국, 싱가포르, 타이완, 타이에 대한 해외직접투자의 주요 공급원이다. 사례연구 12-2는 몇몇 국가 및 연도에 대해 각 지역의 해외직접투자의 유출액 및 유입액을 보여 준다.

12.4 국제자본이동의 후생효과

이 절에서는 국제자본이동이 투자국과 유치국에 대해 미치는 후생효과를 살펴본다. 이러한 효과 중 일부는 도표를 통해 살펴볼 수 있는 데, 먼저 이를 도표로 살펴보고 후에 도표상에는 나타나지 않는 효과를 살펴보기로 하자. 자본이동의 효과만을 분리하여 살펴볼 수 있도록 상품무역은 없는 것으로 가정한다.

12.4A 투자국과 투자유치국에 미치는 효과

그림 12-1에서 (1국과 2국의) 두 국가로 구성된 세계를 가정하고 세계 전체 총자본의 양은 OO'이라고 하자. 세계의 총자본저량 중에서 1국은 OA를 2국은 $O'A$를 가지고 있다고 하자. $VMPK_1$과 $VMPK_2$ 곡선은 각각 여러 투자수준에 대한 1국과 2국의 자본의 한계생산물 가치를 보여 준다. 경쟁적 시장에서 자본에 대한 한계생산물 가치는 자본에 대한 수익 또는 보수와 같다.

자본이동이 없는 경우에 1국은 총자본저량 OA를 국내에 투자하여 수익률은 OC가 된다. 따라서 (한계생산물곡선 아래에 있는 면적으로 측정할 수 있는) 국내총생산(국민소득)은 $OFGA$가 되는데, 이 중에서 $OCGA$는 1국의 자본소유자에게 귀속되며 나머지 CFG는 노동과 자본과 같은 기타의 협동 생산요소에 귀속된다. 마찬가지로 자본이동이 없는 경우 2국은 총자본저량 $O'A$를 국내에 투자하여 수익률은 $O'H$가 된다. 2국의 국내총생산(국민소득)은 $O'JMA$이며 이 중 $O'HMA$는 2국의 자본소유자에게 귀속되고 나머지 HJM은 기타의 협동 생산요소에 귀속된다.

이제 자본이 국제적으로 자유롭게 이동한다고 가정하자. 2국의 자본수익률($O'H$)이 1국의 자본수익률(OC)보다 높기 때문에 AB만큼의 자본이 1국으로부터 2국으로 이동하며 양국에서 자본수익률은 $BE(=ON=O'T)$에서 균등화된다. 이때 1국의 **국내총생산**은 $OFEB$가 되고, 여기에 해외투자로 인한 총소득 $ABER$을 더하면 1국의 **국민소득**은 $OFERA$가 된다(따라서 자본이동 전에 비해 국민소득은 ERG만큼 증가한다). 자본이동이 자유로워진 결과 1국의 자본에 대한 총소득은 $ONRA$로 증가하는 반면, 기타 생산요소의 소득은 NFE로 감소한다.

2국으로 AB의 해외자본이 유입된 결과 자본수익률은 $O'H$에서 $O'T$로 하락한다. 2국의 국내총생산은 $O'JMA$에서 $O'JEB$로 증가한다. 국내총생산의 증가분 $ABEM$ 중에서 $ABER$은 외국의 투자가에게 귀속되므로 2국으로 귀속되는 총생산의 순증가분은 ERM이 된다. 2국에서 자본소유자에 대한 총소득은 $O'HMA$에서 $O'TRA$로 감소하며 기타 협동요소에 대한 총소득은 HJM에서 TJE로 증가한다.

(2국가를 합한) 세계 전체의 관점에서 볼 때, 총생산은 $OFGA + O'JMA$에서 $OFEB + O'JEB$로 증가했으며, (그림의 색칠해진 부분인) $ERG + ERM = EGM$만큼 순증가했다. 따라서 국제자본이동의 결과

사례연구 12-2   세계 각국의 해외직접투자의 저량

표 12-5는 2000년, 2010년 및 2017년도에 몇몇 국가와 지역에 해외직접투자의 유출액과 유입액의 저량을 보여 준다. 이 표를 통해 2017년도에 미국의 해외직접투자(FDI) 유입액과 유출액이 가장 컸음을 알 수 있다. FDI 유입액에서는 미국이 선두이고, 영국, 캐나다, 스위스, 네덜란드, 독일, 프랑스, 스페인, 이탈리아, 일본의 순이다. FDI 유출액에서는 미국이 선두이고 그다음 독일, 네덜란드, 영국, 일

본, 캐나다, 프랑스, 스위스, 스페인, 이탈리아의 순이다.

2017년도에 개발도상국의 FDI 유입액은 선진국의 51%였으며, FDI 유출액은 선진국의 29%였다. 개발도상국의 FDI 유입액 중 70%가 아시아 지역으로(이 중 홍콩의 비중이 가장 높음) 21%가 라틴아메리카 지역으로의 유입이었다. 이행경제와 아프리카 국가의 FDI 유입액은 상대적으로 적었다(표 12-5 참조).

표 12-5 지역별, 주요 국가별 해외직접투자의 저량(2000, 2010, 2017년)   (단위 : 10억 달러, 경상비용 기준, 연말)

	유입			유출		
	2000	2010	2017	2000	2010	2017
선진국	5,782	13,480	20,331	6,699	15,555	23,498
미국[a]	2,783	3,422	7,807	2,694	4,810	7,799
영국	439	1,068	1,564	940	1,686	1,532
캐나다	325	984	1,084	442	998	1,487
스위스	102	648	1,060	232	1,043	1,272
네덜란드	244	588	975	305	968	1,605
독일	471	956	931	484	1,365	1,607
프랑스	184	631	874	366	1,173	1,451
스페인	156	628	644	129	653	597
이탈리아	123	328	413	170	491	533
일본	50	215	207	278	831	1,520
개발도상국	1,546	6,123	10,353	691	3,060	6,898
아시아	1,053	3,881	7,263	597	2,466	5,707
홍콩	435	1,066	1,969	379	944	1,804
중국	193	588	1,491	28	317	1,482
싱가포르	111	633	1,285	57	466	841
라틴아메리카	339	1,629	2,194	54	457	813
브라질	---	682	778	--	191	359
멕시코	122	390	489	8	117	180
이행경제	52	676	840	20	367	442
러시아	30	464	447	19	336	382
아프리카	153	598	867	40	134	366
남아프리카공화국	44	180	150	27	83	270
세계	7,380	20,279	31,524	7,410	20,982	30,838

[a] 자료 수집 방법의 차이로 인해 미국의 수치는 표 12-1과 12-3의 숫자와 약간 차이가 있음.

출처 : UNCTAD, *World Investment Report* 2018(Geneva: United Nations, 2018).

그림 12-1 국제자본이동의 산출량 및 후생효과

총자본 스톡 OO' 중에서 1국은 OA를 보유하고 총산출량은 $OFGA$이며, 2국은 $O'A$를 보유하며 총산출량은 $O'JMA$이다. 1국에서 2국으로 AB 만큼 자본이 이동하면 자본의 수익률은 양국에서 BE로 균등화된다. 세계 총산출량은 EGM만큼 증가하는데, 그중 EGR은 1국에 귀속되고, 나머지 ERM은 2국에 귀속된다. 2국의 국내 총산출량의 증가분 $ABEM$ 중에서 $ABER$은 외국투자자에게 귀속되고 남은 ERM은 2국의 순이익이 된다.

국제적 자원배분의 효율성이 제고되며 세계 총생산과 후생이 증가한다. $VMPK_1$ 곡선과 $VMPK_2$ 곡선의 기울기가 클수록 국제자본이동으로 인한 총이익은 더 커진다는 점을 주목하자.

12.4B 투자국과 유치국에 대해 미치는 기타의 효과

노동과 자본이라는 두 가지 생산요소가 자본이동이 있기 이전이나 이후에도 모두 완전고용된다고 가정하면, 그림 12-1을 통해서 투자국에서 자본의 평균수익과 총수익은 증가하지만 노동의 평균수익과 총수익은 감소한다는 사실을 알 수 있다. 따라서 해외투자를 통해서 투자국 전체로는 이익을 얻지만, 국내소득은 노동자로부터 자본가에게로 재분배된다. 이러한 이유로 미국의 노동조합은 미국의 해외투자를 반대한다. 마찬가지로 투자유치국 역시 해외투자를 유치함으로써 이익을 얻지만, 그 결과 국내소득이 자본가로부터 노동자에게로 재분배된다. 완전고용이 이루어지지 않는 경우를 가정하면, 해외투자의 결과 투자국의 고용은 감소하는 반면 유치국의 고용수준은 증가한다. 따라서 투자국의 노동조합은 해외투자를 반대하며 유치국의 노동자들은 이익을 얻을 것이다.

국제자본이동은 투자국과 유치국의 국제수지에도 영향을 미친다. 한 국가의 국제수지는 여타국에 대한 총지출과 총수입을 측정하는 것이다. 해외투자가 발생하는 해에 투자국의 총지출은 증가하여 국제수지는 적자(해외로부터의 수입보다 해외에 대한 지출이 더 많음)가 된다. 이러한 요인으로 인해 1960년대 미국의 국제수지는 대폭의 적자를 기록하였으며, 1965년부터 1974년까지 미국의 해외투자는 규제되었다. 물론 투자국의 국제수지가 악화되는 이면에는 유치국이 해외투자를 유치하는 해에 유치국의 국제수지가 개선되는 반대 측면이 있다.

투자국이 처음 자본이전을 하여 해외지출이 증가함에 따라 국제수지가 악화되는 현상은 투자국의 자본재, 부품 및 기타 생산물 수출이 증가하고 자본이전에 따르는 이윤이 투자국으로 유입됨에 따라

어느 정도 완화되기는 한다. 초기의 자본이전에 따른 투자금액의 '회수기간'은 평균적으로 5년에서 10년인 것으로 추정된다. 장기적으로 고려해야 할 또 다른 효과는 해외투자로 인해서 투자국의 수출이 대체되거나 아니면 과거에 수출하던 상품을 수입하게 되는지의 여부이다. 따라서 해외투자가 투자국의 국제수지에 미치는 즉각적인 효과는 부정적이고 유치국의 국제수지에 미치는 효과는 긍정적이지만 장기적인 효과는 다소 불확실하다. 그러나 FDI 유입과 유출이 거의 균형상태인 국가에 대해서는 그 효과가 작을 것이다(사례연구 12-2의 표 12-5 참조).

또한 해외소득에 대한 각국의 과세율이 상이하기 때문에 해외투자가 투자국 및 유치국에 미치는 후생효과가 나타날 수 있다. 미국에서는 법인세가 수입의 30%이고 영국에서는 20%라면, 미국기업이 세금을 적게 내기 위해서 영국에 투자하거나 영국 내 자회사를 통해 해외판매를 하는 것은 당연한 일이다. 미국을 포함한 대부분의 국가들은 (형평성의 이유로 이중과세를 회피하기 위한) 이중과세협정의 서명국이므로, 미국은 해외수입의 (국내 세율 40%와 외국의 세율 30%의 차이인) 10%에 대해서만 과세할 수 있다. 결과적으로 과세표준과 징수세액은 투자국에서는 감소하고 유치국에서는 증가한다.

해외투자는 투자국과 유치국의 무역량 및 생산량에 영향을 미침으로써 교역조건에도 영향을 미칠 가능성이 크다. 그러나 교역조건은 양국에서의 경제상황에 따라 다르게 변화하므로 사전적으로 그 변화방향을 알 수 없다. 또한 해외투자는 투자국의 기술적 우위에도 영향을 미치며 유치국이 자국 경제를 통제하고 독자적인 경제정책을 수행할 수 있는 능력에도 영향을 미친다. 국제자본이동의 이러한 효과들은 다국적기업의 활동으로부터 야기되므로 다음 절에서는 이를 살펴보기로 한다.

12.5 다국적기업

전후 기간에 발생한 가장 중요한 국제경제 진전 상황 중의 한 가지는 다국적기업(multinational corporations, MNCs)의 확산이다. 다국적기업은 여러 국가에 걸쳐 생산설비를 소유하고 통제하며 경영하는 기업이다. 오늘날 다국적기업은 세계 전체 생산량의 약 25%를 차지하며 기업내무역(모기업과 자회사 간의 무역)은 제조업 분야 세계 총무역의 1/3가량을 차지하는 것으로 추정된다. 제너럴 모터스와 엑손과 같은 일부 다국적기업은 거대한 기업으로 연간 매출액이 수백억 달러에 달하여 일부 국가를 제외한 나머지 국가의 국민소득보다도 더 많다. 그뿐만 아니라 오늘날 대부분의 해외직접투자는 다국적기업에 의해 이루어진다. 이러한 과정에서 모기업은 보통 해외의 자회사로부터 생산과 소득의 일부를 받는 대신 자회사에게 경영기업, 기술, 부품, 판매조직을 제공한다. 이 절에서는 다국적기업이 존재하는 이유와 다국적기업으로 인해 투자국과 유치국에서 발생하는 문제점들을 살펴본다.

12.5A 다국적기업의 존재 이유

다국적기업이 존재하는 근본적 이유는 생산과 유통의 글로벌 네트워크로 인한 경쟁우위 때문이다. 이러한 경쟁우위는 부분적으로 해외의 자회사와의 수직적 통합 및 수평적 통합 때문에 발생한다. 대부분의 다국적기업은 수직적 통합을 통해서 해외 원자재와 중간재의 공급을 보장받을 수 있으며, 해외시장의 불완전성을 (보다 효율적인 기업 내 거래를 통해서) 우회할 수 있으며 보다 나은 유통 및 서비스 네트워크를 구축할 수도 있다. 또한 다국적기업은 해외 자회사와의 수평적 통합을 통해 독점력을 잘 보호하고 활용할 수 있으며, 자사제품을 현지 여건이나 기호에 맞출 수 있고 제품의 질을 일관성 있게 보장할 수 있다.

또한 다국적기업의 경쟁우위는 생산, 금융, 연구·개발(R&D) 및 시장 정보의 수집에 있어서의 규모의 경제 때문에 발생할 수도 있다. 다국적기업의 생산량은 많기 때문에 국내의 소규모 기업보다 생산에서의 특화와 분업을 더 한층 이룰 수 있다. 미숙련노동만을 이용해서 생산되는 부품은 저임금국가에서 생산되어 다른 곳으로 수송된 후 조립된다. 그뿐만 아니라 다국적기업과 자회사는 순수한 국내기업보다 더 좋은 조건으로 국제자본시장에 접근할 수 있기 때문에 대규모 사업에 필요한 자금을 용이하게 조달할 수 있다. 또한 다국적기업은 전문인력과 시설을 더 많이 이용할 수 있기 때문에 그들의 목적에 적합한 일부 선진국에서 연구 및 개발활동에 전념할 수도 있다. 마지막으로 해외 자회사는 해외 각지로부터의 정보를 모기업으로 집중시켜, 모기업은 일반적으로 국내기업보다 비교 생산비, 소비자 기호 및 시장 여건의 변화를 더 잘 평가하고 예상하며 활용할 수 있다.

대기업은 그 산업에서 추가적으로 투자할 때의 수익이 해외에서 더 높으면 해외에 투자한다. 대기업은 그 산업에서 경쟁우위를 가지고 있고 그 산업을 가장 잘 알기 때문에 보통은 해외투자를 결정할 때 국내의 기타 산업에서 더 높은 이윤 가능성을 고려하지 않는다. 즉, 대기업이 해외투자를 결정할 때 결정적으로 중요한 것은 특정 산업에서 예상되는 국내와 해외의 이윤율 차이이다. 이를 통해 토요타가 미국의 자동차 시장에 투자를 하고, IMB이 일본의 컴퓨터산업에 투자하는 이유를 알 수 있다. 실제로 일본의 몇몇 전자제품 다국적기업이 미국의 컴퓨터 시장을 공략하기 위해 미국시장에 투자하는 현상도 설명할 수 있다. 이러한 예들은 다국적기업이 대부분 **차별화된** 제품을 판매하는 **과점업체**라는 점을 의미하며, 이러한 차별화된 제품들이 등장하게 된 이유는 **기술 갭 모형**이나 **제품수명주기설** 및 규모의 경제에 의한 생산기술로 설명될 수 있다(6.5절 참조). 다국적기업이 판매하는 제품의 예로는 자동차, 석유제품, 전자제품, 금속, 사무용품, 화학제품 및 식료품 등이 있다.

또한 다국적기업은 순수 국내기업보다 자신들의 활동 환경을 통제하고 자신들에게 유리하도록 변화시킬 수 있다. 예를 들면 특정 부품을 생산하기 위한 공장을 설립하기 위한 장소를 결정할 때 다국적기업은 보통 세금감면, 보조금 및 기타 조세나 무역 특혜의 형태로 유인을 제공하는 저임금국가들을 둘러본다. 다국적기업은 투자유치국에 비해 규모가 크다는 점만으로도 현지 정부의 정책에 영향을 미치고 이익을 추출하는 데 있어 국내기업보다 유리한 위치에 있다. 그뿐만 아니라 다국적기업은 미래의 경쟁을 피하기 위해 유망한 국내기업을 매입할 수도 있고 현지 거래를 제한하는 기타의 관행에 가담해서 이윤을 증가시키는 데 순수 국내기업보다 더 유리한 위치에 있다. 또한 다국적기업은 분산화를 통해서 순수 국내기업보다 더 높은 이윤을 얻고, 직면하는 위험도 더 낮다.

마지막으로 다국적기업은 세율이 높은 국가의 자회사로 선적되는 부품에 대해서는 인위적으로 높은 가격을 책정하고, 세율이 낮은 국가의 자회사로부터 선적되는 부품에 대해서는 낮은 가격을 책정함으로써 세금부담을 최소화할 수 있다. 이를 **이전가격책정**(transfer pricing)이라 하는데, 독립적이거나 어느 정도 거리가 있는 기업 사이의 거래와는 달리 기업 내 거래의 경우에 이전가격책정이 종종 발생한다. 좀 더 최근에는 미국의 일부 다국적기업들이 회사법인을 이전하여 세금을 절감할 목적으로 [기업의 **법적 이전**(corporate inversion) 또는 **조세전도**(tax inversion)라고 함] 세율이 낮은 국가의 경쟁기업을 인수하거나 인수하려고 시도하고 있다.

종합하면 이러한 요인들이 결합하여 다국적기업은 순수 국내기업에 대해 경쟁우위를 가질 수 있으며, 이를 통해 오늘날 다국적기업이 대단히 중요한 이유와 확산되는 이유를 알 수 있다. 즉, 해외 자회사와의 수직적 통합과 수평적 통합을 통해서 규모의 경제를 활용함으로써, 그리고 순수 국내기업보다 활동 환경을 잘 통제함으로써, 다국적기업은 오늘날 존재하는 가장 중요한 형태의 민간부문의 국제경제 조직체로 성장하였다. 사례연구 12-3은 세계에서 가장 큰 다국적기업들을 살펴본다.

12.5B 다국적기업이 투자국에 야기하는 문제점

다국적기업은 범세계적으로 생산 및 유통을 효율적으로 조직하여 세계의 생산량과 후생을 증가시키기는 하지만, 투자국 및 유치국 내에서 심각한 문제점을 초래하기도 한다. 다국적기업의 폐해로 알려진 것 중 논쟁의 여지가 가장 많은 것이 해외직접투자로 인한 투자국에서 일자리의 상실이다. 다국적기업으로 인해 일자리를 상실하는 사람들은 투자국이 비교열위를 가지고 있는 생산부문에서 미숙련노동자와 반숙련노동자들이다. 이러한 이유로 미국과 기타 투자국의 노동조합들은 다국적기업의 해외투자에 반대한다. 그러나 해외직접투자의 결과 다국적기업의 본부에서는 일부 사무직, 경영직 및 기술직의 일자리가 창출될 수 있다. 상실된 일자리의 수가 창출된 일자리의 수보다 많다고 하더라도 해외직접투자

사례연구 12-3 전 세계에서 가장 큰 다국적기업

표 12-6은 2017년 매출액이 1,000억 달러를 상회하는 다국적기업에 대한 모기업의 본국, 주요 산업, 연매출액을 보여준다. 이 표로부터 11개 다국적기업 중에서 3개 기업이 미국과 독일 및 일본에 본부를 두고 있으며, 1개 기업은 대한민국과 영국에 본부를 두고 있음을 알 수 있다. 8개는 자동차기업이고 통신장비, 컴퓨터 장비 및 기계류가 각 1개를 차지한다. 피아트 크라이슬러는 해외매출의 비율이 가장 높으며(92.1%) 11개 기업의 단순 평균은 76.1%이다.

표 12-6 2017년 세계에서 가장 규모가 큰 다국적기업

순위	기업	본국	산업	연간매출액(10억 달러)	해외판매비율
1	피아트 크라이슬러	영국	자동차	125.1	92.1
2	혼다	일본	자동차	138.6	87.5
3	삼성	대한민국	통신장비	211.9	86.8
4	BMW AG	독일	자동차	111.2	86.3
5	다임러 AG	독일	자동차	185.3	85.4
6	닛산 자동차	일본	자동차	107.8	84.6
7	폭스바겐	독일	자동차	260.1	80.8
8	토요타	일본	자동차	265.0	68.4
9	애플 컴퓨터	미국	컴퓨터 장비	229.2	63.2
10	제네럴 일렉트릭	미국	기계	122.1	62.1
11	포드	미국	자동차	156.8	40.1

출처 : UNCTAD, *World Investment Report* 2018(New York and Geneva: UNCTAD, 2018)

가 없었더라면 창출된 일자리마저도 외국의 경쟁자에게 모두 빼앗겨 일자리는 전혀 창출되지 않았을지도 모른다. 물론 그 정도는 해외직접투자의 유형과 해외직접투자가 발생하는 상황에 따라 달라진다. 미국의 다국적기업이 해외에서 고용한 노동자들에 대해서는 사례연구 12-4를 참조하기 바란다.

이와 관련되는 문제로는 기업이윤을 극대화하기 위해 외국의 기타 저렴한 생산요소와 결합되는 선진기술의 수출이다. 이러한 선진기술의 수출은 투자국의 기술우위와 미래를 잠식할 수 있다는 주장이 제기되고 있다. 그러나 이러한 폐해와는 대조적으로 다국적기업은 본국에서 연구개발 활동을 집중하여 기술적 우위를 계속 유지하는 경향이 있다. 종합적으로 볼 때 다국적기업이 투자국의 기술우위를

사례연구 12-4   미국 다국적기업의 해외에서의 고용

표 12-7은 미국의 다국적기업이 각국에서 고용한 노동자의 수와 비율을 보여 준다. 이 표를 통해 미국의 다국적기업은 2015년에 1,410만 명 이상을 해외에서 고용했는데, 이 중 32.9%는 유럽에서, 35.9%는 아시아와 태평양에서, 20.2%는 라틴아메리카와 서반구 기타 지역에서 고용했다. 중국, 영국, 멕시코, 캐나다에서의 고용이 산업국가에서의 고용 중 가장 높았다(각각 총고용의 12.1%, 10.0%, 9.7%, 8.3%).

2015년에 외국의 다국적기업들은 미국에서 680만 명의 노동자를 고용했으며, (미국 다국적 기업이 해외에서 고용한 인원은 1,410만 명임) 8.8절에서 지적한 것처럼 미국 다국적기업이 해외에서 창출한 일자리가 모두 미국의 국내 일자리를 희생해서 이루어진 것은 아니라는 점에 주의해야 한다.

표 12-7   2015년 미국 다국적기업에 의한 해외고용 인력의 수(1,000명)

지역/국가	고용	총고용에 대한 비율(%)
캐나다	1,172	8.3
유럽	4,653	32.9
영국	1,416	10.0
독일	703	5.0
프랑스	478	3.4
아시아 및 태평양	5,071	35.9
중국	1,706	12.1
인도	1,136	8.0
일본	378	2.7
필리핀	335	2.4
라틴아메리카 및 기타 서반구	2,857	20.2
멕시코	1,377	9.7
브라질	681	4.8
아프리카	240	1.7
중동	132	0.9
모든 국가	14,124	100.0

출처 : U.S. Department of Commerce, *Survey of Current Business*, December 2017.

잠식할 것인가 하는 문제는 뜨거운 논쟁거리인데, 이에 대한 명쾌한 해답은 아직도 없는 상태이다.

다국적기업이 투자국에 미칠 수 있는 또 한 가지의 폐해는 이전가격책정 및 이와 유사한 관행 때문에 발생하고 또한 다국적기업이 세율이 낮은 국가로 생산 활동을 이전하기 때문에 투자국의 세수기반이 잠식당하고 조세수입이 감소한다는 점이다. 이는 국제적으로 공통된 조세 관행 때문에 나타난다. 구체적으로는 유치국은 자회사의 이윤에 대해 먼저 과세한다. 해외 자회사에 대한 이중과세를 피하기 위해 투자국은 (투자국의 세율이 유치국의 세율보다 높은 경우) 보통 본국으로 송금된 이윤에 대해서만 과세하고 그것도 세율의 차이만큼만 과세한다.

예를 들어 설명하면 이 점이 명확해질 것이다. 법인세율이 투자국에서는 50%이고 유치국에서는 40%이며, 세전 위험조정 이윤율이 해외에서는 20%이고 투자국에서는 16%라고 하자. 이때 다국적기업은 해외투자를 할 것이다. 해외에서 수익률이 20%일 때 유치국은 이 중 8%의 세금을 징수하고 나머지 12%는 다국적기업이 갖는다. 다국적기업이 12%의 세후 이익을 본국으로 송금하면 본국(투자국)은 이에 대해 (해외와 국내에서의 법인세율의 차이인) 10%의 세금을 징수한다. 따라서 본국은 1.2%만을 징수하며 그것도 다국적기업이 본국으로 송금하는 경우에만 해당된다. 다국적기업의 자회사가 해외에 재투자하는 것은 본국으로부터 무이자로 대출받는 것과 같다. 투자국과 유치국의 법인세율이 동일하다면 투자국은 다국적기업이 국내로 이윤을 송금한다고 하더라도 세금을 징수할 수 없다. 애초에 다국적기업이 국내에 투자하여 16%의 수익을 냈더라면, 본국은 (50%의 세율로) 8%의 세금을 징수했을 것이다. 따라서 다국적기업으로 인해 본국의 세수기반이 잠식되고 조세수입은 감소한다.

마지막으로 다국적기업은 국제금융시장에 용이하게 접근할 수 있기 때문에 국내의 통화정책을 우회할 수 있으며 그 결과 본국에서 정부 당국이 정책에 대한 통제력을 갖는 것이 어렵게 된다. 규모가 가장 큰 다국적기업 중 약 1/3의 본국이 미국이기 때문에, 다국적기업에 대해 제기되는 이러한 부정적 효과는 미국에게 특히 중요하다. 일반적으로 투자국(본국)은 국제수지상의 이유나 또는 최근 들어서는 고용상의 이유로든 다국적기업의 활동을 어느 정도 규제한다.

12.5C 다국적기업이 유치국에서 야기하는 문제점

유치국은 다국적기업에 대해 더 심각한 불만을 가지고 있다. 첫 번째 그리고 가장 중요한 점은 다국적기업이 국내 경제를 지배한다는 주장이다. 캐나다의 경우에 이러한 주장은 사실인데, 제조업 분야의 총자본 중 거의 60%가 외국인들에 의해 (40%는 미국인들에 의해) 소유되거나 통제되고 있다. 이러한 점은 일부 소규모 개발도상국의 경우에도 해당된다. 유치국이 외국의 지배를 느끼는 것은 다음의 경우들이다. (1) 다국적기업의 자회사가 본국에 우호적이지 않은 국가에 대해서는 수출을 꺼리거나 또는 그러한 수출을 금지하는 **본국**의 법을 준수해야 하는 경우, (2) 국내의 긴축적인 여신 상황을 우회하기 위해 해외로부터 자금을 차입하거나, 국내에서 이자율이 낮은 경우 해외로 대부하는 경우, (3) 코카콜라나 청바지 등과 같은 상품의 대규모 광고가 국내의 기호에 미치는 경우 등이다.

다국적기업이 투자국에 미치는 다른 폐해로는 연구 · 개발 자금을 본국으로 빨아들인다는 주장이 제기되고 있다. 물론 이렇게 하는 것이 다국적기업이나 세계 전체의 입장에서는 효율적일 수 있지만, 그 결과 유치국은 기술적으로 종속상태에 있게 된다. 이러한 점은 개발도상국의 경우에 사실이며 또한 심각하다. 또한 다국적기업은 현지 저축과 기업가적 자질을 흡수함으로써 경제성장과 발전에 더 중요할 수도 있는 기존의 국내기업은 이러한 것들을 이용할 수 없게 된다. 그러나 이러한 문제점이 발생하는 정도는 명확하지 않다. 아울러 다국적기업은 투자로 인한 이익의 대부분을 세금이나 관세 우대 또는 세금 회피의 방법을 통해 유치국으로부터 짜낼 수도 있다. 개발도상국의 광물과 원자재 생산에 대한 다국적기업의 해외직접투자는 해외 착취라는 원성을 사기도 했는데, 그 내용은 유치국에 낮은 가격을 지불하고, 노동이 풍부한 개발도상국에는 적절하지 않은 대단히 자본집약적 생산방법을 이용하며, 현지 노동을 훈련시키지 않고, 천연자원을 과잉개발하며, 이중구조의 **고립경제**를 창출한다는 내용들이다.

이러한 불만의 대부분은 어느 정도 사실이며, 개발도상국이 유치국인 경우는 특히 그러한데, 이로 인해 많은 유치국들은 해외직접투자의 이익은 증대시키는 반면 폐해를 완화하기 위해 해외직접투자를 규제하기에 이르렀다. 따라서 캐나다는 25% 이하의 캐나다 지분을 갖는 해외 자회사에 대해 더 높은 세금을 부과한다. 인도는 해외직접투자가 허용되는 부문을 명기하고 그 활동을 규제하기 위한 법을 제정하였다. 일부 개발도상국가들은 **합작투자**(현지인의 지분참여)만을 허용하고, 기술이전 및 국내 노동의 훈련에 관한 법을 제정하고 수입된 투입물의 이용과 이윤의 송금 한도를 설정하며 환경 규제 등을 가하고 있다. 극단적으로 유치국들은 외국의 생산시설을 국유화할 수도 있지만 이로 인해 그 국가에 대한 해외직접투자는 장차 심각하게 감소할 것이다.

대형 다국적기업의 1/3 정도의 투자 본국인 미국에서조차도 1980년대 후반대의 해외직접투자가 최고조에 달했을 때 외국의 통제에 대한 우려가 표출된 바 있다. 그 후 이러한 우려는 1990년대 초반 해외직접투자가 급격히 감소함에 따라 사라졌다(사례연구 12-1 참조). 현재 다국적기업에 대한 국제적 행동 규범을 제정하려는 노력이 유럽연합, OECD, UN 및 UNCTAD 내에서 진행 중이다. 그러나 투자국과 유치국의 이해관계가 상충되기 때문에 이러한 국제적 규범을 조문화시키는 것은 사실상 불가능할 것으로 보인다. 따라서 다국적기업이 투자국과 유치국에서 야기하는 문제점들과 남용사례들을 실질적으로 제한하는 것은 성공할 것 같지 않다. 우루과이 라운드에서는 해외직접투자에 대한 국내 규제 중 일부만을 철폐했다.

12.6 국제노동이동의 동기 및 후생효과

일반적으로 노동은 자본보다 이동가능성이 낮다. 그러나 19세기에 거대한 이민자의 물결이 유럽으로부터 신세계로 이동하였다. 그 결과 유럽에서는 인구 압력이 완화되었고 신세계, 특히 미국의 급속한 성장 및 발전에 크게 기여했다. 이 절에서는 노동이 국제적으로 이동하는 이유를 살펴보며 인구 유입국과 인구 유출국에 미치는 후생효과를 분석한다. 이러한 효과는 도표를 통해 살펴볼 수 있는 효과를 먼저 검토한 후에 도표를 통해 분석하기 곤란한 내용을 살펴보기로 하자.

12.6A 국제노동이동의 동기

노동은 경제적 동기와 비경제적 동기에 의해 국제적으로 이동한다. 19세기와 그 이전에 일어났던 국제적 이민의 일부분은 유럽에서의 정치적 · 종교적 억압을 피하기 위한 동기에서 이루어졌다. 그러나 대부분 국제노동이동, 특히 제2차 세계대전 말 이후의 국제노동이동은 해외에서 더 높은 실질임금과 소득을 얻을 수 있을 것이라는 전망 때문에 이루어졌다.

경제적 동기에 의해 이주를 결정하는 문제는 다른 유형의 투자를 분석할 때 사용된 분석도구와 방법을 이용하여 분석할 수 있다. 구체적으로는 다른 유형의 투자와 마찬가지로 이주에도 비용과 수익이 수반된다. 비용에는 수송비, 새로운 국가에서 일자리를 탐색하는 기간 동안 포기해야 하는 임금 등이 포함된다. 또한 수량화하기 곤란한 비용들도 많이 있는데, 여기에는 친척, 친구, 익숙한 환경으로부터의 이별, 새로운 관습과 종종 새로운 언어까지도 습득해야 할 필요성, 새로운 환경에서 일자리와 거주지 등을 찾을 때 수반되는 위험 등이 포함된다. 물론 이주는 보통 무리지어 연쇄적으로 이루어졌기 때문에 이러한 비경제적 비용은 크게 감소하였으며, 많은 이주자들은 같이 이동하였고, 같은 고향으로부터 상당수의 이주자가 이미 정착한 지역으로 이주하였다.

국제적 이주로 인한 경제적 이익은 이주 노동자가 그의 남은 노동수명 기간에 국내에서 벌 수 있었던 것보다 해외에서 더 많이 벌 수 있는 실질임금 및 소득의 차이로 측정할 수 있다. 이주로 인한 기타의 이익에는 이주자 자녀에 대한 고용 및 교육기회의 증가가 포함된다. 수익이 비용을 초과하는 크기로부터, 기타 투자의 경우와 마찬가지로 이주 결정에 관한 내부수익률을 추정할 수 있다. 이러한 수익률이 이주와 관련된 비경제적 비용을 상쇄할 정도로 충분히 크면 노동자들은 이주할 것이다. 물론 현실세계에서는 노동자들이 이러한 비용-편익 분석을 할 수 있는 정보를 가지고 있지 못하다. 그럼에도 불구하고 노동자들은 마치 그러한 분석을 할 수 있는 것처럼 행동한다. 이 점은 이주자들이 항상 저임금 지역에서 고임금 지역으로 이주한다는 사실로 확인할 수 있다. 그뿐만 아니라 젊은 노동자들은 나이 든 노동자들보다 보다 손쉽게 이주하는데, 그 이유는 해외에서의 더 높은 임금으로부터 이익을 얻을 수 있는 잔여 노동기간이 더 길기 때문이다.

12.6B 국제노동이동의 후생효과

국제적 노동이동이 이민 유입국과 이민 유출국에 미치는 후생효과는 국제자본이동을 분석하는 데 사용된 분석기법을 이용하여 분석할 수 있다. 그림 12-2에서 1국의 노동공급은 OA이고 2국의 노동공급은 $O'A$이다. $VMPL_1$과 $VMPL_2$는 각각 1국과 2국의 노동의 한계생산물가치 곡선이다. 완전경쟁 상태에서 $VMPL$은 노동의 실질임금과 같다.

이주가 일어나기 전에 1국에서 임금은 OC이고 총생산은 $OFGA$이다. 2국에서는 임금은 $O'H$이고 총생산은 $O'JMA$이다. 이제 노동이 국제적으로 자유롭게 이주할 수 있다고 하자. 1국(OC)보다 2국의 임금($O'H$)이 더 높기 때문에, AB의 노동자들이 1국에서 2국으로 이주한 결과 양국에서의 임금은 $BE(=ON=O'T)$로 균등화된다. 따라서 1국에서 임금은 상승하는 반면 2국에서는 임금이 하락한다(이러한 이유로 노동조합은 이민 유입을 반대한다). 한편 1국의 총생산은 $OFGA$에서 $OFEB$로 감소하며, 2국에서는 $O'JMA$에서 $O'JEB$로 증가하여, 세계 전체의 생산량은 (그림에서 색칠한 부분인) EGM만큼 순증가한다. 그 결과 (이민 유출국인) 1국에서는 소득이 노동자에게 유리하게 재분배되는 반면, 2국에서는 노동 이외의 생산자원에게 유리하게 소득이 재분배된다는 점에 주목하자. 1국은 이주 노동자로부터 송금을 받을 수도 있다. 또한 이주가 일어나기 전에 1국에서 AB만큼의 실업이 존재했더라면 이주가 일어나든 일어나지 않든 1국의 총생산은 $OFEB$가 되었을 것이며 이주로 인한 세계 전체의 총생산은 $ABEM$만큼 순증가한다(그리고 이는 2국으로 귀속된다)는 점 또한 주목하자.

그림 12-2 **그림 12-2** 국제노동이동의 산출량 및 후생효과

1국은 OA의 노동공급으로 OC의 실질임금과 $OFGA$의 총산량을 갖는다. 2국은 $O'A$의 노동공급으로 $O'H$의 실질임금과 $O'JMA$의 총산출량을 갖는다. 1국에서 2국으로 AB만큼 노동이동이 이루어지면 양국에서 실질임금을 BE 수준에서 균등화한다. 이것으로 인해 1국에서는 총산출량이 $OFEB$로 감소하고 2국에서는 $O'JEB$로 증가한다. 세계 총산출량은 EGM(색칠된 부분)만큼 순증가한다.

12.6C 국제노동이동의 기타 후생효과

지금까지는 모든 노동이 미숙련노동인 것으로 암묵적으로 가정하였다. 그러나 현실세계를 대충 관찰하더라도 여러 노동자와 노동자 집단에 체화된(교육, 훈련 및 건강의 형태로) 인적 자본의 양과 질에 큰 차이가 있음을 알 수 있다. 이때 고도로 숙련된 노동의 이주가 이민 유출국과 이민 유입국 사이에 미치는 후생효과는 어떻게 될 것인가 하는 의문이 생긴다. 이러한 후생효과는 미숙련노동의 이주로 인한 후생효과와는 다를 것이라는 점은 확실하다. 1950년대와 1960년대에 상당수의 과학자, 기술자, 의사, 간호사 그리고 고도로 숙련된 전문인력이 개발도상국으로부터 선진국으로 유럽으로부터 미국으로 이주함에 따라 이 문제에 대한 우려가 제기되었다. 예를 들면 1980년대에 세계의 여타 국가로부터 미국으로 쏟아져 들어온 870만 명 중 150만 명이 대학교육을 받았다. AT&T와 벨 연구소 산하 통신과학 연구 분야의 200명의 연구자 중 40% 이상이 외국에서 태어났으며, 미국대학에서 컴퓨터과학 박사학위를 받은 사람 중 50% 이상이 외국 태생의 학생이었으며, 이 중 상당수는 미국에 남았다. 실제로 반도체에서 생명공학에 이르기까지 미국의 첨단과학은 갈수록 세계화되는 시장에서 경쟁력을 기르기 위해 갈수록 이주 과학자와 기술자에 의존하고 있는 실정이다. 고도로 숙련된 노동자의 이러한 이주문제를 생동감 있게 표현하여 **두뇌유출**(brain drain)이라 한다.

숙련된 이주자의 유출국에서는 이러한 노동자를 교육하고 훈련하는 데 많은 비용을 지불하지만 결국은 이들이 고국을 떠나기 때문에 이민 유입국에게만 이익을 준다고 비난한다. 확실히 고도로 숙련된 노동자들은 고국에서 효율적으로 이용되기 어려운데, 일부 개발도상국에서 종종 발생하는 일이지만 의사가 간호업무만 수행하거나 엔지니어가 그저 기술자로 이용되는 경우가 그 예이다. 그럼에도 불구하고 이들 노동자의 고국은 이들 노동자를 훈련시키는 데 많은 비용을 지불하지만, 이민자로부터의 국내 송금이라는 형태의 이익(그러나 2017년도에 이 금액은 4,670억 달러를 상회하는데, 해외원

조는 1,470억 달러에 불과함)만을 받는다는 점도 여전히 사실이다. 아마도 보다 역동적이며, 민첩하고 젊은 노동자들이 해외로 이민을 가기 때문에 국내 노동력에서 이러한 자질을 가진 노동력은 감소할 것이다.

숙련노동의 이민을 장려하고 미숙련노동의 이민에는 심각한 제한을 가하는 (미국, 영국 및 기타 선진국과 같은) 각국의 이민법 때문에 종종 두뇌유출이 촉진되기도 한다. 이로 인해 숙련노동이 이민을 갈 때 숙련노동자에 대해 과세를 하거나 숙련노동자들이 이민국에서 차후에 버는 더 높은 소득에 대해서 과세를 함으로써 이민 유출국이 그들을 훈련시킬 때 지불한 비용의 일부를 회수할 수 있도록 하자는 주장도 제기되었다. 이러한 주장이 합리적인 것으로 보이기는 하지만 이주에는 개인의 자유와 같이 중요한 점을 수반한다는 점을 고려해야 할 것이다. 따라서 이주자 개인이나 이민 유입국 정부의 관점에서 볼 때, 이민자 고국에 대해 원조의 증가나 금융적 이전과 같은 방법을 통해 숙련 이민자의 훈련비용을 보상하는 것이 바람직한 것으로 보이며, 이민자의 고국이 개발도상국인 경우에는 더욱 그렇다.

숙련노동과 미숙련노동의 이주문제를 논의할 때 이주 결정은 어느 정도 항구적인 것으로 가정하였다. 그러나 상당수의 노동자의 이주, 특히 유럽연합에 대한 이주는 일시적인 것이었다. 즉, 독일과 같은 국가는 필요할 때마다 일시적으로 외국 노동자(소위 게스트 워커)를 받아들이지만, 국내 경기가 침체되어 외국인 노동자가 필요하지 않을 때에는 근로 허가를 갱신하지 않는다. 이렇게 함으로써 독일은 자국 경제와 노동력을 경기침체로부터 다소 격리시키는 대신, 이로 인한 조정부담은 터키, 알제리, 이집트와 같은 유출국이 떠안게 되는데, 이들 국가는 빈곤국가들이며 실업문제에 효과적으로 대처할 수 없는 국가들이다.

2010년에 이민자들은 오스트레일리아 **노동력**의 거의 26.5%, 스위스의 26.3%, 캐나다의 19.6%, 스페인의 14.3%, 독일의 12.9%, 미국의 12.5%, 프랑스의 11.6%, 영국의 11.3%였다. 사례연구 12-5는 역사적 자료를 통해 미국의 이민 및 이민정책에 대한 논쟁을 보여 준다. 최근 들어 선진국, 특히 유럽에서 실업률이 높아지면서, 과거 일시적 이주자들을 환영했던 프랑스와 영국 같은 국가에서도 그들은 별로 환영받지 못하고 있으며 차별도 심해지고 있다. 그들의 근로 허가는 갱신되지 않고 귀국하도록 종용되고 있다. 그럼에도 불구하고 유입국에서 그들의 숫자와 비율은 계속 증가하고 있다.

또한 불법이민의 문제가 있다. 이 문제는 미국에서 주 관심사가 되었는데, 미국에서는 수백만 명의 불법이민자들이 최저임금에도 미치지 못하는 임금을 받고 지하경제에서 일하고 있으며 사회보장 혜택도 거의 받지 못하고 있다. 불법이민은 미국의 미숙련노동자들에게 타격을 주기 때문에 미국의 소득분배에 심각한 영향을 미친다. 이로 인해 미국에서는 불법이민에 대처하고 불법이민의 홍수를 막거나 속도조절을 하기 위한 방법에 대한 격렬한 논쟁이 벌어졌다. 2015년 현재 미국에는 1,130만 명의 불법이민자들이 있는 것으로 추산된다. 이들 중 약 700만 명은 노동자들인데, 이는 미국 노동력의 약 4.9%에 해당된다. 2009~2011년의 경제위기와 높은 실업률을 경험한 후에야 미국으로의 불법이민 행렬이 상당히 줄어들었다.

1986년에 미국은 1986년 이민 개혁 및 **통제법**을 통과시켰는데, 이 법은 (1) 1982년 1월 1일 이전부터 미국에 지속적으로 거주했음을 입증할 수 있는 불법 외국인들을 사면하고 합법적 영주권과 궁극적으로는 시민권을 취득할 수 있는 가능성을 제공했고, (2) 불법 외국인을 고용한 고용주에게 불법 외국인 1인당 250달러에서 10,000달러에 이르는 벌금을 부과하도록 하였다. 2010년까지 1/4이 채 안 되는 불법 외국인들이 법적 지위를 신청했다. 2004년에 부시 대통령은 수백만 명의 불법 노동자들이 시민권의 기타 혜택과 아울러 일시적 법적 지위를 갖도록 허용하는 계획을 제안했다. 오바마 대통령도 이민 개혁에 성공하지 못했고, 트럼프 대통령은 2017년부터 미국의 이민 시스템을 정비하고자 하였다. 사례연구 12-5는 미국으로의 이민에 대한 역사적 자료를 보여 주고 이민정책에 대한 논쟁을 요약한다.

사례연구 12-5   미국의 이민 및 이민정책에 관한 논쟁

표 12-8은 1901년부터 2016년까지 매 10년 단위로 미국으로 이민 온 사람들의 수와 미국 인구에 대한 비율을 보여 준다. 이 표를 통해 미국으로 이민 온 사람들의 수가 1901년부터 1910년까지 10년 동안 거의 900만 명에 달했고, 미국 인구의 10%에 이르는 것을 알 수 있다. 미국으로의 이민은 1931년부터 1940년 기간에 대공황과 제2차 세계대전의 발발로 급격하게 감소했다. 제2차 세계대전 이후 이민은 다시 증가하여 2000년부터 2010년 기간에는 1,050만 명이었다(그러나 지난 세기에 미국 인구가 급증했기 때문에 이는 미국 인구의 3.5%에 불과하다).

2016년에 4,330만 명의 미국인이 미국 이외의 지역에서 태어났는데, 이는 미국 인구의 13.4%에 해당한다. 이 숫자는 제2차 세계대전 이후 가장 높은 수준이다(사상 최고는 1910년도의 14.7%). 불법이민자 수는 1,110만 명으로 이는 총이민자 수의 25.6%에 해당한다. 최근 들어 (불법이든 합법이든) 이민자 수가 급증하여 미국의 이민정책에 관한 뜨거운 논쟁거리가 되었다.

고도로 훈련받은 사람들이나 총명한 학생들이 미국으로 이민 와서 상위학위를 받고 미국에 남는 것은 미국에게는 큰 이익이 된다. 그러나 교육받지 못하고 기술이 없는 사람들의 이민의 경우에는 불분명하다. 미국 인구조사 자료에 의하면 25세 이상 최근의 이민자들 중 약 21%(순수 미국인의 경우에는 약 15%임과 비교)가 학사학위를 가지고 있지만 31%는 고등학교 졸업장이 없다(미국에서 태어난 사람들의 경우 8%임과 비교된다). 따라서 이민자의 대다수는 교육을 많이 받았거나 교육을 거의 받지 못한 사람들이다.

일반적으로 이민은 국가에 도움이 된다. 그러나 적어도 단기에는, 토착 노동자들은 이민이 없었을 때보다 더 낮은 임금을 받는 반면 고용주들은 더 낮은 임금을 지급함으로써 이익을 얻는다. 이를 통해 노동자들은 이민을 반대하는 반면 기업가들은 이민을 찬성하는 이유를 알 수 있다. 최근의 연구에서 보르하스(Borjas, 2005)는 외국인 노동자의 공급이 10% 증가할 때마다 이와 경쟁하는 미국 노동자의 임금은 3~4% 감소한다고 추정하였다.

1990년에는 H1-B 비자 프로그램이 설립되어, 고용주가 미국의 이민국에 청원하는 경우 매년 65,000명의 교육받은 외국인들이 주로 첨단산업에서 6년 동안(그러나 처음 3년 이후에는 갱신을 해야 함) 미국인의 전문화된 일자리를 채우도록 하였다. H1-B 비자의 수는 1999년에는 115,000명, 2001년에

표 12-8   1901~2016년 미국으로의 이민

| 연도 | 종합 | |
	이민자(1,000명)	비율[a]
1901~1910	8,795	10.4
1911~1920	5,736	5.7
1921~1930	4,107	3.5
1931~1940	528	0.4
1941~1950	1,035	0.7
1951~1960	2,515	1.5
1961~1970	3,322	1.7
1971~1980	4,499	2.0
1981~1990	7,256	3.0
1991~2000	9,081	3.4
2001~2010	10,501	3.5
2011~2016	6,335	3.4

[a] 미국 인구 1,000명당.

출처 : U.S. Department of Commerce, *Statistical Abstract of the United States:2018*.

는 195,000명으로 증가했지만, 2004년에는 65,000명으로 감소했다. 그 이후 미국의회는 이들 비자의 수를 급격하게 증가시키는 것을 고려하고 있다. 미국의 석사학위 또는 그 이상의 학위를 받은 지원자에 대한 고급학위 프로그램을 통해 20,000명이 추가로 승인된다.

출처 : S. A. Camarota, *Immigrants in the United States*, 2007 (Washington, D.C.: Center for Immigration Studies, November 2007); G. J. Borjas, "The Labor Market Impact of High Skill Immigration," *American Economic Review*, May 2005, pp. 56-60; "Talent Shortage Prompts US Calls for Visa Reforms," *Financial Times*, May 11, 2007, p. 5; "Winners and Losers from the H-1B Visa Program," NBER Digest, April 2017; "Illegal Immigration Falls to Low Level," *Wall Street Journal*, November 28, 2018, p. A3; and "U.S. Citizenship and Immigration Services, U.S. Department of Homeland Security," *H-1B Fiscal Year 2018*.

요약

1. 이 장에서는 자본, 노동 및 기술의 국제 간 이동의 효과를 검토하였다. 몇 가지 면에서 이것들은 국제 간 상품무역을 대체하는 역할을 한다. 주식이나 채권의 구입과 같은 포트폴리오 투자는 순수한 금융자산에 대한 투자이고 주로 은행과 투자기금을 통해서 이루어진다. 직접투자는 공장, 자본재, 토지, 재고에 관한 실물투자로서 자본과 경영이 모두 수반되고, 투자자는 투자자본의 사용에 관한 통제권을 갖는다. 국제 간의 직접투자는 보통 다국적기업에 의해 이루어진다.

2. 미국의 민간이 보유한 해외장기증권(주식과 채권)과 외국의 민간이 보유한 미국 내 해외장기증권은 1980년부터 2017년까지 급격히 증가하였다. 해외직접투자도 마찬가지이다. 1980년부터 2017년까지 미국의 유럽에 대한 해외직접투자의 양은 미국의 캐나다와 라틴아메리카에 대한 해외직접투자의 양보다 훨씬 빠른 속도로 증가했다. 제조업, 금융 및 서비스에서의 미국의 해외직접투자와 외국의 대미직접투자는 원유에 대한 직접투자보다 훨씬 빠른 속도로 증가했다. 1990년대 후반에 외국의 대미직접투자가 급증하였음에도 불구하고 1980년대 후반 및 지난 10년 동안과는 달리 이로 인해 큰 우려를 불러일으키지 않았다.

3. 국제 포트폴리오 투자의 기본 동기는 수익극대화와 위험분산화이다. 위험분산화는 양방향의 자본이동을 설명하기 위해 필요하다. 해외직접투자는 추가적인 설명을 필요로 한다. 이는 (1) 해외에서 독특한 생산지식이나 경영기법을 활용하는 것(수평적 통합), (2) 필요한 원자재의 해외 구입처나 해외 마케팅 판로에 대한 통제를 유지하는 것(수직적 통합), (3) 수입관세와 기타 무역규제를 회피하고 외국의 보조금을 이용하는 것, (4) 외국의 과점시장에 진입하는 것, (5) 장차의 경쟁을 피하기 위해 외국기업을 인수하는 것, (6) 금융상의 융통을 얻을 수 있는 우월한 능력이다.

4. 국제 간의 자본이동은 투자국과 투자유치국 모두의 국민소득을 증가시킨다. 그러나 투자국의 경우에 자본에 귀속되는 상대적인 몫은 증가하고, 노동에 귀속되는 몫은 감소하는 반면에, 투자유치국의 경우에는 상황이 반대가 된다. 이와 같이 고용수준은 투자국에서는 감소하고, 투자유치국에서는 증가한다. 단기에서는 투자국의 국제수지는 악화되고, 투자유치국에서는 개선되는 경향이 있다. 그러나 장기에서 해외투자가 투자국과 유치국에 미치는 국제수지 효과는 덜 분명하다. 법인세율이 높은 국가는 해외투자를 유발하게 되고 조세수입을 상실하게 된다. 교역조건 역시 해외투자에 의해서 영향을 받는다.

5. 다국적기업은 오늘날 민간부문의 국제경제 조직에서 가장 특별한 조직이다. 다국적기업이 존재하게 된 기본적인 이유는 전 세계적인 생산 및 유통의 경쟁적 우위이다. 다국적기업이 국내에 야기할 수 있는 문제점

은 국내 일자리를 수출하는 것이고, 국내의 기술상의 우위를 잠식하는 것이다. 또한 이전가격을 통해 국내 조세를 회피하고, 국내 경제에 대한 정부의 통제가 감소하는 것이다. 다른 한편으로는 유치국은 주권의 상실, 국내의 연구개발 활동, 조세회피, 부적절한 기술, 투자국에 흘러 들어가는 대부분의 이익들로 인해 불평을 한다. 그 결과 대부분의 유치국은 예상되는 부정적인 효과를 감소시키고, 가능한 한 이익을 증가시키기 위한 정책들을 채택해 왔다.

6. 국제 간 노동의 이동은 경제적, 비경제적 이유로 발생할 수 있다. 경제적인 이유로 노동이 이동하는 경우에 이주 결정은 다른 인적, 물적 투자의 경우와 같이 비용과 수익의 관점에서 평가될 수 있다. 국제 간에 노동이동은 이민 유출국의 경우에 총생산을 감소시키고, 실질임금을 증가시키는 반면에 이민 유입국에서는 총생산이 증가하고, 실질임금은 감소한다. 그 결과 세계 산출량은 증가한다. 고도로 숙련되고 훈련된 인력의 이동은 이민 유입국에게는 특별한 이익을 제공하지만, 이민 유출국에게는 매몰비용이나 대체비용의 형태로 심각한 부담을 가져온다. 이 문제는 두뇌유출이라 한다.

주요용어

다국적기업(multinational corporations)
두뇌유출(brain drain)
수직적 통합(vertical integration)
수평적 통합(horizontal integration)
위험분산화(risk diversification)

이전가격책정(transfer pricing)
직접투자(direct investments)
포트폴리오 이론(portfolio theory)
포트폴리오 투자(portfolio investments)

복습문제

1. 생산자원의 국제적 이동이 상품무역을 대체한다는 것은 무슨 의미인가?

2. 포트폴리오 투자란 무엇인가? 이는 어떤 기관을 통해 일어나는가?

3. 직접투자란 무엇인가? 어떤 기관이 주로 이를 행하는가?

4. 1980년과 2017년에 미국의 해외직접투자액과 미국이 보유한 해외 장기 증권액은 얼마인가?

5. 2017년의 미국의 해외직접투자는 유럽, 캐나다, 라틴 아메리카 및 기타 지역에 어떻게 분포되어 있는가? 2017년도 미국의 제조업, 금융 및 기타 활동에 대한 해외직접투자액은 얼마인가? 미국에 대한 외국인 투자에 대해서도 동일하게 답해 보라.

6. 국제 포트폴리오 투자의 기본 동기는 무엇인가? 해외직접투자를 설명하기 위해서는 어떤 이유가 추가적으로 필요한가?

7. 양방향의 국제 포트폴리오 투자를 어떻게 설명할 수 있는가? 위험분산이란 무엇인가? 수평적 통합이란? 수직적 통합이란?

8. 해외직접투자가 유치국 및 투자국의 국민소득에 미치는 효과는 무엇인가? 각 국가에서 노동 및 자본으로 귀속되는 국민소득은 상대적으로 어떤 영향을 받는가?

9. 해외직접투자가 유치국 및 투자국의 국제수지에 미치는 장기 및 단기효과는? 법인세율이 높은 국가는 어떤 문제에 직면하게 되는가?

10. 오늘날 다국적 기업의 중요성은 무엇인가? 다국적기업이 존재하는 이유는?

11. 다국적기업이 유치국에 야기하는 문제는 무엇인가? 투자국에 야기하는 문제는?

12. 유치국은 다국적기업의 해로운 영향을 제한하고 이로운 효과를 증대하기 위하여 어떤 노력을 기울였는가?

13. 노동자들이 국제적으로 이주하는 이유는 무엇인가? 노동자의 이주가 이주국 및 송출국의 노동자에게 귀속

되는 국민소득의 비율, 실질임금, 총생산에 미치는 효과는 무엇인가?

14. 두뇌유출이란 무엇인가? 이로 인한 문제는? 이를 어떻게 극복할 수 있는가?

연습문제

1. 가격-수량으로 된 그림에 자본유출이 투자국에 미치는 효과를 그리라.

2. 가격-수량으로 된 그림에 자본유입이 투자유치국에 미치는 효과를 보이라.

3. 이용 가능한 보다 최근의 데이터를 활용하여 표 12-1을 바꾸라.

4. 이용 가능한 보다 최근의 데이터를 활용하여 표 12-2를 바꾸라.

5. 이용 가능한 보다 최근의 데이터를 활용하여 표 12-3을 바꾸라.

6. 이용 가능한 보다 최근의 데이터를 활용하여 표 12-4를 바꾸라.

7. 다음 명제가 옳은가 그른가를 판단하고, 이유를 설명하라. "많은 자산들로 구성된 포트폴리오의 수익성은 그 포트폴리오의 가장 높은 수익을 갖는 자본의 수익을 초과할 수 없다. 그러나 가장 낮은 위험을 갖는 자산보다 더 낮은 위험을 가질 수는 있다."

8. 1국에서 2국으로 자본이동의 결과 양국에 동일한 이익을 보여 주는 그림 12-2와 유사한 그림을 그리라.

9. 1국에서 2국으로 자본이동에 의해 2국에 대한 이익보다 1국에 대한 이익이 더 큰 것으로 보이는 그림 12-2와 유사한 그림을 그리라.

10. 앞의 두 문제에 대한 답과 투자국과 투자유치국에 대한 국제자본이동으로부터의 총이익의 배분에 관한 그림 12-1로부터 어떤 일반적인 원리를 도출할 수 있는가?

11. 개발도상국에서 미국의 직접투자에 대한 수익률이 선진국에서 미국의 직접투자에 대한 수익률을 상회하는 이유를 설명하라.

12. 그림 12-2를 사용하여 미국의 노동조합이 왜 미국이 해외에 투자하는 것을 반대하는지 설명하라.

13. 그림 12-2를 사용하여 개발도상국의 노동이 해외직접투자의 유입으로부터 이익을 얻게 되는 이유를 설명하라.

14. 이용 가능한 최근 데이터를 사용하여 표 12-6을 바꾸라. 2017년 이래로 세계에서 가장 규모가 큰 다국적기업의 순위는 어떻게 변화되었는가?

부록

이 부록에서는 (1) 이전문제와 (2) 국제무역, 금융 및 원조, 이주에 대한 자료를 소개한다.

A12.1 이전문제

어떤 국제적 장기자본이동의 경우라도 그것이 성공적이기 위해서는 투자국으로부터 투자유치국으로 실물자본의 이동이 있어야 한다. 예를 들어 한 국가가 다른 국가에 1억 달러의 투자를 하게 되면 실제로 국제자본이동이 일어나기 위해서 투자국은 국내 실물자본을 방출하고 투자유치국에 1억 달러의 수출을 증가시켜야 한다. 현재로서 꼭 기억해야 할 점은 금융자본의 이전이 실제로 이루어지기 위해서 실물자본의 이동이 수반되어야 한다는 사실이다. 이를 **이전문제**라 한다.

　이전문제는 국제자본이동의 경우뿐 아니라 전쟁 피해보상 지불과 관련해서도 발생한다. 이러한 예로는 1870년부터 1871년까지의 전쟁 후에 프랑스가 프로이센에게 지불한 배상금과 제1차 세계대전 후 독일이 프랑스에게 지불한 배상금이 있다. 보다 최근에는 1970년대에 석유가격의 커다란 상승으로 인해 이전 문제가 발생하였다. 사우디아라비아, 리비아, 쿠웨이트와 같은 대부분의 석유수출 국가들은 석유소득의 전부를 석유수입 국가로부터의 수입에 지출하지 않았다. 지출되지 않은 대부분의 소득은, 특히 미국과 같은 선진국에서의 자산구입에 사용되었다. 모든 초과소득이 그렇게 사용되지 않게 되고 석유수입 국가가 수입초과를 개선시키려고 노력함에 따라 세계경제에서는 디플레이션 경향이 발생했다. 이와 같이 이전문제는 1970년대에 석유위기의 핵심을 이루고 있다.

　보다 더 직접적인 관심을 갖게 하는 것은 1980년대에 미국에 대한 막대한 순해외투자로부터 발생하는 이전문제인데, 그 결과 미국은 1914년 이후 처음으로 1985년에 채무국이 되었다. 이러한 거대한 미국으로의 순자본유입에 대응하는 것은 미국의 기록적인 무역적자로 그것을 통해 실물자본의 이전이 이루어졌다.

> **연습문제**　1973년부터 1980년까지(석유위기 기간) (a) 사우디아라비아의 배럴당 석유수출 달러 가격, (b) 석유수출기구(OPEC)의 총수출의 달러가치, (c) OPEC의 총수입의 달러 가치, (d) 미국 석유수입의 달러가치를 보여 주는 표를 만들라.(힌트 : 국제통화기금이 발행한 *International Financial Statistics* 1981년판 참조)

A12.2 국제무역, 금융 및 원조, 이주

표 12-9는 2016년 국제무역, 금융 및 원조에 대한 국가별 자료를 보여 준다.

표 12-9

	상품무역		제조업품 수출	첨단제품 수출	경상수지	해외직접투자의 순이동	(순)공적개발지원	외채		은행부문에 의한 국내 여신	순이주
	수출 (백만 달러)	수입 (백만 달러)	총상품무역 대비 비중	총상품무역 대비 비중	백만 달러	백만 달러	1인당(달러)	GNI 대비(%)	총 백만 달러	(% GDP)	(1,000명)
	2016	2016	2016	2016	2016	2016	2016	2016	2016	2016	2017
Afghanistan	596.455	6534.14	6.561715		−3647.721	93.58944	117.2763	12.20855	2403.87	T	−299.999
Albania	1962.114	4669.214	66.31311	0.6477507	−900.2067	1044.188	58.59669	71.03136	8437.14	66.16188	−40
Algeria	30026	47089	4.618177	0.3435239	−26178.95	1637.371	3.876516	3.585934	5466.35	54.75272	−50.002
Andorra											
Angola	27306.2	12538.2			−3070.972	4104.423	7.176507	41.19787	35364.6	28.75415	0
Argentina	57879	55911	26.56786	8.792814	−14693.04	3260.164	0.0592965	35.71719	190490	38.11481	24.002
Armenia	1791.723	3273.468	23.72327	5.938609	−238.1187	338.1152	111.7198	92.42558	9953.09	54.37078	−24.989
Australia	192488.5	195981	17.61814	14.78156	−37026.04	42579.99				182.7724	849.966
Austria	152099	157746.3	82.95526	17.57476	8291.062	−29948.41				129.8896	99.999
Azerbaijan	13118.4	8532.4	4.834548	2.083501	−1363.404	4499.666	7.942354	39.81687	14085.3	38.9158	0
Bangladesh	34894.41	44832.1			928.3475	2326.968	15.36401	17.56241	41125.6	61.44301	−2350.001
Barbados	516.834	1621.538	60.24268	24.34815		228.2921				47.0412	2.072
Belarus	23537.3	27609.9	54.81675	4.694039	−1669.1	1246.9	−2.348042	83.00191	37515.5	153.6902	10
Belgium	398033.5	372327.2	76.6617	12.53606	487.4944	37013.22					240
Benin	1764.861	2839.594	14.17039	2.830055	−808.7444	131.6859	45.33448	27.05924	2323.37	23.99757	−10
Bhutan	524.709	1002.451			−617.567	8.075838	64.51775	113.8044	2348.18	54.93303	0
Bolivia	6999.984	8479.26	5.483176	4.457497	−1931.555	335.3655	63.96561	33.23331	11015.3	76.30411	−50.005
Bosnia and Herzegovina	5326.501	9140.113	67.22773	2.610687	−820.5101	272.5213	126.6373	65.81041	10957.7	56.72826	−2.506
Brazil	185286.4	143492	39.86245	13.44871	−23545.85	78248.38	3.248787	30.89275	543257	111.3271	30
Bulgaria	26589.62	28955.18	57.16478	7.957681	1242.82	1655.55		76.39133	39656.8	54.34061	−24.001
Burkina Faso	2306.329	3170.783	11.74677	4.386818	−779.601	334.9134	54.87806	23.90544	2824.88	29.36571	−125
Burundi	109.3251	615.8663	18.47634		−354.8217	0.0554204	70.51708	20.17995	602.781	34.97329	20
Cambodia	10069.33	12631.66	93.15397	0.4323655	−1775.166	2287.034	46.2735	54.44994	10230.2	71.06424	−149.999
Cameroon	3408.403	5218.208	12.71217		−1037.127	663.7252	32.2733	30.45755	7283.23	18.61045	−24
Canada	390306.8	412963	54.49178	12.93471	−49423.05	34612.04					1100
Central African Republic	103.8772	309.7766	56.67713	0.0873599		31.19688	108.7489	38.80721	682.206	30.46742	−150
Central Europe and the Baltics	731925.7	722298.4	82.36758	10.63398		114153.6				65.63165	−243.005
Chad	1800	2500				559.8575	43.20762	17.57859	1654.99	26.61777	10
Chile	60597.34	58829.4	14.88638	6.948893	−3499.417	12373.87	9.959377			126.2544	85.285
China	2097632	1587925	93.75454	25.23614	202203.4	174749.6	−0.5738015	12.7946	1429468	215.1827	−1624.595
Colombia	31756.81	44889.87	25.50815	9.825404	−12128.92	13849	22.74599	43.33643	120282	53.69074	−147.004
Congo, Dem. Rep.	5400	4800			−1334.148	1204.709	26.76565	15.81633	5076.94	11.60475	119.303
Congo, Rep.	3788.711	5486.772				2006	17.13677	52.03848	3836.87	38.86325	−20.003
Costa Rica	9634.416	15121.48	52.14288	18.25831	−1473.868	2957.526	20.73591	46.94872	25567.1	79.12888	16.384
Cote d'Ivoire	10875.57	8695.217	66.83434	11.61767	−413.9917	577.4792	27.78917	32.3059	11344.1	32.0825	30
Croatia	13824.63	21906.77			1389.874	1864.322				84.90456	−40
Czech Republic	162714.1	143086.9	90.30865	13.878	3015.908	10850.61				66.74313	59.997
Denmark	95344.71	85554.73	62.92361	15.6724	22458.39	8529.083				215.041	75.998
Dominica	22.597	213.943			4.791871	31.61419	115.5786	58.47131	297.065	33.6745	
Ecuador	16797.66	16324.21	7.509403	8.370247	1442.259	755.3929	14.86048	35.53147	34083.5	36.05744	−30.776
Egypt, Arab Rep.	25468	55789	53.90162	0.4865808	−19894.2	8106.8	22.26272	20.01958	67214.1	119.6001	−275
El Salvador	5419.57	9829.3	77.82186	4.616906	−499.6864	479.4694	20.36338	60.31929	15424.9	88.77473	−202.694
Eritrea	341.9255	1050				52.30538			796.402	−60.001	−49.999
Ethiopia	2918.701	16965.76	12.53248	17.2435	−8269.356	3988.953	39.77942	31.97825	23063		70
Finland	57618.24	60872.53	69.13877	8.441461	−843.3364	4503.964				154.6078	
France	501764.8	572233	79.8334	26.66938	−21123.63	35407.75				155.2004	400.002
Georgia	2113.1	7294.6	32.21878	3.899192	−1848.129	1607.525	124.4159	117.9969	15986.8	65.43932	−50
Germany	1334356	1055718	83.99887	16.90519	297318.7	58056.86				133.7623	1850
Ghana	11136.88	12907.21	14.77901	1.509263	−2832.047	3485.333	46.65518	51.80756	21396.1	34.28577	−100
Greece	28165.29	48842.63	37.41004	11.44428	−1964.347	3060.785				126.0338	49.996
Guatemala	10465.3	17001.76	42.25154	5.446996	1023.4	1174.5	16.01511	31.65668	21234	41.91058	−46.073
Guyana	1440.6	1447.8	12.66834	0.1775124	127.8526	31.99908	90.30096	47.32183	1638.94	61.61222	−24.552
Haiti	1036.03	3422.95			−72.45935	104.9	99.03539	26.75633	2158.09		−175
Honduras	7939.7	10558.9	33.85056	2.482776	−586.9962	1147.03	45.18007	37.8156	7579.34	60.56947	−14.001
Hong Kong SAR, China	516734	547336	62.98458	12.12123	12711.2	133259.2				210.6171	146.542
Hungary	101915.8	93897.11	86.06151	14.03834	7593.624	69815.57				57.84966	29.999
India	264143.9	361207.8	73.06826	7.12969	−12113.71	44458.57	2.02291	20.40659	456140	75.0338	−2449.998
Indonesia	144743.1	135652.8	47.66832	5.786377	−16952.26	4541.714	−0.4291588	35.13192	316431	47.93617	−825
Iran, Islamic Rep.	73000	40000				3372	1.447356		5378.27	77.64807	−274.998
Iraq	43890	38713	0.002888		3843.1	146.4	61.41538				39.171
Ireland	130869.1	81105.77	87.98463	29.08979	14348.52	79163.35				98.83219	23.497
Israel	60401	68879.4	92.46929	18.38106	11879.3	11902.6				81.10976	50.002
Italy	461874.8	406924.9	83.61707	7.488383	47656.36	19635.9				170.6439	350
Japan	644899.7	607602.4	88.5325	16.22075	193996	39323.37	345.1493	250			0
Jordan	7548.633	19324.47	72.0381	1.919195	−3688.169	1552.958	289.6285	70.73158	27125.9	108.311	0
Kazakhstan	36736.9	25376.7	18.41853	30.38996	−8873.534	16779.57	3.426987	135.1364	163758	43.29844	0
Kenya	5694.932	14107.19			−3375.837	393.3594	45.16796	31.96356	22325	42.56854	−50
Korea, Rep.	495426	406192	90.09222	26.5832	99243	12104.3				169.6304	200
Kyrgyz Republic	1573.2	4000.4	47.11944	18.49041	−792.2426	619.2207	84.75204	125.253	7876.31	18.17313	−100.001
Lao PDR	3352.13	4739.45	27.34315	33.5807	−1233.699	997.4394	58.93152	93.07781	14159.9		−73.518
Lebanon	3930.114	19613.5	60.61875	2.371671	−10555.37	2610.182	189.5427	67.91034	31960.7	209.5882	−150
ILiberia	169.6	1311				453.18	176.6409	52.28681	951.62		−25
Libya	6000	10700			−4705.2	492.556	28.52102			45.36588	−9.997

(계속)

표 12-9 (계속)

	상품무역		제조업품 수출	첨단제품 수출	경상수지	해외직접투자의 순이동	(순)공적개발지원	외채		은행부문에 의한 국내 여신	순이주
	수출 (백만 달러)	수입 (백만 달러)	총상품무역 대비 비중	총상품무역 대비 비중	백만 달러	백만 달러	1인당(달러)	GNI 대비(%)	총 백만 달러	(% GDP)	(1,000명)
	2016	2016	2016	2016	2016	2016	2016	2016	2016	2017	2012
Lithuania	25023.8	27339.65	61.5476	11.74856	-490.2204	962.2974				52.21328	-25
Madagascar	2324.83	2854.704	30.50729	0.647806	-37.78601	540.8428	24.97735	30.62165	2934.51	18.77796	-7.5
Malawi	1017.411	2425.144			-911.7952	325.6324	68.72094	34.69913	1846.56	19.59375	-60
Malaysia	189659.3	168430.1	68.51771	42.9748	7132.791	13470.09	-1.662217	69.57507	200364	145.2564	250
Mali	2802.998	4099.776	21.84437	4.708348		125.5309	67.18372	27.94233	3787.945	28.72018	-200
Mauritania	1400.68	1900.061	0.1540533	0.0020465	-706.7855	271.1349	67.62353	84.84731	3833.466		25.502
Mexico	373939.2	397515.8	82.97804	15.2892	-23321.14	34775.68	6.345518	40.6776	422656.8	54.79036	-300
Moldova	2044.6	4020.2	32.90719	3.103245	-285.58	90.97	92.44771	91.96134	6594.69	31.72517	-14.318
Morocco	22838.53	41673.11	70.84036	3.671893	-4531.145	2318.279	56.47737	46.42937	46264.66	108.2576	-257.006
Mozambique	3328.236	5206.186	22.49647		-3845.982	3128.15	53.11924	95.66832	10293.92	43.94093	-25
Myanmar	11831.3	15704.7	28.74643	7.608172	-1760.884	3278.096	29.00602		6453.002	39.30248	-99.998
Nepal	695.949	8934.821	70.72962		-167.8299	105.9964	36.77771	19.72084	4251.27	86.18675	-350
Netherlands	571435.9	505067	67.26064	17.77787	65572.55	185753.1				208.904	80
New Zealand	33740.18	36062.61	18.37345	10.1442	-4376.612	1934.891					74.403
Nicaragua	4781.83	7062.2	50.36539		-989.29	898.9	70.00028	85.35147	10990.9	49.65951	-106.342
Niger	1031.689	1715.323	9.404625	1.937384	-1180.858	301.1279	46.01173	43.49081	3233.062	18.17699	-28.497
Nigeria	35000	39000	1.132071	1.972874	2713.567	4445.103	13.44543	7.85913	31151.47	26.55513	-300
Norway	89483.06	72669.31	22.66745	19.28457	14301.17	-18642.11				150.3312	140
Pakistan	20375	46847	78.22602	1.908155	-7094	2488	15.28368	24.10641	72697.48	52.35623	-1071.778
Palau	6.54	153.508	88.76828	60.28014		35.24487	822.6759				
Panama	11194.93	20569.2	90.11893		-3160	5994.6	5.604693	177.8249	89492.15	80.89943	31.448
Papua New Guinea	8184.847	2360			5180.993	-39.76982	65.29382		19688.49	46.48201	-1.001
Paraguay	8493.659	9752.56	9.444593	7.245459	414.5328		13.2217	62.89743	16323.43	45.1637	-82.365
Peru	37019.78	36265	13.13829	4.222255	-5303.69	6862.893	10.07779	37.73929	69503.05		-179.54
Philippines	57406.13	89435.02	85.26489	55.10235	-1198.874	8279.548	2.77632	21.06709	77319.2	63.49205	-650
Poland	202526.5	197299.5	80.30425	8.456638	-1369	16758				75.68864	-50.002
Portugal	55369.68	67789.88	76.73627	5.290145	1200.978	9422.381				159.3502	-30.001
Romania	63527.65	74564.22	79.52277	8.499881	-3960.512	6252.036		52.86652	95888.35	34.03604	-150
Russian Federation	281851	191588	21.76542	10.71925	24400.83	32538.9		42.02364	524685.9		799.998
Rwanda	745	2495.47	12.18907	12.28155	-1335.779	266.3	96.35907	34.08812	2783.188	18.93025	-44.999
Saudi Arabia	183579.5	140169.6	17.77306	2.969138	-23842.75	7452.533				34.05945	590
Senegal	2640.277	5477.912	36.46893	2.081141		392.8156	47.7815	46.55899	6637.541	42.23878	-99.999
Serbia	14882.3	19101.6			-1189.782	2354.734	89.74088	83.17655	29599.39	55.584	-50
Sierra Leone	561.3625	981.2297	20.38226	0.0012518	-162.3591	137.9657	93.71717	44.83686	1472.407	21.80289	-21
Singapore	338081.9	291908.3	79.07356	48.85089	58844.64	74253.03				129.5507	298.448
Slovak Republic	77559.82	75508.52	90.01344	9.825915	-1291.443	3548.473				77.84345	4.999
Somalia						339	81.67344	46.25825	2649.21		-199.788
South Africa	75207.28	91591.76	51.15327	5.292056	-8083.336	2215.307	21.09042	50.94712	146040.3	176.576	300
Spain	290053.6	311101.8	72.56231	6.979881	23768.7	32116.53				187.4506	200
Sri Lanka	10309.7	19182.8	69.96268	0.8430309	-1742.4	897.0494	17.22021	58.97036	46607.9	71.85931	-449.999
Sudan	3093.639	8323.395			-4213.356	1063.768	19.68137	24.34427	21082	22.46039	-250.001
Sweden	139486.8	140822.3	75.59843	14.28624	21674.79	8108.326				154.5169	200
Switzerland	302901.6	270113.1	91.17392	27.08278	63204.91	60477.42				179.71	250
Syrian Arab Republic	1700	4500					481.2491		4394.035		-1240
Tajikistan	899	3031			-362.2339	240.5324	38.20285	59.72486	4876.658	25.18456	-99.999
Tanzania	5129.7	9300.458	25.11053	2.015402	-2009.048	1365.388	41.70898	35.28239	16474.52	20.24924	-199.999
Thailand	215387.5	194198	78.24095	21.51317	48237.25	3063.235	3.307412	31.4314	121497.2	167.3533	97.222
Togo	1035.736	2260.509	51.29814	0.0330341		254.9384	21.68839	29.05971	1176.008	42.84292	-9.999
Tunisia	13572.05	19461.79	81.68865	6.072385	-3694.263	695.101	55.02204	69.49895	28110.51	92.58836	-20
Turkey	142529.6	198618.2	80.09437	2.029508	-33137	13343	45.43944	47.79408	405656.1	80.60418	1525.002
Turkmenistan	7000	7000				4522.482	5.826003	1.477619	508.683		-25.001
Uganda	2482.313	4829.459	24.95576	1.832544	-711.1472	625.7043	42.35276	39.63123	9946.994	23.37815	-150
Ukraine	36364	39151	47.51436		-1340	3441	38.64384	127.7787	117983.3	78.77873	-100
United Arab Emirates	299000	271000	8.24101	2.321466		8985.705				107.593	301
United Kingdom	409578.3	636365.9	79.0882	21.83372	-154872.8	265810.6				165.7866	900
United States	1451011	2250154	63.54046	19.95872	-451692	479415				241.8913	4500
Uruguay	6996.543	8136.629	22.12602	9.707015	416.7716	-379.1089	5.331001			35.03168	-15
Uzbekistan	9000	11500				66.50237	14.36076	23.7539	16282.53		-44.314
Venezuela, RB	23867	13550			-3870	1587	1.373852		113023.9	-60.493	-200
Vietnam	176580.8	174803.8	82.80588		8235	12600	30.59277	45.55726	86952.49	140.062	-200
West Bank and Gaza			65.30162	0.5939233	-1941.333	296.4735	527.6843				-32.816
Yemen, Rep.	500	6800				-561	69.83741	26.01504	7065.832		-150
Zambia	6512.805	7537.346			-953.9616	662.814	58.01684	50.57303	9547.794	27.04363	-40
Zimbabwe	3318.889	3700	13.31729	5.206453	-591.3199	343.0138	40.53593	57.00867	8897.584		-99.998
World	1.61E+07	1.63E+07	68.76595	17.8838		2448814	21.1812			184.1169	0
Low income	62061.57	127382.5				16551.03	46.86778	33.00746	121261.4	26.84755	-3675.622
Middle income	5103479	4843336	67.20647	18.1949		552261.4	13.02121	25.87125	6755687	143.3704	-10964.07
Lower middle income	998864.1	1260704	57.05694	10.18856		116441.5	18.10035	28.57486	1774683	66.86739	-10438.79
Upper middle income	4104594	3583080	69.48473	19.94889		435819.9	6.733557	25.0323	4981004	168.7523	-525.277
Low & middle income	5167787	4970597	66.93696	18.07985		568812.4	25.39131	25.96979	6876948	141.9723	-14639.69
East Asia & Pacific	2926138	2399496	86.03518	25.59164		219498.9	3.75411	17.182	2308375	194.4983	-3408.905
Europe & Central Asia	675408.5	678141.7	37.90009	8.62032		91933.18	23.50472	53.25211	1522544		1602.472
Latin America & Caribbean	740440.1	770967	56.40022	12.87468		147510	19.82656	38.08083	1740663	82.85127	-1731.412
Middle East & North Africa	229012.3	307430				20827.12	68.75999	18.40857	224686.7	95.23847	-2416.237
South Asia	331796.3	490066.4	73.22027	6.583439		50834.89	7.898018	21.63673	626729.4	71.2793	-6962.017
Sub-Saharan Africa	260179.7	322144.2				38208.45	42.86148	31.91205	453950.2	59.51906	-1723.595
High income	1.10E+07	1.13E+07	69.54354	17.80933		1880001	0.1828541			205.8341	14628.87

용어해설

가격-정화-유통 기구(price-specie flow mechanism) 금본위제도에서의 자동조정 메커니즘. 이는 적자국에서 금이 유출되고 화폐공급이 감소함으로써 작동된다. 그 결과 국내물가가 하락하여, 적자가 사라질 때 까지 수출은 증가하고 수입은 감소하게 된다. 흑자국에서는 반대의 과정을 통하여 흑자가 사라지게 된다.

가변수입관세(variable import levies) EU가 농산품의 수입에 부과하는 관세로 EU가 설정한 높은 농산물가격과 세계시장에서의 낮은 가격의 차이와 같다.

게임이론(game theory) 갈등 상황에서 최적의 전략을 선택하는 방법

경제동맹(economic union) 회원국 간 무역에 대한 모든 장벽을 철폐하고, 기타국에 대한 무역장벽을 통일하며, 회원국 간 노동과 자본의 자유로운 이동을 허용하고, 회원국의 조세, 금융 및 재정정책까지도 통일하는 동맹

경제상호원조회의(Council of Mutual Economic Association, CMEA 또는 COMECON) 1949년 서방국가로부터의 무역을 전환하여 공산권 국가 사이의 자급자족 정도를 높이기 위하여 소비에트 연합에 의해 결성된 공산권 국가 사이의 조직

경제통합(economic integration) 회원국들 사이에서만 차별적으로 무역장벽을 인하하거나 철폐하는 무역정책

공동시장(common market) 회원국 간 무역에 대한 모든 장벽을 제거하고 비회원국가에 대한 무역정책을 통일시키며 회원국 간 노동과 자본의 자유로운 이동을 허용함. 그 예로 1993년 1월 1일 이후의 유럽연합을 들 수 있다.

과점(oligopoly) 시장조직의 한 형태로 동질적이거나 차별화된 상품을 생산하는 생산자가 소수 존재한다.

과학적 관세(scientific tariff) 국내의 생산자들이 외국 경쟁자들과의 경쟁에 대처할 수 있도록 수입품의 가격이 국내가격과 같아지도록 부과하는 관세

관세공장(tariff factory) 수입관세를 회피하기 위하여 어떤 국가나(관세동맹과 같은) 경제 단위에 행하는 직접투자

관세동맹(customs union) 회원국 간 무역에 대한 모든 장벽을 제거하며 기타 국가에 대한 무역정책을 통일시킴. 대표적인 예로는 유럽연합이 있다.

관세 및 무역에 관한 일반협정(General Agreements on Tariffs and Trade, GATT) 다자간 무역협상을 통해 자유무역을 촉진하기 위한 국제기구

관세의 무역효과(trade effect of a tariff) 관세의 부과로 인한 교역량의 감소

관세의 보호비용(protection cost of a tariff) 관세 부과로 소비 왜곡과 비효율적 생산이 야기되어 발생하는 후생의 감소

관세의 사중적 손실(deadweight loss of a tariff) **관세의 보호비용** 참조

관세의 생산효과(production effect of a tariff) 수입품에 대해 관세를 부과하면 수입품의 국내 가격이 상승하여 이 상품의 국내 생산이 증가하는 것

관세의 소비효과(consumption effect of a tariff) 관세부과로 가격이 상승한 결과 수입 상품의 국내 소비가 감소하는 것

관세의 수입효과(revenue effect of a tariff) 관세로 인해 정부가 징수하는 수입

교역조건(terms of trade) 한 국가의 수출품 가격지수를 수입품 가격지수로 나눈 것

교역조건 효과(terms-of-trade effect) 무역을 할 때의 상품의 균형상대가격이 변화하는 것으로, 이는 한 국가가 성장함에 따라 교역량이 변화하기 때문에 발생한다.

교환으로부터의 이익(gains from exchange) 자급자족하에서 한 국가가 생산점에서 계속 생산한다고 하더라도 교환을 할 수 있기 때문에 발생하는 소비의 증가

구매계약(purchase contracts) 수입업자가 특정한 상품의 특정한 양을 구입하기로 합의한 최적가격과 수출업자가 특정한 양을 판매하기로 합의한 최고가격을 규정하는 다자간 장기계약

국가 간 생산요소의 이동가능성(international factor mobility) 생산요소가 수익이 낮은 국가로부터 높은 국가로 국경을 넘어 이동

국가안보조항(national security clause) (이미 협상되었더라도) 국가 안보에 중요한 산업에 피해를 줄 수 있는 관세인하를 방지하는 보호무역주의 장치

국내 부가가치(domestic value added) 최종재의 가격에서 그 상품의 생산에 사용되는 수입된 중간투입물의 비용을 뺀 것

국내 이동가능성(internal factor mobility) 한 국가 내에서 생산요소가 수익이 낮은 지역이나 산업으로부터 수익이 높은 곳으로 이동하는 것

국영무역회사(state trading companies) 중앙계획경제에서 특정한 생산 라인의 무역을 담당하는 국가 기구

국제개발협회(International Development Association, IDA) 1960년에 개발도상국에 대한 저리의 자금을 지원하기 위해 설립된 세계은행 그룹

국제금융공사(International Financde Corportation, IFC) 1956년 개발도상국에 대한 국내 및 해외투자를 촉진하기 위해 설립된 세계은행 그룹

국제무역기구(International Trade Organization, ITO) 제2차 세계대전 이후 국제무역을 다루기 위해 설립된 국제기구로 미 상원이 인준하지 않아 설립이 무산되었으며 그 역할을 GATT가 담당했는데, 역할은 위축되었다.

국제무역이론(international trade theory) 무역의 발생원인과 무역으로부터의 이익을 살펴봄

국제무역정책(international trade policy) 무역규제의 이유와 효과를 살펴봄

국제부흥개발은행(International Bank for Reconstruction and Development, IBRD) 제2차 세계대전 이후 개발도상국에 대한 장기적 개발지원을 제공하기 위해 설립된 국제기구

국제상품협정(international commodity agreements) 개발도상국의 1차 산품의 가격과 소득을 안정화시키고 증대시키기 위한 생산자 및 소비자 국가로 구성된 기구

국제 카르텔(international cartel) 여러 지역에 있는 상품 생산자(또는 정부) 기구로 기구의 총이윤을 증대하거나 극대화하기 위해 상품의 생산과 수출을 통제한다. 독점자처럼 행동하는 국제카르텔을 집중화된 카르텔이라고 한다.

국제투자포지션(international investment position) 연말 기준으로 한 국가의 해외자산과 그 국가에 대한 외국인 자산의 총량과 분포. 국제부채수지라고도 한다.

궁핍화 성장(immiserizing growth) 무역을 하지 않을 때 성장을 하게 되면 그 국가의 후생은 증가한다고 하더라도, 성장의 결과 한 국가의 교역조건이 아주 많이 악화되어 성장 후에 후생이 오히려 감소하는 현상

규모에 대한 수익불변(constant returns to scale) 생산량이 요소의 투입량과 같은 비율로 증가하는 경우

규모에 대한 수익증가(increasing returns to scale) 생산요소의 투입량이 증가하는 비율보다 생산량이 더 많이 증가하는 현상. 예를 들면 생산요소의 투입량이 2배 증가할 때 생산량이 2배 이상 증가하는 경우

균형성장(balanced growth) 생산요소의 양이 같은 비율로 증가하거나 두 가지 상품의 생산에서 기술진보가 같은 비율로 발생하는 것

그래비티 모형(gravity model) (다른 조건이 일정하다면) 두 국가 간의 무역은(물리학에서 뉴턴의 중력 법칙과 마찬가지로) 두 국가의 GDP의 곱에 비례하고 두 국가 간 거리에 반비례한다는 이론

금지관세(prohibitive tariff) 무역이 발생하지 않을 정도로 충분히 높은 관세율로 금지관세를 부과하면 폐쇄경제로 되돌아감

기술 갭 모형(technological gap model) 국제무역이 신상품이나 신공정의 도입 때문에 일정 부분 발생한다는 가설

기술·행정 및 기타 규제(technical administrative and other regulations) 안전규정, 건강규정, 상표요구조건 및 국경세 등과 같은 비관세장벽

기술적 한계대체율(marginal rate of technical substitution, MRTS) , 동일한 등량선상에 있으면서 노동 1단위를 더 고용할 때 포기할 수 있는 자본의 양

기회비용 불변(constant opportunity costs) 어느 한 가지 상품의 생산을 1단위 증가시키기 위하여 포기해야 하는 다른 상품의 양이 항상 일정한 경우

기회비용이론(opportunity cost theory) 한 가지 상품의 비용은 이 상품을 한 단위 더 생산할 수 있는 생산자원을 얻을 수 있도록 하기 위하여 포기해야 하는 다른 상품의 양으로 표시된다는 이론

기회비용 증가(increasing opportunity costs) 한 가지 상품의 생산이 증가함에 따라 이를 생산하기 위한 생산자원을 방출하기 위해서는 포기해야 하는 다른 상품의 양이 점점 증가하는 현상으로, 생산가능 곡선이 원점에 대해 오목한 형태로 표시된다.

남미공동시장(Southern Common Market) **메르코수르** 참조

내생적 성장이론(endogenous growth theory) 자유무역을 함으로써 장기의 경제성장이나 경제발전이 촉진되는 실제의 경로나 이유를 엄밀하고 상세하게 파악하기 위한 이론

내적인 규모의 경제(internal economies of scale) 한 기업의 생산 활동이 범세계적으로 통합될 때 나타나는 생산성 증가

노동가치설(labor theory of value) 상품의 가격이나 비용은 이를 생산하기 위해 투입된 노동의 양에 의해 전적으로 결정된다는 이론

노동-자본 비율(labor-capital ratio, L/K) 한 상품의 생산에 이용되는 자본 1단위당 노동의 양

노동절약적 기술진보(labor-saving technical progress) 노동 생산성보다는 자본 생산성이 빠르게 증가하는 기술진보로서 요소가격이 일정하다면 K/L가 상승한다.

노동집약적 상품(labor-intensive commodity) 생산요소의 상대가격이 어떻게 변하더라도 노동자본비율(L/K)이 높은 상품

다국적기업(multinational corporation, MNCs) 여러 국가에 걸쳐 생산 및 유통 조직을 소유, 통제 관리하는 기업

다자간 무역협상(multilateral trade negotiation) 여러 국가들 사이의 무역협상

단일요소 교역조건(single factoral terms of trade) 한 국가의 수출가격지수를 수입가격지수로 나누고 수출부문의 생산성 지수를 곱한 것

대량구매(bulk purchasing) 한 국영무역회사가 다른 나라의 국영무역회사로부터 한 해 또는 수년간에 걸쳐 특정한 양의 상품을 구매하기로 한 협정

대체탄력성(elasticity of substitution) 생산요소의 가격이 변화함에 따라 생산에서 한 가지 생산요소를 다른 생산요소로 대체하기에 용이한 정도

대체탄력성 불변 생산함수(constant elasticity of substitution [CES] production function) 노동과 자본 사이의 대체탄력성이 일정한(반드시 1일 필요는 없음) 생산함수

덤핑(dumping) 어떤 상품을 원가 이하 또는 국내 판매가격 이하로 수출하는 것

도쿄 라운드(Tokyo Round) (1974년의 무역확대법을 근거로) 평균 관세율을 평균 30% 인하하고 비관세장벽을 시행하는 국가의 행동원칙을 규정하기로 한 다자간 무역협상으로 1979년에 종결됨

도하 라운드(Doha Round) 2001년(카타르의) 도하에서 시작된 다자간 무역협정으로 2004년까지 타결되도록 하였으

며, 무엇보다도 개발도상국의 선진국 시장에 대한 접근성 확대를 목표로 하고 있다.

독립국가연합(Commonwealth of Independent States, CIS) 1991년 말 소비에트연방이 해체되면서 대부분 과거 소비에트 공화국이었던 국가들로 구성된 조직

독립국가연합 자유무역지대(Commonwealth of Independent States Free Trade Area, CIS-FTA) 독립국가연합 간의 자유무역지대

독점(monopoly) 시장조직의 한 형태로 상품의 생산자가 하나밖에 없으며 밀접한 대체재가 존재하지 않는다.

독점적 경쟁(monopolistic competition) 시장조직의 한 형태로 차별화된 상품을 판매하는 다수의 생산자가 있으며 산업에 대한 진입과 퇴출이 상대적으로 용이하다.

동일한 기술(same technology) 생산기술이 동일함. 그 결과 양국에서 생산요소의 상대가격이 같다면 두 가지 상품을 생산할 때의 K/L이 양국에서 같아지게 된다.

동태분석(dynamic analysis) 한 균형 상태로부터 다른 균형 상태로 가는 조정과정이나 시간 경로를 다룬다.

동태적 외부경제(dynamic external economies) 어느 산업의 생산이 누적적으로 증가하여 시간이 지남에 따라 개별 기업들이 지식을 축적함에 따라 평균생산비가 하락하는 현상

두뇌유출(brain drain) 대단히 숙련된 기술자나 훈련된 사람들이 개발도상국에서 선진국으로 또는 기타 산업국가에서 미국으로 이주하는 것

등량선(isoquant) 기업이 일정한 생산량을 생산할 수 있도록 하는 두 가지 생산 요소의 여러 가지 조합을 보여 주는 선

등비용선(isocost) 생산요소의 가격과 생산요소에 대한 지출이 일정할 때 한 기업이 고용할 수 있는 생산요소의 여러 가지 조합을 보여 주는 선

레온티에프 역설(Leontief paradox) 미국의 수입대체품은 미국의 수출품에 비해 자본집약적이었다는 실증적 결과. 이는 가장 자본 풍부국인 미국은 자본집약적인 상품을 수출하고 노동집약적인 상품을 수입할 것이라는 헥셔-오린 모형과는 정반대의 결과이다.

립진스키 정리(Rybczynski theorem) 상품의 상대가격이 변화하지 않을 때 한 가지 생산요소의 양이 증가하면 증가한 생산요소를 집약적으로 이용하는 상품의 생산은 비례이상으로 증가하는 반면 다른 상품의 생산은 감소한다는 정리

마케팅 보드(marketing boards) 농산품 생산자의 수출가격을 안정화하기 위하여 제2차 세계대전 이후 일부 개발도상국이 설립한 제도

메르코수르(Mercosur) 1991년 아르헨티나, 브라질, 파라과이, 우루과이가 창설한 남미공동시장

메츨러 패러독스(Metzler paradox) 스톨퍼-사무엘슨 정리에 대한 예외적인 상황

명목관세(nominal tariff) (종가관세와 같이) 최종 생산물의 가격에 대해 부과되는 관세

무관세지대(duty-free zones) 원자재나 중간재를 무관세로 사용할 수 있도록 함으로써 해외투자를 유치하기 위한 지역

무역굴절(trade deflection) 자유무역지대 밖의 국가들이 자유무역지대 내 기타 회원국의 높은 관세율을 회피하기 위하여 자유무역지대 내 저관세율 국가로 수출하는 것

무역규제(trade controls) 정부가 국제무역을 규제하기 위해 시행하는 관세, 쿼터, 수입 예치금 및 기타의 규제

무역무차별곡선(trade indifference curve) 한 국가에 동일한 만족을 주는 여러 가지의 무역 상황을 보여 주는 곡선

무역으로부터의 이익(gains from trade) 각 국에서 생산에서의 특화와 무역으로 인해 발생하는 소비의 증가

무역을 하는 경우 상품의 균형상대가격(equilibrium-relative commodity price with trade) 두 국가의 무역이 균형을 이루게 되는 점에서의 두 국가 공통의 상대가격

무역의 원인(basis for trade) 두 국가 사이에 무역을 가능하게 하는 힘. 애덤 스미스에 의하면 절대우위였고, 데이비드 리카도에 의하면 비교우위였다.

무역전환(trade diversion) 생산비가 저렴한 관세동맹 외부 국가로부터의 수입이 관세동맹 내의 고비용 수입으로 대체될 때 발생한다. 이는 그 자체로 후생을 감소시킨다.

무역전환 관세동맹(trade-diverting customs union) 무역창

출과 무역전환을 동시에 발생시키는 관세동맹으로, 이 두 가지 힘의 상대적 크기에 따라서 회원국의 후생은 증가하거나 감소할 수 있다.

무역정책(trade policy) 한 국가의 국제무역이나 통상에 대한 규제

무역조정지원(Trade Adjustment Assistance, TAA) 1962년의 무역확대법(그 후의 무역법에서도 계속됨)의 일환으로 무역자유화로 피해를 입은 해고 노동자와 산업에 대한 지원

무역창출(trade creation) 관세동맹 내 회원국의 국내 생산이 생산비가 더 저렴한 동맹 내 다른 회원국의 생산으로 대체될 때 발생하며, 이는 후생을 증대시킨다.

무역창출 관세동맹(trade-creating customs union) 무역창출만을 야기하는 관세동맹으로 회원국 및 비회원국의 후생을 증대시킨다.

무역촉진권한(trade promotion authority) 미국 대통령에게 다른 국가와 범세계적 무역협상을 할 수 있도록 허용한 법안으로 의회는 대통령이 체결한 협정에 대해 수정할 수 없고 오로지 찬성과 반대만을 결정할 수 있다.

물류비(logistic costs) **수송비** 참조

미시경제학(microeconomics) 특정 국가 또는 한 가지 상품의 상대가격과 같은 개별 단위에 대한 연구

반세계화 운동(antiglobalization movement) 세계화 때문에 범세계적인 인권 및 환경문제가 야기되며 다국적기업의 이윤을 위해 인류 후생과 환경 복지가 희생된다고 주장하는 느슨한 조직

발트해 자유무역협정(Baltic Free Trade Agreement, BAFTA) 에스토니아, 라트비아, 리투아니아의 발트 3국 내에서 자유무역지역을 설립하기 위한 협정

복수요소 교역조건(double factoral terms of trade) 수출품 가격지수를 수입품 가격지수로 나눈 비율에 수출부문의 생산성 지수를 수입경쟁부문의 생산성 지수로 나눈 비율을 곱한 것

복합관세(compound tariff) 종가관세와 종량관세를 결합한 것

부분균형분석(partial equilibrium analysis) (기업이나 국가와 같은) 개별적인 의사결정자의 행동을 따로 분리하여(국가나 기업이 경제의 다른 부분과의 상호 연관성을 무시하고) 분석하는 것

부의 효과(wealth effect) 한 국가에서 성장을 한 결과 발생하는 노동자 또는 1인당 산출량의 변화

북미자유무역협정(North American Free Trade Agreement, NAFTA) 미국, 캐나다, 멕시코 사이에 자유무역을 하기로 한 협정으로 1994년 1월 1일 발효되었다.

불완전 특화(incomplete specialization) 무역을 한 후에 양국에서 두 가지 상품을 모두 생산하는 현상으로 소국의 경우에도 해당된다.

브렉시트(Brexit) 'British exit'의 약자로 영국이 유럽연합에서 탈퇴한 것을 의미하며 2016년 6월 23일 국민투표에서 결정되고, 2020년 1월 31일 단행

비관세장벽(Nontariff Trade Barriers, NTBs) 국제 카르텔, 덤핑 및 수출보조금뿐만 아니라 수출자율규제, 기술적, 행정적, 기타의 규제와 같은 관세 이외의 무역 규제

비교역상품(nontraded goods) 수송비가 국제 간 가격 차이보다 크기 때문에 국제적으로 교역되지 않는 재화와 서비스

비교역 서비스(nontraded services) **비교역상품** 참조

비교우위의 법칙(law of comparative advantage) 한 국가가 모든 상품의 생산에 있어 다른 국가보다 덜 효율적이거나 또는 절대열위를 가지고 있더라도 상호 이익이 되는 무역이 발생할 수 있음을 설명한다. 덜 효율적인 국가는 절대열위가 보다 작은 상품(이것이 비교우위를 가진 상품이다)을 생산하여 수출해야 한다.

비교정학(comparative statics) (경제여건의 변화로 인한) 2개 또는 그 이상의 균형점을 비교하여 탐구하며 조정 과정이나 이행 과정은 고려하지 않는다.

사회무차별곡선(community indifference curve) 한 국가 또는 사회에 동일한 만족을 줄 수 있는 두 상품 간의 다양한 조합. 사회무차별곡선은 우하향하고, 원점에 대해 볼록하며 교차하지 않는다.

산발적 덤핑(sporadic dumping) 예기치 못한 일시적 초과 공급 상태에 직면하여, 국내가격을 인하하지 않고 이를 해소하기 위하여 국내보다 낮은 가격으로 해외에서 간헐적으로 판매하는 것

산업내무역(intra-industry trade) 같은 종류의 산업 또는 생산물 그룹에 포함되는 차별화된 상품들의 무역

산업내무역지수(intra-industry trade index, *T*) 수출액과 수입액 차이의 절댓값을 수출액과 수입액의 합으로 나눈 후 1에서 뺀 값

산업연관표(Input-Output table) 경제 내 각 상품의 원천과 목적지를 보여 주는 표

산업정책(industrial policy) 산업국가에서(첨단산업과 같은) 일부 산업의 발전과 성장을 촉진하기 위한 정부의 적극적인 개입정책

상계관세(countervailing duties, CVDs) 외국 정부가 지급한 보조금의 효과를 상쇄하기 위하여 부과하는 관세

상품 또는 물물교환 교역조건(commodity or net barter terms of trade) 한 국가의 수출품 가격지수를 수입품 가격지수로 나눈 후 100을 곱한 것

상품의 상대가격(relative commodity prices) 한 상품의 가격을 다른 상품의 가격으로 나눈 것. 이는 첫 번째 상품의 기회비용과 같고 생산가능곡선의 기울기의 절댓값과 같다.

상호수요곡선(reciprocal demand curve) 오퍼곡선이라고도 한다.

상호수요의 법칙(law of reciprocal demand) 무역이후에 한 국가의 상호수요곡선 또는 오퍼곡선이 만나는 점에서 결정되는 상품의 균형상대가격

상호의존성(interdependence) 국가 간 경제적 관계

생산가능곡선(production possibility frontier) 한 국가가 가지고 있는 생산요소를 모두 활용하고 이용 가능한 최선의 생산방법으로 생산할 때 생산할 수 있는 두 가지 상품의 여러 가지 조합

생산계약곡선(production contract curve) 두 가지 상품의 등량선이 서로 접하여 투입요소가 가장 효율적으로 이용되는 점들을 연결한 곡선

생산자 잉여(producer surplus) **지대** 참조

생산함수(production function) 투입요소의 양이 변화함에 따라 변화하는 최대 생산량과의 관계

성장의 엔진(engine of growth) 19세기에 무역이 신정착지역의 고도성장과 발전을 견인한 원동력이었다는 이론

세계무역기구(World Trade Organization, WTO) 우루과이 라운드에서 설립되어 GATT를 대체하게 된 기구로 공산품, 농산품, 서비스 무역을 관장하며 무역분쟁 해결 권한이 확대되었다.

세계은행(World Bank) **국제부흥개발은행** 참조

세계화(globalization) 무역 및 금융 그리고 교통 통신의 혁신이 혁명적으로 발전함에 따라 범세계적으로 경제 통합이 가속화되는 현상

소국의 경우(small-country case) 무역을 한 후의 상품의 상대가격이 무역 이전에 대국의 국내 상대가격 수준에서 결정되어 소국이 무역으로부터의 이익을 독차지하는 경우

소득교역조건(income terms of trade) 수출품 가격지수를 수입품 가격지수로 나누어 수출량을 곱한 것

소비자잉여(consumer surplus) 소비자가 어느 한 상품을 구입하기 위하여 지불할 의사가 있는 금액과 실제로 지불하는 금액의 차이

수송비(transport cost) 운임, 보관비, 하역비, 보험료, 운송 중인 화물에 대한 이자비용

수입관세(import tariff) 수입품에 대한 관세

수입대체 공업화(import-substitution industrialization) 1950년대, 1960년대 및 1970년대에 많은 개발도상국들이 채택했던 공업화 전략으로 제조업품의 수입을 국내생산으로 대체하는 전략이다.

수입대체상품(import substitutes) (미국에서 자동차와 같이) 국내에서 생산을 하기는 하지만(생산에서의 불완전특화 때문에) 외국으로부터 수입하는 상품

수직적 통합(vertical integration) 기업이 자체의 원자재와

중간재를 공급받기 위해 후방으로 통합하거나 판매망이나 유통망을 확보하기 위하여 전방으로 통합하는 것

수출 불안정성(export instability)　수출 가격과 소득의 단기적 변동

수출관세(export tariff)　수출품에 대한 관세

수출보조금(export subsidies)　잠재적인 수출업자들에게 세금 감면이나 재정 보조 융자를 제공하거나 수출품을 수입하는 외국인들에게 저금리의 융자를 하는 것

수출비관주의(export pessimism)　개발도상국은 선진국의 보호무역 조치로 인해 선진국에 대한 급격히 수출을 늘려나갈 수 없다는 생각

수출입은행(Export-Import Bank)　미국 정부기관으로 미국의 수출품을 구매할 수 있도록 외국인들에게 저리의 금융을 제공한다.

수출자율규제(voluntary export restraint)　수입국이 전방위로 무역규제를 하겠다고 수출국을 위협하여 수출국이 '자발적으로' 수입국에 대한 수출을 감소시키도록 하는 것

수출지향 공업화(export-oriented industrialization)　일부 개발도상국이 추구한 공업화 정책으로 수출 목적 제조업품 생산량 증가를 꾀한다.

수출통제(export controls)　국제상품협정의 한 종류로 각 국이 수출하는 상품의 양을 규제한다.

수평적 통합(horizontal integration)　국내에서도 생산되는 차별화된 상품을 해외에서 생산하는 것

순무역편향적 생산 및 소비(protrade production and consumption)　생산과 소비가 증가하여 무역량이 비례 이상으로 증가하는 것

스무트-홀리 관세법(Smoot-Hawley Tariff Act of 1930)　1932년에 미국의 평균관세율을 사상 최고인 59%로 인상한 법

스톨퍼-사무엘슨 정리(Stolper-Samuelson theorem)　무역의 결과 어떤 상품의 상대가격이 상승하면 그 상품을 생산하는 데 집약적으로 이용되는 생산요소에 대한 보수가 증가한다는 이론

시장지향적 산업(market-oriented industries)　생산과정에서 중량이 증가하거나 수송이 어려워지는 상품을 생산하는 산업으로 생산물 시장 근처에 위치하는 경향이 있다.

신보호무역주의(new protectionism)　새로운 형태의 비관세 장벽

신생독립국가(newly independent states)　아르메니아, 아제르바이잔, 벨라루스, 에스토니아, 그루지야, 카자크스탄, 키르기스스탄, 라트비아, 리투아니아, 몰도바, 러시아, 타지키스탄, 투르크메니스탄, 우크라이나, 우즈베키스탄을 포함한다.

신정착지역(regions of recent settlement)　19세기에 유럽인들이 정착한 미국, 캐나다, 아르헨티나, 우루과이, 오스트레일리아, 뉴질랜드 및 남아프리카공화국과 같이 인구가 희소하고 자원이 풍부한 지역

신흥공업경제(Newly Industrialized Economies, NIEs)　홍콩, 대한민국, 싱가포르, 대만과 같이 GDP, 공업생산, 제조업 수출의 급격한 성장을 경험한 국가들로 고도성장경제(HPAEs)라고도 한다.

실효보호율(rate of effective protection)　어느 상품을 생산할 때 국내의 부가가치를 기준으로 계산된 관세

쌍방무역(bilateral trade)　두 국가 사이의 무역

아시아 인프라 투자은행(Asian Infrastructure Investment Bank, AIIB)　상해에 본부가 있으며 1,000억 달러의 초기 자본금으로 지역 내 인프라 사업을 지원하기 위해 설립됨

아웃소싱(outsourcing)　세계화된 세상에서 비용을 절감하기 위해 부품이나 컴포넌트를 해외에서 구매하는 것

약탈적 덤핑(predatory dumping)　외국의 경쟁자를 축출하기 위하여 해외에서 일시적으로 낮은 가격에 판매하고, 그 후에는 이로 인해 획득한 독점력을 이용하여 가격을 인상하는 것

에지워스 상자도(Edgeworth box diagram)　이용 가능한 생산요소의 양이 일정할 때 두 가지 상품의 등량선으로부터 유도된 상자도

역무역편향적 생산 및 소비(antitrade production and

consumption) 생산 및 소비 증가의 결과 무역이 비례 이하로(또는 절대적으로 감소하기까지) 증가하는 것

열등재(inferior goods) 소득이 증가함에 따라 소비가 감소하고 소득이 감소함에 따라 소비가 증가하는 재화(따라서 수요의 소득탄력성은 음(−)이다.)

오일러 정리(Euler's theorem) 생산에서 규모의 경제가 성립하고 각 생산요소가 생산성만큼 지급받으면 생산물의 가치는 생산요소에 대한 보수의 합과 정확하게 일치한다는 이론

오퍼곡선(offer curve) 한 국가가 수출 상품을 제공하는 대신 요구하는 수입상품의 양을 표시한 곡선으로, 상품의 상대가격이 변화함에 따라 요구되는 수입상품과 수출상품의 양을 표시한 곡선이다.

오프쇼링(offshoring) 자사 제품에 필요한 부품이나 컴포넌트를 해외에 있는 자사 공장에서 생산하는 것

완전경쟁(perfect competition) (1) 어떤 상품이나 생산요소에 대한 다수의 생산자와 소비자가 존재하고 각각은 너무 미미하므로 시장에서의 가격에 영향을 미치지 못하며, (2) 동일한 상품이나 생산요소는 동질적이며, 즉 질이 같으며, (3) 시장에 대한 완전한 정보와 지식을 가지고 있으며, (4) 생산요소는 내부적으로 완전히 이동 가능한 상태를 말한다.

완전특화(complete specialization) 무역의 결과 국가의 생산 자원을 어느 한 가지 상품만 생산하는 데 이용하는 것. 이는 보통 기회비용이 일정할 때 발생한다.

완충재고(buffer stock) 국제상품 협정의 한 종류로 상품가격이 합의된 최저 가격이하로 하락하면 상품을 매입하고(재고의 증가), 상품가격이 설정된 최고 가격이상으로 상승하면 재고로부터 상품을 판매하는 것

외부경제(external economies) 산업 전체의 생산량이 증가함에 따라 개별기업의 평균 생산비가 하락하는 현상

요소가격 균등화 정리(factor-priced equalization theorem) 헥셔−오린 이론의 일부로서 몇 가지 제약조건 아래 국제무역의 결과 국가 간 동질적 생산요소에 대한 보수는 상대적으로뿐만 아니라 절대적으로도 균등화된다는 이론

요소부존량(factor endowments) **요소의 풍부성** 참조

요소부존이론(factor-endowment theory) **요소비율이론** 참조

요소비율이론(factor-proportion or) **헥셔−오린 이론** 참조

요소의 상대가격(relative factor prices) 한 가지 생산요소의 다른 생산요소에 대한 상대가격. 노동과 자본이라는 두 가지 생산요소가 존재할 때는 노동의 상대가격은 w/r이고 자본의 상대가격은 그 역인 r/w이다.

요소의 풍부성(factor abundance) 다른 국가보다 한 국가에서 생산요소를 상대적으로 더 많이 가지고 있거나 생산요소의 가격이 상대적으로 더 싼 생산요소

요소집약도 역전(factor-intensity reversal) 노동의 상대가격이 낮을 때는 노동집약적으로 생산되다가 자본의 상대가격이 낮을 때는 자본집약적으로 생산되는 현상. 이러한 현상이 사실이라면 헥셔−오린 이론은 성립하지 않게 된다.

우루과이 라운드(Uruguay Round) 비관세장벽이 증가하는 현재의 추세를 반전시키기 위해 1986년에 개시되어 1993년 말 종결된 다자간 무역협상. 여기에서 GATT는 세계무역기구(WTO)로 대체되었으며 WTO에서는 서비스 및 농업을 다루고 분쟁 조정 절차를 개선하였다.

위험분산화(risk diversification) 총투자에 대한 전반적인 위험을 분산시키기 위해 수익률이 반대방향으로 변동하는 증권에 투자하거나 서로 다른 생산 라인에 투자하는 것

유럽경제지역(European Economic Area) (EEA) EU 가입 12개국과 EFTA 가입 7개국 중 5국이 1994년 1월 1일 결성한 자유무역지역

유럽연합(European Union, EU) 1958년 독일, 프랑스, 이탈리아, 벨기에, 룩셈부르크, 네덜란드로 구성된 관세동맹으로 1973년에 영국, 덴마크, 아일랜드가, 1981년에는 그리스, 1986년에는 스페인과 포르투갈이, 1995년에는 오스트리아, 핀란드, 스웨덴이 가입하여 15개국으로 확대되었다.

유럽자유무역연합(European Free Trade Association, EFTA) 1960년 영국, 오스트리아, 덴마크, 노르웨이, 포르투갈, 스웨덴 및 스위스가 설립하였으며 핀란드는 1961년에 준회원으로 가입하였다. 아이슬란드는 1970년에 가맹하였다. 1973년에 영국과 덴마크는 EU에 가입하기 위하여 탈퇴하였고, 핀란드는 1986년에 리히텐스타인은 1991년에 정회

원이 되었다. 1995년에 오스트리아, 핀란드, 스웨덴이 EFTA를 탈퇴하고 EU에 가입하였다.

유발수요(derived demand)　상품에 대한 수요가 변화에 기인한 생산요소에 대한 수요

유엔무역개발협의회(United Nations Conference on Trade and Development, UNCTAD)　1964년, 1968년, 1972년, 1976년, 1979년, 1983년, 1987년, 1992년 국제연합(UN)의 후원하에 개최된 직속 기구. 개발도상국들은 자신들의 발전을 촉진하기 위해 현행 국제경제 체제를 개선하여 운영할 것을 요구하였다.

유치산업보호론(infant-industry argument)　한 산업을 자리잡게 하고 보다 효율적인 해외 기업으로부터 보호하기 위해서는 일시적인 무역보호가 필요하다는 주장

이전가격책정(transfer pricing)　세율이 높은 국가로부터 낮은 국가로 소득과 이윤을 이전하기 위한 목적으로 생산물에 대해 과다가격책정이나 과소가격책정을 하는 다국적 기업 내부의 거래

이전문제(transfer problem)　대규모 자본이전을 하면 지불국의 수출잉여와 동일한 액수의 수취국 수입잉여가 수반되는 조건

인적 자본(human capital)　노동자에게 체화된 교육, 직업훈련 및 건강등으로 노동자의 생산성을 증가시키는 것

일반균형모형(general equilibrium model)　생산자, 소비자, 교역자의 행동을 동시에 분석하는 모형

일반균형분석(general equilibrium theory)　경제 내 모든 시장 간의 상호연관성을 연구

임계점조항(peril-point provisions)　대통령으로 하여금 국내산업에 심각한 피해를 야기하는 어떠한 관세인하 협상을 못하도록 하는 보호주의적 장치

잉여분출(vent for surplus)　일부 개발도상국에서는 수출이 농산물과 원자재의 잠재적 잉여에 대한 분출구가 될 수 있다는 견해

자급자족(autarky)　자급자족 또는 무역을 하지 않는 상태

자본-노동 비율(capital-labor ratio, K/L)　어떤 상품을 생산할 때 노동 한 단위와 결합하는 자본의 양

자본절약적 기술진보(capital-saving technical progress)　노동의 생산성보다 자본의 생산성이 더 많이 증가하는 기술진보. 생산요소의 상대가격이 변하지 않을 때 L/K이 감소하게 된다.

자본집약적 상품(capital-intensive commodity)　상품의 상대가격이 어떻게 변화하더라도 생산을 할 때의 자본-노동 비율이 높은 상품

자원 지향적 산업(resource-oriented industry)　중량이 많이 나가고 부피가 큰 원자재를 보다 가벼운 최종생산물로 가공하는 산업으로 원자재 공급원 근처에 위치하는 경향이 있다.

자유 입지형 산업(footloose industries)　생산과정에서 중량이 추가되거나 감소하지 않는 산업으로 기타 투입요소의 이용가능성 때문에 생산비용이 가장 저렴한 곳에 위치하는 경향이 있다.

자유경제지대(fee economic zones)　**무관세지대** 참조

자유무역지대(free trade area)　회원국 간의 무역에 대한 모든 장벽을 제거하지만 각국은 비회원국에 대한 독자적인 무역장벽을 유지한다. 예로는 EFTA, NAFTA, 메르코수르가 있다.

자유방임주의(Laissez-faire)　애덤 스미스와 다른 고전파 경제학자들의 주장으로 경제활동에 대한 규제나 정부개입을 최소화하는 정책

전략적 무역정책(strategic trade policy)　외부경제가 있는 과점적 시장에서 정부의 적극적인 개입정책으로 한 국가의 후생을 증대시킬 수 있다는 주장

절대우위(absolute advantage)　한 국가가 어떤 상품을 생산할 때의 효율성이 다른 나라보다 큰 것으로 애덤 스미스에게는 이것이 무역의 원인이었다.

정상재(normal goods)　소득의 변화와 같은 방향으로 소비가 변화하는 재화(따라서 수요의 소득 탄력성은 양(+)이다.)

제품수명주기 모형(product-cycle model)　버논이 주장한 가설로 산업국가에서 처음 도입하고 숙련노동으로 생산한 신

제품은 궁극적으로 표준화되어 덜 숙련된 노동을 가진 다른 국가에서도 생산된다는 가설

종가관세(ad valorem tariff)　교역되는 상품 가격의 일정 비율로 표시된 관세

종량관세(specific tariff)　교역재 1단위 당 일정 금액으로 부과되는 관세

중동부유럽국가(Central and Eastern European Countries, CEEC)　알바니아, 보스니아, 보스니아-헤르체고비나, 불가리아, 크로아티아, 체코공화국, 유고슬라비아 연방공화국, 헝가리, 구유고슬로비아공화국, 마케도니아, 폴란드, 루마니아, 슬로바키아, 슬로베니아로 구성

중립적 기술진보(neutral technical progress)　노동과 자본의 생산성이 같은 비율로 증가하는 기술진보로 생산요소의 상대가격이 변화하지 않으면 K/L도 변하지 않는다.

중립적 생산 및 소비(neutral production and consumption)　생산 및 소비가 증가하여 교역량이 같은 비율로 증가하는 것

중상주의(Mercantilism)　17세기와 18세기에 유행했던 일련의 저작물로 한 국가가 부강해지기 위해서는 수입을 억제하고 수출을 장려해야 한다고 주장. 이에 의하면 한 국가는 다른 국가의 희생을 통해서만 이익을 얻을 수 있다.

중앙계획경제(Centrally planned economies)　정부가 생산요소를 소유하여 생산요소의 가격이 정부지침에 의해 결정되는 경제

중유럽 자유무역협정(Central European Free Trade Association, CEFTA)　폴란드, 헝가리, 체코공화국, 슬로바키아가 1992년에 서명하여 10년 내에(그 후 1997년까지) 회원국 간 자유무역을 위한 협정

지대(rent)　생산자로 하여금 일정량의 상품 또는 요소 서비스를 제공하도록 유도하기 위해서 장기적으로 지불할 필요가 없는 금액

지속적 덤핑(persistent dumping)　국내의 독점기업이 이윤을 극대화하기 위하여 국내가격보다 낮은 가격으로 해외에 지속적으로 판매하는 것. 국제 가격차별이라고도 한다.

직접통제(direct controls)　상품무역과 자본의 이동에 대한 관세, 쿼터 및 기타의 규제

직접투자(direct investments)　공장, 자본재, 토지 및 재고에 대한 실물적인 투자로서 자본과 경영이 수반되며 투자자는 투자된 자본에 대한 통제권을 갖는다.

집중화된 카르텔(Centralized Cartel)　독점자처럼 행동하는 한 상품의 공급자 조직

차별화된 상품(differentiated products)　동일한 산업 또는 생산물 그룹 내의 서로 다른 생산자가 생산하는(자동차, 담배, 비누와 같이) 어느 정도 상이한 상품

차선이론(theory of the second best)　파레토 최적에 도달하거나 사회적 후생을 극대화하기 위한 모든 조건이 충족될 수 없다면, 이들 조건 중 더 많은 조건이 충족된다고 해서 반드시 차선의 상태에 도달하지는 않는다는 이론

최적관세(optimum tariff)　관세 부과로 인한 교역조건 개선의 긍정적 효과가 교역량 감소의 부정적 효과를 상쇄하여 한 국가의 후생을 극대화할 수 있는 관세율

최혜국원칙(most-favored nation principle)　미국과 기타국 사이에 체결한 상호적 관세인하는 모든 무역상대국에게 확대 적용되는 것

케네디 라운드(Kennedy Round)　(1962년의 무역확대법을 근거로) 1967년 타결된 다자간 무역협정으로 공산품에 대한 관세를 35% 인하하기로 하였다.

콥-더글러스 생산함수(Cobb-Douglas production function)　노동과 자본 사이의 대체탄력성이 1인 생산함수

쿼터(quota)　무역에 대한 직접적 수량적 통제

탈공업화(deindustrialization)　제조업의 중요성과 제조업 고용비율이 상대적으로 감소하는 현상

통상정책(commercial policy)　**무역정책** 참조

트리거 프라이스 메커니즘(Trigger-price mechanism)　수입 철강의 가격을 최저생산국가의 가격과 같아지도록 관세를 부과함으로써 철강 산업을 보호하기 위해 1978년 미국이 도입한 반덤핑 장치

특정요소 모형(specific-factor model)　적어도 한 가지 이상

의 생산요소가 산업 간에 이동 불가능할 때 상품가격의 변화가 생산요소의 수익에 미치는 효과를 분석하기 위한 모형

특혜무역협정(preferential trade arrangements) 가장 느슨한 형태의 경제통합으로 회원국에 대해서는 비회원국에 대해서 보다 더 낮은 무역장벽을 유지한다. 예로는 영연방특혜제도가 있다.

특화로부터의 이익(gains from specialization) 생산에서의 특화 때문에 발생하는 소비의 증가

패스트 트랙(Fast Track) **무역촉진권한** 참조

폐쇄경제(closed economy) 자급자족 또는 폐쇄경제

폐쇄경제하의 상품의 균형상대가격(equilibrium-relative commodity price in isolation) 자급자족 상태에서 한 국가의 후생을 극대화할 수 있는 상품의 균형상대가격. 이는 무역을 하지 않을 때의 생산 및 소비점에서 한 국가의 생산가능곡선과 무차별곡선이 접하는 점에서의 기울기로 표시된다.

포트폴리오 이론(portfolio theory) 시간의 경과에 따라 수익률이 반대로 움직이는 증권에 투자함으로써 보다 낮은 위험으로 같은 수익률을 얻을 수 있거나 같은 수준의 위험에 대해 더 높은 수익률을 얻을 수 있다는 이론

포트폴리오 투자(portfolio investment) 채권이나(주식회사 주식을 10% 이하 구매할 때의) 주식 투자와 같이 순수한 금융자산을 구입하는 것이며 이는 보통 은행이나 투자 펀드에 의해 수행된다.

학습곡선(learning curve) 시간이 경과함에 따라 한 산업의 누적 생산이 증가할 때 평균비용이 하락하는 정도를 보여주는 곡선

한계대체율(Marginal Rate of Substitution, MRS) 한 국가가 어느 한 가지 상품을 한 단위 포기하고도 동일한 만족을 유지한 채 얻을 수 있는 다른 상품의 양. 이는 소비점에서 무차별곡선의 기울기로 표시되며 이 상품의 소비가 증가할수록 감소한다.

한계변환율(Marginal Rate of Transformation, MRT) 한 가지 상품의 생산이 증가함에 따라 포기해야 하는 다른 상품의 양. 이는 상품의 기회비용과 같으며 생산점에서 생산가능곡선의 기울기로 표시된다.

해외영업법인(Foreign Sales Corporation, FSC) 수출소득에 대한 실질적 세금을 인하하여 수출을 증진하기 위한 미국의 세법

헥셔-오린 이론(Heckscher-Ohlin theroy) 한 국가는 (1) 상대적으로 풍부하거나 값싼 생산요소를 집약적으로 이용하는 상품을 수출하고, (2) 국제무역의 결과 동질적인 생산요소에 대한 보수는 균등화된다는 이론

헥셔-오린 정리(Heckscher-Ohlin theorem) 헥셔-오린 이론의 한 부분으로 한 국가는 상대적으로 풍부하거나 상대적으로 저렴한 생산요소를 집약적으로 이용하는 상품을 수출하고 상대적으로 희소하거나 비싼 생산요소를 집약적으로 이용하는 상품을 수입한다는 이론

확장경로(expansion path) 요소가격이 일정할 때 요소에 대한 지출을 증가시킴에 따라 변화하는 생산자 균형점을 연결한 선

환경기준(environmental standards) 여러 국가에서 허용되는 공해의 수준

회피조항(escape clause) 수입품으로 인해 손해를 보았다고 주장하는 산업이 미국 국제무역위원회에 청원할 수 있도록 한 보호주의적 장치로 국제무역위원회는 대통령에게 관세인하 협상을 권고할 수 있다.

1934년의 무역협정법(Trade Agreement Act of 1934) 최혜국원칙에 기초하여 대통령이 다른 국가와 50%까지의 관세인하를 협상할 수 있도록 허용한 법

1962년의 무역확대법(Trade Expansion Act of 1962) 대통령으로 하여금 1962년 수준의 50%까지 일괄적 관세인하협정을 하도록 허용하고 무피해원칙을 무역조정 지원으로 대체하였다.

1974년의 무역개혁법(Trade Reform Act of 1974) 대통령에게 케네디 라운드 이후 수준의 60%까지의 관세인하와 비관세장벽 인하 협상을 할 수 있도록 함

1984년의 무역 및 관세법(Trade and Tariff Act of 1984) 대통령에게 서비스 분야의 무역장벽 인하 협상, 이스라엘과의

자유무역 및 일반특혜관세를 1993년까지 확장하도록 위임

1988년 전방위 무역 및 경쟁법(Omnibus Trade and Competitiveness Act of 1988)　슈퍼 301조를 바탕으로 미국의 수출품에 대한 주요 장벽을 제거하지 않는 국가로부터의 수입을 규제할 수 있도록 함

1차 동차(homogeneous of degree 1)　규모에 대한 보수가 불변인 생산함수

찾아보기

기타